디지털시대의 정보이야기

정보통신 원리부터 정보사회 인프라까지

박종희 지

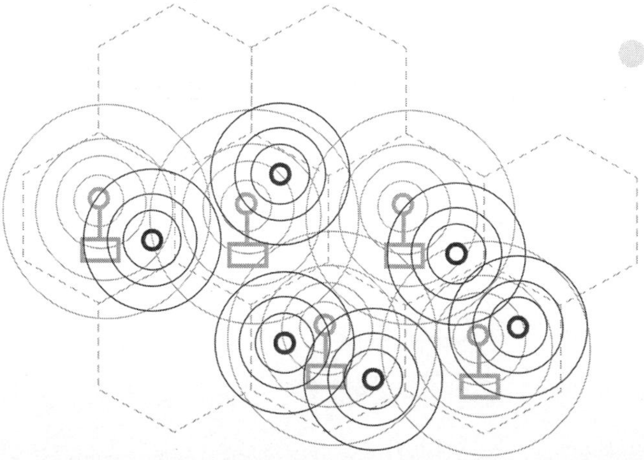

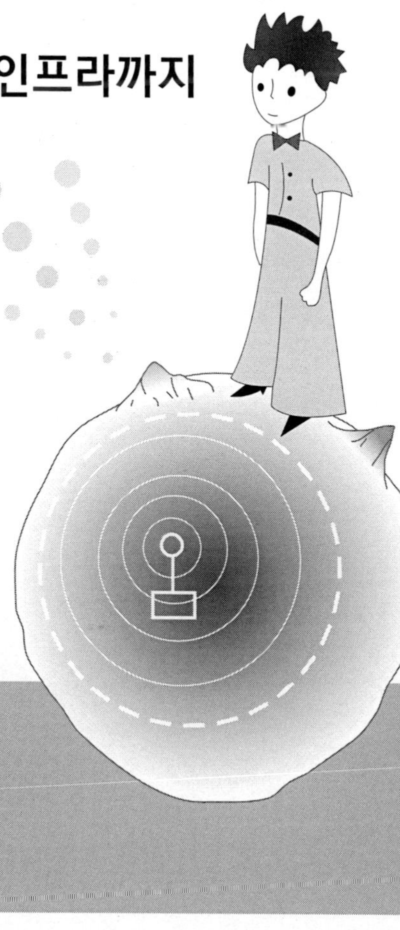

홍릉과학출판사

서 론

선사시대 이래 인류가 거쳐 온 세 번의 천년에서 가장 중요한 발명들로 무엇을 꼽을 수 있을까? 의외일지 모르지만, 자동차나 컴퓨터와 같이 인류의 생활방식을 근본적으로 바꾼 기기들이나 그러한 기기들의 핵심인 엔진이나 반도체를 포함한 무수한 발명품들을 넘어서 각 천년을 대표하는 발명들로 글자(文字), 인쇄술과 인터넷(Internet)을 꼽을 수 있다. 이들은 각각 정보의 기록, 정보의 대량 전파(傳播), 그리고 정보의 즉시 전달 및 양방향 통신을 가능케 하는 기술들로서 정보의 기록 및 전달에 관한 수단이라는 공통점을 가지고 있다. 문명의 발전이 선조들 (또는 동시대인들)이 이룩한 업적의 토대 위에 후손들이 추가적으로 쌓아나가는 방식으로 이루어진다는 점에서, 이러한 지속적 발전을 가능하게 하는 정보의 기록 및 전달에 관한 수단의 발명은 다른 **보는 발명들을 가능케 하는 초도구(超道具, meta-tool)**를 제공하는 것이라고 할 수 있다. 따라서 이러한 도구는 의식주의 해결과 오락이라는 인간의 욕구를 충족하기 위한 모든 사회적 활동을 발전시키기 위한 공통적 수단이 된다.

문명은 생각의 소산이다. 즉 기본적 물질들과 동력이라는 자연에서 주어진 물리적 요소를 제외한 인류문명의 모든 부분이 인간의 생각이 만들어낸 결과물이다. 심지어 많은 물리적 요소들조차 철강이나 플라스틱 등의 인공적 재료의 발견 및 개발, 엔진이나 모터 등의 인공적 동력의 발명에서 보다시피 대부분 창의적 생각의 결과물이다. 정보가 사전적으로 '사물의 내용이나 형편에 관한 소식이나 자료'로 정의되어 있지만, 생각의 결과물인 정보는 수준의 차이가 있을 뿐 결국 인류문명의 모든 시기를 관류하는 중심요소라고 할 수 있다. 이와 같은 정보의 내용은 질서로서의 우주(cosmos)에 관한 모든 내용, 즉 우주를 구성하는 수많은 개체들과 그들 사이의 관계들 그리고 이들의 변화에 관한 법칙들 그리고 인간의 개념세계까지 모두 포괄한다. 인간은 이러한 정보의 내용을 기록하여 저장하고 전파함으로써 문명을 지속적으로 발전시켜왔다. 먼저 정보가 말에 의해서만 표현되다가 문자가 발명되면서 정보의 기록이 가능해지고 인쇄술이 정보의 대량 전파의 길을 열었으나 (인쇄물을 공간적으로 운반하는) 전파속도의 제약으로 정보의 유통이나 이용에 공간적 한계가 있었다. 산업혁명후기인 19세기에 전신, 전화, 방송 등의 전기적(電氣的) 방식의 통신수단들이 개발되어 전송속도의 한계는 극복되었으나, 같은 자리에 모여서 마주보며 직접 대화하는 원시 통신방식과 같은 **궁극적인 대화식 다자간(多者間) 통신**을 거리에 관계없이 실현할 수 있게 된 것은 20세기 후반에 들어서면서 등장한 인터넷의 덕택이었다. 결과적으로 **광속(光速)의 정보 전달속도와 全지구적 범위를 가진 양방향식 통신망이**

디지털 방식의 정보표현 및 컴퓨터의 고속의 정보처리 능력과 결합하면서 정보의 체계적 사용과 산업화가 본격적으로 진행되는 정보사회가 열리게 되었다. 다시 말해 문자의 발명과 인쇄술의 발명에 의해 각각 촉발된 지난 두 번의 정보혁명에 이어 새로운 천년과 함께 정보시대가 시작되고 있는 것이다.

개별 컴퓨터들만으로도 이미 일상적 업무들(문서편집, 재고관리, 급여계산 등)의 신속한 처리, 공장의 자동화, 대륙간 탄도탄의 제어 등 커다란 변화를 가져왔던 컴퓨터가 광역통신망인 인터넷과 결합하여 인류문명 초유의 全지구적인 규모를 가진 새로운 차원의 도구가 탄생하게 되었고, 그 파급력은 우리가 경험하고 있는 정보혁명의 결과인 새로운 세상 즉 사이버세상의 탄생으로 현실화되고 있다. 정보시대가 가져올 직접적 효과들 중 일부를 예시해보면, 기술적으로는 자동차엔진이나 공장제어 등에서의 지능화를 통한 효율성 극대화, 경제적으로는 지천으로 널린 모래를 金보다 더 비싼 반도체칩(chip)들로 바꾸는 현대판 연금술 그리고 정보기술을 산업전반에서 활용함으로써 얻어지는 수익성과 생산성의 획기적 향상을 들 수 있고, 사회적으로는 지구적 범위에서 일상적으로 정보를 신속하고 정확하게 처리하고 제공함으로써 부패나 부조리 등의 비능률적 요소들을 근원적으로 제거하는 데 필요한 수단을 제공할 것이며, 정치적으로는 여론의 신속한 반영을 통한 풀뿌리(직접) 민주주의의 구현에도 필요한 환경을 제공하게 될 것이다. 그러면 이러한 거대한 변화의 힘은 어디서 오는 것이며, 이러한 무한한 잠재력으로 무엇을 할 수 있으며, 사회 전반적으로 어떤 파급효과를 가지는가, 이에 대하여 우리는 무엇을 준비해야 할 것인가. 동력기관(engine)의 용도가 방적기나 기관차에서 모든 기기로 확대됨에 따라 근대사회가 산업사회로의 근본적 변화가 일어났듯이, 컴퓨터가 고속의 계산기에 머물지 않고 휴대폰, 자동차, 세탁기를 포함하여 공장, 사무실, 가정에서 사용하는 모든 기기들과 그들을 이용한 **사회의 시스템들을 제어하는 범용 두뇌**로 영역을 무한히 넓혀감(ubiquitous computing)에 따라 산업사회에서 정보사회로의 혁명적 변화가 진행 중이다. 스티븐슨이 발명한 초기 증기기관으로 구동되던 기차의 속도는 걷는 속도보다 별로 빠르지 않았지만 인공적으로 동력을 생산하는 기계인 기관이 가진 잠재력이 산업혁명과 그에 이어진 산업사회를 가져 왔듯이, **컴퓨터와 통신기술의 발전에 따른 잠재력과 응용분야의 확산추세는 정보시대의 여명기인 21세기 초입에 서있는 우리에게 무한한 기회와 도전**을 동시에 의미하고 있다.

르네상스를 거쳐 산업혁명시대로부터 축적되어온 정보통신분야의 개별적 신기술들이 통합적(synergy) 효과를 내는 수확의 시기인 정보시대를 맞이하면서 전 세계적으로 과거의 신대륙쟁탈전이나 油田先占다툼 또는 골드러시가 재현되고 있다. 하지만 이 시대에 벌어지고 있는 쟁탈의 대상은 눈에 보이는 땅, 석유 또는 금덩어리가 아니라, 근본적으로 **추상적 개념이거나 아니면 물리적 대상일지라도 있는 그대로는 지각할 수 없는 초월적 속도(光速)나 극소(nano-meter)의 크기와 같은 속성**을 가진다는데 근본적 차이가 있다. 추상적 영토측면에서 보면 사실상의 세계어역할을 해왔던 영어가 인터넷 표준어로 자리를 더욱 공고히 확보하고 있으며, 수많은 기술표준(technical standards)들이 언어의 일종으로 영토를 넓혀가고 있고 그에 따른 막대한 지대(地代)를 요구하고 있다. 즉 IBM의 대형컴퓨터(main frame)시대를 시작으로 마이크로소프트의 개인용 컴퓨터 운영체제(MS-Windows)를 거쳐 인터넷 브라우저(Internet browser), 휴대폰 운영체제(iPhone OS vs Android), 그리고 여러 가지 통신규약(protocol)들과 그에 기초한 페이스북이나 트위터와 같은 사회적 연결망(SNS, Social Network Services) 표준을 두고도 치열한 선점경쟁이 벌어지고 있다. 다른 한편으로는 범용 컴퓨터언어나 데이터베이스용 표준어 등의 전문적 컴퓨터 언어들 나아가 워드프로세서나 그래픽스 편집도구와 같은 수많은 응용프로그램들까지 정보관련 표준들에 대한 **사이버공간에서의 개념적 영토쟁탈전**이 전 방위적으로 전개되고 있다. 이와 동시에 전 인류가 생산해내고 있는 무수한 정보가 컴퓨터로 처리할 수 있는 형태로 데이터화하면서 그러한 데이터를 광석(鑛石)삼아 그 속에서 지식이라는 금을 캐내는 데이터 마이닝(data mining)은 정보시대판 골드러시가 되고 있다. 한편 정보시대의 물리적 영토의 확장은 **무형의 자산인 무선통신용 주파수대역이나 희토류의 가치에 대한 재발견** 등에서 보는 바와 같이 외연이 다차원적으로 확대되고 있다. 전통적인 지리적 수평적인 영토분할과 비교하여 과거에는 **'허공'에 불과했던 공간에 대한 여러 차원의 수직적인 분할과 재평가**가 이루어지고 있는 셈이다.

인간을 포함한 동물들이 식물이나 다른 물건들과의 근본적인 차이점은 스스로 움직일 수 있다는 것이다. 몽고 기마군대의 월등한 기동성이 칭기즈칸의 세계제패를 가능하게 했고 이후 이동속도에 획기적 변화를 가져온 자동차의 등장은 지리적 거리에 대한 전통적 개념과 나아가 인간의 삶의 방식을 근본적으로 변모시켰다. 이처럼 산업사회에서 인공적 동력에 의해 물건의 대량생산과 장거리 운송이 가능해진 것과 같이 정보사회에서는 컴퓨터와 통신망에 의해 정보의 대량 생산과 장거리 전송이 가능하게 된 것이다. 그러나 이러한 발전의 이면에는 사회구성원들의 적응능력에 따른 경제적 사회적 격차가 급격히 확대되고 있다는 사실이 있다. 예를 들어 정보사회 이전에는 자동차는 내부를 잘 모르면 수리할 때 바가지를 쓸 우려는 있겠지만 보통사람들이 생존자체를 위협받는 심각한 문제는 아니었다. 자동차를 사용하기 위해 필요한 운전법은 숟가락 사용법보다 약간 어려운 정도인 반면, **정보를 활용하기 위해서는 사용자가 정보의 이해라는 (상식적이거나 직관적이 아닌) 전문적 능력이 필요**하게 되었다. 이러한 능력을 갖추지 못하면 미리 정해진 메뉴나 고르는 단순한 사용자에 머물러 정보를 활용하여 가치를 창출하는 능력이 뒤처지고 만다. 이러한 차이가 생기는 이유는 컴퓨터를 활용하는 정보시스템들의 기능이 전통적인 도구들과 비교할 때 월등히 고도화되고 있기 때문이다. 이러한 차이가 현실에 반영되고 있는 예로서, 산업사회였던 20세기 미국에서 최고의 직장 중 하나였던 GM에도 '튼튼한 등판'만 가지고도 취직할 수 있었고 안정된 생활이 가능했었지만 정보시대로 이행되고 있는 21세기의 미국사회에서는 고교중퇴생들이 할 수 있는 일자리는 급격히 줄어들고 있다.

정보의 처리와 디지털 통신의 핵심인 컴퓨터가 자동차나 냉장고와 같은 전통적 기계들과 다른 점은 무엇인가? 우주를 꿰뚫고 신(神)을 논하는 고차원적이고 창조적 사고를 할 수 있지만 상대적으로 느린 속도와 단순반복에 약한 인간과 그 반대의 장단점을 가진 컴퓨터가 (수동적 도구에 불과한 전통적 기기들과 달리) 천생연분의 짝이 될 수 있다는 사실이 중요하다. 적지 않은 기성세대 사람들이 가지는 컴퓨터에 대한 생각은 상당히 단편적이고 피상적인 경우가 적지 않다. 컴퓨터에 진지하게 접근해 보지 않고 막연한 외경심을 갖거나 아예 골치 아픈 것으로 치부하여 멀리하려고 한다면, 이는 합리적 사고가 부족한 미개인들이 어쭙잖은 사물이나 현상도 신(神)으로 여기는 것과 다름없다. 역으로 컴퓨터를 또 하나의 기계의 등장으로 치부해 버린다면 여느 기계와 달리 인류의 생존양식을 바꿀만한 거대한 잠재력에 눈을 감는 심각한 오류를 범하게 된다. 이미 컴퓨터는 광속에 가까운 계산속도라는 양적 변화로써 인류문명에 질적 변화를 초래하고 있다. 따라서 정보사회의 총아인 **컴퓨터와 전기통신을 중심으로 하는 정보기술을 이해하고 이를 근간으로 하는 정보사회의 파급효과를 실질적으로 파악하고 활용할 수 있는 능력이 정보시대에 성공적인 지도자가 되기 위해 가져야하는 필수적 소양**의 하나가 될 것이다. 이를 위해서는 컴퓨터의 외부기능들이나 겉모습에 대한 단편적 파악이 아닌 컴퓨터를 중심으로 한 정보시스템 자체의 기본적 원리와 본질적 기능들을 이해하여야 할 것이다(자신의 집무실에 있는 컴퓨터를 장식품쯤으로 취급하는 소극적 태도로는 더 이상 본격적 정보사회인 21세기가 요구하는 지도자가 되기 어렵다).

정보시대라는 미증유의 신세계를 연 핵심요소인 반도체칩의 주원료가 지표면에 가장 흔한 모래(silicon)라는 사실은 '흙으로 인간을 빚었다'는 성경말씀과 마찬가지로 언뜻 신화적으로 들릴 수도 있지만 엄연하고 경이로운 사실이다. 그렇다면 정보사회의 본격적 도래에 대한 우리의 대비는 먼저 모래로 만든 단순한 스위치인 트랜지스터가 어떠한 과정을 거쳐 우리 사회에 근본 변화를 가져오는지의 전반적 이해에서 출발하여야 한다. 구체적으로, **정보에 관한 정확한 이해**로부터 시작하여, 정보시대를 가능케 한 **핵심적 물리요소인 반도체칩에 대한 소개**, 이를 이용한 **컴퓨터의 전반적 이해**, 개별 컴퓨터들과 인간들을 서로 연결시켜주는 **통신망(Internet)에 대한 체계적 이해**에 이어, 이들 요소들의 수족역할을 하는 **물리적 기기들(devices & machines)과 로봇의 결합으로 완성되는 전체 정보시스템**을 살펴본다. 그리고 이러한 개별 정보요소들을 통합한 다양한 사회제도들에 대한 구조적 (통합방법이나 규약들 포함) 이해뿐 아니라, **정보시스템의 사회적 파급효과 및 정보시대를 맞는 한국사회의 시대적 특수성과 미래에 대한 고찰**에 이르기까지의 관련된 모든 분야를 종합적으로 서술하고자 한다.

차 례

관심 주제별 차례

CHAPTER

01 정보

1.1 정보의 의의

무생물은 각 구성부분이 물리적 또는 화학적으로만 연결되면 하나의 물체가 되는 반면 인간을 포함한 모든 생명체는 각 신체부위들 사이에 신경체계를 통한 신호전달, 즉 통신이 추가로 이루어져야 완성된 생물체가 된다. 나아가 인류문명이 그 구성원인 개별 인간들의 능력의 총합을 넘어서게 하는 동력인 협동이나 다수의 인간들로 구성된 사회적 조직이 유기적으로 결합할 수 있는 전제는 구성원들 간의 정보의 교환 및 의사의 소통이다. 정보의 사전적 의미는 '사물의 내용이나 형편에 관한 소식이나 자료' (동아 새국어사전)로 정의되어 있다. 말하자면 정보는 인간이 알고 있는 세상에 대한 자료, 즉 **인간을 포함하는 우주의 구성 및 질서에 관한 모든 발견과 그에 바탕을 둔 모든 창조를 포괄하는 인류 문명에 대한 자료**라고 할 수 있다. 정보의 대상으로서의 세상을 구성하는 단위인 상황은 수많은 개체들과 그들 사이의 다양한 관계가 끊임없이 변화함으로써 전개된다. 따라서 과거, 현재, 미래의 세상에 존재하는 인간들을 포함한 모든 개체들과 그들 사이의 관계의 존재와 상태에 관한 모든 변화하는 사실이 정보의 대상이 된다. 이때 구체적 상황들이 데이터 즉 사실적 정보(factual data)의 대상이라면 이러한 데이터들에서 추출한 통계가 지식정보(knowledge)의 원천이 된다.

인류는 세상에 관한 정보에서 통계를 구하고 통계에서 규칙들을 찾아내어 미래상황에 대비함과 동시에 새로운 창조를 이루는 데 이용함으로써 문명의 영속성과 발선성을 유지해왔다. 정보 활용의 발전과정에서 보면, 문자의 발명으로 개인적 정보와 지식이 지리적 거리나 생물학적 수명에 제한받지 않고 기록을 통해 광범위한 공간적 전파가 가능하게 되고 동시에 시간을 초월하여 다음 세대들에게도 공유됨으로써 문명의 지속적인 발전이 가능하게 되었다. 나아가 전신전화(telephony)의 발명에서 시작된 전기적 통신기술이 실시간 정보교환을 가능하게 함으로써 지식의 공유가 즉시적이고 범지구적 범위로 가능하게 되어 지구전체가 하나의 유기적 조직이 됨으로써 문명의 발전이 가속화되고 있다.

■ **자원으로서의 정보와 물건의 차이**

근래에 새삼 부각되고 있는 자원으로서의 정보(information)를 전통적인 자원인 물건(goods)과 비교해보면 정보의 가장 큰 특징 중의 하나는 복제가 용이하고 사용해도 소모되지 않는다는 점이다. 따라서 물건의 절도와 달리 정보의 도난은 물리적인 점유를 옮기는 것이 아니라 보통 불법 복사의 형태로 나타나게 된다. 더구나 사람의 머릿속에 저장된 정보는 배움을 통해 사람들 사이에 복사될 수 있을 뿐 아니라 물건과는 달리 시간이 흘러도 사라지지도 않는다(하지만 개별 인간의 생물학적 망각이나 고의적인 왜곡은 가능하다). 역사속의 관련 사례로, 이전까지 이룩해놓은 물질적 자원들이 대부분 파괴되었던 전후 독일이나 일본의 신속한 부흥은 국민들이 머릿속에 가진 정보나 지식이 파괴되지 않고 온존하고 있었기에 가능한 일이었다. 사실 물건과 정보는 실질적 가치를 가지는 자산이라는 점에서는 비교대상일지 모르지만 서로 차원이 다른 개념이다. 말하자면 과자라는 물건에 관해 밀가루나 감미료와 같은 재료를 그 제조법과 비교하는 것이 맞지 않듯이 물건과 정보는 직접 비교할 수 있는 개념은 아니다. 엄밀한 의미에서, 정보는 물건의 설계도나 제조공정 그리고 서비스에서의 절차 등의 내용으로서 물건의 일부라고 볼 수 있다.

1.1.1 정보의 구체적 내용

인간이 하는 모든 일이 우주(cosmos)를 벗어나지 않는다고 본다면 그에 상응하여 모든 정보도 우주에 관한 것이 된다. 우주는 객관적으로 존재하는 실세계(real world)와 인간의 생각에 의해 창조된 개념세계(conceptual world)로 구성된다. 실제적으로 **우주는 개체(entities)들과 그들 사이의 관계(relationships) 그리고 이들의 변화와 같은 기본적 요소들이 유기적으로 결합하여 구성되는 상황들의 시간적 전개**로 나타난다. 우주의 전개에서 개별 상황은 관련당사자들에게 개념적 단위를 이룬다. 모든 상황의 토대가 되는 개체들은 감각적으로 지각할 수 있는 물리적 객체들 뿐 아니라 법률, 조직, 권리 등의 논리적 개체들까지 포괄한다. 관계는 두 개 이상의 개체들 사이의 연관성으로서 개체상호간의 영향을 내포하고 있다. 관계에는 공간관계나 역학관계와 같은 물리적인 관계와 가족관계나 계약관계와 같은 사회적 관계들 뿐 아니라 인과관계나 상하관계와 같은 추상적 관계도 포괄한다. 이러한 개체나 관계들의 존재(existence)와 내용은 구체적 속성들로 나타난다. 상황을 표현함에 있어 개체들과 관계들에 관한 고정적 특성들과 함께 계속 바뀌는 가변적 상태(state)도 정보의 중요한 부분을 차지한다. 예를 들어 전쟁 중의 국가에게는 국방력뿐 아니라 수시로 바뀌는 전황(戰況)정보가 생존을 결정하는 중요 정보가 될 것이고 교통체증을 겪고 있는 출근길의 직장인에겐 도로망정보뿐 아니라 실시간 교통정보가 중요할 것이다.

■ **관계 일원론(一元論, monism)**

관계는 원칙적으로 개체들 사이에 존재하게 된다. 하지만 엄밀히 말하면 개체자체가 '서로 유기적인 관계를 맺고 있는 구성요소들'을 지칭하고 있는 것이다. 이때 이러한 구성요소들도 각기 하나의 개체라는 사실을 감안한다면 그 구성개체가 다시 더 작은 개체들로 구성되는 등 개체를 계층적으로 점점 세분화하여 최종적으로는 개체를 관계들의 총합으로 생각할 수 있다. 실제로 현대물리학에서 원자의 본래 의미 (즉 'atom은 더 이상 쪼개지지 않는 것을 의미')를 뚫고 그보다 작은 소립자들이 끝없이 발견되고 있다. 이러한 재귀적 구성관계를 무한히 적용한다면 궁극적으로 **개체와 관계라는 우주의 이원론(二元論)적 구성이 관계만으로 구성된 일원론(一元論)으로 귀착**되게 된다. 즉, 하나의 생물체는 유기적으로 연결된 기관들로 구성되고, 각 기관은 세포들로, 각 세포는 분자들로, 분자는 원자들로, 원자는 소립자들로 그리고 끝없이 밝혀지고 있는 더 작은 소립자들로 무한히 분해해나가면 궁극에는 관계들만 남게 된다. 결국 물체와 에너지의 등가성 ($E = mC^2$) 이라는 상대성 이론과 상통하게 되거나 어쩌면 석가모니가 수천 년 전에 설파한 색즉시공에 논리적으로 귀결될 수도 있다. 하지만 우리네 일상에서는 개체에 대한 이와 같은 초월적 극한개념 대신 일정수준에서 개체를 인정하는 실용적 개념화를 취하게 된다.

1.1.2 정보의 실질적 의미의 이해

프리드만(T. Friedman)은 공산주의 붕괴와 정보통신기술의 발달에 의해 세계(地球가 아닌)가 이념적, 기능적 장벽이 없이 평평하게(homogeneous, unified) 되었다는 의미로 "The World is Flat."이라고 설파한 바 있다. 하지만 이와 같은 추상적 의미에서뿐 아니라 지구의 물리적 모양에 대해서도 관념적으로 이해하는 한편으로 실질적인 의미를 파악하는 것도 필요하다. [그림 1.1] (1) ~ (4)에서 보는 바와 같은 구형(球型)들 중에서 지구의 모양을 고르는 문제가 입시(1970년대 서울대학교)에 출제되었던 적이 있었다. 적지 않은 상위권 학생들은 '지구의 자전에 의한 원심력의 영향을 묻는 것이구나.'라고 생각하고 완전한 球 대신 타원 모양인 (3)을 선택했을 것이다(識字憂患). 그러나 원심력에 의한 영향이 육안으로는 구분하기 힘들만큼 미미하기 때문에 거의 완전한 구에 가까운 모양(적도쪽 반지름 6378km 대 남북극쪽 반지름 6357km)으로 (1)이 정답이었다. 사실 오랫동안 인류는 지구가 평평하다고 생각해왔었지만 이미 오래전 아리스토텔레스(Aristoteles)를 비롯한 그리스 학자들이 논리적 유추를 통해 지구의 반지름까지 근사하게 계산하였고 콜럼부스를 비롯한 여러 선구자들이 세계 일주를 통하여 지구가 둥근 구형이라는 사실을 몸으로 증명하는 과정을 거쳐 최근엔 우주선에서 찍은 지구사진들에서 지구모습이 공(sphere)모양이라는 것은 상식이 되었다. 그러나 실질적 의미에서는 지구는 순수한 구형도, 타원도 아닌 평면으로 이해하는 것이 적절하다. 다시 말해 [그림 1.1]의 (A), (B), (C)에서 각각 보는 바와 같이, 눈에 보이는 내로 그냥 평면이라고 생각했던 고대의 피상적 생각((A)에 해당)에서 벗어나 지구모양이 구형이라야 많은 지구과학적 현상들이 설명될 수 있다는 사실을 알아야 하고 나아가 약간 납작한 타원형이라는 사실까지 추가로 알아야 과학적으로 정확한 지식이 되지만((B)에 해당), 실용적으로는 고대인들과 같이 평지라고 생각((C)에 해당)할 줄도 알아야 하는 것이다. 99%이상의 대중들에게 부딪히는 99%의 일들은 지구가 평면이라고 생각하고 처리해도 무방한(현실적으로 평면으로 생각하고 처리해야만 해결이 가능한) 일들이기 때문이다. 실제로 천체물리학자나 항공기조종사가 아닌 99%에 속하는 사람들에게는 국제선 비행기를 탈 때나 지구전체의 모양이 실질적 관심사가 될 수 있을 것이다(예를 들어 비행항로를 정하기 위한 구면상의 최단거리계산 방식은 평면상의 최단 거리계산과 확연히 달라진다). 지구의 모양과 같이 **일상을 벗어나는 초월적 규모의 사물에 관한 정보나 지식에 대해서는 이론적, 정성적 의미와 함께 실질적 의미를 파악하는 것**이 필요하다는 뜻이다. 사리(事理)를 정성적으로나 추상적으로만 이해하고 정량적이고 실질적으로 파악하지 않으면 위에서 사례로 든 입시문제에서 보듯이 식자우환이 될 수 있다. 이러한 균형 감각이 정보시대가 깊어질수록 더욱 필요한 이유는, 인간의 지식의 범위가 넓고 고도화 될수록 인간의 단순한 지각이나 직관의 범위를 벗어나는 지식이나 정보를 개념적으로 또는 추상적으로 접하는 경우가 많아질 수밖에 없기 때문이다.

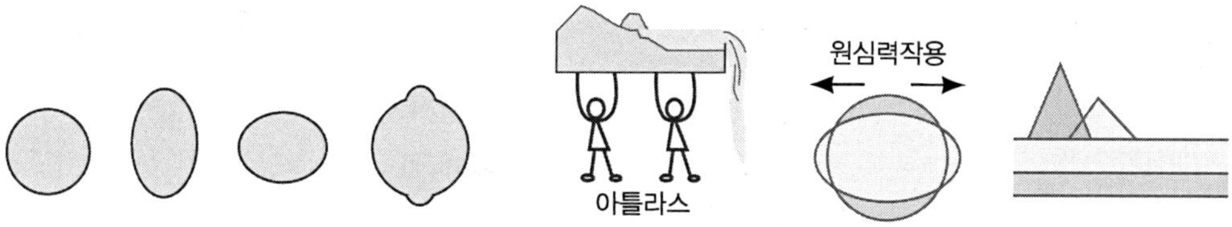

(1) (2) (3) (4) (A) 고대인의 인식 (B) 과학적 인식 (C) 실질적 인식

그림 1.1 지구의 전체적 모양과 그에 대한 여러 가지 인식유형

1.1.3 정보(또는 지식)와 데이터

기구를 타고 미국 대륙을 횡단하던 사람이 광활한 중부 평원(Great Plains)의 상공을 통과하다 지상에 있는 사람을 발견하고는 내려다보며 물었다. "여기가 어디지요? (Where am I?)" 그러자 지상에 있던 사람이 대답했다. "당신은 지금 기구위에 있잖소. (You're on the blimp.)" 그러자 기구위의 사람이 중얼거렸다. "저이는 분명히 경제학자일거야. 뻔한 소리만 하는 걸로 봐서." 이 우스갯소리에서 지상에 있던 사람이 대답한 말에는 데이터는 있되 정보가 들어있지 않다. 정보의 양은 데이터의 내용이 가진 예측불가능성, 즉 불확실성(entropy)에 비례하기 때문에 이미 알고 있는 내용엔 정보가 없다. 또한 같은 책을 여러 부를 가져도 한 부만 가지고 있는 경우와 정보의 양에는 차이가 없다는 것은 명백하다. 이와 같이 데이터의 존재가 정보의 존재를 반드시 의미하지 않을 뿐 아니라 데이터의 양과 정보의 양이 항상 비례하는 것도 아니다. 심지어 逆정보(false information)나 가짜 데이터(spurious data)가 섞인 데이터는 분량이 늘어날수록 오히려 정보가 줄어들기도 한다. 같은 맥락에서 데이터를 생략하면 오히려 정보가 늘어나기도 한다. 예를 들어

A = (경기도: 수원; 경기도: 이천; 경기도: 안성; 경북: 구미; 경북: 포항; 경북: 영천; ...)
B = (경기도: 수원, 이천, 안성; 경북: 구미, 포항, 영천; ...)

에서와 같이 동일한 내용을 A와 B 두 가지 방법으로 표현할 수 있다. 이때 B는 {수원, 이천, 안성}과 {구미, 포항, 영천}의 두 그룹의 도시들이 각각 같은 도에 속한다는 추가적 정보를 직접적으로 (즉 따로 계산하지 않더라도) 제공하는 셈이다. 결국 글자의 개수(즉 데이터의 분량)가 적은 B가 A보다 정보량은 많다는 것을 알 수 있다. 이런 점에 비추어 보면 동양화속의 여백이 단순한 무(無, nil)가 아니라거나, '웅변이 은이면 침묵이 금'이란 말이 이론적으로도 근거를 찾을 수 있는 셈이다.

일반적으로 동일한 양의 정보를 표현하는데 사용된 데이터의 양이 적을수록 저장할 때 기억매체의 소요량이 적어지고 데이터를 전송할 때 속도가 비례해서 빨라지게 되므로 유리하다. 숫자(특히 큰 숫자)의 경우는 보통의 표현방법보다 유효숫자(mantissa)와 자릿수(exponent)의 두 가지 정보를 나누어 표시하는 방법으로 데이터량을 줄일 수 있다. 예를 들면, 대한민국 인구가 50,000,000 (5×10^7)명이라 할 때 5가 유효숫자이고 나머지 일곱 개의 0은 자릿수를 나타내는 것에 불과하다. 따라서 50,000,000이라는 숫자정보는 여덟 개의 십진숫자를 사용하는 일반적 표현대신 (유효숫자, 자릿수) = (5, 7)과 같이 단 두 개의 작은 숫자(데이터)로만으로 표시할 수 있다. 이를 체계화한 숫자표현법인 로그(logarithm)를 사용하면 1 광년에 해당하는 약 9,500,000,000,000 (9.5×10^{12}) km가 12.97 km로 표현되는데 숫자 개수가 대폭 줄었지만 정보량은 변함이 없다. 다시 말해 실수표현과 로그숫자표현 사이의 변환과 역변환이 가능하다. 이러한 효율적 표현법인 로그의 사용에 힘입어 광년을 일상적 거리 단위로 사용하는 천문학자들이 평균수명이 이전보다 늘어났다고 한다. 일반적으로 멀티미디어정보 특히 동영상(video)처럼 방대한 데이터량이 필요한 정보유형을 처리하는 경우 저장매체의 소요량, 즉 데이터량을 최소화하기 위한 데이터압축이 필수적으로 사용된다. 이를 위한 여러 가지 데이터 압축방법들이 JPEG, MPEG 등과 같은 멀티미디어데이터용 코드(정보표현언어)에 반영되어 있다.

■ 정보량과 데이터량의 구체적 관계

숫자(데이터)를 처리하는 계산기와 정보를 처리하는 시스템과의 차이를 파악해 보자. 예를 들어 64-비트(bit) 컴퓨터가 표시할 수 있는 숫자는 2^{64} (약 16경)개로 32-비트로 처리하는 시스템이 표시할 수 있는 숫자 (2^{32})개보다 약 40억 (2^{32})배 많지만 정보의 양은 두 배에 불과하다. 일반적으로 표시 가능한 데이터의 개수에 비례해서 정보의 양이 늘어나지 않는다. 이는 숫자표기를 위한 진법(進法)의 종류(예를 들어 2, 10, 16 진법 등)나 알파벳(그리고 문장기호들)의 크기에 비례하여 기호(숫자나 문자) 하나이 외미가 커질 수 있기 때문이다. 따라서 같은 개수의 글자라도 진법에 따라 정보의 양이 달라진다. 예를 들어 50명의 사람을 각각 구별하기 위해서는 몇 개의 기호가 필요할까. 가장 극단적인 숫자표현방법으로는 50개의 서로 다른 기호를 사용하여 표시하는 방법(50진법)과 하나의 기호(예를 들어 작대기와 같이)만을 사용하여 작대기 개수로만 표시하는 방법(일진법)과 같은 양극단이 있을 수 있다. 이 두 진법을 사용하여 50을 나타내기 위해서는, 각각 50진법 기호 한 개(무슨 기호를 쓸지? 혹시 ¢)로 표현하거나, 일진법 기호를 (작대기 같은 기호를 '正'자 쓰듯이) 50번 나열하게 된다. 이 양극단의 진법들 사이에 가능한 진법들의 하나로서 이진법(사용기호 0과 1)을 사용하면 여섯 개의 기호(bits)로써 $50 < 2^6$ (= 64) 명을 구별할 수 있다는 것을 알 수 있다. 보통의 십진법을 사용하면 두 개의 숫자만으로도 $50 < 10^2$ (=100)명까지 구별할 수 있다. 이와 같이 기호의 갯수(데이터 량)와 정보의 양은 항상 비례하지 않고 정보의 양은 기호들에 의미를 부여하는 방법, 즉 해석(interpretation)에 달려있다는 것을 알 수 있다. 이는 자연어에서 상대적으로 기본글자의 개수가 많은 (최소 3000자 이상인) 漢字 한 글자가 가진 의미(정보)가 한글이나 영어 글자 한 개가 가진 의미보다 큰 것과 같은 이유이다.

■ 여러 가지 큰 숫자의 허실

영(零)에 가까운 미소(微小)한 숫자의 상징으로 서양에서는 원숭이가 타자기 위에서 제멋대로 뛰어놀다 대영박물관(British Museum)에 있는 모든 책들의 내용을 우연히 타이핑해내는 확률을 들곤 한다. 한편 동양에서는 긴 시간의 대명사인 영겁(永劫, kalpa, 4,320,000,000년)을 사방 백 리의 바위산이 백년에 한 번씩 내려오는 선녀의 치마에 스쳐서 다 닳는 시간이라 했다. 이러한 극소나 극대한 단위는 반도체의 발명으로 시작된 정보시대 이전까지만 해도 각각 불가능(한 확률)이나 영원(한 시간)을 의미하는 상징적 개념에 머물러 있었다.

정보시대에 사용되고 있는 구체적 단위들을 보면, 메모리의 용량이나 연산의 속도 등 컴퓨터에 관련된 여러 물리량들은 기가(giga, 1,000,000,000, 즉 1×10^9), 테라(tera, 1,000,000,000,000, 즉 1×10^{12}) 등도 모자라 페타(peta, 1,000,000,000,000,000, 즉 1×10^{15}) 등으로 사용하는 단위들이 기하급수적으로 높아지고 있다. 몇 백 메가(mega, 1,000,000, 즉 1×10^6)바이트 크기의 저장매체 (주기억장치, 하드디스크 등)를 사용하고 페타-플롭스(peta-FLOPs, Floating-Point Operations per Second)급의 계산속도를 가진 컴퓨터가 개발된 지 몇 년 되지 않아, 수 백 기가(100,000,000,000, 즉 1×10^{11})바이트급의 용량을 가진 저장매체가 일반화되고 있을 뿐 아니라 엑사(exa, 1,000,000,000,000,000,000) 플롭스급 계산속도를 내는 컴퓨터의 개발이 가시화되고 있다. 한편 데이터의 분량측면에서 인류문명은 최근 들어 이틀마다 몇 엑사 바이트 단위의 정보를 생산하고 있다고 한다. 이는 인류가 역사 이래로 20세기까지 생산된 데이터 총량보다 많은 양이다. 따라서 세계적으로 해마다 생산되는 데이터의 총량을 재려면 제타(zeta, 1,000,000,000,000,000,000,000 = 10^{21}) 바이트 단위가 사용되어야 하는 시대에 들어서고 있다.

여러 가지 거대 단위들의 이면에는 상응하는 극소단위들이 사용된다. 극소기술분야를 총칭하는 나노기술(nano technology)에서의 'nano-s'(원시 그리스어에서는 난장이를 의미)는 실제 과학계나 산업계에서는 이미 몇 세대 전의 단위가 되었다. 이는 원자(atom)의 '더 이상 쪼갤 수 없는'의 뜻인 'atom-os'가 그 보다 작은 여러 소립자(particle)들이 발견됨으로써 본래의 의미를 잃고 있는 것과 유사하다. 구체적으로 나노(nano, $\frac{1}{1,000,000}$)미터조차 머리카락두께의 $\frac{1}{100,000}$에 불과한 미소한 단위지만 초당 테라(tera, 1,000,000,000,000, 즉 1×10^{12})번의 계산을 수행하려면 나노의 $\frac{1}{1,000}$인 피코(pico, $\frac{1}{1,000,000,000}$)초에 한 번의 계산을 수행해야 하는데 이는 빛이 0.3 mm 밖에 가지 못하는 찰나로 통칭되던 짧은 시간이다. 한편 여러 가지 전자파(electromagnetic wave)중에서 엑스선(X-ray)은 파장의 길이가 0.1 나노미터 정도이며 감마선

(Υ-ray)은 0.1 펨토(femto, $\frac{1}{10,000,000,000,000,000}$)미터에 불과하다. 이러한 극미 세계를 다루기 위한 기기의 하나로서 크기가 0.1 나노미터 수준인 원자를 볼 수 있는 펨토미터 단위의 정밀도를 가진 현미경이 연구되고 있다. 이와 같은 기술발전에 의해, **추상적 개념으로만 머물던 단위들이 현실로 구체화되고, 역으로 과학기술에 의해 고도화되는 현실은 관념으로 이해할 수밖에 없는 추상적인 영역으로 들어서고 있다.**

몇 십 년 전만 해도 우주전체라고 믿었던 우리 은하계가 몇 천억 개의 은하계 중 하나에 불과하다는 사실이 발견됨에 따른 당연한 유추(extrapolation)로서, 지금 우리가 경험하고 있는 것들과 완전히 다른 자연법칙들(예를 들어 만유인력이 적용되지 않거나 시간이 거꾸로 흐르는 등)이 적용되는 별개의 우주들이 여러 개 있을지 모른다는 가설들과 함께 우주의 크기도 상상력의 한계만큼 넓어지고 있다. 색즉시공(色卽是空)으로 설파된 초월적 세계관 (진리?) 앞에서 물리적 세상의 유한성을 일단 인정한다 하더라도, 정보시대에 들어서면서 **물리적 우주(Universe, 즉 色)가 무한한 세상(Cosmos, 즉 空)이 되는 심오한 원리를 점차적으로 밝혀가고 있는 중이다.**

1.1.4 정보의 차원

정보의 내용은 일반적으로 여러 차원들로 구성되어 있다. 반면 컴퓨터상의 정보는 저장매체들의 물리적 성격에 기인하여 근저에는 예외 없이 일차원적으로 표현되기 때문에 일차원 이상의 차원을 가진 정보는 인위적으로 (즉 소프트웨어로) 만들어내어야 한다. 공간에 관한 정보는 삼차원을 표시할 수 있어야 할 것이고 시간에 관한 정보는 일차원으로 가능할 것이다(사실 정보자체가 기호들에다 인간이 인위적인 의미를 부여하는 방식으로 표현되기 때문에 컴퓨터 정보가 일차원이라는 말자체도 이미 적절하지 않다고 할 수 있다). 실제로 정보의 내용이 삼차원이나 그 이상이면 평균인들로서는 다루기가 매우 어려워진다. 따라서 세상에서 일어나는 상황들을 시간(보통 일차원적으로 표현)과 공간(보통 삼차원적으로 표현)을 통합하여 시공간적(결국 사차원적)으로 표현하고 처리하기 위해서는 정교한 이론과 기법이 필요하다.

■ **역사의 차원**

"빨리 밥이나 먹자." 아들이 대학시절 친구와 함께 몇 주에 걸쳐 다녀온 유럽여행에서 가장 자주 한 말이란 것이다. 우리가 그 역사적 배경을 알지 못하는 상태에서는 타 문화나 다른 사물과의 교류는 직접 보이는 것들에 대해 스냅사진이나 찍는 단편적인 수준에 머물 수밖에 없다. 그러면 수천 년의 찬란한 로마문화도 콜로세움이나 바티칸 성당의 높다란 돌기둥들로 둘러싸인 널찍한 마당들에 불과하게 되고, 르네상스를 태동시켰던 보티첼리의 '비너스의 탄생'도 일개 반누드화에 지나지 않게 된다. 수천만 년의 생성과정과 셀 수 없이 많은 동식물들의 서식행태를 품고 있는 북미대륙의 그랜드 캐년도 사진 몇 장 찍는 것으로 스쳐 지나가게 된다. 반면 역사와 배경을 알고 떠나는 여행에서는 단편적으로 보이는 사실들도 관련된 배경 역사를 통해 연결되면서 끝없는 흥미가 생겨나고 배움의 기회를 만나게 된다. 정보라는 측면에서 보면 역사는 [그림 1.2]에서 보는 바와 같이 시간축을 따라 유기적으로 나열된 무수한 순간적 사실(史實)들을 가리킨다. 세상의 사실(事實)들이 삼차원의 공간에서 일어나는 것이기에 시간이 추가되는 역사는 사차원의 성격을 가진 정보로 표현될 수 있다. 과거 왕들이나 양반들이 책을 접할 수 없었던 대부분의 백성들과는 차원이 다른 소양을 가지게 된 것은 단편적인 사실들과는 다른 한 차원 높은 역사를 공부할 수 있었던 데 기인했음을 알 수 있다. 고려시대 무신 난(武臣 亂) 이전에 무신들이 문신들의 무시를 당했던 것이나 오랜 역사동안 일반 백성들이 양반들의 지배를 당했던 것도 글자를 몰라서 역사, 즉 역사적 정보를 접하지 못했기 때문이었다. 이제 정보시대를 맞아 정보의 접근에 관한 제도적 차별은 거의 사라졌으나 정보의 이해와 활용에 관한 차이는 개개인이 스스로 극복해야할 몫으로 남아있다. 새들이 뭇짐승들과 달리 공중이라는 차원을 개척하여 포유류의 공격을 피할 수 있게 된 것처럼 개개인도 다룰 수 있는 정보의 차원을 높이면 성취를 한 차원 높일 수 있다(이런 차원을 소위 '블루오션'이라 부르던가).

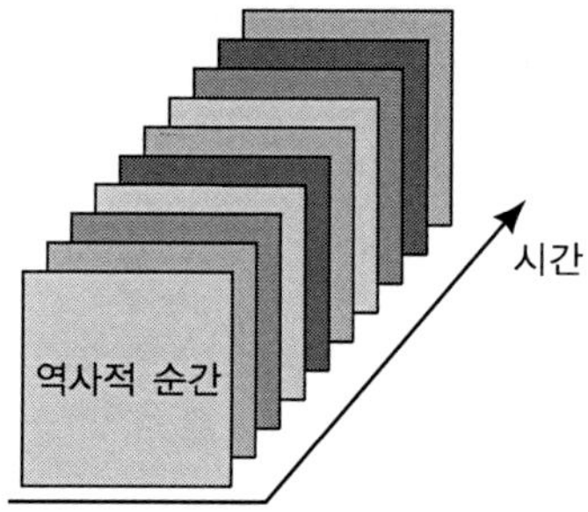

그림 1.2 시간 축을 따라 유기적으로 나열된 수많은 사실들로 이루어지는 역사

1.1.5 단위의 중요성

"차원이 다르다."는 것은 "부피와 면적"이나 "오렌지와 사과"처럼 서로 단순비교가 불가능한 비교대상을 지칭할 때 쓰이는 말이다. 다른 차원의 사실들에 대한 정보는 다른 단위들로 표시된다. 하지만 그 분야의 전문가가 아니면 알기 어려운 새로운 단위들이 계속 쏟아져 나오는 정보시대에는 의미 없는 비교를 하게 되는 경우가 적지 않다. 어떤 코미디프로에서 스피드 퀴즈의 소재로 삼았듯이, 같은 90이라는 숫자가 수학시험점수라면 만족할 만하지만 지능지수(IQ)라면 별로 자랑할 만한 숫자는 아닐 것이고 2라는 숫자가 연간 해외관광 횟수를 나타낸다면 부유층이라 하겠지만 연간 목욕횟수라면 야만인에 가깝다고 할 수 있다. 일상생활에서도 우리가 중학교시절에 배우는 전력소비량(kwh, 에너지 또는 일)과 일률(watt, 단위시간당 에너지)사이의 단위상의 차이나, 자동차의 성능표시에서 마력(hp, 일률)과 토크(Nm, 회전력)와 배기량(cc/sec) 사이의 단위 상 차이에도 불구하고 종종 그 크기만 단순 비교하는 실수를 저지르곤 한다(이러한 실수를 심화시키는 원인 중 하나로 우리의 학교수업이 방정식 등으로 절대적 값들을 구하는 일에 주로 치중하는 반면 그 값에 관한 단위에 담긴 의미를 파악하는 데 소홀한 점을 꼽을 수 있을 것이다). 정보시대에 들어서 과거와는 다른 고도로 복잡한 기기들이 대거 등장하게 되면서 물리적 단위들과 함께 정보에 관한 수많

은 개념적인 단위들이 추가로 사용되게 되었다. 예를 들어 천안함 사건을 계기로 널리 알려진 파동의 수중전달에 관한 계수처럼 과거에는 대중들의 관심밖에 있던 물리량들도 상식화되는 경우가 늘어나고 있다. 이러한 단위들은 해당 물리현상이나 정보에 대한 특성들을 대표하는 상징이다. 실제적으로, 자동차 교통체계에서 제한속도(km/시간)와 차선개수(차선)나 교통량(대) 등의 단위들과 유사하게, 컴퓨터통신이나 휴대폰 등의 정보시스템을 사용할 때 흔히 사용되는 통신대역폭(bandwidth)의 단위(bits/sec)나 정보량의 단위(bits)는 통화품질과 요금에 직접 관련이 있다. 하지만 정보에 대한 특성은 대부분 개념적이기 때문에 물리적 특성과 달리 직접 지각할 수 없어 배경지식이 충분하지 않으면 그 의미를 정확히 파악하기가 어렵다.

정보시스템에서 사용되는 수많은 단위 자체의 의미를 파악하는 일뿐 아니라 그에 대한 구체적 값들의 의미를 평가하는 것도 결코 단순하지 않다. 예를 들어 복잡한 컴퓨터기능 중 하나인 음성인식(speech recognition)기능에서 성능의 척도인 인식률이 95% 또는 96%란 것이 어떤 의미인가? 개별 단어들만 알아듣는지 또는 문장을 알아듣는지, 한 단어씩 또박또박 발음해야 알아듣는지 연속해서 발음해도 되는지, 미리 훈련시킨 화자(話者)의 말만 알아듣는지 화자불문인지, 소음이 섞여있어도 알아듣는지 등의 수많은 평가기준에 따라 인식률(수치)의 의미가 달라질 수밖에 없다(사실, 평범해 보이는 인간의 음성인식능력은 이러한 모든 측면들을 통합한 경이로운 다차원적 능력이다). 최근 인터넷포탈(portal)들에서 음성인식서비스를 제공하여 인식률이 90%를 상회한다고 주장하고 머지않아 인간의 언어능력을 대신할 수 있을 거라는 예측도 있지만 목표하는 인식률에 도달하더라도 전반적인 역할은 일반적인 색인(indexing)기능에 머물게 될 것이다. 즉, 저장된 데이터를 찾아내는 검색의 열쇠(key)로 사용되는 역할에 국한되는 것이지 자연어의 이해에 바탕을 둔 번역이나 문장의 요약 등과 같은 일반인들이 생각하는 언어능력과는 거리가 멀다. 한편 평가를 동일한 단위(측면)에 국한하더라도 정확한 의미를 파악하는 것은 여전히 단순하지 않다. 예를 들어 100m 달리기에서 기록을 10.0초에서 9.9초로 단축하는 것은 같은 0.1초 차이이긴 하지만 16.0초에서 15.9초로 줄이는 것과 비교해서는 실제 필요한 노력이나 난이도 측면에서 현격히 차이가 나는 것을 우리는 안다. 비슷한 경우로 소음의 세기를 데시벨(decibel)로 표시할 때 가령 40데시벨과 80데시벨 사이의 40데시벨이라는 숫자차이는 그 의미를 일반인들은 가늠하기 어렵지만, 상응하는 현실에서는 귓속말도 들을 수 있는 조용한 환경과 잠을 못잘 정도의 시끄러운 환경(법적 단속의 대상)의 차이로서 주민의 삶의 질을 바꿀 수도 있을 차이에 해당한다. 같은 맥락에서 지진 강도를 표시하는 리히터 스케일(Richter scale)에서 6과 8은 실제로는 생과 사를 갈라놓을 수도 있는 수천 배의 차이다. 이러한 정보표시와 실제의미 간의 정확한 이해를 위해서는, 대부분의 실제 현상들에서 **절대적 크기가 아닌 상대적 크기만이 실질적 의미가 있고 표기방법에서 보통의 아라비아숫자가 아닌 비선형적인 로그숫자를 사용하는 것이 현실에 부합하는 경우가 많다**는 사실을 알 필요가 있다.

■ 거대 단위들의 실제적 의미

지금 우리가 매일 쓰고 있는 개인용 컴퓨터(PC)의 성능이 몇 년 전의 슈퍼컴퓨터의 성능을 능가하게 될 정도로 컴퓨터 기술이 빠르게 발전하고 있다. 이미 손가락마디만한 크기에 신문 수천 장의 엄청난 분량을 담을 수 있는 반도체 소자(chip)가 끊임없이 집적도를 늘려가고 있다는 소식은 일상적이 되었다. 그러나 신문이 아닌 사진이나 동영상을 얼마나 담을 수 있는지를 물어 본다면 금방 본색이 드러나고 만다. 수 기가(Giga, 1,000,000,000, 1×10^{9}) 비트짜리 반도체소자 하나에다 글자 위주인 신문기사와 달리 그림은 몇 백 장, 동영상은 몇 분에 해당하는 분량 정도 밖에 담지 못하기 때문이다. 이때 소자의 저장용량을 가장 작은 디지털정보단위인 비트(bit)로 환산했으니 최신 반도체칩들의 용량이나 성능이 4-기가비트 메모리소자(DRAM)이나 2-기가헤르츠 연산장치(CPU)와 같이 10억(기가) 비트 단위에 달할 정도로 크기가 커 보일 수밖에 없게 된다. 모든 건물의 크기를 콘크리트속의 모래알의 개수로 나타낸다면 엄청난 숫자가 되는 것과 비슷하다. 개개의 모래알들이 건물전체와 관련하여 큰 의미가 없는 (화학자들에겐 다르겠지만) 것과 유사하게, 각각의 비트들도 전체 정보시스템의 관점에서는 큰 의미가 없는 (반도체 소자 설계자에겐 다르지만) 것이다. 실제로, 우리 몸은 수십 兆(테라 단위, 1,000,000,000,000, 1×10^{12}) 개의 세포로 구성되어 있으며, 대장(大腸) 속에도 수백 兆 마리의 세균들이 소화를 돕고 있음을 감안하면 단순히 거대한 숫자 자체가 경탄의 대상은 아니라는 것을 알 수 있다. 사물의 실제 작용과 그에 관한 단편적 속성들 사이의 현격한 차이들은 그들 사이의 차원(단위)의 차이를 고려하지 않고 단순한 숫자만 비교하는데서 생기는 오해일 뿐이다.

인간의 뇌의 기억 용량을 컴퓨터의 최소저장단위인 비트로 환산하면 10^{20} 비트 정도라는 주장이 있으나, 컴퓨터의 기억장치와는 차원이 다르기 때문에 뇌의 기억용량은 컴퓨터 메모리의 용량과 직접 비교하는 것은 3차원인 공간의 크기와 1차원인 길이를 비교하는 것처럼 의미가 없다고 할 수 있다. 따라서 단순히 외형적, 물리적 규모만 따져서 인간의 기억용량이라고 추산하는 10^{20} 비트보다 더 큰 데이터 저장용량을 가진 컴퓨터를 만들 수는 있지만, 불가사이란 말로밖에 표현할 수 없는 인간 두뇌의 정보기억방법을 고려하면 인간의 (데이터 저장용량과 구별되는) 정보저장 능력과는 근원적으로 비교의 대상이 될 수 없다. 한편 컴퓨터의 계산속도를 이야기할 때 100 Mips(Million Instructions Per Second)에서와 같이 초당 백만 번의 계산횟수를 표시하는 거대단위가 기본적으로 사용되지만 실제 문제해결이라는 컴퓨터의 최종적 효용에만 관심이 있는 일반 사용자에게는 큰 의미가 없을 수밖에 없다. 컴퓨터를 사용하면 수 천만번의 수학적 계산이 필요한 물체인식 알고리즘의 기능이 여전히 어린아이의 초보적 물체인식 능력에도 못 미치는 점에서 컴퓨터에서는 수십억 번의 계산능력자체가 일반인의 입장에서 본 성능평가의 잣대가 될 수 없다.

실제로 고도의 정보처리를 수행하는 인간의 신경 전달속도를 측정해보면 의외로 (초당 몇 m에 불과할 정도로) 느리다는 사실을 발견한다. 인간의 뇌는 단순계산속도면에서는 별로 빠르지 않지만 통계적 특성을 이용하고 아날로그와 디지털의 혼합(hybrid) 방식의 다차원적 계산방식을 사용하여 오차나 잡음에 대처함으로써 높은 유연성과 신뢰성을 달성할 수 있게 되어 있다고 추정되고 있다. 사실, 사유를 위한 인간두뇌의 계산 메커니즘은 정확히 알려져 있지 않지만 최소한 컴퓨터에서 행해지는 단순한 직렬적 처리(serial computation)와는 달리 정교한 병렬적 처리(parallel computation)에 기초하고 있음은 분명해 보인다. 근본적으로, 전통적 기계들과 비교하면 컴퓨터가 기능이나 속도면에서 상대적 우수성을 보여주고 있으나 현재의 반도체 소자의 빠른 속도를 이용한 이진법적 데이터 저장방식이나 계산방식은 인간의 정보 저장기능 및 처리기능과 비교해 보면 많은 측면에서 근본적 한계가 있음을 짐작할 수 있다.

1.1.6 정보의 존재형태

정보시스템의 역할은 입력된 데이터를 처리하여 필요한 정보를 생산하여 사용자에게 제공하는 일이다. 이를 위해 먼저 주어진 데이터에 정보가 존재하는지 여부를 파악하고 데이터 어느 부분에 어떤 형태로 정보가 존재하는지를 파악하는 원리가 필요하다. 나아가 관련된 정보를 컴퓨터와 같은 정보기기상에 표현하는데 필요한 데이터량과 정보를 전송하기 위한 통신선로(communication channel)의 전송용량을 정량적으로 계산해내야 한다. 이러한 계산을 체계적으로 수행하기 위해서는 다양한 이론적 도구들이 필요하다. 이와 관련하여 과거의 아날로그시대의 정보와 통신에 관한 기본적 이론들이 디지털 시대에 발맞추어 발전되어왔다. 일단, **정보는 기본적으로 차이, 정확히는 예측이 불가능한 차이에만 내재**되어 있다. 이러한 차이는 시간적이거나 공간적이거나 그 외에 다양한 영역(domain)에서 발생할 수 있다. 따라서 변화하지 않는 상수(常數), 예를 들어 시간적으로 세기가 일정한 직류파형에는 정보가 들어있지 않다. 실제로 전화를 걸 때 신호음이 몇 번 울리다가 가끔 '삐'하는 단조로운 소리(monotone)를 가끔 듣게 되는데 이는 하나의 전화번호에 전화와 팩스를 겹쳐 쓰는 경우에 들을 수 있는 팩스 신호음이다. 이와 같은 단조로운 소리는 일정한 주파수를 가진 주기함수 신호라는 의미로서, [그림 1.3](a)에서 붉은색으로 표시된 w(t)와 같이 규칙적으로 진동하는 예측 가능한 형태를 가진 파동이기 때문에 일정한 세기의 직류파형 V와 마찬가지로 정보가 들어있지 않다. 이와 같이 차이가 나더라도 예측가능하면 정보가 없다는 원리는 정보는 차이 또는 변화 속에 담겨있다는 기본원칙과 더불어 정보가 없는 여분 데이터를 걸러낼 수 있는 추가적 단초를 제공한다. 이러한 원리를 반영하면, 정보를 가진 신호파형은 일단 시간적 변화를 포함하게 되는데, 예를 들어 [그림 1.3](b)에서와 같이 일반적 신호파형에 직류가 섞여있다면 정보가 들어있지 않은 (초록색으로 표시된) 직류성분을 걸러내는 것이 (붉은색으로 표시된 파형에 들어있는) 정보를 온전히 유지하면서 데이터를 줄이고 따라서 데이터를 통신할 때 전력소비도 줄일 수 있는 방안이 된다. 이는 물건을 운반할 때 필요 없는 포장지가 있다면 걷어내어 버리고 가면 화물크기를 줄일 수 있는 것과 마찬가지다.

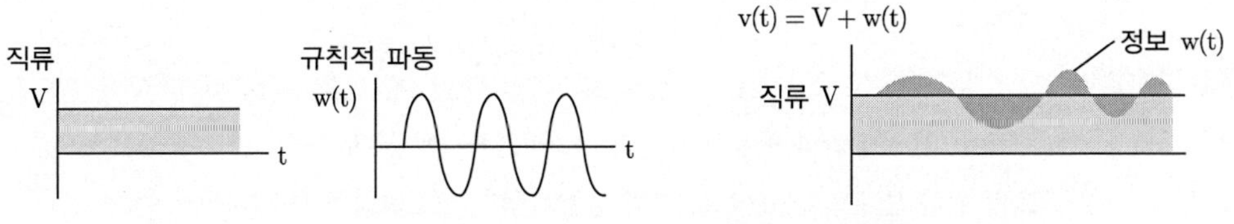

(a) 정보가 없는 직류파형과 규칙적 파형　　(b) 정보가 없는 직류와 신호파형이 섞인 일반파형

그림 1.3 파형의 변화와 정보의 유무

정보는 구체적으로 변수들의 값으로 표현된다. 이러한 변수의 값들 간의 차이는 특정 개체에 대한 속성값의 변화로서 시간이나 공간을 따라 나타날 수도 있고, 같은 종류의 개체들이나 사례들 사이에서도 발견할 수 있다. 이러한 값의 차이에 상응하는 정보는 다음의 [그림 1.4](a)에서 보는 바와 같이 연속적인 X좌표축상의 값의 변화에 따라 Y좌표축의 값의 변화로 표현될 수 있다. 즉, 변수 x를 시간변수 t 또는 공간변수 s로 치환하면 v(t)나 v(s) 등과 같이 시간이나 공간적 파형함수(wave function)로 각각 나타나게 된다. 이때 [그림 1.4](a)에서 보듯이 두 지점 x1, x2에서의 값 V1 = v(x1), V2 = v(x2) 간의 차이는 △ = V2 - V1으로 나타난다.

가장 기본적 주기함수인 원운동의 궤적은 [그림 1.4](b)에서 보는 바와 같이 이차원 직교좌표(XY-coordinates)평면에서 각각의 일차원 좌표(X, Y 좌표)의 측면에서 바라본 요소파형인 (sin(w), cos(w)), 단 w는 회전각도로 표현될 수 있다. 한편 직선운동과 함께 가장 정형적인 파형의 하나인 원운동은 모든 주기함수들(periodic functions)의 구성요소(harmonics)라는 점에서도 중요성을 갖는다. 이와 관련하여 여러 가지의 행태들이 섞여서 복합적으로 나타나는 임의의 현상에서, 전체에 관한 통계적 특성과는 별개로 개별 구성행태들이 가지는 본래의 모습을 규명해내는 일은 또 하나의 중요한 의미를 갖는다. 이에 관해 일반적 파형을 푸리에 시리즈(Fourier series)로 변환함으로써 외형적으로 관찰된 (불규칙하게 보이는) 파형 속에 숨어있는 정형적 요소 파형들, 즉 일정한 주기들을 가진 삼각함수들로 분해할 수 있다. 예를 들어 [그림 1.4](c)에서 보듯이 임의의 파형 v(t)는 v1(t), v2(t), v3(t) 등의 정형적인 요소 파형들로 구성되어 있음을 알 수 있다.

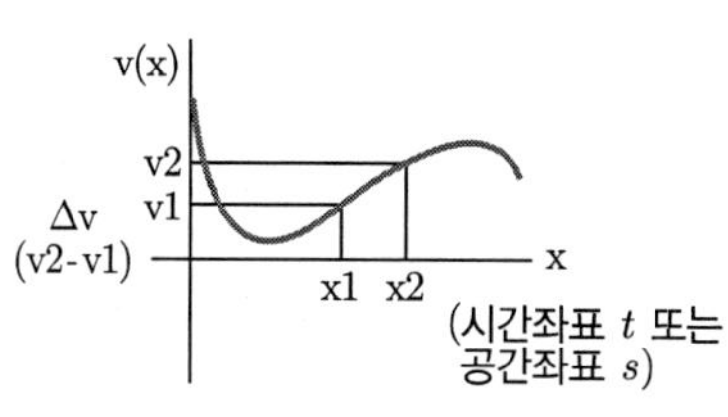

(a) 변수값의 변화에 따른 차이

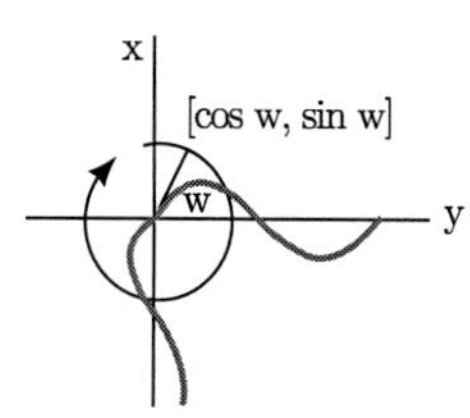

(b) 원운동의 직교좌표상 표현

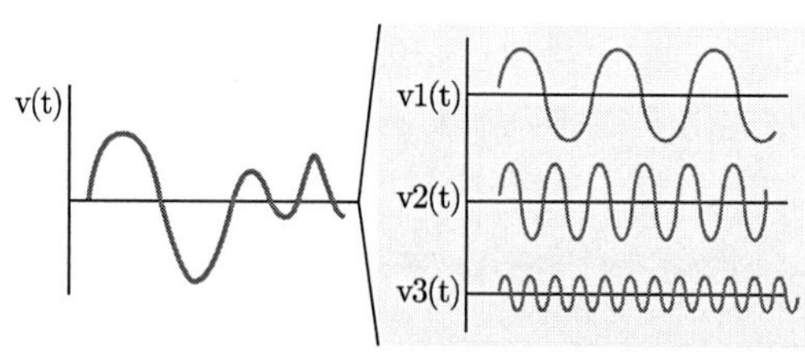

(c) 일반적 파형의 규칙적 요소파형들로의 분해

그림 1.4 변수의 좌표상 표현 및 일반파형의 요소파형들로의 분해

1.1.7 정보와 변환

변환(conversion)이란 본질을 유지한 채 형태가 일정한 법칙에 따라 바뀌는 것을 의미한다. 전기에너지를 휴대하기 쉽도록 건전지에 화학에너지로 충전하는 것과 같은 에너지 변환이나 허리의 둘레를 재기 위해서 보통의 막대자 대신 줄자를 쓰는 것과 같은 편의를 위한 단순한 변환들에 이르기까지 일상에서 수없는 변환들이 사용되고 있다. 이와 같은 물리적 변환들뿐 아니라, 환전이나 번역 등의 개념적 변환들이 해외여행이나 외국서적을 사용하려면 원래의 가치나 의미를 현실적으로 활용하기 위한 필수적인 과정이 되기도 한다. 이에 더하여 산문체로 쓰인 복잡한 계획서를 직관적인 도표로 변환하는 것과 같이 단순히 이해를 돕기 위한 경우들도 적지 않다.

복잡한 변환들을 실현하기 위해서는 함수의 변환이나 좌표 변환, 도형의 위치나 형태 변환 등의 변환들을 규율하는 여러 가지 수학적 이론들이 필요하다. 이와 같은 변환에 대한 수학적 이론들을 사용하면 **개념(구체적으로 도형, 관계, 이론 등을 망라)의 기본구조나 필수내용을 유지하면서 필요에 따라 형태나 위치측면에서 다양한 변화를 만들어낼 수 있고, 역으로 근본구조나 핵심내용이 같은데도 불구하고 외형적 모습이나 부수적 내용만 다른 동질성을 찾아낼 수 있다**(예를 들어 학생들이 제출한 컴퓨터프로그램들이 구조적으로 서로 유사한지를 파악하여 숙제를 베껴냈는지 찾아내는 데도 사용되고 있다). 자주 쓰이는 실용적인 변환이론들의 예로, 복잡한 전기회로를 가진 기기에서 전기소비를 쉽게 계산하거나 오디오시스템의 소리특성을 쉽게 파악하기 위해서는 라플라스 변환(Laplace Transform)이나 푸리에 변환(Fourier Transform)처럼 함수화된 정보들을 수학적으로 변환하게 된다. 또 하나의 예로 기하학에서 직선운동이 아닌 원운동들을 쉽게 이해하거나 설계하기 위해서는, 가로축(보통 X축)과 세로축(보통 Y축)을 기준으로 하는 보통의 직교좌표(rectangular coordinate)에서 반지름(보통 r로 표시)과 각도(보통 θ로 표시)를 변수로 사용하는 극좌표(polar coordinate)로의 변환이론이 사용된다.

에너지 변환과 같은 물리적 변환은 반드시 손실을 수반하는 반면 개념적 변환은 개념간의 변환자체는 손실을 초래하지 않지만 실제를 개념화하는 과정에서 손실이 발생하게 된다. 즉, 여러 단계의 에너지변환이 이루어지는 화력발전의 과정을 보면 석탄, 가스 등의 연료를 태워서 열에너지로 변환되고 다시 터빈을 돌려 기계적 에너지로 변환한 후 다시 전기에너지로 변환되는 각 변환과정마다 에너지손실은 피할 수 없다. 실제로 화력발전소의 최신기술이 달성할 수 있는 최고 열변환 효율이 50% 내외이고 태양광 발전은 들어오는 태양에너지의 20%도 전기로 바꾸지 못하고 있는 실정이다. 한편 개념적인 변환의 경우, 거치게 되는 여러 단계들 중에서 수학적 영역간의 순수한 개념적 변환과 달리 실제로부터 정보(수학적 정보나 일반 정보를 불문)라는 본질적으로 다른 영역으로의 변환은 필연적으로 손실을 수반할 수밖에 없다. 실제에서 정보로의 변환을 위해 거치게 되는 추상화의 과정이 본질적으로 생략을 수반하기 때문이다(사실 생략은 인간에게만 의미를 가지는 개념으로서 문장의 요약이나 주제 파악과 같은 인간고유의 작업들을 위한 필수 기능이기도 하다).

1.2 정보의 유형

초기의 컴퓨터는 인간이 다루는 여러 가지 정보유형들 중에서 가장 다루기 쉬운 숫자정보와 문자(및 문장부호) 정보를 주로 처리하여왔다. 이후 컴퓨터 성능의 발전에 따라 추가로 멀티미디어정보를 처리할 수 있게 되었다. 한편 지식정보는 가장 고급정보라고 할 수 있지만 이 정보유형에 대한 본격적인 처리를 위해서는 컴퓨터의 정량적 성능뿐 아닌 정성적 기능의 향상이 필요하다. 전통적 숫자 및 문자정보(alphanumeric information)는 뒤에 상세히 기술하기로 하고 먼저 멀티미디어정보, 지식정보, 통계정보에 대해 설명하기로 한다.

1.2.1 멀티미디어 정보

멀티미디어(multimedia)는 소리, 화상(image), 동영상(motion picture) 등 현실에서 발생하는 자연적 현상들을 담을 수 있는 정보유형들을 망라한 종합적 매체(media)를 말한다. 이는 새로운 매체의 등장이 아니라 태초부터 **인간이 대면(face-to-face)상태에서 사용해온 정보사용의 본래의 행태를 컴퓨터상에 구현**한 것이라고 할 수 있다. 즉, 멀티미디어 정보를 정보통신장치들(마이크, 카메라, 컴퓨터, 스피커, 모니터, 통신망 등)을 사용하여 디지털 데이터화하여 저장하거나 표시하고 전송함으로써 발생한 현상이나 상황을 멀리 떨어진 곳이나 미래에 시청각적으로 재현할 수 있는 방법을 실현하게 된 것이다.

다산(茶山)이 유배지에서 아내의 다홍치마에다 쓰기도 했다던 붓글 편지들은 공간적으로 멀리 떨어져 있던 자신의 가족들뿐만 아니라 시간의 간격을 넘어 수백 년 후의 제자들과 후손들에 대한 사랑과 가르침을 전할 수 있는 유일한 수단이었다. 이와 같이 정보사회 이전의 전통사회에서는 공간적 거리나 시간적 간극이 있을 경우 글자가 정보전달의 거의 유일한 수단이었다. 백 마디의 말보다 한 장의 그림이 더 많은 정보를 가지고 있다("One picture is worth a thousand words.")는 경험적 사실에도 불구하고 정보표현수단으로서의 그림은 (사진기가 발명되기 이전에는) 삽화나 설계도면 등의 형태로 글자로 표현된 문서를 보완하는 역할에 머물러 왔다. 심지어 시간예술인 음악이나 시공간 종합예술인 연극조차도 음표나 글자로 쓰인 악보나 대본이라는 문서를 통해서 전달할 수 있을 뿐이었다. 따라서 이와 같이 상황의 모든 측면들이 문자로 기술됨으로써 시공간 상황을 지각가능(perceptible)한 실제모습으로 전달하는 일은 인간의 기억(즉 口傳)이나 문서의 해석 또는 연주에 의존해 왔다. 사실, 인간의 가장 원초적이고 자연스러운 교류형태로서 얼굴을 맞대고 대화하는 모습은 말소리를 듣는 것 뿐 아니라 표정, 몸짓 등을 함께 보는 (즉 시청각을 모두 사용하는) 종합적 멀티미디어 정보교환방식이다. 시각, 청각, 후각, 미각 등의 여러 감각능력 중 하나라도 장애가 있을 경우(예를 들어 스피커가 고장 난 TV를 보는 경우, 정전으로 깜깜해진 방안을 더듬는 경우, 음식을 앞에 두고 후각이 마비된 경우)를 떠올려보면 멀티미디어식 매체의 자연스러움과 효율성을 실감할 수 있다.

종합적 미디어유형(동영상)인 영화가 발전된 과정을 보면, 초기 무성영화의 시대로부터 시작하여 유성영화의 단계를 거쳐 칼라 영화가 일반화되기까지 흑백영화가 상당기간 사용되었다. 이는 영화가 표시하고자하는 대상이 결코 무성이나 흑백이었기 때문이 아니라 단지 영상기술수준이 음성을 통합하거나 자연색을 표현하는데 미치지 못했기 때문이었다. 이와 마찬가지로 멀티미디어라는 개념이 새삼스럽게 거론되는 것은 그 이전에는 당시의 컴퓨터기술로 용이하게 처리할 수 있었던 숫자와 문자정보들만을 주로 처리하였던데 기인한다. 숫자와 문자 정보를 넘어 멀티미디어 정보가 컴퓨터를 통해 처리되기 시작한 것은 컴퓨터 본체와 주변기기들의 성능이 대용량화되고 고속화되는 것과 같은 정보기술의 진화에 따른 자연스런 결과라고 할 수 있다(물론 컴퓨터 기능이 멀티미디어 정보를 처리할 수 있기까지는 TV의 칼라화와는 차원이 다른 수많은 연관 정보통신기술분야들에서의 획기적인 진보를 필요로 했다). 이러한 진보의 결과 일반 사용자들의 입장에서는 전통적으로 컴퓨터정보의 주류를 이루었던 기호들로 표시되는 숫자 및 문자 정보가 이제는 보조적 역할로 밀려난 것처럼 보일지 모른다. 그러나 현재의 멀티미디어 정보기술로는 시청각 상황을 카메라나 마이크 등의 입력기기로 채집한대로 저장하였다가 모니터나 스피커를 통해 그냥 보여주거나 들려주는 기능만 확보된 수준이라고 볼 수 있다. 따라서 사진이나 노래 등의 주제나 제목과 같이 멀티미디어의 내용(contents)에 관련된 정보를 표현하려면 여전히 문자를 사용할 수밖에 없다.

멀티미디어 정보가 인간의 생활 속에 본격적으로 활용되기 위해서는 컴퓨터가 멀티미디어 데이터를 단순히 저장하고 보여주는데서 탈피하여 멀티미디어 정보의 내용을 이해하여 인식하고 추론하는 능력을 가져야 한다. 이러한 현실에 비추어 본다면 멀티미디어 시대는 겨우 시작단계에 불과하다. 하지만 현재 개발 중인 수준의 부분적인 멀티미디어 이해능력만으로도 컴퓨터의 빠른 처리속도와 결합되면 활용할 수 있는 분야는 셀 수 없이 많다. 예를 들어 컴퓨터를 이용한 문자인식기능을 응용하면 문서의 내용을 사람 손을 거치지 않고 컴퓨터에 저장하고 처리할 수 있게 될 것이며, 동영상의 내용을 개괄적으로나마 파악할 수 있게 된다면 영화들을 장르별이나 내용별로 자동으로 분류할 수 있게 될 것이고, 이미지나 소리를 인식하는 기능으로는 암호를 위시한 번거로운 보안시스템 대신 필체나 음성 또는 얼굴로 신원을 파악하게 될 것이고, 컴퓨터가 수상한 행동을 판단할 수 있게 된다면 빈틈없고 잠자지 않는 감시원을 두는 것과 같은 효과를 얻게 될 것이다.

1.2.2 지식정보

인류는 경험과 역사에서 통계를 구하고 통계값들에서 법칙들을 발견하고 그 법칙들을 이용하여 미래상황에 대해 예측하고 대비함과 동시에 새로운 창조를 이룸으로써 인류를 보전하고 문명을 발전시켜왔다. 다시 말해 데이터가 개별 상황들에 관한 정보를 담고 있다면 그러한 데이터들에서 추출한 통계가 지식정보의 원천이 된다. 좁은 의미의 데이터는 주로 숫자나 단순한 문자열(즉 문장과 대비되는 단어나 어구)로 표시되는 정보를 지칭한다(실제로 컴퓨터내부에서는 멀티미디어 데이터도 종국에는 숫자데이터로 변환된다). 이들은 상수(常數)들만으로 구성되어 특정 사례에만 적용되는 정보이다. 이와 달리 지식정보는 유사한 사례들에 포괄적으로 적용되는 공통의 규칙을 의미한다. 구체적으로, 지식의 표현을 위해서는 그러한 사례들을 대표할 수 있는 특성변수들이 규정되게 되고 그러한 변수들을 사용하여 규칙이 표현된다. 그와 같은 **규칙에 포함된 변수들에 구체적 값들을 대입함에 따라 각 규칙은 여러 가지 사례들에 적용**될 수 있게 된다. "*개*는 주인을 잘 따른다."라는 규칙은 변수 개의 값에 따라 '우리 개', '이웃집 개'와 같은 현재 세상에 있는 모든 *개*는 물론이고 태고이래의 모든 *개*들 심지어 앞으로 태어날 미래의 *개*들에게도 적용된다. 따라서 하나의 규칙(정보)는 무수히 많은 데이터정보들("우리 개는 주인을 잘 따른다." "저 개는 주인을 잘 따른다." 등등)을 모두 합친 것과 동일한 정보를 표현하는 셈이 된다. 결과적으로 지식정보는 그 속에 포함된 변수의 변역을 구성하는 요소값들에 상응하는 모든 유사사례들에 공통적으로 적용되는 정보로서 장래에 발생할 사례들까지도 포함한 모든 사례들에 적용되기 때문에 단편적인 데이터정보와는 차원이 다른 중요한 의미를 가지는 것이다. 예를 들어 과거의 태풍들이 보여준 규칙적 패턴을 담은 기상법칙에 현재 기상상황을 나타내는 구체적 (채집)값들을 변수들에 대입함으로써 다가오는 태풍에 대한 예측이 가능해져서 재난에 대비할 수 있게 된다. 일반적으로 규칙에 포함된 변수의 적용범위가 넓을수록, 즉 변역이 클수록 그 규칙은 중요한 지식이 된다. 만유인력법칙이나 다윈의 진화론이 위대한 이유도 적용범위가 각각 질량을 가진 모든 물체들과 생명을 가진 과거, 현재, 미래의 모든 생물체들에 적용되기 때문이다.

■ 지식정보의 생성과 획득

정보의 창조는 정보에 관한 수많은 업무들 중에서 지식집약적 과업이고 가장 인간고유의 업무라고 할 수 있다. 한편 지식정보는 정보 중에서 가장 고도의 유형으로서 보통 규칙(rule)의 형태로 표현된다. 일반적으로 지식은 보통의 데이터나 단순한 정보들과 달리 다양한 형태나 복잡한 의미를 가지고 있어 표현방식을 객관적으로 체계화하기가 쉽지 않다. 따라서 비정형적인 지식정보를 컴퓨터에 이식하기 위해서는, 지식을 객관적으로 기술하기 위한 컴퓨터언어를 창조해야 할 필요성과 더불어 지식자체의 복잡성이나 비정형적 성격을 규명하고 체계화하는 방안이 선결과제이다. 지식은 내용에 따라 능동적으로 상황을 바꿀 수 있는 생산적 규칙(productive rule)과 부정적 상황을 막기 위한 제약조건(constraint) 등의 유형들로 대별할 수 있고 형식상으로 자연법칙(natural laws), 경험칙(heuristic), 성문법(statute) 등의 여러 형태의 규칙들로 존재한다. 이중 특히 전문지식의 주요 구성요소인 경험칙들을 관련 전문가로부터 이끌어내어 명시적인 규칙들로 기술하는 것은 어려운 일이다. 이와 같은 지식획득(knowledge acquisition)작업은 지능형 정보시스템의 핵심요소인 지식베이스를 구축하기 위한 필수과정으로서 지식공학(knowledge engineering)의 중요한 분야이다.

인간이 가진 전문지식의 활용은 많은 데이터와 복잡한 추론과정을 거치는 오묘한 정신작용이기 때문에, 그 결과 도출된 해결책에 도달하는 과정이나 근거를 전문가 본인도 구체적으로 설명하지 못하는 경우가 적지 않다. 따라서 '감으로 때려잡는' 경우가 많은 전문지식을 객관적으로 표현해서 컴퓨터상에 프로그램화하기 위해서는 체계적이고 정밀한 지식획득과정이 필요하다. 이러한 전문지식의 획득과정에서는 추상적 질문보다 실제적 사례들에 대한 구체적인 질문들을 제시해야 전문가 자신도 해법을 제시할 수 있고 그러한 해법들을 종합해야만 전문적인 지식을 컴퓨터화가 가능한 형태의 지식정보로 변환할 수 있게 된다. 이와 같이 전문가로부터 전문지식을 추출하여 컴퓨터에 적용시키는 역할을 담당하는 지식 공학자(knowledge engineer)는 해당분야에 관한 전문적 지식과 컴퓨터 기반 정보시스템에 관한 지식을 골고루 갖추어야만 하는 정보시대의 고도 전문가집단의 일원이다.

1.2.3 통계 정보

인류문명에서 통계는 지식의 가장 중요한 원천이다. 반복되지 않는 정보는 단순한 일회성 데이터로서 지식으로서의 가치가 없기 때문에, **반복해서 발생하는 사례들이나 같은 종류의 사물들 사이에 공통적으로 나타나는 특성들만 지식의 내용**이 된다. 따라서 위대한 발견들은 예외 없이 반복적 패턴을 통계적으로 발견한 적용범위가 넓은 규칙들로 규정된다. 만유인력의 법칙이나 유전학적 법칙들과 같이 질량을 가진 모든 물리개체들이나 생명을 가진 모든 생물체들처럼 많은 개체들에서 공통적으로 발견되는 패턴들도 있고, 일 년마다 지구가 태양주위를 도는 공전현상이나 주기적으로 부침을 거듭하는 경기파동과 같이 주기적으로 반복되는 시간적인 패턴들도 있다. 이와 같이 세상이나 인류 전체에 적용되는 대단한 지식이 아니더라도, 통계는 개인이나 개별적 사안에 대한 시간적 추이를 보여주는 것만으로도 중요한 도구가 되기도 한다. 예를 들어 환자 개개인의 치료효과나 학생 개개인의 성적 등에 관한 시간적 변화추이를 파악할 수 있게 함으로써 문제에 적절히 대처할 수 있게 해준다. 실제적으로 통계는 수량이 많거나 시공간적으로 넓은 범위에 걸쳐 있는 사물에 대한 분석에는 거의 유일한 정보처리 수단이다. 정보시대에 들면서 인터넷과 컴퓨터가 단순한 **데이터의 수집이나 기초적 계산에 필요한 시간을 대폭 줄여줌에 따라 대량의 데이터를 대상으로 하는 통계의 실용성은 더욱더 높아지고 있다.** 컴퓨터를 이용하여 대량의 데이터에서 지식을 추출해내는 소위 데이터마이닝(data mining)도 다름 아닌 통계기법의 일종인 탐험적 통계기법(exploratory statistics)을 컴퓨터의 빠른 속도와 결합한 지식 창출기법이다.

■ **통계의 추상성과 익명성**

거짓말에는 보통의 거짓말과 통계란 거짓말이 있다는 말이 있다. 예를 들어 정부가 평균적 국민소득(GDP per capita)이 증가했다고 발표해도 이와 같은 통계치는 평균이하의 소득구간에 속하는 많은 서민들에게는 실감이 나지 않는 엄혹한 현실의 냉정한 추상화일 뿐이다. 같이 체중이 늘더라도 근육이 균형 있게 느는 대신 달리 뱃살만 느는 것은 해로운 것과 같이, 전체 국민소득이 아무리 성장해도 상위계층에만 혜택이 돌아갔다면 오히려 사회전체의 건강은 나빠졌을 수도 있다. 이를 해소하기 위해 표준편차를 평균과 함께 고려하더라도 개개인의 체감 경제상황을 정확히 반영하는 데는 여전히 미흡할 수밖에 없다. 근래에 들어 정보시대가 기술적인 면에서 증폭시킨 승자독식의 기회가 신자유주의로 인해 정책적인 면에서 고삐가 풀리면서 소득의 양극화에 따른 상대적인 빈곤이 사회의 안정을 위협하는 수준에 이르고 있다. 이러한 상황에서 사회 전체의 생산능력의 단순한 평균치를 나타내는 전통적 GDP 늘리기에 몰두하는 것은 정보시대에 당면한 사회문제들을 해결하는데 적절하지 못하다. 절대빈곤사회가 아니라면 한 사회가 느끼는 전반적 행복지수는 절대적 부(富)의 총합을 나타내는 GDP보다 상대적 빈곤을 보여주는 편차, 즉 지니계수에 비례한다. '사촌이 논을 사면 배가 아픈' 한국사회에서는 더욱 그러하다. 국가가 추구하는 목표가 최대 다수의 최대 행복이라고 볼 때 선진국일수록 지니계수에 민감한 반응을 보이는 것은 지극히 당연하다고 할 수 있다. 정보를 생산할 때 반드시 거치게 되는 추상화과정이 초래하는 정보일반의 근원적 한계에 더하여, 통계정보가 복잡한 실제 상황을 몇 개의 지수(index)들로 표현하는 정보라는 점에서 체감지수와의 괴리가 더욱더 커지기 쉽다.

통계에는 얼굴이 없다. 개성 없는 숫자들로 나타날 뿐인 통계 속에서 개인의 특성이나 사정은 고려되지 않는다. 이러한 통계정보에 대한 무분별한 맹신은 물질주의 풍조와 궤를 같이하여 현대사회의 비인간화를 가속화할 수도 있다. 이와 같은 얼굴 없는 사회(anonymity)는 인간을 고립화시키고, 사람들을 뻔뻔스럽게 만들고 나아가서는 범죄까지 조장할 수 있다. 극단적인 비인간적 사회의 단면으로서, 미국의 대도시들에서 총격사건이 빈발하자 응급실의 의사들이 총을 누가 쏘았는지를 알 수 있도록 총탄의 실명화를 제안하고 나섰다고 한다. 이러한 서글픈 제안도 컴퓨터를 이용한 신속한 검색이 가능해짐으로써 그 나마의 효과를 기대할 수 있으니 이런 것도 정보시대의 해택이라고 해야 할지. 여하튼 여기서도 병주고 약주는 정보시대의 일면을 볼 수 있다. 특히 순수한 과학적 통계나 개별 인간에 대한 시간적 통계와 달리 전체사회에 관한 사회적 통계는 많은 인간들을 대상으로 하는 정보라는 면에서 취급상에 생길 수 있는 문제들에 대한 여러 가지 보완책이 필요하다. 사회의 구성원인 개개의 인간은 얼굴 없는 숫자들로 단순히 치환될 수 없는 "우주보다 위대한 본성을 가진 개체"(성철스님 말씀)이기 때문이다. 구체적으로 통계적 척도들을 다원화하고, 통계적 정보사용을 대체적 윤곽을 파악하는 데에 국한시키고, 개별 구성원들을 보호하기 위한 보완장치들을 세밀히 마련해야 한다. 한편 통계는 여러 정보처리단계에서 정보조작의 대상이 될 수 있다. 표본(sampled data)을 목적에 따라 기술적으로 조작하거나 비현실적 가정(postulation)에 기초하여 교묘히 설문을 만들거나 결과에 대한 해석(interpretation)도 자의적일 수 있다. 통계의 대상인 정보가 복잡해짐에 따라 기술적으로 왜곡될 수 있는 여지는 더욱 커지게 된다. 예를 들어 어떤 변수가 다른 변수에 종속되는 경우 그 종속된 변수는 독립된 의미를 가지지 못한다.

■ 통계적 시간을 사는 방법(ergodicity)[1)]

어떤 사물에 대해 시간상의 통계적 특성들을 발견해내기 위해서는 긴 시간을 요하는 경우가 많다. 이때 동종의 사물을 여러 개를 관찰하여 얻은 일반적 통계특성으로써 시간적 통계특성을 대신할 수 있으면(즉 ergodic 하면) 통계를 구하는데 소요되는 시간을 단축시킬 수 있다. 예를 들어 어떤 제품의 동작오류의 특성을 알아내고자 할 때, 앞서 말한 특성을 가진 제품이라면 여러 개를 동시에 동작시켜 오류를 재어 평균을 구하면 한 제품을 오랫동안 동작시켜 구한 시간적 평

1) Ergodicity: 일련의 사건의 시간적 평균이 그 앙상블 평균과 같은 랜덤 프로세스 (a random process for which the time average of one sequence of events is the same as the ensemble average)

균을 대신할 수 있게 된다. 반면 그러한 특성을 만족하지 못하는 사물(제품)인 경우는 제품들의 집단적 평균이 개별 제품의 시간적 평균을 대신할 수 없기 때문에 오랜 시간동안 동작시켜보는 수밖에 없다. 이 경우 ergodic한 성질은 시간을 돈(물건)으로 살 수 있느냐를 결정하는 셈이다. 한 사람이 일생을 통해 보여줄 특성을 같은 시기를 살고 있는 여러 사람들(contemporaries)에 관한 통계적 특성으로부터 파악하는 것도 ergodic한 성격을 이용하여 시간을 사는 셈이다. 더구나 동시대인들은 여러 나이의 사람들로 구성되어 있기 때문에 더욱 타당성이 있는 특성이 도출될 수 있다.

■ **통계에 기초한 전화번호 체제와 전체주의적 사고**

우리나라의 전화번호 체계를 보면 일본의 체계와 유사하게 서울(수도)의 지역번호(area code)는 두 자리(02), 대도시는 세 자리(031, 043 등), 그 외 네 자리(0551, 0334 등, 이후에 폐지되어 세 자리로 통합) 등으로 편성되었다. 반면, 미국의 전화번호체계는 도시의 규모와 관계없이 모든 지역번호가 세 자리(415, 818 등)로 통일되어 있다. 한국과 일본이 채택한 차등 부여의 이론적 근거는, 인구가 많아서 통화량이 많은 지역에는 짧은 번호를 부여하고 상대적으로 통화량이 적은 지역의 번호는 긴 번호를 부여하면 전체 통화자들이 전화를 거는 데에 들이는 수고(keystrokes)의 총합이 최소화된다는 것이다. 정보이론의 원리에 비추어 효율적이긴 하지만 한국과 일본이 채택한 번호체계에서 국민 개개인의 공평성보다 국가전체의 효율성을 우선하는 아시아권의 전체주의적(?) 경향을 엿볼 수 있다. 즉, 모든 것이 수도권에 집중되다시피 한 **중앙집권적 국가들과 나라전체에 고루 분포된 연방국가의 이념적 차이가 전화번호체계에서도 반영**되어 있는 것이다. 국민 개개인의 입장에서 보면 같은 수의 자릿수를 일률적으로 부여하는 것이 수도와 그 외의 지역 주민사이에 차별이 없는 평등한 체제라고도 할 수 있다. 또한 전화를 거는 개개인들(특히 외국인이나 비거주자들)의 편의성측면에서 볼 때 상대방의 전화번호를 쉽게 기억하고 통화를 간단하게 할 수 있다는 면에서 유리하다. 이러한 예에서도 사회 전체적 관점에서의 통계적인 효율과 개개인의 편의나 형평성 사이에 균형문제가 제기될 수 있는 것이다.

1.3 추상화와 수학적 모델링

흔히 몸매가 좋은 사람을 모델 같다고들 한다. 이때 모델은 근육과 같이 필요한 부분은 적절히 발달해있고 뱃살과 같이 불필요한 부분은 없는 이상적 몸매를 가진 사람을 지칭한다. 사물을 필요한 형태로 바꾸는 모델링(modeling)은 사람의 몸매처럼 물리적 형태에 관한 것일 수도 있고, 은행거래에 관련한 입출금액수나 은행잔고와 같이 단순한 숫자들에 관한 것일 수도 있고, 신(神)의 의미와 같이 형이상학적인 것에 관한 것일 수도 있다. 정보 모델링의 결과로서, 그 대상이 되는 사물이나 현상에 관한 수많은 내용 중에서 중요하다고 생각되는 부분들만 추상화되어 정보로 남게 된다. 즉, 정보처리의 궁극적 대상인 실제 세상은 무수한 측면들을 갖고 있기 때문에 정보처리의 목적에 따라 관심 있는 측면들만을 선택하여 정보화의 대상으로 삼을 수밖에 없다. 예를 들어 학생이라는 같은 사물에 대해 학교당국은 그 학생의 소속 학과, 입학년도 그리고 성적 등이 중요한 반면 옛날 학교 앞 당구장주인에게는 외상값이 얼마인지 당구실력이 어떤지(보통 "200어하는 당구대를 찢을 우려가 큰 마세이 금지") 등이 관심거리였을 것이다. 한편 게르니카를 그리던 피카소에게는 인간이 가진 수많은 속성들 중에서 전쟁의 참혹함속에 내던져진 무력감에 관한 측면들이 추상화(抽象畵) 속에서 표현하고자 했던 대상이었던 셈이다. 모든 정보가 컴퓨터 속에 모델링되어 저장되는 정보시대에는 "나의 인식 속에 존재하지 않는 것은 존재하지 않는다."는 말이 "컴퓨터상에 정보로 변환되어 인식되지 않으면 존재하지 않는다."로 바뀌고 있는 셈이다.

정보처리용 기계인 **컴퓨터를 활용하기 위한 모델링은 정보화의 대상인 실제와 그에 상응하는 정보를 대응(mapping)시키는 엄격한 변환**의 형태로 나타나게 된다. 무수한 종류의 사물들을 컴퓨터를 사용하여 처리할 수 있는 정보로 변환하기 위한 논리적 도구로서 컴퓨터용 데이터 모델(data model)이 필요하다. 정보시대이전에는 정보처리의 모든 과정을 인간이 담당했었기 때문에 인간고유의 언어, 즉 자연어가 데이터모델이었다고 할 수 있다. 특히 산문체적 문장들로 표현된 정보는 인간 외에는 해석과 처리가 불가능할 뿐 아니라 각 인간마다 다른 주관적이고 다의적인 해석에 노출되어 있다. 따라서 컴퓨터에 의한 기계적인 정보처리가 가능하기 위해서는 전통적인 자연어가 아닌 공식적인(formal) 데이터모델이 필요하게 된다. 이에 관해 컴퓨터시대초기에는 급여업무나 은행업무처럼 숫자만으로도 표현이 가능한 단순한 정보들만 다루다가 점차 자동차설계나 복잡한 공정제어와 같은 고도의 업무들에 컴퓨터를 활용하게 됨에 따라 데이터 모델도 그만큼 고도화되어가고 있다. 구체적으로 자연어가 아닌 컴퓨터용 데이터모델로서 먼저 인간이 일상적으로 사용하는 표(table)를 컴퓨터의 데이터모델(즉 관계형 데이터모델이나 구조체)로 도입함으로써 표를 사용하는 여러 일상적 업무들(주민등록표, 성적표, 대차대조표 등 사용)을 효과적으로 표현할 수 있게 되었지만, 세상의 복잡한 사물들을 구성하는 또 다른 축인 다양한 관계들을 직관적으로 표현할 수 없는 한계를 가지고 있다. 그에 따라, 세상을 구성하는 두 요소인 개체들과 그들 사이의 관계들을 직관적으로 표시할 수 있는 의미론적 데이터모델(Entity-Relationship Model 등)이 개발되었다. 이러한 데이터모델을 사용함으로써 많은 관계를 포함하는 복잡한 사물을 다루는 업무들에 관한 컴퓨터상의 정보표현의 효율성이 대폭 향상될 수 있다.

■ **데이터 모델링의 복잡성**

자연어 대신 컴퓨터용 데이터모델을 사용하더라도 실제세상의 사물들을 구체적으로 모델링하려면 개념화나 추상화를 위한 소프트웨어 설계자의 수많은 판단이 요구된다는 사실은 크게 변하지 않는다. 재래식 톱을 사용할 때보다 전기톱을 쓰면 능률이 오르긴 하지만 집을 짓는 전체과정은 어차피 거쳐야하는 것과 같다. 더구나 정보에 대한 필요성은 설계자의 주관적 가치기준에 따라 판단할 수밖에 없다. 따라서 모델링과정은 객관적 사실보다 인간의 논리적 판단에 주로 의존하기 때문에 복잡한 정보를 다루는 업무일수록 데이터모델과 같은 도구의 효용은 제한적일 수밖에 없다. 실제로 진전된 데이터모델들에서 글자대신 도형을 사용하게 됨으로써 과거의 모델링보다는 직관적 이해가 가능하다는 점에서 진보는 있었지만 이는 모델링 자체의 본질적 발전이라기보다는 그래픽 사용자 인터페이스를 사용하는데 따른 부수적 효과라고 할 수 있다. 결론적으로 아무리 표현력이 고도화된 데이터모델이 만들어지더라도(사실 이 자체도 일종의 언어를 만드는 일로서 언어의 표현력의 고도화가 배우기 어려워지는 등의 다른 측면에서 문제를 낳게 된다), **데이터 모델링은 영원히 주관적이고 고도의 판단력이 요구되는 창조적인 일**로 남게 될 것이다. 이는 프랑스어로 쓴 시가 아름답게 들리긴 하지만 프랑스어를 쓰는 사람에게도 좋은 시를 쓰는 일은 여전히 어려운 일인 것과 같다.

1.3.1 추상화의 실제적 사례들

우편제도는 복잡한 운송 업무를 편리하게 추상화한 좋은 사례이다. 우편제도가 확립되면서 일반인들은 편지나 소포꾸러미에 수취인의 주소만 제대로 쓰면 수신인에게 배달이 되는 것으로 생각하고 이용할 수 있다. 그러나 우편시스템내의 실제 전달과정을 들여다보면 송신자에서 수신자로 바로 (한번에) 전달되는 것이 아니라 산을 넘고 물을 건너 수많은 경로를 거치게 된다. 그러나 이러한 **복잡다단한 중간배달과정들은 우편물을 보내고자하는 일반인들에겐 별 관심사가 아닌 우편시스템 내부종사자들에게만 관련된 세부사항**에 불과하다. 이와 같이 복잡한 업무를 (일반인들의 입장에서) 추상화하기 위해서는 여러 가지 내부적 규약과 종사자들의 숨은 역할들이 규정되어야 한다.

추상화는 사용자의 요구에 맞춘 여러 수준의 서비스를 제공하는데 일반적으로 활용되고 있다. 예를 들어 유닉스(UNIX) 컴퓨터운영체제에서는 외부 사용자들이 디스크상의 전통적 데이터파일 뿐 아니라 스크린, 키보드, 프린터를 포함한 어떤 외부장치라도 모두 균일하게 파일로 취급하게 해주지만, 내부적으로는 여러 종류의 장치들을 균일하게 취급할 수 있도록 운영체제가 온갖 정보 및 기계적 변환을 수행해야만 된다. 또한 엔진의 종류에 따라 밟거나 당기는 등 시동방법이 제각기 다른 소형 오토바이나 경운기와 달리, **자동차는 엔진이나 차종에 관계없이 자동차열쇠를 돌리기만 하면 시동이 걸리지만 자동차 내부적으로는 엔진에 따라 각기 다른 시동과정을 거치게 되는 것**도 같은 맥락이다.

인류를 약육강식에서 벗어나게 한 거래가 원활하게 이루어지도록 발전하는 과정에서 재산적 가치를 추상화한 화폐나 유가증권이 고안된 것은 필연적이었다. 물건의 경제적 가치만을 추상화하여 그 상징으로 간편한 화폐(조개껍질, 엽전, 지폐 등)나 증표(수표, 채권 등)를 물건대신 거래에 사용함으로써 물물교환에 비해 거래가 획기적으로 활발해지게 된 것이다. 이제는 **부동산, 채권, 지적재산권은 물론이고 연예인과의 계약 나아가 지구온난화방지를 위한 탄소발생권리마저 추상화되어 거래의 대상**이 되는 세상이다. 하지만 미국주택금융위기(Subprime-Mortgage crisis)를 촉발하여 세계를 불황에 몰아넣었던 주범으로 지목되었던 자산유동화증권(Asset-Backed Securities)과 같은 파생금융상품의 예에서 보듯이 (여러 단계의) 과도한 추상화는 화를 부르게 된다. 모름지기 인간의 통제능력을 벗어난 과도한 것은 행동이든 기술이든 제도이든 추상화이든 결국 부작용을 낳게 된다.

■ 축전지의 추상화 원리 및 일반화를 통한 다양한 현상들의 모델링

우리가 필요한 때에 음식을 만들고 만드는 대로 모두 먹어치울 수 없기 때문에 냉장고가 필요하듯이, 전기도 본질적으로 발생하는 대로 흘러가버리는 현상이기 때문에 전기를 저장하기 위해서는 축전지가 필요하다. 휴대폰에 사용되는 소형 배터리나 컴퓨터의 정전에 대비하기 위해 붙어있는 커다란 전력안정기(voltage regulator)뿐 아니라 메모리칩 속에 수십억 개가 들어있는 미소(微小)한 기억단위소자(memory cell)도 모두 본질적으로는 축전지들이다. 이와 같은 축전지원리가 [그림 1.5](a)에서 보는 바와 같이 단순히 전기회로를 모델링하는데 그치는 것이 아니라 많은 물리적, 사회적 현상들을 추상화하는데 사용될 수 있는 일반적 개념이다. 앞에서 보았듯이 그래프가 인간세상에서 수많은 사물 (즉 개체들과 관계들로 구성)에 대응할 수 있는 만큼이나 축전지의 원리도 많은 완충(buffering) 현상들에 대응할 수 있는 개념이다. 예를 들어 계속 흐르는 강물을 전류로 생각하면 흐르는 물을 가두어 저장해두는 댐은 축전지에 자연스럽게 대응시킬 수 있다. 이를 에너지 변환과 물성적 차이를 함께 고려하여 좀 더 창의적으로 응용하면, 쉬지 않고 전기를 생산하는 수력발전소에서 수요가 줄어드는 **새벽시간에 그냥 버리게 되는 전기를 이용하여 하류의 강물을 다시 퍼 올려서 댐에 저장하면 (즉, 물리학적으로는 전기에너지를 물의 위치에너지로 변환하는 셈) 수요가 늘어나는 낮 시간에 다시 사용하는 경우 댐을 축전지**로 생각할 수 있다. 비슷한 원리로 심야전기로 얼음을 만들어두면 전기를 축전지에 저장하는 대신 물성측면에서 저장하기가 쉬운 얼음으로 저장하는 셈이 된다. 물리적으로 대용량의 효율적인 축전지를 만드는 것은 휴대폰용 소형 배터리 개발경쟁에서 보듯이 물을 저장하는 것보다 훨씬 어렵고 비용이 많이 드는 일이다. 한편 얼음을 이용한 전기저장방법을 유동성 선호설의 측면에서 보면, 축전지에 저장된 전기가 현금이라 할 때 얼음은 필요한 변환을 거쳐야만 사용이 가능하다는 점에서 활용이 현금에 비해 (어음이나 부동산처럼) 즉시 사용하는 데는 제한이 따르기는 하지만 같은 (에너지) 자산이라는 점에서는 마찬가지인 셈이다.

축전지 개념을 좀 더 일반화해보면, 유동성이 많이 공급될 때 흔해진 현금으로 인수합병(M&A)나 실물자산에 투자해두는 것이나 영향력(권력이나 금력 등)이 있을 때 주위나 사회에 호의를 베풀어 인맥을 만들거나 사회적 명망을 쌓아가는 것조차도 에너지를 축전지에 저장하였다가 추후에 사용하고자 하는 것과 비슷한 추상화로 대응시킬 수 있다. 강물이 속절없이 흘러가버리듯이, 돈이 많이 풀리면 결국은 인플레이션으로 돈값이 내려가게 될 것이고 많은 이가 탐내는 영향력은 오래 유지하기 힘들다는 진리를 알고 대비하는 세속적 처세 방법이 될 수 있다. 결론적으로 **강물의 변동성을 완화하기 위한 댐이나, 시간대에 따라 남는 전력을 저장하기 위한 얼음, 그리고 여유 자금을 효과적으로 보존하는 목적으로 쓰일 수 있는 M&A의 대상인 회사 (또는 실물자산), 잘 나갈 때의 영향력을 유지하기 위한 인맥이나 사회적 명망들을 모두 기능면에서 축전지에 저장된 전기와 같이 추상화**할 수 있게 된다. 넓게 보면, 선진국이 잉여곡물을 창고에 저장하는 대신 빈곤국가들에 나누어주는 국제적 원조나 심야에 남는 전기를 아예 지구 반대편 국가로 송전하는 방안 등은 넓은 시야에서 보면 가장 효율적인 보존방법(buffering)들이지만, 정치적 이해때문이거나 장거리 송전을 손실 없이 할 수 있는 송전기술의 부족이 실현을 가로막고 있다.

축전지의 전압뿐 아니라 세상을 구성하는 수많은 현상들의 변화경향은 파동으로 나타난다. 전자파나 음파뿐만 아니라 강물의 수위도 강수(降水)에 따라 오르내리는 파동으로 나타난다. 나아가 경기순환이나 주가지수 심지어 심리적 상태조차도 수시로 변화하는 파동으로 모델링할 수 있다. 이러한 파동들에는 일반적으로 단기적 변동과 장기적 변동이 뒤섞여 있다. 일반적으로 **파동의 시간적 경향을 분석하는 핵심도구로 파동의 수많은 변화추이를 내포한 이동평균(moving average)이 자주 사용**된다. 겉으로 드러나는 파동 속에 숨어있는 이동평균, 즉 장기적 변화추이를 [그림 1.5](a)와 같이 축전지(capacitor)와 저항(resistor) 하나씩을 연결한 간단한 전기회로를 사용하면 눈으로 직접 관찰할 수 있다. 즉, 그러한 전기회로의 주파수에 따른 전압특성(검은 곡선으로 표시)을 살펴보면 [그림 1.5](b)에서 보는 바와 같이 일정 주파수 이상의 전기는 통과시키지 않고 걸러내는 저주파 필터(Low-Pass Filter)가 된다. 다시 말해 전압 파동의 성분 중 고주파에 해당하는 단기적 변화는 억제되어 저주파, 즉 장기적 변화만 나타나게 된다(정보표현 도구로서의 축전지에 대한 수학적 바탕은 다음 단원 '수학적 모델링'의 '이동평균을 통한 현상분석'에 기술되어 있다).

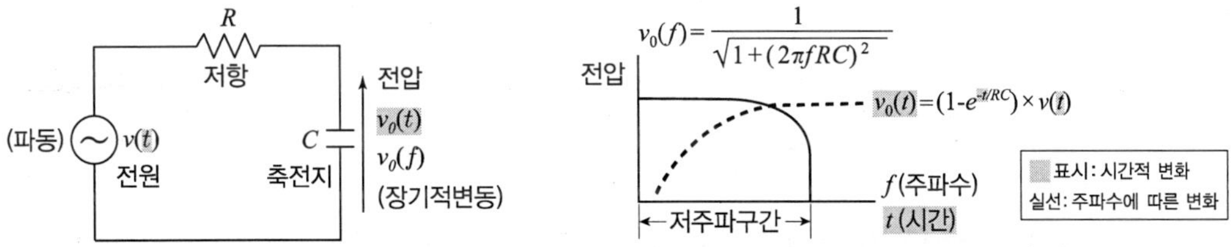

(a) 저주파 통과 필터 구현 회로 (b) 저주파 통과 필터 특성

그림 1.5 전기의 저장고로서의 축전지를 사용하는 사례와 주파수 필터특성

■ 추상화된 사례들의 동일성

반복되는 사물이나 현상에 관한 정보만 지식으로서 실질적 가치가 있다는 사실에 비추어보면 분류는 중요한 지식체계화 작업의 하나이다. 많은 사례들을 분류하기 위해서 세부사항을 생략하거나 필요한 측면들만 취하는 추상화를 거친다. 다시 말해, 사례들의 특성들 중에서 일부만 동일하더라도 그 일부 특성들을 매개로 같은 그룹으로 분류함으로써 정보를 조직화할 수 있게 된다. 사실 개념적 영역이 아닌 실제 세상에서 두 사물이나 사건이 서로 완전히 동일한 경우는 없다. 따라서 추상화에 기초한 분류학이 없었더라면 생물학을 비롯한 어떤 학문의 진보도 불가능했을 것이다. 이러한 분류를 위해서는 여러 사례들의 공통점을 파악하기 위한 전제로서 사례들의 특성들을 파악한 후 유사도(similarity)를 판정하는 과정이 필요한데 이 또한 추상화의 필수적인 과정이다. 실제로 **사례들 사이에 같거나 유사함을 알아내는 일은 지식의 도출이나 사용을 위한 전제조건**이다. 지식의 중요한 단위인 법칙은 변수를 포함하게 되고 변수는 다수의 사례들을 변역(domain)으로 하여 그 중에서 구체적 값을 취하게 된다. "*여름*에는 장마가 온다."라는 자연법칙에서 *여름*이라는 변수는 (과거와 미래에 걸쳐) 해마다 찾아오는 여름들을 해당 사례들, 즉 변역으로 한다. 우리는 이러한 법칙을 미래에 올 여름에도 적용함으로써 홍수 등에 대비할 수 있는 것이다. 이때 같은 여름의 구체적 값으로 취급하는 모든 여름들은 (길이나 강수량 또는 기온 등에서) 조금씩이라도 서로 다르기 마련이지만 같은 여름으로 추상화하는 것이다.

■ 추상화에 대한 철학적 관점이 실제에 미치는 영향

2011년 일본대지진 때 로봇대국을 자처하는 일본이 파괴된 원자력 발전소를 탐사하기 위한 로봇을 미국에서 빌려오게 된 상황이 화제가 된 적이 있었다. 컴퓨터기술을 이용한 기계의 결정판이라고 할 수 있는 로봇의 개발에 대해 양대 강국인 미국과 일본은 다른 철학을 바탕으로 하고 있다. 일본은 전체적으로 인간을 닮은 로봇(humanoid)의 개발에 힘을 쏟는 반면 미국은 특정한 분야(군사, 재난구조, 교육 등)에 전문적 능력을 가진 로봇들의 개발에 중점을 두고 있다. 이러한 철학의 차이는 로봇을 추상화하는 관점의 차이에서 출발한다고 할 수 있다. 즉, 미국은 일본과 달리 로봇이 반드시 인간을 닮을 필요가 없고 도구나 충복으로 사용될 수 있는 유용한 기능을 갖고 있으면 된다는 것이다. 이러한 탈각적 사고를 하게 된 것도 미국의 실용주의에 기인한 유연한 사고가 여러 가지 추상화에까지 영향을 주는 것이 아닌가 생각된다. 결과적으로 인간행위의 전반적 방향을 규정짓는 철학이나 사고방식의 차이가 그에 따라 개발된 로봇의 실용성 측면에서 커다란 실제적 차이로 나타나게 된 셈이다. 이는 달나라 탐사 우주선이 발사각도에서 1°의 오차가 생기면 달에 도착할 즈음엔 수십 만 km차이가 나는 것과 유사하다(이와 같이 현실적 차이가 벌어지자 일본에서도 미국식 특수로봇에 대한 관심이 높아지고 있다고 한다). 정보시대에는 이와 같이 아이디어의 출발점을 제시하는데 영향을 미치는 **유연한 사고체계가 개인의 나아가서 국가의 경쟁력에 직접적 영향**을 미치게 된다. 따라서 인간 본래의 추상화능력의 방향을 결정하는 상위지식(meta-knowledge)을 배양할 수 있는 형이상학적 교육도 정보사회를 위한 교육의 중요부분이 되어야 한다.

■ 계층구조를 이용한 복잡한 사물의 추상화와 정보측면의 효과

서로 연관된 다수의 사물(및 현상)들이나 복잡한 구조(사실은 구성요소들 사이의 복잡한 상호 연결)에 관한 정보를 체계적으로 구성할 수 있는 일반적 지식표현구조로서는 먼저 계층구조(hierarchy)를 들 수 있다. 계층구조의 용도를 살펴보면, 먼저 **복잡한 구조를 가진 사물에 관해 그 구성요소들을 계층적으로 연결함으로써 조직화**하는데 적합하다. 실제로 일정규모 이상의 회사라면 예외 없이 사장 아래 중역들 그 아래 부장들 그리고 과장들 식의 계층들이 피라미드식 구조를 이루고 있다. 이러한 계층적 조직의 각 계층은 관련되는 정보의 추상화 수준과 상응한다고 할 수 있다. 예를 들어 사장이 거래처에 계약서를 보낼 경우에 비서가 이메일로 보내든 팩스로 보내든 사장은 신경 쓰지 않는다. 사장으로서 전할 내용이 상대방에게 제때 전달되기만 하면 전달방법은 중요치 않기 때문이다. 그 반면 해당 비서에게는 계약서의 내용 대신 전달방법이 주 관심사가 될 것이다. 이와 같이 필요한 정보를 계층적으로 나눔으로써 각 계층의 구성원들이 각자의 추상화수준에 맞는 정보만을 접하게 되고 해당업무에만 전념할 수 있게 되는 것이다. 따라서 사장의 경우 비서가 문서수발 등의 잡무들을 전담해서 처리해줌으로써 전체적 경영전략 수립 등의 본연의 업무에 집중할 수 있게 되는 것이다.

계층구조의 다른 하나의 용도는, 분류학에서 보는 것처럼 **각 종류(class)에서 점점 특수한 종류들로 세분화되어 나가는 계층적 구조를 표시**하는데 적절하게 사용된다. 대표적 예인 생물학적 분류에서 동물아래에 척추동물문과 절지동물문, 연체동물문 등의 여러 무척추동물문들 그리고 척추동물은 다시 어류, 양서류, 파충류, 조류와 포유류 등으로 종들이 계층적으로 세분화되어 나간다. 이러한 두 부류의 계층구조는 앞서 언급한 트리구조를 뼈대로 한 의미론적 데이터모델(ER model 등)을 사용하여 효과적으로 표현될 수 있다.

1.3.2 추상화의 일반적 효과와 함정

지구의 모양이나 세포나 분자의 구조처럼 인간의 시야에 비해 사물의 규모가 너무 크거나 너무 작으면 그 실체를 직접적으로 파악할 수가 없다. 이런 경우 우주선을 타고 지구 밖으로 멀리 나가거나 현미경을 사용해야만 지각할 수 있게 된다. 이와 같은 규모에 관련된 어려움뿐 아니라, 사물의 요소들이 복잡하게 얽혀 있어서 파악하기 어려운 경우도 많다. 이러한 경우에 그래프 등과 같은 직관적 도구들을 이용해 개념을 단순화함으로써 복잡한 사물을 핵심적인 내용만으로 정리할 수 있다. 예를 들어 몇 나노미터(nanometer, 10^{-9} m) 떨어진 두 개의 전자소자들 사이의 관계이거나 몇 백 Km 떨어진 두 도시 사이의 관계를 불문하고 연결여부만이 중요한 경우라면, 전자소자나 도시는 동일하게 원(node)으로 표시하고 두 소자사이의 연결 관계나 두 도시사이의 연결 관계는 동일하게 두 원들 사이를 잇는 선분으로 표시하여 각각 그래프로 모델링할 수 있다. 일단, 어떤 문제가 그래프로 모델링이 되면 수백 년 동안 축적되어온 그래프이론이 제공하는 모든 정리(theorem)들이나 연산들이 적용될 수 있게 된다. 이러한 추상화는 기호나 언어가 가진 표현력의 한계(예를 들어 '산은 산이요 물은 물이로다'는 성철스님의 오묘한 법어에서 사부대중이 느꼈듯이)를 역이용하여 표현력을 제한함으로써 복잡한 개념을 효과적으로 정리하는 셈이다. 때로는 모르는 게 약이 되는 셈이다.

실제로 경험하지 않고 추상화된 정보만으로 상황을 판단하게 되면 실제 사물에 대한 구체적 감각을 잃게 되어 정량적 측면에서 오판하기 쉽다. 즉, 과도한 일반화의 오류가 위험하듯이 추상화된 정보에만 의존하면 사물의 상대적 규모나 관계에만 초점을 맞추게 되어 (절대적) 실제 규모에 대한 감각이 부족하기 쉽다(思而不學卽殆대신 思而不見卽殆라고 할까). 예전에 필자의 아들이 초등학교 시절 40억년 후에는 지구의 물이 고갈될 거라는 과학기사를 보고는 염려를 하고 있었다. 지구가 그 때까지 존재할지나 인류나 생명의 생존여부도 불분명한 까마득한 미래의 일에 불과한 데에도 불구하고 추상화된 정보에 의한 정량적 고려가 없어서 생기는 그야말로 기우인 셈이다. 필자도 과거 컴퓨터실에서 근무하며 선박제조에 관련된 컴퓨터 소프트웨어를 개발하고 있던 시절에 조선소를 방문하여 거대한 골리앗 크레인을 실제로 보고는, 설계도를 통해서 얻어진 선박이나 조선에 대한 이해가 얼마나 실제와 동떨어져 있었던지 실감한 적이 있다. 지구가 둥글다는 사실도 다음 [그림 1.6]에서 보는 바와 같은 생떽쥐베리의 어린 왕자에게나 해당되는 추상적 사실일 뿐 지구를 떠날 일 없는 대부분의 지구인들에게는 예나 다름없이 지구는 평평한 것이다. 눈으로 직접 본적도 없이 교과서로만 배웠던 추상적 생물학지식으로는, **분자 〈 미토콘드리아 〈 세포 〈 기관 〈 인간 〈 시회**와 같은 여러 수준의 생물학적 요소들 중에서 미토콘드리아가 세포보다 더 큰지 세포핵보다 분자가 더 큰지조차 헷갈리곤 한다. 어떤 장소를 지도를 통해 추상적으로 알고 있더라도 처음 방문하는 경우에는 지도상의 개념적 정보와 실제 지리를 대응시키기가 만만치 않다. 실제로 여러 계층으로 이루어진 대규모의 조직이 쇠퇴하는 이유 중의 하나가 하위계층과 조직 전체에 대한 상위계층의 이해가 추상적 수준에 머물게 되는 경우라고 한다. 결국 사물에 대한 이해는 정성적 이해에서 정량적 이해로 그리고 통계적인 이해에서 개별요소들에 대한 이해로 구체화되어 나간다. 이와 같이 **여러 단계를 거치는 이해는 구체적 맥락에서 상대적으로 이루어질 때 비로소 실용적인 가치**를 가질 수 있다(즉, 추상적이거나 수학적이 아닌 실질적 공학적 이해라고 할 수 있다).

그림 1.6 세상에 대한 추상적 인식의 예

■ 추상화 능력과 정보의 최종소비

정보의 생성에서 최종 사용까지의 진행단계를 보면 정보의 창조에서 시작되어 수집, 가공, 저장, 전달, 배포 및 소비의 과정을 거치게 된다. 컴퓨터와 인터넷의 등장으로 정보의 가공, 저장, 전달은 효율이 대폭 높아졌으나 창조는 여전히 인간고유의 영역으로 남아있고, 수집 즉 획득, 발굴, 채집 등도 인식과 컴퓨터에 저장하기 위한 추상화의 과정을 거쳐야하기 때문에 상대적으로 발전속도가 더딘 편으로 현재로선 인간의 개입이 불가피한 형편이다. **정보의 수집을 위해서는 현실을 추상화하여 정보로 만드는 과정이 필요한 반면 역으로 최종적 단계인 정보의 소비를 위해서는 추상화된 정보를 이해하여 실제 문제들에 적용하는 지식과 경험이 필요하다.** 예를 들어 자동차 내비게이터에서 "300m 앞에서 좌회전입니다!"와 같은 숫자로 표시된 거리정보를 실제 거리와 대응시키는 단순한 일조차 다소간의 적응훈련이 필요함을 경험한다. 따라서 정보의 최종소비자가 일반인인 경우에는 상식적으로 이해되는 쉬운 사용자 인터페이스를 제공하는 일이 중요한 과제가 된다. 교통표지판도 글자로만 된 것보다 아이콘으로 표시하는 시각적 방법이 좀 더 직관적인 이해를 가능하게 하고, 나아가 실제를 시청각적으로 모사하는 가상현실 방식이 가장 자연스러운 궁극적 사용자 인터페이스를 제공할 수 있다. 하지만 아무리 쉬운 인터페이스라 하더라도 **정보와 실제 사이에 존재하는 본질적 차이는 인간의 해석(또는 이해) 및 추론으로 메워야 한다.**

대부분의 정보기기가 컴퓨터를 내장하면서 어느 정도의 지능과 융통성을 보임에 따라 정보를 효과적으로 소비하려면 정보기기에 대한 전문적 이해가 필요하게 되었다. 이러한 전문성은 단순히 정보기기가 생산하는 정보를 잘 소비하게 하는데 머무는 것이 아니라 정보기기의 기능을 향상시키는 동력이 될 수 있다. 예를 들어 이메일을 자신에게 보내게 되면 이메일을 정보저장소로 활용할 수 있게 된다. 이메일의 본래 기능은 우편과 마찬가지로 타인에게 파일을 보내는 것이다. 이와 달리, **자신을 수취인으로 함으로써 이메일 서버가 가진 저장장치에 정보를 저장하는 기능으로 활용하는 것은 정보기기를 창조적으로 활용한 사례**라고 할 수 있다. 이러한 활용의 기본 원리는 기차역이나 공항에서 화물을 보관소(locker)에 맡겨놓는 것과 같지만 보관료를 지불해야 하는 화물보관과 달리 정보저장은 일정량 이하는 (인터넷포털에서) 무료로 제공하는 점이 다르다. 사실 가정에서 수납공간이 부족하여 물건을 보관하기 힘든 경우가 적지 않지만 공짜로 화물을 보관해주는 데가 별로 없고 집에서 가까운 보관소도 찾기 힘들다. 하지만 컴퓨터 데이터처럼 저장장소까지의 지리적 거리가 문제되지 않고 더구나 대부분 무료로 제공되기 때문에 송신자 자신에게로의 이메일 송신은 창의적인 정보소비방법이 되는 것이다(실제로는 이러한 방법은 이미 상식화 되어서 대부분의 사용자들이 대용량 동영상파일들을 과다하게 저장하곤 해서 파일의 크기나 저장기간이 제한되고 있는 실정이다). 또 하나의 이메일과 관련된 효과적 활용 사례로서, 어떤 컴퓨터에서 태블릿 컴퓨터에 파일을 보내고자 할 때 직접 케이블로 연결하거나 USB 등의 이동식 매체를 사용하는 직접적인 방법이 있지만 연결 포트가 아예 없을 수(아이패드처럼)도 있고 규격에 맞는 케이블이 준비되지 않은 경우도 있다. 이런 경우 인터넷에 (무선이든 유선이든) 연결되어 있다면 이메일을 이용함으로써 파일을 컴퓨터 내에서 옮기는 것처럼 손쉽게 파일을 태블릿컴퓨터로 보낼 수 있다. 이는 물건을 보내고자 할 때 만일 우체국이 가까이 있다면 (수취인에게 가서 직접 전달하는 대신) 소포로 포장하여 우체국까지 가져다주기만 하면 되는 것과 같이 생각할 수 있다. 물론 물건의 경우 가까운 곳이라면 우체국을 이용하기보다 직접 전달하는 것이 더 간편할 수 있지만, 컴퓨터 통신에서는 거리에 관계없이 전달(통신)속도는 즉시이기 때문에 이메일 대신 물리적 운반수단을 사용한다는 것은 항상 비효율적이 되는 셈이다. 말하자면, 곁에 있는 물건을 전달하는 데에 우체국(그것도 공짜)을 이용하지 않고 거리를 불문하고 직접 가서 전달하려는 것과 같다(이메일 대신 직접 케이블을 연결하거나 USB를 꽂는 것은 곁에 엘리베이터를 두고서 사다리를 가져다놓고 힘들게 올라가는 것과 같이 사서 고생하는 셈이다). 이러한 효율적 전달수단을 이용할 수 있으려면 우선 **이메일이라는 전송을 위한 가상적 우편배달제도가 있다는 (추상적) 사실을 이해하고, 이를 실제 사용하기 위해서는 적어도 가상적 우체국에 소포를 맡기는 절차(즉 컴퓨터상에서 이메일 보내는 절차)는 알고 있어야 한다.** 나아가 이러한 가상적 제도를 창조적으로 활용하기 위해서는 정보시스템 일반과 컴퓨터통신에 관련한 배경지식과 제도에 관한 일반적 추상화 능력이 필요하다.

1.3.3 수학적 모델링에서 변수와 그 효용

상수는 고정된 값을 가지는 반면 변수는 해당 변역의 값들 중 어떤 값이라도 가질 수 있는 가변적 숫자이다. 의미론적으로는 변수에 치환되는 구체적 값들은 각각 실제 상황속의 독립적 사례들에 상응한다. 우리는 미지수를 나타내는 변수를 숫자와 같이 취급함으로써 복잡한 산수문제가 손쉽게 풀릴 수 있음을 배웠다. 예를 들어 '닭과 소를 합치면 10마리이고 닭다리와 소다리를 모두 합치면 30개일 때 닭과 소는 각각 몇 마리인가?'와 같은 문제는 미지수인 닭과 소의 마리수를 각각 △과 ○로 표시하면 주어진 조건이 △ + ○ = 10, △ × 2 + ○ × 4 = 30으로 수식화되어 이원일차방정식으로 간단히 풀리곤 했다. 현재는 일상적으로 사용하고 있는 이러한 기초적 미지수 사용은, 복잡한 계산과정을 거친 후에도 각 미지수가 갖는 정보(의미)가 다른 요소들(상수들이나 변수들)과 섞여져도 파괴되지 않고 계속 유지될 수 있게 되는 획기적인 수학적 기법의 하나인 것이다. 같은 원리를 적용한 다른 예로서, 컴퓨터에서 글자들(알파벳 기호들)을 표시할 때 **빈칸(심지어 줄바꾸기나 벨소리 등까지)도 글자로 취급**함으로써 문서편집이나 글자정보의 처리가 획기적으로 단순해졌다. 나아가 컴퓨터 프로그래밍언어에서는 글자도 숫자의 일종으로 취급함으로써 단어들을 서로 비교하거나 순서를 정하는 일이 숫자들을 서로 비교하는 것과 마찬가지로 간단해졌다. 이러한 광범위한 추상화는 **0(零)을 숫자의 하나로 취급**하기로 한 인도인들의 혜안이 가져온 엄청난 혜택에서도 그 연원을 발견할 수 있다(이와 같은 숫자 0의 발명에 대해 어떤 인도인 교수가 "We invented nothing."이라고 다의적으로 표현했었다).

변수를 포함하고 있는 정보인 규칙의 경우 포함된 각 변수에 구체적 값을 대입함으로써 하나의 규칙이 여러 사례들에 적용될 수 있게 된다. 이러한 규칙은 단순한 숫자계산에만 적용되는 것이 아니라 (일반적인 언어나 논리식으로 표시되는) 세상의 다양한 상식적 지식정보에 대해서도 이와 같은 변수의 활용이 가능하다. 예를 들어 "*개*는 충직한 동물이다."는 규칙에서 변수 *개*는 과거의 개들이나 현재 살고 있는 개들뿐 아니라 미래에 태어날 개들까지 포괄한다. 상수가 단편적 사례를 나타내는 것에 그치는데 반해 변수는 구체적 값을 치환함으로써 과거, 현재, 미래를 망라한 모든 사례들에 적용할 수 있다.

1.3.4 벡터정보의 의미와 효용

半 죽은 것과 半 살아있는 것은 같다, 즉 '$\frac{1}{2}$살아있다 = $\frac{1}{2}$죽었다' 고로 '살아있다' = '죽었다'라고 누군가가 주장한다면 이와 같은 명백한 궤변을 논리적으로 반박하는 데는 벡터(vector)가 제격이다. 위의 주장은 스칼라(scala)로만 되어있는 세상이라면 형식적으로나마 그럴듯하게 보인다. 하지만 우리가 사는 현실세계의 모든 사물들은 수많은 측면들로 구성되어 있기 때문에 그에 상응하는 복합적 의미를 표현하기 위해서는 벡터로 표현될 수밖에 없다. 구체적으로 위의 주장을 $\frac{1}{2}\overrightarrow{\text{살아있다}} = \frac{1}{2}\overleftarrow{\text{죽었다}}$와 같이 벡터(→로 표시)를 사용하여 방향성까지 표현하게 되면 '살아있다'와 '죽었다'는 방향이 반대 (또는 최소한 다른 방향)인 벡터 (즉 $\overrightarrow{\text{살아있다}} \neq \overleftarrow{\text{죽었다}}$)이기 때문에 같을 수가 없다고 명백히 논박할 수 있다. 한편 시간의 굴레를 벗어날 수 없는 인간세상에서 사물들의 주기적 변화패턴은 지식의 핵심적 내용으로서 이를 파악하는 일은 매우 중요한 일이다. 이와 같은 **주기적 변화를 보이는 파동은 서로 다른 주기를 가진 수많은 요소파동들의 복합체로서 그와 같은 파동들을 구성요소로 하는 벡터**로 표현할 수 있다. 이러한 파동에서 단기적 변동들에 숨겨져 보이지 않는 장기적 추이를 보기 위해서는 적분을 활용하여 간단히 파동의 이동평균(moving average)을 구해보면 된다. 예를 들어 주가의 변동을 나타내는 파동의 이동평균들을 구해보면 단기적 일일변동 뒤에 감춰져 겉으로 드러나지 않던 장기적 추세선들(需給線, 景氣線 등)이 차례로 모습을 드러낸다.

인간에 의해 추상화되지 않은 있는 그대로의 세상의 사물 중에 스칼라로 표시될 수 있는 것은 없다. 실제 세상에서 발생하는 다면적 상황들을 반영하는 벡터와 달리 스칼라는 인위적으로 추상화된 단편적인 정보(많은 경우에 벡터의 개별 요소에 불과)에 관한 단순한 수량만 표현하게 된다. 하지만 이와 같은 절대적인 수량이 그 자체로서 실제 상황에서 중요한 의미를 가지는 경우는 별로 없다. 다차원적인 벡터와 단일 차원인 스칼라는 그야말로 차원이 다른 범주에 속해 있음을 쉽게 알 수 있다. 하나의 스칼라값은 사물의 한 측면만을 표시하되 그나마도 추상화하거나 근사화하기 마련이다. 예를 들어 어떤 사람에 관한 정보 중에서 키가 170cm라고 할 때 이런 숫자자체는 한 사람의 신체나 외모를 묘사하는 수많은 측면들 중에 하나일 뿐이다. 그나마도 반올림이냐 소수점을 절사하느냐에 따라 1cm 가까운 오차가 나기 마련이다(170.2325...와 같이 실제 키는 정확하게 표기하는 것이 불가능하지만 이런 자잘한 숫자를 두고 인기인들이나 통상 평균키라고 여겨지는 키의 소유자들은 큰 관심거리로 삼기도 한다). 하물며 한 인간을 전체적으로 평가하자면 외형 외에 인품이나 사회적 관계 그리고 시간적 흐름속의 역사적 판단(예를 들어 시험점수가 70점이라도 지난번 성적이 50점이었다면 이는 뿌듯한 성취라고 할 것이나, 같은 점수가 보통 90점을 받던 학생에게는 실망스러울 것)까지 포함시켜야 한다면 단지 스칼라로 표시되는 개별 숫자 하나하나는 그 자체로는 큰 의미를 가질 수 없다. 따라서 여러 가지 요소들과 측면들을 가진 세상의 모든 사물은 이러한 스칼라 값들을 통합한 벡터가 적절한 표시방식이 될 수밖에 없다. 하지만 살다보면 그러한 벡터의 개별요소에 불과한 개별 스칼라 값에 집착하거나 고의로 부각시켜 사실이 왜곡되거나 호도되는 경우가 적지 않다. 이러함에도 세상의 다양한 측면들을 이과보다 더 넓게 섭렵하게 되는 문과가 고등학교시절 벡터를 수업영역 밖에 두고 있는 사실은 대한민국의 극복되어야 할 한 단면을 보여주고 있다.

■ **벡터 표현과 평가**

개별적 숫자가 나타내는 정보는 단지 크기만 표시하는 스칼라(scala)이다. 이와 달리 여러 개의 성분을 가진 벡터(vector)는 크기와 함께 방향을 표시한다고 생각할 수 있다. 예를 들어 같은 속력으로 가더라도 달리는 방향에 따라 도달하는 지점은 달라진다. 따라서 스칼라로 표현할 수 있는 속력과 달리 속력과 방향을 함께 고려하는 속도는 '속력'과 '방향' 두 개의 성분을 갖는 벡터로만 표현이 가능하다. 이와 같은 벡터는 간단히 벡터의 각 성분에 대응하는 스칼라량들을 사용하여 $\overrightarrow{V}=(v_1, v_2, v_3, \ldots)$, 단 v_i는 각 스칼라 성분과 같이 나타낼 수도 있다. 예를 들어 이차원 공간상의 위치는 (x, y) 그리고 삼차원 공간상의 위치는 (x, y, z)와 같이 나타낼 수 있다.

실제 세상에서 발생하는 사안에 대한 평가가 적절히 이루어지려면 단선적인, 즉 일차원적인 스칼라 값이 아닌 여러 측면들을 요소로 하는 다차원적인 벡터 값으로 표현되어야만 한다. 하지만 벡터 값처럼 어떤 값이 여러 개의 성분을 가지면 다른 값과의 단선적 비교가 불가능하다. 예를 들어 학업성적을 {국어, 수학, 영어} 세 과목으로 평가할 때 단순 합산으로 종합순위를 매기는 것은 세 성분이 모두 같은 방향과 비중을 가지고 있는 경우에만 유효하다. 그러나 실제로는 각 과목에 어떤 가중치(weight)를 부여하느냐에 따라 각 과목의 상대적 비중이 달라지고 그에 따라 종합순위는 달라진다. 이처럼 각 성분에 대한 가중치를 달리 부여함에 따라 비교잣대들을 다양하게 만들어낼 수 있고 그에 따라 평가는 극단적으로 달라질 수 있게 된다. 더구나 교과목 점수처럼 같은 단위로 표시되는 경우(즉 성분들이 같은 방향인 경우)와 달리, 예를 들어 학업성적, 나이, 경력과 같이 비교잣대가 되는 성분들이 단위조차 서로 다른 벡터인 경우에는 더욱 비교가 어려워진다.

평가에 관련하여 적정성보다 객관성을 우선시하는 (사실은 평가의 효율성을 위주로 하는) 우리사회의 분위기에 따라 '우주보다 더 광대무변한 본성'을 가진 인간에 대한 정보조차 숫자 몇 개로 쉽게 단순화해버리곤 한다. 이러한 편의주의적 단순화에 따른 대표적 부작용으로, 해마다 수십만의 수험생들을 벡터값이 아닌 스칼라값인 수능총점을 잣대로 평가하여 일렬로 세움으로써 수많은 학생들을 좌절시키는 사회문제를 경험하고 있다. 원칙적으로 인간사회의 모든 평가의 최종 척도는 최대다수 인간들의 삶에 도움이 되느냐에 있고 날로 복잡해져가는 현대사회에서 사안들의 성격상 그에 대한 평가는 복합적이고 상대적일 수밖에 없다. 물론 현실적으로 보면 스칼라값으로 표시되지 않은 값에 대해서는 비교의 객관성을 두고 다툼이 생길 수밖에 없다. 그렇다고 해서 스칼라식 줄세우기는 겉으로는 객관적일지 몰라도 실질적으로는 올바른 평가가 될 수 없다.

1.3.5 좌표체계

좌표체계(coordinate system)는 한 개 이상의 차원을 가진 공간(space)에서의 위치를 나타내기 위한 표기방법(근대철학의 선구자인 데카르트의 발명)이다. 이때 **공간을 구성하는 각 좌표축에 어떤 의미를 부여하느냐에 따라 공간의 의미가 결정**된다. 이러한 공간은 물리적 공간뿐 아니라 논리적 공간을 포괄한다. 인간은 물리적 세상 속에서도 특히 지각할 수 있는 공간관계에서 쉽게 차원을 실감하게 된다. 따라서 이차원 세계인 초원에서는 사자가 왕이지만 삼차원 공간을 날아다니는 새들에게는 세력이 미치지 못한다는 사실을 쉽게 이해한다. 그러나 좌표체계의 의미를 이러한 지리적 공간에 한정시키지 않고, 예를 들어 여러 공해업소들에서 배출하는 폐수를 업체에 따라 색깔을 달리한다거나 총알에 식별번호를 넣으면 폐수나 총알에 하나의 차원, 즉 좌표축이 부여되는 셈이 된다. 이를 이용한다면 공해배출이나 총기사고에서 각 행위자가 해당 좌표 상에서 각각 구분되어 표시됨으로써 불법행위자를 쉽게 적발해 낼 수 있게 될 것이다. 이러한 물리적 세상뿐 아니라 논리적 세계에도 다양한 개념들을 좌표계에 대응시킬 수 있다. 예를 들어 신입직원을 뽑을 때 고려되는 학점, 영어점수, 해외연수경험, 자격증보유 등의 논리적 전형요소들을 각각 다른 차원에 대응시키면 응시자들에 대한 전형결과가 다차원 좌표공간에 표시될 수 있다. 이러한 논리적 세계를 구성하는 다차원적 공간(좌표)들에 상응한 정보를 명확하게 표현하기 위하여 일차원적 논리학, 이차원적 논리학 등의 논리학적 언어가 개발되어 사용되고 있다. 이와 함께 시간적 흐름도 다른 하나의 (중요한) 차원으로 취급하여 시간축을 따라 해당 값들을 나열함으로써 사물의 시간적 변화를 표시하는 방법이 일상적으로 사용되고 있기도 하다.

■ **극좌표를 이용한 공간이동 표현**

공간상의 위치를 표현하거나 운동을 나타내기 위해 일반적으로 사용하는 직교좌표계 (X-Y좌표계)는 직선운동(예를 들어 $y = 3x$)을 포함하여 다항식으로 표시되는 대부분의 운동들을 나타내는 데는 별 문제가 없다. 그러나 천체의 움직임이나 바퀴의 회전과 같이 실제 세상에서 일어나는 많은 운동은 원운동 [그림 1.7](a)이나 그와 유사한 곡선운동들이다. 이러한 원운동을 나타내는 데는 직교좌표계보다 반경과 각도로 이루어진 극좌표계(polar coordinate)를 사용하면 훨씬 효율적이다(키 대신 허리둘레를 재는 데는 막대자 대신 줄자를 사용하면 편리한 것과 유사하다). 두 개의 직선좌표를 사용하는 직교좌표와 달리 극좌표 (r, θ)는 [그림 1.7](b)에서 보는 바와 같이 하나의 길이좌표(원의 반경표시)와 하나의 각도좌표를 사용하여 이차원 공간상의 위치를 규정한다. 예를 들어 반지름이 3인 원을 직교좌표상에 표시하려면, 중심을 원점에 위치시킨다고 하면 $x^2 + y^2 = 9$ (또는 $y = \sqrt{9 - x^2}$)와 같이 나타내야 하지만 극좌표상에서는 $r(\theta) = 3$과 같이 간단히 표현된다. 따라서 원주를 따라 $p1$에서 $p2$로 이동하는 운동은 [그림 1.7](b)에서 보는 바와 같이 간단히 각도좌표값만 $\Delta\theta$만큼 변화시키면, 즉 $r = 3$으로 그냥 두고 $\theta_2 = \theta_1 + \Delta\theta$로 간단히 표시할 수 있다. 다양한 곡선운동에 관한 극좌표의 사용에 관해서는 이미 로마시대에도 아르키메데스 나선([그림 1.7](c) 참조)과 같은 복잡한 곡선을 $r(\theta) = a + b\theta$와 같이 간단한 극좌표식으로 나타낼 줄 알았다.

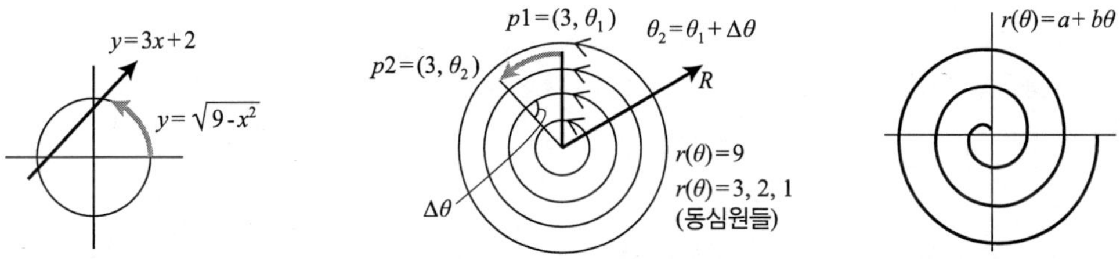

(a) 직교좌표상의 운동의 궤적 표현 (b) 원운동의 극좌표상의 표현 (c) 아르키메데스 나선

그림 1.7 원운동의 직교좌표 및 극좌표 표현과 아르키메데스 나선

1.3.6 상황의 구성요소들의 구체적 모델링 방법

상황(나아가서 우주)의 두 기본요소인 개체와 관계 중에서 먼저 개체에 대한 표현은 개체의 여러 가지 속성들(properties)에 대한 인지와 그에 근거한 유추를 바탕으로 이루어진다. 이러한 속성들은 지각이 가능한 속성(예를 들면 모양, 색깔, 크기 등)에서부터 구조적 속성(예를 들면 구성요소나 연결구조 등)과 기능적 속성(예를 들면 행동이나 현상 등)을 포괄한다. 그러나 현실적으로 모든 정보는 인간의 인식에 근거하기 때문에 상황에 대한 정보의 구체적 내용은 관련자들의 주관적 판단에 따라 달라질 수밖에 없다. 예를 들어 산봉우리의 경계, 식물의 종류나 친척의 범위와 같은 각 개체내지 개념의 범위를 어디까지로 할 것이냐를 정하는 것도 인간에 의한 (사회적 또는 개인적) 판단에 따르게 마련이다. 일단 개체 및 개념들이 인식되고 나면 다음엔 그들 사이의 관계, 즉 시각적으로 인지할 수 있는 공간관계를

위시한 물리적 관계 뿐 아니라 시간적 관계, 포함관계(inclusion)나 소속관계(association)와 같은 기능적 관계, 사회적 관계나 개념적 (또는 논리적) 관계들에 대한 인식이 종합적으로 이루어진다.

물리적 개체에 관한 기본적 속성 중의 하나인 모양은 많은 경우 그 값에 따라 해당 개체의 종류나 신원을 판단할 수 있는 특징적 속성(characteristic property)의 하나이다. 임의의 모양에 대한 인간의 시각적 인식은 원, 삼각형, 사각형 등의 몇 개의 정형적 모양(regular shapes)들이나 나뭇잎모양, 별모양, 초승달모양 등의 익숙한 모양들을 바탕으로 근사화하고, 그러한 모양들이 여러 개 모여서 이루어진 복잡한 모양은 [그림 1.8](a)에서 보는 바와 같이 정형화된 모양들 간에 규정되는 겹침(구체적 정도는 추가로 표시), 가감(+와 −로 표시), 인접여부(거리, 방향 표시) 등의 여러 가지 인접 공간관계들을 바탕으로 나타낸다. 나아가 상황의 기본 구성단위인 각 장면(scene)을 컴퓨터상에 모델링하기 위해서는 등장하는 물체들의 모양에 대해 위에서 언급한 근사화 방식을 적용하여 모델링한 후에 추가로 그 물체들 사이에 여러 가지 공간관계들을 적용하여 전체 장면을 시각화(visualize)할 수 있다. [그림 1.8](b)에서 보는 바와 같이 다양한 모양을 가진 물체들이 서로 겹침(overlap), 포함(inclusion), 포개짐(stackup) 등의 여러 가지 공간관계들을 통해 배치되어 장면을 표현하게 된다. 한편 청각적 측면에서는, 음성 등의 소리는 동영상과 마찬가지로 시간축에서 일정한 주기마다 신호(소리)의 세기가 달라지는 파형의 모습으로 표현된다. 최종적으로 시각적 및 청각적 정보가 통합된 장면들이 상황의 전개에 따라 유기적으로 연결되면 상황이 종합적으로 표현될 수 있다.

인간의 입장에서 세상이 전개되어 나가는 단위인 상황의 표현을 정보기술적 측면에서 보면, 상황의 시각적 구성단위인 순간장면(snapshot)들은 각기 일반적 그림과 마찬가지로 표현될 수 있다. 그리고 상황의 시간적 전개는 순간장면들을 일정한 간격으로 주기적으로 나열함으로써 표현될 수 있다. 이때 각 장면은 세상을 구성하는 기본적 요소인 개체들과 그들 사이의 관계들로 구성된다는 점에서 볼 때 결과적으로 개체들과 관계의 표현이 모든 상황 표현의 기본요소가 된다(개체도 계속 쪼개어 나가면 궁극적으로 관계들로만 이루어져 있다는 점에서는 관계일원론도 가능).

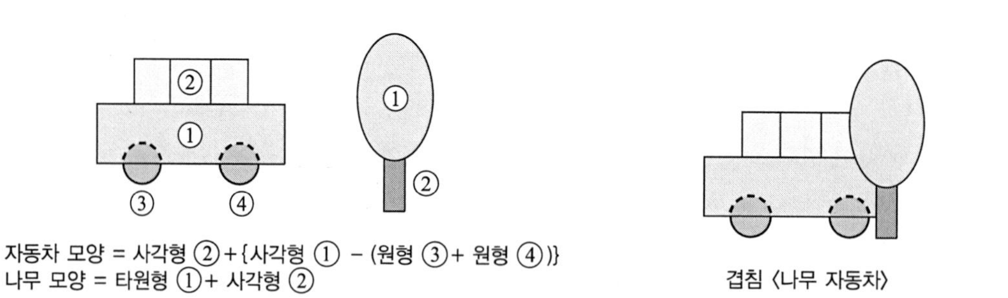

(a) 물체 모양의 근사적 표현　　(b) 여러 객체가 포함된 장면의 근사적 표현

그림 1.8 물체의 모양과 장면의 근사적 표현

1.3.7 정보의 복잡성과 문자 이외의 정보표현방법

무수한 상황들의 총합인 세상은 상황을 구성하는 요소들인 개체들과 그들 사이의 관계들이 시간적으로 변화하면서 전개되어나간다. 이러한 세상을 개념적으로 표현하는 데는 정보표현의 도구로서 언어가 필요하다. 하지만 일반적인 글자만을 사용하는 서술적 표현(narration)으로는 사물들에 함축된 의미나 특징을 모두 잡아내는 것은 불가능하다. 특히 "한 장의 그림이 천 마디의 말과 같다(A picture is worth a thousand words.)." 는 구절처럼, 그림이나 음악소리와 같은 실제적 현상에 내포된 수많은 관계들은 자연어로 표현하기는 너무 복잡다단하다. 예를 들어 사람의 얼굴에서 눈과 코 등이 단순한 점이 아니고 일정한 면적을 차지한다는 사실뿐만 아니라 양미간 거리나 눈과 코의 배치관계 등의 셀 수 없이 많은 공간관계들이 얼굴모양을 정형화된 언어로 표현할 수 없게 만든다. 따라서 아무리 좋은 기억력을 가진 목격자가 세밀히 진술하고 최선을 다해 그린다고 하더라도 몽타주는 범인의 실제 얼굴과 차이가 날 수밖에 없게 된다. 이에 비해 사진과 같은 기계적 정보표현수단이 정확도는 높지만 (요즈음 휴대폰에 달려있는 카메라가 어떤 인간보다 현장을 잘 증언하는 목격자가 되고 있다) 이렇게 수집되어 기록된 정보는 컴퓨터에 단순히 저장만 할 수 있을 뿐 현재의 기술수준으로는 컴퓨터가 그 내용을 이해할 수 없다는 한계가 있다. 따라서 현재로서는 그림정보나 소리정보와 같은 멀티미디어정보에 자연어로 제목을 표기하는 타협적인 정보표현방법이 사용되고 있을 뿐으로, 그림이나 소리의 내용을 컴퓨터가 이해하기 위한 정보표현방법과 활용기술을 개발할 여지는 무한하다고 할 수 있다.

글자를 넘어선 정보표현방법의 핵심인 도형에는 그래프, 다이어그램, 차트 등으로 불리는 다양한 형태들이 있지만 공통적 특징은 **개체와 관계를 각각 표현하는 노드(node)와 링크(link)를 기본적 구성요소**로 한다는 점이다. 이러한 도형들은 표(table)나 아이콘(icon) 등과 마찬가지로 그림으로 나타낼 수 있게 때문에 일반 글자에 비해 각 기호(symbol)당 내포한 의미가 훨씬 커지게 된다(이는 상형문자가 표음문자보다 일반적으로 글자당 의미가 큰 것과 비슷한 이치다). 구체적으로, 18세기 오일러(Euler, L.)가 처음으로 사용한 그래프는 노드와 링크를 가진 도형 중에서 가장 일반적인 형태이다. 그와 같은 그래프 구조의 각 요소들에 사용자가 원하는 의미들을 부여할 수 있는 의미망(semantic net)은 [그림 1.9](a)에서 보는 바와 같이 그래프(족보)의 원조로서 다양한 응용분야에 맞추어 특화되고 있다. 실제적인 응용예로서, 각 도시를 노드로 도로를 링크로 표시하는 교통도([그림 1.9](b)), 각 구성원을 노드로 구성원들 사이의 상호관계를 링크로 표시한 족보나 조직도, 각 종(species)을 노드로 분류상의 상하관계를 링크로 표시하는 분류학(taxonomy) 도표, 각 부품을 노드로 그리고 구조적 관계를 링크로 표시한 기계의 구성도 뿐 아니라, 변화를 수반하는 동적(dynamic) 관계를 표시하는 정보표현방법의 예들로는 상태를 노드로 변화의 방향을 링크로 표시하는 상태천이도(state transition diagram), 알고리즘들에서 수행할 업무를 노드로 업무간의 처리순서를 링크로 나타내는 흐름도(flow chart), 각 공정을 노드로 수행순서를 링크로 나타내는 공정의 계획도(PERT/CPM) 등이 널리 활용되고 있다.

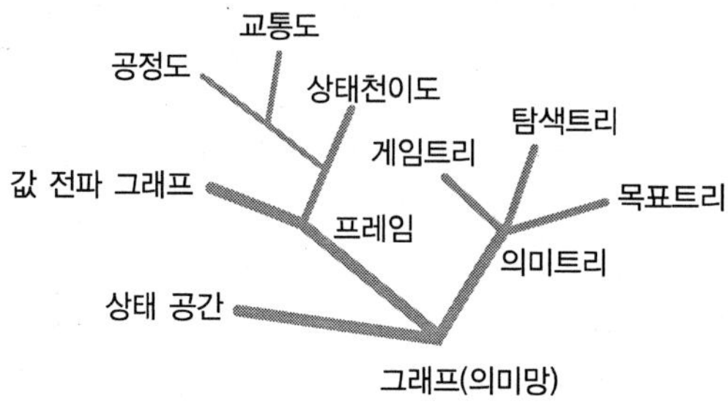

(a) 의미망을 기초로 하는 그래프의 족보

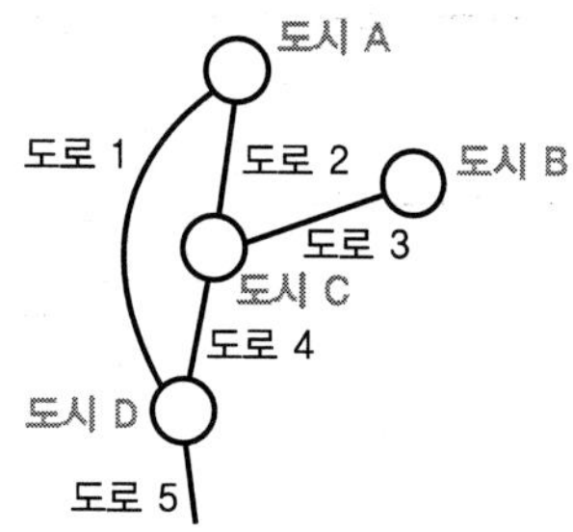

(b) 그래프를 이용한 도로망의 표시예

그림 1.9 그래프 기반 표현방법들의 계보와 그래프의 사용례

개체와 관계에 각각 상응하는 노드와 링크라는 기본적 요소를 기반으로 하는 그래프를 뼈대로 하되 추가적으로 대상 분야나 정보의 고유한 성격에 따라 특수한 정보표현방법들이 다양하게 사용되고 있다. 예를 들어 복잡한 이미지나 객체를 표현하기 위해서는 대상의 **특징을 규정하는 변수들(characteristic parameters)을 요소로 하는 특성벡터(feature vector)로 계량화하는 방법**, 그림이나 소리 등의 시청각 정보에 대해서는 **선분이나 정형화된 몇 개의 도형들(regular shapes)을 조합하여 근사화하는 방법 또는 의미 있는 표상(icon)들로 상징화하는 방법**이 사용되고 있다. 한편 복잡한 내용의 정보가 문자로 쓰인 경우에는 컴퓨터에 의한 기계적 이해도를 높이기 위해서 개별 문장들을 분해하여 **문장요소들 사이의 복잡한 관계들을 그래프를 이용하여 재구성**하거나 글 전체에 대해서는 **제목이나 몇 개의 주제어(keyword)들로 요약**하는 방법들을 부가적으로 사용하고 있다. 하지만 배경지식을 적재적소에 적용하는 능력이나 그와 관련된 문맥 등의 표현 및 처리 등의 인간의 정보표현능력과 유사한 본격적 정보표현방법은 아직 인간고유의 영역으로 남아있다.

1.3.8 동적 정보의 모델링

어떤 현상이나 인간의 행위는 일반적으로 그 결과가 의미를 갖는 외에 경우에 따라 그 과정도 중요한 의미를 가질 수 있다. 예를 들어 춤추는 행위가 다이어트를 목적으로 하는 경우라면 최종결과인 에너지소비가 중요하겠지만 춤추는 동작자체를 즐기기 위한 보통의 경우에는 결과보다 과정자체가 중요해진다. 따라서 과정의 시간적 변화를 표현하기 위해서는 동적(dynamic) 정보를 수용하기 위한 방안이 추가적으로 필요하게 된다. 하지만 실용적 의미에서 보면 과정과 결과는 서로 상대적 개념일 뿐이다. 즉, 이동을 정지의 연속으로 보는 관점과 유사하게, 과정은 중간결과들을 연속으로(재귀적으로) 나누는 방식으로 표현할 수 있다. 따라서 과정이 중요한 경우에는 이를 충분히 세분하고 그 세분화된 과정들의 결과들을 나열함으로써 과정을 (중간)결과들의 연쇄로 나타낼 수 있게 된다. 이와 같은 방법으로, **변화하는 과정에 관한 동적 정보도 정적(static) 데이터와 마찬가지로 표현**할 수 있게 되는 것이다. 이러한 방법을 정보시스템 전체에 확대해서 적용하면, 컴퓨터 프로그램 자체를 인간이 필요로 하는 결과들을 생산하는 중간과정으로 간주하여 정보처리의 궁극적 결과인 데이터에 종속시킴으로써 데이터의 종합체로서의 **데이터베이스를 중심으로 정적 및 동적 정보를 망라한 모든 정보를 표현**할 수 있다.

■ 이동평균을 통한 현상들의 분석

사물에 대한 통계적 특성들은 지식의 근간을 이룬다. 즉, 다수의 사물들이나 반복되는 현상들만이 인간의 지식의 내용이 된다는 사실에 비추어보면 통계적 사실은 모든 지식의 원천이 된다. 정적인 측면의 통계 값들에 더해 시간적 흐름에 따른 동적인 통계적 특성들은 시간적 변화가 중요시되는 현상들을 체계적으로 분석하는 데 효과적인 수단을 제공한다. 실제 세상에서 일어나는 현상들을 자세히 살펴보면, 자극에 반응하여 발생하는 현상의 효과가 즉각적으로 한꺼번에 나타나는 것이 아니라 일정한 시간구간(time window)에 걸쳐 가해지는 자극의 총량이나 평균값에 비례한 크기의 **효과가 일정한 시간구간에 분포되어 그것도 일정한 시간 지체된 후 나타난다.** 사람이 식사시간에 몰아서 섭취한 음식물이 소화과정을 거쳐 며칠간 지속적으로 신체에 동력을 제공하는 것이나, 햇빛의 세기가 하지 근방에 연중 최대치를 보이지만 이에 의한 지표면의 가열효과는 점진적 기온상승을 거쳐 한 달 후쯤에야 최고의 기온을 기록하는 등에서 보듯이 자극에 대한 효과는 언제나 일정기간 분산되고 지연되어 나타난다. 이와 같이 시간적으로 분산된 효과를 분석하기 위해서는 이동평균(moving average), 즉 $\int_{t-\triangle}^{t} \frac{\alpha f(x) - \beta g(x)}{\Delta} dx$, 단 $f(x)$와 $g(x)$는 각각 정방향과 역방향으로의 실시간 변화를 나타내는 함수, $\triangle$는 분산구간을 나타내는 윈도우 크기(window size)라는 수단이 현상의 단기적 변화 뒤에 가려져 겉으로는 눈에 띄지 않는 장기적인 변화추이를 파악하는 효과적인 도구로 사용된다. 실제 주식거래자들 사이에서 주가의 이동평균은 주가의 변화추이를 분석하는 도구로서 널리 사용되고 있다. 이때 이동평균식에서 분포구간(△)을 넓힐수록 변화의 거시적 추이내지 저류(低流)를 보여주게 되는데, 구간의 크기(5일, 60일, 120일 등)에 따른 주가의 여러 가지 추세선들에다 각각 심리선, 수급선(需給線), 경기선(景氣線) 등의 실제 경제상황과 대응되는 의미를 부여하기도 한다.

이동평균을 파동에 적용시킴에 따른 실제적 효과는 파동의 순간적 변화를 일정 구간단위로 평준화시킴으로써 돌발적 변화를 완화시키는 필터링(Low-Pass Filtering) 효과라고 생각할 수도 있다. 이와 같이 파동에서 불필요한 단기적 변화를 제거할 수 있는 필터링효과는 색안경을 쓰면 각종 전자파를 포함한 햇빛에서 유해한 자외선이 차단되는 효과와 비유된다. 이를 이용하여 다양한 물리적 현상들, 예를 들어 [그림 1.10]에서 보듯이 전기저장창고인 축전지의 동작이나 수중보 안팎으로의 물의 흐름 등도 모델링할 수 있다. 이때 축전지나 수중보는 일정량의 전자와 물을 가두어 둠으로써 각각 전자의 흐름과 강물의 흐름에 관한 파동의 단기적 변화를 완충(buffering)하는 필터역할을 하는 셈이다(이러한 통계적 특성을 시간영역에서 주파수영역으로 변환하여 보면 분석뿐 아니라 거꾸로 원하는 통계특성을 만들어내는 필터를 설계할 수 있다). 이때 필터회로상의 (전자의 저장창고인) 축전지가 커질수록 (전자의 흐름인) 전류의 급격한 변화를 막는 역할이 커지는 것은 [그림 1.10](b)에서 보듯이 수중보(dammed pool)가 클수록 돌발적 폭우나 일시적 가뭄을 긴 시간에 걸쳐 완화할 수 있기 때문에 홍수나 가뭄조절능력이 커지는 것과 마찬가지로 당연한 이치라고 할 수 있다. 이러한 이동평균의 필터링 효과를 응용하여 즉흥적 감정변화나 정서불안을 다스릴 수 있게 그릇을 키우는 인간의 수양과정도 모델링 할 수 있지 않을까.

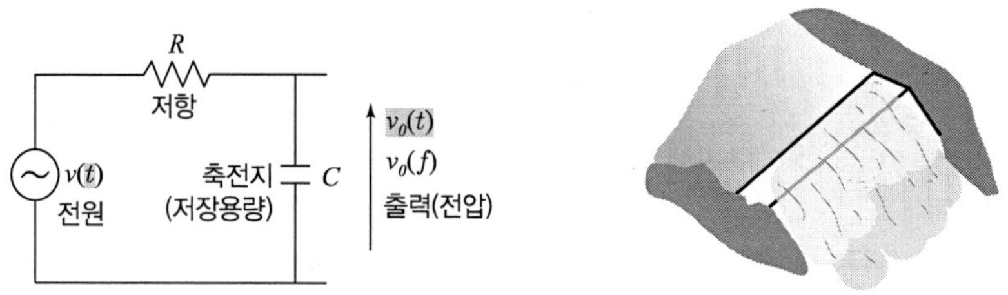

(a) 축전기에 저장되는 전기 (b) 수중보를 거친 강물흐름

그림 1.10 단기적 변화를 순치시켜 장기적 안정을 얻기 위한 저장고의 사례들

■ **개념들의 근사화를 이용한 현상분석**

현상을 체계적으로 분석하기 위해서는 먼저 현상을 정보로 표현하는 과정이 선행되어야 한다. 이때 현상을 구성하는 요소들 중 물리적 개체들은 논리적 또는 개념적 개체와 달리 (零차원의 단순한) 점이 아닌 일정한 범위를 가지고 있는 객체이다. 그러한 범위는 기본적으로 부피에 관한 삼차원적 공간범위와 그리고 변화가 진행되는 시간차원의 범위를 포함한다. 그러나 그러한 범위를 있는 그대로 엄밀하게 표현하는 것은 실제로 불가능하기 때문에 다양한 모델링 기법을 이용하여 근사화(approximation)하거나 정형화(regularization)하게 된다. 예를 들어 어떤 물체에 가해진 힘에 의해 발생되는 물체의 운동을 분석할 때도 계산의 편의를 위해 물체의 전체질량이 무게중심(점)에 있다고 보고 계산하지만 실제로는 질량은 물체의 모든 부분에 분포되어 있다. [그림 1.11](a)에서 보는 바와 같이 힘도 작용점 한 점에 모두 가해지는 것으로 가정하지만 실제로는 일정한 접촉면(예를 들어 손바닥 전체)에 퍼져 압력(즉 힘/단위면적)으로 작용하게 된다. 한편 전기신호의 분석에서는 신호를 일으키는 자극을 [그림 1.11](b)에서 보는 바와 같이 좌측의 실제 파형 (이러한 완전한 직각 파형도 엄밀히 말하면 근사치) 대신 우측의 순간적 충격파형(impulse)으로 모델링한다. 구체적으로 이러한 충격함수는 그림에서 보여주는 바와 같이 지속시간이 무한히 좁고($\lim_{\triangle t \to 0}$) 신호세기는 무한대인 (신호세기 × 지속시간으로 계산되는 전체 출력에서는 좌측 사각파형과 같은 일정한 크기를 가진) 가상의 임플스 신호(자극)로 모델링된다. 이론적으로만 존재하는 임플스 함수는 수학적인 표현과 계산이 쉽고 이에 대한 이론적 바탕이 잘 구축되어 있기 때문에 이를 이용한 개념적 분석은 유한한 인간으로서는 불가피한 선택이 된다.

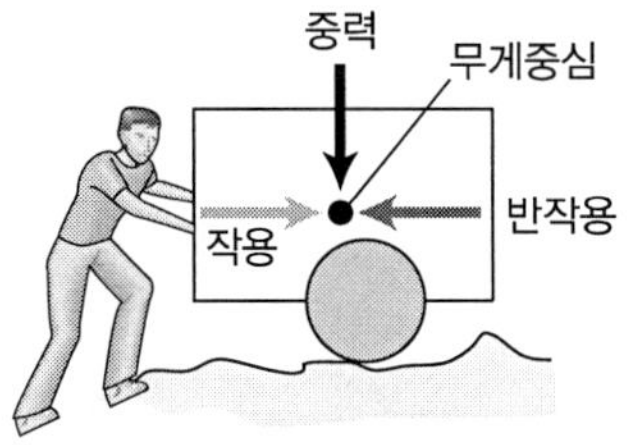

(a) 물체에 가해지는 힘의 모델링

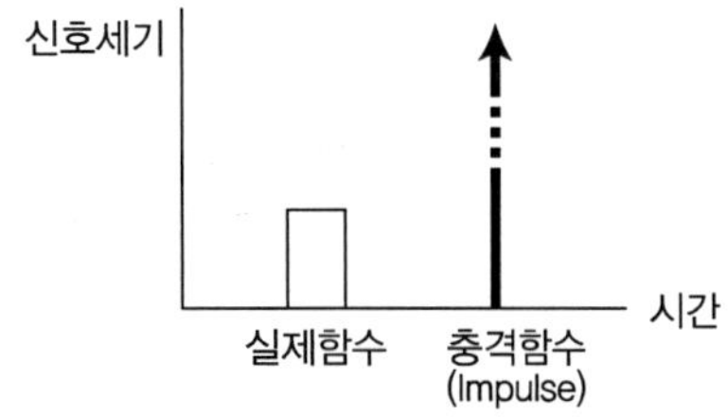

(b) 자극(전기신호)의 모델링

그림 1.11 개념의 근사화 사례들

▪ 관계의 상대성을 이용한 정보표현의 단순화

밤낮이 교차하기 위해서는 하늘이 움직일 수도 있지만 지구가 움직일 수도 있는 것과 같이 관계란 항상 상대성을 가지게 마련이다. 이러한 상대성을 적절하게 이용하면 복잡한 정보표현에서도 획기적 효과를 기대할 수 있다. 예를 들어 선박이 커다란 암초를 피해서 최단의 경로를 찾아내는 문제는 두 개의 물체간의 상대적 공간관계만이 중요하다. 이 문제를 컴퓨터를 이용하여 풀려고 할 때 선박과 암초라는 두 개의 다면체를 있는 그대로 각각 이차원 좌표평면에 투사하여 문제를 푸는 것은 어려운 일이다. 이때 [그림 1.12](a)에서 보는 바와 같이 관계의 상대성을 이용하여 삼각형 모양의 배를 점(point)으로 보고(즉 2차원 도형인 삼각형에서 0차원의 점으로 단순화하고), 암초를 그에 상응하여 확대(즉 갈색부분에서 하늘색 부분으로 확대)함으로써 두 다면체간의 문제를 점과 하나의 다면체의 문제로 변환하면, 두 개의 이차원 사이의 문제가 0차원과 2차원 사이의 문제로 획기적으로 단순화되어 (문자 그대로 차원이 다르게) 쉽게 해결할 수 있게 된다. 이와 같이 관계의 상대성을 이용한 탈각적 착상에 기초한 모델링기법은, 대륙횡단 초고속열차가 중간역에 정차하는 대신 정거장을 열차와 같은 속도로 이동함으로써 초고속열차가 정차하지 않고 승객이 내리게 하는 아이디어에서도 발견된다.

관계의 상대성을 이용하는 또 다른 일상적 사례로서, 많은 사람들이 출퇴근 때마다 사용하는 교통카드는 여러 가지 기능들을 수행하기위해 전력이 필요하지만 외부에서 따로 충전을 해줄 필요가 없다. 포켓계산기와 달리 태양전지판조차 없는 교통카드가 내부 전자회로를 동작시키는 전력을 외부 어딘가에서 공급받고 있다는 의미이다. 이러한 카드에 전력을 공급하는 원리를 보면, 학창시절 과학책에 보통 기술된 대로 일정한 자장 속에서 전선을 이동시켜 전류를 유도하는 방법 대신 [그림 1.12](b)에서 보는 바와 같이 카드내의 전선이 고정되어 있고 대신 전선과 교차하는 자장의 세기를 변화시키는 방법을 사용하는 것이다. 이는 전선을 가로지르는 자기장이 시간적으로 변화하면 전류가 생긴다는 패러데이(Faraday)의 법칙(즉, $V = \frac{dB}{dt}$ 유도전기는 자기장의 변화율에 비례한다)에 비추어 보면 당연한 결론이 된다. 구체적으로 전선과 자기장사이의 관계의 상대성에서 보면 전선이 이동하거나 반대로 자기장이 변화하거나를 불문하고 전선과 교차하는 자장의 세기가 상대적으로 변하기만 하면 전기가 발생하게 되는 원리를 적용한 것이다. 위에서 본 바와 같이 초고속 열차의 경우나 교통카드의 경우에 대한 문제를 상대적 이동내지 변화라는 관점으로 보면 관계의 상대성이라는 같은 원리로 추상화될 수 있게 된다.

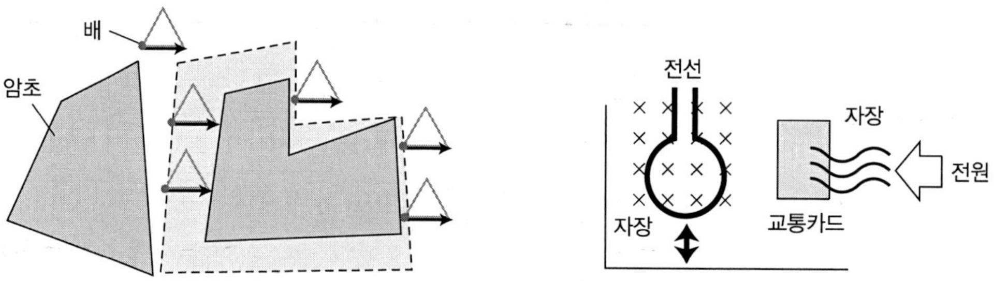

(a) 상대성을 이용한 항로구성의 단순화
(AI, Winston P., 2000 Addison Wesley)

(b) 상대성을 이용한 교통카드에의 전원 공급

그림 1.12 관계의 상대성을 지능적으로 활용한 사례들

1.4 컴퓨터상의 정보표현

인간의 관심영역인 실제세상을 컴퓨터상의 정보로 변환하려면 데이터모델(data model)에 따른 정보의 표현(representation)이 선행되어야 한다. 이렇게 표현된 정보는 기록(저장)되고 기록된 정보는 처리(가공)되고 그리고 사용자에 의해 이해됨으로써 사용된다. 정보는 본래 인간을 위한 개념이다. 그러나 컴퓨터가 발명되면서 컴퓨터가 기록하고 이해할 수 있는 범위에서 컴퓨터를 위한 정보의 표현이 필요하게 된다. 구체적으로 컴퓨터상의 정보표현은 멀티미디어 정보와 같이 **자연 상태의 사물에 관한 정보를 컴퓨터에 직접 표시하거나 (정보의 최종사용자인) 인간이 사용하는 언어나 기호들로 표현된 정보를 컴퓨터가 수용 가능한 형태로 변환**하는 작업이다. 하지만 인간과 컴퓨터간의 언어능력의 차이에 따라 인간을 위한 정보표현과 컴퓨터를 위한 정보표현은 다를 수밖에 없다. 즉, 인간을 위한 전통적 정보표현이 자연어나 도표 등을 사용해왔던 반면 컴퓨터는 단순한 이진법적 언어에 의존하게 된다. 현재로서는 컴퓨터가 글자(text)로 표현된 정보나 시청각(multimedia)정보에 대해서 그 의미를 이해하지 못한 채 단순히 저장만 하는 수준에 머물러 있고, (이진법) 숫자정보조차 본질적 의미가 아닌 단순히 크기의 측면에서만 그 의미를 이해할 수 있을 뿐이다. 따라서 현재의 정보기술에서는 개수나 분량 등의 절대치 외에 각 단위에 담긴 의미, 예를 들어 사과 30개와 나이 30살은 절대치는 같은 30이지만 '개'와 '살'이 가진 의미는 아직 컴퓨터가 이해하지 못하는 영역이다. 결국 정보에 대한 컴퓨터의 이해수준을 보면, 숫자를 크기로만 비교하거나 단어를 문자열(character string)로 단순 비교하여 일치여부나 대소(大小)관계를 파악하는 데에 그치고 있다. 특히 글의 문맥에 대한 고려나 주제의 파악 등은 컴퓨터로서는 아직 요원한 부분이다. 즉, 컴퓨터에 의한 정보표현이 아직은 인간이 사용하는 정보를 그대로 저장한 후 있는 그대로 되돌려주는 수준이라고 할 수 있고, 정보의 이해에 관련된 부분들은 숫자(의 크기)정보를 제외하면 모두 최종 사용자인 인간에게 맡겨져 있다.

세상은 무수한 개체들과 그들 사이의 상호 관계로 구성되어 있고 그와 같은 개체들 및 관계들의 시간적 변화에 의해 세상이 전개되어간다고 보면 그에 대응하는 **정보는 사물들과 그들 사이의 관계에 대한 속성과 상태에 관한 정적인 정보와 사건이 진행되는 과정에 관한 절차적(동적) 정보로 대별**할 수 있다. 이와 같은 정보들을 표현하기 위해, 인간은 같은 종류의 데이터들을 체계적으로 정리하기 위한 표(table)나 복잡한 구조들 가진 정보를 표현하기 위한 그래프(graph)를 이용한 다양한 정보표현방법들을 사용해왔다. 특히 그래프의 사용은 계층구조(hierarchy)로 표현될 수 있는 분류학이나 국가와 같은 대규모 조직 또는 자동차와 같이 여러 요소들로 복잡하게 구성된 사물들에 관한 직관적인 정보표현을 가능하게 해준다. 인간들 사이의 의사소통이 사용하는 언어의 표현력(expressive power)의 한계를 벗어날 수 없듯이, 인간을 위한 지능형 도구내지 충직한 하인으로서의 컴퓨터의 기능이나 지능도 컴퓨터용 언어의 표현력에 달려있다. 이에 관해 컴퓨터의 내부적 기능은 변함없이 이진법적 정보표현과 처리방법에 기초하고 있으나, 데이터모델(data model)이나 컴퓨터 프로그래밍언어(programming language)와 같은 최종사용자들이나 중간사용자(응용프로그래머)들을 위한 컴퓨터언어들은 끊임없이 고도화되어가고 있다. 구체적으로 수많은 고급 소프트웨어기능들을 컴퓨터용 언어의 기본기능의 일부 또는 라이브러리 방식을 통하여 제공함으로써 **프로그램을 만드는 일도 조립식주택을 짓는 것과 같이 준비된 기능들을 조합하는 방식**으로 이루어지고 있다. 이는 최첨단 로봇도 기본적으로는 전통적인 기계들과 마찬가지로 여전히 모터(또는 엔진)를 동력원으로 하고 있지만 일반 사용자들이 접하는 로봇의 외부적 기능은 전통적 기계들에 비해 현저히 고도화되어가고 있는 것과 유사하다.

컴퓨터는 제한된 이해력을 (유일한 강점인) 빠른 처리속도로 보완하여야 하므로 정량적인 효율성도 컴퓨터용 정보표현방법의 특성에 관한 중요한 고려사항이다. 숫자정보는 전체 데이터가 대량인 경우가 많기 때문에 개별 숫자에 관한 표현방법상의 미소한 효율향상이 전체적 효율에 커다란 영향을 미치게 된다. 특히 (대용량인) 멀티미디어 정보에 관해서도 단순히 저장하기 위한 경우에는 정보의 내용에 관한 표현력보다 저장 효율이 표현방법에 대한 핵심적 평가기준이 된다. 다시 말해 같은 정보를 나타내는데 필요한 데이터량을 어떻게 최소화할 것이냐가 정보표현의 관건이 된다.

■ **컴퓨터지능의 요소들 중에서 정보표현의 상대적 중요성**

컴퓨터 발명초기에 인간과 필적하는 지능을 컴퓨터로 만들어보자는 야심찬 시도가 있었으나, 오래지 않아 인간의 지능이 기계의 빠른 속도로만 대치할 만큼 그렇게 단순하지 않다는 것을 절감하고 인간의 기능들을 부분적으로 흉내 내는 현실적 접근방식으로 돌아서게 되었다. 그러한 시행착오과정에서 발견한 사실중 하나는 지능의 구성요소들 중 정보표현의 상대적 중요성이다. 즉, 소위 인공지능의 개발초기에는 추론능력이 인간지능의 핵심요소일거라는 가정에서 출발했었으나 추론이 정보표현방법과 불가분의 관계가 있어서 정보표현방법이 정교해지면 그에 비례하여 추론과정은 단순해진다는 사실을 알게 되었다. 역으로 빠른 계산 속도로써 복잡한 정보를 표현하는데 필요한 정교한 정보표현방법을 대치하는 것은 불가능하다. (이는 정교한 컴퓨터 알고리즘이 가져다주는 계산효율의 향상은 컴퓨터 하드웨어의 속도증가가 가져오는 계산효율의 증대와는 차원이 다르게 막대할 수 있는 것과 유사하다.) 사실 인간이 어떤 문제를 해결하고자 할 때는 문제에 대한 정확한 이해가 해법을 찾기 위한 전제조건인 점을 감안하면, 정확한 이해에 관한 필수적 전제인 좋은 정보표현방법은 인간에 의한 직접적인 문제해결에서나 컴퓨터를 사용한 문제해결을 막론하고 언제나 문제해결의 관건이 될 수밖에 없다.

■ 컴퓨터 정보의 능동적 성질

세상사에 관한 정보는 정보모델에 맞추어 추상화된 후 컴퓨터 기억매체에 저장됨으로써 컴퓨터화된다. 종이에 기록된 수동적 정보와 달리 컴퓨터상의 정보는 형태와 내용면에서 컴퓨터에 의한 자발적 처리가 가능한 능동적 정보가 된다. 즉, 종이문서에 기록된 데이터는 인간이 읽어서 사용할 때에만 의미가 있는 수동적 대상인 반면, **컴퓨터상의 데이터는 컴퓨터 소프트웨어가 스스로 인간에게 유용한 정보**(예를 들어 특정인의 개별부동산들에 관한 데이터를 세금을 결정하는 데에 편리하도록 컴퓨터가 일목요연하게 정리한 부동산 보유목록)**를 만들어 내거나 지능적 제어업무를 위한 입력값**(예를 들어 엔진에 관해 수집된 데이터들을 최적의 연료분사 타이밍을 결정할 수 있도록 컴퓨터가 정확하게 계산한 결과)으로 사용될 수 있다. 나아가 이러한 능동적 정보는 광석더미에서 금을 캐내듯이 대량의 단순한 데이터에서 고급 지식정보인 규칙들을 캐내는 데이터 마이닝(data mining)의 귀중한 원료로 사용될 수 있다. 사실 탈세나 뇌물수수와 같은 검은 거래를 위해 신용카드대신 현금을 선호하는 상인은 (불법성은 차치하고라도) 컴퓨터화된 능동적 고객정보가 가진 높은 활용가치를 공짜로 얻을 수 있는 기회를 스스로 걷어차는 소탐대실을 범하고 있는 셈이다. 이와 관련하여 음성인식 소프트웨어, 문자인식 소프트웨어 등의 컴퓨터를 위한 입력 소프트웨어가 정교해져서 자연어를 사용하는 컴퓨터 입력방식이 일반화된다면, 인간비서의 업무처리 방식과 유사하게 정보입력단계까지 능동성이 제고되어 일상적 업무들이 정보화되는 범위가 관련 상황발생단계부터 일관적이 될 것이다.

■ 자연적 컴퓨터 정보와 인공적 컴퓨터 정보

컴퓨터에서 취급하는 정보는 크게 실제 세상을 지각된 대로 포집한 자연적인 정보와 사람에 의해 창조된 기호로 표현된 인공적인 정보로 나눌 수 있다. 일반적으로 자연적인 정보는 인공적인 정보에 비해 정보량이 훨씬 많다. 예를 들어 글자로만 쓰인 문서 한 장에 비해 사진 한 장을 저장하는데 (해상도에 따라 다르지만) 일반적으로 훨씬 큰 저장용량이 필요하다. 이는 사람이 만든 **글자가 한정된 개수인데 반해 사진은 무한히 다양한 자연적인 장면들 중 하나**이기 때문이다. 하지만 같은 사진이라도 설계도면처럼 사람이 창조한 것은 표시되는 도형의 가짓수가 한정(원, 사각형, 삼각형, 톱니바퀴모양 등)되어 있을 뿐 아니라 각 도형도 정형화되어 있기 때문에 훨씬 적은 정보량을 갖고 있다. 구체적으로, **정형화된 정보는 변이의 범위가 극소화되기 때문에 정보표현에 필요한 데이터량이 대폭 줄어들게 된다.** 예를 들어 정형화된 도형들 중 하나인 원에 관한 정보는 중심점과 원주의 두 개의 숫자로만 표현이 가능하다. 그에 비해 나뭇잎을 표현하려면 훨씬 많은 데이터가 필요하게 된다. 하지만 엄밀히 말하면 실제 세상에는 완전한 형태의 원이나 구는 존재하지 않는다. 그러나 태양이나 지구를 구로 근사적으로 표현하고 분석을 해도 대부분 실용적으로는 문제가 되지 않는다.

1.4.1 컴퓨터 정보의 단위들

정보의 최종사용자로서 인간이 원하는 정보의 단위는 궁극적으로 메시지(message)라고 할 수 있다. 메시지의 예로는 기사 한 편, 편지 한 통, 연극대본 한 편, 책 한 권, 노래 한 곡, 그림 한 장, 영화 한 편, 한 번의 경기 등을 들 수 있다. 컴퓨터와 인터넷을 중심으로 이루어지는 디지털 정보시스템에서는 이러한 메시지를 비트(bit) 단위까지 계층적으로 분해하고 비트를 정보처리의 최소 단위로 삼는다. 가장 큰 정보단위인 메시지의 하나인 대본 한편을 컴퓨터가 이해할 수 있는 비트까지 분해할 때 취급할 정보단위를 내림차순으로 배열해보면, **대본**(message) → **문장**(sentences) & **수식**(formulae) → **단어**(words) → **글자**(characters, bytes) & **문장부호**(punctuation marks) & **숫자**(numbers) → **비트**(bits)의 순서가 될 것이다. 만약 글자이외에 아이콘이나 소리 등의 시청각 기호들을 사용한다면 그 기호의 정보단위는 개발자가 의미를 부여하는 방법에 따라 어느 단위에도 속할 수 있다. 어느 경우든 메시지는 컴퓨터내부에서 최종적으로 비트열(bit string)의 형태로 분해된 뒤 두 가지 비트 값에 각각 대응되는 두 가지 물리적 상태(전압고저차이, 극성차이나 기타 이원적 물성차이)로 표시되어 기억장치(storage)에 저장된다.

물질의 구성요소를 원자단위로 분해되면 고유한 특성을 잃듯이 각 비트들은 그 자체로는 (f이나 k가 자체로는 별 의미가 없듯이) 의미가 없는 경우가 보통이다. 그러나 원자들이 뭉쳐 분자가 되고 나아가 세포, 조직, 기관, 생명체로 점점 큰 단위가 형성되듯이, 정보도 최소단위인 비트에서 시작하여 점차 큰 단위로 연결되어 (위에서 언급한 디지털정보단위의 오름차순에 해당) 최종적으로 메시지에 이르기까지 점점 복잡한 의미를 표현할 수 있게 된다. 이러한 의미들은 어떠한 경우에도 모두 사용자가 부여(interpretation)한 것에 불과한 것으로서, 교통신호등의 각 색깔에 '직진', '주의', '정지', '좌회전' 등의 의미가 인간에 의해 자의적으로 부여되어 있는 것이 것과 마찬가지다(당연히 그 의미가 부여된 사실을 모르거나 따르지 않는 사람에겐 그러한 의미는 무효가 된다). 실제로 디지털 데이터가 가지는 의미는 정보관련 단체들이 협의하여 제정한 국제적 표준(code, language, protocol 등)에 의해 부여된 경우도 있고, 그 외 개별 컴퓨터시스템의 설계자들이 부여한 의미를 따르거나 각 프로그램 개발자가 부여할 수도 있다. 하지만 의미를 부여한 주체의 권위에 따라 그 적용범위는 각각 다르게 된다.

1.4.2 컴퓨터 정보의 해석과 맥락

에이즈(AIDS)를 인간의 방종에 대한 신의 벌이라고 해석하는 이도 있고 새로 발견된 질병 중의 하나일 뿐이라고 생각하는 이도 있다. 일반적으로 **해석이란 문장이나 물리적 현상(행위나 신호나 기호 등)에 의미를 부여하는 일**을 말한다. 물리적으로는, 컴퓨터가 표시하는 모든 데이터는 전자 소자(electronic device)의 단순 스위칭작용의 결과가 전기적 현상(voltage)으로 표시된 것에 불과하다. 컴퓨터의 입장에서는 의미를 부여한 적이 없는 이러한 물리적 상태들에 인간이 임의대로 의미를 부여, 즉 해석하여 이용되고 있을 뿐이다. 이는 일상생활에서 교통신호등이 스스로는 아무 의미 없이 주기적으로 점멸하는 것에 인간이 좌회전, 우회전이나 정지와 같은 의미를 부여하고 모두 따르고 있는 것과 유사하다. 이와 같이 **신호나 기호들에 의미를 부여하는 방법을 규정한 협약을 부호체계, 즉 코드(code)라고 한다.** 따라서 채택된 부호체계(ASCII code, Unicode 등)에 따라 각 신호(예를 들어 10011000, 0011 등)에 부여되는 글자나 숫자가 달라지게 된다.

모든 정보의 의미는 그 정보가 속한 맥락(context)속에서만 정확하게 해석할 수 있다. 물가가 5% 올랐다면 후진국에선 안정세로 판단할 수 있을지 모르지만 선진국에서는 천정부지라고 부를 것이다(비슷한 맥락에서 영국의회에서의 야유는 우리 국회에서의 주먹다짐과 비슷한 의미를 부여할 수 있으려나?). 한편 전후의 사정에 따라서도 의미가 정반대로 달라질 수 있다. 예를 들어 같은 홍수 수위라도 물이 점점 불어나고 있을 때와 점점 줄고 있는 때에 따라 그 상황에 명백한 차이가 있다. 일반적으로 단순한 숫자로만 표시될 수 없는 복합적 정보의 해석에도 같은 원리가 적용됨은 말할 나위도 없다. 하지만 현재의 컴퓨터기술은 컴퓨터상의 정보에 대해 맥락을 고려할 수 있는 수준에 이르지 못하고 있다.

1.4.3 컴퓨터 정보유형과 정보표현방법들

컴퓨터상에서는 정보의 유형과 성격에 따라 정보의 기본단위와 표현방법이 달라진다. 컴퓨터 초기에는 컴퓨터상의 정보표현이 글자와 숫자로만 이루어졌기 때문에 먼저 문자를 사용한 텍스트 문서들을 위한 정보표현방법이 고안되었다. 이 유형의 정보를 위한 기본적 컴퓨터정보표현방법인 아스키코드(ASCII Code)는 영어알파벳을 중심으로 한 글자들과 문장부호들을 표현하고자 만든 부호체계이다. 각 글자(codeword)가 1 바이트(Byte = 8 bits) 크기로 설정되어 8개의 비트를 이진법으로 나열하면 최대 256($=2^8$)개의 글자나 기호들을 나타낼 수 있다. 이후에 컴퓨터의 사용자가 초기의 영어권 중심에서 전 세계로 확대됨에 따라 영어알파벳 이외에 한글이나 한자 같은 세계의 여러 언어권에서 쓰이는 글자들을 추가적으로 수용하기 위해 글자의 단위를 여러 바이트로 늘린 다양한 코드들(Unicode 등)이 계속 제정되어 왔다. 한편 숫자정보의 표현은 일반적인 이진법 표현방법을 기초로 하고 있다. 하지만 인간의 전통적 숫자표현법과 달리 컴퓨터상에서는 무한대(∞)의 크기를 갖는 숫자는 표현이 불가능하다는 한계를 감안하고 동시에 음수를 효과적으로 표현하기 위해 변형된 이진법 숫자 표현방법들(2's complement code 등)이 고안되어 사용되고 있다.

인간이 창조한 문자정보나 숫자정보와 달리 이미지, 소리, 동영상 등의 자연발생적인 멀티미디어 정보유형들에 대하여도 여러 가지 컴퓨터용 정보표현방법이 개발되어 있다. 이러한 정보표현방법들에서 먼저 **이미지정보는 미소한 점(pixel, 畵素)들로 구성**되어 있다고 생각하여 각 화소의 색깔을 삼원색의 배합비율을 나타내는 벡터(숫자), 즉 (Red, Green, Blue)으로 나타낸다. 구체적으로 양극단의 색깔인 검정과 흰색은 각각 (0,0,0)과 (255, 255, 255)로 나타내고 그 사이에 주황=(255, 127, 0), 연두=(88, 200, 35) 등과 같은 수많은 색깔들을 표시한다. 이때 색깔의 가짓수(pallette)를 늘릴수록 최대 숫자가 커진다. 한편 **소리정보에 대해서는 소리파형(sound wave)의 각 순간의 소리세기를 숫자로 나타내어 그 숫자들을 주기적으로 나열**하는 방법을 사용한다. 그리고 **동영상은 (정적인) 이미지정보를 시간 축을 따라 촘촘히 나열**함으로써 표현하기 때문에 기본적으로 이미지 표현방법에 기초하게 된다. 동영상의 표시에는 눈의 잔상을 고려하여 초당 수 십장의 이미지 프레임들이 필요하기 때문에 두 시간짜리 영화 한 편을 위해서는 최소한 144,000(=2시간×60분/시×60초/분×20장/초)장의 이미지 프레임(장당 보통 수 메가 바이트가 소요되는데 색깔을 자연색에 가까이 할수록 늘어나게 된다)이 소요된다. 이처럼 천문학적 데이터용량(영화 한 편 당 약 5.7기가바이트=144,000×4 메가바이트)이 소요되는 멀티미디어정보를 표현하기 위해 필요한 데이터량을 줄이기 위한 다양한 정보표현방법들 및 데이터 압축기술들이 개발되어 있다. 일반적인 압축방법으로서 비정형적인 특징을 가진 멀티미디어정보에 대해 계량화가 가능한 **특성들을 최대한 추출하여 그 결과인 특성변수들을 사용하여 벡터화(vectorization)하면 필요한 데이터를 대폭 줄일 수 있게 되고 이미지 인식 등과 같은 지능적 정보처리도 용이**해진다. 보통의 이미지는 일반적으로 이미지 전체가 하나의 단위를 이루고 있을 뿐 아니라 계량화할 수 있는 특징들을 추출하기가 쉽지 않은 임의의 형태를 가진다. 예외적으로 인간이 그린 설계도면 등과 같이 정형화된 도형들(원, 삼각형 등)로 구성된 그림은 도형단위로 분해한 후 그러한 도형들의 조합으로 표현함으로써 데이터압축이 가능하다. 동시에 다양한 형태로 내재된 정보의 중복을 최대한 제거하면 데이터 소요량을 추가로 줄일 수 있다.

현대적 통신수단의 예로서 팩스(facsimile)는 종이문서에 기록된 내용을 그림으로 취급하여 디지털 데이터화하여 보내는 것이다. 이때 글자도 그림의 한 종류로 취급하여 팩스로 보낼 수 있지만 글자로만 이루어진 문서라면 훨씬 효율적으로 보내는 방법이 있다. 그림과는 달리 글자를 이루는 한글 자모음이나 영어 알파벳 등은 (인간이 고안한) 제한된 개수의 기호들로 되어 있기 때문에 아스키코드 등으로 부호화함으로써 글자당 1~2 바이트만으로 표현이 가능하다. 따라서 문서 한 장에 한글로 500 글자가 쓰여 있다면 1000 바이트로 충분하게 표현할 수 있다. 반면 그림으로 취급하면 수많은 점으로 그린 펜화처럼 취급하게 됨으로써 각 점을 색깔로 표시하는 데 줄잡아 수십만 바이트가 필요하게 된다. 실제로 컴퓨터에서 편집된 **디지털 데이터파일이 글자만으로 되어 있느냐, 그림이 포함되느냐에 따라 파일의 크기가 엄청나게 차이**가 나는 것을 볼 수 있다. 같은 맥락에서 소리정보의 경우에는 새소리 등의 **자연소리와 달리 작곡된 음악은 음표단위로 부호화**하여 표현할 수 있다. 이때 각 음표의 종류가 (도, 레, 미, 등의) 높이와 (온음, 반음, 사분음 등의) 길이 측면에서 각각 한정되어 있기 때문에, 음표로 단위로 부호화하는 음악정보표현방법(대표적으로 MIDI 코드사용)을 사용하면 음악소리를 직접 샘플링하여 부호화하는 방법(예로 MP3 파일)과 비교하면 소요되는 데이터량을 대폭 줄일 수 있다. 물론 이러한 압축방법들을 사용하면 정보의 손실에 따른

화질이나 음질의 저하를 감수해야 하는 경우가 적지 않다. 실제로 같은 악보를 여러 연주자가 사용할 때 소리가 달라지듯이, 음표단위의 MIDI 음악파일은 연주자인 음악합성기(music synthesizer) 내지 컴퓨터음악합성소프트웨어들에 따라 생성되는 음악소리는 달라지게 된다. 반면 MP3 형태의 소리파일은 여러 연주자 각각의 고유한 연주를 그대로 담을 수 있는 장점이 있다(물론 이러한 장점이 경우에 따라 단점이 될 수도 있다). 영화 아마데우스에서 모차르트는 다른 이의 연주만을 듣고 그 곡의 악보를 즉석에서 파악하여 연주할 뿐 아니라 한술 더 떠 어색한 부분을 고쳐주며 천진난만하게 웃던 모습에서 다시 한 번 컴퓨터와는 차원이 다른 인간의 무한한 능력을 보게 된다.

■ 전통적 정보표현방법들의 현대적 의미

컴퓨터에 의한 정보처리는 먼저 그 대상인 현실을 정보로 변환함을 전제로 한다. 사실은 수학을 포함한 모든 학문분야가 인간세상의 문제를 궁극적 대상으로 하고 그 대상에 대한 정보를 표현하는 방법이 해당 학문분야의 필수적 기반이 된다. 인간이 알고 있는 바대로의 세상은 모델링과정을 거쳐 추상적 정보로 변환되어 표현된다. 일반적으로 정보를 표현하고 처리하는 데는 자연어 이외에 추가로 적절한 정보표현도구의 사용이 필수적이다. 예를 들어 방대한 족보나 자동차엔진구조를 도표나 그림과 같은 고도의 정보표현도구들로 표현함으로써 글자를 쓸 때보다 훨씬 체계적으로 이해할 수 있다.

정보표현방법(information representation scheme)의 역사를 보면, 인간사이의 소통을 위한 자연발생적인 말(한국어, 영어, 중국어 등)에서 시작되어 문자의 발명에 따라 글자로써 기술하게 되었고, 엄격한 정보표현을 위하여 수식과 좌표를 사용하는 공식화된 수학적 모델들이 고안되고, 정보시대에 들어서면서 전술한 전통적 정보표현 방법들이 컴퓨터(기계)에서 사용될 수 있도록 이진법적 기호를 기초로 하는 컴퓨터언어들이 컴퓨터상의 정보표현을 위해 개발되어왔다. 글자가 아닌 그림을 사용한 수학적 정보표현 방법들의 몇 가지, 예를 들면 기하학적 도형이나 복잡한 연결관계(예를 들어 오일러의 쾨니히스베르그의 다리건너기 문제)를 나타내기 위해 그래프가 창안되어 발전되어왔다. 한편 거대 숫자들을 효율적으로 표현하기 위해 고안된 로그(logarithm)의 사용으로 광년(약 9,460,000,000,000km)을 기본단위로 다루는 천문학자들의 수명이 늘어났다거나, 인도에서 창안된 숫자 0을 포함한 아라비아숫자가 유럽에 전해지기 전까지는 (지금은 초등생들에게도 기초가 되어 버린) 사칙연산이 유럽부자들의 자식들이 중동지방으로 유학을 가서 배워야 할 정도로 어려운 계산이었다는 일화에서 보듯이 **좋은 정보표현방법(자연어, 숫자나 수식, 좌표 등)의 존재여부는 인간사회의 생산성 나아가 인류문명의 발전속도를 좌우**하기도 한다.

사실 0의 기원을 보면 이미 기원전 바빌로니아나 고대 그리스에서도 0에 상응하는 없음(無)은 논리적으로 알고 있었고 기호로도 표시했지만 숫자로 취급되지는 않았다. 예를 들어 임의의 숫자를 0으로 나눌 때 몫을 어떻게 규정할지에 관해 그 당시로는 확실한 대답을 발견하지 못했기 때문이었다. 인도에서 무(無, zero, nil)에 대한 개념이 정립되고 무한대(infinity)의 개념을 발견하면서 없음을 나타내는 0이 숫자의 하나로 취급되자 숫자표현과 사칙계산에 획기적 진보가 가능하게 되었다. 이렇게 인도에서 발명된 0이 아라비아숫자로 편입된 후 유럽으로 전파되어 중세이후 유럽에서의 눈부신 과학발전의 바탕이 되는 과정을 보면, **정보의 발전은 추상적 개념에서 출발하여 철저한 이론적 바탕을 가진 구체적 기호로 표현되고 그에 이은 다양한 활용을 거치면서**

극대화된다는 것을 알 수 있다. 같은 맥락에서, 수학에서 모르는 (어떤) 숫자를 보통의 숫자와 마찬가지로 취급할 수 있도록 하는 미지수의 사용(예를 들어 $2x + 4y = 30$, $x + y = 10$ 등에서의 x나 y 등의 미지수)으로 말미암아 방정식의 풀이가 훨씬 쉬워지고, 단 두 가지의 값만으로 정보를 표현하고 처리하는 이진법의 사용이 디지털 혁명을 가져온 것이나, 전기나 물을 각각 전선이나 수도관으로 끌어 쓰듯이 빛을 직접 비치는 곳(또는 거울에 반사되는 곳)만이 아닌 원하는 어느 구석이라도 자유자재로 끌어다 쓸 수 있게 하는 광섬유(optical fiber)가 가져온 변화 등도 0의 유래와 같은 범주의 깊은 사유와 뒤이은 정보의 표현과 활용이 가져온 정보혁명의 실례들이라 할 수 있다.

1.4.4 컴퓨터 정보표현의 범위와 이해의 한계

실제라는 사실적 영역과 정보라는 추상적 영역은 서로 호환성(compatibility)이 없기 때문에 상호간 대응시키기 위해서는 다양한 변환이 필요하게 된다. 이러한 변환은 이미지 캡쳐(capture)와 같이 단순한 매핑(mapping)에서부터 데이터 모델에 기반한 복잡한 추상화를 거치는 경우까지를 포괄한다. 사진촬영과 같은 직접적 매핑의 대상은 기계적으로 계측할 수 있는 사물의 외부적 측면들에 국한된다. 그러나 실제 사물들에 대한 인간의 이해범위는 물리적 지각범위를 넘어서는 다양한 측면들 예를 들어 과거의 역사나 미래의 예측 또는 인과관계 등의 무수히 많은 측면들로 이루어져 있다. 나아가 인간의 생각과 행동을 규율하는 전체적 사고범위는 물리적 측면들을 넘어서 법적, 사회적 측면들과 심리적 측면들까지 포함한다. 하지만 소리, 이미지, 동영상과 같은 시청각적 정보 내에서조차 각각 음색, 무늬, 버릇과 같은 일정한 패턴을 발견하여 정보화하는 것은 인간고유의 추상화 능력에 의존할 수밖에 없는 어려운 작업이다.

현재의 정보기술수준에 비추어 보면, 컴퓨터에서 본격적으로 처리할 수 있는 정보의 유형은 숫자정보에서 크게 벗어나지 못하고 있다. 특히 **인간이 창조하거나 추상화한 숫자나 문자 등의 기호로 표현되는 태생적 디지털 정보와 달리 멀티미디어정보는 자연의 특질인 아날로그 특성**을 가지고 있다. 이러한 자연속의 사물에서 지각할 수 있는 외부적 측면들을 있는 그대로 획득하고 저장하는 역할은 컴퓨터가 인간보다 더 효율적으로 할 수도 있는 반면, 이러한 사물을 다각적으로 추상화하여 표현하고 종합적으로 이해하는 능력은 초보적인 수준을 벗어나지 못하고 있다. 한편 글자정보나 멀티미디어정보뿐 아니라 나아가서 지식정보에 대한 처리에 관해서도 기계적 비교에 의한 단편적 추론에 그칠 뿐 정보의 의미론적 표현(semantic representation)과 그에 상응한 이해와 활용은 걸음마 단계에 머물러 있다.

■ 우주의 계층적 구성과 관계일원론

우주(cosmos)속에서 살아가는 인간들의 관심은 주로 자신들이 관련된 현재의 상황(situation)들을 대상으로 한다. 모든 상황들이 발생하는 무대인 우주는 개체들(entities)을 가장 기초적 요소로 하고 있다. 또 하나의 기초적 요소인 관계들(relationships)도 개체들 사이에서 정의될 수 있다. 다른 개체들과 서로 구별되는 존재는 무엇이나 개체가 될 수 있고 인간이 알고 있는 우주는 물리적 개체나 논리적(또는 개념적) 개체들을 포괄하고 있다. 결국 무수한 개체들이 서로 유기적 관계를 이루고 있는 궁극적 질서(cosmic order)가 우주라고 할 수 있다. 한편 각 개체는 구성 개체들로 구성되고 다시 그 구성개체는 더 작은 구성개체들로 구성되어 나가는 방식으로 구성되어 있다. 현대 물리학에서는 원자(atom)를 계속 세분하는 소립자들이 끊임없이 발견되고 있어서 '더 이상 쪼개어지지 않는다.'는 고전적 의미를 잃은 지 오래다. 이러한 개체의 재귀적 계층 구조에 따르면 개체의 구성도 결국 관계들로만 이루어져 궁극적으로 우주가 관계만으로 구성되는 우주의 관계일원론(monism)에 귀착하게 된다. 이와 같이 전체 우주나 우주의 개개 구성요소나 모두 계층적으로 구성되어 있기 때문에 이에 상응한 정보표현에서는 각 사용자의 관심의 영역이나 수준에 따라 적당한 수준에서 개체를 정의할 수밖에 없다.

1.4.5 컴퓨터상의 정보표현을 위한 논리적 도구들

세상에서 발생하는 인간의 문제들을 컴퓨터를 사용하여 해결하려면 먼저 세상을 컴퓨터상에 표현하는 것이 문제해결의 전제조건이 된다. 세상은 기본적으로 여러 가지 개체들과 그들 사이의 관계들로 구성되어 있고 이들에 대한 변화를 가져오는 사건들이 발생되어 세상이 전개되어간다. 이러한 세상속의 수많은 문제들은 각기 해당되는 상황 속에서 발생되기 때문에 그 상황의 표현은 관련 문제를 규정할 수 있는 토대를 제공한다. 그러나 **세상은 실제인 반면 이에 대응하여 컴퓨터상에 모사(simulation)된 가상 상황은 개념에 불과한 정보라는 본질적 차이**가 있다. 이러한 근본적 차이를 만들어내는 추상화(abstraction)과정은 응용분야에 따라 그 범위나 정밀도가 달라진다. 즉, 해당 상황을 수식 몇 개로써 표현하는 단편적인 형태에서부터 상황의 다양한 측면들을 사실적(寫實的)으로 표현하는 가상현실적 모사에 이르기까지 여러 수준들이 있다. 이에 관련하여, 생각을 세상에 실현하기 위해서는 없던 것을 만들어내는 합성(synthesis)능력이 중요한데 비하여 역으로 **현실을 추상화하기 위해서는 주어진 것에 대한 분석(analysis)능력이 필요**하게 된다.

세상을 구성하는 다양한 사물들과 상황들을 추상화하여 컴퓨터상에 나타내기 위해서는 해당 정보를 효과적이고 자연스럽게 표현할 수 있게 해주는 논리적 도구들이 필요하다. 일반적으로 개체들과 관계들을 나타내기 위해 사용하는 그래프(graph), 복잡한 개체나 계층적 조직(hierarchy)을 표현할 때 적합한 트리(tree)구조, 여러 가지 정보를 시각적으로 보여주는 각종 도표(figure), 연관된 정보들을 일목요연하게 보여주기 위한 테이블(table) 등은 자주 사용되고 있는 정보표현도구들이다. [그림 1.13]에서 예시된 바대로 그림 (a)의 그래프 구조와 더불어 그래프의 특수형태들인 (b)의 나무모양의 트리구조, (c)의 터널 모습을 닮은 큐(queue)구조, (d)의 구덩이를 연상시키는 스택(stack)구조와 함께 (e)의 회전놀이기구와 비슷한 원형큐(circular queue)구조에 이르기까지 인간이 상식수준에서 자연스럽게 이해할 수 있는 구조들이다. 이와 같은 정적인 구조들이나 개념들 외에 시간적 변화를 수반한 동적인 상황 전개를 표현하기 위해서는 상태천이(state transition) 다이아그램이나 업무 흐름도(flow chart)와 같은 도구들도 함께 필요하게 된다. 이러한 전통적 도구들은 컴퓨터상의 파일들이나 디렉토리들을 자연스럽게 조직화할 수 있는 트리구조라든지 여러 가지 사용자메뉴나 서로 관련된 지식들을 정리해 보여주는 테이블(풀다운 메뉴 등)이나 각종 도표 등은 일반 컴퓨터사용자들도 일상적으로 쓰고 있는 익숙한 도구들이다. 이와 같이 전통적 정보표현도구들이 컴퓨터 정보표현도구로 사용되게 되면 각 전통적 도구에 관련되어 오랫동안 축적되어 온 수학적 정리들이나 연산들이 따라서 컴퓨터에 적용될 수 있게 된다. 하지만 이러한 전통적 도구들이 컴퓨터에서 실제로 사용되기 위해서는 컴퓨터의 논리체계에 맞도록 엄격한 체계화(formalization)가 이루어지게 된다. 실제로 이들을 이용한 전문가용 정보표현도구들도 정보시스템 개발자들을 위하여 다양하게 개발되어왔다. 구체적으로 정보시스템의 개발이 해당업무분석, 소프트웨어설계, 프로그램구현 등의 단계를 거친다고 볼 때 각 단계에서 정적 정보와 동적 (절차적) 정보들을 표현할 때 각 전문가들을 위한 다양한 추상화 도구들이 사용된다. 하지만 점차 최종사용자들이 가진 정보나 컴퓨터에 대한 지식이 높아가고 더불어 소프트웨어 개발자의 저변도 넓어지고 소프트웨어 개발환경들이 고도화됨에 따라 전문가용이나 일반사용자들을 위한 도구들이 구별이 점차 모호해지고 있다.

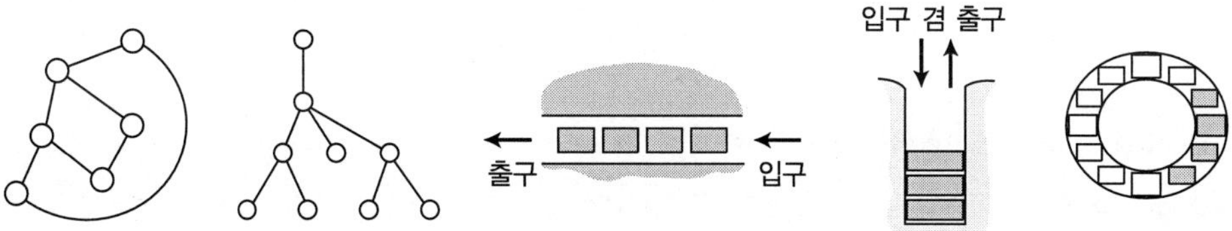

(a) 그래프 (b) 트리 (c) 큐 (d) 스택 (e) 원형큐

그림 1.13 그래프, 계층구조(트리), 스택과 큐, 원형큐

■ **큐와 스택**

큐(queue)와 스택(stack)은 절차적 정보를 표현하기 위한 대표적 추상화 도구들로서 [그림 1.13](c)와 (d)에서 각각 상징화된 대로 다양한 상황들 속에서 진행순서를 컴퓨터상에서 표현할 수 있게 해준다. 붐비는 매표창구에서 승객들이 차표를 사려고 줄을 선다든지 주유소에서 차들이 순서를 기다린다든지 세상에는 다양한 형태의 줄서기(queuing)가 벌어진다. 이러한 유형의 현상들을 분석하기 위해 컴퓨터에 재현할 때 순서를 표현하기 위해 고안된 개념적 도구인 큐는 [그림 1.13](c)에서 보는 바와 같이 터널에 비유하면 이해가 쉬워진다. 즉, 입구와 출구를 분리하여 고객(연두색 사각형 노드로 표시)들이 중간에 끼어들지 못하게 막으면 (흙색으로 표시) 선착순 서비스(First Come First Served) 원칙을 컴퓨터상에 재현할 수 있게 된다. 이를 활용하여 컴퓨터상에 가상매표소나 가상주유소를 구축하고 고객수자와 고객당 평균처리시간 등의 관련된 인자들을 다양하게 변화시켜가면서 분석하면 **매표창구를 몇 개나 설치하고 주유소에서 주유기를 몇 개나 설치해야할지 등을 사전에 예측**할 수 있게 된다. 한편 스택은 큐와 정반대의 진행순서를 재현하기 위해 사용된다. 뷔페에서 쌓아놓은 접시들을 제일 위에서부터 하나씩 사용하게 되는데 이는 본래 접시를 씻어서 쌓을 때와는 정반대의 순서가 된다. 비행기 탑승램프는 일등석이나

비즈니스석들이 있는 비행기 앞부분에 위치시키고 그 쪽의 (요금을 많이 낸) 승객들은 이코노미 클래스 승객들보다 늦게 타고 또 일찍 내리는 혜택을 누리게 된다. 이와 같이 들어가는 순서와 거꾸로 나오게 되는 상황들도 자주 발생하게 되는데 이러한 역의 진행순서(Last In First Out)를 재현하는데 적합한 도구가 스택인 것이다. [그림 1.13](d)에서 보는 바대로 큐와는 다르게 한곳이 입구와 출구를 겸하게 함으로써 들어온 순서와 나가는 순서가 자동적으로 역순이 되게 할 수 있다. 이때 요소들이 중간에 끼어들지 못하게 스택의 중간이 막혀있다는 점에서는 큐와 마찬가지이다. 특히 [그림 1.13](e)에서 보는 바와 같이 큐에서 입구와 출구를 서로 연결한 것을 원형큐(circular queue)라고 부른다. 보통의 큐에서는 어떤 요소가 큐의 내부를 지나고 나면 큐의 외부로 나가게 되는 반면 원형큐 속에서는 그러한 요소가 회전목마처럼 원래 시작한 위치로 돌아오는 구조이다. 참고로 원형큐 상의 무한 반복적 위치이동 행태를 컴퓨터상에 재현하기 위해서는 큐에 들어있는 요소들의 본래 위치대신 큐의 전체 길이로 나눈 나머지를 위치로 사용하면 된다. 이러한 원형 이동이 실제 세상에서와는 달리 컴퓨터상에서는 의외로 간단히 구현(나머지 함수 $Mod_N(x)$ 사용, 단 N은 원형큐의 길이)되는 셈이다.

■ 그래프 기반 정보표현

그래프, Graph = (N, E)는 기본적으로 개체(entity)나 개념(concept)을 나타내는 노드들(N, nodes)과 관계(relationship)들을 나타내는 에지들(E, edges)로 구성되는 시각적 지식표현방법이다. 이 세상을 구성하는 요소를 개체들과 관계들로 이분할 수 있다고 보는 입장에선 그래프는 이론적으로는 완전한 정보표현수단이라 할 수 있다. 정보표현수단으로서의 그래프가 가진 실용적 장점은 [그림 1.14](a)에서 보는 바와 같이 노드를 원으로 에지를 선분으로 표시함으로써 시각적 이해를 통한 직관적 판단을 가능케 해준다는 점이다. 사용자의 직관적 이해는 복잡한 정보를 효과적으로 표현하고 사용하기 위한 필수적 전제가 된다. 특히 복잡한 관계들을 포함한 정보를 표현하는 데는 그래프가 글자를 사용한 문장보다 월등한 표현력(expressive power)을 가질 뿐 아니라 사용자들이 직관적으로 이해하고 사용할 수 있는 장점을 가진다. 복잡한 정보를 일상적으로 다루어야만 하는 정보시대를 맞아 전술한 장점들을 가진 그래프가 전통적인 숫자 및 글자와 함께 가장 널리 쓰이는 도구가 되었다. 현실적으로 언어가 성공하기 위해서는 언어의 표현력과 사용자의 언어습득면에서의 용이성을 포함한 사용상 편의 사이의 적절한 타협이 이루어져야 한다. 이런 면에서 그래프는 적절한 표현력과 직관적 사용성이 균형을 이루고 있기 때문에 사용의 범위를 꾸준히 넓혀가고 있다.

인간사회의 사물과 제도들 중에서 그래프를 이용하면 직관적인 표현이 가능한 경우가 매우 많다. [그림 1.14]에서 예시된 바와 같이 도시사이를 연결하는 도로들을 나타내는 교통망, 일반화(generalization)에 기초하여 여러 종(種, species)들 사이의 관계를 표시하는 분류학(taxonomy)이나 온톨로지(ontology), 그 외에 기지국들 사이의 연결성을 보여주는 통신망, 복잡한 구조나 구성원간의 관계를 표시하는 조직도, 파일들을 담고 있는 수많은 디렉토리들을 계층적으로 조직화하는 컴퓨터 디렉토리 구조, 공정들을 절차적 선후관계에 따라 배치하기 위한 공정흐름도(flowchart)나 공정절차도(PERT/CPM) 등은 이미 광범위하게 쓰이고 있는 그래프의 대표적 응용예들이다. 한편 [그림 1.14](b)에서 보여주는 바와 같이 그래프의 특별한 형태인 트리(tree)구조는 그래프 중에서도 가장 중요한 세부유형들 중 하나이다. 우리사회에서 전통적으로 족보를 뿌리(始祖)에서 계층적으로 뻗어나가는 나무와 유사하게 그리곤 하던 사실에서 보나 서양에서 가계도(family tree)라는 단어에서 나무(tree)를 포함하고 있는 사실에서 보나 동서양을 막론하고 그래프의 특별형태인 트리구조의 일반적 함의를 이미 잘 알고 사용해왔던 것이다.

위와 같이 그래프가 다양한 분야에서 자연스런 정보표현의 수단으로 쓰이는 또 다른 이유는 그래프이론의 창시자인 오일러(Euler, L.)로부터 시작하여 오랫동안 이론적 기초가 잘 구축되어 있고 구체적 활용예가 많이 축적되어 있어 다양한 문제해결방법들이 제공되기 때문이다. 구체적인 예로, 일단 문제가 그래프를 바탕으로 표현되기만 하면 많은 경우에 그 해답을 찾는 일이 그래프이론에서 확립되어 있는 일반적 경로찾기(path-finding)나 최고점을 찾기 위한 산꼭대기 오르기(Hill Climbing) 문제로 단순화되는 경우가 많다. 예를 들어 우리에게 익숙한 퀴즈문제로 '농부가 여우, 거위, 곡식을 여하히 강을 무사히 건너게 할 수 있느냐'는 문제는 인간에게도 상당히 어려운 문제이지만 이 문제를 [그림 1.14](c)와 같이 그래프를 사용하여 표현할 수 있다면 그래프상의 전형적 경로찾기 문제로 변환이 가능하다. 이와 같은 전형적인 사건이나 동작의 정적인 측면들 외에 시간적 흐름을 수반하는 정보를 표현하기 위한 지식표현구조들(Script, Planning 등)에서도 그래프는 핵심적 기반기술로 사용된다.

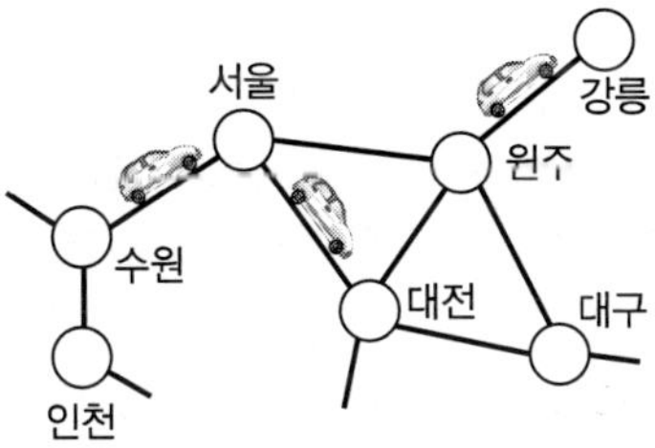

(a) 교통도

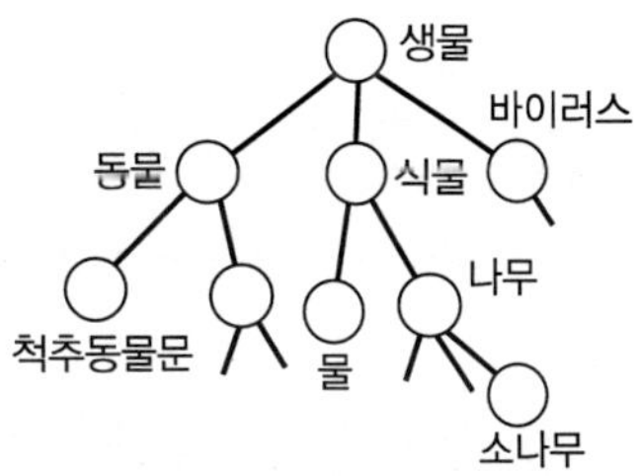

(b) 분류학 도표

(c) 동적 상황의 그래프 표현

그림 1.14 그래프를 이용한 직관적 정보 표현들의 예

■ 논리 기반 정보표현

인류역사 이래로 논리학은 주어진 정보에서 새로운 정보를 유도해내는 방법론으로 오랫동안 발전해왔다. 예를 들어 상식적인 삼단논법(syllogism)이나 참과 대우(對偶)의 관계를 이용하는 증명법(contraposition) 등의 전통적 논리법칙들이나 컴퓨터상에 논리이론을 적용하기 위해 개발된 술어논리(predicate logic)에서 사용되는 **기본적인 추론법칙들인 긍정식(modus tollens)이나 통합적인 도출법(resolution) 등을 이용하여 필요한 정보를 추출**해 낼 수 있다. 논리학에서 지금까지

정보표현은 자연어로 서술하는 방식을 써왔지만 정보시대에는 술어논리를 컴퓨터에 의해 처리가 가능하도록 프로그램언어로 공식화한 프롤로그(Prolog) 등의 논리기반 컴퓨터프로그래밍언어가 정보시스템에서의 지식표현을 위해 개발되어 있다. 이러한 언어는 모든 문장을 'if~ then~'이라는 일반적 규칙의 틀을 기본으로 표현함으로써 규칙(rule)정보의 표현과 처리에 특히 효과적이다. 더구나 규칙이 아닌 일반 문장도 if~ 부분이 비어있는 (무조건적) 규칙으로 취급함으로써 규칙이나 그 외에 일반문장들을 구분하지 않는 통일적 문장 표현이 가능하다.

■ 재귀를 이용한 정보표현 및 처리

재귀적(recursive) 반복은 여러 가지 복잡한 문제들에 관한 컴퓨터상의 효과적인 정보표현구조와 자연스러운 문제해결방법론(problem-solving paradigm)을 제시한다. 이 방법론의 기본원리는 생물체가 번식할 때 사용되는 방법, 즉 어미가 자식을 낳고 그 자식이 다시 어미가 되는 자기복제(self reproduction)에서 찾을 수 있다. 앞서 [그림 1.14](b)에서 본 바와 같이 대표적 재귀적 구조인 **나무구조는 어느 부분에서 잘라도 그 잘린 부분자체가 나무구조를 가지게 된다.** 이러한 재귀적 성격은 생물적으로 나무에서 가지를 꺾어서 심으면 (꺾꽂이를 하면) 그 가지가 다시 완전한 나무로 자라는 성질과 대응된다. 이러한 재귀적 성격을 정보의 표현 및 처리에 이용하기 위해, '**나무(n) = 나무(n–1)** + 가지' (단 **나무(n)**은 n개의 가지를 가진 나무를 의미, 그리고 = 은 우변이 좌변을 정의함을 의미) 로 나무를 정의하면 $n \rightarrow \infty$일 때 나무가 지속적으로 가지를 치는 성장과정을 체계적으로 나타낼 수 있게 된다. 이때 좌변의 내용을 정의하기 위해 우변에서도 같은 **나무()**를 (매개변수 n-1은 n과 다르지만) 쓰고 있기 때문에 자기복제를 의미한다고 할 수 있다. 이때 생물종의 번식의 경우라면 매개변수 **n의 차이가 n 세대의 차이**와 대응된다. 이러한 **재귀적 반복은 실제로 사물들의 복잡한 구조를 구성하는 자연의 원리이거나, 최소한 그러한 복잡한 구조를 표현하기 위해 현실적으로 인간이 택할 수 있는 최선의 표현방법**이 된다. 예를 들어 엔진과 같은 복잡한 부품이 더 작은 부품(엔진, 트렌스미션, 바퀴 등)으로 구성되지만 그 작은 부품은 한층 더 작은 부품들(피스톤, 실린더, 허브, 림 등)로 구성되어 있고, 복잡한 사회조직도 계속적으로 작은 부서로 쪼개지는 구성원리를 따라 만들어진다.

재귀적 정의방법(정보표현방법)은 수학적 귀납법(mathematical induction)에서 기본적 수식에다 미소한 점진적 변화(incremental changes)를 추가하는 과정을 계속하여 일반식으로 유도해 나감으로써 다양한 이산식들(discrete formulae)의 증명에 이용되고 있다. 한편 같은 재귀적 반복을 일반적인 컴퓨터기반 문제해결(algorithm)에 활용하기 위해서는 (**수학적 귀납법의 처리방향과는 반대로**) 본래 수식을 단계마다 조금씩 줄여가거나 쪼개어나가는 과정을 반복하여 결국 해결 가능한 규모로 문제의 복잡성을 축소(반면 문제가 작은 문제들로 쪼개지는 결과 문제개수는 증가)시키는 방식을 취한다. 이러한 문제해결방식은 손자병법의 각개격파(divide and conquer) 전법과도 일맥상통한다고 볼 수 있다. 구체적으로 재귀적 문제해결을 위한 수식의 일반적 형태인 $f(n) = \alpha f(n-1) + \beta$에서 보면 문제가 한 단계, 즉 $f(n)$에서 $f(n-1)$로 단순화되었지만 $f()$와 같은 특성자체는 유지(추가된 α, β는 상수 또는 단순한 계산식)된다. 이 때 수학적 귀납법에 의한 증명을 위해 초기조건(initial condition)이 필요하듯이 재귀적 문제해결을 위해서는 해당 알고리즘의 종료조건(termination condition)이 규정되어야 한다.

실제로, 인간에게도 쉽지 않은 '하노이타워(Hanoi's Tower)'라는 퀴즈 (굴렁쇠의 숫자가 많아지면 문제가 기하급수적으로 복잡해지기 때문에 하노이 스님들의 전통적인 수양의 도구로 쓰인다고 함.)를 재귀적 반복기법을 적용해 보면 놀라울 정도로 쉽게 해결됨을 알 수 있다. 구체적으로 [그림 1.15]에서 보는 바와 같이 하나의 기둥(A)에 걸려 있는 크기가 서로 다른 굴렁쇠들을 다른 기둥(B)으로 옮기는 문제이다. 이때 '크기가 작은 굴렁쇠들이 큰 굴렁쇠들보다 위쪽에 위치해서는 안 된다'는 제약조건은 이동 중일 때나 최종 위치에서나 항상 만족되어야 한다. 기본적인 문제해결원리는 굴렁쇠가 두 개만 있는 경우에는 임시 기둥(T)을 이용하여 간단히 해결할 수 있다는데서 출발한다. 이를 반복적으로 응용하여 N개의 굴렁쇠를 N-1개의 그룹과 나머지 1개로 두 그룹으로 양분하면 굴렁쇠 2개인 문제와 같이 취급하여 두 그룹을 간단히 옮길 수 있게 되고, 다시 N-1개 그룹자체에 같은 원리를 재귀적으로(즉 N-1개를 N-2개 그룹과 1개로 다시 나누는 등등으로) 굴렁쇠가 한 개만 남을 때까지 계속 적용한다. 이와 같이 복잡한 문제를 각개격파전술을 적용하여 해결하기 위해서는 먼저 문제자체가 작은 문제들로 계속적으로 분해 가능해야만 하고 분해에 필요한 추가비용이 과다하지 않아야 하는 전제가 만족되어야만 한다.

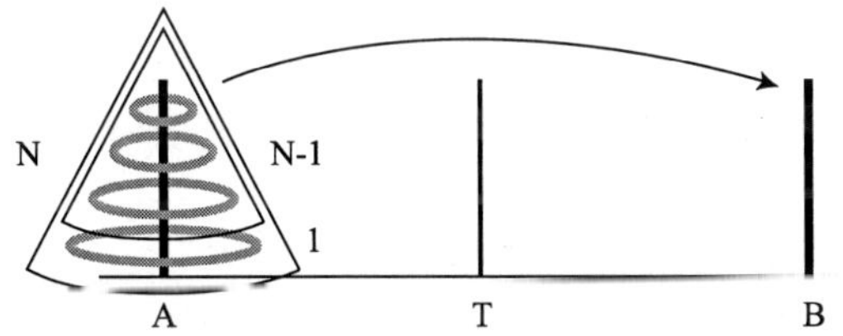

그림 1.15 재귀적 해법을 통한 하노이 타워 문제의 효과적 해결

02 디지털 정보처리

현대의 컴퓨터는 디지털 방식의 정보 표현 및 처리를 바탕으로 하고 있다. 숫자정보와 문자정보는 이진법적으로 표현하고 추가적으로 멀티미디어정보도 기본적으로는 숫자로 나타내어 처리하고 있다. 한편 현대적 통신도 디지털 데이터의 전송을 주 임무로 하고 있다. 하지만 실제 인간의 관심영역인 현실세계는 본질적으로 아날로그적 성격을 가진다. 컴퓨터 특성에 따라 디지털 방식의 처리는 불가피하지만 그 결과 아날로그 현실과 디지털 정보사이의 복잡한 변환(그리고 이진법 표현)이 필수적이다.

2.1 아날로그 세상과 디지털 정보

인간이 다루는 정보의 내용은 인간이 아는 바대로의 우주(Cosmos)를 구성하는 모든 사물들에 대한 것이다. 우주속의 모든 사물들은 아날로그(analogue) 형태, 즉 연속적으로 존재한다. 시간의 연속성은 현실적으로 느끼는 바대로이지만, 공간이나 물체들도 인간이 자의적으로 구분했을 뿐 태초(Big Bang)에 한 점에서 분리되어 나온 요소들로서 본질적으로는 모두 연속선상에 있다고 할 수 있다. 일반적으로 사물들을 서로 독립적이라고 규정하는 것은 물체, 공기, 만유인력 등에 대한 인간의 감각적 차이에 따른 편의적 구분일 뿐이라고도 볼 수 있다. 직관적 수준에서 물체들의 상호독립성을 인정한다하더라도 **시간의 흐름속이라는 맥락에서 보면 우주를 구성하는 모든 공간이나 물체들간의 원초적 연속성**은 부인할 수 없게 된다.

연속(continuum)은 무한(infinity)이라는 속성을 기초로 하기 때문에 인간이나 그에 의해 창조된 컴퓨터라는 유한한 기계가 사물을 아날로그방식으로 표현할 수가 없다. 다시 말해 연속적인 우주에 관한 아날로그적

사실들에 대해 인간이 만들어내는 정보는 근본적으로 유한한 이산치들(finite discrete values)로 나타날 수밖에 없다. 결과적으로 컴퓨터상의 모든 정보는 디지털(digital) 데이터로 표현되게 되고 그러한 정보를 전송하는 통신의 대상도 디지털 데이터가 된다. 또한 인간이 정보를 표현하는 이유가 다른 인간들(차후의 자기 자신포함)과 의사소통을 위한 것이라면 당연히 미리 정해진 유한한 개수의 기호들을 약속된 대로 사용하게 된다. 이에 반해 디지털 컴퓨터 시대 이전의 음반, 사진, 영화필름 등의 저장매체들과 전화, 방송 등의 전송시스템들에서 보듯이, 글자나 기호로 표현되지 않는 소리, 이미지, 동영상 등의 아날로그 정보의 저장 및 전송은 인간이 만든 정보가 아닌 자연상태의 사실, 즉 노랫소리, 세상풍경, 실제상황(연출된 상황포함) 등에 관해 채집한 신호(signal)를 변환이나 부호화(정보화)하지 않고 있는 그대로 저장하고 전달하는 셈이었다. 이에 관련하여 한 가지 유의할 점은 단순히 정보의 종류 자체가 아날로그나 디지털과 같은 데이터 유형을 결정하는 것은 아니라는 사실이다. 예를 들어 글자로 쓰인 계약서를 전송하는 경우에도, 문서자체를 사진으로 찍어 아날로그 유형의 이미지 정보로 다룰 수도 있고 이러한 문서 이미지를 다시 디지털화하는 것도 가능할 뿐 아니라 계약내용을 글자단위로 부호화하는 방식으로 디지털화하는 것도 가능하다. 이 때 문서를 이미지단위에서 디지털화하는 방식이 팩스로 상용화되어 사용되고 있지만, 워드프로세서로 만든 문서파일처럼 글자단위로 디지털화하는 방식이 글자로 된 문서를 디지털화하는 방식들 중에서는 가장 효율적인 방식(같은 정보량을 가장 적은 데이터로 표시할 수 있는 방식)이 된다.

2.1.1 디지털 데이터의 유효성

인간이 창조한 기호(글자, 숫자, 부호 등)로 표시된 개념적 정보와 달리, 실제 세상에서 발생하는 사실 및 현상들은 예외 없이 아날로그 값들을 가지며 따라서 근삿값으로 나타내거나 $\sqrt{5}$, π, ∞ 등의 상징적 기호로 표시할 수 있을 뿐 구체적 숫자나 기호들로 완벽하게 표현할 수는 없다. 엄밀히 말하면 우리가 사람의 키나 하루의 길이나 원주율(π)을 수치로 표시하는 176.5 cm, 24시간 또는 3.14 등은 모두 근삿값들에 불과하다. 예외적으로 사물의 개수나 나이 등 우리가 보통 정수로 표시하고 있는 물리량들도 엄밀히 생각해 보면 인간이 ('여기까지가 설악산이다', '이것이 내 자동차다' 등과 같이) 자의적으로 획정한 인위적인 것이거나 근삿값에 불과하다는 것을 알 수 있다.

디지털 값이란 연속적인 아날로그 값을 **불연속한 이산(discrete) 값으로 근사화한 값**이다. 즉, 자연적인 값인 아날로그 값을 미리 정해진 변역값들(domain values) 중에서 가장 가까운 값으로 근사화한 값이다. 예를 들어 기계적 시계의 바늘이 가리키는 현재시각은 아날로그 값인 반면 디지털시계가 가리키는 시각은 정해진 몇 개의 숫자들로 표시(10:25처럼) 할 수 있는 가장 근사한 시간을 표시하고 있는 것이다. 그와 같이 미리 정해진 숫자들로만 표시하는 디지털 시간은 본래의 아날로그 시간과는 달리 개수가 한정되어 있다는데 디지털 숫자의 근본적 특징이 있다. 언뜻 표현 가능한 숫자 개수가 한정된다는 것이 표현력, 즉 표현된 값들의 정확성을 제한하여 본래 무한정의 표현가능성을 가진 아날로그 정보에 비해 불리할 것 같이 생각될지 모른다. 하지만 이 경우 표현되지 못하는 정보의 오차가 인간이 지각할 수 없게 미소하거나 실제적으로 영향을 미치지 않는 수준이라면 현실적으로는 문제가 되지 않게 된다. 더구나 정보의 정확도는 필요에 따라 유효숫자의 개수를 늘림으로써 얼마든지 충족시킬 수도 있다. 역으로 처리할 값들의 개수가 (유한개로) 제한된다는 사실, 즉 그러한 **값들이 몇 개인지 그리고 그들이 어떤 값들인지를 미리 안다는 것은 오히려 컴퓨터에 의한 정보처리를 가능하게 하고 동시에 정보처리의 복잡도를 획기적으로 줄이는 장점으로 작용**하게 된다(주관식 문제보다 객관식 문제가 풀기 쉬운 것과 같은 이치이다).

실제 아날로그 세상에 대한 정보의 디지털화에서의 또 하나의 필수적 고려사항은 **디지털화된 데이터로부터 원래의 자연적인 아날로그 정보를 복원**할 수 있느냐이다. 일반적으로 연속적인 파동(음파 등)을 불연속적으로 샘플링하더라도 일정한 빈도(Nyquist rate) 이상으로 자주만 한다면 원래의 파동을 완벽하게 복원할 수 있음이 (이론적으로도) 증명되어 있다. 한편 음악을 MP3 기기에 담기 위해 디지털화과정에서 음파의 진폭을 양자화(量子化, quantization)하기 위한 눈금들(quantization steps)을 인간의 귀로 인지할 수 없을 정도로 충분히 촘촘히 하면 디지털화에 수반되는 오차에 기인한 소음(quantization noise)은 실제적으로는 전혀 문제가 없게 되는 것이다.

2.1.2 디지털 데이터의 통일성

어떤 발견이나 발명은 보편적일수록, 즉 적용범위가 넓을수록 큰 영향력을 가지게 된다. 질량을 가진 모든 물체에 적용되는 뉴턴의 만유인력의 법칙이나 모든 생물체에 적용되는 진화론 및 유전법칙, 인간의 사고체계 전반에 코페르니쿠스적 전환을 가져온 지동설이나 절대적 사고방식의 틀을 뒤흔든 아이슈타인의 상대성이론 등과 같은 위대한 원리들은 세상 전체를 적용범위로 한다. 한편 보편적 용도를 가진 대표적 발명의 사례인 엔진은 엔진(또는 모터)이 육중한 점보비행기를 날게 하고 디즈니랜드 놀이동산에서 해적인형들을 정교하게 움직이게 하여 결과적으로 지구를 좁혀놓기도 하고 삶에 즐거움을 주는 한편 마천루들을 쉽게 지을 수도 있게 하고 드넓은 간척지를 개척하게 하여 도시의 스카이라인과 나아가서 지도조차 바꾸어놓는 등 거의 모든 기계들에 동력을 제공하여 문명전반의 발전속도를 바꾸어 놓았다. 신의 발명품인 몇 종류의 원자들(또는 소립자들)로서 이 세상의 모든 물체들을 구성하는 물질계 전체를 파악하는 과학과 대비하여, 정보측면에서 세상을 단 두 개의 기호(보통 0과 1이나 +와 −로 표기)로만 표현하는 이진법(binary system)적 디지털 기술은 인류문명에 근본적 변화를 초래하고 있는 위대한 발명이다. 이와 같은 디지털로 표현된 정보의 장점은 일단 **이진 데이터로 변환되면 내포된 정보의 종류에 관계없이 모두 같은 방법으로 저장되고 계산되고 전송**될 수 있다는데 있다. 예를 들어 기호로 표시된 악보와 연주된 음악소리 자체와 같이 (최소한 외형적으로는) 완전히 상이한 종류의 정보가 동일한 (디지털) 데이터 형태로 표현 가능하다. 따라서 USB 소자 하나에 책이건 음악이건 사진이건 영화건 함께 저장하여 휴대하고 다닐 수도 있게 된다. 이와 함께 정보의 처리측면에서, 필요한 어떠한 계산이라도 이진법적 덧셈(binary addition)과 몇 개의 논리적 기본연산들(Boolean algebraic operations, 즉 ∪ OR, ∩ AND, − 차이 등)로 쪼개는 방법으로 통일적으로 구현할 수 있다. 한편 소리, 이미지, 동영상 등과 같은 멀티미디어 정보는 자연 상태의 시청각 정보유형들로서 인간이 창조하거나 추상화한 숫자나 문자 등의 태생적 디지털 정보와 달리 일반적으로 자연의 특질인 아날로그 특성을 가진다. 따라서 이러한 아날로그 유형의 정보들은 (디지털) 컴퓨터에 기반한 정보시스템에서 처리되기 위한 전제로서 정보의 디지털화가 선행되어야 한다. 그러나 일단 디지털 데이터로 변환되면 그 후에 진행되는 저장이나 전송에 관한 모든 과정은 문서이건 음악이건 영화이건 구분 없이 균일하게 진행된다. 이는 화물운송에서 화물이 컨테이너단위로 포장되면 내용물이 자동차든 살아있는 가축이든 철광석이든 같은 방식으로 운송되는 것과 비견된다. 결과적으로 **모든 종류의 정보가 현실에서의 현격한 외형적, 내용적 차이들에도 불구하고 통일된 방식으로 표현되고 처리될 수 있다는 데이터의 균일성(uniformity)이 대량의 데이터를 효율적으로 처리하고 전송할 수 있는 통합적 정보처리의 바탕을 제공**한 것이다.

2.1.3 디지털 데이터의 실제적 장점

정보의 디지털화는 전자식 컴퓨터의 전제로서 정보혁명의 기초가 되었다. 컴퓨터시대 이전의 아날로그식 정보처리를 위해서는 소리, 그림, 동영상 등 정보유형에 따라 턴테이블, 인화기, 영사기 등의 서로 다른 기기들이 필요했던 반면, 디지털 정보처리는 문자, 숫자, 멀티미디어 정보를 포함하여 **모든 정보유형에 대해 컴퓨터를 사용하여 균일한 (데이터로) 처리**가 가능하기 때문이다. 더구나 정보를 단순히 저장하고 재생하는데 그치는 아날로그식 처리와 달리 디지털 정보처리에서는 다양한 가공(계산)이 가능하게 되었다. 즉, MP3 기기나 CD와 같은 디지털 음향기기를 사용하면 턴테이블 등과 같은 기계식 아날로그 정보기기들은 더 이상 필요치 않게 되었다. 더구나 [그림 2.1](a)에서 보는 바와 같이 디지털 음악데이터에 대하여 암호화, 잡음제거, 음색변경(남자음성을 여자음성으로 바꾸는 것처럼) 등을 위한 여러 가지 정보처리가 가능해졌다. 더구나 기계식 턴테이블은 소리만 처리할 수 있는 반면 전자식 기기인 MP3나 CD는 소리, 그림, 동영상을 통일적으로 처리할 수 있다. 소리를 재생하기 위한 턴테이블이나 편지를 배달하기 위한 파발마와 같은 과거의 수단들에서 알 수 있듯이 순수한 정보처리나 전송에 관한 일에 비효율적으로 기계적 수단들이 동원되었었다는 것을 알 수 있다. 하지만 디지털 음악 데이터에 따라 소리나 영상을 최종적으로 생성(재생)해주는 스피커나 모니터와 같은 출력을 위한 기기들은 여전히 필요하다.

아날로그 신호와 달리 **디지털 신호에는 정보표현에 사용될 수 있게 허용된 신호값들의 전체**

개수가 미리 정해져있다. 따라서 [그림 2.1](b)에서 보는 바와 같이 정확한 사각형 펄스에 잡음이 섞이더라도 그 크기가 문턱값(threshold)을 넘지 않는 한 원래의 신호(이진법적 디지털 신호의 경우에는 + 또는 − 중 하나)로 복원하는 것이 가능하다. 이러한 장점은 객관식 문제는 주관식 문제와 달리 몇 개의 보기 중에서 정답을 골라낼 수 있을 정도로 대충만 알아도 풀 수 있고, 그 중에서도 양자택일하게 되어 있는 OX문제(이진법에 상응)가 가장 쉬운 것과 유사하다. 따라서 데이터가 어느 정도 왜곡되더라도 복원이 가능하기 때문에 전송중의 잡음이나 저장매체의 노후화에 따른 정보의 손실을 방지할 수 있다. 구체적으로, 디지털 신호는 아날로그 신호와 달리 일정한 거리마다 주기적으로 소음을 제거해주면 본래의 깨끗한 신호로 회복할 수 있기 때문에 장거리 통신에서도 소음이나 데이터 손상에 대하여 거의 완벽하게 대처할 수 있는 것이다.

정보의 디지털화가 정보시대의 핵심 기반기술이긴 하지만 지금까지의 정보기술의 전체적 발전측면에서 보면 외부적 또는 기초적 기술에 해당한다고 할 수 있다. 다시 말해 이는 정보사용자의 궁극적 관심사인 정보의 내용, 즉 의미(semantics)에 관한 표현이나 처리와는 직접 관련이 없는 저장이나 전송에 관한 하부구조를 이루는 기술일 뿐이다. 화물에 비유하면 창고의 역할과 같이 포장단위의 저장을 담당하는 역할만 효율적으로 할 뿐이지 사용자의 최종 관심사인 포장 속에 담겨있는 화물자체에 대해서는 관여하지 않는 것과 유사하다. 정보의 내용자체에 관련된 대표적인 분야로서 물체나 음성을 인식하거나 문서내용을 이해하는 시스템의 연구 및 개발은 진전이 더딘 형편으로 정보의 디지털화와는 다른 차원의 기술들을 필요로 한다.

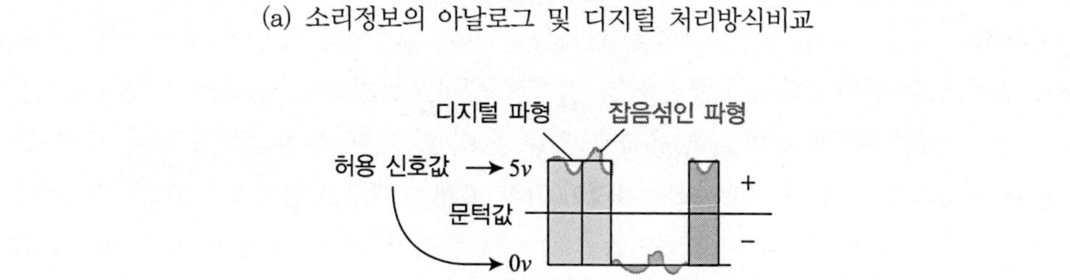

(a) 소리정보의 아날로그 및 디지털 처리방식비교

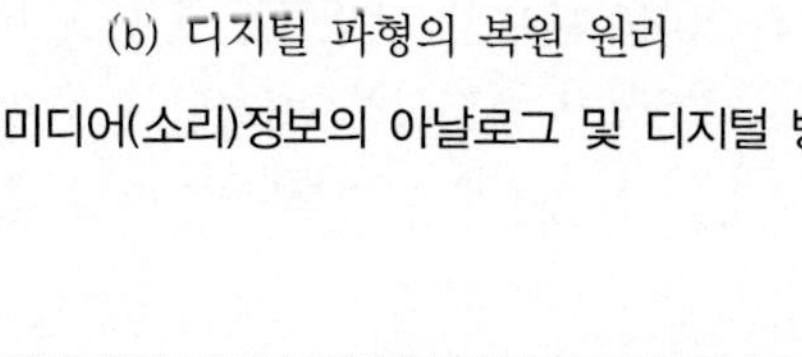

(b) 디지털 파형의 복원 원리

그림 2.1 멀티미디어(소리)정보의 아날로그 및 디지털 방식의 처리과정

2.2 이진법에 기초한 정보표현 및 처리방법

단선적(linear) 정보표현만 가능한 일진법(unary system)을 제외하면 고도의 정보표현이 가능한 비선형적(nonlinear) 정보표현방법들(進法들) 중에서 가장 단순한 디지털 정보표현법이 이진법(binary system)이다. 정보유형들 중 가장 기초적인 숫자정보의 표현에 대해 말하자면, 예를 들어 십진법 숫자 2037은 4개의 숫자(0000~9999 ≡10^4-1 표시가능)로 표현할 수 있지만 이진법을 사용하면 11111110100과 같이 11개의 숫자(00000000000~11111111111≡2^{11}-1 표시가능)가 필요하게 된다. 반면 일진법은 (正자를 사용해서 5개씩 표현하듯이) 기호를 하나만 사용하니 [그림 2.2](a)에서 보다시피 여러 개(N개)의 일진법 기호를 사용해도 다른 진법들([그림 2.2](b)와 (c)의 이진법이나 십진법)과 달리 숫자자리에 따른 승수효과가 적용되지 않아서, 즉 N+1 번째 숫자의 크기도 $1^N=1$이 되어 N이 표시하는 자리와 관계없이 크기가 제자리걸음을 하게 된다(반면 N+1 번째 자리의 1의 크기가 각각 이진법에서는 1×2^N이 되고 십진법의 경우에는 1×10^N이 된다). 결과적으로 기하급수적 표현이 불가능하기 때문에, 예를 들어 (보통의 10진법 숫자) 150을 일진법으로 표현하려면 150개의 기호를 일렬로 나열하는 식으로 표시할 수밖에 없는 단선적 표현방법이다.

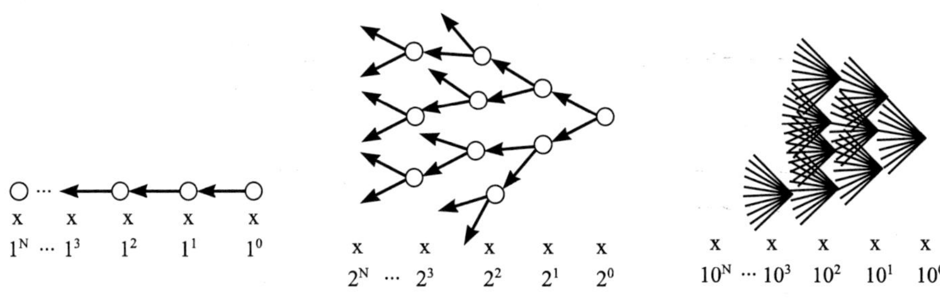

(a) 일진법적 승수효과　(b) 이진법적 승수효과　(c) 십진법적 승수효과

그림 2.2 여러 가지 진법에 따른 승수효과의 차이

이론적으로는 무수히 많은 진법들이 가능하지만 손가락의 개수에 따른 십진법(decimal system)이 모든 인간사회에서 통용되는 일반적 숫자표현법이다. 참고로 전래의 갑자(甲子)나 시간의 표현에는 60진법을 사용하고 있는 셈이다. 이때 육십갑자는 사실 10간 12지를 이용한 고도의 60진법, 즉 **양손의 손가락이 각각 10개 12개라고 생각하는 셈법**이다. 컴퓨터가 인간대신 숫자처리를 담당하는 도구로 떠오르면서 이진법이 십진법에 버금가는 일상적인 숫자표현방법으로 부상하고, 한편 전문적인 분야에서는 16진법(hexadecimal number system)을 자주 쓰게 된 것도 이진법과도 단위가 상통하는 동시에 10개의 기호를 수용할 수 있는, 즉 16 (= 2^4) > 10인 최소의 진법이기 때문이다. 이러한 숫자표현법의 변천은 컴퓨터라는 도구를 사용해야하는 정보시대의 인간에게는 적절한 진화의 결과라고 볼 수 있다. 이진법이

계산상의 여러 가지 장점을 가졌음에도 불구하고 인간에게는 효율 문제로 (즉 과다한 숫자의 개수) 일상적으로 사용되기 어려웠지만, 이러한 비효율이 문제가 되지 않는 고속의 기계인 컴퓨터 입장에서는 숫자표현에 이진법을 채택하게 된 것은 당연하다. 사실 이진법은 가장 초보적인 숫자표현법으로서 원시부족들의 숫자표현법에서 종종 발견되고 있고, 어릴 적에 홀수 짝수만 셀 수 있는 닭장 주인할머니를 감쪽같이 속여서 (닭 한 마리를 잡아먹는 대신 두 마리를 잡아먹으면 모르시기 때문에) 닭서리를 쉽게 할 수 있게 했던 얘기도 일종의 이진법 셈법에 관한 일화인 셈이다.

컴퓨터를 위한 정보의 디지털화는 최종적으로 모든 정보를 단순한 비트(bit)들로 획일적으로 변환하게 된다. 즉, 숫자는 0과 1을 사용한 이진법 숫자(binary number)로 문자나 기호는 이진코드(binary code)로 논리값은 진위(True/False) 두 개의 값을 사용하는 등 모든 정보를 유형에 관계없이 이원적으로 표현하게 된다. 이러한 수리정보나 문자정보, 그리고 논리적 정보 등의 인공적 정보뿐 아니라 소리, 화상, 동영상 등의 자연적 사물이나 현상에 관한 정보도 역시 최종적으로는 이진적으로 표현된다. 이와 같은 자연적 정보는 일단 숫자정보나 문자정보로 추상화되는 중간과정을 거친 후 다시 인공적 정보들과 마찬가지로 비트들로 이 변환을 거치게 된다. 두 개의 숫자만을 사용하여 획일적으로 표현된 이진법 정보는 아날로그 정보나 십진법으로 표현된 정보와 비교하여 여러모로 단순하다. 일반적으로, 단순하면 적용범위가 넓어지고 효율이 높아진다. (외형상) 단순한 만유인력의 법칙($\overrightarrow{G} = \overrightarrow{K}\frac{Mm}{r^2}$, 단 M은 지구질량)이 위대한 이유도 질량(m)을 가진 모든 물체들 사이에 광범위하게 적용되기 때문이고, 자동차 모델들 간에 플랫폼을 공유하고 같은 부품의 규격을 표준화하는 노력도 같은 부품의 적용범위를 넓혀 대량생산을 통해 효율을 추구하기 위함이다. 마찬가지로 단순한 이진법 (디지털) 데이터, 즉 0과 1 (또는 True와 False)로 문자정보와 시청각정보들을 포함한 모든 유형의 정보들을 획일적으로 표시함으로써 정보의 처리와 전송에 획기적 발전의 토대를 제공한 것이다. 물리적인 구현측면에서도 두 가지의 상태가 구분되는 어떤 자연현상이라도 이진 데이터들을 저장하는 기억소자나 전송하는 통신매체로 쓸 수 있다. 이진적 정보표현의 역사를 따라가 보면, 옛날 봉화를 사용하던 시절 산정의 연기기둥의 유무로부터 시작하여, 컴퓨터시대에 들어오면서 종이(OMR 카드) 위의 천공(hole)의 유무, 자성(magnetism)의 양극성이나 자기거품의 유무, 전압의 고저 등 구별이 확실하고 제어가 가능한 두 가지의 상태를 가진 다양한 물리적 매체들을 이진 정보를 물리적으로 표현하는데 사용하여왔다.

이진 데이터는 저장뿐 아니라 계산도 지극히 단순하게 만든다. 이진법 숫자 간에 덧셈을 수행할 때 각 숫자쌍(被加數와 加數)사이에는 기본적으로 0+0, 1+0, 1+1의 세 가지 경우만 나타난다. 이러한 한자리수 더하기들을 이진법 숫자 자릿수만큼 조합하고 올림수(carry)를 고려함으로써 어떤 크기의 숫자들이라도 서로 더할 수 있게 된다. 한편 **음수를 더하기 하여 뺄셈을 수행하고 덧셈을 반복하여 곱셈을 수행하고 뺄셈을 반복하여 나눗셈을 수행하는 방식으**

로 사칙계산을 모두 덧셈만으로 수행할 수 있다. 나아가 일반적인 복잡한 계산들은 사칙계산들을 반복적으로 이용하여 수행할 수 있다. 예를 들어 적분을 이용하여 도형(polygon)의 면적을 구하는 계산도 기본적으로 도형을 무수히 많은 직사각형들로 나누는 방식에 기초하고 있기 때문에 직사각형들의 면적을 구하기 위한 곱셈과 그 면적들을 합하는 덧셈으로 분해할 수 있게 된다. 이때 곱셈을 위에서 언급한대로 덧셈의 반복으로 수행하면 결과적으로 복잡한 적분도 간단한 덧셈들로만 계산할 수 있게 된다.

컴퓨터에 적용하기 위해 이진법으로 변환된 정보도 최종적으로는 본래 인간이 일상적으로 사용하는 본래의 정보형태들(십진법으로 표현된 숫자, 알파벳과 기호로 쓰인 문장, 귀로 들을 수 있는 소리나 눈으로 볼 수 있는 그림 등)로 되돌릴 수 있어야만 의미가 있다. 즉, 정보를 이진법으로 변환하는 과정과 함께 이진법으로 분해된 정보를 다시 조합하여 본래의 정보를 회복하는 역변환과정은 필수적이다. 이러한 분해와 조합 과정이 인간에겐 불가능하리만큼 수많은 반복적 작업을 요구하지만 엄청난 속도를 가진 컴퓨터라는 도구가 이를 담당해 줌으로써 정보처리에서 **단순화를 통한 고도화라는 역설적 진보**가 가능하게 된 것이다. 고도화되고 진보하기 위해서는 복잡해질 수밖에 없었던 전통적 발전방식이 컴퓨터라는 도구에 의해 근본적으로 바뀌게 된 것이다.

■ 일진법적 단극성 극복의 중요성

가계의 유지가 중요했던 시대에 아들 한명씩만으로 이어지는 몇 대 독자 집안은 논리적으로 보면 일진법적 출생으로 세대가 계속되어도 자손이 늘지 않아 (종종 양자를 들이기도 해서) 근근이 가계를 유지했었고, 어떤 코미디 대사처럼 '돼지저금통에 저금하는 이유가 다시 저금통을 사는 것'이라는 일진법적 목적에 머문다면 저금에 별 의미도 찾을 수 없을 것이고, 사고의 단극화(單極化), 즉 다양한 사상을 봉쇄하는 일진법적 사고방식은 공산주의국가의 몰락의 근인(根因)이 되었다고 생각할 수 있다. **비교할 수 없고 대치할 수 없는 단극적인 것은 쇠퇴하거나 멸망하기 마련이다.** 정과 반의 존재를 전제로 하는 변증법의 굴레를 벗어날 수 있는 것은 최소한 인간사회에는 없다. 그것이 지금도 그 찬란한 문화의 편린들을 엿볼 수 있는 大로마이든, 초기자본주의의 질곡에서 'Le Miserable'들을 구하고자 시작했던 공산주의의 종주국 소련이든, 업무효율의 혁명을 가져왔던 컴퓨터제국 (당시 Big Blue) IBM이든 예외는 없다. 심지어 병균의 공격에 단련되지 않으면 생물체까지도 결국 멸종을 면하지 못한다. 이러한 의미에서 서울의 행정기능을 부분적이나마 나누게 된 세종시의 의의를 살펴보면, 대한민국이 서울공화국으로 불리는 단극화된 일진법적 국가에서 기하급수적 발전가능성을 가진 다극화된 국가로 가는 거대한 출발점이 된다고 믿는다. 이런 관점에서, 무조건적인 최고의 상징인 서울(서울대학교, 서울특별시, 대부분의 본사 소재지, 어느 지역에서 가든 상경으로 표현 등등)로 대표되는 기득권의 반대를 뚫고 세종시를 입안하고 지키는 험난한 과정을 가슴 졸이며 지켜보면서 노무현, 박근혜 대통령께 지지를 보낼 수밖에 없었다.

2.2.1 디지털 컴퓨터에서의 이진정보의 의미론적 장점

양자택일 문제에서 항상 틀리는 사람이 있다면 항상 맞추는 사람과 같은 정보(또는 지식)를 갖고 있는 셈이다. 예를 들어 주가가 상승할 것인지 아닌지 양자택일의 예측을 하는 경우에 항상 틀리는 사람이 있다면 그 예측의 반대로만 하면 항상 맞추는 사람만큼 많은 돈을 벌게 될 것이다(물론 많은 경우에 예측 내용이 두 개 이상 여러 가지 요인들과 관련되거나 각 요인의 값이 두 가지만이 아닌 여러 가지일 경우가 많기 때문에 그리고 시간적 변화가 또 하나의 차원으로 추가되기 때문에 양자택일의 단선적 판단자체가 의미를 가지는 경우는 실제로 드물 것이다). 이러한 양자택일적 상황에 상응하는 이진적 정보체계가 가질 수 있는 상대적인 이점들은 OX 문제가 선다형이나 주관식 문제보다 쉬운 것과 같은 이유에 근거한다. 예를 들어 이진법에서 나누기를 할 때 나머지(modulo)가 0, 즉 나누어떨어지거나 1이 되는 성질, 다시 말해 십진법과 같은 다른 진법들과 달리 나머지가 없거나 있거나 두 개의 경우만 있는 성질은 여러 가지로 활용될 수 있다. 만약 수많은 전구들로 이루어진 네온사인을 디자인할 때, 수많은 전구들 중에서 켜져 있던 것들은 끄고 반대로 꺼져 있던 것들은 켜는 (기계적으로 실현하기에는 복잡한) 작업을 이진법에 기초한 기본 연산기능 하나(exclusive OR)로 간단히 구현할 수 있다. 구체적으로 만일 8개의 전구의 점멸상태를 제어하는 스위치들의 개폐상태가 11001001 (단 1은 켜진 상태 0은 꺼진 상태 표시)이던 것을 00110110으로 뒤집기 위해서는 [그림 2.3]에서 보는 바와 같이 단순히 11001001⊕11111111 (단 ⊕은 exclusive OR 연산을 의미)만 수행하면 된다. 이와 같이 전구스위치들을 기계적 제어 대신 (이진법적) 컴퓨터로 제어하게 되면 제어의 다양성과 편의성 향상은 물론이고 기계적 스위치의 마모에 따른 유지보수비용도 필요가 없게 되는 동시에 (전자식) 스위치의 수명도 반영구적이 될 것이다.

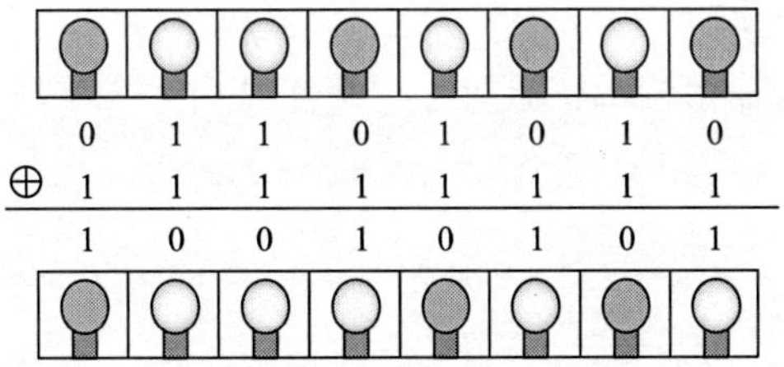

그림 2.3 네온사인 전구의 간단한 반전 스위칭 방법

2.2.2 이진법 표현의 실질적 효용

손가락 숫자 때문에 우연히 채택된 십진법이 모든 숫자를 표현할 수 있는 것과 같이, 이진법으로도 모든 숫자를 표시할 수 있을 뿐 아니라 십진법이나 다른 어떤 진법들과도 상호 변환이 가능하다. 십진법 데이터를 이진법 데이터로 변환하면 정보의 내용은 그대로 유지되면서 표현은 단순한 비트(1/0)들로 이루어지게 되어 필요한 기호의 개수는 [그림 2.4]에서 보는 바와 같이 기하급수적으로 늘어나게 된다. 예를 들어 십진법으로 표현된 숫자 1,000,000을 이진법으로 표현하려면 20자리의 이진 숫자(약 2^{20})가 필요하게 된다. 숫자의 개수가 많아짐에 비례하여 정보의 처리측면에서도 십진법에 비해 필요한 계산의 횟수가 훨씬 늘어나게 된다. 더구나 컴퓨터에서의 모든 연산은 더하기 기능과 이와 유사한 논리연산을 반복적으로 수행하는 방식(예를 들어 50 × 35를 계산하기 위해서는 50을 35번 더함)을 취하기 때문에 더욱더 많은 횟수의 계산을 수행해야만 한다. 하지만 인간과는 달리 기계인 컴퓨터에게는 처리할 기호(숫자)들의 개수가 늘어나는 것은 별로 문제가 되지 않는다. 더구나 같은 정보를 표현하는데 더 많은 개수의 기호들이 필요하다는 면에서는 처리속도가 늦어지지만, **모든 종류의 정보를 비트들로 통일적으로 표현**하게 되면서 정보종류에 따라 다른 표현방법들을 사용할 때보다 저장이 효율적이고 전체적으로는 처리속도가 오히려 올라가게 된다. 모든 산업분야에서 제품과 공정의 **표준화를 통해 대량생산을 하게 됨으로써 효율성을 높이게 되는 것**이나 화물운송에서 **운송단위를 컨테이너로 표준화함으로써 물류시스템의 혁명을 가져온 것과 유사**한 이치이다. 한편 한자와 같은 상형문자가 글자당 함축한 의미가 커서 표현하기에 (적은 개수의 글자를 사용하게 되니) 유리한 점도 있는 반면 글자를 배우기가 어려워서 불리한 것과 일맥상통한다고도 할 수 있다.

두 진법들 사이의 효율성면에서 차이는 인간의 관점일 뿐이지 반도체 칩을 사용하는 계산이나 전자파를 이용하는 통신의 입장에선 두 가지 진법 사이에 효율측면의 차이가 거의 없게 된다. 실제로 전자소자(electronic devices)와 전자파(electromagnetic waves)를 사용하는 **컴퓨터와 통신망이 일상화함에 따라 이진법의 장점만을 취할 수 있게 되었다.** 사실 인간이 이진법을 사용한 역사는 최소한 봉화를 사용한 오랜 옛날로 거슬러 올라간다. 그리고 인간의 입장에서는 이진법보다 십진법이 높은 표현력을 가진 진보된 숫자표시방법이다. 하지만 반도체칩을 사용하는 컴퓨터의 등장으로 표현력이 높은 십진법에서 낮은 이진법으로 진보의 의미가 역류하게 되었으니 논리적 체계조차 윤회의 굴레를 벗어나지 못하는 것인지도 모른다.

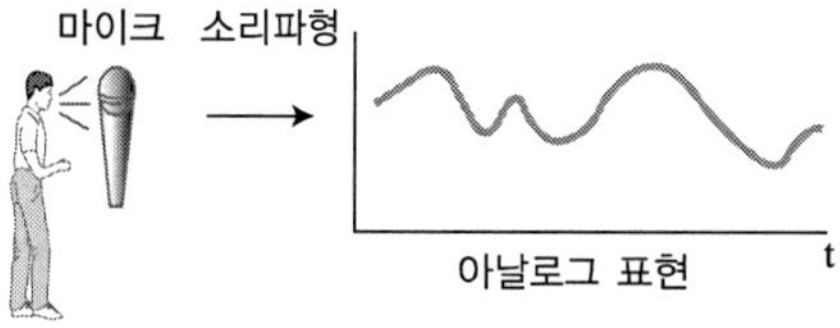

00011000	00110011	00100111	00101011	00011100	00111100	이진법 표현
24	51	39	43	28	60	10진법 표현
18	33	27	8B	2C	3C	16진법 표현

그림 2.4 소리 정보의 아날로그 표현과 이진법 및 디지털 표현

2.2.3 이진법 표현의 여러 가지 일반적 함의

모든 종류의 정보를 비트들로 분해하는 정보의 디지털화는 물리계에서 모든 물체들을 기본 요소인 원자단위로 조작할 수 있게 된 것과 일맥상통한다고 할 수 있다. 말하자면 비트

는 모든 메시지를 구성하는 정보(또는 지식)의 기본원소(primitive unit)로서, 모든 물질을 만들어 낼 수 있는 기본 구성요소인 원자(atomic unit)들과 상응하는 개념이다. 만일 모든 물건들을 원자 (또는 분자) 단위로 분해하여 보관하고, 운반하고, 필요할 때마다 조립하여 사용할 수 있다면, 쓰레기 등의 문제도 원천적으로 해결되는 등 세상은 혁명적으로 바뀌게 될 것이다. 그러나 원자는 신의 창조물인 물리적 개체인 반면 디지털은 인간에 의해 생산된 개념적 개체라는 근본적 차이점이 있다. 특히 **정보는 물건과 달리 분해와 조합이 자유롭다**는 점에서 비트로의 분해 및 조립이 장점만 취할 수 있는 효과적인 방법론을 제시한다(알다시피 물건의 분해와 조립에는 과다한 에너지 소비라는 큰 문제가 가로막고 있다).

한편 전송의 관점에서 보면 정보를 비트들로 분해하는 방법은 화물운송에서 통일적 단위인 컨테이너 규격을 사용하는 방식과 비슷한 원리에 기초를 두고 있다. 그러나 컨테이너가 화물운송이라는 한 분야에 국한된 혁신을 이룬 반면 디지털 개념이 세상을 통째로 바꾸는 혁명을 몰고 온 근본적인 차이점은, 컨테이너는 갖가지 형태의 화물들을 균일한 컨테이너 단위로 *모아서* 포장하는 방식인데 반해, 디지털은 모든 형태의 정보를 기본 구성요소인 비트단위로 *분해*하여 균일하게 처리하고 운반을 위해 **자유롭게 모으거나 재구성할 수 있게 하는 방식**이기 때문이다.

2.2.4 컴퓨터 정보유형의 수용단계

컴퓨터가 처리하는 디지털정보는 기본적으로 전자소자의 개별 단자들에 나타나는 두 가지 물리적 상태(즉 두 가지 전압)에 인간이 의미를 부여, 즉 해석(interpretation)함으로써 표현된다. 먼저 두 가지의 물리적 상태에 0이나 1의 의미를 부여함으로써 한 비트의 이진법 숫자가 표현될 수 있고, 비트들을 8개씩 묶어 한 단위(Byte)로 하여 표시하는 약 100 ($<10^8 = 128$)개의 상태들(예를 들어 '10010110', '11100011', …)에는 각각 문장을 쓰는데 필요한 기호들(즉 영어알파벳, 문장부호들)의 의미를 부여함으로써 글자로 된 문장(text)을 표현할 수 있게 된다. 한편 이러한 표현방법은 이진법에서 숫자를 표기하는 방법과도 기본적으로는 동일하고 단지 각 상태에 부여하는 의미가 숫자기호 대신 글자기호라는 점만 다를 뿐이다. 이와 같이 숫자 및 글자로 표현되는 기본적 정보(alphanumeric data)를 시작으로, 하드웨어 기술의 발전에 따라 많은 데이터와 빠른 처리속도가 필요한 소리, 그림, 동영상 등의 멀티미디어 정보가 디지털로 변환되어 컴퓨터에 의해 처리되기 시작했다. 기술적으로는 숫자정보를 시공간 좌표상에 표시하여 멀티미디어정보가 나타내는 소리, 그림 또는 동영상 등의 시청각적 현상을 컴퓨터에 표현하게 된다.

인간이 사용하는 정보 중에서 가장 고급 정보유형인 지시정보는 보통 규칙(rule)들로 나타난다. 변하지 않는 상수들만으로 표현되는 다른 정보유형들과 달리 규칙은 변수들을 포함하기 때문에 적용범위가 그만큼 넓어진다. 이러한 지식정보들도 순수하게 컴퓨터 기술적으로만 보면, 단순한 문자정보에 사용자가 높은 수준의 지식적 의미를 부여한 것에 불과하

다고 할 수 있다. 컴퓨터기술의 발전에 따른 정보유형의 수용단계를 정리하면,

숫자(number)정보 → **문자**(character)정보 → **멀티미디어**(multimedia, 그림, 소리, 동영상)정보 → **지식**(knowledge)정보

의 단계로 진전되어왔다.

2.3 실제상황의 디지털 정보로의 변환

실제상황(reality)에 관한 문제를 정보시스템을 이용하여 해결하기 위해서는, 실제상황에서부터 상응하는 디지털 데이터에 이르기까지 두 단계의 중요한 변환이 필요하다. 첫째 **실제적 상황으로부터 추상적 정보로의 변환**(abstraction), 둘째 **아날로그 정보로부터 디지털 데이터로의 변환**(digitization)이다. 실제적 상황은 현실세계인 반면 그에 관한 정보는 개념적인 세계로서 본질적으로 서로 다른 영역에 있다. 더구나 우리가 현재 당면하고 있는 대상과 마찬가지로 최종적으로 달성하고자 하는 대상도 실제상황이고 정보의 처리는 문제 해결을 위해 임시로 거치는 중간과정에 불과하기 때문에, 전체적으로 실제상황에서 정보로의 변환과 함께 결국 정보에서 상황으로의 역변환이 필요하다. 이러한 변환들은 물리적 센서(카메라, 녹음기 등에 포함)를 이용한 단순한 지각적(sensory) 변환으로부터 의미론적(semantic) 판단이 필요한 개념적 변환을 포괄한다. 특히 개체들 사이의 논리적 관계들이나 인간들 사이의 약속에 기초한 사회적 제도들은 감각적으로 인식될 수 있는 물리적 측면들과 달리 인간의 추상화기능에 의존할 수밖에 없는 순수하게 개념적인 영역이다. 근본적으로 추상화란 관련있는 정보만 취하고 필요 없는 정보는 생략하는 작업이라는 점에서, 필연적으로 관련성(relevancy)에 대한 판단은 주관적이 될 수밖에 없고 따라서 같은 대상에 대해서도 관련성을 판단하는 개인의 가치기준에 따라 달라질 수밖에 없다. 예를 들어 나무라는 하나의 실제적 객체에 관해 가구업체가 필요로 하는 정보와 생물학자가 중요시하는 정보는 다를 수밖에 없다. 칸딘스키나 몬드리안의 추상화(抽象畵)들은 사물의 무수한 측면들 중에서 자기들이 본질적이거나 중요하다고 생각한 면만 그렸기 때문에 사실화(寫實畵)와 달리 다른 사람들로서는 이해하기 어려운 것이 당연하다.

실제 세상은 본질적으로 아날로그이기 때문에 실제상황이 직접적으로 변환된 결과(녹음이나 사진 등)는 일단 아날로그 정보로 나타나게 된다. 이러한 아날로그 정보를 디지털 데이터로 변환하는 이유는 기본적으로 현재의 컴퓨터가 디지털 데이터의 처리에 특화되어 있기 때문이다. 즉, 아날로그정보가 디지털화 되어야만 컴퓨터의 빠른 속도를 이용할 수 있을 뿐 아니라 여러 정보유형들 간의 통일적 처리가 가능하게 된다. 한편 디지털에서 아날로그로의 역변환은 데이터에서 실제상황을 다시 회복하는 작업으로서 기계적 출력장치들(스피커, 디지털 TV, 프린터 등)을 디지털정보에 맞게 제어하여 동작시킨 결과로 나타난다. 집을

떠나서 가는 초행길(onward trip)보다 되돌아오는 길(return trip)은 알기 쉽듯이 아날로그에서 디지털로의 변환보다 그에 상응한 역변환이 기술적으로는 쉬운 편이다.

실제상황에 관한 정보를 추상화하여 물리적 매체에 저장할 수 있다는 사실은 정보처리의 토대를 제공한다. 먼저 그림이나 소리 등의 **연속적인 물리현상을 공간축 또는 시간축을 따라 불연속적으로 채집(sampling)해도 (일정한 빈도이상이면) 본래의 물리현상을 재현**해낼 수 있다는 이론(Nyquist's theorem)이 실제상황의 시청각적 측면에 관한 정보처리의 기본적 근거가 된다. 이렇게 샘플링된 값들은 적절한 근사치들로 이산(離散, discrete)화한 후 두 가지 값들로 이진(二進, binary)화하는 양자화(量子化, digitization, quantization) 과정을 거치게 된다. 이와 같이 가장 포괄적이고 궁극적 정보의 내용인 실제 상황들을 표현하는 수단으로 가장 단순한 표현법인 이진법을 사용할 수 있게 됨으로써 정보저장과 가공을 물리적으로 축전지의 충전여부나 스위치의 개폐작용으로 구현할 수 있게 되는 것이다. 결과적으로 반도체칩의 극미한 회로에 바탕을 둔 거대 정보 저장용량과 광속에 가까운 정보 처리속도를 실현할 수 있게 된 것이다.

2.3.1 아날로그 정보의 디지털 데이터로의 변환

자연 속에서 일어나는 어떤 현상도 디지털 데이터로 완벽하게 표현할 수는 없다(사실, 완벽은 무한과 마찬가지로 인간의 영역이 아니다). 다시 말해 연속적인 아날로그의 속성을 가진 자연현상을 불연속적(discrete)인 디지털로 정확하게 표현하는 것은 근원적으로 불가능하다. 그러나 디지털 데이터를 중간 정보표현수단으로 사용하되 최종사용자에겐 아날로그와 같이 (충분히 근사한) 자연스러운 모습으로 보여주는 것은 가능하다. 실제로 아날로그 정보를 디지털 정보로 바꾸기 위해서는 복잡한 변환들을 거치게 된다. 이러한 변환을 위해서는 **실제적 사실에서 인위적인 정보로의 전혀 다른 차원의 세계들 간에 사상(寫像, mapping)이 필요**하게 된다. 이때 각 변환에서 취급하는 정보의 고유한 특성을 반영하는 여러 가지 정보표현방법들과 고도의 변환기술들이 사용된다.

어떤 실제적 변환에서든 피할 수 없는 부수현상의 하나인 손실(loss)이 아날로그 현상을 디지털 데이터로 변환할 때는 정보의 손실로 나타나게 된다. 최종결과에 잡음을 초래할 수 있는 기술적인 양자화 손실(quantization error)에서부터 인간의 주관적인 가치판단에 따른 의미론적 손실(semantic loss)에 이르기까지 다양한 수준들에서 오차가 발생할 수 있다. 하지만 이러한 정보의 오차들을 인간의 인식능력이하로 제한할 수 있다면 최종사용자의 입장에서는 실질적으로 손실이 없는 것과 같다고 할 수 있다. 결국 디지털 정보가 수다한 문제점들에도 불구하고 세상을 바꾸는 거대한 혁명의 핵심원리가 된 것은, **디지털 정보의 이산성(離散性, discreteness)과 정확성에서의 한계라는 단점들을 컴퓨터의 최대장점인 속도와 인간의 감각기능상 한계나 정보의 정확성에 관한 요구가 유한함을 역이용하여 덮는 동시에 디지털 정보의 통일성이나 명확성이라는 강점만을 부각시켜 활용되게 된 결과**이다(이러한 모습은 어쩌면

카인의 원죄에 따른 형벌이라는 노동이 오히려 즐거움의 대상이 되거나 때로는 중독의 대상이 되기도 하는 것과 비슷하다고 할까?).

2.3.2 디지털데이터로 아날로그 현상들에 대응할 수 있는 현실적 근거

고등학교 수학의 극한단원에서 배운 바대로, 개념적으로 상황변수를 무한대로 끌고 가면 유한한 세계와 판이한 현상들이 관찰된다. 한편 인간이 접하는 실제적 상황에서는 무한이 아니더라도 일정한 한계를 넘어서면 유한한 인간에게는 극한에서와 비슷한 효과를 얻게 된다. 핵융합이 가능하게 되어 인공태양을 통해 무한정에 가까운 (엄밀하게는 여전히 유한한) 청정에너지가 저렴하게 제공되면 산업전반에 근원적 변혁이 올 거라는 것도 (유한한 인간에 관한한) 실질적 극한의 한 예이다. 이미 실용화된 사례로서 정지 영상들(still pictures)을 눈이 인식할 수 없을 만큼(약 20+ 프레임/초)만 자주 나열함으로써 연속적으로 움직이는 것처럼 보이게 되는 원리가 영화를 가능하게 만들고 있다. 결론적으로 우리가 자연에서 접하는 현상(아날로그 신호)과 그에 상응한 정보를 충분한 해상도(resolution)를 가지도록 **신호나 현상을 미세하게 디지털화하여 표현하게 되면 인간의 지각능력으로서는 실제의 완벽한 모습과 구분하지 못하거나 구분할 실익이 없게 된다.**

컴퓨터의 빠른 속도는 심지어 인간의 창의성까지도 객관식 문제로 단순화시킬 수 있는 가능성을 보여주고 있다. 즉, 어떤 창의적 문제에 대해 컴퓨터가 셀 수 없을 정도로 많은 (상상의 대상인) 잠재적 해법들을 제공하고 인간은 그 중에서 고르는 역할만 함으로써 새로운 것을 만들어 낼 수 있게 되는 것이다. 예를 들어 정형화된 음표들로 표현되는 작곡과 같이 생산품의 가짓수가 상대적으로 한정되어있는 분야에서는 이러한 기법은 이미 상용화된 방법(때로는 짜깁기가 되기도?)으로서 그 결과물인 노래들에 대해 표절 시비가 종종 벌어지기도 한다. 이는 컴퓨터가 단순한 데이터를 대규모로 빨리 제공하는 기계에 머무는 것이 아니라, **초월적 처리속도를 이용하여 실용적 의미에서 창의적인 기계가 될 수 있는 가능성**을 보여준다.

2.4 아날로그 현상에서 디지털 데이터로의 구체적 변환과정

앞서 언급한 바와 같이 연속된 파동을 일정한 빈도 이상으로 주기적으로 채집(sampling)하여 만들어진 일련의 불연속적 데이터들 속에는 그 파동이 본래 갖고 있던 모든 정보가 들어있다. 따라서 소리나 동영상을 포함하여 파동으로 나타나는 어떠한 연속적인 아날로그 신호라도 굳이 연속적인 신호로 표현되어야 할 필요가 없다. 이러한 사실을 근거로 멀티미디어 정보들(소리정보, 그림정보, 동영상정보 등)을 인위적 기호들로 표시된 태생적 디지털 정보들(글자로 된 문서들)과 마찬가지로 불연속적 디지털 데이터로 획일적으로 변환하여 처리할 수 있게 된다. 이때 숫자나 글자와 같은 기호들로 표현되어 있는 태생적 디지털 정보들은 바로 부호화(encoding)할 수 있는 반면 시간이나 공간상의 연속적 현상인 소리, 그림, 동영상, 기온 등의 자연 상태의 아날로그 신호는 부호화되기 전에 아날로그에서 디지털로의 변환(Analog to Digital conversion)이 선행되어야 한다.

전체적으로 아날로그 신호를 디지털 데이터로 변환하는 과정은 **견본추출(sampling), 양자화(quantization), 부호화(encoding)**의 단계를 거친다. 이때 소리데이터는 시간적 차원에서의 변화만 고려하는 반면 그림데이터는 이차원의 평면공간에서의 내용이 고려되고 동영상데이터는 그림데이터들을 다시 시간적 차원을 따라 주기적으로 나열하는 방식으로 표현한다. 구체적으로 [그림 2.5]에서 보는 바와 같이 **소리신호는 시간축을 따라 충분한 빈도로 (최대 가청주파수의 두 배 즉 40,000Hz 이상) 소리세기를 주기적으로 채집**하면 채집된 소리세기 값들을 이용하여 원래의 소리를 완벽히 복원할 수 있다([그림 2.5](a)). 한편 **그림정보의 디지털화는 컬러펜으로 수많은 점을 찍어 그림을 그린다**고 생각하면 표현방법을 쉽게 이해할 수 있다([그림 2.5](b)). 즉, 화면을 미소한 격자들(full HDTV의 경우 가로 약 2000줄×세로 약 1000줄=약 200만개)로 나누어 각 격자에 해당하는 수많은 화소(pixel, picture element)의 색깔을 해당하는 칼라코드(color code, 예를 들어 분홍색의 칼라코드는 9932cc)로 변환하면, 칼라코드 값을 나타내는 숫자들의 행렬(matrix of color codes)은 그림 한 장을 나타내게 된다. 그리고 시공간 측면들을 모두 가지는 **동영상은 시간축을 따라 일정주기로 그림(snapshot)을 채집**하는 방식으로 디지털화한다([그림 2.5](c)).

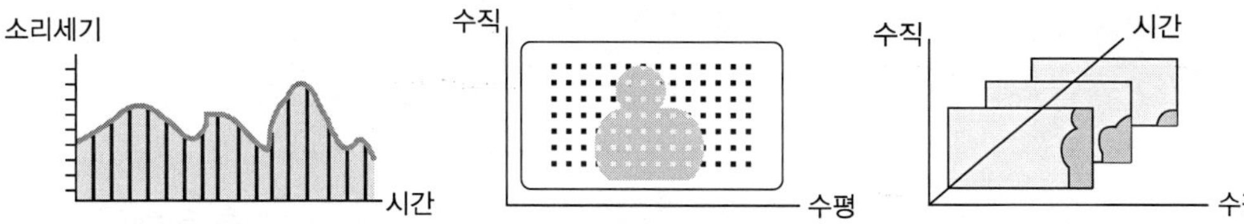

(a) 소리파형의 샘플링 (b) 그림정보의 샘플링 (c) 동영상정보의 샘플링

그림 2.5 멀티미디어 정보의 디지털 표현방식들

일반적으로 차원이 다른 영역사이에서의 변환과정에서는 필연적으로 근삿값을 사용하게 되고 오차가 생기게 된다. 하지만 파형을 충분한 빈도로 샘플링하게 되면 시간적 측면에서 본래의 파형을 회복할 수 있고, 한편으로 파형의 세기 면에서의 오차를 인간의 청각이나 시각의 최대감도이하로 유지한다면 실제적 의미에서는 오차문제는 전혀 발생하지 않게 된다. 영화가 눈의 잔상이라는 인간의 맹점을 이용하는 것과 같이 디지털 데이터도 결국 인간감각기능의 한계나 오차 허용한도를 이용하는 셈이다.

2.4.1 견본추출단계

견본추출(sampling)은 본질적으로 시간적이나 공간적으로 연속적인 현실을 불연속적(discrete) 디지털 데이터로 나타낼 수 있게 해준다. 근원적으로 서로 다른 영역들인 실제와 정보사이의 연계를 위해서는 복잡한 변환을 필요로 한다. 자연상태의 소리와 그림의 시청각적 특성은 각각 일차원적 시간과 이차원 공간상의 파형으로 그리고 동영상은 이차원 공간을 시간을 따라 나열한 삼차원(단 3D 영상은 사차원으로 표현)의 파형으로 나타난다. 이러한 **연속적인 아날로그신호를 불연속적인 디지털 데이터로 변환할 수 있게 하는 물리적 토대는 파동의 점진적 변화경향과 인간의 감각기능들의 한계**에서 찾을 수 있다. 즉, 점진적인 변화는 예측가능성을 의미하고 정보이론에서 보면 정보의 중복내지 여유분의 존재를 뜻하기 때문에 데이터를 줄일 수 있는 여지를 말해준다. 그리고 인간의 시청각적 기능의 한계를 역이용하면 디지털 데이터에 의한 표현의 정밀도가 일정 수준이상이기만 하면 실용적으로는 문제가 없게 된다(이에 관해 전등이 교류전류를 사용하기 때문에 실제로는 깜빡거리지만 눈이 느끼지 못하니 불편이 없고 영화가 정지된 그림들을 연속으로 보여주는 눈속임이라는 것은 잘 알고 있다). 결과적으로 [그림 2.6]에서 보는 바와 같이 충분한 빈도로 채집된 일련의 데이터들 속에 해당 파동에 관한 모든 정보가 들어있기 때문에 실제에서 파동으로 나타나는 현상들도 연속적인 아날로그 신호가 아닌 유한한 개수의 불연속적 데이터로써 오차 없이 재현하는 것이 가능하다는 것을 의미한다.

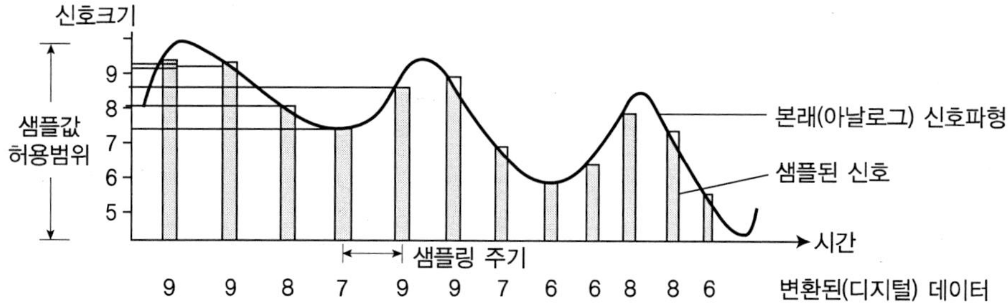

그림 2.6 파형(wave)의 견본추출(sampling)과 디지털 데이터

인간의 청각은 가청주파수의 범위(20Hz ~ 20KHz)와 최대 가청음량(140dB)에 의해 제한되어 있다. 이러한 두 측면의 한계를 반영하여, 충분한 빈도(Nyquist rates, 최대가청주파수의 두 배)의 샘플들을 채집하고 각 샘플마다 가청범위(dynamic range)를 충분히 세분화한다면 인간이 듣기에는 원음과 같은 소리를 재생할 수 있는 것이다. 한편 인간의 시각이 갖는 공간적 해상도의 한계(max. spatial resolution, 약 0.1mm 정확히는 시야각으로 1°) 및 잔상(afterimage, 약 0.1초)의 존재는 동영상을 인간이 보기에 본래와 같게 재생하는 데에 필요한 데이터량을 한정할 수 있게 해 준다. 다시 말해 움직이는 장면을 재생하는 데는 각 장면 그림을 센티미터 당 100개 이상의 점(화소)으로 구성하고 그러한 장면그림들(frames)을 초당 10개 이상만 배치하게 되면 충분하다는 의미이다. 이때 각 화소(pixel)의 색깔이 자연색에 가깝도록 하려면 색깔종류(palette, 보통 65,000가지 이상이면 자연색으로 인정)를 충분히 늘려야 하기 때문에 이 또한 데이터 분량을 결정하는 다른 하나의 인자(factor)가 된다.

실제 사람의 눈은 200,000,000가지 정도의 색깔들만 구별할 수 있다니 더 이상의 색깔종류를 표현하는 것은 사람이 보는 한 실익이 없게 될 것이다.

2.4.2 양자화단계

양자화(量子化. quantization)는 견본추출단계에서 추출된 개별 샘플값들을 허용된 범위내의 계단값들 중에서 가장 가까운 값들로 근사화하는 과정이다. 이와 같이 추출된 샘플값들은 원래 파동의 최소값과 최대값의 사이(dynamic range)에 분포한다. 이때 허용된 범위를 몇 개의 계단값로 나누느냐에 따라 허용되는 샘플값들의 가짓수가 결정된다. 이와 같이 허용된 샘플값의 가짓수가 많을수록 실제 신호의 값과 샘플된 값과의 오차가 적어진다. 양자화의 최종 결과는 주기적인 샘플값들을 나타내는 숫자의 연쇄(sequence of numbers)로 나타나게 된다. 위의 [그림 2.6]에서 보는 바와 같이 주어진 파동에 대한 샘플값들은 9, 9, 8, 7, 9, … 등으로 나타나게 된다. 이와 같이 구체적 숫자들로 일단 표시되면 후속 처리과정은 원래의 파동의 종류와 관계없이 동일하다. 파동에 상응하는 샘플값들의 연쇄 속에서 인접한 샘플값들 간에 내재된 연관성은 또 하나의 중요한 정보로서 여러 가지 **부호화**(coding)에 활용된다. 이에 관해, '인접한 샘플값들은 비슷한 값을 가지는 경우가 많다'는 사실을 이용하여 샘플값들의 절대값 대신 인접한 샘플값들의 차이만을 계속 표시(differential codes)하면 요구되는 데이터량을 대폭 줄일 수 있다. 예를 들어 앞선 예제 파동에 관한 {9, 9, 8, 7, 9 …} 대신 {(9) 0, -1, -1, 0, …}으로 표현하면 각 샘플값의 절대값이 작아지기 때문에 최종적으로 작은 개수의 비트들로 표시할 수 있다.

2.4.3 디지털 데이터에서 아날로그 신호로의 역변환

디지털 데이터는 자연현상에 상응하여 인간이 만들어낸 개념(또는 문자와 같이 본래 개념적 기호)에 대한 징표들일 뿐이므로 인간이 실제로 사용하기 위해서는 원래의 자연현상(또는 기호들)으로의 역변환이 필요하다. 이와 같이 디지털 데이터로부터 다시 원래의 아날로그 신호를 복원하는 과정(Digital to Analog conversion)은 기본적으로 아날로그 신호를 디지털 데이터로 바꾸는 과정(A-D conversion)의 반대이다. 즉, 이진법으로 나열된 비트들(bit string)이 나타내는 순간 값들(sample values)을 시간의 흐름에 따라 연결하고 그에 상응하는 소리신호의 세기나 색상에 상응하는 값으로 변환시킨 후 최종적으로 이 값으로 해당 기기(스피커나 스크린 등)를 작동시키면 본래의 연속적인 아날로그 신호로 복원된다. 한편 나열된 비트값들이 통신을 하기 위해 변조(modulation)된 경우에는 복조(demodulation)가 먼저 필요할 것이고, 추가적으로 부호화(encoding)가 된 경우에는 복호화(decoding)를 거쳐 원래의 부호로 돌려놓아야 한다.

■ **디지털 오디오 기기에서 소리의 재생**

아날로그 음악을 위한 오디오시스템의 외부입력단자(aux port)와 디지털 음향기기를 위한 USB 단자의 차이를 이해하게 되면 오디오 시스템에서의 음악정보의 흐름을 파악할 수 있게 된다. 기본적으로 우리가 음악을 듣기 위해서는 악보와 그에 대한 연주(또는 노래부르기)가 필요하다. 음악을 과거의 아날로그 오디오시스템을 통해 듣고자 한다면 입력을 어떤 기기에서 받을 것인가, 예를 들어 레코드냐 테이프냐, 라디오냐 TV냐 등의 선택만 할 수 있을 뿐이었다. 그러나 컴퓨터에 기반한 디지털 오디오기기에는 [그림 2.7]에서 보는 바와 같이 몇 가지의 정보처리 단계가 추가된다. 즉, 전통적 입력 단계(aux port) 이전에 악보형태([그림 2.7](1))의 정보단계와 그것을 악기로(또는 가수가) 연주한 음악(소리) 형태((2))의 정보단계가 위치할 수 있다. 디지털 음악정보처리는 정보단계에 따라 각각 다른 절차를 필요로 한다. 즉, **디지털 악보 형태의 정보는 음표와 기호들을 MIDI (코드로 표시된) 파일로 만드는((a)) 반면 디지털 음악소리 형태의 정보는 연속적 소리파형의 순간 값들이 주기적으로 채집되어 주로 MP3 (코드로 표시된) 파일로 변환((b))된다.**

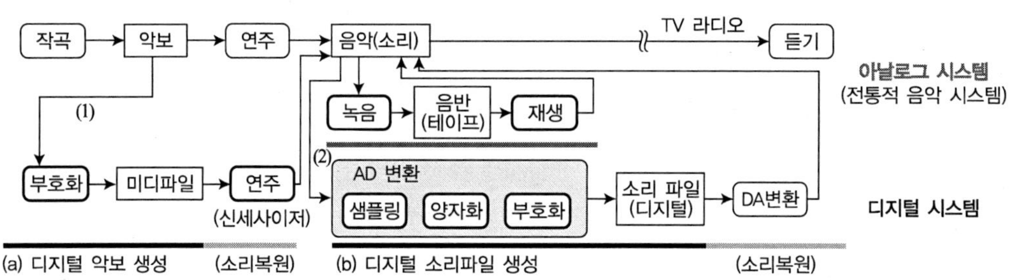

그림 2.7 음악정보 생성과정에서의 아날로그와 디지털 방식의 대비

2.5 정보의 부호화

정보의 부호화(coding)는 기본적으로 **정보를 인간이 사용가능한 형태의 기호들(symbols)로 표현하는 작업**이다. 역사이래로 인간들 사이의 통신이나 정보의 표현을 위해 여러 가지 문자들을 창안하여 정보를 부호화해 왔지만, 컴퓨터를 사용하기 위해서는 컴퓨터가 이해할 수 있는 형태의 기호들로 정보를 표현하는 부호화가 필요하게 되었다. 컴퓨터를 위한 부호화는 정보를 디지털 컴퓨터에 적용하기 위해 필수적인 이진법적 데이터로의 변환이라는 기본적 목적에 더하여 몇 가지의 추가적 목적이 있다. 그 중에서도 **데이터량을 최소화하기 위한 데이터압축**(data compression), **통신 중에 발생할 수 있는 정보오류의 처리**(error handling), **그리고 정보보안을 위한 암호화**(encryption) **등이 부호화의 중요한 추가적 목적들**이다. 이에 관해 아스키코드(ASCII Code)나 유니코드(Unicode)와 같이 단순한 이진법적 변환에 중점을 둔 부호규약(code)들과 함께 추가적 목적들을 위해 다양한 부호규약들이 개발되어왔다. 특히 데이터량을 최소화하기 위한 정보원 부호화(source coding)에는 해당 정보유형의 성격에 맞

는 다양한 부호화원리들이 적용되게 된다. 예를 들어 음성이나 화상처럼 시공간상에서 연속된 정보냐 문장속의 글자들처럼 서로 독립된(enumerated) 정보냐에 따라 다른 원리를 적용한 부호화방식이 사용된다. 일단 **연속된 정보는 독립된 정보들과 달리 인접한 샘플값들 사이의 관련성(보통 유사성)에 관한 정보를 부호화에 추가로 활용**할 수 있기 때문이다. 한편 채널 부호화(channel encoding)는 정보의 전송(통신)중에 발생할 수 있는 오류에 대처하기 위한 목적으로 수행된다. 이진법으로 변환된 정보가 컴퓨터에 저장되어 처리된 후 통신망을 통해 전송되기 위해서는 송신단에서 채택된 통신규약에 따라 부호화(encoding)되고 전송이 끝나 수신단의 최종사용자에게 전달되기 위해서는 같은 규약을 역방향으로 적용한 복호화(decoding)를 거쳐 본래의 정보로 되돌려진다.

2.5.1 정보의 유형에 따른 부호규약들

부호규약의 개발은 초기에는 본래부터 디지털 정보인 글자(영어알파벳, 한글자모음이나 글자 등)와 숫자를 컴퓨터(또는 전신기)에 사용하기 위한 목표로 개발되었다. 이러한 기본적 규약들은 우리가 일상적으로 사용하는 기호들을 단순히 컴퓨터상의 이진법 기호(bit strings)들로 일대일로 대응시키는 기능에 그친다. 대표적 부호규약의 예들로 정보시대의 태동기에 전신기(telegraph)로 영어와 숫자를 송신하기 위해 사용하던 모스 부호(Morse code), 컴퓨터상에 영어 알파벳과 숫자 그리고 여러 가지 문장부호들을 표시하기 위한 아스키코드(ASCII code), 비교적 최근에 인터넷상에서 세계 각국의 여러 글자들을 두루 수용하기 위한 유니코드(Unicode) 등이 이에 속한다. 표시를 위한 기호가 아닌 계산을 위한 숫자에 대해서는, 십진법 숫자를 이진법으로 바꾸는 규약으로서 기본적인 이진법 표현방식을 컴퓨터 연산에 적합하도록 부분적으로 개량한 방식의 규약들(2's complement code, excess code)이 고안되어 사용되어왔다.

멀티미디어 정보는 문자나 숫자정보와 달리 본질적으로 아날로그 정보이기 때문에 컴퓨터에 사용되기 위해서는 디지털 데이터로 바꾸는 과정이 선행되어야 한다. 즉, 샘플링과 양자화과정을 거쳐 디지털화하고 나면 다른 디지털 데이터와 마찬가지로 추가적 부호화기법들이 적용될 수 있다. 특히 멀티미디어의 특징인 방대한 데이터량을 줄이기 위해 데이터 압축을 위한 여러 가지 부호화기법들이 사용된다. 즉, 정보의 손실을 최소화하면서도 데이터량을 최소화하기 위해 모든 멀티미디어신호유형들에 공통적으로 적용될 수 있는 일반적 압축기법들과 함께 개별 정보유형의 고유한 특성에 적합한 특별한 부호화기법들도 다양하게 개발되어 적용되고 있다. 실제로 소리에 관한 WMA(Window Media Audio)이나 MP3 (MPEG-1 Audio Layer-3), 이미지(또는 사진)에 관한 JPEG(Joint Photography Experts Group)이나 GIF(Graphics Interchange Format), 동영상에 관한 MPEG(Moving Picture Experts Group) 계열을 포함하여 수많은 규약들이 표준화되어 사용되고 있고 계속 개량되고 있다(참고로 잘 알려진 MP3는 MPEG 중에서 소리에 관한 일부만 떼어온 부분적 표준이다).

2.5.2 정보원 부호화

정보원(情報源)에 대한 부호화(source encoding)는 데이터를 줄이기 위한 목적, 오류에 대처하기 위한 목적 그리고 보안을 위한 목적이 있다. 특히 멀티미디어 정보와 같이 대용량의 메시지들을 한정된 용량을 가진 컴퓨터의 기억장치에 맞추어 사용가능하도록 변환하기 위해서는 먼저 과도한 데이터량을 줄이는 것이 필수적이라고 할 수 있다. 일반적인 데이터에는 여러 가지 **여분의 데이터(redundancy)가 섞여있기 때문에 이를 제거함으로써 (정보를 훼손하지 않으면서) 데이터량을 줄이는 것이 가능**하다. 이런 여분은 여러 가지 측면들에 내재되어 있기 때문에 그에 상응하여 여러 가지 부호화기법들이 복합적으로 사용되어야 한다. 예를 들어 시간적이나 공간적으로 인접한 곳에는 유사한 값을 가지는 경우가 많다는 사실에 근거하여 차이를 이용하는 압축기법(differential coding), 같은 단어가 반복되는 경우가 많은 데이터에 대해서는 개별 단어들 자체보다 각 단어와 반복횟수를 기록하는 압축기법(run-length code), 사용빈도수에 반비례하게 단어들(codewords)의 길이를 정하는 기법 (Hoffman coding) 등에서 보는 바와 같이 여분은 다양한 형태로 숨어있고 그에 맞추어 여분을 제거하는 압축기법들도 다양할 수밖에 없다.

정보보안을 위한 부호화, 즉 **암호화는 정보접근권한을 가진 측에서만 알고 있는 방법으로 데이터를 고의로 왜곡시켜 놓는 방안**이라고 할 수 있다. 구체적으로 암호화는 비밀키(key)를 가진 자에게만 접근을 허용함으로써 **수신(受信)의 개별성**을 확보함과 함께 부인(否認)을 방지함으로써 **송신자의 진정성(authenticity)**를 확보하게 되는 양방향의 보안성을 확보함을 목적으로 한다. 특히 전자상거래에서와 같이 불특정 다수와의 안전한 정보교환을 위한 비밀키의 분배나 인증 등은 인터넷시대를 위한 핵심적 기능이 되고 있다.

■ **데이터의 최소화를 위한 부호화 및 적용원리들**

개별적으로는 약소해 보이는 효율증대가 큰 규모와 결합하면 전체적으로는 엄청난 효과를 가져오게 된다. 수 백 만대 단위를 생산하는 자동차회사에서 자동차 부품 값을 대당 몇 백 원씩만 절약하면 연간으로 수익이 수십억씩 증가하게 되고 머리카락 굵기의 몇 만분의 일에 불과한 반도체회로선폭이 40나노미터에서 30나노미터로 약간만 줄이면 생산량이 두 배 가까이(즉 $40^2 = 1600$ 대 $30^2 = 900$) 늘어나게 된다. 마찬가지로, 통신에서 정보량은 유지하되 데이터량을 10% 줄일 수 있으면 설비를 늘이지 않고도 통신선로용량을 10% 늘인 것과 같은 효과를 얻게 되어 통신회사나 세계전체로는 엄청난 경제적 (그리고 자원절약면에서) 이득을 얻게 된다.

통신채널에 대한 기본적 이론(Shannon's theorem)에 따르면, 통신채널의 용량은 잡음의 세기에 대한 신호의 상대적 세기가 클수록 커지게 된다. 이때, (상대적 신호세기를 키우지 않고서) **이론적 채널용량 이상의 데이터를 전송하려고 시도해도 통신과정에서 오류가 많아져 최종적으로 전달되는 데이터는 채널용량을 넘지 못한다.** 이는 도로운송에서 도로의 굴곡이나 노면상태 등의 도로조건과 차량성능에 의해 한정되는 운송용량을 무시하고 과속으로 초과운송을 시도하더라도 사고가 많아져 결국 수송량은 주어진 운송용량을 넘지 못하는 현상과 유사하다. 이러한 통신채널용량을 넘지 않는 범위에서 최대의 정보효율을 달성하기 위해 위에서 언급한 여러 가지 코딩(source encoding)기술들이 종합적으로 사용한다. 예를 들어 편지를 팩스로 보내는 것은 봉투에 넣어 우편으로 보내는 것보다는 전송속도나 에너지 소비측면에서 훨씬 진보한 방식이지만, 각 페이지단위에서 보면 여백 등과 같이 정보가 없는 부분들도 데이터화되어 전송되는 등의 비효율이 개선될 여지가 여전히 남아있다. 즉, 팩스에서처럼 글자가 한자만 쓰인 페이지나 수 백자가 쓰인 페이지나 같은 양의 데이터로 부호화(즉 bitmap 방식, 말하자면 펜화처럼 수많은 점을 찍어 페이지 내용을 표시하는 방식)된다면 낭비적 요소가 있음이 명백하다. 일반적으로 **데이터량을 최소화하기 위한 부호화는 정보를 가지지 않는 데이터의 최소화 다시 말해 잉여 데이터를 없애는 데 초점**이 맞추어진다. 그러나 많은 경우 데이터 잉여가 단순한 반복처럼 명백히 드러나는 형태가 아닌 복잡다단한 형태로 숨어 있기 때문에 경우에 따라 다른 여러 가지 정교한 부호화 기술들이 필요하게 된다. 예를 들어 '변하지 않는 부분에는 정보가 없다.'는 일반적 사실을 부호화에 활용한다면 앞서 말한 팩스에서도 여백이나 같은 색깔로 된 영역 등의 변함없는 부분에는 정보가 없기 때문에 데이터로 변환할 필요가 없게 된다. 바둑시합을 생중계하는 경우라면 바둑판 전체 영상을 주기적으로 전송하는 대신 변한 부분, 즉 바둑돌이 새로 놓여 지거나 들어낸 자리만 전송하면 될 것이다(이때 바둑판 전체를 계속 보내는 것은 옷 하나만 필요한데 옷장을 통째로 보내는 것과 비슷하다). 또 하나의 예로, 호프만 코드(Hoffman code)에서와 같이 정보표현에 사용되는 기호들의 사용빈도를 코드 설계에 반영하여 데이터량을 최소화할 수 있다. 즉, 자주 쓰이는 기호는 짧게 반대로 드물게 쓰이는 기호들은 길게 만듦으로써 메시지 전체에서의 상대적 사용빈도를 고려할 때 전체적으로 평균길이를 최소화 할 수 있는 부호화 방법이다. 사실은 이와 같이 사용빈도를 고려하여 데이터량을 최소화하는 부호화원리는 자연어에도 반영되어 일상적으로 쓰이고 있는 상식적 방법이다. 우리말에서 보면 **물, 불, 밥, 해, 뫼 등과 같이 자주 쓰는 단어들은 짧게 그리고 그루터기, 암행어사 등과 같이 드물게 쓰는 단어들은 길게 하는 방식**을 통해 많은 단어들을 사용하게 되는 대화나 문서 전체의 사용 글자 총수를 줄이고 있다. 한편 멀티미디어와 같이 시공간적으로 연속된 정보는 훨씬 더 다양한 부호화 방식들이 적용될 수 있다. 먼저 모든 자연현상들이나 대부분의 인공적 현상들에서 인접한 시간이나 공간적 위치에 해당하는 값들은 유사한 경우가 많다는 사실(locality)을 이용하여 샘플값들을 **절댓값 대신 인접한 값들 사이의 차이만을 계속 표현해 나가는 방식**(Differential coding)**이나 나아가 그러한 값들을 전형적인 흐름에 따라 예측**(extrapolation)**하고 예측이 틀린 부분만 표현해나가는 방식**(predictive coding)도 데이터를 줄이는데 이용된다. 이 경우 인접한 값과 같거나 예측된 값과 같은 신호에는 각각 정보가 없고, 따라서 유사성이나 예측가능성이 클수록 데이터의 압축가능성이 커진다. 이러한 인접성을 공간적인 차원에서 이용하여 데이터량을 최소화한 JPEG 등이 화상용 부호화표준으로 널리 사용되고 있다. 한편 동영상에서는 공간과 시간 양면에서 동시에 유사성을 이용하여 MPEG 등의 동영상용 부호화표준을 개발함으로써 획기적 데이터 압축을 실현할 수 있었다. 그 결과 개인용 저장매체(CD나 USB 등)에도 고화질 영화를 여러 편 담을 수 있게 되었다.

2.5.3 인터넷 상의 암호화

암호화(encryption)는 정보를 변형하거나 뒤섞어 알아보지 못하게 해두어 인증키(key)를 사용해야만 본래의 정보를 회복할 수 있게 만드는 부호화이다. 두 사람 사이에 암호를 정하고 안전하게 정보를 주고받는 것은 비교적 간단하다. 하지만 인터넷시대에서와 같이 수많은 불특정 다수와 정보를 교환해야 하는 경우 키의 분배나 인증(authorization) 등이 중요해진다. 이에 부응하여 제안된 비대칭 키라는 방식에서는 키를 두 부분으로 나누어 하나는 공개하고 다른 하나는 비밀로 하여 정교한 알고리즘을 거침으로써 통신당사자간에 송수신의 진정성(송신자나 수신자의 부인을 방지)과 수신의 개별성(비밀키를 가진 자만 접근가능)이라는 양방향 보안성을 확보하게 된다. 이를 위한 일반적 암호화원리로, 키로 쓰이는 소수(prime number)들의 곱(p × q)을 암호로 정하면 두 소수들(p와 q)이 큰 숫자일 때 인수분해를 통하여 그 숫자들을 알아내는데 시간이 오래 걸리게 되는 성질을 이용하여 보안성을 높일 수 있다. 한편 재래식 금고의 비밀번호를 알아내기 위해 가능한 숫자조합들(3자리 비밀번호의 경우 000부터 999까지 1000개)을 모두 시도하는 것이 현실적으로 불가능하도록 하기 위해서는 비밀번호의 숫자개수를 늘리면 충분하지만, 컴퓨터 보안에 쓰이는 인증키는 무단침입자들이 암호를 푸는데 사용하는 컴퓨터의 성능이 끊임없이 개선됨에 따라 그에 대응하여 크기를 지속적으로 늘려야만 한다. 이와 같이 어떤 이론적 원리를 컴퓨터에 적용하기 위해서는 컴퓨터 성능의 발전속도를 감안한 정량적 대응이 계속적으로 이루어져야한다.

■ 오류에 대처하기 위한 부호화

데이터량을 최소화하기 위한 압축이나 보안을 위한 암호화에 중점을 두는 정보원(情報源) 부호화(source encoding)과 달리 채널부호화(channel encoding)는 통신 중에 잡음제거 내지 잡음을 이기는 데 목적을 둔 부호화를 말한다. 통신 중 잡음이 섞이는 것은 물리적으로 피할 수 없는 현상이니만큼 잡음을 제어하는 기능은 필수적이라고 할 수 있다. 이를 위해서는 아래에 설명하듯이 여유분의 데이터를 반드시 추가할 수밖에 없기 때문에 데이터 압축을 위한 부호화와 상충되는 결과를 초래한다.

데이터량을 최소화하면 저장매체의 절약 그리고 전송의 고속화 등을 가져오는 반면 잡음에는 취약해지게 된다. 자동차의 경량화가 연료효율과 속도를 높이는데 도움이 되지만 일반적으로 사고발생시 안전에 취약하게 되는 것과 유사하다. 따라서 자동차의 안전성을 제고하기 위해 철판의 두께를 늘리고 범퍼를 설치하기 위해 어느 정도의 중량증가를 용인하듯이, 정보시스템에서도 **잡음에 대치하기 위해서 데이터의 절약을 위한 부호화와는 역행하는 방향으로 어느 정도의 데이터 잉여(data redundancy)를 허용**하여 정보가 담기지 않은 데이터를 추가할 수밖에 없게 된다. 이러한 잉여는 자동차에서는 범퍼나 에어백과 같은 모습으로 구현되고 정보체계에서는 정보를 갖지 않은 여분의 데이터의 형태로 나타난다. 구체적으로 데이터에서 오류를 걸러내려면 **오류가 생겨도 구분이 가능할 만큼 인접한 단어나 문장들과의 사이에 충분한 여유(margin)가 있도록 해당 부호어(code-word) 또는 단어들을 정의**해야 한다. 예를 들어 단순스위치처럼 열림(開, 'open')과 닫힘(閉, 'closed')의 두 개의 부호어만 있는 간단한 부호의 경우라면 1 비트(허용된 값 0/1)만으로 두 개의 부호어들을 나타낼 수 있다. 하지만 소음에 의해 0이 1이 되거나 반대의 경우에는 수신측에서 받은 데이터가 옳은 정보인지 오류의 결과인지 알 수가 없다. 그러나 여유있게 3 비트를 사용하여 열림과 닫힘을 000과 111이라는 부호어에 각각 대응시키면, 전송 중에 000이 소음에 의해 한 비트가 오염되어 010이나 100로 바뀌어도 원래의 정보(000)를 찾아낼 수 있다. 즉, 010이나 100은 허용된 부호어들 중에 없고 허용된 부호어들 중 111보다는 000에 더 가깝기 때문이다. 한편 자동차의 안전을 위해 중량을 늘릴 때도 안전에 가장 효율적인 부위에 재질을 보강해야 효과가 있듯이, 여분의 데이터도 적재적소에 적절하게 추가해야만 잡음에 대응하는데 도움이 된다. 소위 제어된 중복(controlled redundancy)인 경우에만 의미가 있는 것이다.

정보표현에 사용되는 기호들의 개수가 한정된 경우에는 기호가 어느 정도 잡음에 오염이 되더라도 원칙적으로 회복이 가능하다. 물론 인접한 기호들이나 그들의 조합으로 만든 단어들 사이에 차이가 클수록 잡음에 강하게 된다. 예를 들어 (한정된) 영어단어들로 표현된 메시지의 경우에 짧은 단어수준인 "cat"는 c가 r로 한글자만 바뀌어도 "rat"로 오인될 수 있지만 긴 단어인 "expedite"가 "expedipe"로 오염되거나 "Curiosity kills a cat." 같은 문장이 "Curiosity kills a rat."이 되어도 오인되지 않는다. 이와 같이 오류를 찾아낼 수 있는 이유는 짧은 단어들과 달리 긴 단어들이나 (개별 단어들을 조합한) 문장은 상호간에 충분한 간격을 갖고 있기 때문이다. 이러한 간격은 문장이 길어질수록 커지게 되어 더 큰 오류들(여러 글자가 틀려진 경우들)에도 견딜 수 있게 된다. [그림 2.8]에서 보는 바와 같이 단어들 사이에 간격(distance)이 충분하면 한 글자 정도의 오류가 있더라도 다른 단어로 오인되지 않게 되는 것은 두 마리의 소가 고삐에 비해 충분히 떨어져 묶여져 있으면 서로 섞일 가능성이 없는 것과 유사하다(안전지대는 연두색으로 표시). 이를 이용하면 단순히 오류를 발견할 수 있는 코드(error-detecting code)에서 더 나아가 단어들 사이에 더 큰 간격을 둠으로써 컴퓨터 스스로 오류를 고쳐가는 코드(error-correcting code)도 만들 수 있다. 이와는 대조적으로 음악이나 그림 등의 자연상태의 신호들은 아날로그 정보이기 때문에 (즉, 허용된 신호의 세기가 무한히 많기 때문에) 수신된 정보가 잡음에 오염된 정보인지 본래의 정보인지를 구분하는 것이 불가능하다. 하지만 이러한 오류는 인간의 귀나 눈에는 잡음으로 느껴진다.

자연취락은 계획도시와 달리 비능률적 측면이 많이 있듯이 자연어에는 인공어에 비해 많은 여분(비효율)이 내재되어 있다. 일반적으로 단어가 길수록 나아가서 문장이 길어질수록 잉여가 비례적으로 많아진다. 정보이론의 측면에서만 보자면 한 문장을 구성하는 모든 글자나 단어가 모두 필수적으로 사용될 필요가 있는 것은 아닌 것이다. 그래서 젊은이들 사이에 '안습', '강추' 같은 줄임말들이 혼동 없이 통용될 수 있는 것이다. 그러나 위에서 언급한대로 이와 같은 잉여가 오류에 대처할 수 있게 해주는 필요조건이 된다(일반적으로는 건강에 나쁜 뱃살이 물리적 충격에 대한 쿠션으로 작용할 수 있는 것과 유사). 예를 들어 xat을 수신했을 때 틀린 단어임은 분명하지만 본래 단어가 cat인지 hat인지 mat인지 알 수 없는 반면 expensivp는 expensive의 오류라는 것을 알 수 있다. 나아가 expensive universe는 아마 expansive universe나 extensive universe의 오류일 것이고 "I have been there." 대신에 "I been there."만으로도 충분히 의미가 전달된다. 물론 자연어에서 동의어나 후렴 등의 반복은 단순히 효율로만 따질 수 없는 정서적 심정적 효과가 있는 것이 사실이다. 일반적 정보처리측면에 국한해 보면 오류발견 등에서와 같이 유용하게 활용될 수 있는 제어된 여분이 아닌 단순한 여분은 제거되는 것이 효율에 도움이 된다.

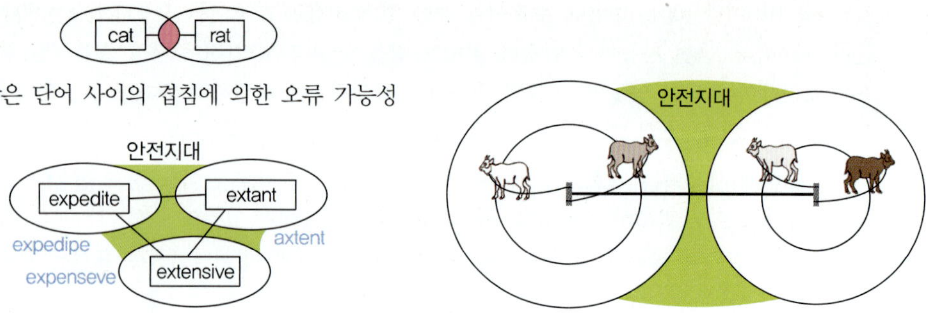

(a) 짧은 단어 사이의 겹침에 의한 오류 가능성

(b) 충분한 간격을 가진 긴 단어들 사이의 안전성 (C) 고삐길이 이상의 말뚝간격에 의한 섞임 방지

그림 2.8 잡음 등에 의한 단어사이의 혼동 가능성과 단어의 길이와의 관계

2.5.4 복호화

부호화 과정(encoding)을 거친 정보는 처리나 전송이 끝나면 복호화(decoding)를 거쳐서 부호화 이전의 정보로 회복된다. 즉, 데이터를 저장하거나 전송할 때 데이터압축, 오류수정 또는 정보보안을 위해 부호화(또는 암호화)되었던 데이터를 원래의 문서로 환원하기 위해서는 복호화과정을 거치게 된다. 예를 들어 영어로 쓰인 편지를 컴퓨터상에서 아스키코드로 바뀐 뒤 전송되고 난 후에 수신인에게 전달하기 전에 원래의 영어 문서로 되돌려지게 된다. 전체적인 복호화 과정은 부호화 과정을 역순으로 진행한다. 화물운송과 비교해 보면, 전체적으로 복호화과정은 수신인에게 소포가 배달된 후에는 파손을 방지하기 위해 사용했던 포장지를 뜯어내어 내용물을 취하는 과정과 유사하다. 특별히 귀중품을 보내는 경우에는 도난을 방지하기 위하여 잠가두었던 자물쇠를 열듯이 정보의 도청을 방지하기 위해 암호화되었던 정보를 원래의 형태로 되돌린다. 추가로 콜라와 같이 부피가 큰 물건을 멀리 보낼 때 부피나 무게를 줄이려 그 원액만 보내고 수신측에서 다시 물을 섞어 원래의 콜라로 만드는 과정은 데이터 압축을 위한 부호화과정과 유사하다. 정보전송과정에서 정보원(情報源)의 부호화를 구성하는 여러 과정들을 화물운송과정과 대비하면 [그림 2.9]와 같이 정리할 수 있다.

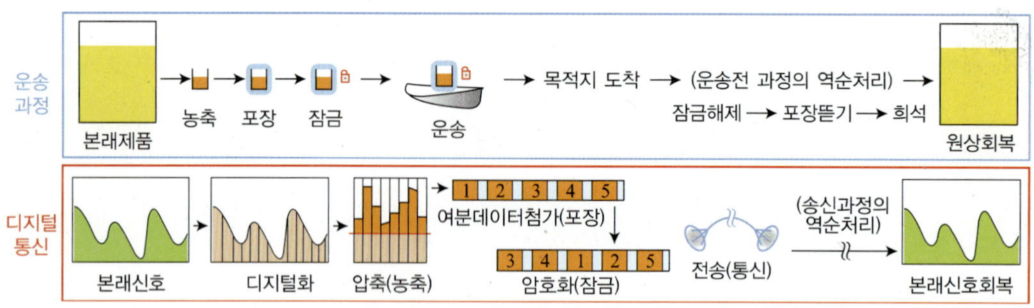

그림 2.9 화물 운송과정과 정보 부호화 및 디지털 통신과정의 대비

03 정보시스템 일반

모든 중생들이 느끼는 행불행의 근거지로서나 "이 세상도 모르는데 저승을 어찌 알리오."라는 종교적 의미에서나, 인간들이 부대끼며 사는 이 세상은 우리들 삶의 의심할 바 없는 중심무대이다. 따라서 인간문명이 발명한 최신 정보처리도구인 컴퓨터나 일반적인 정보시스템의 용도도 이 세상에서 일어나는 여러 가지 문제들을 해결하는데 있음은 당연하다. 구체적으로 그러한 문제들이 발생하는 세상속의 **상황들이나 상황의 구성요소들을 정보시스템 상에서 시뮬레이션하고 그 결과 만들어진 다양한 가상세계들(cyber worlds)을 이용하여 해결책을 찾아내고 그 해결책을 실제 세상에 적용함으로써 정보시스템의 역할이 실현**된다.

정보시대에 들어서면서 정보시스템을 구성하는 개별 정보기기들이 지속적으로 지능화되고 있고 통신망을 통해 서로 연결되고 있다. 이러한 정보기기들은 컴퓨터뿐 아니라 컴퓨터칩들을 내장하여 지능형으로 진화된 자동차나 냉장고들의 전통적인 기기들도 포괄한다. 나아가 각각의 정보시스템들은 인터넷(또는 웹)이라는 정보의 바다에 연결되어 범세계적으로 정보를 교환할 수 있는 정보공동체를 구성하고 있다. 이처럼 개별 **컴퓨터들이 각기 고립적으로 사용되다가 해당조직 내의 지역통신망(LAN)으로 연결되고 그러한 통신망들이 다시 인터넷으로 연결되어 통합범위를 세계 전체로 넓혀나가는 발전 형태는, 인류역사가 고립된 개인이나 씨족사회에서 부족으로 그리고 국가나 세계화로 범위가 확대되어나가는 방향과 비슷**하다. 한편 근래에는 단말정보기기들의 통신방식이 유선에서 무선으로 중심이 이동하여 최종사용자용 정보단말기의 이동성이 확대되고 있다. 따라서 각 개인의 입장에서는 소위 상시적 정보환경(ubiquitous information environment)의 골격이 완성되어가고 있다.

3.1 정보시스템의 역할의 고도화와 구조적 변화

대형 컴퓨터(main frame)만으로 구성된 초기의 정보시스템은 **대량의 단순한 데이터들을 신속하게 처리**함으로써 그 나름대로 충분한 역할을 해왔다. 예를 들면, 재고정보, 급여정보 등의 기초적 경영정보나 부동산정보, 세무정보 등의 일반적 행정정보와 같이 조직이나 사회에 관한 여러 가지 데이터를 컴퓨터에 저장하고 처리하는 것만으로도 정보처리를 신속하게 하고 정보관리비용을 줄이는 한편 부동산 투기나 탈세 등의 사회적 병리현상에 대처할 강력한 기술적 수단을 제공할 수 있었다. 좀 더 고급의 적용분야로서 수많은 신약(新藥)후보물질들을 잠재력의 순서로 스크리닝하여 신약개발기간을 대폭 단축시킨다거나, 고객들의 구매패턴을 발견하여 재고를 대폭 줄이는 일도 기본적으로는 대량의 (단순한) 데이터를 처리하는 기능이 밑바탕이 된다. 한편 컴퓨터를 이용한 설계(CAD)나 고도의 과학기술에 관한 정보와 복잡한 의미를 내포한 멀티미디어정보를 처리하기 위해서는 **다양한 관계들로 얽혀 있거나 구조적으로 복잡한 내용의 정보를 컴퓨터상에 표현**할 수 있는 고급 데이터모델링(semantic modeling)기술을 필요로 한다. 이와는 달리 여러 가지 제어를 위한 정보는 데이터의 분량이나 내용의 복잡성보다는 실시간 대응을 위한 빠른 처리속도가 중요한 경우가 많다. 즉, 결과를 중시하는 데이터처리기능과 달리 **절차적 제어나 행위의 규율을 위해서는 즉시(real-time) 정보처리**가 중요하다. 한편 전문지식을 체계화한 **규칙들에 기반하여 전문적 판단에 도움을 주고자하는 전문가 시스템(Expert System)**들은 가장 고도의 정보처리를 요하는 정보시스템유형이라 할 수 있다.

주로 대규모 조직의 정보처리 수요를 위한 초기의 대형컴퓨터가 정보기술발전에 따라 점차 소형화되고 저렴해짐에 따라 개인용컴퓨터(PC, Personal Computer)로 진화하여 개개인의 정보수요까지 충족하게 됨으로써 컴퓨터(시스템)의 사용범위가 사회전반으로 확산되었다. 한편 대규모 조직 내에서는 지역적으로 흩어져 사용되고 있는 여러 컴퓨터들을 내부적 통신망(LAN, Local Area Network)으로 연결하여 분산형 컴퓨터시스템을 구성하게 되었다. 나아가 **모든 형태의 컴퓨터를 (표준 통신프로토콜만 준수하면) 범세계적인 규모로 연결시킬 수 있는 인터넷이라는 이종형 분산컴퓨터시스템이 분산형 정보시스템의 궁극적 형태**로서 정착되었다. 한편으로 무선통신기능이 일반화됨에 따라 계산기능에 비해 통신기능에 중점을 둔 휴대형 단말기들이 저변을 넓혀가고 있다. 무엇보다 통신기능 자체만으로도 위급상황에 생명을 구하거나 여러 수준의 집단지성을 이루어낼 수 있기 때문이다. 나아가 통신기술의 발달이 정보에의 접근에 대한 공간적 한계를 실질적으로 제거함에 따라 데이터의 물리적 저장위치와 데이터 처리기능의 지리적 분산을 단순한 선택의 문제로 변화시키고 있다. 한 예로 지속적인 분산화를 가능케 한 상징인 고급 사양의 단말기(노트북이나 스마트폰 등) 대신 **클라우드 컴퓨팅과 같은 진화된 형태의 중앙집권적 정보시스템 구조로의 발전적 회귀**가 모색되고 있다. 세계가 G7에서 G20로 그리고 더 많은 신흥국들로 무게중심이 분산되듯이, 정보시스템에서도 중심역할을 하던 서버들과 주변부에 머물던 개별 단말기들 사이에 본질적 차이가 사라지고 개별사정에 따라 여러 형태로 역할분담이 모색되고 있는 형국이다. 세계 각국의 생산성이나 경제수준이 평준화되고 있는 상황이 지정학적 변화를 초래하는 것과 같이 정보통신기술발전, 즉 **정보단말들의 지능화내지 고도화와 통신기술의 발전이 정보시스템에서의 구조적 변화를 가져온다**고 볼 수 있다.

컴퓨터와 인터넷을 중심으로 한 정보시스템의 전반적인 발전현황을 보면, 컴퓨터 기억매체의 정량적인 발전속도는 데이터저장에 대한 수요를 충족시킬 수 있을 정도로 빠르게 진행되어왔다(역으로 기술발전이 수요를 창출하는 것도 사실이다). 그리고 정보전송측면에서도 현재의 통신망들이 가장 큰 전송용량을 필요로 하는 멀티미디어 정보를 실시간으로 전송하는데 필요한 전송용량을 충분히 제공하는 수준에 왔다. 따라서 **정보시스템에 관한 주요 관심사가 이제는 정보내용의 충실성으로 옮겨가는 것**이 첨단기술의 일반적 발전단계에 비추어 볼 때 당연한 수순이다. 구체적으로 복잡한 정보의 표현, 저장 및 처리방법(예를 들어 다차원적 정보를 체계적으로 표현하거나 종합적으로 처리하는 방법과 기존의 지식에서 새로운 지식을 유추해내는 논리적 능력)은 현재로서는 컴퓨터화하기엔 너무 난해한 인간만의 능력으로 머물러 있다. 감성적이거나 창조적 능력은 차치하고 일반적인 정보처리능력 자체에 국한해 보더라도 인간의 두뇌기능은 단순히 저장용량의 방대함이나 처리속도의 고속화로는 대치할 수 없는 차원이 다른 능력임이 확실해 보인다. 호킹(Hawking)박사가 우주의 기원에 대해 빅뱅 직후 초단시간 이후의 역사는 모두 알 수 있다고 했지만 여전히 문제의 핵심인 빅뱅 순간은 아직 추측의 대상일 뿐인 것과 마찬가지로, 컴퓨터로 인간이 가진 고도의 정보처리능력들을 모사(simulation)하려는 시도는 많지만 본질적 접근이 아닌 외형만 부분적으로 흉내내는 피상적 수준이 대부분이다. 사실, 대표적인 인공지능이론들 중에서 유전자이론(genetic algorithm), 신경망(neural network) 등도 흥미로운 제목과는 달리 실제내용은 인간고유의 오묘한 정보처리방식과는 거리가 있는 (대량, 고속이라는 컴퓨터의 특성에 기댄) 단순한 도구적 방법론들임을 부인할 수 없다. 하지만 다행스럽게도 인간의 지능에 필적하지는 못해도 **지능적 판단을 부분적으로만 대신할 수 있는 컴퓨터 소프트웨어의 개발로서도 인간이 도움을 받을 수 있는 유용한 분야가 수없이 많이 있다.** 여하간 인간에 필적하는 정보처리방법을 개발하고자 하는 과업은 상응하는 정보표현 및 저장방법과 맞물려 앞으로도 오랜 세월동안 수많은 도전과 기회를 제공할 것이다(성철스님의 말대로 인간의 본성에 비하면 우주도 태평양에 떠있는 나뭇잎에 불과하다면, 인간의 사유능력의 본질을 파악하기 위해서는 우주의 시작과 끝을 발견하는 것보다 더 오랜 탐구가 필요할지 모른다).

■ 정보시스템의 발달에 따른 처리가능한 정보유형의 확대

컴퓨터는 발명 후 상당히 오랫동안(1940년대 ~ 1980년대) 이름 그대로 숫자를 처리하는 계산기(computer)나 문자를 처리하는 문서편집기(word processor)의 역할에 머물렀다. 당시로서는 단순한 데이터를 고속으로 계산하는 능력만으로도 비싼 값에도 불구하고 충분히 경쟁력이 있었다.

1980년대 이후 컴퓨터기반설계(CAD)나 탁상 위 출판(desktop publishing) 등에서 쓰이는 **복잡한 관계들을 포함한 과학기술정보에 대한 처리나 기하학적 도형들에 대한 그래픽처리**로 컴퓨터의 활용 분야가 확대되었다. 한편 컴퓨터 하드웨어성능의 획기적 발전에 힘입어 글자로 된 전통적 문서(text)에다 소리(sound), 화상(image), 동영상(video) 등의 다양한 **멀티미디어 정보유형**들을 추가하고, **정보를 계층적 구조(hierarchy)로 표현**할 수 있는 데이터베이스나 하이퍼텍스트(hypertext)로 정보의 내용표현방법이 고도화되었다. 이러한 계층적 정보표현구조가 인터넷과 결합하여 정보의 외연이 범지구적 규모(WWW, World Wide Web)로 확대되었다. 이와 더불어 단순한 데이터가 아닌 규칙(rule)으로 표현되는 지식정보(knowledge)유형의 처리도 다각도로 시도되고 있다. 하지만 컴퓨터에 의한 정보처리의 실질적 수준을 보면 숫자, 글자, 멀티미디어, 지식 등의 처리대상 정보유형들 중에서 숫자 외에는 본격적인 정보처리라기보다 아직 데이터처리의 수준에 머물러 있다고 할 수 있다. 컴퓨터가 숫자를 제외한 다른 유형의 데이터에 포함된 내용(contents, semantics)을 이해하지 못하고 단순히 있는 그대로 저장해주고 필요할 때 보여주는 창고의 역할에 머물고 있기 때문이다.

■ **정보시스템의 궁극적 효용과 적절한 사용에 필요한 사용자의 지식**

자동차의 발전과정을 살펴보면, 공기역학적 설계에 바탕을 둔 유선형 디자인, 힘의 전달을 위한 변속기의 기계적 연결, 타이어나 운전대의 둥근 형태 등과 같이 최종사용자와 가까운 기계적 부분들에서는 별로 변함이 없지만 내부적으로는 전자적 부품 및 제어의 비중이 날로 높아지고 있다. 이는 자동차엔진의 연료분사의 적절한 타이밍 조절이나 ABS(Anti-Lock Brake System)나 에어백 등의 각종 안전장치에 대한 내부적 제어 그리고 네비게이터 등의 새로운 편의기능들은 대부분 정보처리의 영역이기 때문이다. 하지만 아무리 좋은 정보도 최종소비자들이 쉽게 받아들일 수 있는 실질적 형태로 제공될 때 의미가 있다는 점에 비추어 보면 정보시대에도 실제세상의 일부인 전통적인 기계적 (또는 화학적) 기능들의 중요성은 결코 줄지 않는다. 예를 들면, 자동차, 냉장고 등은 최소한 외형에서나 사용자가 직접 접하는 기능에서는 전통적 모습에서 별로 바뀌지 않고 있다. 결국 **컴퓨터 시스템들이나 정보시스템들에 관한 궁극적 평가는 기술적인 고도화와는 별개로 최종사용자인 일반적 사람들이 체감하는 실제적 효용에 달려있다**. 이에 관해, 컴퓨터를 포함한 최신 지능형기기들을 제치고 자전거가 '가장 완벽한 인간의 발명품'으로 불리는 이유는 기본적인 기능인 이동속도나 편의성뿐 아니라 환경오염, 사용자의 건강, 지속가능성 등을 고려한 종합적인 평가인 것이다(자전거가 발명된 이래로 거의 진화하지 않고 있음은 그 자체로 유전적 완전성을 가진 상어나 바퀴벌레가 수억 년간 자기의 모습을 유지하고 있는 것과 비견된다).

정보시스템의 기능이 고도화됨에 따라 주어진 기능들을 충분히 활용하려면 정보시스템에 대한 사용자의 이해가 충분해야 한다. 즉, 아무리 유능한 선수들을 확보했더라도 그 능력을 십분 활용하기 위해서는 감독이 선수들의 능력을 파악하고 적재적소에 쓰는 것이 필요한 것처럼 정보시스템의 다양한 기능들을 활용을 위해서는 최종사용자가 그 기능과 용법을 파악하는 것이 전제가 된다. 더구나 **정보시스템은 사람과 달리 사용자가 구체적으로 지시한 일 외에 능동적으로 대처할 수 있는 능력이 전혀 없는 도구에 불과하기 때문에 더욱더 사용자의 활용능력이 중요**하다. 예를 들어 스마트폰의 경우만 해도 컴퓨터에 익숙하지 않은 사람들은 수많은 정보처리기능들 중에서 단지 문자메시지 기능(카카오톡 등)만 쓴다든지, 중년 사용자들의 경우에 작동방법을 잘 몰라

(이것저것 누르다 자기도 모르는 사이에 데이터 통신이 이루어져) 스마트폰 가입 첫 달에는 휴대전화요금이 터무니없이 많이 나온다는 말까지 회자되고 있다. 개념적 기계인 컴퓨터상에서 일어나는 일에 관해서는, 모니터와 스피커를 통해 보거나 들을 수 있는 시청각적 인터페이스기능들 외에 대부분의 데이터처리나 통신에 관련된 기능은 최소한 물리적으로는 지각이 불가능하고 단지 논리적으로 파악할 수 있을 뿐이다. 결국, 자동차에 익숙하지 않은 시골의 어르신들이 교통사고를 자주 당하듯이 산업시대 세대들도 정보시대를 맞아 (눈으로 볼 수 없는) **사이버 세상에서 당하는 개념적 교통사고로 인해 경제적 문화적 피해를 겪고 있는 셈**이다. 일상적인 사례로 스마트폰이 제공하는 간단해 보이는 위치정보서비스는 위치파악을 위한 신호를 계속적으로 기지국과 주고받아야 하기 때문에 전화 몇 통화하는 것보다 훨씬 많은 배터리 소모를 가져온다. 이러한 사정을 모르면 전원이 너무 빨리 소모되는 이유가 애꿎은 배터리나 전화기자체가 불량인 줄 알기 십상이다. 이와 비슷한 이유에 의한 전력낭비로 리모컨방식의 TV에서 리모컨으로부터의 (불시의) 신호를 항상 기다려야 하기 때문에 대기전력을 항시 소비하게 되는 반면, 과거 리모컨이 없는 TV에서와 같이 사람이 직접 스위치를 켜고 끈다면 대기전력을 없앨 수 있다. 이와 유사한 원리가 일상에서 적용되는 예로서는, 전화로 수신측에서 일어나는 특정한 사건의 발생을 즉시 파악하고자 하는 경우 수신측에서 사건발생시 회신전화를 해주기로 했다면 송신측에서 계속 (수시로) 확인전화를 할 필요 없이 전화가 올 때까지 다른 일을 할 수 있게 된다. 이런 일반적 원리가 **컴퓨터에서는 구성요소들 간의 효과적 연락수단의 하나인 인터럽트(interrupt)기능**으로 구현되어 있기도 하다.

자주 쓰지 않는 기능을 위해 대기전력을 소모하는 것은, 언제 귀가할지 모르는 가부장적인 남편을 밥상을 차려놓고 밤새 기다리던 남존여비시대의 아내들의 보상받을 길 없는 희생과 같다. 눈에 보이는 봉건시대 밥상은 치울 수나 있었지만 전기나 정보는 눈에 보이지를 않으니 피해를 안 당하려면 오로지 개념적으로 배우는 수밖에 없다. 이러한 지식이 필요하지 않은 경우에도 정보를 활용하고자 하는 적극성면에서 산업세대가 정보세대들에 비해 뒤지는 경우가 적지 않다. 다음 버스가 곧 도착한다는 사실을 스마트폰 앱을 통해 미리 알고 버스정류장을 향해 달리는 젊은이들을 멀뚱히 쳐다보다 버스를 놓치게 되는 것이 산업사회를 주 무대로 살아온 현재의 중년들의 일반적 모습이다. 스마트폰도 대부분 가지고 있고 버스의 도착시간정보도 무료로 제공되고 있지만 활용하지 않으면 아무 도움이 되지 않는다. 이러한 기본적 **정보활용능력의 부족에서 오는 낙오가 반복되면 버스가 아니라 결국 인생에서 낙오될 수밖에 없는 것이 정보시대**의 특징이다.

3.2 정보시스템의 구성

정보시스템의 구성은 [그림 3.1]에서 보는 바와 같이 크게 정보의 저장과 처리 및 입출력을 각각 담당하는 **컴퓨터 및 주변장치들**(저장장치들과 입출력장치들)과 그 외의 **지능형 정보기기들**, 정보교환을 위한 **통신망** 그리고 **현실세계와의 상호작용을 위한 기계적 장치들**로 구성되어 있다. 구체적으로, 외부세계로부터 데이터를 수집하기 위한 센서나 입력장치들, 수집된 데이터를 가공하고 저장하기 위한 컴퓨터상의 계산장치(및 주기억장치) 및 데이터베이스 등의 저장장치, 데이터를 서로 교환하기 위한 통신망, 데이터가공결과를 출력하는 출력장치들과 가공결과를 바탕으로 실제로 행위를 실행하는 수족역할을 하는 기기나 로봇들 그리고 컴퓨터로 제어되는 지능형 기계들과 넓게는 자동화된 공장들로 구성된다. 사용자의 입장에서 보면, 전통적 컴퓨터의 기능은 주로 정보처리에만 국한되어 있고 물리적 행위는 컴퓨터(본체)에 연결된 데이터입출력장치들이 정보를 사용자와 주고받는 데에 국한되어 있었다. 그에 반해 로봇이나 정보화된 자동차, 지능화된 세탁기나 스마트폰으로 진화된 전화기 등은 컴퓨터칩들이 내장되어 그 컴퓨터칩들이 생산한 (제어)정보에 따라 본래의 **물리적 기능들이 고도화된 지능형 기기들**이라 할 수 있다. 참고로 컴퓨터자체에서도 개념적인 정보를 처리하는 부분(연산장치, 데이터저장장치 등)은 계속적으로 소형화될 수 있는 반면, 물리적 기능을 직접 수행하는 컴퓨터 입출력 부분들(모니터, 프린터, 키보드 등)에서는 사람이 눈으로 보게 되는 글자를 화면에 표시하거나 인쇄하는 모니터나 프린터의 기계부분과 사람손이 닿는 키보드 등은 소리를 만들어내는 스마트폰의 스피커, 기계적 힘을 만들어내는 자동차의 엔진자체, 물리적 동작을 담당하는 로봇팔다리나 공장의 여러 가지 기계들과 마찬가지로 물리적 자연의 일부이기 때문에 별로 축소될 여지가 없다. 입출력장치에서도 예외적으로 제어부분(controller)은 정보처리영역이므로 소형화가 가능하다. 정보시스템의 구성요소를 기능별로 정리하면,

> 정보원(情報源, information sources) → 정보채집(센서, 입력장치) → 정보표현(정보의 추상화필요) & 정보저장(데이터저장장치) → 정보처리(연산장치) → 정보전달(통신망) → 정보소비(출력장치, 정보화된 기기들, 로봇, 자동화된 공장)

의 단계들을 거치게 된다.

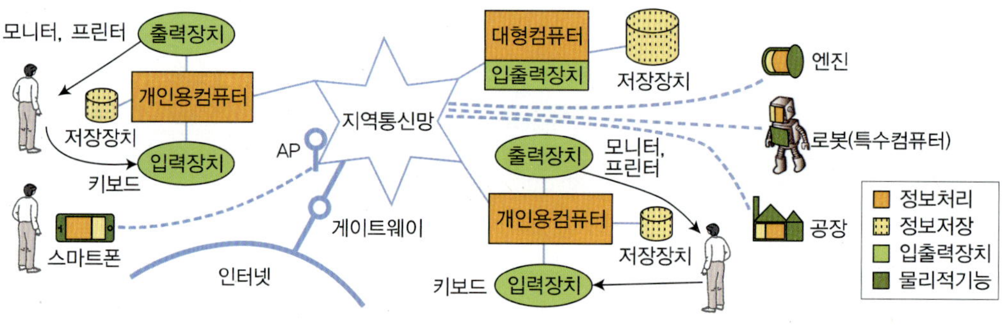

그림 3.1 정보시스템의 일반적 구성

3.2.1 정보시스템을 통한 정보처리과정과 일반 제품생산과정의 비교

정보처리를 수행하는 정보처리공장인 정보시스템은 전체적으로 컴퓨터 및 그 외 정보기기들로 구성되며 정보를 운반하는 도로인 통신망이 컴퓨터들과 정보기기들을 연결하고 있

다. 이때 정보처리과정이 기술되어 있는 컴퓨터 소프트웨어(프로그램)는 정보를 수요자의 필요에 따라 가공하는 공정을 규정한 것이라고 할 수 있다. 이와 같은 컴퓨터 내지 정보시스템을 사용하는 정보처리과정을 일반적 물건생산과정과 비교해보면 [그림 3.2]에서 보는 바와 같이 전반적 흐름에서는 서로 유사한 구조를 가지고 있음을 알 수 있다. 예를 들면, 공산품(goods)은 설계도에 따라 원료가 투입되고 생산공정을 거쳐 최종제품이 생산되고 생명체는 설계도인 DNA에 따라 양분을 재료로 하여 탄생되는 것과 유사하게, 정보시스템은 재료인 데이터를 프로그램이라는 설계도를 따라 가공하여 여러 가지 정보를 생산하게 된다. 한편 공산품을 교통망을 통하여 운송하는 것과 같이 정보를 통신망을 통하여 전송하게 된다. 그러나 정보시스템에서 정보처리과정을 담당하는 프로그램이 공산품의 생산을 담당하는 일반 공장과 현격하게 다른 점 중 하나는, **정보처리의 원료인 데이터와 정보처리공장인 프로그램이 같은 파일형태로 저장되고 전송될 수 있다**는 점(stored program concept)이다. 따라서 (정보처리)공장을 필요에 따라 임의로 변화시킬 수 있을 뿐 아니라, 원료와 같은 방식으로 저장도 할 수 있고 전송도 가능하게 되는 것이다. 이는 정보와 물건사이의 본질적 차이에서 기인한 당연한 결과이긴 하지만, 전통적 공장에서도 그 핵심적 가치가 관련된 정보(설계정보, 공정정보, 조달정보 등)에 있다는 점에 비추어 컴퓨터를 이용한 정보시스템화가 속도를 더해가고 있다. 이에 따라 원래부터 정보가 핵심인 서비스분야들은 물론이고 물리적 기능들이 중심이었던 제조분야들까지를 포함한 (세상에서 수행되는) 대부분의 업무들의 핵심적 기능을 정보시스템의 프로그램(그리고 데이터)이 담당하게 되었다. 결과적으로 프로그램과 데이터를 동시에 담을 수 있는 **컴퓨터파일이 문명의 핵심요소**가 되는 셈이다. 그에 따라 컴퓨터파일이 이동식 전자기억소자나 통신망을 통한 정보유출과 침해의 중심에 등장하곤 한다.

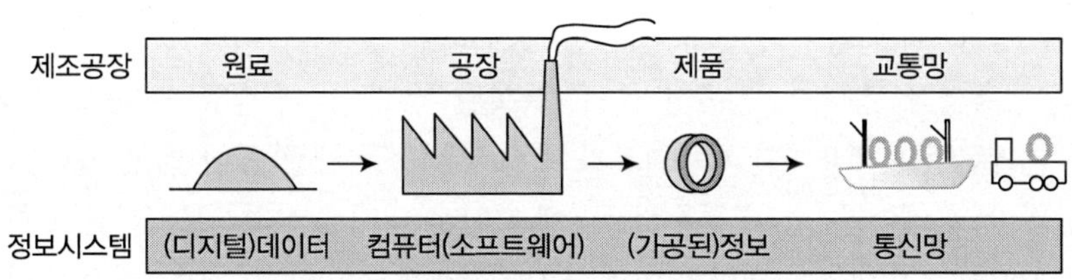

그림 3.2 제조공장과 정보시스템의 대비

■ **정보처리시스템의 입력과 자연어처리의 영향**

물리적인 공산품을 생산하는 일반 공장과 달리 컴퓨터에 기반한 정보시스템은 개념적인 정보를 입력으로 하고 정보를 생산하기 때문에 그에 따른 여러 가지 차이가 생기게 된다. 정보처리의 원료인 정보에는 자동차 설계도도 있겠고, 주식시장의 상황보고서도 있고, 언론기사도 있을 것이다. 이러한 정보들을 컴퓨터에 의한 정보처리의 원료로 쓰기 위해서는 먼저 컴퓨터가 인식(이해)할 수 있는 형태로 변환(번역)하는 과정이 수행된다. 이때 자연어(인간사이의 언어)를 이해하지 못하는 현재의 컴퓨터를 사용하기 위해서는 컴퓨터용 언어가 필요하게 된다. 사실 자연어의 완전한 이해는 인간에게도 쉽지 않은 일이다. 하지만 컴퓨터를 사용한 필기체 인식이나 음성인식분야에서 오랫동안의 연구 끝에 근래에 상당한 진전을 이루게 되어 스마트폰 등에서 부분적으로 실용화되고 있다. 만약 정보기술이 진보하여 컴퓨터가 자연어를 직접 알아듣는 수준에 이르게 되면 소위 비인간적인 업무들(3D 업종들) 중에서 컴퓨터가 담당할 수 있는 부분이 지금보다 대폭 늘어나게 되고 결과적으로 또 한 번의 사회경제적 혁명이 일어나게 될 것이다. 인터넷 혁명이 **정보의 전달의 범세계화 및 실시간화에 의해 집단지성을 극대화하는** 결과를 가져왔다면, 자연어의 사용에 의한 다음번 혁명은 **컴퓨터 자체의 역량을 활용하는 범위를 한 차원 넓힌다**는 점에서 차이가 있다. 한편 이러한 혁명이 사회전반에는 생산성의 향상을 가져오겠지만, 자연어 이해라는 인간 고유의 능력이 또 하나 더 기계화되는 결과를 초래하게 된다. 이 경우, 컴퓨터가 인간의 주판(珠板)사용기능(또는 암산능력)을 퇴장시키는 등 단순 데이터처리업무를 일거에 사양화시킨 경험에 비추어 인간으로서는 또 한 번 컴퓨터가 대신하기 힘든 창의적이거나 고도의 사고력을 요하는 일들로 업무를 고도화시킬 수밖에 없을 것이다.

3.2.2 개별 정보기기들의 일반적 구조

정보시대에 들어서면서 태생적 정보기기인 컴퓨터뿐만 아니라 전통적인 기계들도 정보처리 기능을 갖춤에 따라 지능의 중요한 징표인 융통성, 즉 다양한 상황들에 대처하는 능력을 보여주게 되었다. 이러한 지능화된 정보기기들은 예외 없이 내장된 중앙연산장치(CPU, Central Processing Unit)나 초소형제어장치(MCU, Micro-Controller Unit)라는 계산기능을 가진 반도체칩들이 기기 전체나 일부분들에 대한 두뇌를 이루고 있다. 따라서 최근의 일반적 정보기기도 [그림 3.3]에서 보는 바와 같은 컴퓨터의 구조와 전반적 구성면에서는 차이가 없다. 단지 컴퓨터는 다양한 분야들의 업무들을 수행하는데 적합하게 설계된 범용 정보기기인 반면 그 외의 일반 정보기기들은 기능이 한 분야에 특화되어 있는 전문정보기기들이라 볼 수 있다. 예를 들어 전통적 정보기기들이라고 할 수 있는 TV, 오디오시스템, 휴대폰에도 각각 동영상, 음악, 개인통신기능에 특화된 정보처리에 컴퓨터칩들을 사용하고 있다. 심지어 기계산업을 대표하던 자동차조차 핵심적 기능들(예를 들어 엔진 연료분사나 브레이크 기능의 최적 제어기능이나 특수컴퓨터에 가까운 네비게이터나 트립컴퓨터 기능 등)을 특수 컴퓨터칩들이 수행하게 되면서 이젠 정보기기화하고 있다고 이야기될 정도가 되었다. 특히 최근에 사용이 일반화되고 있는 스마트폰은 통신기능 만이 아닌 범용컴퓨터에 가까운 다양한 기능들을 수행하게 설계된 휴대용 컴퓨터(mobile computer)라고 볼 수 있다.

한편 인터넷시대에 들어서면서 정보기기는 대부분 인터넷과 연결하는데 필요한 통신기능이 기본적으로 내장되어 있다. 데스크탑 컴퓨터처럼 고정된 위치에서 사용하는 기기에는 유선의 통신선(컴퓨터통신용 가정용 광케이블 등)이 사용될 수 있지만 스마트폰이나 노트북 컴퓨터처럼 이동식컴퓨터(단말기)들은 무선으로 연결하게 된다. 실제로 우리가 자주 사용하게 되는 와이파이(WIFI)나 와이브로(WIBRO) 등이 휴대용 정보기기들을 위해 규정된 표준적인 무선통신규약들이다. 다중시설이나 대중교통수단 속에 설치된 와이파이존이나 초고속통신망에 연결된 가정용 유무선공유기 등이 정보기기들을 무선(또는 유선)으로 인터넷에 연결할 수 있는 접속점(AP, access point)을 제공한다.

정보기기의 획기적 발전의 바탕에는 물리적 핵심요소인 반도체기술의 비약적인 발전이 있다. 전자회로의 기반이 진공관에서 반도체 트랜지스터로 이행된 지 수십 년 만에, 이제 반도체 소자(semiconductor chip, device)의 집적도를 가름하는 회로선폭이 머리카락 굵기 단위(약 0.1 mm)가 아닌 전자의 크기(3.0×10^{-10}m)와 비교되는 정도로 미세해짐에 따라 전자현미경의 세계로 진입하였다. 그 결과 과거 축음기의 기능을 가진 워크맨이나 지금도 독립적인 기기(예를 들어 iPod)로 팔리기도 하는 MP3와 같은 멀티미디어기기들이 휴대폰기능의 작은 일부로서 (전자사전기능, 카메라기능 등을 포함한 수많은 기능들과 함께) 내장되게 된 정도이다. 결과적으로 노트북컴퓨터이나 스마트폰 등의 사례들에서 보듯 다양한 기능들의 통합이나 성능의 평준화가 특히 하드웨어측면에서 가속화되고 있다.

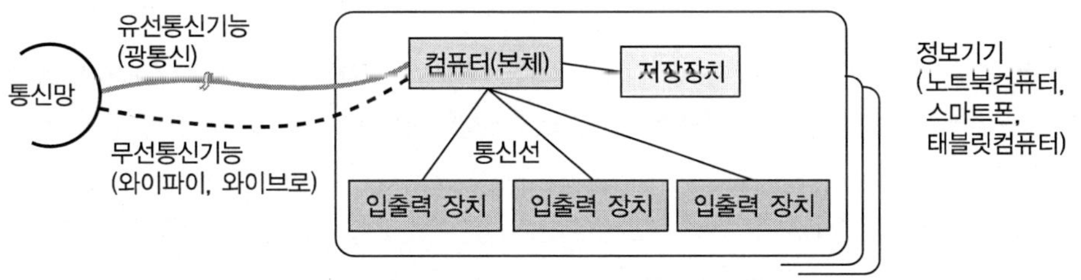

그림 3.3 컴퓨터(또는 정보기기)의 일반적 구성

3.3 정보시스템의 구조적 진화

인간세상의 정치제도와 마찬가지로 정보시스템들로 구성된 사이버세상도 집중형에서 분산형으로 점차 발전되어왔다. 정치적 제도가 중앙집권형에서 분산형의 자치제로 발전하기 위해서는 국민 개개인의 민도나 지방의 정치적 수준의 발전이 선행되어야 하듯이, 정보시스템에서도 단말기의 성능이 고도화되는 것이 분산형 정보시스템으로 발전하기 위한 필요조건이 된다. 즉, 단말기의 성능이 고도화되면 중앙의 메인시스템(서버)의 기능에 의존할 필요가 줄어들게 되어 메인시스템에서 담당하던 업무들을 넘겨받아 분산이 가능하게 된다. 이와 함께 분권적 국가에서 자치단체들 사이의 통합을 위한 교통이 중요하듯이 정보단말기들 간에 정보를 빠른 속도로 교환할 수 있는 통신기능의 발전이 수반되어야만 분산정보시스템이 실질적으로 성공할 수 있다.

국가체제가 중앙정부와 지방정부들 간의 기능이나 권한을 분산하는 방식에 따라 여러 가지 유형으로 나누어지듯이 분산정보시스템구조도 여건에 따라 다양한 형태로 구성될 수 있다. 즉, 국가형태에는 지방정부들이 수평적으로 연결되어 독립성이 강한 연방형(federation)이 있는가 하면 계층적으로 구성된 중앙집권적 형태도 있고 그 두 가지 형태들 사이에 독립성의 정도에 따라 다양한 유형들이 있을 수 있다. 또한 국가를 이루는 지방들이 단일민족으로 이루어진 동종형(homogeneous)일 수도 있고 이종의 민족들을 합병한 이종형(heterogeneous) 연합국가도 있을 수 있다. 이와 유사하게, 정보시스템도 [그림 3.4]에서 보는 바와 같이 초기에는 고성능의 주컴퓨터(메인프레임)에 물리적(전선)으로 직접 연결된 단순한 단말(dumb terminal)들이 키보드와 모니터를 통한 초보적 입출력만 담당하는 데에 그쳤던 **중앙집중형([그림 3.4](a) 참조)**에서 출발하였다. 이어서 컴퓨터들 사이에 정보교환이 요구가 높아짐에 따라 두 개의 (독립된) 컴퓨터 사이의 통신을 위한 두 점 간 연결구조(point-to-point connection)가 제안되어 [그림 3.4](b)에서와 같은 클라이언트/서버(client/server) 등의 **양단간에 국한된 초보적 분산**이 이루어지기 시작하였고, 나아가 [그림 3.4](c)에서와 같은 **근거리 통신망(LAN)으로 연결된 (보통 같은 조직에 속한) 다수의 동종 컴퓨터들이 데이터를 교환할 수 있는 구조**로 정보시스템들의 분산이 확대되었다(상호간 동질성을 가진 씨족사회와 비슷한 체제라고 할 수 있다). 인터넷으로 대표되는 이종분산구조의 정보시스템은 [그림 3.4](d)에서 보는 바와 같이 (서로 특별한 관계가 없는) 다수의 **이종 컴퓨터들이 서로 수평적으로 연결되어 있는 형태로서 가장 포괄적인 궁극적 분산정보시스템 구조**이다. 말하자면 지금까지 언급된 다른 모든 정보시스템구조들은 이러한 이종분산구조의 특별한 형태들에 불과하다고 할 수 있다.

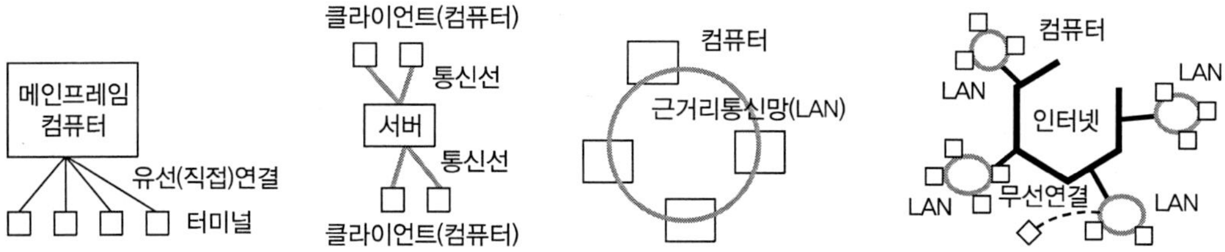

(a) 메인프레임/터미널 구조 (b) 클라이언트/서버구조 (c) 근거리 통신망(조직내부연결) (d) 이종분산시스템(인터넷)

그림 3.4 정보시스템의 분산구조의 발전

정보시스템의 분산형태의 진화과정을 요약하자면, 먼저 정보의 지역적 분산측면에서 근거리에서 장거리로 정보의 교환범위를 넓혀가는 한편 정보교환 당사자의 관계측면에서는 양자사이에서 출발하여 같은 조직 내의 다자사이로 확대되다가 결국 불특정 다수사이로 점차 확산되고 다양화되어 왔다. 그리고 정보교환 속도는 점점 빨라져서 지구전체의 범위에서 실시간(즉시)에 가까워지고 있다. 정보시스템의 분산형태에 따른 정보의 연결범위에 대한 변화과정을 정리해 보면,

중앙집중형(centralized) 정보 → **두 지점 사이**(point to point)에 교환되는 정보 → 조직내의 **분산**(homogeneous distributed) 정보 → 인터넷을 통한 **이종분산**(heterogeneous) 정보

의 형태로 정보의 교환 범위와 내용을 넓혀왔다.

3.3.1 무선 정보시스템으로의 발전과 파급효과

분산정보시스템에서도 개별 단말기(노트북컴퓨터, 스마트폰, 태블릿컴퓨터 등)와 인터넷사이의 연결방식이 유선에서 무선으로 변화함에 따라 구조적으로 단말기들의 이동성이 대폭 확대되었다. 즉, 컴퓨터시대 초기에 단순 터미널(dumb terminal)이 대형컴퓨터(main frame)에 유선으로 연결되어 **서버 주위에 고정**되어 사용되던 형태에서 시작하여 **유선통신망을 통한 데이터교환**을 할 수 있게 되고 나아가 스마트 단말기들은 무선으로 정보를 교환하기에 이르러 이제는 공간적 제약 없이 **어디서나 통신망을 통해 서버(컴퓨터)들에 접속**이 가능하게 되었다. 한편 이러한 이동성을 극대화하기 위한 현실적 과제로서, 이동형 단말기들에 사용되는 배터리의 지속성이 중요해 짐에 따라 단말기에서 전력소모가 큰 복잡한 기능의 작업들을 줄임으로써 단말기를 단순화할 필요가 대두되고 있다. 그 동안 단말기들의 성능이 향상됨에 따라 정보시스템의 기능이 서버에서 단말기 쪽으로 분산되는 방향으로 진행되었으나, 무선정보처리환경이 일반화함에 따라 배터리 사용시간을 연장하기 위해 역으로 단말기가 단순화되고 있는 것이다. 이와 함께 개인용 데스크탑 컴퓨터(PC)의 성능도 통신망(인터넷)으로 연결되기 전에는 지속적으로 키우는 경향을 보였으나 인터넷시대에 들어서면서 가능하면 필요한 기능을 서버(대형컴퓨터)에 의존하는 과거의 **중앙집권적 정보구조로 (발전적으로) 회귀**하고 있다. 이런 경향은 통신의 발달에 따라 원양선박의 자율성이 축소되어온 것이나 KTX의 개통으로 서울집중이 더욱 심해지는 경향과도 일맥상통한다. 이와 관련하여 인터넷을 이용하는 범지구적 규모의 중앙집권적 정보처리방식인 클라우드 컴퓨팅(Cloud Computing)이라는 새로운 구조가 각광을 받고 있다.

3.3.2 서버와 클라이언트 분산정보처리구조

거래를 직업적으로 하는 상인은 거래에 관한 한 (상법이나 상거래관례에서) 일반인과 달리 취급된다. 즉, 일반고객들보다 많은 대중을 상대하는 상인에게는 (상사)채권에 관한 짧은 소멸시효 등 엄격한 규율이 적용되고 상대적으로 높은 신뢰도가 요구된다. 정보시스템에서도 개별 사용자(프로그램)와 달리 많은 고객을 상대하는 서버(프로그램)는 그 역할을 원활하게 하기 위해서는 상대적으로 엄격한 규약이 필요하다. 위의 [그림 3.3](b)에 보는 바와 같은 클라이언트/서버 구조는 서버의 자원(컴퓨터 자원과 정보)을 통신망으로 연결된 다수의 클라이언트들이 원활하게 접속하고 정보의 신뢰성을 유지하기 위한 분산정보처리방식이다. 실제로 인터넷에서는 인기 있는 서버(server)에 수만 명의 사용자들(clients)이 동시에 접속하는 경우가 드물지 않다. 네이버나 구글 등의 대형 인터넷사이트들은 이러한 다수의 동시접속자들의 요구를 효율적으로 처리하는 일이 중요하게 된다. 이러한 요구조건에 대처하는 방법도 기본적으로는 우리가 일상적으로 사용하고 있는 상식적 방법에서 출발한다. 즉, 고객이 일시에 많이 몰리는 식당이라면 음식을 미리 준비해두고 고객들이 오자마자 제공할 수 있게 하는 것처럼, 대형 서버는 다수의 동시접속자들에게 신속하게 서비스를 제공할 수 있도록 프로그램(process)들을 미리 대량으로 준비(activated)해 둔다. 이렇게 미리 준비된 프로그램을 사용함으로써, 고객의 요구를 받고난 후 프로그램을 준비시킬 경우 소요될 지체를 최대한 절약할 수 있게 된다.

3.3.3 클라우드 컴퓨팅

자가용차를 소유하기보다 필요할 때에만 렌터카를 이용하고, 별장을 개별적으로 소유하기보다 콘도미니엄체인을 이용하는 것이 비용측면에서 효율적임은 명백하다. 클라우드 컴퓨팅(Cloud Computing)이란 독립적인 서버(또는 서버들)가 인터넷으로 연결된 다수의 독립된 단말기들에게 공통의 정보처리용 자원들을 제공하는 정보서비스제공방식이다. 이는 컴퓨터 자원(하드웨어와 소프트웨어 및 데이터)을 소유하는 대신 전문 컴퓨터서비스회사를 이용함으로써 정보처리 비용을 절감할 수 있는 개념으로 인터넷을 바탕으로 하여 컴퓨터 자원을 아웃소싱하는 셈이다. 특히 인터넷과 지능형 무선정보기기들이 일반화됨에 따라 이러한 지능형 정보기기들을 단말로 사용하면 언제 어디서나 다양한 정보서비스를 제공받을 수 있게 되었기 때문에, 개인이나 조직이 필요한 모든 컴퓨터 자원을 자체적으로 구비하는 것보다 빌려 쓰는 것이 유리해지는 환경이 성숙되고 있다. 이에 부응하여 컴퓨터자원들을 필요할 때만 접속하여 쓸 수 있게 해주는 효율적인 정보활용환경(또는 방식)이 바로 클라우드 컴퓨팅인 셈이다.

클라우드 컴퓨팅서비스를 제공하는 컴퓨터회사측에서 실제로 구축하게 되는 서버는 보통 여러 개(수백, 수천 개까지)의 컴퓨터들로 구성되어 있고 (초대형) 데이터저장장치도 여러 지역에 나누어져 있는 경우가 많다. 이와 같은 복잡한 내부적 구조를 최종사용자들은 느끼지 못하도록 감출 수 있는 가상화(假像化, virtualization) 기술은 일반사용자들에게는 필수적 기능이다. 또 다른 필수기술로서 대규모의 클라우드 컴퓨팅시스템이 제공하는 다중성은 수많은 가입자들의 가변적인 수요에 효과적으로 대처할 수 있는 유연성(scalability)을 제공한다. 물론 데이터의 집중에 따른 정보안전(data safety)문제나 데이터의 이동이 늘어남에 따른 정보보안(data security)문제는 필연적으로 대두되지만, 규모의 경제가 생기기 때문에 서비스제공업체로서는 이러한 문제들에 체계적으로 대처할 수 있는 전문적 방책들을 구축할 여력이 생기게 된다. 전체적 구조로만 보면 클라우드 컴퓨팅은 초기 대형컴퓨터를 여러 사용자가 단순한 단말기를 통해 접속하여 공통으로 사용하던 중앙집권적 정보처리 방식으로 ([그림 3.4](b)에서 (a)로) 되돌아가는 셈이다. 하지만 짧은 전선을 사용한 직접적 연결대신 유선 또는 무선 통신망을 통하여 전 세계적으로 연결되는 면에서 근본적인 차이가 있다. 그리고 단말기의 성능이 단순한 문자 입출력기능만 가진 과거의 단말기(dumb terminal)와 달리 지능적이고 화려한 사용자 인터페이스를 제공하거나 필요에 따라 복잡한 정보처리도 분담할 수 있게 되는 등 획기적으로 진화되었다. 결과적으로 서버컴퓨터가 위치하는 장소에 구애받지 않고 세계 어디에서나(ubiquitously) 통신망을 통해 원하는 서버에 접속할 수 있게 된 것이다.

3.4 정보시스템의 전반적 업무실행과정

식물의 발아 및 성장과정을 정보측면에서 추상화해보면, 염색체에 기록된 유전자(DNA)를 설계도로 삼아 흙(구체적으로 그 속에 포함된 물과 영양분들)을 원료로 하여 식물이 싹트고 자란다고 할 수 있다. 설계도면을 따라 여러 가지 원료나 부품들로부터 비행기나 자동차가 만들어지는 과정도 유사하게 추상화될 수 있다. 한편 댄스나 스포츠 등과 같이 (최종) 결과물보다 과정이 중요한 업무는 교본이나 규정에 따라 여러 가지 기본동작들을 조합함으로써 실현된다고 추상화할 수 있다. 이와 같은 실제 사회의 다양한 업무들에 상응하여 정보시스템에서 다루는 업무도, **물건의 생산이나 상태의 변화 그리고 동작자체를 목표로 하는 업무를 포괄**한다. 정보시스템에서 순수 정보처리업무가 아닌 실제적 결과를 만들어내는 예를 들어보면, 기계의 동작순서를 규정한 프로그램이 기계를 구동시켜 타이어를 생산하거나 자동차를 조립하고, 내장된 프로그램이 로봇을 구동시켜 용접을 해내거나 집안을 청소하기도 하고, 연주용 프로그램에 악보가 주어지면 음악합성기(music synthesizer)를 작동시켜 음악을 연주할 수 있고, 로봇인형에 무도교본을 입력하면 내장된 프로그램이 기본적 팔다리 동작이나 몸의 움직임을 선택하여 조합함으로써 춤추는 상황을 연출할 수 있다. 이와 같이, 추상적 기기인 정보시스템에 의한 업무처리는 최종 결과를 생산하기 위해 필요한 중간행위이거나 동작자체를 위한 행위이거나 마찬가지로, 결국 **기계나 로봇을 제어함으로써 실제 세상에 물리적인 효과를 만들어내는 방식으로 수행**된다(물론 실행에 인간의 개입을 요하는 반자동의 형태일 수도 있다). 한편 순수 정보처리에 관한 업무의 예에서 보면, 세법에 바탕을 둔 프로그램이 세금을 계산하는 업무나 컴퓨터게임과 같이 본질적으로 컴퓨터 외에 추가적인 물리적 기기가 필요하지 않는 추상적인 작업인 경우에도 사용자와의 대화를 위한 **최소한의 입출력장치는 필요**하다. 말하자면 계산된 과세 내역을 직접 보여주기 위해 화면이 필요하고 고지서를 인쇄하려면 프린터가 필요하고, 컴퓨터게임을 대화식으로 진행하려면 게임진행상황을 보여줄 화면과 사용자가 입력하는 데에 필요한 장치인 마우스나 키보드가 필수적이다.

3.4.1 전통적 기계의 지능형 정보기기로의 진화

인간이 만든 모든 기기는 자연의 법칙들을 이용한다는 점에서는 일종의 정보시스템이라 부를 수 있다. 단지 전통적 기기들은 정보처리를 기계식으로 구현하는 반면 컴퓨터칩으로 제어되는 현대적 정보기기들은 전자적 방법으로 구현하는 차이가 있을 뿐이라고도 할 수 있다. 예를 들면, 대표적인 기계인 자동차엔진에서도 플러그점화시점이나 연료분사량 등에 관한 제어는 정보처리에 해당하는 부분들이다. 이러한 정보처리부분까지 모두 기계식으로 처리하는 전통적 기계와 달리 관련 **정보를 컴퓨터칩(MCU, Micro-Controller Unit)에서 처리하고 그 결과로 얻어진 데이터를 순수 기계부분의 제어에 사용**하게 됨으로써 결과적으로 (인간의 지능이 진화하듯이) 기계 전체로는 정보처리비율이 점점 높아져서 엔진이 현대적 의미에서 정보기기로 탈바꿈하고 있는 것이다. 구체적으로 컴퓨터칩을 사용한 전자두뇌(ECU, Electronic Control Unit)의 역할이 스마트키, 네비게이터, 에어백, 각종 경보장치 등의 편의사양들 뿐 아니라 엔진, 변속기, 제동장치(ABS) 같은 자동차의 중추 부품들까지 제어범위를 계속 넓혀가고 있다. 이에 따라 자동차는 실린더, 변속기어, 바퀴 등의 (힘과 열이 직접 작동하는) 순수 기계요소에 더하여 수백 개의 센서와 수십 개의 컴퓨터칩이 사용되면서 더 안전해지고 연비가 높아질 뿐 아니라 공해발생이 최소화되는 지능형 정보시스템으로 진화하고 있는 것이다. 위에 언급된 기계적 성능의 향상에 더하여 편의사양들의 개선의 일례로, 도난당한 자동차가 스스로 도난신호를 울려 경찰에 자동적으로 보고되어 밀수출되기 직전 도둑까지 함께 잡는 일이 미국에서 보도된 바 있으며, 나아가 무인운전이 가능한 자동차나 주인의 얼굴을 알아보는 자동차가 출현하게 될 날이 머지않아 보인다. 사실 일상적으로 사용하는 TV, 냉장고, 청소기 등의 기계들도 외형은 옛날과 별로 차이가 없지만 컴퓨터칩에 의한 지능화의 결과로 사용자 입장에서 제공받는 편의기능에서는 획기적인 향상을 보여주고 있다. 한편 가장 기초적인 물성부분에서의 지능화의 예로 균열이나 피로를 미리 경고해주는 비행기 동체나, 파손을 알려주는 아스팔트 등은 인간에 의한 정기적 점검을 대신할 수 있는 지능형 물질이라 불려도 손색이 없다.

3.4.2 개별 정보기기들의 구체적 용도

정보기기는 많은 사용자들이 접속하여 사용하게 되는 서버역할을 하는 대형 정보시스템들과 개별단말기들로 크게 나뉜다. 본래 단말기들은 개별 사용자들이 서버에 접속하거나 다른 사용자들과 교신하기 위한 기기들이다. 이제는 컴퓨터와 통신기술의 발달로 말미암아 단말기들도 과거에 서버역할을 담당하던 대형컴퓨터에 버금가는 기능을 구비하게 되었다. 따라서 슈퍼컴퓨터와 스마트폰이라도 전체적인 구조나 기능면에서는 구분하기 어렵고 단지 처리속도나 저장용량과 같은 성능상의 차이만 있을 뿐이다. 심지어 간단한 유선전화기나 TV 등도 내장 컴퓨터칩에 힘입어 특수 컴퓨터라고 할 수 있을 정도로 다양한 기능을 보여주고 있다. 그럼에도 불구하고 각 가정마다 여러 정보기기들을 구비하는 이유는 용도에 따라 비용이나 편의성에서 차이가 있기 때문이다. 이는 운반이라는 같은 기능을 가지고 있지만 승용차, 트럭, 자전거, 심지어 두 번째 승용차까지 필요로 하는 것과 유사하다. 즉, 스마트TV는 가족용인 반면 스마트패드는 개인용이면서 이동 중에도 사용할 수 있고, 특히 이동형(mobile) 정보기기는 배터리 용량의 한계 때문에 일상적으로는 (복잡한 업무용이 아니라면) 노트북 컴퓨터 대신 스마트폰을 휴대하게 된다. 한편 개인용 정보기기는 해당 개인이 사용할 때 외엔 전원을 꺼도 되지만 여러 사용자가 접속하게 되는 서버는 항상 켜져 있어야 한다는 점이 현실적으로 중요한 기술적 차이 중 하나가 된다.

3.5 정보시스템이 제공하는 정보처리 환경

컴퓨터를 포함한 정보시스템에서는 정보처리업무를 안전하고 효율적으로 수행할 수 있는 사용자환경(user environment)이 제공된다. 정보처리 상의 안전성을 위협하는 요소로는 잡음 등에 의한 정보 오류, 컴퓨터 바이러스 등에 의한 고의적 정보 파괴, 도청이나 불법복제 등에 의한 정보의 유출, 전원이나 소프트웨어 이상에 의한 정보시스템의 고장에 따른 정보 손실 등과 함께 다수의 사용자들이 공통적으로 사용하는 컴퓨터 자원들에 대한 다툼 및 침해도 포함된다. 따라서 정보처리의 안전성을 보장하기 위해서는, 기본적으로 정보의 신뢰성(reliability)을 보장하기 위한 **보안**(security)기능과 손상된 정보를 회복하기 위한 **복구**(recovery)기능 그리고 여러 사용자들 사이의 이해관계를 조정하기 위한 **동시성제어**(concurrency)기능 등의 **공공기반(infrastructural) 기능들이 정보처리환경을 구성**하게 된다. 특히 복잡한 데이터를 다수의 사용자가 동시에 사용하게 되는 **데이터베이스관리**를 위해서 이러한 기반 기능들이 데이터의 복잡성을 감안하여 더욱 고도화되어 제공된다. 한편 통신망으로 연결된 분산정보시스템에서는 위에서 언급한 기능들이 **분산시스템에 맞게 추가로 특화**(예를 들어 분산복구기능 등)되어야 한다. 구체적으로 분산시스템에서는 필수적으로 구성정보기기들 간 통신이 필요하게 되고 이에 따른 통신상의 오류에 대처하기 위한 기능이 추가되는 한편 통신 중에 특히 취약해지기 쉬운 정보보안을 지키기 위한 특단의 보안기능들이 강구된다.

3.5.1 정보의 오류 및 처리

정보의 신뢰성은 정보가 실체와 부합하느냐, 즉 정확성(correctness)을 의미한다. 정보의 오류에는 고의로 정보를 왜곡할 가능성과 더불어 잡음에 의한 오류와 정보처리(컴퓨터 하드웨어나 소프트웨어 측면)의 잘못으로 인한 오류가 있을 수 있다. 정보에 오류가 생기게 하는 잡음은 자연계에서는 항상 존재하는데 자연적인 원인(thermal noise, 벼락 등)과 인공적인 원인(전파방해, 혼신 등)에 의한 다양한 종류들이 있다. 따라서 사람들이 질병을 피할 수 없기 때문에 의료보험에 가입하거나 고장에 대비해서 자동차에 여분의 타이어를 싣고 다니는 것과 마찬가지로, 정보시스템에서도 정보의 오류에 대처하기 위한 방안이 필수적이다. 사실 현실사회에서 비정상적 상황들에 대비한 기능들, 예를 들어 자동차사고에 대비한 범퍼, 안전벨트, 에어백과 여러 가지 위험이나 고장에 대비한 보험이나 병원, 각종 수리점들과 함께 범죄를 처리하기 위한 여러 가지 사법기관들 등이 사회기능의 태반을 차지하고 있는 사실과 마찬가지로, **정보와 관련해서도 오류에 대한 여러 처리방안들이 정보처리의 각 단계에서 다양하게 강구**되어 있다. 이때 정보가 디지털화된 경우라면 여분의 데이터를 적절히 추가함으로써 정보의 오류를 발견하거나 나아가 오류를 스스로 고쳐나갈 수 있게 부호화할 수 있다.

미리 정해진 몇 개의 값들로만 표시되는 디지털 정보는 아날로그 신호와 달리 일정 수준 이하의 잡음이 섞이더라도 찾아내어 제거할 수 있다. 따라서 장거리를 전송할 때 **잡음을 (너무 커지기 전에) 일정한 거리마다 주기적으로 제거하여 원래의 신호를 회복시켜주면 전송 중의 잡음에 대해 완벽하게 대처**할 수 있는 것이다. 구체적으로, 디지털 정보시스템에서는 데이터 전송과정에서 오류를 발견하기 위하여 데이터의 각 단위(신호, 글자, 단어 등)마다 오류를 점검함으로써 스스로 오류교정(error correction)을 하기도 하고 필요에 따라 재전송을 하기도 한다. 이와 관련하여 인터넷의 상층 프로토콜에도 (전통적인 우편에서의 등기우편과 같은 안전한 송달을 위한 서비스와 유사하게) 데이터의 분실이나 오류가 생긴 경우 재전송을 하는 프로토콜(TCP)이 규정되어 있다. 이와 달리 (예를 들어 전단지 배포와 같이) 분실 가능성을 감수하고서라도 신속하고 저렴하게 전송되기를 원한다면 보통등급우편에 상응하는 단순한 프로토콜(UDP)도 선택할 수 있게 되어 있다. 이와 같이 정확한 전송이 요구되는 메시지냐 그렇지 않으냐에 따라 두 가지 서비스 등급 중에 선택할 수 있게 하여, 전단지를 일반우편이 아닌 등기로 보내는 것과 같은 쓸데없는 비용을 피할 수 있게 제도화되어 있는 것이다.

■ **정보의 고의적 파괴 및 유출**

악성코드 즉 컴퓨터바이러스는 컴퓨터에 침입하여 데이터나 프로그램을 변형하거나 파괴하는 프로그램을 총칭한다. 이러한 프로그램은 구체적 동작원리에 따라 바이러스(Virus), 웜(Worm), 스파이웨어(Spyware) 등으로 불리며, 악의적으로 정보를 파괴하거나 컴퓨터를 동작불능으로 만들기도 하고, 정보를 빼내어 가기도 하고, 컴퓨터 사용모습을 실시간으로 훔쳐보기도 한다. 최근에는 수많은 좀비 컴퓨터들을 (컴퓨터의 주인들도 모르게) 원격조종하여 특정 사이트를 공격하여 마비시키는 바이러스 프로그램(예 DDOS)이 문제가 되기도 했다. 이러한 공격은 원리 면에서 은행창구에서 수 천 만원을 동전으로 납부하거나 수많은 사람이 소액으로 나누어 납부함으로써 은행 업무를 방해하는 것과 유사한 수법이다.

악성코드의 유래는 개인용 컴퓨터시대 초기에 소프트웨어의 불법복사를 응징하기 위해 만들었다는 설(AIDS가 문란한 성생활에 대한 신의 경종이라는 것과 유사?)이 유력했으나, 어쨌든 컴퓨터들이 인터넷과 같은 통신망으로 연결됨으로써 악성코드가 전 세계적으로 쉽게 전파될 수 있는 환경이 조성되었다. 이러한 현상은 국가 간 교류가 별로 없이 살아가고 있던 근세 이전과 달리 최근 교통기관의 발달과 세계화 풍조와 발맞추어 전염병의 세계적 확산과 외래동식물들의 이상번식이 가속화되는 것과 비슷하다.

3.5.2 정보의 손실과 복구

정보의 손실은 컴퓨터자체나 전원(power)의 피할 수 없는 고장으로 인해 생기는 현상으로 이에 대한 복구기능은 컴퓨터시스템의 신뢰성을 보장하기 위해 필수적이다. 정전에 대비한 전원보호를 위한 전기적 장치(voltage regulator)를 제외하고는, 정보 복구의 기본적 원리는

예비적 복사본들(backup copies)을 주기적으로 만들어 둠으로써 있을지 모를 정보 손실에 대비하는 것이다. 하지만 일반적인 컴퓨터시스템에서 계속적으로 생성되는 방대한 정보의 양을 고려할 때, 단순히 통째로 복사본을 만들기보다 고장시에 손상을 입어 복구해야 할 정보의 범위를 최소화하기 위한 조치들이 강구되어야 한다. 예를 들어 지진의 경우를 가정해보면 그 발생시점에 수거될 쓰레기가 아직 가정에 있을 수도 있고 이미 모아져 청소차에 실리기 직전일 수도 있듯이, 특정 고장발생시점에 정보처리작업(transaction)들은 각각 작업실행전, 실행 중, 실행완료, 실행결과의 최종적인 기록완료 등의 처리단계들 중 어디에라도 걸쳐 있을 수 있다. 이와 같이 **작업 중인 데이터가 어떤 단계에 있었느냐에 따라 그 데이터를 구제(redo)할 것인지 해당 작업을 처음부터 다시 시작(undo)할 것인지 결정하여 복구작업의 대상을 최소화**한다. 한편 데이터베이스에 기록된 데이터들의 정기적 백업을 위한 예비 파일(backup file)의 경우에도 지난번 백업이래로 **변화가 생긴 부분들만 복사함으로써 복사하여 저장해두어야 하는 데이터량을 최소화**한다. 이에 더하여, 단순히 복사본들을 보존하는 것에서 나아가 9.11 테러사건과 같은 극단적 비상상황에 대비하기 위해서는, 사본들을 멀리 떨어진 세 곳에 분산 저장되었다던 팔만대장경판과 같이 복사본들을 **원격지들에 분산 저장**해야 한다.

3.5.3 정보 보안 및 암호화

정보가 상품으로서 가치를 가지는 시대에 맞추어 절도의 대상인 재화의 정의에 정보의 특성을 반영해 나가야 한다. 최신 컴퓨터저장매체(USB나 DVD)가 물리적으로는 조그만 스틱이나 디스크 하나에 불과하지만 자동차 한 대나 집 한 채보다 훨씬 큰 가치를 담을 수 있는 것이 정보시대이다. 고려시대에 문익점이 목화씨를 몰래 담아왔던 붓두껍이 정보시대에는 손마디보다 작은 USB 또는 좁쌀만 한 카메라로 바뀐 셈이다. 정보의 **불법복제는 외형적으로는 피해가 없어 보이지만 타인에게 막대한 피해를 줄 수 있는 범죄행위**가 된다. 이런 범죄행위가 방치되어 지적 재산에 대한 대가가 정당하게 지불되지 않는 행태가 일반화된다면 과학기술자나 예술가의 창작활동은 고사하게 되고 결국엔 더 이상 지적 생산물인 여러 가지 신제품들이나 소설, 음악 등의 예술작품을 구할 수 없게 되어 사용자들을 포함하여 결국 모든 사람들이 피해자가 된다.

정보의 보안은 정보의 **파괴**와 **절취**의 두 가지 측면에서 고려되어야 한다. 정보의 파괴는 물건의 파괴와 달리 외형적으로는 눈에 쉽게 띄지 않기 때문에 그리고 정보의 절취는 물건의 절도와 달리 절취되더라도 정보가 줄어들지 않기 때문에 사후까지 발견하기 쉽지 않다. 실제로 정보의 파괴는 데이터의 삭제나 틀린 정보(misinformation)에 의한 정보의 오염으로 나타나며, 정보의 절취는 무단 접근(data read)이나 엿듣기의 형태로 나타난다. 여느 개방된 체제와 마찬가지로 선 세계적인 연결범위를 가진 인터넷이나 전화망은 다수의 불특정 사용자들이 관련된 만큼 보안에 더욱 취약하기 마련이다. 통신망을 통하여 컴퓨터에 침입하여 데이터를 파괴하는 컴퓨터 바이러스나 사용자의 입력과정을 엿보는 프로그램(spy program)

이 있는가 하면, 특히 통신 중에 있는 정보는 도청에 더욱 취약하게 된다. 이에 대한 대처 방안으로는 자물쇠를 사용하여 컴퓨터자체에 접근하지 못하도록 하는 물리적 통제 외에 암호나 방화벽(firewall)을 이용한 컴퓨터에의 소프트웨어적인 접근 통제와 함께 데이터자체를 알아보지 못하게 하기 위한 암호화(encryption)가 주로 사용된다. 예를 들어 케이블 TV 방송에서 암호화의 일종인 스크램블링(scrambling)기법을 사용하면 신호(데이터)는 받을 수 있지만 정보를 찾아낼 수 없도록 신호를 뒤섞어놓아 원래의 화면을 볼 수 없다. 이에 관해 반도체 회사들이 사용료로 연간 수백억 원씩 지불하는 설계용 소프트웨어(CAD)들과 같은 고도의 소프트웨어들은 불법복제를 막기 위한 보호장치를 할 필요가 없다고 한다. 이와 같은 고급 소프트웨어는 불법으로 복제하여 사용하는 것이 불가능할 정도로 방대하고 복잡하기 때문이다(이러한 분야가 진정한 의미에서 블루오션이라고 할 수 있다).

정보에 불법적인 접근을 막기 위한 방법들 중에서 자물쇠로 방문이나 컴퓨터를 잠가놓는 전통적 방법은 컴퓨터가 인터넷 등을 통하여 외부와 연결되어 있는 경우에는 별로 효과가 없다. 이 경우 정보의 **전송 중에도 보안을 유지하기 위해서는 정보자체에 대한 보안방법으로 암호화가 필요**하다. 이와 같은 암호화기법도 기본 원리는 자물쇠와 열쇠를 사용하는 전통적 보안방법과 유사하다. 즉, 열쇠에 해당하는 인증키(key)를 사용하여 정보를 변형하거나 뒤섞어 알아보지 못하게 암호화하고 암호화된 정보는 해당키를 알아야만 본래의 정보를 회복할 수 있게 되어 있다. 정보시대를 맞아서, 두 사람(또는 조직)간의 통신에 그치지 않고 인터넷을 이용한 상거래와 같이 수많은 **불특정 다수와 정보를 교환하려면 키의 분배나 인증 (authorization) 등이 새로 해결해야할 문제**로 추가된다(이러한 키 자체도 정보의 일종이기 때문에 엄격한 보안이 필요하게 된다). 이에 부응하여 제안된 비(非)대칭 키라는 방식에서는 키를 두 부분으로 나누어 하나는 공개하고 다른 하나는 비밀로 하여 정교한 알고리즘을 거침으로써 통신당사자간에 송신자의 진정성(즉 否認방지)과 수신의 개별성(즉 비밀키를 가진 자에게만 접근을 허용)이라는 양방향 보안성을 확보하게 된다. 이 암호화방식은 이전의 대칭키 보안방식에 비해 상대적으로 통신속도의 저하를 초래하게 되지만 불특정 다수간의 통신에서 키의 관리와 안전성측면에서 높은 점수를 받고 있다. 한편 도둑이 금고의 다이얼 비밀번호를 알아내기 위해 모든 가능한 숫자조합들(4자리 경우 0000부터 9999까지 10000개)을 시험해 보는 시도를 현실적으로 불가능하게 하려면 암호를 구성하는 숫자의 개수를 늘리면 되는 반면, 컴퓨터 보안에 쓰이는 (데이터로 구성되는) 인증키의 크기는 컴퓨터 해커들이 동원할 수 있는 컴퓨터의 성능이 끊임없이 개선됨에 따라 지속적으로 늘려가야 한다.

■ 비대칭 키의 이론적 기초와 정보시대의 상식

인터넷 사이트와 같이 수많은 거래당사자들의 키를 일일이 보관해야하는 문제를 해결한 非**대칭키 방식의 암호화의 기본 원리는 우리가 수학시간에 배웠던 소수(**素數, **prime number)나 인수분해**에 있다(이와 같이 과거에는 그냥 시험을 잘 보기 위한 용도로만 사용하고 잊고 살았던 수많은 지식들이 정보시대를 맞이하여 실용화되고 있다). 사실 정보의 보안이 열쇠를 사용한다는 일반적 원리면에서는 기존의 금고에 대한 전통적 보안과 다름이 없다. 그리고 열쇠의 진정성(authenticity)의 보장을 위한 권위를 가진 국가내지 공공기관과 같은 조직(authorities)이 필요하다는 사실은 각종 증명서나 인감도장의 진정성을 보장하는 방법과 유사하다. 하지만 어떻게 보장해야 하는 데에 대한 구체적인 실현방법은 광속도의 컴퓨터처리능력을 감안하면 엄격한 수학적 이론들에 토대를 둔 정교한 설계가 필요하게 된다.

산업사회에서는 대부분의 사람들이 살아가는데 직관적으로 파악이 가능한 상식적 지식만으로도 별 어려움이 없었지만, 정보시대에서는 필요한 지식의 수준이 급격히 높아짐에 따라 과거에는 본론에 해당하던 전문지식들이 추상적인 서론 수준으로 격하되는 경우가 많아지고 있다. 따라서 상식수준의 일반적 원리들만으로 정보시대를 살아가려는 것은 전문지식을 요구하는 분야에서 전공서적의 서론만 알고 있는 것과 같다. 결과적으로 기업이나 국가를 포함하여 어떤 조직에서나, 정보시대에 필요한 **수학, 컴퓨터, 통신 등에 대한 전문지식이 부족한 지도자나 상사는 업무처리에 대한 실질적 이해가 부족**하게 되어 조직원들 간에 업무를 적절히 분장(分掌)하지 못하거나 업무의 진척상황을 파악하지 못하는 눈뜬 허수아비(demagogue)가 되기 십상이다. 같은 맥락에서, 전문지식의 유무에 따라 동료들 간의 생산성의 차이는 빨리 하느냐 늦게 하느냐가 아니라 할 수 있느냐 없느냐와 같이 거의 무한대로 벌어지게 된다.

3.5.4 정보시스템의 공동 사용을 위한 동시성 제어

한정된 자원을 여러 사용자들이 공동으로 사용하는 경우에는 필연적으로 다툼(contention)이 생기게 마련이다. 따라서 **공동자원에 대한 사용자들 간의 이해관계에 대한 조정기능은 한 사회가 지속하기 위한 필수적 공공기능**의 하나이다. 구체적으로 도시의 공동자원들인 네거리, 도서관과 공중화장실 등에서 각각 신호등, 배타적 대출권과 잠금장치 등의 방안으로 도로(의 통행권), 책(의 이용권), 시설(의 사용권)에 관한 시민들 사이의 다툼을 조절한다. 한편 컴퓨터를 하나의 (사이버) 사회라 볼 때 그 구성원들은 작동중인 프로그램들(정확히는 프로세스들)이 된다. 이때 자원의 궁극적 사용자(수혜자)는 프로세스들을 작동시킨 인간들이 되지만 **사이버 공간 상에서는 프로세스들이 자원의 직접적 사용자**들이 된다. 이때 컴퓨터자원은 하드웨어자원뿐 아니라 파일에 저장된 소프트웨어자원도 포함된다. 하드웨어자원은 중앙연산장치(CPU), 주기억장치(main memory), 보조기억장치들(hard disk, USB, CD 등), 입출력장치들(모니터, 키보드, 마우스, 태블릿 등)이 포함되고, 소프트웨어자원은 형식상으로는 모두 같은 파일이지만 내용에 따라 데이터파일과 프로그램파일로 나누어진다. 컴퓨터상의 자원들을 공유가능성에서 보면 [그림 3.5]에서 보는 바와 같이 프로세스들 사이에 공유할 수 있는 자원(CPU, 메모리, 디스크 등)과 공유가 불가능한 배타적 자원들(모니터, 키보드, 마우스 등)로 나누어진다.

컴퓨터자원의 사용에 관한 이해조정은 동시성제어(concurrency control)라는 이름으로 구현되는데, 기본적으로는 인간사회의 일반적 이해조정과 같은 취지에서 출발하지만 사용자들과 자원들이 모두 **초고속으로 작동하기 때문에 그에 따른 여러 가지 기술적 돌파구가 요구**된다. 예를 들어 전통적인 자동차용 교통신호등으로 비행기 운항을 규율하기 불가능한 것은 속도면에서 수십 배 차이가 나기 때문이다. 하물며 그보다 수만 배 빠른 빛의 속도로 움직이는 컴퓨터 속에서 진행되는 데이터처리과정을 규율하기 위해서는 (뉴턴 역학에서 양자역학으로의 도약과 같은) 획기적 기술들이 필요하게 된다.

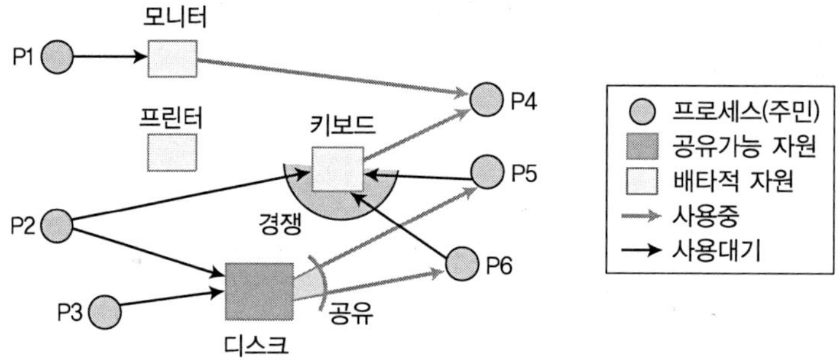

그림 3.5 사이버 사회속 자원들의 사용에 대한 사용자간의 경쟁

■ **데이터베이스상의 동시성 제어**

대부분의 컴퓨터 자원들(프린터, 키보드 등)이 독점적으로 사용되어야 하는 것과 달리, 데이터베이스는 여러 프로세스들이 동시에 접근(읽고 쓰기)하게 하더라도 같은 부분에 동시에 접근하지 않는 한 문제가 없다. 이는 도서관 전체를 한 사람이 독점해서 사용하지 않고 서로 방해받지 않는 한 많은 사람들이 동시에 사용할 수 있는 것과 비슷한 이치이다. 그러나 여러 프로세스들이 같은 데이터에 동시에 접근하고자하여 충돌이 생기는 경우에 이를 조정해주는 동시성 제어(concurrency control)가 필요하게 된다(도서관에서 두 사람이 우연히 같은 책을 동시에 사용하려고 할 경우에는 먼저 온 사람이 우선순위를 갖도록 조정해주는 기능이 필요하다). 이러한 동시성제어에 의해 각 프로세스는 데이터베이스 전체를 독점적으로 사용하는 경우와 동일한 효과를 얻을 수 있게 된다. 물론 하나의 프로세스가 데이터베이스 전체를 독점적으로 사용할 때와 비교할 때 처리속도는 경쟁하는 프로세스의 개수에 비례하여 늦어질 수밖에 없다. 하지만 프로그램을 실행하여 얻어지는 데이터의 내용(data integrity)은 독점사용 때와 다르지 않게 된다는 의미이다. 이러한 **동시성제어의 기본구현원리는 자물쇠(locking)와 순차적 대기(queuing)**라는 면에서 공중화장실을 잠금장치를 사용하여 공동사용이 가능하도록 제어하는 방식과 다르지 않다. 하지만 실제 구현에서는 자원의 사용자가 인간들이 아니고 빛에 필적하는 속도로 작동하는 컴퓨터 프로세스들이기 때문에 그 속도에 상응하는 특단의 조처들이 강구된다. 그리고 서로 동일한 기능을 가진 화장실들과는 달리 데이터베이스를 구성하는 수많은 (단위) 데이터들은 서로 내용이 다르기 때문에 대기하는 줄(queue)을 데이터단위마다 따로 설치하여야 한다는 면에서도 차이가 있다. 한편 개별 프로세스가 독점할 수 있는 데이터의 기본단위(granularity)를 줄일수록 여러 프로세스들 간에 동시성(concurrency)을 높일 수 있다. 이는 도서대여를 책 한권 단위가 아닌 페이지 단위로 할 수 있다면 한 권의 책을 여러 사람이 동시에 볼 수 있게 되고, 그 결과 기대할 수 있는 효율향상과 유사하다(하지만 도서들의 관리가 그만큼 복잡해지는 것은 효율을 높이기 위해 지불해야 하는 비용이 된다).

■ **분산정보시스템에서의 데이터의 중복의 필요성**

같은 양의 정보를 표현한다면 소요되는 데이터는 최소화하는 것이 저장과 통신의 효율면에서 유리하지만 세상일에는 효율만 추구할 수 없게 하는 제약요소들이 항상 수반되기 마련이다. 자동차의 연료효율에 부정적인 영향을 미침에도 불구하고 스페어타이어를 싣고 다니고 생활비를 쪼개어서라도 각종 보험을 드는 것과 같이 정보처리에서도 눈앞의 데이터효율만 추구할 수 없게 하는 몇 가지 제약요소들이 있다. 첫 번째 제약요소로서, **데이터 전송 즉 통신 중에 발생하는 잡음의 혼입(混入)이나 신호의 왜곡**은 데이터(결국 데이터에 담긴 정보)가 온전히 전달되지 못하게 하는 요인이 된다. 이러한 저해요인에 대비하기 위해서 앞에서 기술된 바와 같이 (디지털) **데이터에 여분(redundancy)을 적절히 추가**하면 여간한 데이터 오류(잡음)가 섞여도 그 오류를 찾아내거나 원래의 온전한 정보를 회복할 수 있게 된다. 운송을 위해 화물을 튼튼히 포장하면 화물의 전체 부피는 약간 늘어나지만 내용물이 여간한 충격에도 보호되는 것과 비슷한 이치이다. 두 번째 제약요소로서, 정보의 저장측면에서 **데이터의 훼손의 위험**이 항상 존재한다. 그러한 훼손은 하드웨어적 파괴뿐 아니라 소프트웨어적 데이터 손상의 형태로 나타날 수 있다. 이와 같이 훼손된 데이터를 복구하는 방법은 기본적으로 **여분의 복사본들을 만들어 저장**해두는 방법밖에 없다. 그러나 끊임없이 변화하는 방대한 데이터를 지속적으로 모두 복사해 두는 것은 비효율적이기 때문에 변화된 부분만을 선별적으로 복사본을 만드는 방법을 취해 복사해야 되는 데이터 량을 최소화한다. 세 번째 제약요소로는, 효율을 위해 데이터를 최소화하게 되면 **데이터에 대한 접근성**(availability)이 줄어들게 되어 데이터 전송속도나 전송효율이 악화되게 된다. 같은 정보를 수많은 사용자들이 동시에 사용하게 하거나 특히 넓은 지역에 광범위하게 분산된 컴퓨터 환경에서 접근성을 늘리는 용도로 여러 개의 **복사본들을 만들어내어 분산**시킴으로써 데이터중복을 허용한다. 이러한 복사본들을 지역적으로 분산시킴으로써 여분을 허용치 않는 중앙집중식 데이터베이스를 사용할 때보다 데이터접근에 소요되는 평균적인 통신시간을 줄일 수 있다. 이런 장점은 중앙집권적 정체보다 지방분권적 체제가 가질 수 있는 유리한 점과 유사하다. 그러나 단순히 복사본의 개수만을 늘린다고 접근성이 높아지는 것이 아니라 여러 복사본들을 적재적소에 배치하고 정교하게 통제(controlled redundancy)하여 복사본들 간에 정보의 불일치가 생기지 않도록 해야만 진정한 접근성을 보장할 수 있다. 이는 자동차의 안전도를 높이는 설계에서 고강도 강철이나 에어백을 많이 설치한다고만 되는 것이 아니라 적절한 부분에 보강하고 설치해야만 사고 때 효과를 발휘하게 되는 것과 마찬가지 이치다. 알다시피 같은 정보를 여러 번 복사해도 데이터만 늘어나지 정보는 전혀 증가하지 않는다. 하지만 위에서 언급한 바와 같이 이러한 복사본들이 제공하는 여분의 데이터는 데이터 오류를 줄이거나 손실된 정보를 회복하고 데이터에 대한 접근성을 높이는 데 필수적인 역할을 하고 있다. 과거에는 쓸모없다고 생각했던 섬유질(fiber)이 대장속에서 건강을 지켜주는 중요한 여분의 역할을 함이 밝혀진 것이나, 효율지상주의 속에 바쁘게만 살아가는 현대인에게 적당한 (절제된) 여유가 오히려 전체적으로 효율을 높인다는 사실과 유사하다 할까. 결국 **데이터의 적절한 중복과 여유는 언뜻 비효율처럼 보이지만 전체적으로 보면 정보시스템의 안전성과 효율성을 높이는 방안**이 된다.

■ **데이터베이스에서의 통제된 데이터 여분의 의미**

데이터베이스의 관리측면에서 복사본을 유지하는 것은 정보의 양을 늘리는데 기여하지 못하고 저장장치만 추가로 차지하고 기술적으로는 복사본들 사이의 정보의 일관성(consistency)을 유지해야하는 어려운 문제를 제기하게 된다. 이와 같은 문제점들이 전통적인 집중형(centralized) 데이터베이스시스템에서 (이전의 파일시스템과 달리) 복사본을 철저히 없앴던, 즉 'One information at one place(하나의 정보는 한곳에만).' 원칙을 지킨 이유였다. 하지만 개별 정보시스템들의 성능이 획기적으로 향상됨에 발맞추어 데이터베이스시스템도 집중형에서 분산형(distributed)이 일반화되고 개별 정보시스템들 간에 데이터를 전송하기 위한 통신의 효율과 비용이 중요한 고려요소가 되면서 여분의 복사본들을 두는 것에 대한 단점보다 장점이 더 부각되게 되었다. 다시 말해, 여분의 복사본들을 적재적소에 분산 배치하고 효과적으로 통제함으로써 접근성을 늘려 전체적으로 데이터 접근속도를 높이고 통신비용을 줄일 수 있게 되었다. 이때 여분의 복사본들 사이에 (계속적으로 변하는) 내용의 일관성을 유지하기 위한 정교한 제어기술이 필수적이다. 결과적으로 개별 컴퓨터들이 중앙집중형의 주(主)데이터베이스시스템에 의존할 필요가 대폭 줄어듦에 따라 여분의 데이터에 대한 가치도 (세월 따라) 초기의 집중형 데이터베이스시대와는 달라지게 된 것이다. 지방정부의 자치능력과 업무가 늘어나는 데도 불구하고 중앙집권적 체제를 고수하면 서울로의 교통량이 폭주할 수밖에 없지만, 이때 지방분권체제를 도입하여 지역의 업무는 그 지역에서 처리한다면 지역 균형적 차원뿐만 아니라 교통수요를 줄이고 전체적으로 업무효율을 높일 수 있는 것과 비슷한 이치이다.

3.6 현대적 정보시스템 발달의 사회적 효과

전기를 이용한 통신수단이 개발되기 전에는 정보의 전달에 기계적 수단들을 사용함으로써 통신에 엄청난 비용이 소요되었었다. 봉화나 파발마 등의 기계적 통신수단을 사용할 경우, 불을 피워 연기를 만들거나 천릿길을 달려가서 전달할 수 있었던 정보의 크기는 '기호 한두 개' 내지 '편지 한 장'에 불과했던 것이다. **전기적 통신시대**에 들어서면서 종이에 기호나 글자로 쓰인 편지를 직접 보내는 대신 전기적 신호를 이용하게 됨으로써 **운송(運送)대신 전송(電送)**을 하게 되어 통신속도가 획기적으로 빨라지게 되었다. 더구나 다자간의 양방향 전기적 통신을 제공하는 인터넷의 시대에는 생산자와 소비자가 또는 입안자와 실행자가 직접 연결됨으로써 종합상사나 중간관리자와 같은 전통적 중간자들의 역할이 대폭 축소되어 버렸다. 그리고 (관광이 아닌) 업무협의나 정보수집을 위한 출장이나 (실습이 아닌) 이론적 수업을 듣기 위한 등교와 같이 과거에는 공간적 이동이 요구되던 많은 업무들이 사람의 이동대신 통신을 이용한 화상회의나 원격수업으로 대체되고 있다.

전자적 정보처리는 반도체소자들이 발명되고 그를 사용한 전자식 디지털컴퓨터의 등장과 함께 시작되었다(실제로 기계식 디지털컴퓨터는 이미 17세기에 미분의 발견자인 라이프니츠가 제작한 바 있다). 전자식 정보처리의 이점을 알 수 있는 일상적 예로서, 반도체칩을 내포한 전자식 음향기기인 MP3를 전통적 기계식 음향기기인 축음기(phonograph, 'His master's voice')와 비교해 보기로 하자. 먼저 외형에서 장치(apparatus)라고 부를 만한 사과 상자크기의 축음기와 앙증맞은 모습을 가진 명함만한 휴대용 MP3 간의 크기면에서의 차이, 축음기가 수시로 마모된 부품을 교체하거나 수리를 요하는 반면 MP3의 반영구적인 수명에서 알 수 있는 내구성에서의 차이, 그리고 전력소비량 면에서도 MP3가 현격한 장점을 가지고 있다. 이러한 MP3의 물리적 장점에 더하여, 성능면에서도 먼저 축음기에서 작동하는 레코드 한 장이 담을 수 있는 수십 곡의 노래와 비교할 때 그 수백 배에 달하는 수천 곡을 담을 수 있는 저장용량 뿐 아니라 반복적으로 사용해도 저하되지 않는 음질에서의 차이와 함께 조작의 편의성과 기능의 다양성이 획기적으로 개선된다.

디지털 컴퓨터의 정보처리능력과 근대 전기적 통신수단에 의한 실시간 통신기술이 결합하면서 정보의 이용, 나아가서 정보의 실질적 가치에 획기적 변화를 가져왔다. **정보의 접근 범위가 범지구적 규모**로 넓어지고, 광대무변한 정보의 바다에서 원하는 정보를 찾아주는 **실시간 검색기능**이 실현되며, 이러한 기능들이 **언제 어디서(ubiquitous)나 저렴한 비용**으로 제공될 수 있는 요소들이 갖추어짐으로써 정보혁명이 시작되었다. 인간 개개인의 생활방식측면에서 보면 노트북컴퓨터와 스마트폰과 같은 무선단말기(컴퓨터)가 일반화됨으로써 인간의 일상적 업무수행이나 지적활동들이 시간이나 장소에 구애받지 않게 되었다. 이러한 변화는 핵융합기술이 성공하여 에너지 문제가 근본적으로 해결된다면 일어날 수 있는 인류문명의 대변화와 비견되는 차원이라 할 수 있다. 결과적으로 정보시대 이전에는 필요한 정보 자체를 손에 넣는 데까지 많은 비용이 소요되었으나 인터넷이 일반화되면서 정보시스템을 통해 제공되는 **기존의 정보나 지식은 시간과 공간을 초월하여 공기(空氣)처럼 누구에게나 주어진 공기(公器)**가 되어가고 있다.

3.6.1 현대적 정보기기에 대한 가치평가

시간당 사용요금이 정해진 자동차 한 대를 두 사람에게 공동으로 대여하면서 두 사람 각각에게 원래의 시간당 요금을 요구한다면 누구라도 불합리하다고 느낄 것이다. 그러나 컴퓨터와 인터넷을 이용하는 정보시대의 서비스는 자동차처럼 눈에 보이는 속도가 아닌 광속으로 진행되기 때문에 서비스의 내용이 어떤지 비용부과가 합리적인지 전통적 방법으로는 인식하거나 파악할 수가 없다. 예를 들어 대형컴퓨터는 보통 한 대를 여러 사람이 동시에 사용하지만 사용자들은 각기 독점해서 사용한다고 느끼게 해주는 기술이 시분할(時分割, time sharing)기술이다. 이 공동사용방식은 사람이 느끼기 못할 정도로 짧은 몇 백분의 일초(millisecond) 단위의 주기로 돌아가며 컴퓨터 시간을 할당하는 방법으로서, 기본적으로는 어느 공동사용방식과 다름없지만 단지 할당주기가 인간이 인식하기에는 너무 빨라서 (전등이 초당 수십 번씩 깜박거려도 인식을 못하듯이) 각각의 사용자는 독점적으로 사용하는 것으로 느낄 뿐이다. 요즈음 여러 대의 컴퓨터를 인터넷에 접속하기 위해 자주 사용하는 인터넷공유기라고 불리는 기기의 경우에도 기능(유무선, 공인 IP 사용여부 등)과 성능(통신속도나 안정성)의 차이에 따라 수많은 종류가 있지만 외형이나 일반적인 사용면에서는 쉽게 구별할 수가 없다. 이와 같이 컴퓨터나 관련 기기들의 성능은 인간의 감각능력으로는 인식이 불가능할 정도로 빠르기 때문에, 이를 파악하기 위해서는 직관이나 상식적 방법이 아닌 **전문적 지식에 근거한 추상적 기준이나 개념적 평가방법에 의존**할 수밖에 없는 것이다. 다시 말해 빛의 속도에 근접한 운동을 분석하기 위해 상대성이론이 필요하듯이, 광속의 컴퓨터와 통신시스템이 제공하는 서비스의 가치분석에도 전통적인 서비스에서와는 근본적으로 다른 잣대와 접근방법이 필요하게 되었다.

3.6.2 컴퓨터의 인간화

1980년대까지도 일반인들은 누리기 힘들었던 냉방이 완비된 방에 컴퓨터님을 모셔놓고 인간들은 그 덕에 시원한 바람을 쐬어보려고 컴퓨터실을 기웃거리곤 했었다. 그러다보니 심지어 컴퓨터에서 찍혀 나온 정보를 맹신하는 풍조도 생겨날 법했었다. 정보시대가 본격적으로 전개되면서 디지털이나 컴퓨터와 같은 기술자체에 열광하는 허니문 단계는 지나가고 있다. 즉, 컴퓨터가 전문가들만의 기기일 때에는 기능과 성능이 가장 중요한 평가기준이었지만 일반대중이 주사용자가 되면서 사용자의 편의가 최우선 고려요소가 되고 있다. 예를 들어 컴퓨터 입력방식의 인간화과정을 살펴보면 자판으로 글자를 쳐 넣는 초기방식에서 마우스로 아이콘을 클릭하는 방식을 거쳐 다시 터치스크린에 손가락을 사용하는 입력방식으로 발전하게 되고 최근에는 인간으로서는 가장 자연스러운 방식인 음성인식방식으로 진화하고 있다. 디지털시계가 발명초기에 숫자로 시간을 표시하던 방식에서 벗어나 대부분 자판과 침을 가진 옛날식 아날로그시계로 (외형상) 회귀한 지는 오래되었다. 뿐만 아니라, 전자레인지로 구운 생선이 충분히 익은데도 불구하고 날것과 같아 보여 싫어하는 사람들을 위해 약간 태워진 것처럼 만드는 기능은 컴퓨터가 아닌 기계들도 인간중심적으로 변화하는 경향을 보여주는 사례의 하나다. 이 밖에 플라스틱 재질을 자연스런 나무느낌이 나도록 만들려고 하는 시도나, 최근에는 밤늦게는 하품까지 하는 전화와 같은 인간적인 제품에 대한 소비자의 반응을 타진하기도 한다는 소식도 있다. 한편 700 전화번호가 성공적이지 못한 이유를 분석한 결과 전화번호 소유주가 위치를 옮길 때마다 새로운 위치를 나타내는 번호를 다시 입력해야 되는 조그마한 수고가 (사용자인 인간을 귀찮게 한 것이) 주원인으로 판명되었다. 이와 같이 인간에게 눈에 띄는 도움은 주지 않으면서 부가적 폐만 끼치는 일은 일반사용자의 입장에서는 당연히 기계가 자동적으로 처리해주기를 바랄 것이다. 현재로서는 컴퓨터에 익숙한 젊은 세대들이 기계의 뛰어난 기능을 사용하기 위해 필요한 추가적 불편에 대해 이전 세대보다 비교적 관대하지만, 머지않아 그들도 컴퓨터의 새로운 기능과 성능에 대한 요구와 함께 인간의 자연스런 생활방식이나 취향에 맞추어갈 수 있는 컴퓨터의 인간화에 대한 기대치를 높여갈 것이다. 정보사회든 그 어떤 사회든 도구는 결국 문명의 주체인 인간을 위해 존재하기 때문이다. 역으로 컴퓨터가 너무 인간적이 되면 인간을 기계처럼 다루는 경향을 조장할 수도 있다는 소견도 경청할 만하다.

위에서 언급한 컴퓨터나 기계일반에 대한 여러 고려사항들은 정보화가 진전되어 정서적, 문화적 영역에까지 다다르게 될 때 부각될 과제들을 보여주고 있다. 사실은 위에 언급된 두 경향, 즉 컴퓨터 '기능과 성능의 향상'과 '편의성 제고내지 인간화'가 상호 배치되는 요구가 아니다. 따라서 두 요구조건을 동시에 만족하기 위해서는 인간의 특징들 중에서 정보시스템이 흉내를 내야할 특징과 그렇지 않은 특징들을 잘 구분하여 인간적으로 만들어 나가야 한다. 다시 말해, 기계적인 일은 기계에게 맡기더라도 인간과 직접 맞닿는 부분은 인간에 맞추도록 해야 할 것이다. 기본적 작동 메커니즘은 디지털이지만 사용자 인터페이스부분은 아날로그인 아날로그식 시계나 계기판에서 보는 바와 같은 디지털에서 아날로그로의 회귀 경향은 바로 인간중심의 대중적 디지털시대가 자리잡아가고 있음을 보여주고 있다. 이때 디지털 기술은 여전히 전통적인 기계식 아날로그기술보다 정확하고 다양한 기능을 저렴하게 제공하는 내부적 엔진역할을 하고 있다. 결론적으로 **내부적인 작동은 디지털로 그리고 인간과 교류하는 부분은 전통적으로 인간이 익숙한 아날로그방식이라는 세련된 잡종(hybrid)형 기기**들이 정보시대에 지향할 방향이다.

■ 과도한 정보화(추상화)의 위험성

근본적으로 컴퓨터화라는 것은 정보화, 다시 말해 현실적으로 부피, 중력 등의 물리적 속성들이 적용되는 자연적 세계에로부터 유리되어 추상적 내지 간접적이 된다는 의미이기도 하다. 구체적으로, 전자칩들을 사용하여 전자화된 자동차나 전자식 자물쇠 등의 기기들이 정상적으로 작동하고 있을 때는 효율적이지만, 오작동이나 위기 때는 물리적 (내지 기계적) 법칙들만이 적용되게 되기 때문에 이에 대처할 방안, 즉 수동(手動)으로의 전환이 필수적이다. 실제적으로 과도한 컴퓨터화(또는 자동화)를 통한 지나친 정보화는 여러 가지 문제를 야기할 수 있다. 이는 금융이 간접화되면서 실물경제와 괴리가 과도해지면 그 자체로서 실물경제의 위기와 유사한 위기를 불러올 수 있는 것과도 같은 맥락이다. 최근 미국의 주택금융위기(서브프라임사태)에서 보듯이 자산의 유동화라는 간접화(추상화)가 인간의 통제를 넘어설 만큼 복잡다단해짐으로서 생긴 위기라고 분석되고 있다. 본래 지폐 자체가 실물을 대신하기 위한 추상적 상징(token)으로 출발하였지만 급기야 금태환을 포기한 이후로 실물과의 괴리가 심화될 수밖에 없게 되었는데, 그렇게 추상적으로 표시된 자산(대출금, 유가증권 등)을 담보로 하여 한 번 더 추상화 즉 유동화(Asset- Backed Securities)를 하게 되니 결국 담보, 즉 실물과 증권 사이의 정확한 대응관계를 추적하기조차 힘들게 된 것이다. **전자칩이나 컴퓨터에 의한 정보화와 그를 이용한 과도한 자동화가 인간의 통제를 벗어나서 실제세상과 지나치게 유리되게 되면 이 또한 과도한 간접화의 일종으로서 상응한 위험이 수반**되게 된다. 직접적인 것은 자연스러울 뿐 아니라 확실하고, 자연원리는 결코 실패하지 않는다는 사실은 어느 분야에서든 항상 진리이다.

3.6.3 정보시스템의 현황과 가능성

정보시스템들의 기능은 크게 정보의 창조, 전달 및 활용의 세 분야로 나눌 수 있다. 이들 분야들 중, 정보 전달기능의 발달은, 문자의 창조이래로 서적이나 신문 등을 통한 대량의 문자정보의 전파를 가능하게 한 인쇄술의 발명, 전기적으로 쌍방통신을 가능케 한 전신 및 전화의 발명, 영상정보의 신속한 전파(방송)가 가능한 TV의 출현, 대화식 정보교환을 가능케 한 인터넷의 단계로 전개되어왔다. 이와 같이 통신기술의 발달에 힘입어 정보의 전달기능이 급속한 진보를 하는 사이, 정보의 창조기능은 전체적으로 보면 여전히 인간의 개별적 창의력과 노력에 의존하는 분야로 남아 있다. 사실 컴퓨터의 발명 초기에는 인공지능(AI, Artificial Intelligence)이라는 이름하에 인간의 사유능력을 가진 기계의 개발을 목표로 야심차게 출발했으나 오래지 않아 그러한 목표가 환상에 불과하다는 사실을 깨닫게 되었었다. 그에 따라 목표를 인간의 전문적 기능들 중 일부를 대신하는 것(Expert Systems)으로 현실화했지만 그것마저 실용적인 가치를 가질만한 결과는 많지 않은 실정이다. **다차원적이고 선택적 지각능력(perception), 복잡한 사물을 적절하게 체계화하는 추상화 능력(abstraction), 다양한 상황에 적절히 대처하는 유연성(flexibility), 확실하지는 않지만 실용적인 해결책을 제공하는 경험적 지식(heuristic) 그리고 무엇보다 상상력과 창의력은 컴퓨터가 가까운 장래에는 대신할 수 없는 인간고유의 기능**들이다. 따라서 자동차 설계, 컴퓨터게임의 개발, 교육제도의 개발, 수학적 정리의 발견, 저술활동, 영화제작 등과 같이 상상력과 창의력을 포함한 인간고유의 능력이 필요한 업무들은 인간만의 분야로 오랫동안 남을 것이다. 단지, 이러한 인간의 고유한 기능들을 비용측면이나 시간측면에서 효율적으로 도와줄 수 있는 컴퓨터를 이용한 도구들, 예를 들어 **문서편집기나 스프레드시트 같은 단순 편집도구**들로부터 제품, 공정, 예술작품 등을 효율적으로 설계할 수 있게 해주는 각종 **컴퓨터 기반 설계도구**(CAD, Computer-Aided Design)들이나 여러 가지 **시뮬레이션을 위한 도구**들이 개발됨으로써 인간의 고유능력을 극대화할 수 있는 환경을 제공하고 있다. 하지만 도구는 사용하지 않으면 소용이 없다. 다시 말해, 이러한 도구들의 사용이 인간의 고유의 기능들을 증폭할 수는 있지만 사용하지 않는 사람에겐 전혀 도움이 되지 않는 것이다. 미국 하늘아래에서 십년 넘게 살고도 영어로 "화장실 어디 있어요?"를 못해 화장실을 찾느라 드넓은 쇼핑몰을 몇 바퀴나 돌았다던 LA 한인타운의 어떤 교포할아버지처럼, 정보사회에서 살아도 컴퓨터를 유용하게 활용하지 못하는 사람에게는 당연한 기회를 상실하게 되는 셈이므로 적극적 정보시스템 사용자에 비해 상대적 퇴보를 의미할 뿐이다.

정보의 창조와 전달에 이어 정보의 활용측면을 살펴보면, 먼저 정보시대를 맞아 빚어지는 정보의 홍수 속에서 개개인의 특성에 맞는 유용한 정보만을 선택적으로 제공해주는 맞춤형 도구의 역할이 중요해진다. 이에 관련하여 전 세계에 흩어져 있는 수많은 **정보원**(情報源)**들로부터 원하는 정보를 찾아다주는 인터넷 검색(browsing)기능**이나 나아가 **대량의 데이터로부터 유용한 지식을 정제해내는 데이터마이닝(data mining)기능**들이 지속적으로 고도화되고 있다. 한편 컴퓨터에 정보를 자연스럽게 입력할 수 있게 해주고 정보를 실감나게 표현할 수 있게 해주는 입출력장치들은 컴퓨터의 효과적 활용과 저변을 넓히는데 필수적이다. 이에 관해 컴퓨터시대 초기 유일한 입력수단이었던 키보드에 마우스가 추가되고 그에 맞추어 사용자입력 방법은 기호(글자, 숫자, 부호 등)만을 사용하는 방법에서 메뉴를 이용한 방법으로 발전하면서 사용자 편의를 한 단계 높였다. 이후 정형화된 기호들만이 아닌 그림도 직접 입력할 수 있는 태블릿 등의 입력장치가 추가로 도입되면서 컴퓨터입력방법은 일반사용자들에게 더욱더 자연스러운 방향으로 진화되어왔다. 그러나 인간에게 생래의 의사소통수단인 **자연어를 사용한 입출력이 궁극적인 정보교환방식**이라고 할 수 있다. 자연어 입출력방법에 관련된 컴퓨터의 기술수준은, 문장(text)을 음성으로 변환하여 출력해주기 위한 합성(synthesis) 기능은 상당한 수준에 올랐으나 **입력에 필요한 말의 인식(speech recognition)이나 자연어 문장의 내용의 이해(language understanding)와 같은 분석(analysis)기능을 요하는 부분은 상대적으로 더딘 진보**를 보이고 있다. 특히 단어나 단편적 문장단위의 입출력이 아닌 문맥의 파악이 필요한 메시지단위(편지 한 통, 시나리오 한 편, 책 한 권 등)의 입출력(그리고 표현) 방법의 일반화까지는 많은 기술적 장벽들이 도사리고 있다. 출력장치는 줄곧 스크린과 스피커가 문자정보와 시청각 정보를 전달해왔지만 영상정보처리속도의 획기적 향상에 따라 추가로 동영상을 수용하게 되었을 뿐 아니라 이제 삼차원 영상을 이용한 표현기능(solid modeling)이 일반화되어가고 있다. 하지만 겉모습에 대한 시각적 표현과는 달리 **멀티미디어 정보의 내용(contents)을 표현하는데 필요한 기능들에 대해서는 광범위한 기술적 돌파구가 추가적으로 필요**한 상태이다.

■ 정보시스템의 기능에 따른 자동화 현황

정보시스템의 각 부분에 대한 인간의 개입정도는 해당 기능의 성격에 따라 큰 차이를 보인다. 구체적으로 정보로의 변환을 요하는 컴퓨터입력부분과 정보내용의 이해가 필요한 부분들은 아직도 인간의 관여가 많이 필요한 영역으로 남아있다. 즉, 센서(sensor)나 위성 등을 이용하여 채집되거나 문서 또는 전문가로부터 얻어진 원시적 데이터(raw data)를 컴퓨터에 사용가능하도록 변환(data modelling)하는 부분은 아직 대부분의 경우 인간에 의존하고 있는 실정이다. 사실, 데이터의 입력을 위한 수작업(manual typing)이나 구술(dictation)이 인간에게는 초보적 기능으로 생각되지만 컴퓨터의 입장에서는 문자인식이나 음성인식 등 복잡한 분석을 필요로 하는 상대적으로 구현하기가 어려운 기능이다. 일반적으로 분석(analysis)기능은 생성(synthesis)기능에 비해 컴퓨터에 의한 기계화가 어렵다.

한편 멀티미디어 정보나 자연어로 표현된 정보의 내용에 대해서는 아직 표준화된 정보표현모델조차 개발하지 못하여 결과적으로 내용에 대한 본격적 검색은 초보수준에 불과하다. 이에 대한 임시방편으로, 이러한 정보들의 내용을 컴퓨터로 검색하기 위해서는 영하나 학술논문 등의 온라인 검색에서 보듯이 사전(事前)에 제목이나 색인어(keyword)를 사람이 일일이 붙이는 수고가 요구되고 있다. 또 다른 방안으로서, 복잡한 정보를 있는 그대로 전부 수용하는 대신 컴퓨터가 처리가능한 형태로 정규화(正規化, formalization)된 테이블이나 그래프 등을 사용하여 본래 가진 정보를 간략화하여 표현하는 방법도 사용하고 있다. 이와 같이 **문서나 동영상의 내용을 문자정보로 변환하는 작업은 아직 온전히 인간의** 몫인 셈이다.

04 컴퓨터

자동차는 거리에 대한 사람의 인식을 바꾸었고 따라서 세상을 크게 변모시켰지만 여전히 (물리적) 운반을 담당하는 도구로서의 고정된 역할에 머무르고 있다. 그러나 컴퓨터는 프로그램만 바꾸면 문서 편집기도 되고 게임기도 되고 비행기 설계도구(CAD tool)도 될 수 있다. 정보사회의 핵심도구인 컴퓨터가 다른 도구와 구별되는 근본적인 특징을 보면 융통성 및 다양성 등 인간에게 고유하다고 생각되었던 특성들을 공유하는 기계라는 점이다. 따라서 컴퓨터는 필요에 따라 여러 사람에게 각기 다른 여러 가지 모습으로 다가오는 무한한 가능성의 기계라고 할 수 있다. 컴퓨터의 내재적 특성을 보면, 정성적으로는 융통성과는 거리가 먼 단순한 기능을 가진데 불과하지만 정량적으로는 융통성이 있는 것처럼 보일 정도로 **다양한 기능들을 흉내(simulation)낼 수 있을 만큼의 엄청난 속도**를 가졌다는 점에서 기존의 기계와 다르다.

컴퓨터혁명의 물리적 원천이 된 컴퓨터의 엄청난 계산속도는 기계적 스위치를 대신하여 (빛의 속도로 움직이는) 전자를 이용한 반도체 스위치가 개발됨으로써 실현되었다. 반도체기술의 발전에 따라 컴퓨터의 성능도 비약적 발전을 거듭하여 근래에는 초당 수십억 번의 계산능력을 가진 컴퓨터칩들이 상용화되고 있다(이에 비해 기계적 스위치는 초당 몇 백번만 여닫아도 마찰열을 견디지 못한다). 이러한 컴퓨터의 계산속도를 이용함으로써 인간의 추상적인 생각들을 큰 비용을 들이지 않고 시청각적으로 모사해 볼 수 있는 획기적 도구를 확보하게 된 것이다. 컴퓨터의 핵심인 반도체칩의 동작이 기본적으로는 단순한 스위치를 여닫는 기능과 두 가지 상태(주로 전압)를 저장하는 기능에 불과하다는 사실에 비추어 보면 그에 바탕을 둔 **정보시대의 눈부신 발전은 실로 양의 변화가 질적 변화를 가져오는 좋은 사례**라

할 수 있다. 전반적으로, 이러한 질적 변화는 모터의 단순한 (고속) 회전운동을 이용하여 여러 방향들(직선운동, 왕복운동 등)로의 운동이나 다양한 행동패턴들(인형의 춤동작이나 로봇의 악수 모습 등)을 만들어내는 산업혁명 이래의 거대한 변화와 비교될 수 있다.

4.1 컴퓨터의 기능과 역할

초기의 컴퓨터는 주로 탄도계산이나 복잡한 수식을 푸는 고속의 계산용 기계로 사용되었다. 한편 기업들에서는 단순하지만 분량이 많은 데이터량을 처리해야하는 급여나 재고관리 등의 업무들에 적용하여 인력을 절약할 수 있었다. 그 후 단순한 수리적 계산능력이나 기본적 데이터 처리능력을 이용하는 수준을 넘어서 컴퓨터의 잠재력을 최대한 활용하는 방향으로 컴퓨터의 활용범위가 점점 고도화되어왔다. 구체적으로 인간의 육체적 노동을 대신할 수 있는 다양한 로봇들의 두뇌로 사용한다든지, 인간의 전문적 판단에 도움이 되는 고도의 정보를 제공하는 역할이나, 문자나 객체를 인식하거나 나아가서 자연어 이해에 이르기까지 수많은 응용분야들로 활용영역이 확대되고 있다. 컴퓨터의 빠르지만 단순한 (하드웨어) 계산능력을 고도의 응용분야들에 적용할 수 있게 하는 토대로서 일반적인 패턴인식(pattern recognition) 알고리즘, 데이터에서 규칙을 발견하는 데이터 마이닝(data mining) 기법, 학습을 통해 컴퓨터가 스스로 지식을 확대할 수 있는 기능(machine learning) 등을 수행하기 위한 심층적 기반 소프트웨어기술들이 필수적이다.

■ **컴퓨터를 활용하는 인간의 업무처리 방식**

컴퓨터 등장 이전에는 덧셈이나 빼셈과 같은 단순한 업무든 고도의 판단을 요하는 복잡한 업무든 모두가 사람들이 직접 처리할 수밖에 없었다. 따라서 데이터를 입력하거나 정보를 배달하거나 단순히 지켜보는 기계적인 일 등에 귀중한 인간의 능력이 적지 않게 사용되는 비능률을 감수하여 왔다. 하지만 컴퓨터사용이 일반화됨에 따라 기계적인 단순한 작업들은 최대한 컴퓨터에게 맡기고 나아가서 사회전반의 업무처리 방식도 컴퓨터의 데이터 처리속도와 정확성을 최대한 이용하여 인간이 직접 처리해야 하는 부분을 최소화하는 방향으로 바꾸어져 가고 있다. 하지만 컴퓨터화된 업무처리는 인간의 전통적 업무처리방식과 여러 면에서 차이가 나게 된다. 먼저 컴퓨터의 등장으로 반복이 귀찮은 일이 아니라 공짜로 활용할 수 있는 유용한 도구가 되었다. 그에 따라 아무리 **복잡한 문제라도 무수히 많은 간단한 문제들로 쪼개는 방식으로 풀어낼 수 있게 되었다.** 이는 힘든 반복을 피하고 논리적인 사유능력에 의존하는 인간의 전통적인 문제해결방식과 반대인 셈이다. 또 다른 측면에서의 변화를 살펴보면, 인명의 희생을 가져오는 가장 위험한 업무인 전쟁을 컴퓨터화된 기계인 로봇병사들이나 무인비행기(drone)들이 대신하게 되면서 인간에게는 **전쟁조차 컴퓨터게임과 비슷하게 키보드를 조작하는 일로 단순화**될 수도 있다. 정보시대에 들어 달라진 특징적 징표중의 하나로, 인터넷에서 검색을 할 때 **키워드를 적게 줄수록 오히려 더 많은 데이터(하지만 많은 정보는 아님)를 얻게 되는 업무처리 결과**는 컴퓨터시대 이전과는 반대되는 모습이다(사실, 전통적 상식에 반하는 이런 현상은 정보이론에 비추어보면 이론적 원리에 부합하는 당연한 귀결이다).

4.1.1 학습하는 기계로서의 컴퓨터의 강점

인간의 학습능력은 문명의 기초가 되어왔다. 이에 관해 컴퓨터는 인간과 유사하게 새로운 지식을 계속 받아들여 자력(自力) 발전이 가능한 기계이다. 더구나 컴퓨터는 생물학적 단절이 없고 인위적 장애가 없는 고로 인간보다 학습에 더욱 개방적이다. 즉, 유한한 수명을 가진 인간 개개인의 지식계발은 결국 단절을 맞게 되는 반면 기계로서의 **컴퓨터는 수명이 없이 무한한 진화가 가능**하다는 점은 중요한 강점이다(최근 들어 줄기세포를 이용한 장기이식으로 인간도 어떤 면에서 영생을 추구하고 있다(?)). 그리고 인간과 달리 가치판단이나 심리적 장벽도 없을 뿐 아니라 지치지 않고 끊임없이 정보를 축적할 수 있고 세월이 지나도 망각을 할 염려가 없다. 또한 컴퓨터는 대량생산이 가능하므로 필요에 따라 개수를 얼마든지 늘릴 수 있다. 이러한 특성을 이용해 컴퓨터 두뇌를 가진 초소형 마이크로머신(micromachine)을 대량으로 복제한다면 수많은 환자의 몸속을 누비며 질병을 치료하는 역할을 담당할 수도 있고, 군사용 지식을 주입하면 자기복제술을 부리는 손오공과 같은 가공할 무기가 될 수 있다. 이미 우리는 인터넷에 기반한 웹(WWW, World Wide Web)이라는 범지구적으로 연결된 수 억 대의 컴퓨터들이 제공하는 거대한 지식창고를 매일같이 사용하고 있다.

4.1.2 컴퓨터의 능력과 인간과의 역할 분담

산업혁명에서부터 시작하여 인간의 역할이 동력을 가진 기계에 상당부분 대체되는 경험을 한 바 있다. 하지만, 컴퓨터는 물리적 기계들과 같은 전통적인 도구와 달리 인간의 육체적 기능을 대신하거나 높여주는 데에 머무는 것이 아니라 인간에게 고유하다고 여겨져 왔던 사유능력을 상당부분 대신할 수도 있는 정보처리기능을 가진 도구로서 등장한 것이다. 인간의 사유능력의 무한한 깊이에 비추어 아직은 인간의 기능 중에서 컴퓨터가 본격적으로 대체할 수 있는 부분은 단순반복적인 것들에 머물고 있다. 하지만 정보기술이 지속적으로 발전해 감에 따라 대량의 데이터를 고속으로 처리하는 기본적 기능들을 넘어서 컴퓨터에 의해 대체되는 기능들이 끊임없이 확대될 수밖에 없다. 인간의 발전이 개별인간들의 생명주기에 의해 중단되고 전체적으로는 진화과정을 통해 점진적으로 이루어지는데 비해, 컴퓨터를 중심으로 하는 정보시스템은 발전이 중단되지 않을 뿐 아니라 집단적인 개발에 의해 진보를 가속화시킬 수 있는 기계이기 때문이다. 따라서 정보시대에 개인들이 경쟁력을 가지려면 정보시스템이 대신할 수 없는 인간만이 할 수 있는 기능들을 부단히 연마하여 자기발전을 도모하는 수밖에 없다. 이와 관련하여 인간고유의 기능들로서 오랫동안 남게 될 업무들은 주로 **창의성이나 고도의 분석이 필요로 한 업무들**이 될 것이다. 예를 들어 정확한 수식화가 불가능해서 경험칙(heuristic), 즉 전문가적 직관에 의존할 수밖에 없는 업무나 합병증의 진단 등과 같은 여러 가지 요소가 복합적으로 영향을 주는 업무들은 가까운 장래에 컴퓨터가 대신하기 어려운 예들이다. 하지만 이러한 **복합적이고 어려운 일들도 그 밑바탕에는**

단순한 데이터를 대량으로 처리해야 하는 경우가 대부분이기 때문에 이런 측면에서는 컴퓨터의 도움을 받아 전체적 효율을 획기적으로 높일 수 있다. 예를 들어 수많은 후보물질들 중에서 신약을 찾아내는 경우에 컴퓨터가 예비적 계산을 수행하여 물질들을 성공가능성의 순서대로 배열해 준다면 인간(전문가)은 고도의 판단에 전념할 수 있게 되어 개발시간을 획기적으로 줄일 수 있게 될 것이다. 심지어 가장 창의적인 작업의 하나인 작곡에서도, 컴퓨터가 여러 가지 음정을 마디(bar) 수준에서 조합해 악절(passage)들을 들려주면 작곡자가 예술적 판단에 의해 선택하기만 하면 음악을 창조해 낼 수 있게 된다(이러한 방식을 원칙주의에서 보면 약간 변칙으로 느껴질 수도 있는 방법이지만 모든 창의는 경험에서 출발한다는 측면에서 보면 컴퓨터가 인간 경험의 베이스캠프의 고도를 높여주는 역할을 한다고 볼 수도 있지 않을까). 결국, 정보시대의 경쟁력 확보방안은 대량의 데이터를 취득하여 정리하고 계산을 하는 도구로서 컴퓨터를 최대한 이용하고 인간은 데이터 처리가 아닌 고도의 판단에 전념하는 **인간과 기계간의 분업**방식이 된다. 이러한 정보시대적 분업환경에서 성공하는 '상사'(上司, boss)가 되기 위해서는 컴퓨터와 정보시스템을 최대한 부릴 수 있는 지식을 가져야만 할 것이다.

자본주의에서의 경기순환은 수요예측의 불완전성에 따른 불가피한 현상이라고 보고 있었는데 인터넷시대 초기에 정보화에 따른 정확한 수요예측으로 불경기를 피할 수 있을 것이라는 설익은 낙관론이 대두되기도 했다. 실제로 2000년대 초부터 경험했던 미국의 장기호황은 컴퓨터를 활용한 정보화가 중요한 요인으로 보는 견해가 많다. 하지만 오래지 않아 닷컴버블의 붕괴로 소위 신경제 논리가 한풀 꺾인 바 있다. 한편 금융분야에 컴퓨터의 사용이 일반화된 지 오래인 2007년경 미국의 주택채권이 부실화되면서 촉발된 세계적 경제위기는 도구자체가 문제를 해결해 주지 않는다는 것도 동시에 알려주고 있다. 인류전체가 팔자를 고칠 수도 있는 획기적 도구인 컴퓨터도 그 최종적 효용은 결국 사용자인 인간의 활용에 달려있다. 이에 관해 우리 주변의 실정을 보면 아이들의 투정이나 시류에 이끌린 학부모들에 의해 맹목적으로 구매된 가정용 컴퓨터가 대부분 게임기나 채팅도구에 머물러 있다는 사실을 직시해야 하는 것이다. 비숍(Bishop. I) 여사에 의해 묘사된 조선시대말기 우리사회상에서 보듯이 (최근의 눈부신 발전을 이루어낸) 우리민족 개개인의 거대한 잠재력이 오랫동안 충분히 발현되지 못하고 있었던 것과 마찬가지로, 이용되지 않는 컴퓨터도 그 자체로는 모래덩어리에 지나지 않는 것이다.

■ 컴퓨터에 의한 인간기능의 대체의 한계

컴퓨터는 궁극적으로 인간이 하기 힘들거나 싫어하는 비인간적인 일(시대에 따라 기준이 변화하지만)을 대체해 나가거나 인간다운 일을 능률적으로 하게해주는 보조역할을 수행할 뿐이다. 즉, 컴퓨터의 역할은 전체적으로는 인간의 활동에 도움을 주는 도구역할을 할 뿐 창조적 발상, 종합적 판단, 최종적 평가 등은 여전히 인간의 몫이다. 실제로 컴퓨터로써 인간의 기능을 실현하기 위한 연구를 하면 할수록 인간의 능력이 위대함을 더욱더 절감하게 되고 따라서 인간의 가치를 재발견하는 기회가 되기도 한다. 현재 수준에서 컴퓨터의 물체인식능력은 세 살짜리 아이에도 미치지 못하는 형편이고(심지어 동물의 능력보다 못하다), 인간이라면 기본적으로 가지고 있는 언어능력은 컴퓨터로 모사하기가 지난한 불가사의한 영역으로 머물러있다. 이런 관점에서 이제는 컴퓨터로 인간의 일반적 능력들을 실현하려고 하는 대신 특정기능만을 대치할 수 있는 현실적인 시스템들의 개발이 추구되고 있다. 그러나 앞에서 예로 든 특정분야(혈관전염병 분야)의 의료진단을 위한 전문가 시스템(Mycin)에서 보듯이 어떤 기능이든 컴퓨터가 인간을 완전히 대치하는 일은 결코 간단하지 않다. 이와 관련된 문제점을 살펴보면 **컴퓨터의 내재적 한계에 기인한 불가능한 측면들**과 컴퓨터의 기능이 부분적으로 인간을 능가하더라도 **사회적 측면에서 받아들여지기 힘든 현실적 장벽**들이 있다. 컴퓨터자체의 본질적 한계로 말미암아 대치하기 힘든 인간의 기능들을 예시하면, 먼저 인식과 관련된 음성이나 성문(聲紋)인식, 물체인식, 여러 가지 진단기능들 등을 들 수 있다. 또한 추상화능력과 관련된 문서요약, 문맥파악, 구체적 사례들을 일반화하는 능력 등도 컴퓨터로서는 흉내내기가 불가능한 기능들에 속한다. 특히 컴퓨터는 일반적으로 통합적 판단능력이나 불의(不意)의 상황에의 대처능력 등의 면에서는 인간과는 근본적으로 다른 한낱 기계일 뿐이라고 할 수 있다. 한편 컴퓨터가 인간의 역할을 대치하는데 대한 사회적 장벽의 하나로서 산업혁명 때의 기계파괴 운동(Luddite Movement) 등으로 대표되는 생존권수호차원의 반대는 항상 잠재되어 있다.

■ **컴퓨터에 의한 가상화의 위험성**

걸프전쟁(Gulf War)의 실황을 TV 화면으로 계속 지켜보노라면 신세대 아이들뿐 아니라 자칫 보통사람들도 실제 전쟁속의 상황과 게임속의 꾸며진 상황을 혼동하게 된다. 실제 세상과 달리 컴퓨터로 재현(simulation)된 가상적 사이버세상은 잘못되더라도 기동(起動, booting)만 다시 하면 간단히 새 출발이 가능하여, 사이버세상에서는 문제가 생기면 애써 고치는 대신 사정없이 재기동(再起動, reset)을 해버리곤 한다. 이와 같이 스위치 하나로 모든 것을 해결하는 세상에서는 안 되는 것이 없게 되고 그 과정이나 파급효과를 간과하게 되기 쉽다. 컴퓨터(게임)속에서는 죽은 사람도 다시 살아나게 되니 죽는 것조차도 여사로 여기게 될 성도 싶다. 이러한 환경에 계속 노출되면 대화로 해결할 일을 주먹으로 그리고 총으로 쏘는 일조차도 쉽게 여기게 될 가능성이 높다. 이는 컴퓨터에 의해 **가상화**(假象化, virtualization)**된 세계에 지속적으로 노출되는 경우에 발생할 수 있는 부작용**의 하나이다.

4.2 컴퓨터의 활용

정보시대에는 단순한 숫자 계산을 빨리 한다든지 단순히 암기한 지식은 컴퓨터와 인터넷상의 정보망(World-Wide Web)으로 말미암아 더 이상 지식으로서의 가치를 인정받지 못하게 되었다(그래서 학교 숙제와 시험도 과거와는 다른 방식으로 부과해야 하는 시대가 되었다). 따라서 인터넷상에 누구에게나 주어진 지식을 활용하여 부가가치를 창출하려면 컴퓨터를 단순 계산이나 검색이 아닌 창의적 업무를 위한 보조자로서 부릴 수 있어야 한다. 즉, 컴퓨터가 초기의 단순수치계산작업(number crunching) 중심에서 벗어나 인간에게 고유한 고도의 지식분야들에까지 응용분야를 넓혀감에 따라, 전통적 컴퓨터분야들뿐 아니라 다른 학문분야들과 예술분야들까지 정보시대에 필요한 기능을 제공하기 위해 응용되고 발전되어야 한다. 구체적으로 컴퓨터에게 일을 시키는데 직접 관계되는 도구들로서 프로그래밍언어(programing language), 자료구조(data structure), 수치해석(numerical analysis), 알고리즘(algorithm) 등과 같은 컴퓨터학문분야들이 과거의 수치계산중심에서 벗어나 다양한 논리적 사고기능을 구현하는데 적합하도록 적용범위를 넓혀가고 있다. 그리고 전통적인 학문분야들의 세부분야들인 탐험통계학(exploratory statistics), 술어논리학(predicate logic 등), 인지심리학(cognitive science), 계산언어학(computational linguistics)들을 컴퓨터에 적용가능하게 응용한 형태로서, **데이터 마이닝(data mining), 인공지능(artificial intelligence), 프롤로그(Prolog) 프로그래밍 언어** 등과 같이 정보시대에 필요한 새로운 실용학문분야들이 속속 생겨나고 있다.

위에서 언급한 바대로 컴퓨터 활용을 위한 여러 가지 도구적 학문분야들이 모두 확립되더라도, 최종적으로 이러한 정보기술들을 무엇을 위하여 어떻게 활용할 것인가에 대한 근본적 원리들은 인간문명 전체에서 찾을 수밖에 없다. 정조임금으로부터 수원화성 축조의 명을 받은 다산(茶山)이 당시로서는 첨단기술에 바탕을 둔 거중기(擧重機)라는 기계를 만들어 사용함으로써 공사기간을 획기적으로 앞당겼다는 사실을 우리는 알고 있다. 이때 공사에 동원된 백성들에 대한 보상체계를 강제동원이 아닌 성과주의로 합리화한 것도 첨단기술에 못지않게 중요한 공헌을 했다는 사실로 미루어 볼 때, 어떠한 기술의 발전단계에서도 인본주의나 합리주의를 포함한 인간본성과 자연섭리에 관한 원리의 중요성은 변함없다는 사실을 보여준다. 따라서 인간을 위한 컴퓨터시대내지 **정보시대를 열기 위해서는 궁극적으로 인류문명에 뿌리를 내린 모든 학문 및 예술분야가 종합적으로 활용**될 수밖에 없다.

4.2.1 분석업무를 위한 도구로서의 컴퓨터 활용

인간이 수행하는 업무를 크게 두 가지로 나눈다면, 분석(analysis) 즉 주어진 사물이나 현상을 파악하는 일과 합성(synthesis), 즉 새로운 물건이나 지식을 만들어내는 일로 대별할 수 있다. 그 중에서 분석은 모든 업무의 전제조건으로서 다양한 사물들의 인식과 여러 가지 진단분야들을 포함한다. 이때 인식의 대상은 물체나 현상의 종류뿐 아니라 개별 개체나 사례의 동일성여부(identification)을 포함한다. 한편 진단은 인간을 포함한 생물에 대한 질병진단과 자동차나 교량 등에 대한 안전진단 등을 포함한 광범위한 업무영역을 가지고 있다.

분석의 요체는 패턴의 발견, 즉 수많은 유사 사례들에서 공통점을 찾아내는 일이다. 이 때 분석되는 사례들의 개수가 많을수록 다양하고 정확한 패턴, 즉 규칙을 찾아낼 수가 있고 이러한 일이야말로 컴퓨터의 계산속도를 십분 이용할 수 있는 반복적 작업인 것이다. 하지만 같이 반복적인 작업이기는 하지만 대량의 단순자료(재고현황, 급여산정자료 등)의 수치계산 업무와 달리 숫자데이터 속에 숨어있는 규칙들을 찾아낸다는 점에서, **패턴인식은 전체적으로**

컴퓨터의 단순한 반복계산능력에 종합적 판단을 위한 인간의 전문적 지식이 합해져야만 하는 고도의 업무라고 할 수 있다. 구체적으로, '규칙의 내용을 규정하는 특징변수(characteristic factor)들을 무엇으로 할 것인가'라든가 '같다 또는 비슷하다는 기준을 어떻게 정할 것인가'와 함께 변화의 형태에도 기본적인 시간적, 공간적 변화 외에도 고려할 수 있는 측면들이 셀 수 없이 많다. 따라서 비록 대량의 데이터 처리에는 컴퓨터의 역할이 절대적이지만, **데이터처리과정을 설계하고 처리결과를 취사선택하기 위해서는 적절한 추상화와 근사화를 위한 고도의 판단이 필요한 복잡한 업무**인 것이다. 예를 들어 변화의 경향을 계량화하는데 널리 쓰이는 이동평균(moving average)내에서도 평균을 구하는 주기(window)의 선택에 따라 다양한 시간적 변화패턴들을 도출해낼 수 있다. 한편 모든 자연적 사회적 현상들에서 발견되는 문제들로서 여러 가지 변수들에 의한 복합적 작용은 그 자체로서 너무 복잡할 뿐 아니라 많은 경우 주관적 가치에 따른 인간의 전문적 (때론 상식적) 판단에 의해서만 규명할 수 있다. 따라서 컴퓨터의 빠른 계산능력에 더하여 인간의 경험에 바탕을 둔 전문적 직관내지는 경험칙이 더욱더 중요해지고 그에 상응하는 커다란 영향력을 발휘하게 되었다(수백마력의 힘을 내는 자동차나 지구중력도 이겨낼 수 있는 거대로켓을 움직이는 운전자나 조종사의 판단은 걸어가는 사람이나 마차를 모는 마부의 판단과는 비교할 수 없을 만큼 결과를 증폭시키게 되는 것과 마찬가지이다). 이러한 정보시대에 필요한 전문지식은, 단순한 계산이나 데이터 처리는 기계(컴퓨터)가 공짜로 해준다는 전제아래 고도화된 새로운 방식으로 활용될 수 있어야만 한다. 결과적으로 평균적 인간 각자가 모두 수많은 노예들이나 부하들을 지휘하는 지도자가 되는 것과 같다.

▪ 분석업무들의 컴퓨터에 의한 처리가능성

일반적으로 컴퓨터에게는 새로운 것을 만들어내어야 하는 합성 업무들보다 주어진 것을 파악하는 분석업무들이 훨씬 어렵다. 전통적인 분석업무들 중 대표적 예로는 질병을 진단하는 일이나 법률문제에서 분쟁내용을 법률적 관점에서 파악하는 일을 들 수 있다. 미국에서는 어린아이가 글씨를 다른 사람이 못 알아볼 정도로 휘갈겨 쓰면 의사자질이 있다고 농담하곤 한다. 이처럼 보수적인 미국의 의료분야에서 진단기능을 할 수 있는 컴퓨터시스템들을 오래전부터 개발해 왔으나 단편적인 진단에서의 뛰어난 정확성에도 불구하고 합병증에 대한 직관적 진단능력이나 환자와의 접촉과 같은 정서적 측면에서 (인간)의사의 역할을 대치하기는 힘들어 보인다. 무엇보다도 질병을 파악하는 일은 본질적으로 신체라는 무수한 측면으로 이루어진 신(神)의 영역에 대한 분석적 업무이기 때문이다. 그러나 방대한 의료 정보들을 필요에 따라 적시에 의사에게 제공(prompting)해 주는 등의 단순하지만 많은 데이터를 처리해야하는 영역들에서의 지능적 보조자의 역할은 충분히 해낼 수 있다. 실제로 혈액감염진단전문 소프트웨어시스템인 마이신(MYCIN)을 필두로 한 의료진단 전문가 시스템(medical expert system)들이 지능형 보조자로서의 가능성을 실증해 보인 적이 있다. 마이신의 경우 적용분야 내에 국한된 단편적 진단인 경우 그 정확성에서는 당해 시스템에 의학지식을 제공했던 전문가인 의대교수 본인을 능가했다고 한다.

법률적 업무자체는 기술적으로만 보면 사람이 창조한 (정해진 개수의 조항들만을 가진) 법률에 관한 문제를 다룬다는 점에서는 (신의 영역인) 자연현상을 대상으로 하는 분야들보다 컴퓨터화(computerization)가 비교적 쉬운 분야에 속한다. 법률적 업무들의 핵심은 주어진 사건에 대한 유사한 판례나 법률해석을 찾아내고 적용하는 일이라고 볼 수 있다. 이를 위해서는 사건의 내용을 파악하기 위한 분석이 선행되어야 한다. 일반적으로 법률적 업무는 (수천 년 전 로마시대의 법률이 아직도 서양법률체계의 근간일 정도로) 내용의 변화가 완만할 뿐 아니라 법조항들의 개수가 한정되어 있고 판례들이 대부분 반복적인 면에서 전체적으로는 컴퓨터화가 용이하다고 할 수 있다. 하지만 법률적 업무들을 전체적인 면이 아닌 구체적 내용에 관한 측면에서 본다면 법률분쟁해결용 컴퓨터 소프트웨어를 개발하는 일은 거의 일반적 자연어 분석문제에 귀착하게 될 것이다. 미국의 농담 중에 "변호사에게 일거리를 주지 않으면 정치가가 될 위험성이 높기 때문에 변호사에게 적당히 먹고살게 해주어야 한다."는 것이 있다(정치가를 조롱하는 건지 변호사를 욕하는 건지 잘 모르겠지만). 세계 어느 나라에서나 특별히 높은 평가를 못 받고 있는 정치가나 변호사를 대신할 만한 법률서비스를 제공하는 전문가 시스템이 나온다면 최소한 정직성면에서는 인간을 능가하게 되지 않을까.

4.2.2 합성업무를 위한 도구로서의 컴퓨터 활용

합성(synthesis)은 앞서 언급한 분석(analysis)을 바탕으로 새로운 도구를 창조하거나 원하는 상황을 만들어내는 업무를 말한다. 분석이 주어진 사물을 파악하는 반면 합성은 도구나 상황을 새로 만들어내는 역할을 한다. 어떤 시대나 인간의 욕구는 의식주와 오락 등을 기본적 대상으로 하되 편의, 사치, 쾌락 등으로 범위가 넓어지기도 한다. 따라서 역사이래로 이러한 욕구들을 충족하기 위한 도구들은 계속 창조되고 또한 발전되어왔다. 인류문명에서 획기적 도구들의 등장은 새로운 재료들이나 새로운 동력수단의 개발에 따라 이루어져왔다. 석기시대의 돌칼에서 시작하여 청동기 그리고 철기를 사용함에 따라 농업생산량의 획기적 증산을 가져오기도 하고 전쟁에서 승패가 갈리기도 했다. 이동수단으로서는 먼저 바퀴를 발명하여 수레를 만들고 마차를 거쳐 증기기관을 사용한 기차로 그리고 로켓으로 발전해왔다. 만리장성을 축조하는데 수백만의 인력이 동원되고도 수천 년이 걸린 반면 동력기계를 사용하게 되면서 바다위에 수십 km 길이의 고속도로를 만드는데 몇 년이면 충분하게 되었다. 우리 할머니들이 졸음을 쫓으며 몇 달 걸려 짜던 삼베적삼 대신 눈에 보이지 않을 정도의 고속으로 돌아가는 베트남 어느 공장의 방적기들에 의해 수도 없이 만들어진 셔츠들이 한 벌에 단 몇 천원에 팔리기도 한다. 이러한 도구들과 비교하여 컴퓨터는 새로운 재료나 동력과는 또 다른 차원의 수단을 제공한다. **컴퓨터의 강점은 적용범위가 거의 모든 도구에 미칠 뿐 아니라, 도구의 설계, 제조, 판매, 사용 등 도구에 관한 전 과정에서 활용**될 수 있다는데 있다. 인류의 발전과정을 석기, 청동기, 철기, 플라스틱 시대 등으로 구획 짓는 이유가 이러한 재료가 모든 물건을 만드는 원료로서 문명에 지대한 영향을 미치기 때문인 것과 비교하여, 정보는 인류가 행하는 거의 모든 행위에 그리고 각 행위의 거의 모든 단계에 관련되어 있기 때문에 컴퓨터가 가져온 정보시대는 지금까지의 그 어떤 발명과도 비교될 수 없는 미증유의 심대한 변화를 가져오게 되는 것이다(하지만 삼원색이 색깔표현에서 영원한 필수요소이듯 **재료**와 **동력**은 **정보**와 함께 정보시대에도 대치할 수 없는 문명의 원천요소를 이루고 있다. 따라서 정보시스템에 대해서도 효율적 반도체재료나 고성능 배터리 문제는 영원한 과제가 되고 있다).

컴퓨터의 합성능력은 새로운 기기를 창조하기도 하고 기존의 기기들을 고도화하기도 한다. 그러나 컴퓨터의 합성능력은 기존의 물리적 기계들을 통하여서만 최종적으로 세상에 도움이 될 수 있기 때문에 결코 기존의 기기들의 역할을 대체하는 것이 아니다. 예를 들어 자동차나 냉장고와 같은 전통적 기기들도 컴퓨터에 의해 고도화되고 있지만 본래의 기계적, 화학적 요소들의 중요성은 결코 줄어들지 않을 뿐 아니라, 심지어 컴퓨터게임기나 문서편집시스템과 같은 컴퓨터시대에 새로 등장한 고유의 정보기기(소프트웨어)들도 최소한 모니터나 마우스, 프린터 등의 기계적 장치들의 존재가 필수적이다. 사실 컴퓨터는 실행능력이 없이 단지 정보처리능력만을 가진 기계이기 때문에 엄밀하게 말하면 모든 (컴퓨터에 연결된) 기기들을 단지 제어할 수 있을 뿐이다(물론 컴퓨터나 소프트웨어의 중요성이 상대적으로 커지게 되는 점은 엄연한 사실이다).

4.2.3 컴퓨터의 활용분야들

인간의 지적 활동을 분석(analysis)과 합성(synthesis)으로 이분할 때, 분석이 자연의 원리나 인간 활동의 내용을 파악하는 역할이라면 합성은 분석의 결과를 활용하여 창조나 생산을 담당한다. 컴퓨터가 인간의 지적활동을 돕는 지능적 도구라는 면에서 보면 **컴퓨터의 역할은 단순한 데이터의 취합, 전달, 저장기능 외에 분석과 합성의 두 분야를 포함하는 인간의 활동에 관련된 모든 분야**에 걸쳐 있다. 실제로 컴퓨터의 활용분야는 컴퓨터의 빠른 계산속도를 이용한 복잡한 수리적 계산이나 단순한 반복적 업무에서 시작하여, 인간이 기피하는 업무를 대신하거나 고도의 지식과 판단을 요하는 업무들에 관한 인간의 지능적 보조자로 그 역할을 넓혀가고 있다. 컴퓨터 활용분야들을 업무의 성격에 따라 나누어 보면,

(1) 대량의 데이터를 신속히 처리하는 업무

정부나 기업의 일상 사무(business operations), 공장의 물류 및 재고관리, 학교의 성적관리 등의 단순 반복적 업무들이나 기기제어 업무나 실시간 교통정보의 제공 등과 같은 업무들은 빠른 계산속도만으로 구현이 가능한 컴퓨터의 기본적 활용분야들이라고 할 수 있다. 이와 같은 단순계산만을 필요로 하는 업무들은 컴퓨터 보급 초창기에 이미 컴퓨터가 인간을 대신하는 영역으로 변하였기 때문에 21세기의 워크맨(Walkman)이나 데스크탑 컴퓨터처럼 이제 추가적인 부가가치를 별로 기대할 수 없다.

(2) 광범위하거나 상시적인 업무

사시사철 중단 없이 계속해야하는 업무로 테러방지, 산불감시, 산림훼손감시 등의 분야

들과 광범위한 지역을 대상으로 하는 농토속의 수분분포측정, 지도제작용 데이터수집, 일기예보용 데이터측정 등에서는 대량의 정보를 지속적으로 수집해야 한다. 이와 같이 단순한 일을 쉬지 않고 계속하거나 반복해야 하는 업무는 결코 인간다운 업무라고 할 수 없다. 외딴섬에서 홀로 등대를 지키던 등대지기의 업무는 (낭만적으로 보일지 모르지만) 인간이 가진 능력 중에서 극히 일부분만을 사용하고 그 외의 많은 부분을 낭비하는 셈이었다.

(3) 위험하거나 어렵거나 더러운 3D 업무

하수도 청소, 핵발전소 수리, 해저탐사, 우주탐사 등을 수행하기 위한 로봇을 제어함으로써 컴퓨터는 3D 업무를 수행하기 위한 핵심기능을 담당한다. 이미 여러 가지 군사용 로봇이나 테러대비 로봇들이 전장이나 재난 및 테러 현장에서 인간의 위험을 대신하기 위해 개발되어 사용되고 있다. 잘 알려진 무인항공기형태의 군사로봇도 인간조종사가 직접 조종하는 전투기를 대신해서 실제 전쟁 상황에 이미 투입되고 있다(이때도 최종적 판단이나 중요한 결정은 지상에서 근무하는 조종사가 담당하고 있다).

(4) 복잡한 데이터를 다루는 고도의 업무

전체적으로는 고난도인 업무들도 내부적으로는 단순 데이터를 대량으로 취급하게 되기 때문에 컴퓨터의 장점이 중요한 역할을 할 수 있다. 수많은 후보 화학물질들에서 신약을 찾아내는 업무, 수백만 개의 부품들 사이의 상호작용을 고려해야하는 비행기나 자동차 설계를 위한 도구, 동작조건에 따른 적절한 분사타이밍에 기초한 엔진기능의 최적화, 상황변화에 실시간으로 대응해야하는 공정제어(CAM, Computer Aided Manufacturing), 높은 정밀도를 요하는 의료영상 데이터나 로봇수술 분야 등이 복잡하고 정밀한 데이터를 필요로 하는 분야의 예들이다. 이러한 업무들에서 컴퓨터는 인간의 역할을 전면적으로 대신할 수는 없지만, **인간보다 잘 할 수 있는 부분들에서 보조적 역할을 담당함으로써 사용자에게 인간만이 할 수 있는 일에 전념할 수 있게 해주어 전체적으로 생산성이 크게 향상**될 수 있다. 실제로, 위기나 비상상황 또는 오류발견 시 경보를 울려주는 기능이나 신약후보물질들을 성공가능성 측면에서 순서를 매겨주는 기능(sort)과 같이 필요한 데이터를 제때에 공급하거나 적절히 정리만 해주어도 막대한 비용절감이 가능하다.

(5) 지식의 추출과 활용

정보유형 중에서 가장 고도의 형태인 규칙(rule)이나 제약조건(constraints)으로 표현되는 지식의 추출과 활용은 인간으로서도 가장 고도의 업무에 속한다. 단순한 데이터에서 통계적 정보를 추출하는 일은 대량의 데이터를 반복적으로 처리해야한다는 특성상 인간이 컴퓨터의 적수가 될 수 없는 대표적 기능중 하나다. 대량의 데이터 속에서 반복되는 유형을 찾아내어 규칙화함으로써 지식을 추출하는 데이터마이닝은 고도의 컴퓨터응용분야이다. 지식추출을 위한 구체적 방법론으로서 **인간학습기능을 모방하여 개발한 여러 가지 인공지능기법**

(artificial intelligence techniques)**들과 수리적 측면에서의 탐험적 통계학**(exploratory statistics)**적 기법들이 종합적으로 응용**되고 있다. 이와 같이 추출된 지식은 구매자들의 수요 패턴을 파악함으로써 재고를 최소화하거나, 특정 증상을 초래하는 원인질병을 찾아내어 새로운 약품을 개발하는 등 여러 응용분야에서 활용되고 있다. 실제로 인간의 모든 활동에 많든 적든 지식이 사용된다는 점에 비추어보면 데이터마이닝에 의해 추출된 지식은 앞으로 그 적용범위를 인간세상의 모든 분야로 넓혀갈 것이다.

(6) 전문가 시스템(Expert Systems)

컴퓨터가 단순한 자료제공자로서의 역할을 넘어 의사결정의 조언자로의 역할변화는 지능형 도구로 진화할 수 있는 최종적 모습이다. 실제로 컴퓨터 발명의 초기부터 컴퓨터의 잠재력을 최대한 개발해서 인간의 기능을 전반적으로 대치하고자하는 시도가 계속되어왔다. 반면 전문가 시스템은 특정분야 전문가들로부터 추출한 전문지식을 컴퓨터에 이식하여 전문가를 보조하거나 대치하고자 하는 컴퓨터시스템이다. 이는 인간의 일반적 모습이나 기능을 전체적으로 모사(humanoid)하는 대신 특정분야의 전문성만 발휘할 수 있도록 설계된다. 최초의 질병진단전문가 시스템인 마이신(Mycin)을 개발하여 시험해 본 결과, 개발 대상 전공분야인 혈액전염병에 국한된 단편적인 진단에서는 해당 전문지식의 제공자인 의대 교수(Stanford Univ. 소속)보다도 나은 능력을 보였으나 경험칙(rules of thumb)에 의한 직관적 판단이나 합병증의 진단 등의 복합적 진단에서는 아직 인간의 능력을 따라올 수 없었다.

(7) 컴퓨터가 창조한 고유의 영역들

컴퓨터 게임이나 시제품(prototype)의 시뮬레이션 등이 컴퓨터의 등장으로 창조된 컴퓨터 고유의 업무들이라고 할 수 있다. 전통적으로 자동차 등을 제조할 때는 설계된 자동차의 성능과 문제점을 사전에 파악하기 위해 모형(clay model)으로 미리 만들어 보는 방법을 사용하였지만 이제는 시제품을 제작하는 대신 컴퓨터 시뮬레이션으로 사전에 다양한 점검을 해볼 수 있게 되었다. 이와 같이 시뮬레이션은 실제상황을 컴퓨터상에 추상화하여 원하는 상황을 가상현실(VR, virtual reality)의 형태(또는 수학적 모델)로 보여주는 것이다. 이와 같은 시뮬레이션기법은 시제품제작에 비해 획기적으로 비용을 줄일 수 있을 뿐 아니라 설계자체를 필요에 따라 즉시 바꾸어 볼 수 있는 장점이 있다. 더구나 시뮬레이션 자체만으로도 모의비행시스템(flight simulator)과 같은 교육용 시스템이나 가상체험 놀이시설과 같이 활용될 수 있는 업무가 무궁무진하다. 얼마 전 결혼식도 가상현실 속에서 올린 신혼부부의 행복한 모습이 언론에 보도되었다(그래도 가상현실 속의 신혼여행은 사절했다든가?).

(8) 종합적 인식기능을 가진 미래형 컴퓨터의 역할

인간의 컴퓨터 사용을 더욱더 쉽게 하기 위해서 미래의 컴퓨터는 사람이 사용하는 모든 정보형태와 내용을 인식하고 이해하는 것이 필요하다. 이를 위한 여러 가지 인식이나 이해를 위한 기반기술인 패턴인식(pattern recognition)의 대상은 음성, 필기체와 인쇄체 문장, 대화, 얼굴 등의 그림, 동영상, 행위, 나아가서 상황까지를 포괄한다. 무엇보다도 인식은 모든 상황에 대한 대처의 전제조건이다. 일반적으로 컴퓨터로서는 이러한 인식에 필요한 분석능력은 합성능력에 비해 갖추기가 훨씬 어렵다.

4.2.4 컴퓨터의 구체적 활용 사례들

컴퓨터게임과 같은 컴퓨터 고유의 신종 응용분야들을 제외하면, 컴퓨터의 활용분야는 의식주 및 오락과 같은 전통적인 인간생활의 전 분야에 관련되어 있기 때문에 결과적으로 대부분 기존의 도구나 산업을 고도화하는 일들이 된다. 먼저 재고관리, 물류관리, 인사관리 등과 같이 비교적 단순한 데이터를 취급하는 경영업무나 일반사무에서는 일찍부터 컴퓨터가 도입되어 즉시 생산성을 높일 수 있었다. 필자가 근무하던 업체의 경우를 보면 이미 1980년 초반에 여러 명의 직원들이 한 달 내내 매달려야 했던 급여업무를 컴퓨터 (당시 인기 컴퓨터기종이던 IBM 4331) 한 대로 한두 시간이면 월급봉투 인쇄까지 완벽하게 처리할 수 있게 되었었다. 이에 비해 상대적으로 복잡한 정보를 다루는 업무들에서는 컴퓨터 사용에 의한 생산성의 향상이 점진적으로 나타나고 있다. 사실 이러한 복잡한 정보를 필요로 하는 분야가 역으로 발전의 여지가 큰 업무들(Blue Ocean)이라고 할 수 있다.

컴퓨터의 활용사례를 각 분야에 따라 살펴보면, 가장 오랜 전통산업인 농업에서는 광활한 농장에서 효율적인 관개를 위해 인공위성으로 지표면을 촬영하고 촬영된 이미지를 컴퓨터로 분석하여 토양의 수분분포를 파악하여 필요한 부분에만 수분을 공급하면 농업용수비용을 최소화할 수 있게 된다. 한편 농작물의 파종면적이나 작황에 대한 정보를 전국적으로 파악하여 적절히 대처한다면 농민들의 소득증대에 기여할 수 있을 뿐 아니라 수시로 발생하는 농산물 파동을 막기 위한 방안이 될 수 있을 것이다. 제조업에서는 컴퓨터를 활용하여 제품을 설계하고 제조하는 컴퓨터통합생산(CIM, Computer Integrated Manufacturing)이 생산성을 부단히 높여가고 있다. 시제품생산이나 모델하우스설치를 컴퓨터시뮬레이션으로 대치함으로써 생산기간을 줄이고 비용을 절감하고 있다. 근래에 소비자들이 각자의 개성에 맞는 상품을 쉽게 구입할 수 있게 된 것도 컴퓨터에 의해 다품종 소량생산의 비용이 최소화된데 힘입은 바 크다. 제약분야에서는 신약후보물질에 대한 대량의 데이터 분석에 컴퓨터를 사용함으로써 신약개발의 소요기간을 대폭 줄이고 있다. 넓은 지역의 많은 사람들을 대상으로 하는 정부나 다국적 기업에서는 많은 사람들을 상대로 업무를 수행하거나 (과세, 부동산, 질병, 교통, 치안, 물류, 판매 등에 관한) 대량의 데이터를 분석하여 관련된 현상들의 지역적 분포나 시간적 추이를 파악하는데 컴퓨터는 필요불가결한 도구가 되었다. 이미 이러한 큰 조직(국가기관, 은행, 증권거래소, 공항, 병원 등)에서 컴퓨터시스템이 단 몇 분만 중단되더라도 도시나 국가가 마비되는 사태가 종종 발생하고 있다. 대중적 서비스분야에서도 개별 학생이나 환자에 맞는 특화된 교육이나 의료서비스를 제공할 수 있고, 큰 규모에서는 인구변화나 지구온난화 등의 여러 현상들을 분석하여 대처하는 데에 컴퓨터의 빠른 처리속도가 필수적이다.

인간의 다양한 기능들 중 일부분을 대체할 수 있는 로봇은 컴퓨터에 의해 제어되는 기기들 중에서 가장 종합적인 종류들을 총칭한다. 따라서 인간이 담당하고 있는 거의 모든 분야에 응용될 수 있기 때문에 여러 분야들에 걸쳐 다양한 수준의 로봇들이 개발되고 있다. 먼저 가정용기기로서 보편화되고 있는 무인(로봇) 청소기도 장애물을 만나면 코스를 바꾸는 등 단편적이나마 인간과 비슷한 융통성을 보여주기 때문에 간단한 로봇으로 분류되기도 한다. 좀 더 진보된 형태로서 노령화가 심각한 일본에서는 독거노인들을 위한 다양한 심부름을 할 수 있는 가사도우미 로봇들을 실용화하고 있다. 산업현장에서도 용접용 팔만 가진 기계 등도 약간의 융통성을 가지면 초보적인 로봇(manipulator)으로 불린다. 군사분야에서는 전투병이나 정찰기 조종사대신 로봇병사나 무인정찰기(drone)가 개발되어 실전에 배치되고 있다. 특히 힘든 육체노동이나 위험하거나 더러운 일들 소위 3D 업무들과 단순반복적인 일들은 로봇의 역할이 가장 효과를 발휘할 수 있는 분야라고 할 수 있다. 따라서 원자로 관리, 하수로 청소 등의 육체적 업무들 중 많은 부분은 점차 지능형 로봇들로 대체하게 될 것이다. 그러나 로봇은 여전히 도구일 뿐 프로그램으로 내장되어 있지 않은 기능은 수행할 수 없고 창의성이나 감성을 요구하는 업무들은 아직 피상적인 흉내만 내고 있는 수준이라고 할 수 있다. 한편 노트북이나 스마트폰과 같은 이동식내지 휴대형 컴퓨터의 일반화에 따라 웹검색(web browsing), 사회망서비스(SNS), 온라인게임, 수많은 모바일 응용(App.)들이 일반화되고 있다. 하지만 이러한 활용사례들은 독자적인 사례들이라기보다는 통신망의 발달에 따라 기존 컴퓨터 활용분야들을 분산형컴퓨터환경에서 적용한 사례들이라고 할 수 있다.

■ **컴퓨터 사용과 사회정의**

본래 불의는 양지를 싫어하는 곰팡이와 같아서 생겨난 후 힘들여 제거하기보다 햇볕을 쬐어 자랄 수 있는 토양을 제거하는 것이 효과적인 퇴치방법이다. 많은 사회적 부조리에 대해 컴퓨터의 장기인 대량의 자료저장과 빠른 검색속도가 강력한 햇볕이 될 수 있다. 구체적으로 컴퓨터시대 이전에 관련정보의 폭주의 그늘에 숨어 서식하던 부동산투기도 컴퓨터 데이터베이스의 정보검색기능이라는 햇빛을 이용하면서 (최소한 기술적으로는) 발본색원이 가능하게 되었다. 인간과 달리 컴퓨터에게는 처리해야 될 데이터가 분량이 방대하거나 지역적으로 분산시켜 놓거나 차명으로 숨겨놓아도 데이터 검색에 별 장애가 되지 않는다. 다주택 가구에 대한 중과세여부 등에 관한 정치적 결정이 여전히 관건이지만, 최소한 주택보유상황을 신속히 파악할 수 있는 기술적 여건이 확보되지 않아 투기를 방조할 수밖에 없는 시대는 컴퓨터의 등장과 함께 끝났다고 할 수 있다. 비슷한 이유로 전과기록 등도 즉시 조회가 가능하게 되면서 치안유지나 범인색출에도 중요한 역할을 하고 있다.

화폐경제시대이래로 인류의 경제활동에서 필수적 수단이 되어온 화폐의 여러 형태 중에서 (무기명인) 현금은 정보시대에 들면서 총기나 마찬가지의 위험 도구로 취급될 필요가 있다. 이는 신용카드나 컴퓨터를 이용한 금전거래가 신속성, 정확성, 안전성 면에서 월등하다는 점에서 소액이 아닌 현금은 탈세와 뇌물 등의 부패에 관련된 이유가 아니라면 사용할 이유가 별로 없기 때문이다. 총은 국가나 사회를 지키는 역할이 주 임무이나 가끔 범죄에 사용되는 부작용을 갖고 있지만, 현금은 현재와 같은 신용화폐나 전자화폐의 시대에는 총기보다도 범죄에 사용될 가능성이 더 높다고 볼 수 있다. 이와 같이 현대사회의 일반적 익명성과 마찬가지로 현금의 익명성이 범죄와 연결될 확률이 매우 높은 자본주의의 필요악이라면 일정액 이상의 현금거래는 범죄의 중요한 징후로 보는 입법화가 당연하다. 이와 같은 필요악으로부터 자본주의를 지키는 데도 컴퓨터와 관련 정보기술이 핵심 수단이 되고 있다. 하지만 이러한 정보기술적 수단을 실제로 적용하느냐는 여전히 사회적 영향이나 파장을 우선적으로 고려하거나 기득권에 휘둘리기 쉬운 (못미더운) 정치적 판단에 맡겨져 있다.

4.2.5 고도의 업무들을 위한 컴퓨터의 활용

컴퓨터기술의 발전에 따라 컴퓨터의 적용범위가 단순계산이 아닌 질적으로 다른 고도의 업무들로 넓어지고 있다. 인간의 지적 행동의 요체인 패턴인식이나 방대한 데이터 속에서 지식을 발견하는 데이터마이닝과 함께 새로운 것을 창조하는 다양한 업무들에 컴퓨터의 활용이 본격화되고 있다.

■ **유형인식**

인간의 일상적 행위들 중 대부분이 유형의 인식기능(類型認識, pattern recognition)을 전제로 하고 있다. 예를 들어 가족과 함께 생활하거나 자동차를 이용하기 위해서는 가족이나 자동차의 특징을 기억하고 이를 이용하여 인식하는 일이 선행되어야 하고, 수상한 사람을 신고하려면 '수상하다'는 의미를 유형화하여 수상한 사람을 먼저 인식할 수 있어야 한다. 상황에 대한 포괄적 인식을 위해서는 단지 개체의 특징이나 상태 파악뿐 아니라 시간에 따른 변화(예를 들어 싸움을 말리려면 어떤 행동이 싸우는 것인지)에서도 인식할 수 있어야 한다. 전문적인 분야에서도, 경제학은 여러 가지 경제적 현상들의 시간적 변화를 유형화하여 법칙을 만들어 개별적 상황들에 적용하는 것이라 할 수 있고, 의사의 주 업무인 질병의 진단은 이전의 수많은 환자들에서 공통적으로 발견되는 질병유형을 개별 환자들에 적용하는 것이다. 마찬가지로 변호사는 이전의 어떤 유형의 판례들과 현재의 사건이 부합되는지를 찾아내는 일이 주 업무라고 할 수 있다. 이와 같이 **유형들을 찾아내거나 부합여부를 결정하는 일**은 과거에 발생된 수많은 사례들을 비교하는 일을 바탕으로 하는 바 이러한 비교들을 신속히 처리하기 위해서는 컴퓨터의 속도를 활용하는 것이 큰 도움이 될 수 있다. 물론 이때에도 비교결과에 대한 평가와 활용방법에 대한 결정과 같은 주관적이고 전문적인 판단은 여전히 인간의 몫이다.

■ **데이터마이닝**

뉴턴의 만유인력법칙도 다윈의 진화론도 경제학에서의 경기순환론도 모두 일상이나 역사 속에서 관찰된 수많은 사례들에서 반복성(pattern)을 찾아낸 결과로 볼 수 있다. 그러나 발생된 수많은 사례들 사이에서 반복성을 찾아내기 위한 단순비교작업은 인간에게는 힘들고 시간이 오래 걸리는 일이지만 엄청난 데이터 처리속도를 가진 컴퓨터에게는 몇 안 되는 장기(長技)들 중 하나에 해당한다. 이러한 컴퓨터의 강점(data crunching)을 이용하여 일견 가치가 미미해 보이는 방대한 데이터더미(속칭 Big Data)에서 유용한 지식들을 발굴해내는 일을 데이터마이닝(data mining)이라고 부른다. 이는 광석을 제련하여 숨어 있는 금을 추출해내는 일과 비견되는 정보시대의 첨단 지식산업분야이다. 이 경우 진짜 광산에서 금광석을 캐고 골라내던 광부들의 노고를 데이터마이닝에서는 컴퓨터가 대신하는 셈이다. 말하자면 **컴퓨터의 초월적 계산속도로 말미암아 혜안과 통찰력을 지닌 위인들의 필생의 과업이었던 유용한 규칙을 찾아내는 일이 범인들도 할 수 있는 일상 업무**로 바뀌어가고 있는 것이다. 물론 이때에도 반복성을 발견하기 위한 단순비교작업과 달리 규칙에 대한 가설을 세우거나 비교결과에 대한 평가와 활용방법에 대한 판단은 여전히 인간의 몫이다. 이러한 데이터마이닝을 위해 필요한 전문적 소양으로는 컴퓨터에 대한 일반적 지식 외에 통계학과 인공지능에 관한 전문지식이 필요하게 된다. 한편 데이터마이닝의 원료가 될 수 있는 광석(鑛石)인 디지털 데이터의 세계적 생산량은 2011년에 1.8제타바이트(Zeta Bytes, 10^{21}Bytes)로, 매 2년마다 2배씩 증가한다고 추산되고 있다. 이는 지구상에 존재하는 정보의 90%가 최근 2년 사이에 만들어졌을 만큼 데이터의 양은 폭발적으로 늘고 있다. 따라서 이러한 방대한 데이터는 이제 개별적 검색의 대상을 넘어서 그 속에 녹아있는 진정한 가치를 실제적으로 활용하기 위해서는 통계적 분석이 필수적 처리과정이 되고 있다.

데이터마이닝은 이미 여러 분야에서 실질적인 이익을 가져다주고 있다. 예를 들어 일견 하이테크와 거리가 멀어 보이는 소매업이라는 전통업종에서 미국의 월마트(WalMart)가 슈퍼컴퓨터의 중요한 수요처라는 사실을 주목할 필요가 있다. 전 세계에 분포하고 있는 수많은 소속 매장들에서 시시각각 일어나는 엄청난 빈도의 거래(transaction)들을 분석하여 고객들의 다양한 구매행태를 찾아내어 재고를 최소화하는데 슈퍼컴퓨터들을 활용하는 것이다. 이를 통해 재고비용이 전체 비용에서 절대적 비중을 차지하는 소매업에서 월마트가 세계최대의 기업이 된 것은 소위 전통적인 업무에서 컴퓨터를 활용한 고도 정보화의 성공사례이다.

■ 창조와 컴퓨터

창조는 순수한 무에서 만들어내는 것이 아닌 구체적 경험들의 소산이다. 이러한 사실에 비추어 볼 때, 어떤 문제에 직접 부딪혀 보지 않으면 문제점을 발견하고 해결하는 과정에서 얻어지는 기술발전과 창조도 있을 수 없다. 이런 관점에서 보면 컴퓨터가 인간의 생각을 추상화하고 나아가서 시청각적으로 경험할 수 있게 바로 구현할 수 있는 도구라는 점에서 정보혁명의 실질적 바탕이 된다. 구체적으로, 컴퓨터의 광속에 가까운 계산속도를 이용하면 설계된 기능을 실제로 만들어보지 않고도 (예를 들어 비행기를 설계할 때 많은 돈을 들여 모형을 만들고 실제 실험에 많은 비용이 드는 것과는 달리) 바로 컴퓨터상에 가상적으로 시제품화(試製品化, fast prototyping)하거나 모의실험(simulation)해볼 수 있다. 즉, 컴퓨터상에 모사된 가상공간에서 경험하고 필요에 따라 수정하거나 재구축함으로써 추상적인 생각을 실현하여 상품화하는 과정이 획기적으로 간편해진다. 이와 같이 머릿속의 아이디어가 바로 컴퓨터상에서 시청각적으로 체험 가능한 (試)제품이 될 수 있게 됨으로써 이제 **물리적 제조상의 한계대신에 인간의 창의력내지 상상력의 한계만이 창조의 한계**가 된다. 한편 작곡과 같은 창의적인 작업에서도 기본적인 음표내지 음악마디들을 입력으로 하여 컴퓨터가 만들어내는 무수한 조합들 중에 단지 선택하는 방식으로도 새로운 노래를 만들어 낼 수도 있고(이런 디지털 작곡의 시대에 들면서 여러 작곡가들이 변주곡으로 재사용한 파가니니의 주제들은 더욱더 위대한 인류의 재산이 된다), 의복의 무늬를 디자인할 때도 컴퓨터가 만들어내는 수많은 패턴들 중에서 그냥 선택만 함으로써 새로운 무늬를 창조하는 방식이 가능해진다(어려운 주관식 문제가 쉬운 선다형 문제로 바뀐 셈이다). 결과적으로 컴퓨터를 근간으로 하는 정보시대에는 물건을 개발할 때 원하는 기능들을 **어떻게 구현하는 것보다 무슨 기능들이 필요한지를 결정하는 것이 관건**이 된다. 예를 들어 휴대폰이나 자동차 네비게이터 등의 정보기기에 셀 수 없이 많은 기능들(별로 쓰지도 않는 기능들 포함)이 있는 이유는 기능을 늘이는데 추가비용이 별로 들지 않기 때문이기도 하다. 즉, 예전처럼 기계적으로 구현하려면 상당한 노력이 소요되었을 기능들이 컴퓨터 소프트웨어의 융통성과 속도를 이용하면 추가비용을 거의 들이지 않고도 추가될 수 있게 된 것이다.

4.3 컴퓨터의 수학적 토대

전자를 맨눈으로는 볼 수가 없다. 전자현미경으로 전자의 흔적을 살펴볼 수 있더라도 무수한 전자들의 행태를 파악하는 일은 통계적으로만 가능할 뿐이다. 따라서 반도체 소자나 그를 이용한 추상적 계산기계인 컴퓨터시스템을 설계하기 위해 수학 특히 논리학을 이론적 기초로 삼게 된다. 즉, 반도체와 컴퓨터를 논리적으로 모델링하고 실제적 검증을 통하여 그 모델을 확립하는 방식은, 직접 눈으로 볼 수 없는 만유인력이나 신(神)의 존재를 파악하는 과정과 유사하다(이런 점에 비추어보면 위대한 철학자가 동시에 수학자인 경우가 많은 사실은 우연이 아니다).

실제를 추상화한 정보를 처리하는 기계라는 점에서 컴퓨터를 **추상적 기계**(abstract machine)라고 부를 수 있다. 더구나 정보처리가 논리의 기초위에 있고 논리가 수학의 중요한 분기(分岐)라고 볼 때 정보처리 기계인 컴퓨터는 수학적 기계라고 할 수 있다. 이때 수학은 수리계산만이 아닌 논리적 추론의 일반적 도구를 의미한다. 결국 **컴퓨터에 의한 모든 계산의 논리적 체계는 엄밀한 수학적 표현과 계산모델에 바탕**을 두고 있다. 즉, 산술계산의 기초인 이진법체계와 논리계산의 바탕인 부울대수(Boolean algebra)가 컴퓨터계산모델의 이론적 원조인 튜링머신(Turing machine)과 함께 현재의 디지털 컴퓨터의 수학적 토대를 제공하고 있다. 이와 함께 논리학, 그래프이론, 다양한 함수나 변환이론 등의 수많은 수학적 이론들이 컴퓨터를 이용한 정보의 표현과 처리를 위한 세부적인 논리적 근거를 제공한다. 이러한 이론들에 바탕을 둔 컴퓨터 구조(computer architecture)와 컴퓨터 운영체계(computer operating system), 컴퓨터 언어(computer language), 알고리즘(computer algorithm), 데이터베이스이론(database theory), 그래픽이론(computer graphics) 등과 같은 응용이론들은 정보시대의 개념적 사회간접자본을 이루고 있다.

4.3.1 컴퓨터에 의한 연산의 기본원리

현대의 디지털 컴퓨터로 데이터를 처리하기 위해서는 모든 정보나 지식을 이진법 데이터 단위인 비트(bit)들로 분해하게 된다. 컴퓨터는 모든 데이터를 음양(+, −)의 두 가지 값으로만 표현하고 그에 상응하는 이진법 덧셈 및 논리연산만으로 모든 계산을 통일적으로 처리하도록 설계되어 있기 때문이다. 이러한 통일적 처리방법에 의해 컴퓨터는 고속의 정보처리를 실현할 수 있게 된다. 모든 정보를 단순한 이진 데이터로 분해하는 결과 기하급수적으로 늘어나는 데이터량(정보나 지식의 양은 불변)에 대해서는 컴퓨터의 유일한 강점인 엄청난 속도로 보상하는 방법을 취하고 있다. 이와 같은 이진법으로의 **세분화전략은 대량처리에 약한 인간이 복잡한 개념을 처리할 때 추상화수준을 점차 높여나가는 것과 반대방향의 처리방식**이다.

컴퓨터상의 연산은 크게 숫자에 관한 산술적(arithmetic) 계산과 논리적 판단을 위한 논리적(logical) 계산으로 양분된다. 덧셈, 곱셈, 나눗셈, 평균, 적분 등의 무수히 다양한 산술적 계산들은 모두가 최종적으로는 하드웨어가 제공하는 유일한 산술연산자인 이진법 덧셈(binary addition)을 반복함으로써 처리된다. 유사하게 모든 논리적 계산들은 논리곱(AND), 논리합(OR), 논리부정(NOT) 등의 몇 개의 간단한 논리연산들로 분해되어 수행하게 된다. 컴퓨터의 기본 산술연산자인 이진법 덧셈기능의 실행방법을 개괄하면, 먼저 산술적 계산을 위해서는 두 개의 전압값(보통 0V와 5V)에 각각 0과 1의 두 숫자를 나타내는 것으로 의미를 부여한다. 그리고 [그림 4.1](a)에 보는 바와 같이 각 쌍의 입력단자(ai, bi)에 0이나 1이 입력될 수 있게 하고 그 출력이 이진법 더하기의 결과값들, 즉 00, 01, 10에 상응하도록 각 단위덧셈회로(adder)를 구성한다. 이러한 단위덧셈회로를 숫자의 자릿수(그림에서는 3개)만큼 중첩함으로써 다양한 수학적 계산기능을 수행할 수 있다. 논리적 사고기능을 위해서는 산술적 계산에서 부여한 0과 1 대신 진위(眞僞, True & False) 두 값을 기본의미로 부여하고, [그림 4.1](b)에서 보는 바와 같이 부울대수(Boolean algebra)의 논리적 연산들인 논리곱과 논리합(AND와 OR) 등에 상응하는 값들을 출력하도록 회로를 구성함으로써 복잡한 사고기능들을 수행하게 된다. 결론적으로 컴퓨터를 구성하는 **전자회로상의 각 단자가 가질 수 있는 두 가지 물리값(voltage)들을 사용자들이 해석(interpretation)하기에 따라 컴퓨터는 산술계산이나 논리계산을 수행**하게 된다.

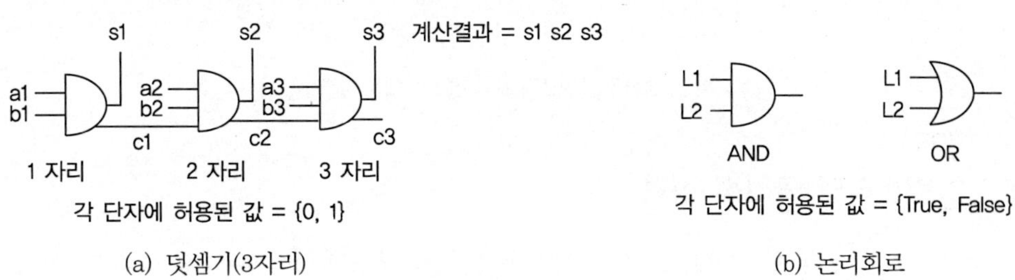

(a) 덧셈기(3자리)　　　(b) 논리회로

그림 4.1 이진법 덧셈기(binary adder)와 논리회로(logic circuit)들

■ **논리적 판단과 문턱값**

일반적으로 중요한 판단을 위해서는 수많은 요소들을 고려하게 되지만, 결국에는 양단간 결정을 내려야 하는 단계에 도달하게 된다. 주식을 거래할 때라면 경제상황, 유동성, 환율, 재정정책 등과 같은 여러 요소들이 고려하지만 결국은 '살 것이냐 팔 것이냐'와 같은 양단간 결정으로 귀착되게 된다. 이러한 복잡한 판단을 객관화하기 위한 계량화의 도구를 설계할 때 **양단간 판단의 기준이 되는 문턱값(threshold value)을 설정하는 일이 판단에 결정적 영향**을 미치게 된다. 화재경보의 경우라면, 경보기가 울리는 온도의 문턱값을 낮게 잡거나 높게 잡는데 따라 각각 잘못 울린 경보(false alarm)나 제때 울리지 않은 경보(miss)의 빈도가 높아지게 될 것이다. 결국 양쪽의 경우들에 각각 수반하는 비용을 감안하여 전체적인 비용이 최소가 되도록 문턱값을 적절히 조정하게 된다. 예를 들어 [그림 4.2]에서 보는 바와 같이 화재경보발령의 문턱값을 *문턱값1* 로 잡으면 t1과 t2사이의 기간 동안에는 실내온도가 계속 문턱값 이하이기 때문에 경보가 울리지 않겠지만, 만약 *문턱값2* 로 잡는다면 경보가 잘못 울리게 된다(노란색으로 표시된 가짜경보). 반대로 t5와 t6 사이와 같이 진짜 화재 시(붉은색으로 표시)에는 *문턱값1* 의 경우 *문턱값2* 의 경우와 달리 놓치게 된다. 두 화재의 경우에 모두 놓치지 않고 화재가 아닌 경우에는 오인하지 않는 적당한 값은 *문턱값1* 과 *문턱값2* 사이의 어떤 값(예를 들어 푸른 굵은 선으로 표시된 문턱값)이 될 것이다. 일반적으로 화재경보가 제때 울리지 않으면 대가가 너무나 크기 때문에 **잘못된 경보가 생길 가능성이 커지더라도 실제 화재발생을 절대 놓치지 않게 문턱값을 낮게 잡게 될 것**이다. 만약 *문턱값2* 로 너무 낮추어 잡으면 t1과 t2 사이에서와 같이 담뱃불이나 조리불의 열기를 화재로 오인하여 울리는 가짜 화재경보는 안정성을 담보하기 위해 지불할 수밖에 없는 현실적 (보험) 비용이 된다.

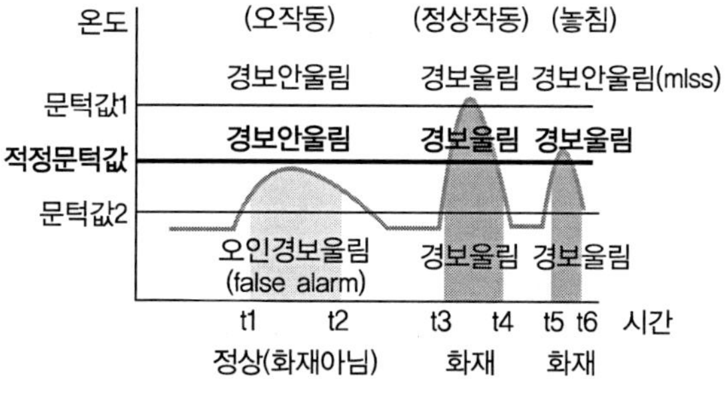

그림 4.2 화재경보발령의 기준이 되는 문턱값의 결정

4.3.2 컴퓨터의 물리적 성격

물리적으로만 보면 컴퓨터는 지표면에 지천으로 널린 모래(silicon)를 원료로 만든 극소한 스위치들(그리고 축전지들)을 대량으로 연결해놓은 것에 불과하다. 다만 **엄청난 속도로 여닫을 수 있고 극소화에 따른 고집적화가 가능**하다는 것이 전통적인 기계식 스위치들과 다를 뿐이다. 이에 관해 뉴턴과 동시대의 위대한 수학자였던 라이프니츠가 이미 17세기에 디지털 (이진법이 아닌 십진법) 계산기를 만들었다는 사실은 컴퓨터 기본계산 원리는 그리 새로운 것이 아니라는 것을 보여준다. 컴퓨터의 물리적 기능을 단순화하여 말한다면, 컴퓨터를 이용하는 모든 업무는 결국 수많은 스위치들의 여닫는 기능을 다양하게 조합하는 방법으로 처리한다고 요약할 수 있다. 이때 업무의 구체적인 내용은 이러한 스위칭의 결과(전자소자의 출력단자들의 전압값들)에 대한 사용자의 해석 다시 말해 의미를 부여하는 데에 달려 있다. 한편 스위치의 개폐라는 단순한 동작들이 비행기 설계나 컴퓨터게임과 같은 차원이 다른 복잡한 업무로 승화되는 모습은, 기계적 스위치에 비해 전자적 스위치의 월등한 동작속도가 가져온 획기적 변화로서 양의 변화가 질의 변화를 가져오는 현대적인 사례를 보여준다(사실 스위치 개폐속도와 광속은 각각 횟수(times/sec)과 거리(km/sec)로 서로 차원이 다르기 때문 직접적 비교는 불합리하다). 물체의 속도가 광속에 근접하면 전통역학(Newton mechanics)에서 양자역학(Quantum mechanics)이 필요하듯 전자회로를 이용한 컴퓨터의 동작원리를 분석하기 위해서는 여러 측면에서 새로운 전자공학적 이론체계가 필요하게 된다.

■ **컴퓨터의 빠른 동작속도에 수반한 기술적 문제들**

컴퓨터의 능력의 원천인 빛의 속도에 필적하는 고속의 계산능력은 그 자체가 장점인 반면 속도에 비례하여 다루기가 어려워져서 여러 가지 기술적 문제들을 제기한다. 이는 자동차에 비해 속도가 훨씬 빠른 비행기의 제어가 그만큼 정교해야 하고 사고가 나면 피해도 막대한 것과 비슷하다. 하나의 컴퓨터에 여러 프로그램들(또는 사용자들)이 실행되고 있는 경우 혹시 어떤 프로그램이 다른 프로그램이 사용 중에 있는 주기억장치(memory)를 잘못 침범하게 되면 심각한 오류가 발생할 수 있다. 따라서 빛의 속도로 실행되는 여러 **프로그램들이 서로 충돌하거나 침범하지 않도록 하기 위해 고속의 프로그램들에 관한 정교한 제어가 필수적**이다. 일상에서의 유사한 경우로서, 수많은 사람들이 사용하는 공중화장실을 안전하게 (독점적으로) 사용하게 하기 위해서는 화장실의 문을 잠그는 장치로 충분하지만 만일 표범처럼 빠른 짐승들이 사용자라면 문을 잠그려는 순간에 가랑이 사이로 새치기할 수도 있게 되어 보통의 잠금장치로는 독점적 사용을 보장할 수 없게 될 것이다. 더구나 컴퓨터의 고속 처리를 물리적으로 담당하는 광속의 전자에는 불행히도 스스로 주위를 살필 수 있는 눈조차 달려있지 않다. 고속으로 실행되는 프로그램들 사이의 충돌을 방지하기 위해 컴퓨터상에서 그에 맞는 특별한 프로그램 제어수단들(소프트웨어 까치발(Semaphore) 등)이 다양하게 고안되어 사용되고 있다.

4.3.3 인간에 비교되는 컴퓨터기능의 일반적 한계

"딩동!", "나야, 문 열어!" 초인종소리가 울리면서 아빠의 목소리가 들리면 서너 살짜리 아기라도 "아빠다." 하고 단박 알아보는 게 인간일 뿐더러 심지어 술에 취했거나 감기에 걸린 목소리조차 알아챈다. 그러나 인간에겐 기초적인 이와 같은 기능들을 컴퓨터로 실현하고 있는 수준은 아직 유아수준에도 미치지 못하는 경우가 적지 않다. 특히 사람의 얼굴을 알아본다든지 위급한 분위기를 알아차린다든지 하는 등의 인간의 기초적 인식능력에 속하는 분석(analysis)기능들은 합성(synthesis)기능과 달리 컴퓨터로 구현하기 위한 기술의 발전속도가 매우 느리다. 본질적으로, 새로운 것을 만들어내는 합성에서는 그 내용을 인간이 마음대로 설계할 수 있는데 반해 분석은 미리 주어진 것을 대상으로 알아내야 하기 때문이다. 따라서 영화 '아바타'에 등장하는 현란한 장면들을 만들어내는 것이나 전 세계에 산재한 무수한 컴퓨터를 뒤져 원하는 정보를 순식간에 찾아주는 인터넷검색기능보다 '누구 목소리냐'를 인식하는 것이 컴퓨터에게는 훨씬 어려운 기능이다(이런 점에서 보면 단순노동자라는 말은 인간의 능력을 지나치게 폄하하는 셈이다). 이러한 컴퓨터의 한계는 컴퓨터의 업무처리가 모두 엄청난 **처리속도를 이용하여 인간의 기능을 피상적으로 흉내 내는(simulation) 것에 불과**한 데 기인한다. 한편 컴퓨터의 정보저장방식은, 다차원적이고 다중적이라고 짐작되는 인간의 정보저장방식과는 근본적으로 다르게 단선적으로 나열하는 방식에 머물러 있다. 예를 들어 "백악관 전화번호 아느냐?"라는 질문에 대해 그런 전화번호를 들은 적도 없을 보통사람들은 지체 없이 "아니."라고 대답할 것이다. 반면 컴퓨터시스템에게 같은 질문을 했다면 들어본(입력된) 적이 없더라도 자신의 저장장치를 모두 검색해본 후에야 "No."라고 대답할 수 있을 것이다. 이와 같이 정보의 부존재를 즉각 알아내는 능력과 함께 정보를 선별적으로 입력할 수 있는 능력이나 개별 단어보다 관련된 단어나 맥락을 함께 외우면 기억이 오래가는 경향 등과 같이 인간이 정보를 기억하고 처리하는 방식이 컴퓨터의 단선적 방식과는 차원이 다름을 보여주는 방증들을 수없이 발견할 수 있다. 따라서 컴퓨터기억장치와 비교하여 **인간두뇌의 용량이 몇 기가바이트니 테라바이트니 하는 것은 사실 서로 차원이 다른 구와 원의 크기를 비교하는 것과 같은 의미 없는 비교**인 셈이다.

컴퓨터에 의한 정보처리에는 디지털 컴퓨터의 본질적 한계에 기인한 **여러 가지 피할 수 없는 비효율**이 내포되어 있다. 특히 최근의 멀티미디어 정보의 구성요소인 시각적 또한 청각적 정보는 본질적으로 아날로그 정보(모든 자연적 신호내지 정보는 아날로그)이기 때문에 디지털식 처리는 더 많은 비효율을 수반할 수밖에 없다. 예를 들어 언뜻 간단해 보이는 엑스레이(X-ray) 사진 한 장을 저장하는데도 몇 메가바이트의 저장매체가 필요하고 더구나 연속된 사진들(frames)을 주기적으로 보여주어 표현하는 영화 한 편은 최대한 압축하더라도 최소한 몇 기가바이트의 저장용량을 필요로 한다. 이를 극복하기 위해서는 자연의 원리에 부합하고 인간의 정보처리방식과 유사한 아날로그방식의 정보처리가 필요하지만 현재의 디지털 컴퓨터와 근본적으로 다른 체계가 필요하기 때문에 가까운 장래에는 실현가능성이 높지 않다. 따라서 **디지털정보처리의 기본 틀 속에서 최대한의 효율성을 달성하기 위한 정보표현방식(code) 및 알고리즘의 고도화에 의존**할 수밖에 없다.

"인간의 본성에 비하면 우주도 태평양에 떠있는 한조각의 나뭇잎에 불과하다"고 성철스님이 설파하신 바 있다. 우리 은하에는 태양과 같은 별만도 수천억 개가 분포해 있고 그러한 은하들이 또한 상상을 초월하리만큼 무수히 존재하고 있음이 관측에 의해 점차 사실로 밝혀지고 있지만, 이렇게 광대무변한 우주도 인간의 본성에 비할 바가 아니라는 것이다. 실제로 인간은 추상화능력, 상상력, 창의력과 같은 기능뿐 아니라, 감성, 이성, 사랑에 이르기까지 한없는 깊이를 가진 존재로서 본질적으로 컴퓨터를 포함한 어떤 도구에 의해서도 대치하기는 불가능하다. 다시 말해 컴퓨터의 기능과 인간의 행위는 문자 그대로 차원이 다르다. 컴퓨터의 활용과 관련하여 인간의 능력을 탐구할수록 인간(나아가 생물이나 자연)의 위대함을 절감하게 되고, 세속적 평가와 상관없이 어떤 사람에게라도 외경심을 갖지 않을 수 없게 된다. 1940 ~ 50년대 반도체칩을 사용한 컴퓨터가 세상에 모습을 드러내자 당시로서는 미증유의 계산속도에 고무되어 머지않아 사람의 능력에 가까운 컴퓨터도 만들 수 있을 것으로 믿었지만, 빠른 계산만으로는 인간의 능력을 실현하는 일이 불가능하다는 사실을 파악하는 데는 그리 오랜 시간이 걸리지 않았었다.

4.4 컴퓨터의 구조

컴퓨터의 전체적 구조(computer architecture)는 사람의 형상을 인식론(epistemology)적으로 유추하여 만들었다. 비록 피상적이지만 **인간의 사유에 관련된 요소들을 기억기능, 추론기능, 입출력기능으로 나누고 컴퓨터도 그에 상응하는 부분들, 즉 기억장치와 계산장치 그리고 입출력장치로 구성**하였다. [그림 4.3]에서 보여주는 바와 같이 기억장치는 다시 단기적 기억을 담당하는 주기억장치(Main Memory)와 장기적 기억을 담당하는 보조기억장치(Secondary Storage)로 이분하고 중앙연산장치(CPU, Central Processing Unit)가 중추계산장치의 역할을 담당하는 한편 스크린, 키보드, 마우스, 태블릿, 스캐너, 프린터, 스피커 등이 입출력장치들(Input/Output devices)에 해당한다. 그리고 인간의 신경계에서 척수에 해당하는 중추신경통로 역할을 하는 고속의 기간통신선로(backbone communication lines)인 버스(Bus)와 말초신경에 해당하는 다양한 연결케이블들이 이러한 컴퓨터 장치들 사이의 통신을 담당하고 있다. 이때, 컴퓨터의 각 구성요소들은 기본적으로 중앙연산장치(CPU)의 지시를 받아 작업을 수행하게 설계되어 있으나, 디스크나 프린터들과 같은 기기들이 간단한 연산기능을 가지게 되면서 중앙연산장치로부터 맡겨진 작업을 해당 범위 내에서 독자적으로 수행할 수 있게 되어 있다. 즉, 작업의 시작과 종료 때에만 지시받고 보고하는 방식으로 중앙연산장치의 부담을 경감하고 위급할 경우 자율적으로 즉시 대응을 가능하게 하는 방식을 추가하였는데 이는 인간의 자율신경에 해당하는 부분이라고 할 수 있다.

두뇌(추론기능)/자율신경계	중앙연산장치(Central Processing Unit) /부분연산장치들(DMA, Controllers, etc.)
두뇌(단기기억기능/장기기억기능)	주기억장치(Main Memory) /보조기억장치(Secondary Storage)
의사표현기능(입, 손발 등의 신체) /감각기관(눈, 귀, 촉각)	입출력장치들(Input/Output devices) (모니터, 프린터, 키보드, 마우스, 각종 센서들)
척수/신경/말초신경	통신선로(communication cable)(버스, 케이블)
동작기관(손, 발)	외부 장치들(기계, 로봇)

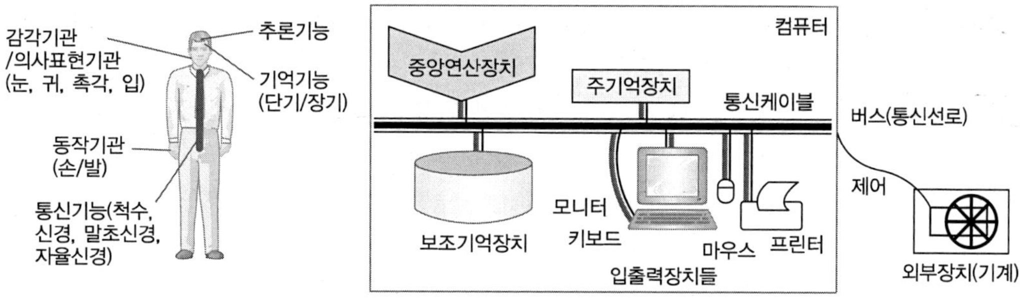

(a) 인간기능의 전체적 구성 (b) 컴퓨터의 전체적 구성

그림 4.3 컴퓨터와 인간의 구조적 유사성

■ **컴퓨터와 인간사이의 상호영향**

컴퓨터의 등장으로 우리는 같은 인간을 종으로 부리던 비인도적인 과거와 달리 별 폐단 없이 지능적이고 충직한 하인(기계)을 얼마든지 가질 수 있게 되었다. 하지만 새로운 환경의 도래는 언제나 기회이자 동시에 위기가 된다. 즉, 컴퓨터의 속성을 잘 알고 활용하는 사람에게는 컴퓨터가 더없이 유능한 부하가 되겠지만 그렇지 않은 사람에겐 위협적인 경쟁자로 다가올 수도 있는 것이 사실이다. 정보시대의 핵심요소인 컴퓨터의 능력에 대해 쓸데없는 환상을 가질 필요도 없지만 그렇다고 무시하고 지낸다면 능력 있는 도구를 충분히 활용하는 사람들에 비해 상대적으로 퇴보하게 되는 것이다.

성경에서 신이 인간을 흙으로 빚었다고 한 것과 같이, 인간도 컴퓨터를 흙(모래, SiO_2)으로부터 창조한다. 한편 컴퓨터의 기본구조(architecture)를 설계할 때 전체적으로 인간의 사유기능, 기억기능과 입출력기능을 각각 본떠서 만들었으니, 인간이 신과 닮게 만들어졌다고 한다면 결국 컴퓨터가 신을 닮았다 할 수도 있겠다. 하지만 컴퓨터는 인간의 능력을 부분적으로 흉내(simulation)낼 수 있을 뿐 근본적으로는 여전히 하나의 기계에 불과하다. 컴퓨터가 앞으로 얼마나 똑똑해져서 인간의 기능을 대치하거나 부분적으로나마 능가할 수 있을지는 컴퓨터의 창조주인 우리 인간들의 손에 달렸다.

4.4.1 컴퓨터 시스템의 추상적 계층구조

컴퓨터 시스템의 구조를 사용자 입장에서 추상화해보면 [그림 4.4]의 양파껍질과 같은 계층구조로 도식화할 수 있다. 각 컴퓨터 계층은 그 추상화수준에 상응하는 사용자 시각(view)을 제공하고 사용자는 각자의 수준에 따라 접속할 계층을 선택하게 된다. 일반적으로 양파껍질의 안쪽에서 바깥으로 갈수록 정보의 추상화정도(수준)가 높아지고 그 결과 컴퓨터의 관점이 아닌 사람들이 일상적으로 사용하는 수준에 가까워지고 따라서 사용이 쉬워진다. 구체적으로, 가장 내부계층은 하드웨어 즉 반도체칩들(CPU용 processor chip, Memory용 RAM chip들)과 디스크(Hard Disk, Compact Disk 등), 그리고 각종 입출력장치들 (모니터, 키보드, 마우스, 프린터 등)로 구성되어 있어 하드웨어에 정통한 전문가가 아니면 이해하거나 사용할 수 없다. 반면 가장 바깥층을 구성하는 응용소프트웨어는 컴퓨터의 최종사용자(end users)인 일반 대중들이 비교적 쉽게 사용할 수 있는 형태의 사용자 시각을 제공한다. 그리고 운영체제가 제공하는 중간계층은 응용소프트웨어를 개발하는 사용자들(프로그래머들)의 시각에서 프로그램을 개발할 때 사용할 수 있는 단위프로그램들인 각종 라이브러리(library) 기능들을 제공한다. 복잡한 중간계층은 내부적으로 여러 개의 세부계층들로 나누어져 각기 다른 수준의 프로그래머 그룹들(시스템 프로그래머, 응용프로그래머, 스크립트나 메뉴로 간단한 업무를 처리하는 초보적 프로그래머들 등)이 필요로 하는 기능들을 각각 제공하게 되어 있다. 이러한 컴퓨터의 각 추상화계층들은 전체적으로 관련 기술의 발전에 따라 일반인들이 상식적 수준에서 사용이 가능한 방향(붉은 화살표가 가리키는 방향)으로 점차 고도화되어왔다. 그러나 일반인들이 원하는 자연스러운 사용이 가능한 수준과 현재 컴퓨터가 제공할 수 있는 사용자 인터페이스 수준([그림 4.4]에서 붉은 선으로 표시된 최상위계층의 껍질) 사이의 아직은 멀고먼 간극([그림 4.4]의 'gap' 부분)이 존재한다. 하지만 이 간극이 컴퓨터 소프트웨어 분야의 과제이자 동시에 발전가능성이라고 할 수 있다. 따라서 현재의 응용소프트웨어들이 제공하는 가장 바깥계층의 서비스 수준이 완전히 상식적 사용이 가능한 수준까지 진보할 때까지는 일반 사용자들은 컴퓨터의 사용법을 따로 익히는 수밖에 없다(양측이 교류가 가능하려면 서로 만나야 하는데 컴퓨터의 수준이 못 다가오면 사람이 컴퓨터를 만나러 갈 수 밖에).

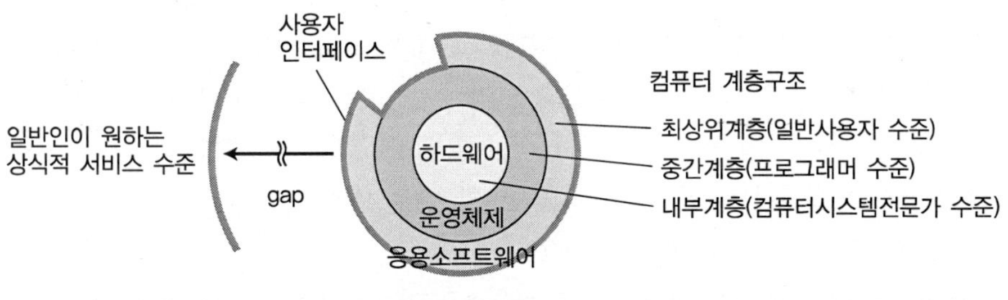

그림 4.4 컴퓨터의 추상화수준에 따른 계층구조와 일반인이 원하는 상식적 서비스수준

4.4.2 컴퓨터 하드웨어와 소프트웨어와 정보(콘텐츠)의 발전단계

컴퓨터의 각 장치들은 하드웨어(hardware)라는 물리적 요소와 소프트웨어(software)라는 개념적 요소로 구성되어 있다. 컴퓨터 기능의 수행방식을 보면 기본적으로 소프트웨어라는 생각에 따라 하드웨어라는 수족이 동작함으로써 원하는 업무가 수행되어나간다. 이는 쇠붙이처럼 고정된 하드웨어로만 구성되어 있었던 전통적 기계들과 확연히 구별되는 특징의 하나다. 다시 말해 **컴퓨터는 수동적 도구인 하드웨어보다 하드웨어를 구동시키는 소프트웨어가 주된 가치를 결정하는 기계**로서, 같은 육체적 기능을 가진 사람이라도 교육받기에 따라 고도의 전문인이 될 수도 있고 근육만 주로 쓰는 단순 노동자에 머물 수 있는 것과 비교될 수 있다. 역으로 소프트웨어에 규정된 기능을 하드웨어의 성능이 충분하지 못해 수행하지 못하

면 역시 의미가 없게 되는 것은 생각이 뻔해도 몸이 따라주지 않으면 역시 소용이 없는 것과 비슷하다.

컴퓨터의 구성요소를 전통적으로 하드웨어와 소프트웨어로 대별하지만 엄밀히 따지자면 하드웨어자체도 내부적으로 소프트웨어로 구현한 부분이 적지 않으므로 순수하게 (물리적) 하드웨어라고 할 수 있는 부분은 갈수록 비중이 줄어들고 있다. 이에 관해 보통 하드웨어로 분류되는 컴퓨터 칩조차도 내부적으로 소프트웨어로 분류될 수 있는 형태로 설계되고 구현되는 추세에 따라 실질적인 하드웨어는 그 원료인 물리적 재료들에 국한된다고 할 수 있다(사실, 제조업체의 부서에서 행하던 청소나 광고 등의 업무를 외부 전문업체에 하도급한다면 제조업의 일부로 취급되던 그러한 업무들이 서비스업으로 분류될 수 있는 것과 같이, 컴퓨터의 구성요소를 하드웨어와 소프트웨어로 나누는 이분법도 엄격한 분류가 쉽지 않을 뿐 구분의 실익이 별로 없기도 하다). 결론적으로 **정보라는 본질적으로 추상적인 개념을 표현하고 처리하는 기능은 대부분 추상적인 소프트웨어의 몫**으로 결국 귀착되는 셈이다. 한편 하드웨어는 전자적인 부품과 기계적 부품으로 대별될 수 있다. 이에 관해 기계식 모터를 사용하는 하드디스크가 순수한 반도체칩만으로 구성된 플래시메모리로 대체되고 있는 것과 같이 기계적 컴퓨터부품들이 점차 전자적 부품들로 대체되고 있다. 따라서 기계적 부품의 역할은 컴퓨터가 세상에서 정보를 받아들이거나 생산된 정보를 실제 세상에 최종적으로 반영하는(손에 의한 입력과 종이문서 출력 등을 위한) 키보드와 프린터 등의 필수적 입출력장치들로 지속적으로 축소되고 있다. 이러한 개개의 기계적 장치자체에서도 제어부분은 콘트롤러(controller)라는 전자적 장치가 담당하고 있어서 순수한 기계요소의 비중은 실제로는 더욱 적다고 할 수 있다(사실 제어용 콘트롤러는 엄밀하게 말하면 대부분 소프트웨어로 구현되며, 이러한 소프트웨어는 보통의 소프트웨어와 달리 내용이 특정 하드웨어에 고정되어 있으며 특별히 펌웨어(firmware)라고 불린다).

정보처리가 하드웨어적, 기계적 구현방식에서 소프트웨어적, 전자적 방식으로 전환하는 것은 성능이나 안정성(및 내구성), 비용, 자연자원의 효율적 사용(소형화) 등과 같은 모든 측면에서 유리하다. 이러한 방향으로 컴퓨터기술이 진전함에 따라 기기자체의 성능은 머지않아 기술적으로는 성숙단계에 도달하게 될 것이며, 그 이후에는 컴퓨터를 일반적 도구로 하여 사용자 즉 대중을 위한 **콘텐츠를 개발하는 쪽으로 정보기술 발전의 중심이 이동**하게 될 것이다. 전통적 정보산업의 하나인 영화산업의 예를 보면 영사기의 발명이후 한동안은 영사기제조에 관한 기술이나 영상제작에 관한 기술이 부가가치가 높았었다. 즉, 유성영화, 칼라영화, 3D 영화, 컴퓨터그래픽스기술로 제작된 영화 등으로 영사기를 중심으로 한 제작기술이 영화의 형태와 영화의 발전단계들을 규정했었다. 하지만 영사기와 영상관련 기술이 성숙함에 따라 영화제작기술보다 좋은 콘텐츠를 만드는 일이 상대적으로 중요해지고, 영화제작에 관한 제반 업무영역들 중에서도 (기계화가 불가능한) 시나리오 창작이나 연출 등이 영화의 가치를 결정하게 되었다(이는 베토벤의 위대한 작곡이 역사적으로 보면 연주 악기나 공연장치 기술 등과 비교될 수 없는 지속적 가치를 지니게 되는 것과 유사하다). 컴퓨터를 기반으로 한 정보시대에의 발전방향도, **기계적 하드웨어 중심 → 전자적 하드웨어 중심 → 소프트웨어 중심 → 데이터 중심 → 정보(지식) 중심**으로 전개되는 것은 정보자체의 가치나 그것에 의해 인간이 추구하는 궁극적 목적에 비추어 볼 때 필연적인 흐름이다. 정보시대라는 대변화의 시대를 맞이하여, 정보시대를 이루는 각 요소들의 가치에 대한 평가가 전도(顚倒)되지 않게 하는 것이 선진정보사회를 이룩하기 위한 사회적 기반이라고 할 수 있다(그래야만 유망하던 젊은 시나리오 작가가 굶어죽는 것과 같은 불행한 일이 발생하지 않게 될 수 있다).

■ 컴퓨터에 의한 통합적 정보처리와 컴퓨터 파일로의 통일적 변환

문자의 발명이래로 글자로 된 정보는 책, 파일, 차트 등의 형태로 수기(手記)되거나 인쇄되어 기록되어 왔다. 문자로 표현된 정보 이외의 경우를 보면, 그림은 주로 종이 위에 그려진 그대로(또는 사진으로) 음악이나 영화 등은 음반이나 필름으로 단순히 보존하는 수준에 머물러 왔다. 컴퓨터의 발명으로 정보들이 기계적 정보처리가 가능한 컴퓨터파일로 변환이 되었고 디지털이라는 통일된 정보표현방법에 의해 문자(text), 소리(sound), 그림(image), 동영상(video)과 지식(knowledge)에 이르기까지 **모든 정보유형들을 망라한 통합된 정보표현이 가능**하게 되었다. 한편 정보의 처리측면에서도 덧셈 하나만으로 모든 **신술직 계산(arithmetic operations)들을 일률적으로 수행**할 수 있게 되었고, 기초적 논리연산들을 조합하여 문장을 구성하고 다양한 의미를 부여함으로써 **논리적 계산이나 일반적 추론을 포함한 통합적 처리가 가능**하게 되었다.

컴퓨터에 관한 모든 소프트웨어자원 즉 데이터와 컴퓨터프로그램들은 예외 없이 모두 컴퓨터파일형태로 존재한다. 컴퓨터파일은 인간의 개입 없이 **컴퓨터가 스스로 읽고 쓸 수 있는 능동적 속성**을 가지고 있다는 면에서 종이에 기록된 전통적 문서(파일)와는 근본적 차이가 있다. 하지만 종이문서에 쓰인 글자나 그림을 전기적 신호로 변환하여 컴퓨터파일로 만드는 과정은 (현재의 자연어처리와 정보표현 기술수준의 한계로 인하여) 여전히 여러 단계에서 인간의 개입이 필요한 실정이다. 실제적으로 음성이나 영상 등의 멀티미디어 정보는 마이크나 카메라를 이용하여 전기적 파형으로 바꾼 뒤 아날로그/디지털 변환기(A/D convertor)를 통해 (디지털) 컴퓨터 파일로 자동적으로 변환되는 반면, 글자로 쓰여진 정보의 경우에는 대부분 인간이 인식한 후 일일이 자판을 눌러서 컴퓨터 파일로 만드는 수밖에 없다(단, 정형화되어 있는 인쇄체 글자들을 입력하기 위한 문자인식시스템은 실용적으로 사용가능한 기술수준에 도달해 있다). 이때 종이에 쓰인 글자는 생각의 개념적 표식에 불과하지만 자판에서 해당되는 키(key)를 누름으로써 발생되는 전기적 신호는 컴퓨터가 인식 가능한 물리적 현상의 하나가 된다. 이러한 **컴퓨터 파일로의 변환에 의해 현실과 생각이 컴퓨터에 의한 처리가 가능한 능동적 자원으로 바뀌게 된다.**

4.5 컴퓨터 하드웨어

컴퓨터 하드웨어(computer hardware)는 컴퓨터의 물리적 구성요소들을 전체적으로 지칭하는 개념으로 컴퓨터의 소프트웨어에 상대되는 개념이다. 컴퓨터가 발명되기 이전의 전통적인 기계들은 하드웨어로만 구성되어 있었기 때문에 그 시대에는 소프트웨어와 하드웨어라는 구분이 필요하지 않았었다(지금의 소프트웨어가 담당하는 기능들은 그 시대에는 모두 인간의 몫이었다). 전체적 구조에서 보면, 컴퓨터가 보여주는 지능의 핵심인 융통성과 다양성을 제공하는 직접적 요소는 소프트웨어지만 그러한 지능적 기능들을 물리적으로 실현할 수 있게 해주는 하부구조는 하드웨어로 구성되어 있다. 이는 전 세계를 일일배달권으로 만드는 특급국제택배서비스의 경우에 담당자가 관련 정보시스템을 사용하여 배송을 기획하지만 그에 따라 배송을 실현하기 위해서는 고속도로망이나 항공시설 그리고 운송차량과 비행기와 같은 물리적 요소들로 이루어진 (하드웨어적) 하부구조가 필요한 것과 마찬가지다.

컴퓨터를 기능면에서 계층화해보면 가장 기본적 기능을 담당하는 계층이 하드웨어라고 할 수 있다. 엄밀히 말하면 하드웨어 중에서도 순수하게 정보처리를 담당하는 연산장치나 기억장치와 달리 실세계와의 연결을 위한 입출력장치들(모니터, 키보드, 프린터 등)은 연산장치의 제어를 받긴 하지만 본질적으로 전통적인 기계장치의 일종이다. 컴퓨터의 역할을 보면 인간에게 직접 정보를 제공하는 기능뿐만 아니라 전통적 기계들을 내부(embedded type)에서 또는 외부에서 제어하는 기능을 담당한다. 이와 같은 컴퓨터에 의한 제어기능에 의해 전통적 기계들의 기능들이 여러 측면에서 고도화될 수 있다. 전체적으로 보면 컴퓨터와 전통적인 기계는 상호보완적인 관계를 가진다고 할 수 있다.

4.5.1 컴퓨터 하드웨어의 전체적 구성

컴퓨터 하드웨어는 기능적으로 크게 연산장치(processor), 기억장치(storage), 그리고 각종 입출력장치들(input & output devices)로 구분할 수 있다. 이들은 컴퓨터 내부의 데이터 이동을 위한 기간(基幹)통로인 버스(Bus)에 의해 서로 연결되어 있다. 컴퓨터 하드웨어의 전체적 구조는 일반적으로 [그림 4.5]에서 보는 바와 같이 구성되어 있다. 즉, 연산장치는 컴퓨터 전체에 대한 제어와 중요한 계산을 대부분 담당하는 중앙연산장치(Central Processing Unit, CPU)와, 컴퓨터내의 다른 장치들내에서 자체적 제어를 위한 보조적 연산장치들(DMAC, MCU 등)이 있다(자동차에서 主엔진이 기본 동력을 담당하고 여러 소형 모터들이 부분적 구동을 담당하는 것과 유사하게 역할이 분담되어 있다).

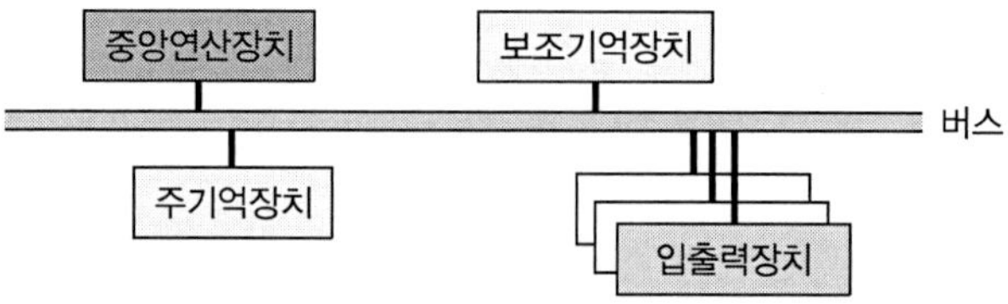

그림 4.5 컴퓨터 하드웨어의 전체적 구성

기억장치는 주기억장치(main memory)와 보조 기억장치(secondary storage)로 구분되어 있지만 속도와 용량 등에서 정량적인 차이만 있을 뿐 논리적으로는 이진적(+/− 극성, 고/저

전압값 등과 같이 두 가지 값만을 구분)으로 모든 종류의 데이터를 저장한다는 면에서 근본적 차이는 없다. 현재의 컴퓨터 구조(Von Neumann 방식)에서는 주기억장치만 중앙연산장치와 직접 연결되어 있고 따라서 주기억장치에 저장된 데이터만 중앙연산장치에 의한 계산에 직접 사용될 수 있다. 하지만 이와 같이 기억장치를 두 가지로 구분하는 것은 저장매체로 쓰이는 장치에의 접근속도(access speed), 저장용량(capacity), 저장의 지속성(volatility) 등의 물리적 성격 및 경제적 측면에 따른 임의적인 것이다. 이와 같은 두 가지 기억장치들의 물리적인 이질성(주기억 장치로 쓰이는 RAM은 반도체 소자인 반면 보조기억장치로 쓰이는 디스크는 기계적 장치라는 차이)에 기인하여 상호통합에 관련된 비효율이 적지 않다. 즉, 속도의 불균형뿐 아니라 전원의 공급여부에 따른 데이터의 보존성 여부, 논리적 데이터 구조상의 차이 등에서의 불일치가 여러 가지 기술적 문제점을 야기하고 있다. 이러한 문제들은 기계적 장치인 하드디스크가 반도체 소자인 플래시 메모리로 대체되고 있는 경향에서 보듯 반도체기술의 발전에 따라 주기억장치와 보조기억장치는 점진적으로 융합되면서 해소되어 갈 것이다.

입출력장치들은 사람과 컴퓨터사이의 정보교환을 위한 요소들로서 추상적 정보를 주고받는 일이라도 **인간이 정보를 실제로 입력하고 출력(인식)하는 과정은 물리적 내지 생물학적 작용을 통해 이루어진다**는 사실은 결코 변하지 않는다. 실제 인간사회에서도 사람사이에 개념적 생각을 전하기 위해서는 반드시 말이나 글을 통해야 하기 때문에 그 내용뿐 아니라 언변이나 글솜씨 같은 외형적 측면들(身言書判)이 언제나 인간세상을 살아가기 위한 중요한 처세방편이 되기도 한다. 옛날부터 교언영색(巧言令色)과 같은 겉치레는 주의의 대상이었지만 요즈음엔 거꾸로 본질보다 외형이 사람 평가에서 첫째 기준이 되어가는 것과 같이, 일반인들에게는 컴퓨터의 내부적 성능보다 입출력기능이 컴퓨터에 대한 직접적 판단기준이 되기 쉽다. 구체적으로 키보드가 마우스를 거쳐 터치스크린 또는 태블릿으로 궁극적으로는 자연어로 데이터입력방식이 바뀔 수는 있어도 (손가락에 의한) 기계적 접촉이나 (빛이나 음파로) 감각기관을 작동시켜야 한다는 사실은 결코 변하지 않는다. 출력(인식)방식도 스크린과 프린터에서 소리나 자연어를 매개로 하는 스피커로 다양화되어도 결국 시각과 청각 등의 감각기관이 인식하는 과정을 거칠 수밖에 없다. 따라서 입출력을 위한 기계적 장치들을 인간의 생물학적 특성에 맞추어 더욱더 발전시켜나갈 필요성은 영원히 계속된다.

■ 하드웨어 요소들의 물리적 특성

컴퓨터를 구성하는 하드웨어 요소들은 물리적 특성에 따라 전자적 장치들과 기계적 장치들로 대별할 수 있다. 하지만 기계적 장치들은 하드웨어 (주로 반도체) 기술의 발전에 따라 전자적 장치들로 지속적으로 대체되어가고 있다. 무엇보다 정보처리에 관한 한 전자적 처리가 기계적 처리에 비해 속도면이나 내구성 등에서 절대 유리하기 때문이다. 그리고 전자적 장치들의 상대적 약점이었던 고비용문제가 관련기술의 발전에 의해 점차 해소되고 있기 때문이다. 따라서 한 비트의 데이터를 보내기 위해 봉화대에 불을 피우던 통신방식이 초당 수백만 비트의 데이터를 보낼 수 있는 전기적 통신방식으로 바뀌고, 편지 한통을 전하기 위해 파발마를 타고 천릿길을 달려야 했던 것이 팩스를 이용하여 순식간에 전할 수 있게 되었고, 모터를 사용하는 기계식 하드디스크는 반도체로만 만들어진 전자식 플래시(flash) 메모리로 대체되고 있다. 그러나 이러한 **획기적 발전은 모두 정보처리에 관한 부분들에 국한되고 기계적으로 구현할 수밖에 없는 부분들의 발전은 상대적으로 더디다.** 구체적으로, 반도체칩으로 구성되는 CPU나 메모리와 같은 정보처리 관련(내부적) 장치들이 계산속도나 저장용량에서 메가(mega, 10^6), 기가(giga, 10^9), 테라(tera, 10^{12}) 단위로 기하급수적으로 발전하는 것과 비교하여, 기계적 장치들의 발전은 프린터의 초당 인쇄속도나 인쇄정밀도가 수십 년 동안 겨우 서너 배 개선되는 정도에 머물고 있는 사실에서 보듯이 완만하게 진행된다. 하지만 엄밀히 말하면 기계적(입출력) 장치들과 전자적(정보처리 관련) 장치들 간의 차이는 정량적 차이가 아닌 정성적 차이이기 때문에 단순 비교가 부적절하다고 할 수 있다. 예를 들어 계산속도가 10배 빨라지는 것과 화면의 해상도가 10배 정밀해지는 것과 같은 다른 차원간의 수치적 비교는 (어휘실력을 두 배로 늘리는 것과 체력이 두 배 좋아지는 것을 비교하는 만큼이나) 의미가 없다. 어쨌거나 자동차나 세탁기와 같이 물리적 작용을 최종 목적으로 하는 도구들은 컴퓨터칩들을 내장함으로써 성능이 고도화되긴 해도 최종적인 목적인 운반기능이나 세탁기능은 기계적 요소들에 의해 실현될 수밖에 없다. 심지어 정보기기로 분류되는 모니터나 프린터도 인간이 정보를 입력하거나 인식하기 위한 물리적 부분(시각적 표시, 종이에 찍는 동작)은 여전히 기계적 요소에 의존하기 때문에 발전이 제한적이어서 지금의 모니터나 프린터 등은 외형이나 성능(해상도 등)에서 수십 년 전과 상대적으로 큰 차이가 없을 수밖에 없다. 따라서 비(非)정보처리 부분을 담당하는 기계적 요소들의 발전은 상대적으로 어렵고 그만큼 더 가치가 높을 수밖에 없다.

4.5.2 중앙연산장치

중앙연산장치(CPU, Central Processing Unit)는 해당 컴퓨터에 대한 기본적 명령(instruction)들을 실행하고 컴퓨터의 모든 부분들을 제어하는 두뇌역할을 담당한다. CPU에 규정된 명령어들(Instruction Set)은 산술적 계산(arithmetic operations), 논리적 계산(logical operations) 그리고 데이터의 이동(data transfer)과 프로그램의 흐름(program flow)을 제어하는 그룹들로 나누어진다. 산술계산용 명령어는 기초적인 사칙연산들을 반복함으로써 미적분 등을 포함한 모든 수학적 계산들을 처리하게 되고, 논리적 계산용 명령어는 단순한 논리연산들을 여러 개 조합하여 사용하여 어떠한 논리적 연산도 수행할 수 있게 된다. 다시 말해 모든 산술적 계산은 (이진법) 덧셈을 수행하는 단순한 덧셈회로(binary adder)를 중첩하여 사용함으로써 구현이 가능하고(앞의 4.3.1절 참조), 비슷한 방식으로 모든 논리적 계산에 사용되는 논리곱(AND, conjunction), 논리합(OR, disjunction) 그리고 논리否定($\overline{x}$, negation) 등도 상응한 기능을 가진 간단한 논리 소자(gate)들을 조합하여 구현하게 된다. 더구나 산술적 덧셈기능을 위한 덧셈회로나 논리적 계산 기능을 위한 논리회로도 같은 전자회로의 **출력전압값들을 {0, 1}이나 {참, 거짓}으로 해석만 달리하는 셈**이기 때문에 산술적이냐 논리적이냐를 구별할 필요 없이 전자회로수준에서는 통일된 취급이 가능하다. 이를 제조측면에서 보면 모든 정보계산을 통일적으로 처리하는 반도체 칩(processor chip)을 수억 개 단위로 대량생산하여 효율을 극대화할 수 있게 되는 것이다. [그림 4.6]에서 보는 바와 같이, CPU는 내부적으로 계산부(ALU, Arithmetic and Logic Unit)와 계산의 매개변수들을 임시로 저장하는 데이터 저장부분(Register) 그리고 계산과정을 제어하는 제어부(Control Unit)로 구성된다.

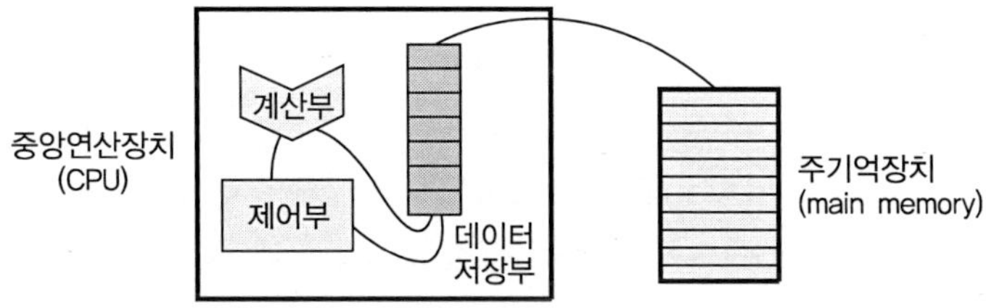

그림 4.6 컴퓨터의 중앙연산장치(CPU)의 구조

컴퓨터에는 중추 프로세서인 CPU 외에 컴퓨터의 다른 부분들을 자체적으로 제어하기 위하여 **제한적 계산기능만을 수행할 수 있는 보조 프로세서들이 사용**된다. 이와 같은 보조 프로세서들은 CPU의 지시를 받아 단순한 업무를 수행하고 그 결과를 보고하게 된다. 예를 들어 보조기억장치인 디스크의 작동을 자율적으로 수행하기 위한 제어장치(DMAC, Direct Memory Access Controller)나 프린터나 다른 입출력장치들의 자율적 작동을 위해 내장된 프로세서 등이 이러한 기능을 담당하는 보조 연산장치들이다.

컴퓨터의 기능은 일반적으로 계산 기능, 데이터저장기능, 입출력기능으로 구성되지만 응용분야의 성격에 따라 각 기능들에 대해 요구되는 성능이나 용량이 달라진다. 구체적으로 다양한 종류의 프로그램들을 실행하기 위한 범용 컴퓨터의 CPU는 내부에 계산기능만 가진 MPU(Micro Processor Unit) 타입이 채택되고 함께 필요한 대용량의 기억장치와 다양한 입출력장치들은 따로 외부에서 연결하여 사용한다. 반면 자동차, 로봇, 가전제품 등을 위한 특화된 제어에 주로 사용되는 경우에는 하나의 CPU칩에 계산 기능뿐만 아니라 기억장치 및 입출력 연결단자(I/O port)들과 같은 모든 요소들을 내부에 가지는 MCU(Micro Controller Unit) 타입이 사용된다. 최근 범용컴퓨터에서도 계산 기능들 중에서 멀티미디어정보, 특히 그래픽 정보의 처리수요가 급증함에 따라 그래픽 계산만 전담하는 프로세서(GPU, Graphic Processing Unit)를 다른 계산 기능과 분리하여 별도로 두거나 그래픽 처리기능을 대폭 강화한 중앙연산프로세서가 개발되고 있다(전체 산업에서 정보통신분야의 비중이 커지면 산업자원부에서 정보통신부가 분리되어 따로 생기는 것과 같다). 실제 인간에게도 시각적 정보가 받아들이는 정보의 대부분을 차지하기 때문에 시각정보처리기능이 인간두뇌의 가장 넓은 부분을 차지한다고 한다.

■ 컴퓨터의 다중적 업무처리

컴퓨터 처리속도를 높이는 목적은 하나의 업무를 빨리 수행하기 위한 경우와 여러 업무를 동시에 수행하기 위한 경우로 구분할 수 있다. [그림 4.6](a)에서 보듯이 여러 업무들이 하나의 프로세서(processor)를 나누어 사용하는 시분할(時分割, time sharing) 방식은 **병행처리**(concurrent processing)의 일종이다. 이 방식이 실현되기 위해서는 여러 업무들이 하나의 프로세서를 돌아가며 할당받아 사용하되 각 사용자는 돌아가며 사용하고 있다는 사실을 느낄 수 없을 정도로 빠른 주기로 할당되어야 한다. 하지만 이때에도 각 사용자가 독점적으로 사용하고 있다고 느낄 뿐 본질적으로는 동시 수행되는 업무들의 숫자가 늘어날수록 그에 비례해서 각 업무의 최종 처리속도가 늦어지게 되는 것은 당연하다. [그림 4.6](b)에서 보는 방식으로 여러 업무를 여러 개의 프로세서들이 각자 수행하는 방식은 **연방제적 처리**(federated processing)방식이라고 할 수 있으며 분산처리(distributed processing)의 일종이다. 이때 각 프로세서들 사이의 협조는 필요에 따라서 가능하지만 느슨하고 자발적인 형태가 된다.

[그림 4.6](c)에서 보여주는 바와 같은 **병렬처리**(parallel processing)는 하나의 복잡한 업무를 나누어 여러 개의 프로세서들에게 분담시켜 신속히 처리하는 방식이다. 이 경우 인간사회에서의 협업자들 사이에서와 마찬가지로 같은 업무를 분담하는 프로세서들 사이에도 **업무분담과 통신문제**가 중요하게 대두되게 된다. 하나의 업무를 여럿이 나누어 수행하면 수행속도가 빨라지는 것이 일반적이지만, 그 전제로 업무자체가 여러 개의 독립적 단위들로 분해될 수 있는 경우에만 이러한 협업방식이 적용가능하다. 예를 들어 많은 직원들을 위한 급여계산업무는 여럿이 나눔으로써 처리시간을 줄일 수 있는 반면 복잡한 미분문제는 여럿이 나누어 동시에 풀 수 없다. 실제로 인간의 두뇌는 기본적으로 여러 작업을 동시에 처리하지는 못한다. 하지만 한 업무수행 중에 다른 업무에 간간이 관여함으로써 여러 업무들을 동시에 진행시키는 **불완전한 병행처리**(concurrent processing)방식은 컴퓨터에서 인터럽트(interrupt)기능으로 실현되어 있다.

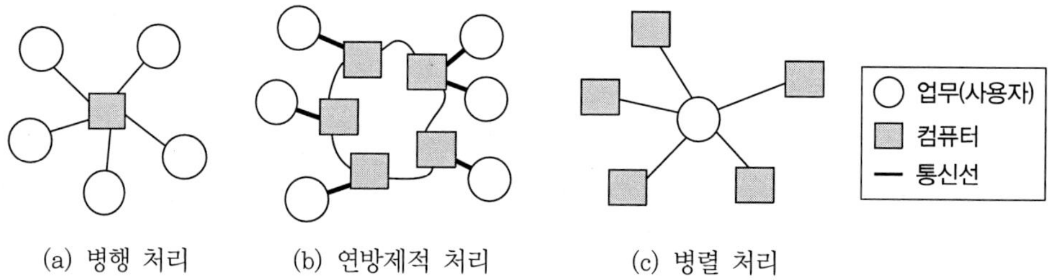

그림 4.7 컴퓨터의 다중적 업무처리 방식

■ 전자의 속도의 한계와 병렬처리

컴퓨터로 처리하고자 하는 개별업무들의 복잡성은 반도체칩의 계산능력의 발전속도보다 훨씬 더 빨리 늘어나고 있다. 일반인들에겐 상상의 영역일 뿐인 광년(光年, 9,460,800,000,000Km)이 천문학에서는 기본단위처럼 생각되듯이, 컴퓨터를 사용하는 업무처리에 관해서는 반도체칩의 구동속도의 물리적 바탕인 빛의 속도에 필적하는 전자의 속도조차 이미 충분히 빠른 속도가 아니다. 이와 같은 전자의 속도에 관한 물리적 한계를 극복할 수 있는 대안은 결국 개별 반도체 소자의 속도를 높이는 대신 반도체칩을 대량으로 사용하는 인해전술뿐이다. 이러한 인해전술식 컴퓨터처리방식은 다양한 병렬처리(parallel processing)시스템들로 실현되어 있다. 일반적으로 소형오토바이의 단기통 엔진보다 4기통, 6기통으로 기통수가 많을수록 성능이 높아진다. 듀얼코어(dual core)니 쿼드코어(quad core)니 하는 방식도 일종의 병렬처리시스템이지만 하나의 CPU 내에 두 개나 네 개의 동일한 계산기능요소들을 투입하는 방식이고 그 반면 일반적 병렬처리시스템은 서로 독립된 여러 프로세서들이 외부 통신선으로 서로 연결되어 업무를 적절히 나누어 처리하는 방식이다(때로는 수백만 개의 프로세서들이 연결된 병렬시스템도 있다).

일반적으로 업무를 여러 사람이 나누어 하면 처리시간을 단축시킬 수 있지만, 업무자체의 성격에 따라 분담할 수 없는 업무에는 해당되지 않는다. 예를 들어 수백만 명의 성적을 처리하는 경우와 같이 같은 계산을 단순 반복하는 업무는 여러 묶음(batch)들로 나누어서 각각의 프로세서들에게 할당하여 병렬적으로 처리하면 속도가 프로세서 개수에 비례하여 빨라지는 반면, 집을 지을 때 기초공사와 바닥공사, 벽 쌓기, 창문달기, 지붕공사 등처럼 순차적으로 할 수 밖에 없는 업무나 어떻게 분리해야할지 알기 힘든 복잡한 수학적 증명문제와 같은 업무들은 병렬처리를 적용할 수 없다. 따라서 병렬처리방식으로 처리속도를 높이기 위해서는 업무의 성격이 몇 개의 어려운 전제조건을 만족시켜야 한다. 즉, 업무가 독립적인 부분들로 분리할 수 있어야 하고, 분리된 각각의 부분업무들의 처리 결과를 서로 연결시키면 전체업무를 분리하지 않고 실행했을 때와 같은 결과를 얻을 수 있어야 한다. 이와 같이 분리된 부분업무들을 실제로 병렬처리하기 위해서는 **부분업무들을 각 프로세서들에게 적절히 배분하는 스케줄링기법과 함께 이러한 업무들을 실행할 개별 프로세서들을 서로 연결할 효율적 통신망이 기본적으로 필요**하게 된다. 이와 같이 업무의 분리 및 할당 방안과 상호 연결을 위한 통신채널이 필수적임은 일반세상에서 하나의 조직이 업무를 여러 구성원들이 나누어 수행할 때 효율적 업무분장 원칙과 원활한 상호 협의채널이 전체업무의 성패를 가르는 필수적인 조건임과 다르지 않다.

▪ 슈퍼컴퓨터의 처리속도

컴퓨터 중에서 최고의 계산속도를 가진 슈퍼컴퓨터의 발전속도를 보면, 1996년에 1 tera-flops(초당 1조번의 부동소수점 계산)를 기록했으며, 2000년경엔 100 tera-flops, 2010년엔 1 peta-flops(초당 1000조번의 계산)을 달성했고, 몇 년 후엔 exa-flops(초당 백만 조 즉 1,000,000,000,000,000,000번의 계산) 달성을 목표로 잡고 있다. 하지만 일반인들로서는 그렇게 빠른 계산속도를 어디에 쓰느냐가 궁금해지기도 할 터이다. 전통적으로는 물질의 분자구조 모델링, 자동차의 충돌 시 차체와 승객에 가해지는 충격 분석, 핵융합장치의 설계 등 고도의 과학기술분야에 속하는 작업들이 주된 적용분야였다. 근래에는 단순히 기존의 업무의 정확도나 기기의 정밀도를 높이는 일만 해도 계산속도와 저장용량에 대한 요구조건이 끝없이 높아지고 있다. 예를 들어 고화질 텔레비전(high-definition TV)과 같이 디지털 TV의 해상도를 네 배(가로 2배 × 세로 2배) 높이려면 처리속도와 저장용량도 네 배가 필요하다. 그 외에 컴퓨터게임의 경우에도 빠른 처리속도를 이용하면 더욱 기상천외한 상황들을 정교하고 다양하게 연출할 수 있다. 예를 들어 여러 개의 물체들로 구성된 게임 속 상황에서, (일견 간단해 보이는) 물체들 간의 충돌여부를 찾아내는 컴퓨터 알고리즘을 실행하기 위해서 필요한 계산속도가 물체의 개수에 비례하여 기하급수(즉, N개의 물체에 대해서 ${}_NC_2 = \frac{N(N-1)}{2}$, 만일 N이 10개에서 100개로 늘어난다면 $10^2 = 100$배의 계산이 필요) 로 늘어나게 된다. 또한 물체의 시각적 표현(rendering)을 이차원에서 삼차원으로 늘리기 위해서는 계산량이 몇 십 배로 늘어나게 되는 등 컴퓨터산업에는 언제나 공급이상의 계산수요가 끊임없이 창출된다.

한편 끝없이 늘어나는 계산수요들에 부응하여 엄청난 계산속도를 낼 수 있는 엑사(exa, 10^{18})급 슈퍼컴을 개발하는데 필요한 핵심기술 중 하나가 컴퓨터의 에너지 소비를 줄이는 것이다(이는 에너지에 관한 비용문제뿐 아니라 컴퓨터에서 발생하는 열을 냉각하는 문제도 관련되어 있다). 이러한 현실은, 오직 계산속도로만 인간 두뇌의 효율적 계산내지 다차원적인 사유를 대신하는 현재의 컴퓨터계산방법이 현저히 비효율적임을 반증하고 있다. 말하자면 이러한 비효율적(單線的) 계산방법은 거대한 데이터 저장용량과 상상을 초월하는 계산속도를 필요로 하고, 그에 따라 엄청난 에너지 소비를 필요로 하게 되는 것이다(머리가 나쁘면 몸이 피곤하다?). 이러한 비효율을 극복하고 컴퓨터가 충분히 인간답게 되는 데는 2.5 아인슈타인이 필요하리라는 상징적 이야기가 있다. 그러한 획기적 발전을 이루기 위해서는 단순히 컴퓨터의 계산속도를 높이는 정량적 진보가 아닌 **탈각적 정보표현방법과 획기적 알고리즘들의 개발**에 아인슈타인(의 상대성 이론)과 같은 혁명적 도약이 두 번 이상 필요하다는 의미이다. 물론 그러한 발전이 이루어지기까지는 아무리 빠른 컴퓨터를 개발하여도 그에 따라 응용분야도 그 이상 고도화되기 때문에 고속계산에 대한 수요가 모자랄 염려는 없다. 마찬가지로 끝없는 기술발전에도 불구하고 컴퓨터 저장매체 또는 메모리반도체칩에 대한 수요도 별로 걱정할 필요가 없어 보인다.

4.5.3 기억장치

컴퓨터의 구성요소 중에서 기억장치(Storage)는 데이터를 저장하는 기능을 담당하는 장치로서, **주기억장치**(Main Memory)와 **보조기억장치**(Secondary Storage)로 대별된다. 컴퓨터 구조상 데이터(프로그램 포함)는 주기억장치에 저장되어 있어야만 CPU가 직접 읽고 쓸 수 있게 되어 있기 때문에, CPU가 프로그램을 구성하는 명령어들을 실행하기 위해서는 해당 **프로그램 및 관련 데이터가 주기억장치에 미리 저장**(resident)되어 있어야 한다. 반면 보조기억장치는 파일형태의 모든 데이터를 전원의 공급여부와 관계없이(전원을 꺼도) 지속적으로 유지할 수 있는 저장장치이다. 이 두 종류의 기억장치는 동작속도(access speed), 저장용량(storage capacity) 그리고 데이터 지속성 여부(volatility)와 같은 주요 특성들에서 현격한 차이를 보인다. 그 외에 동작전압이나 최대로 가능한 읽고 쓰기 횟수 등도 실용적인 관점에서 기억장치의 중요한 특성이 된다. 근래에는 모바일 기기들의 대중화에 따라 전력소모특성이 추가적으로 핵심적 특성이 되고 있다. 구체적으로, 주기억장치로는 동작속도가 첫 번째 고려사항이기 때문에 SRAM(Static Random Access Memory)이나 DRAM(Dynamic Random Access Memory)등과 같이 상대적으로 속도가 빠른 램(RAM) 메모리칩이 사용된다. 이러한 메모리칩들은 전원이 공급되지 않으면 데이터가 지워지는 휘발성(volatile)일 뿐 아니라 특히 DRAM은 끊임없이 충전(refresh)을 해주어야 하는 단점들에도 불구하고 경제성과 속도면에서 상대적 경쟁력을 가지고 있다. 반면 보조기억장치는 속도가 상대적으로 느리더라도 전원과 무관하게 지속적 저장이 가능한 비휘발성이라야 하고 저장용량이 커야하기 때문에 디스크(일반디스크, 하드디스크, 컴팩트디스크(CD) 등)가 주로 쓰인다. 최근에는 반도체기술의 발전에 따라 전자식 저장매체인 플래시 메모리(flash memory)가 대용량화되면서 기계적 저장장치인 디스크들을 점차 대체해 나가고 있다. 이에 관해 최근 일반화되고 있는 USB (Universal Serial Bus)와 SSD(Solid State Disk) 등이 플래시 메모리를 상용화한 대표적 규격들이다. 일반적 정보기기들과 마찬가지로 기억장치도 기계식이냐 전자식이냐에 따라 입출력속도뿐 아니라 내구성과 전력소모에서도 차이가 크다. 이미 테라바이트(10^{12} Bytes)급의 디스크나 수십 기가비트(10^9 bits)짜리 반도체칩으로 만든 보조기억장치가 나오는 등 저장밀도가 기하급수적으로 높아지고 있지만 인간의 두뇌의 저장효율(단위 면적당 정보의 저장량)이 궁극적으로 달성할 수 있는 목표이자 한계가 아닐까 생각해 본다(물론 인간 두뇌는 근본적으로 다른 정보표현 내지 저장방법을 사용하고 있어 단순히 밀도를 비교하는 것이 타당하지는 않다).

▪ 기억매체 유형들 간의 동작속도차이와 버퍼링

컴퓨터에서 프로그램이 실행되는 과정을 보면, 보조기억장치에 저장되어 있던 프로그램 파일이 읽어 들여져서 주기억장치에 저장되고, 다시 중앙처리장치(CPU)내의 저장부인 레지스터(register)에 읽어 들여져서 임시로 저장된 후, 계산부(ALU)에서의 계산 및 처리를 위한 입력으로 제공된다([그림 4.8]에서 ①→②→③의 순서로 이동). 이때 관련된 모든 저장매체들이 순차적으로 프로그램의 실행에 영향을 미치기 때문에 각각의 저장매체의 동작속도가 모두 중요하다. 즉, [그림 4.8]에서와 같이 저장매체 종류간의 계층구조에 상응하는 속도들(위로 갈수록 빠른 속도를 보이지만 용량은 감소)이 순차적으로 전체 프로그램 실행속도에 영향을 미치게 된다. 이러한 매체들의 동작속도들이 모두 인간이 인지할 수 없는 빠른 속도들이긴 하지만 상대적인 속도차이는 엄청나다. 예를 들어 근래 사용되는 일반적인 CPU가 몇 백 pico-second (10^{-12})단위, RAM이 몇 nano-second (10^{-9})단위 그리고 디스크가 몇 십 mili-second (10^{-6})단위를 주기로 작동한다면 인접 저장장치들 사이에서도 속도가 적어도 수십 배 내지 수만 배 차이가 난다. 별다른 조치를 하지 않으면 그 중 가장 늦은 매체의 속도에 컴퓨터의 전체속도가 묶이게 된다. 이러한 속도차이를 해소하기 위해 도입된 여러 가지 방안들 중 하나로, 현격한 차이를 완충하기 위한 일반적인 버퍼(buffer)개념을 각 계층의 장치들 사이에 사용한다. 즉, 디스크와 메모리(RAM) 사이의 속도차이를 극복하기 위해 메모리의 일부를 버퍼로 지정하고 디스크에 저장되어있는 데이터(파일의 내용)가 요구되기 전에 미리 버퍼에 읽어 들여 놓는다(이때 효율적 버퍼운용을 위해서는 곧 사용될 데이터에 대한 사전 예측이 중요하다). 한편 RAM과 CPU사이에서도 비슷한 버퍼개념(이 버퍼를 특히 캐쉬 메모리(cache memory)라고 부른다)을 사용한다. 추가적인 속도차이 극복방안으로, RAM에 비해 늦은 속도를 가진 디스크는 글자단위 대신 한꺼번에 수백 개의 글자들을 덩어리(block) 단위로 읽고 쓰는 접근방식을 사용한다. 이는 비행기와 화물선을 연결하여 노선을 구성할 때 초대형 화물선을 사용한다면 비행기와의 속도차이를 극복할 수 있는 것과 비교된다.

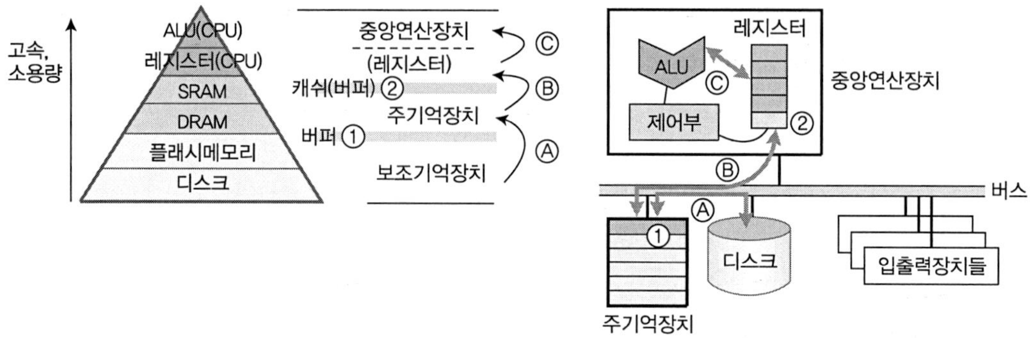

그림 4.8 컴퓨터 기억매체들의 속도별 계층 구조

■ **주기억장치와 관리기법**

주기억장치(Main Memory)는 컴퓨터 작동 시 필요한 프로그램과 데이터가 저장되는 장치이다. 주기억장치의 저장매체로는 SRAM과 DRAM 등의 RAM들로 구성된다. SRAM이 DRAM보다 상대적으로 속도가 빠르지만 집적도가 낮아서 (그리고 같은 저장용량이라면 가격이 비싸서) 주로 DRAM으로 주기억장치를 구성하는데, 이 때문에 생기는 CPU와 주기억장치사이의 현격한 속도차를 완화하기 위해 중간에 캐쉬 메모리(cache memory)를 두어 버퍼기능을 담당하게 하고 있다. 한편 DRAM 자체도 오랫동안 비교적 가격이 비싼 기기로서 원하는 만큼 충분한 용량이 확보되기 힘들었었다. 다시 말해 RAM(반도체칩)의 가격이 하락하는 속도 이상으로 프로그램의 크기나 데이터의 용량이 증가하기 때문에 그리고 보통 여러 프로그램들을 동시에 실행하기 때문에 언제나 요구되는 주기억장치의 용량에 비해 크기가 부족하기 마련이다. 그러나 RAM의 속도는 프로그램 실행속도에 직접 영향을 미치게 되고, 한편으로는 프로그램을 실행하고자할 때 그 프로그램이 이미 주기억장치내에 저장되어 있느냐에 따라 프로그램 실행속도가 현저히 달라진다.

일반적으로, 주기억장치의 크기가 실행되고 있는 모든 프로그램들과 요구되는 데이터를 모두 수용할 만큼 충분하지 않기 때문에 프로그램을 실행하는 매 순간마다 즉시 필요한 부분(극단적으로는 해당 명령문 한줄)만 주기억장치에 저장되어도 성능이 크게 저하되지 않고 실행될 수 있는 기술이 고안되었다. 가상메모리(VM, virtual memory) 기법으로 불리는 이 메모리공유기법은 프로그램들의 메모리 사용행태에 대한 예측에 기초하고 있다. 이 효율적 메모리기법의 적용 이후로 사용자들은 비로소 주어진 주기억장치의 크기에 관계없이 대규모의 프로그램들을 동시에 실행할 수 있게 되었다. 이와 같은 고도의 기법도 그 기본 원리는 **단순히 '프로그램에서 어떤 부분이 실행되면 이어서 그 부분의 주변부도 실행되는 경우가 대부분'이라는 일종의 관성 법칙**(locality of reference)**에 따른 예측**에 근거하고 있다. 이 법칙에 따라 프로그램에서 현재 실행되고 있는 부분과 함께 그 인근 부분을 주기억장치에 미리 불러들여놓으면 그 부분 중에 다음에 실행할 부분이 속해있을 확률이 아주 높기 때문이다. 어떤 범죄가 발생했을 때 범인이 범죄 현장의 주위에 숨어있을 가능성이 높고(따라서 범행현장의 주변을 먼저 수색하게 되고), 사람들도 출생지 주위에 계속 거주할 가능성이 높은 것과 같은 현상들도 관성의 법칙의 예들이라고 볼 수 있다.

■ **보조기억장치**

보조기억장치(Secondary Storage)는 최종적 데이터 저장장치로서 전원공급여부와 관계없이 데이터가 유지되는 비휘발성(non-volatility)이어야 하고 또한 대용량이 필수적이다. 보조기억장치에 저장되는 정보는 모두 파일형태로 저장된다. 보조기억장치의 대표격인 디스크는 기계적 매체로서, DRAM에 비해 현저히 늦은 디스크의 속도를 보완하기 위해 글자단위 대신 블록(500~1,000 글자)단위의 접근 방법을 사용한다. 디스크는 전자적 매체에 비해 가격면에서 상대적으로 우위를 보이지만 속도나 내구성면에서 여러 가지 단점들이 있기 때문에 반도체 가격의 하락에 따라 전자식 보조기억매체인 플래시 메모리에 의해 점차 대체되고 있다. 한편 임의적 접근(random access)이 가능한 디스크류 (CD, DVD 포함)와는 달리 순차적 접근(sequential access)만 가능한 자기(磁氣)테이프(cartridge)는 온라인 사용이 아닌 유사시의 예비적 사용을 위한 장기보관용(backup, archive) 저장매체로 사용되고 있다.

4.5.4 컴퓨터 주변기기(입출력 장치)

컴퓨터 하드웨어를 계산과 데이터 저장을 담당하는 본체와 그 외의 장치들인 주변기기(peripheral)들로 나눌 수 있다. 이때 주변기기들은 주로 모니터, 키보드, 프린터, 마우스, 스피커와 같이 컴퓨터와 외부세계를 연결해주는 입출력을 위한 장치들(Input/Output devices)이다. 구조적으로 보면 주변기기는 컴퓨터에서 두뇌역할을 하는 본체와는 별개인 독립된 장치들이다. 엄밀하게 말하면 키보드와 모니터와 같이 모든 컴퓨터에 기본적으로 장착되는 주변기기들도 컴퓨터에서 본질적인 부분은 아니라고도 할 수 있다. 즉, 키보드는 외부에서 데이터를 입력하기위한 장치이고 모니터는 계산결과를 있는 그대로 외부에 보여주는 장치에 불과하다. 따라서 키보드가 없거나 모니터를 꺼도 컴퓨터는 (외부에서 입력을 제공하거나 뭘 하는지 볼 수는 없지만) 프로그램을 통해 미리 시킨 일을 내부적으로 실행한다. 보지 못하거나 말을 하지 못하는 사람이라도 생각은 여느 사람들과 같이 하고 있는 것과 마찬가지다. 그러나 아무리 대단한 생각을 가졌더라도 외부로 표현하고 실천하지 않는 사람은 세상에 도움이 될 수 없듯이 컴퓨터와 같은 정보기기들은 실천의 기기인 기계적 장치들을 통하지 않고는 실제적 효과를 발휘할 수 없다. 이러한 사실은 기계분야에 강점을 가진 일본이나 독일이 국가적 위기상황들을 거치면서도 변함없이 경쟁력을 유지하는 것과도 맥이 닿아 있다.

입출력장치는 사용자가 컴퓨터에 정보를 입력하거나 컴퓨터가 외부에서 정보를 받아들이고 컴퓨터가 생산한 정보를 사용자에게 제공하는 장치들로서, 인간으로 치면 시청각 기능을 담당하는 감각기관과 외부로의 표현을 위해 말과 제스처를 행하는 입과 손발 등의 기관들에 해당한다. 기본적인 주변기기인 키보드와 모니터 그리고 저속의 프린터로 이루어진 초기의 주변기기 구성에서 시작하여 기술발전에 따라 다양한 주변기기들이 지속적으로 발진되고 추가되어왔다. 구체적으로 컴퓨터의 입력장치들을 인간의 입력기관들과 비교한다면 눈과 귀에 해당하는 카메라와 마이크는 기본 장치인 키보드에 비교하여 비교적 근래에 도입되었다. 카메라와 스피커가 자체 역사에 비해 늦게 컴퓨터에 도입된 이유는 초기의 컴퓨터가 숫자와 글자 정보만을 다루다가 나중에야 시청각 정보, 즉 멀티미디어 정보를 수용하였기 때문이다. 그리고 글자정보만을 입력할 수 있는 키보드의 한계를 극복하기 위하여, 마우스를 사용하여 아이콘(icons)이나 메뉴(menu) 등을 단순히 클릭함으로써 손쉽게 입력할 수 있게 되었다. 이에 더하여 그림 자체를 사람이 그리는 대로 입력하기 위한 태블릿(tablet)이나 키보드나 마우스를 거치지 않고 직접 스크린 상에 손으로 입력할 수 있는 터치스크린(touch screen)이 일반화되고 있기도 하다. 한편 출력장치를 보면, 인간은 기본적으로 입으로 말을 하거나 몸짓을 사용하고 추가적으로 문자를 이용하거나 그림을 그리기도 하는 반면 컴퓨터는 기본적으로 모니터라는 시각적 장치를 제공하여 문자정보뿐 아니라 그림 그리고 동영상까지 보여줄 수 있다. 그리고 문자로 된 정보를 종이문서(hard copy)로 남기는 기능을 가진 프린터는 컴퓨터 등장 초기부터 사용되어왔다. 이와 같은 프린터들이나 대형의 도면이나 정교한 그림을 출력하기 위한 플로터는 해상도나 속도가 획기적으로 개선되었으나 근본적(정성적) 변화는 없는 전통적 장치에 속한다. 그리고 청각 정보에 관해서는 초기의 소리출력기능(스피커)은 비상상황을 알리기 위한 비명소리(beep)가 고작이었지만 이제는 본격적 스피커가 기본적으로 장착되어 음악이나 말을 출력하는 완전한 입의 역할을 하고 있다.

컴퓨터전문가들이 주사용자였던 컴퓨터시대 초기에는 본체를 구성하는 중앙처리장치와 주기억장치의 역할이 중요했으나, 응용분야와 사용자의 저변이 확대됨에 따라 점점 **주변이나 사람과의 소통을 위한 기능과 장치가 중요**해지고 있다. 근래 들어서, 이동이 가능한 컴퓨터(mobile computer)인 노트북 PC나 스마트폰을 중심으로 방위(location)나 (가)속도, 중력(gravitation), 접촉여부, 조도(luminance) 등을 감지할 수 있는 다양한 입력장치(input sensor)들을 추가하고 있다. 이러한 센서들은 보통 인간이 가진 감각기능들보다 정확도가 높기도 하고 어떤 기능들(적외선 카메라나 위치센서 등)은 생물학적 인간이 가지지 못한 것들도 있다. 나아가 새로 개발된 지능형 기기들이나 새로운 저장장치들도, 표준화되어 있는 컴퓨터 연결단자(USB 등)들을 통해 지속적으로 추가시킬 수 있게 설계되어 있다.

전반적으로 입출력장치는 정보와 실제 세상이 만나는 부분으로서 기계적 요소들을 많이 포함하고 있기 때문에, 일견 전자적 요소가 대부분인 컴퓨터의 다른 부분들에 비해 상대적으로 발전이 늦은 것처럼 보인다. 반면 관련 기술들의 발전에 힘입어 입출력장치들의 가격이 낮아짐으로써 대중화가 이루어지고 대중화가 다시 대량생산을 가속화하여 가격이 더욱더 하락하게 되고 추가적 기술개발을 가능하게 하는 측면에서는 대체적인 선순환이 이루어지고 있기도 하다. 하지만 지나침은 언제나 부작용을 부르는 법인지라, 키보드 하나가 커피 한잔 값보다 싸져 (환경파괴비용은 고려치 않고) 일회용품으로 취급될 정도로 물자가 낭비되는 부작용이 걱정되는 지경이다.

4.6 컴퓨터 소프트웨어

컴퓨터의 구성요소로서 소프트웨어는 물리적인 하드웨어와 대별되는 부분이다. 하드웨어가 바꾸기 어려운 요소들인 반면 프로그램과 데이터로 구성된 소프트웨어는 필요에 따라 **쉽게 바꿀 수 있는 특징**을 가진다. 소프트웨어(software)란 용어는 컴퓨터의 등장과 함께 하드웨어(hardware, 鐵物)에 상대되는 용어로 사용되기 시작하였다(근래 들어서는 소프트웨어의 의미가 컴퓨터에 국한되지 않고 일반적 개념으로 사용되면서, 손에 잡히는 물리적 요소들을 제외한 눈에 보이지 않은 형이상학적 요소들을 지칭하는 말로도 쓰이고 있다). 컴퓨터의 전체적 구성에서, 반도체칩들이나 기계장치들로 구성된 가장 저위의 하드웨어계층을 제외한 상위의 모든 계층들이 소프트웨어로 구성되어 있다. 일반적으로 **상위계층은 하위계층이 제공하는 여러 기능들을 이용하여 자신의 기능을 실현**하게 된다. 이러한 소프트웨어를 세분해 보면, [그림 4.9]에서 보는 바와 같이 하드웨어를 제어하는 운영체제와 그 운영체제가 제공하는 기능들을 활용하는 응용소프트웨어들이 차례로 차상위 소프트웨어계층들을 이루게 된다. 실제로는 운영체제 자체만으로도 국가를 운영하는 정부와 비견될 정도로 매우 복잡한 시스템이기 때문에 추가로 여러 세부계층들로 나누어져 구성된다. [그림 4.9]에 주어진 소프트웨어구성의 구체적 내용을 살펴보면, 운영체제를 구성하고 있는 핵심요소의 하나인 파일시스템이 ①의 경우와 같이 문서편집기(word processor)와 같은 응용소프트웨어나 데이터베이스관리시스템(DBMS)과 같은 시스템소프트웨어를 지원하는 하부계층(infrastructure)으로 기능하기도 하는 한편 사용자 ③의 경우와 같이 최종사용자에게도 직접 사용가능할 수 있도록 열려있음을 보여주고 있다. 한편 DBMS는 ④에서와 같이 응용소프트웨어들인 설계소프트웨어나 게임소프트웨어를 지원하는 하부계층을 이루기도하고 사용자 ②에서처럼 최종사용자가 직접 사용할 수도 있는 최상위 소프트웨어계층이 되기도 한다.

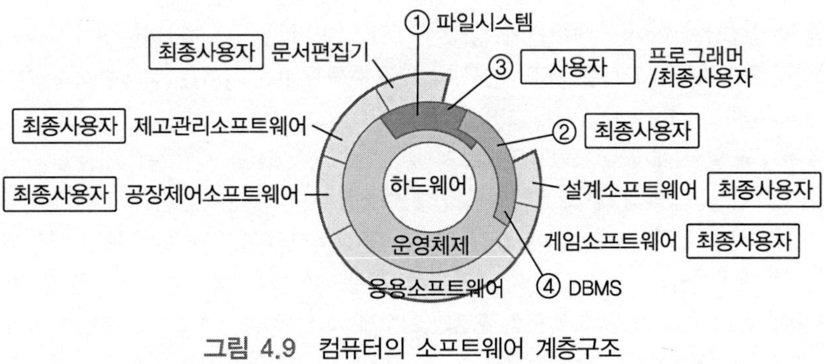

그림 4.9 컴퓨터의 소프트웨어 계층구조

■ **소프트웨어의 중요성**

디즈니랜드 놀이동산의 인기 볼거리중의 하나인 해적을 주제로 한 놀이시설('Caribbean Pirates)에서는, 수많은 해적들과 그 외의 다양한 사람들의 모형이 진짜 사람들로 착각할 정도로 자연스럽게 동작하고 있다. 하지만 이들의 정교하고 생생한 움직임들은 모두 예외 없이 모터가 제공하는 회전운동을 다양하게 활용한 결과이다. 한편 단순한 기능만을 가졌지만 아주 빠르게 동작하는 전자적 스위치에 기초한 컴퓨터는 인간의 다양한 지적 활동을 포함하여 세상에서 일어나는 모든 현상들을 모사(simulation)할 수 있는 잠재력을 갖고 있다. 이와 같은 잠재력을 현재화(顯在化)할 수 있는 원천은, 컴퓨터 하드웨어가 가진 단순한 계산능력을 십분 활용하여 사람들이 원하는 수많은 기능들을 실현할 수 있게 하는 소프트웨어의 유연함에 있다. 이와 같은 소프트웨어의 역할은 전체적으로 같은 모터를 사용해서 수 만 가지의 움직임을 만들어 내는 기계 설계자의 역할과 비교될 수 있지만, 논리적 난이도에서 기계설계와는 비교할 수 없을 만큼 복잡한 내용들을 프로그래밍 언어를 사용하여 구현(implementation)하는 과정을 거치게 된다. 이와 같이 컴퓨터(하드웨어)의 기초적 계산기능을 소프트웨어로 다양하게 조합하고 제어함으로써 하드웨어로만 구성되었던 전통적 기계에서는 실현하기 어렵거나 불가능했던 복잡하고 다양한 기능들을 쉽게 실현할 수 있게 되었다. 즉, 자전거, 세탁기, 탈곡기 등의 전통적인 기계는 고정된 하드웨어만으로 이루어져있어서 정해진 한 가지 업무만을 할 수 있는 있었던 반면 컴퓨터라는 기계는 소프트웨어를 바꿔줌으로써 다양한 업무를 해낼 수 있다. 이와 같이 컴퓨터 소프트웨어는 컴퓨터가 전통적 기계들과 달리 인간의 고유한 특질인 다양성과 융통성을 상당한 수준에서 흉내낼 수 있게 해주는 핵심요소이다.

■ **소프트웨어와 애플의 재부상(再浮上)**

아이폰을 앞세운 애플사가 정보시대의 선두기업으로서의 위치를 선점할 수 있었던 데는 운영체제를 포함한 소프트웨어에서의 전통적 강점이 주 무기가 되어왔다. 하지만 애플사는 (하드웨어) 기기를 생산하는 제조공장을 가지고 있지 않고 설계와 판매만 담당하고 있는 사업방식을 채택하고 있다. 따라서 다른 경쟁사들과 비교할 때 하드웨어에 관련해서는 특별히 강점을 가질 요인이 별로 없다고 볼 수 있다(대량 판매에 따른 가격협상력은 사후적 결과일 뿐이다). 그런 평균적 조건에서 이루어낸 아이폰의 성공에 대한 일반적 분석에 따르면, 정보기기의 기본 설계는 평이하지만 응용소프트웨어의 다양성과 사용자들을 매료시키는 섬세한 사용자 인터페이스로 효용을 높이고 사용자 편의를 고양했다고 평가되고 있다. 그와 함께 정책적인 요소(광의의 소프트웨어의 일부)에서의 성공요인으로서, 무엇보다도 애플사의 정보기기들을 사용하여 정보(응용프로그램 및 음악과 동영상 데이터)를 거래하는 사이버 장터인 앱스토어(AppStore)를 성공적으로 정착시킨 점이다. 사실 장터라는 개념은 콜럼버스의 달걀과 같이 누구라도 생각할 수 있는 일반적 개념이지만, 소프트웨어개발자들과 통신회사들과 같은 수많은 시장참가자들의 협력을 이끌어내어 사업화하는데 **발군의 조정자(시장개설자인 애플사와 소프트웨어개발자들 사이의 적정한 이익배분비율이 핵심)로서의 안목과 수완이 제품의 수월성과 어우러져 성공**을 가져오게 된 것이다. 이러한 성공적 시장선점에 의해 수많은 시장참가자들을 확보하게 됨으로써 록펠러가 유전들을 선점하고 최초로 철도를 부설함으로써 얻은 것과 마찬가지로 선점에 따른 막대한 기득권을 차지할 수 있었다. 즉, 애플이 개설한 시장을 이용하는 사람은 정해진 시장운영규약(아이폰의 운영체제나 그중에서도 사용자 인터페이스가 핵심)을 준수할 수밖에 없고 (규약이 다른) 여타 시장으로 옮겨가기가 쉽지 않기 때문에 기득권은 상당히 강고하다고 할 수 있다. 이러한 **사이버 신대륙의 발견과 그에 이은 많은 참가자들의 자발적 참여는 다양한 영역들에 걸친 사업범위를 포괄하는 새로운 사이버 문명이 생겨날 수 있는 출발점**이 되고 있다. 한 국가가 설립되면 그 영역 속에서 여러 가지 활동들과 문화들이 생겨나게 되듯이, 사이버 세상의 애플제국(i-empire)이 iPod, iPhone, iPad에서 iTV와 iCar를 차례로 시도하는 것을 보면 iUniverse로 천하를 제패하는 것까지 꿈꾸지 않을까 싶다. 국가의 구성요소가 지리적 영토라는 요소만 제외하면 대부분 규약들에 의해 규정되는 제도들이라는 사실에 비추어보면, 사이버제국속의 **애플장터의 존재근거가 대부분 규약들**인 것은 당연하다고 할 수 있다.

정보시대가 진전됨에 따라, 하드웨어보다는 **규약들이나 그와 관련된 기술들을 포함한 소프트웨어쪽으로 정보산업의 무게중심이 이동**하는 것은 자연스러운 전개과정이다. 필자가 실리콘밸리에서 근무하던 30년 전에도 이미 애플사는 매킨토시 컴퓨터를 공개하면서 당시로는 획기적인 그래픽 운영체제를 선보인 바 있으니, 아이폰의 출현을 가져온 실리콘밸리나 애플의 소프트웨어분야에서의 기술적 문화적 뿌리가 상당히 깊다고 볼 수 있다. 실제로 정보산업에서 가장 하드웨어적 요소라고 할 수 있는 반도체칩을 만드는 대표적 회사인 인텔(Intel)이나 모토롤라(Motorola)에서 조차 근무하고 있는 대부분의 엔지니어들이 하드웨어보다 소프트웨어 업무에 종사하고 있다.

■ 소프트웨어의 예술적 특성

하나의 주제에 대해 사람마다 다른 작문을 써내듯이 동일한 기능을 목표로 하더라도 개발자(또는 개발팀)마다 다른 소프트웨어를 만들어 내게 된다. 따라서 소프트웨어개발의 노동생산성을 비교한다면 개인차가 비교적 적은 육체노동은 물론이고 일반적 정신노동들보다도 개인차가 훨씬 커지게 된다(이때 컴퓨터의 빠른 속도가 개인차를 증폭시키는 역할을 한다). 현실적으로는 국가지도자의 통지권적 판단이나 예술가들의 작품에 대해서는 생산성이라는 것이 별 의미가 없듯이 소프트웨어 즉 프로그램의 생산성을 판단하는 객관적 잣대를 만드는 것은 실제적으로 불가능에 가깝다. 소프트웨어 중에서도 정보찾기(search)나 정보배열(sorting) 등의 정형화된 기능을 위한 요소프로그램들에 대해서는 처리속도나 저장매체 소요용량을 비교의 잣대로 삼을 수는 있지만, 일반적인 (복잡한) 소프트웨어에 대해서는 기능의 다양성이나 사용의 편의성 등을 포함한 수많은 측면들을 종합적으로 판단하기 때문에 어느 측면에 주안점을 두느냐에 따라 평가가 주관적이거나 상대적일 수밖에 없다. 이와 같이 소프트웨어는 절대적 평가가 현실적으로 불가능하다는 면에서 가치판단을 위한 객관적 기준이 없는 예술과 유사하다. 그리고 소프트웨어 개발에 높은 창의성이 요구된다는 면에서 보면 소프트웨어 개발자는 예술가에게 필요한 소양을 갖추어야 한다고 할 수 있다. 한편 예술이 추상적인 가치를 추구하는 것과는 달리 소프트웨어는 인간생활속의 제 문제들에 대한 실제적인 해결을 목표로 하는 점에서 과학적인 특징을 갖는다. 따라서 **소프트웨어는 과학과 예술의 특징을 함께 갖고 있는 양면적인 특징**을 지닌 분야라고 할 수 있다.

4.6.1 소프트웨어 제작 과정

소프트웨어 제작과정은 **개발대상 업무의 분석**(requirements analysis), **소프트웨어 설계**(software design), **프로그래밍**(coding)**과 검증**(debugging) **과정**들을 거치게 된다. 이는 여타의 상품생산을 위한 제작과정과 전반적으로는 유사하지만, 상품생산에서는 설계에 이어 물리적 제조(manufacturing)가 이루어지는 반면 소프트웨어 제작에서는 논리적 구현(implementation), 즉 프로그래밍언어를 사용한 코딩과정이 행해지는 점이 다르다. 첫 번째 업무분석단계에서는 소프트웨어를 개발할 대상 업무(target application)를 분석하게 된다. 해당업무 담당자의 일반적 요구사항들을 컴퓨터화가 가능한 지를 판단할 수 있는 소프트웨어 전문가가 평가하여 수용여부를 결정한다. 일단 요구사항이 결정되면 다음 단계인 소프트웨어 설계단계에서 먼저 소프트웨어의 전체적 구조와 기능이 결정되고 그에 기초하여 관련된 입출력과 구체적 처리과정에 관한 내용이 규정된다. 이에 따라 입출력정보의 내용과 형태들이 엄격하게 결정되고 처리과정을 상세하게 기술한 (컴퓨터를 이용한 해결책인) 알고리즘들이 개발되어야 한다. 이어지는 프로그래밍단계에서는 앞서 개발된 알고리즘을 실현하는데 필요한 함수(프로그램 모듈)들을 프로그래밍언어를 써서 구현한다. 이러한 모듈들이 이미 개발되어 있는 경우에는 가져다 쓰는 것이 조립식주택을 짓는 것과 같이 개발기간을 단축시킬 수 있게 해 준다(이에 관해 C++와 같은 객체지향언어는 기존의 프로그램모듈들의 재사용이 용이하도록 설계된 프로그래밍언어이다).

전체적으로 각 프로그램의 크기가 커지면서 하나의 프로그램을 개발하는 데 다수의 프로그래머들이 참여하는 것이 필수적이 되었고 이에 따라 하나의 프로그램을 여러 부분으로 나누어 각 프로그래머들에게 배분하게 된다. 이를 위해 각 부분에 속하는 함수들의 기능과 입출력 매개변수들과 같은 함수의 뼈대(procedure prototype)만 미리 규정함으로써 여러 프로그래머가 동시에 각자 맡은 부분을 개발할 수 있게 되어 전체적 개발기간을 단축할 수 있다. 이는 집을 지을 때 바닥자재, 문짝, 기둥 등의 규격만 미리 정해지면 (서로 조립하는 단계까지는) 해당 하청업체들이 동시에 작업을 해나갈 수 있는 것과 같은 방식이다. 소프트웨어 개발의 마지막 단계인 검증단계에서 오류가 발견되면 오류의 종류에 따라 제작과정들 중에서 어느 단계로라도 다시 돌아가 수정할 수 있다.

■ 소프트웨어의 구현의 특징

엄밀히 말하면 소프트웨어 제작에는 설계만 있고 실제 세상에 영향을 직접 미치는 물리적 제작과정은 없는 셈이다. 컴퓨터에서 소위 구현이라고 부르는 과정도 기술적으로는 여전히 추상적 설계인 데이터구조와 알고리즘을 구체적 설계라고 할 수 있는 프로그램으로 논리적으로 변환하는 데 불과하다. 일반적으로 자동차와 같은 기계제품은 같은 설계도를 가지고도 제작과정에서 부분적 개선(revision)이나 철저한 마무리를 통하여 품질을 높임으로써 최종적으로 이전 생산자들보다 나은 제품을 만들 수도 있다. 이는 큰 틀에서 보면 근래 일본이나 한국의 경제적 성공방식이라고 할 수 있다. 이와 달리 정보시스템, 즉 **소프트웨어 개발에는 설계만 있고 엄밀한 의**

미에서 제조가 없는 셈이기 때문에 (즉, 구현도 여전히 설계의 한 측면에 불과) 일본 등의 전통적 제조업강국이 특별히 강점을 가질 수 없는 분야가 되고 있다. 이에 관해 일본의 한 기업가가 연전에 수만 명의 프로그래머보다 마이크로소프트의 빌 게이츠(Bill Gates)나 애플의 스티브 잡스(Steve Jobs)가 필요하다고 푸념한 바 있다.

■ **소프트웨어 구조 설계와 프로그램 재사용**

프로그래밍과정은 복잡한 업무를 몇 개의 단순한 기계어(machine language) 단위로 표현하는 과정으로서 프로그래머마다 다른 구현결과가 만들어질 뿐 아니라 (표준화가 어려워) 당연히 많은 오류들이 발생할 수밖에 없다. 이러한 문제를 해결하고자 대규모의 프로그램을 구현할 때 먼저 프로그램의 전체적 구조를 먼저 정의하는 방법(top-down)과 정형화된 단위 프로그램들을 미리 준비해두고 재사용하는 등의 방안들을 사용한다. 이러한 방안들은 (저층건물과 달리) 고층건물을 지을 때 벽돌을 한 장씩 쌓아올려 짓는 대신 [그림 4.10]에서 보듯이 골조(frame)를 먼저 세우는 방법과, 주택을 지을 때 미리 제작된 모듈들을 조립함으로써 공기를 단축하는 조립식 건축과 같은 원리에 각각 바탕을 두고 있다. 특히 개념적인 개체인 소프트웨어는 물리적 개체에 비해 변환이나 수정이 용이하기 때문에 물리적인 건축분야에서보다 조립식 개발이 더욱 유용한 방법론이 된다.

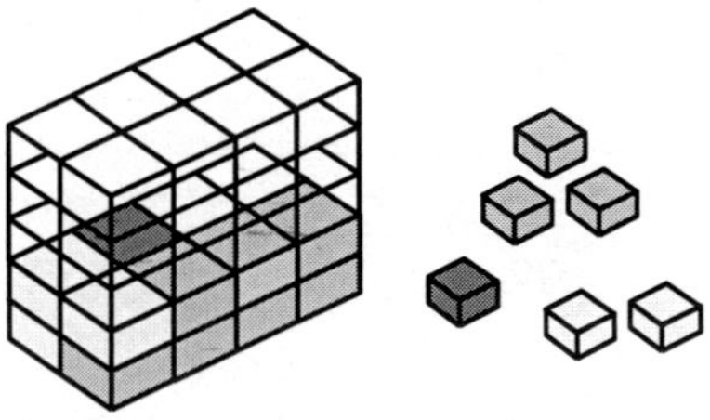

그림 4.10 고층 건축을 위한 골조와 조립식 모듈들(대규모 컴퓨터 프로그램 구축 방법)

4.6.2 컴퓨터 프로그램의 번역과정

서로 다른 언어를 사용하는 인간들 사이에 의사소통을 하기 위해서는 통역이 필요하듯이 사람이 이해하기 쉬운 고급 컴퓨터 언어(High-level languages)로 작성된 프로그램은 최종적으로 컴퓨터라는 기계가 이해할 수 있는 초보적 기계어(機械語, Machine language)로의 번역이 필요하다. 즉, 각 컴퓨터 정확히 말하면 컴퓨터의 두뇌인 중앙연산장치(CPU) 종류마다 고유의 기계어들(machine instruction set)이 정의되어 있고 그에 따라 각 CPU마다 통역의 역할을 담당하는 고유의 번역소프트웨어인 컴파일러(compiler or interpreter)가 필요하게 된다. 이와 같은 컴파일러에 의해 C 언어나 Java 등의 고급 컴퓨터언어로 작성된 원시(原始) 프로그램(source program)은 실행을 담당하게 될 컴퓨터의 고유한 기계어로 번역된다. 이때 [그림 4.11]에서 보듯 프로그램 라이브러리(libraries)에 미리 준비되어있는 원시프로그램조각들(library routines)을 필요에 따라 빌려와서 (복사하여) 프로그래머가 작성한 원시프로그램과 함께 컴파일러의 입력으로 사용하게 된다. 이때 원시프로그램의 작성에 사용한 언어를 해당 파일이름의 끝(suffix; .c, .java 등)에 표시한다. 컴파일러에 의한 번역의 결과물은 목적(目的) 프로그램(object program)이라 불리며 고유한 접미사(.obj)로 끝나는 이름이 부여된다. 이러한 목적프로그램에다 라이브러리에서 미리 준비된 목적프로그램(모듈)들을 빌려와 함께 연결하는 과정을 담당하는 링커(linker)라는 소프트웨어를 거치면 최종적인 실행프로그램(executable program)이 만들어진다. 그 결과 실행을 담당할 (해당 기계어를 가진) 컴퓨터에서 실행될 수 있는 형태의 프로그램이 최종적으로 완성된다. 즉, 파일이름에 .exe의 접미사가 붙은 프로그램은 실행프로그램을 의미한다.

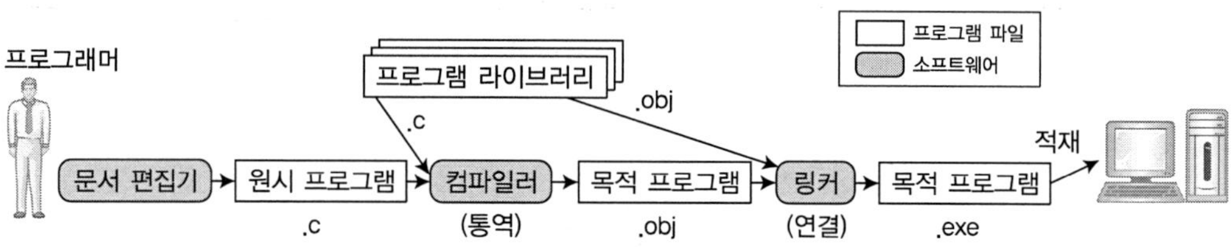

그림 4.11 컴퓨터 프로그램 번역과정(C 언어를 사용하는 경우)

■ **컴퓨터에서 추상적 정보가 구체적 현실로 전환되는 과정**

보통 컴퓨터를 설명할 때 하드웨어와 소프트웨어를 각각 신체와 두뇌로 피상적으로 대치시켜 버리곤 한다. 이때 상식적으로 생기는 의문들 중 하나는 어떻게 생각을 표현한 문서(프로그램 즉 소프트웨어)가 컴퓨터게임속의 격투장면을 화면상에 만들어내고 우주선을 날씨에 맞추어 발사시키는 등의 실제 세상에서의 현실로 바뀌느냐하는 것이다. 이렇게 바뀌는 과정의 간단한 예로 음악(소리)을 연주하는 프로그램의 경우를 보면, 컴퓨터 디스크에 자기장으로 기록된 **소프트웨어인 음악 데이터 및 프로그램을 디스크헤드가 '읽어내어' 그에 따라 하드웨어인 스피커를 동작시켜 소리를 만들어내는 과정**이 소프트웨어에서 현실로 변환되는 순간이라 할 수 있다. 어떻게 보면 컴퓨터에 의해 인간의 생각이 현실이 되는 순간은 전등을 컬 의도를 가진 사람이 전등 스위치를 켜는 순간과 같다고도 할 수 있다. 구체적으로 컴퓨터에서는 전등 스위치를 직접 누르는 대신에, 의도에 상응하는 키보드를 눌러 신호를 발생시켜 저장매체에 저장한 후 '적절한' 때에 그 저장된 신호가 물리적 힘을 작동(trigger)시켜 스위치를 켜게 된다. 이때 **생각이 전기적 신호로 변환됨으로써 신호에 담겨있는 생각의 저장과 전송을 전기적으로 (즉 컴퓨터에 의해) 할 수 있는 형태**가 되는 것이다.

■ **물리적 요소와 정보의 분리에 따른 획기적 변화**

컴퓨터 이전의 전통적 기기에서는 생각(정보)을 담은 신호와 물리적 힘이 하나의 기계적 장치를 통해 동시에 (한꺼번에) 전달될 수밖에 없었기 때문에 생각만의 저장과 전송이 불가능하였던 것이다. 일견 이러한 분리가 사소한 차이로 보이지만, 기기에서 **물리적 요소와 정보적 요소의 분리는 엄청난 파급효과**를 가진다. 예를 들어 전통적 전투기에서는 조종사의 생명을 담보하기 위한 각종 장치가 제일 중요하고 제작비용의 가장 큰 부분을 차지하지만, 무인비행기에서는 통신과 컴퓨터기술을 이용하여 인간의 물리적 측면과 정보적 측면을 분리함으로써 조종사의 물리적 측면인 (생물적) 신체를 지상에 유지하면서도 비행기의 제어에 관한 조종사의 생각(정보)를 원격으로 제공함으로써 조종사의 안전을 위협받지 않고 비행기 본래의 임무를 효율적으로 수행할 수 있게 된 것이다. 유사한 예로 지금은 전화나 팩스라는 기기들로 간단히 할 수 있는 일을 과거에는 파발마가 직접 가야했던 이유도 정보와 물리적 요소(사람의 신체나 말의 몸뚱이)를 분리할 수 있는 기술이 없었기 때문이다. 이와는 대조적으로, 관광을 위한 비행기나 승마용 말의 기능을 통신기술의 발달이 여전히 대신할 수 없는 것은 이들의 목적이 정보의 전송이 아닌 사람(물체)의 이동자체이기 때문이다.

4.7 컴퓨터 운영체제

컴퓨터가 만드는 사이버 세상은 추상화된 형태의 제한적 세상이긴 하지만 전반적으로 보면 실제 세상(reality)과 상응하는 요소들로 구성된다. 먼저 실제 세상에서 물리적 기본요소인 **물질에 상응하는 요소가 데이터**라고 볼 수 있고, 이러한 데이터를 원료로 하여 원하는 정보를 만들어내는 **컴퓨터프로그램들이 세상의 질서 즉 자연원리들(예를 들어 광합성원리, 운동법칙 등)이나 인위적인 법칙들(예를 들어 제품생산공정, 질병치료기술)**에 해당하는 또 다른 기본요소라고 볼 수 있다(이와 관련하여 컴퓨터의 특징이자 장점으로 주목할 점은 프로그램조차 기술적으로는 다른 모든 정보와 마찬가지로 데이터로 취급된다는 사실이다). 사이버 세상의 사회적 구성을 보면, 데이터와 프로그램의 두 소프트웨어 요소들은 모두 컴퓨터 **파일(file)형태의 자원**으로 현재화(顯在化)되고, 그리고 이들을 저장하고 처리하고 결과를 입출력하기 위한 물리적 요소들로서 여러 가지 **하드웨어 자원**(기기)들이 존재한다. 이때 컴퓨터 자체적으로나 사용자들에 의해 활성화(시작)된 프로그램들인 **프로세스(process)들이 사이버 세상의 주민들**이 된다. 구체적으로 프로세스들이 각자 업무를 수행하기 (즉 주민으로서 살아나가기) 위해서는 프로그램이나 데이터 파일 등의 소프트웨어 자원들 및 연산장치(processor), 기억장치(storage) 그리고 각종 입출력장치들(input & output devices)과 같은 하드웨어 자원들을 필요로 하게 되는데 이들 한정된 자원들의 사용상에 다툼을 피할 수 없게 된다. **이러한 자원들을 [그림 4.12]에서 보는 바와 같이 컴퓨터전체 관점에서 관리하고 주민인 프로세스들 간의 이해관계를 조정하고 주민들에게 공공서비스라고 할 수 있는 여러 가지 편의를 제공하는 역할을 담당하는 정부에 해당하는 부분**이 컴퓨터운영체제(OS, Computer Operating System)라 할 수 있다. 그림에서 파란색선과 빨강색선은 각각 실제 세상과 사이버세상을 가리킨다.

한 국가를 운영하는 정부가 방대하듯이, 사이버세상을 전체적으로 관리하는데 필요한 수많은 기능들의 복합체인 컴퓨터의 운영체제는 인간의 창조물 중에서 가장 복잡한 시스템이라고 할 수 있다. 사이버세상은 개념적으로만 존재하는 세계인지라 현실세계에서와 같이 자연적으로 주어진 물리적 토대가 전혀 없다. 따라서 사이버세상의 모든 구성요소들은 논리적으로 철저히 규정되고 그에 따라 컴퓨터상에 소프트웨어로 엄밀하게 구현되어야 한다. 이는 인간이 우주공간에서 생존하고 활동하려면 지상에서 우리가 당연한 듯이 누리고 있는 중력이나 대기 그리고 적정한 기온범위 등을 포함한 모든 자연조건들을 일일이 새로 정의하고 상응한 대응책을 인위적으로 마련해야하는 것과 유사하다. 이런 맥락에서 보면, '0의

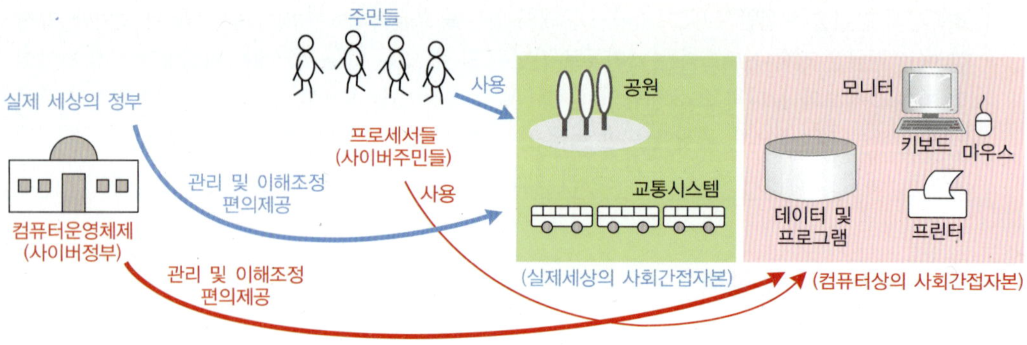

그림 4.12 사이버세상에서의 컴퓨터 운영체제의 역할

확률이 두 번 곱해질 만큼의 불가능한 확률'을 뚫고 생겨난 우리 생명이 불가사의함은 차치하고서라도 인간이 생존하는 데에는 일단 무수한 자연조건들이 필요하다. 몇 가지만 예를 들어보면, 햇빛, 식물, 공기, 중력, (유해 우주선들을 막아주는) 오존층 등과 같은 지구자체의 환경요소들과 함께 지구상의 바람을 순치시키는 달이나 혜성들의 충돌을 막아주는 수문장인 목성과 같은 외부적 존재들을 포함하여, 빙점(0°C)이 아닌 4°C에 물이 가장 무겁기 때문에 물속 생명들이 살아남을 수 있다는 정치한 물리법칙이나 모든 작용에는 반작용이 따르게 되는 사실과 더불어 스티브잡스가 말했던 '목숨의 유한(有限)함의 축복'에 이르기까지 실로 엄청난 혜택이라고 할 수밖에 없는 조건들이 거저(기독교에서는 하나님이 주신 은혜라고 생각하겠지만) 주어져 있음을 깨닫게 된다. 이처럼 정교하게 구성된 실제 **세상에 관한 문제들을 해결하기 위한 전제로서 그에 상응한 환경조건들을 해당 응용분야에 관련된 범위만큼 컴퓨터상에 시뮬레이션한 가상세계가 필요**하다. 구체적으로, 정부의 역할이 국방 및 공공질서유지, 공공자원의 관리 및 이용에 관한 이해관계 조정(교통관제, 산림보호 등) 그리고 주민들의 편의를 위한 여러 가지 공공서비스(도로망시스템, 전력시스템 등의 사회간접자본)의 제공이라고 본다면, 컴퓨터세상에서 (사이버) 정부의 역할을 담당하는 운영체제도 **컴퓨터 자원(하드웨어와 소프트웨어, 데이터를 망라)의 관리, 사용자들의 오남용으로부터의 자원보호나 자원 사용자들 간의 이해 조정, 그리고 사용자의 편의를 위한 서비스 (일반컴퓨터사용자를 위한 기본 기능들과 프로그래머를 위한 유틸리티 프로그램들) 제공**을 위해 존재한다.

■ **사용자를 위한 편의 제공**

운영체제가 제공하는 중요한 기능중의 하나는 일반 사용자가 하드웨어나 컴퓨터 소프트웨어의 복잡한 내용을 몰라도 사용가능하게 해주는 것이다. 예를 들어 일반 사용자가 프린터의 내용을 잘 몰라도 쉽게 사용할 수 있는 것은, 일반시민이 우체국에서 제공하는 소포배달서비스를 이용할 때 내부적 운송과정을 몰라도 주소만 쓸 줄 알면 지구상 어디라도 소포를 보낼 수 있는 것과 유사하다. 이때 일반인들 입장에서는 자기가 보내는 소포의 수신인이 같은 도시에 있든 저 멀리 아프리카 어느 도시에 있든 규정된 형식으로 주소만 정확히 적으면 되게 되어 있다. 하지만 소포가 실제로 전달되기 위해서는 수많은 바다와 산을 넘는 것은 물론 국경과 항구를 통과하기도 한다.

마찬가지로 컴퓨터를 일반인들이 쉽게 사용하기 위해서 모래(silicon)로 만든 단순한 기기에 불과한 컴퓨터와 (키보드 누르기도 익숙하지 않은 사람들을 포함한) 일반사용자들 사이의 **거대한 간극을 메우는 중간자역할과 통역의 역할을 운영체제라는 소프트웨어가 담당**하고 있는 것이다. 이와 같은 편의제공은 일반 사용자를 위한 기능들뿐 아니라 전문적 사용자를 위한 기능들까지 포함한다. 예를 들어 프로그램에서 자주 쓰는 일상적 기능들(routine programs)을 라이브러리(libraries)에 미리 준비해 두어 그대로 가져다 쓸 수 있게 함으로써 복잡한 프로그램을 조립식주택을 짓듯이 짤 수 있도록 하는 등의 기능은 전문적 사용자인 프로그래머들의 편의를 위한 것이라 할 수 있다.

■ **실제세상과 사이버세상 사이의 정성적 유사성과 정량적 차이**

사이버 세상이 실세계를 모사하여 구축되었다면 그 속에서 발생할 수 있는 다양한 상황들과 그에 관한 대처방법들도 결국은 실제 세상에서 적용되는 기본원리들에서 실마리를 찾을 수 있다. 단 이러한 실세계의 기본원리들이 사이버 세상에 바로 적용될 수는 없다. 무엇보다 실세계와 사이버세상의 기본원리들이 개념적으로는 유사할지라도 사이버세상을 구성하는 사물들의 구체적 내용이나 상황이 전개되는 속도와 같은 정량적인 면이 실제세상과는 차이가 있기 마련이다. 예를 들어 자동차들에 대한 교통통제가 사람이나 마차만 다니던 시대의 교통통제와 상당히 다른 것도 속도의 차이 때문이듯이, 인간의 속도와 컴퓨터상의 사이버 주민들(processes)의 광속에 가까운 속도사이의 엄청난 차이를 감안하면 **기본원리들은 같더라도 구현방법들은 새롭게 강구**되어야 하는 것은 당연하다. 뿐만 아니라 너무 큰 정량적 차이에 기인하여 원리자체에 질적 수정내지 다른 차원의 접근이 필요한 경우도 적지 않다.

4.7.1 운영체제의 발전

컴퓨터가 등장한 이래로 운영체제가 거쳐 온 발전과정은 컴퓨터시스템이 제공하는 서비스수준과 컴퓨터사용자가 기대하는 서비스수준사이의 간격을 줄이는 노력이라고도 일반화 할 수 있다. 컴퓨터 발명초기의 사용자들은 주로 컴퓨터의 빠른 계산기능이 필요한 컴퓨터 전문가들에 국한되었었기 때문에 운영체제가 아예 없거나 기본적인 편의기능만을 제공해도 사용상의 불편을 감수하던 전문적 사용자들이었다. 그 이후에도 컴퓨터의 가격이 여전히 높게 유지되던 단계에서는 사용자의 편의보다 컴퓨터자원의 효율성을 위한 관리 기능이 운영체제의 주된 역할이었다. 예를 들어 다수의 사용자가 공동으로 사용하는 대형 컴퓨터(Mainframe computer)에서 운영체제의 역할은 고가의 중앙연산장치와 기억장치를 효율적으로 사용할 수 있게 하는 기술들이 중요한 부분을 차지하고 있었다. 하지만 대형 컴퓨터에서 개인용 컴퓨터(Personal Computer)나 노트북 컴퓨터로 진화하는 과정에서 컴퓨터 가격이 내려가는 동시에 성능은 눈부시게 향상되면서 전문가들로 국한되었던 컴퓨터사용자가 일반인들로 저변이 넓어졌다. 이에 따라 컴퓨터가 일반기업들 뿐 아니라 개인들의 일상적 필수도구로 자리 잡게 됨에 따라 컴퓨터서비스에 관한 일반인들의 기대와 현실사이의 간극([그림 4.13]의 gap)을 줄이는 일이 중요하게 되고 있다. 즉, 컴퓨터운영체제에서 컴퓨터자원의 효율적 사용을 위한 자원관리(resource management)기능의 중요성은 지속적으로 감소하는 반면 사용자 편의(users' convenience)를 위한 기능의 중요성은 (경찰국가체제에서 복지국가 체제로의 변화와 유사하게) 날로 커지고 있다.

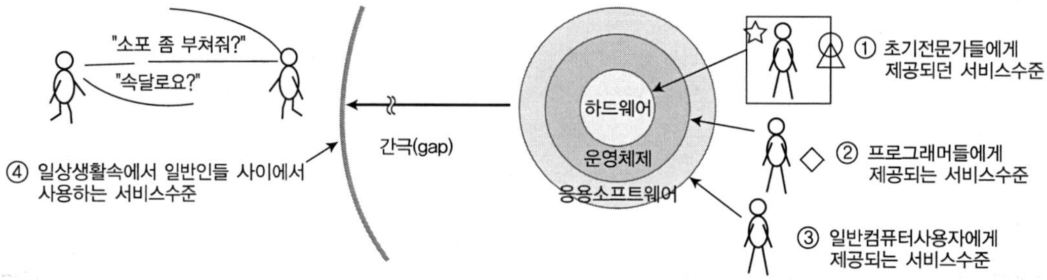

그림 4.13 운영체제의 기능과 사용자 기대수준 사이의 간극

■ **개인용 컴퓨터 운영체제의 발전과정**

개인용 컴퓨터를 위한 마이크로소프트사의 운영체제들(MS-DOS, Windows 등)이나 이동식 정보단말기들을 위한 애플사의 여러 운영체제들(Mac-OS나 i-OS 등)과 같은 사실상의 표준 운영체제들은, 새로운 구조로 변화하거나 같은 구조 내에서 사용자들의 편의를 충족시키기 위한 기능들을 추가(또는 오류의 수정)하기 위한 수많은 개정판들(versions)을 거쳐 발전해왔다. 개인용 컴퓨터를 위한 운영체제의 역사 속에서 획기적 변천과정의 하나로, **문자(text) 위주의 도스(MS-DOS) 운영체제에서 그림(graphics) 위주의 사용자 인터페이스를 가진 윈도우즈(MS-Windows)로의 진화**를 들 수 있다(이에 앞서 애플사의 매킨토시가 이미 1984년에 그래픽스를 근간으로 하는 운영체제를 상용화한 바 있기 때문에 지적재산권 분쟁이 일기도 했다). 그림과 같은 멀티미디어 데이터는 글자데이터에 비해 훨씬 높은 컴퓨터 하드웨어의 용량과 성능이 필요하기 때문에 이를 실현하기에 충분한 반도체기술의 발전(그리고 키보드에서 벗어난 마우스, 태블릿 등의 새로운 입출력장치의 발명)이 윈도우즈의 출현의 배경이 되었다. 이러한 그림 위주의 사용자 인터페이스의 등장으로 글자만을 입력으로 사용하던 때보다 일반사용자는 훨씬 쉽게 컴퓨터를 사용할 수 있게 되었다.

사용자 인터페이스가 그래픽 접속방식으로 바뀐 것 외에 도스(DOS) 컴퓨터운영체제에서 윈도우즈 운영체제로의 발전이 가져온 또 하나의 혁신적 변화는 **단일작업(mono-tasking)방식에서 발전된 다중작업(multi-tasking)방식으로의 변화**이다. 다중작업방식은 여러 작업들을 동시에 실행할 수 있게 해주는 기능이다. 지금은 다중작업방식이 개인용 컴퓨터나 심지어 휴대폰에서도 보편화되고 있어 당연한 업무처리방식으로 생각하지만, 사실은 오랫동안 여러 사용자들을 동시에 수용하던 대형컴퓨터에서나 가능했던 고도의 기술과 성능이 필요한 고급 기능이었다. 혼자서 사용하는 개인용 컴퓨터에서도 **여러 개의 창(Window)들을 쓰는 것은 사용자입장에서 보면 각 창(작업화면)마다 하나의 컴퓨터를 작동**시키고 있는 셈이다. 예를 들어 파워포인트(소프트웨어)를 사용하여 발표자료를 만드는 중에 필요한 자료를 웹에서 구해서 붙이려면 다른 창을 새로 열어 웹브라우저(프로그램)를 동시에 실행하면 되지만, 종래의 단일작업방식에서는 동일한 시간에는 하나의 작업만 할 수 있었기 때문에 원래 작업을 종료하고 새로운 작업을 수행한 후 다시 먼저 하던 작업을 다시 실행하는 불편을 겪을 수밖에 없었다.

4.7.2 운영체제의 여러 가지 유형

컴퓨터의 사용분야가 전방위적으로 확대됨에 따라 요구사항이 다양화되고 그에 상응하여 운영체제도 여러 가지 유형으로 분화되고 있다. 컴퓨터의 가격이 높았던 초기에는 운영체제의 역할이 컴퓨터상의 **자원의 관리나 효율성에 초점이 맞춘 야경국가**의 정부형태였다면, 가격이 내려감에 따라 사용자가 보편화되면서 **사용자의 편의를 중시하는 복지국가**의 정부형태로 이행되고 있다. 한편 **시간적 제약조건**이 철저히 지켜져야 하는 응용분야(방재시스템이나 공장제어시스템 등)에 사용되는 컴퓨터나 스마트기기들을 위한 **실시간 운영체제(real-time OS)는 국민의 편의나 복지보다는 신속한 대처가 필요한 전시(戰時)정부**에 해당한다고 할 수 있고, 컴퓨터를 사용하는 조직들의 규모가 커짐에 따라 여러 **컴퓨터를 연결하여 제어하는 분산 운영체제(distributed OS)는 지방분권적 정부**라고 할 수 있겠다. 이와 같은 분산 컴퓨터 유형이 인터넷시대에 들어서면서 완전히 일반적 컴퓨터구조로 자리 잡게 되었다.

정부형태에서의 지방분권제도와 유사하게, 같은 분산 컴퓨터운영체제 중에서도 기존의 독립된 컴퓨터들이 사후에 가입함으로써 형성되는 느슨한 **연방형태**(federated type)도 있을 수 있고, 본래의 중앙집권적 행정체제를 쪼개어 만든 결과 제한적 영역들에서만 자치가 허용되는 **중앙정부에의 의존도가 높은 지방자치형태**도 있을 수 있다. 인터넷의 등장으로 범지구적 범위의 분산컴퓨터환경이 일상화하고 동시에 무선통신기능을 이용한 이동성이 중시되고 이에 발맞추어 컴퓨터 운영체제도 **고도화된 서비스보다 단순하지만 신속한 서비스를 넓은 범위에 대량으로 제공하는 역할이 중요**해졌다. 이러한 경우 세계 속의 다른 문화들(제도나 언어규약에 의해 규정)을 대표하는 외교관들이 국제적 교류를 위해 프로토콜(protocols)을 사용하듯이, 이질적 컴퓨터들(운영체제들)이 서로 교류하고 협동하기 위해서는 컴퓨터들 사이에 공통적인 통신프로토콜(network protocol)들이 필요하게 되었다. 이에 관련한 대표적인 컴퓨터통신망 프로토콜이 바로 인터넷이다. 하지만 인터넷구조는 엄밀히 말하자면 하나의 분산운영체제가 아닌 독립적 운영체제들이 **필요한 경우에만 상호 협조하는 형태의 컴퓨터 사회**(community of computers)를 이루고 있다.

일반적(범용) 컴퓨터 외에도, 컴퓨터칩을 사용함으로써 프로그래밍이 가능해진 모든 스마트기기들(휴대폰, MP3, 자동차 네비게이터 등)은 엄밀하게 말하면 기능이 특화된 컴퓨터라고 볼 수 있는바 이러한 기기들을 사용하기 위해서는 그에 맞는 특화된 운영체제들이 필요하다. 안드로이드 운영체제(Android OS)와 아이폰의 운영체제(i-OS)간의 경쟁이 이러한 이동식 스마트기기들의 운용을 지배하는 정부역할을 차지하기 위한 지구적 규모의 추상적 영토싸움이라고 할 수 있다(이러한 싸움의 연장선에서 PC 시대의 제국적 정부형태를 휴대형 컴퓨터에서도 유지하려는 마이크로소프트 윈도우즈는 앙시앵 레짐이라고 할까?). 이와 같은 이동식 정부형태는 실제 세상에선 아직 나타난 바 없는 정보시스템에서만 존재하는 새로운 정부유형(굳이 말하자면 **망명정부**에 해당?)이다.

■ **운영체제의 미래와 자연어 처리**

컴퓨터운영체제의 여러 기능들 중 특히 사용자 인터페이스의 방식이 글자 위주에서 그림으로 그리고 터치스크린(입력)방식 등으로 진화해온 지금까지의 발전이 나름대로 괄목할만한 것이었지만 아직 일반 사용자가 비서를 두는 것과 같은 자연스러운 사용과는 거리가 먼 것이 사실이다. 평균인들의 눈높이에 맞는 수준의 자연스러운 운영체제의 구축을 위한 기본요소의 하나로서 자연어(natural language)를 사용한 대화형(interactive) 사용자 인터페이스를 들 수 있다. 이런 대화형 사용자 인터페이스를 제공하기 위해 필요한 핵심기술로는 **음성인식(speech recognition)기술과 자연어의 이해(natural language understanding)기술**을 들 수 있다. 그 가치가 명백한 이러한 기술들의 개발을 위해 컴퓨터의 발명이래로 수많은 노력이 집중되어왔으나 사람들 사이에 이루어지는 대화와 같은 자연스러운 수준에 도달하기에는 아직 갈 길이 멀다(이에 관련된 연구자들은 인간이 듣고 말하고 하는 일상적인 행위가 얼마나 고도의 기능인지를 새삼 깨닫게 된다). 대화형 자연어처리를 위한 여러 요소기술들 중에서 음성출력을 위한 음성합성기술은 음성인식관련 기슬들에 비해 상대적으로 진전이 빨리 이루어져왔다. 예를 들어 컴퓨터가 글을 읽어주는 기술(text-to-speech)의 경우는 그를 이용한 여러 실용적인 제품들이 일상적으로 사용되고 있다(이 경우에도 컴퓨터에게는 합성이 인식보다는 쉬움을 볼 수 있다).

컴퓨터에 의한 자연어 인터페이스의 첫째 단계인 음성인식에서, 화자(話者)가 동일하고 단어를 하나씩 끊어서 말해주면 인식이 비교적 쉽지만, 보통 인간들처럼 여러 단어로 된 문장을 연속적으로 말하고 화자의 발음특성이나 상태(목이 쉰 경우, 전화 속 음성 등)에 관계없이 인식할 수 있는 능력(speaker-independent recognition)을 가진 음성인식은 많은 기술적 돌파구들이 필요하다. 이와 관련하여 최근에 기술적 진보가 많이 이루어져 스마트폰 등에서 상용화되는 수준에 이르렀다. 하지만, 사실 인간으로서는 초보적인 기능에 불과한 능력들, 즉 감기에 걸린 아빠의 목소리도 알아내는 아기의 음성인식능력이나 수십 년 만에 듣는 친구의 목소리를 기억해 내는 보통 인간의 음성인식능력, 그리고 시끄러운 차안에서도 상대방의 말만 골라듣고 이해하는 능력 등은 아직도 컴퓨터로서는 지극히 흉내내기 어려운 기능들이다(사실 목소리의 인식은 음성인식과는 별개의 영역으로 그 자체만으로도 화자를 인식하거나 암호를 사용하는 번거로운 본인 인증절차를 대신하는 데에 활용될 수 있다). 한편 말(speech)뿐만 아니라 글자도 일반적으로 인식하기가 쉽지 않은 정보형태이다. 특히 정형화되어있는 인쇄체와 달리 필기체는 쓰는 사람마다 다르기 때문에 인식의 난이도가 더욱 높아지게 된다. 이와 관련하여 흥미로운 사실은 이미 쓰인 글자를 인식하는 것보다 쓰는 중에 글자를 인식하는 것이 상대적으로 쉽다는 사실이다. 그 이유는 쓰인 글자와 비교하여 쓰는 과정을 지켜보면 쓰는 순서라는 추가적 정보를 인식에 이용할 수 있기 때문이다(유사한 경우로 정지영상인 사진보다 동영상이 정보가 많은 것은 당연하다).

음성인식이나 문자인식과정을 거쳐 일단 인식된 문장들을 무슨 뜻인지 이해하는 자연어 이해가 컴퓨터에게는 또 다른 지난한 과업이다(물론 인식능력만으로도 자판(keyboard). 대신 음성으로 작동이 가능한 컴퓨터나 스마트기기들을 만들면 데이터입력을 위한 단순 타이핑 작업을 대폭 줄일 수 있다). 실제로 컴퓨터가 자연어를 이해한다고 할 때에도 다양한 측면에서의 판단기준에 따라 다른 수준들로 평가될 수 있다. 일반적으로 **글자에서 단어 그리고 여러 개의 단어로 이루어진 문장 나아가 여러 문장들로 이루어진 문서전체 등으로 이해의 단위가 커질수록 난이도가 급**

격히 증가한다. 일반적으로 단어수준의 이해는 전자사전으로 해결이 가능하다고 하지만 이것조차도 한 단어의 여러 가지 뜻 중에 어느 것이냐는 문장전체의 맥락에서 파악(자연어이해 중에서도 가장 어려운 부분)해야 하는 경우도 적지 않다. 예를 들어 "Mrs Wright writes right." (IBM사의 TV 광고 중에서 발췌)라고 말했을 때 세 개의 동음이의어(같은 발음기호[rait])를 옳게 인식하기 위해서는 문장에 대한 의미론적 이해가 필요하다. 인터넷포탈이 제공하는 몇 가지 자동번역시스템들을 사용해보면 바로 알 수 있듯이, 여러 개의 단어들로 구성된 문장의 번역은 복잡한 문장들의 경우 만족할만한 수준의 번역까지는 갈 길이 멀어 보인다. 사실 자연어의 이해는 음성인식과 달리 인간으로서도 어려운 기능일 수 있다. 특히 문맥의 이해나 비유적 표현, 감정적 표현, 다의적(多義的)표현, 추상적 표현, 묵시적 표현 등에 대한 이해는 아직은 컴퓨터로서는 난공불락의 영역이라고 할 수 있다.

4.7.3 운영체제의 구체적 기능들

컴퓨터 사용자는 프로그램을 실행시킴으로써 업무를 수행한다. 컴퓨터 프로그램을 작동시키면 컴퓨터상의 사이버주민에 해당하는 프로세스(process)가 생성된다. 따라서 컴퓨터운영체제의 주 임무는 수많은 프로세스들, 즉 활성화된 프로그램들이 원활하게 실행되게 하는 것이다. 파일에 불과한 프로그램이 업무수행의 주체인 능동적 프로세스가 되기 위해서는 여러 가지 컴퓨터자원들이 추가로 필요하게 된다. 필요한 컴퓨터자원은 크게 저장장치, 연산장치, 입출력 장치들과 같은 하드웨어자원들뿐 아니라 프로그램과 데이터와 같은 소프트웨어자원들을 포괄한다. 이러한 자원들을 관리하고 자원의 사용에 관한 프로세스들 간에 이해관계를 조정하여 원활하게 사용할 수 있게 하는 것이 운영체제의 기본 역할의 하나가 된다.

운영체제의 구체적 기능들([그림 4.14] 참조)을 보면 많은 경우 기본적으로는 정부의 기능들과 유사하다. 하지만 이러한 기능들을 구체적으로 구현하기 위해서는 사이버주민에 해당하는 **프로세스들의 빠른 속도나 관련 동작 측면의 여러 특징적 차이** 등이 고려되어야 한다. 예를 들어 (휴대폰으로 연락이 안 되는) 친구가 귀가했는지 알고자하는 경우, 친구 집으로 계속해서 전화를 걸어 확인하는 방법대신 집에 있는 친구가족에게 확인전화를 부탁한다면 확인전화가 올 때까지 매이지 않고 다른 일을 할 수 있게 될 것이다. 이러한 상식적 업무처리 방식을 컴퓨터에 적용한 것이 컴퓨터 CPU가 가진 인터럽트(interrupt) 기능이다. 이 기능을 사용함으로써 컴퓨터내의 모든 업무를 총괄하는 CPU가 다른 장치에게 일을 시켰을 때 계속 지켜볼 필요 없이 해당 장치로부터 시킨 일을 끝냈다는 연락이 올 때까지 다른 업무들을 수행할 수 있게 된다. 이 경우 실제 인간세상에서는 집에 전화를 받을 사람이 있고 또한 잊지 않고 확인전화를 해주는 경우에만 효과가 있는 방식이지만, 그에 상응하는 컴퓨터 인터럽트기능은 결코 필요조건이 미비하거나 실수가 없다는 점에서 매우 유용하게 사용되고 있다.

현재의 표준 컴퓨터구조에서는 프로그램과 데이터가 주기억장치(main memory)에 저장되어 있는 경우에만 CPU가 접근(읽고 쓰기)할 수 있게 설계되어 있다. 따라서 계산을 직접 담당하는 CPU의 속도와 더불어 주기억장치의 용량과 데이터를 읽고 쓰는 접근속도(access speed)가 컴퓨터의 성능에 결정적 영향을 미친다(일반적 상품생산속도도 생산기계의 속도 뿐 아니라 원료를 공급하고 완제품을 운반하는 물류의 속도에도 달려 있는 것과 유사하다). 특히 계산이 많이 필요한 업무(CPU-bound task)에는 CPU의 속도가 중요한 고려요소이겠지만 많은 데이터가 필요한 업무(memory-bound task)나 여러 업무를 동시에 실행할 경우에는 기억장치의 용량이나 속도가 전체성능에 더 큰 영향을 미치게 된다.

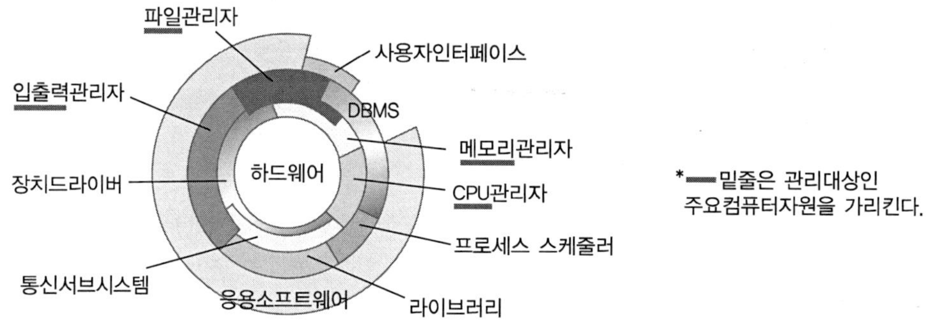

그림 4.14 컴퓨터 운영체제의 전체적 계층구조와 세부기능들

컴퓨터는 일반적으로 여러 사람이 동시에 사용하는 것을 전제로 개발되었다. 이때 **여러 컴퓨터 사용자들(정확히는 컴퓨터 프로세스들) 사이에 컴퓨터 사용가능시간을 공평하게 나누어 주는 기능**이 필요하다. PC에서와 같이 한사람이 컴퓨터를 독점하여 사용하는 경우에도 보통 여러 업무들(문서편집, 채팅, 인터넷검색 등)을 동시에 진행시키기 때문에 그러한 업무들을 담당하는 프로세스들 사이에 중앙연산장치(CPU)작동시간을 골고루 나누어 병렬적으로 진행시켜야 한다. 그러나 하나의 CPU는 성격상 (사람의 두뇌와 마찬가지로) 같은 시간에는 둘 이상의 작업들이 동시에 사용하는 것이 불가능하다. 따라서 동시(simultaneous)사용은 아니지만 아주 빠른 주기로 번갈아가며 사용하는 병행(concurrent)사용 방식을 통해 실용적인 의미에서는 비슷한 효과를 내게 된다. 이와 같은 병행사용을 위해 하나의 CPU를 프로세스들이 공동으로 사용할 때 콘도미니엄 한 채를 회원들이 돌아가며 사용할 때 짐을 챙겨 들어오고 나가는 것과 비슷한 절차가 계속 필요하게 된다. 구체적으로, CPU를 다음 차례의 프로세스에게 넘겨주려면 현재 CPU를 사용하고 있는 프로세스의 현재 작업의 중간결과에 관한 모든 데이터를 예비적인 저장장소에 보관(Save)해두었다가 나중에 다시 차례가 돌아오면 복구(Restore)하여 중단되었던 작업을 계속해나가게 된다. 이러한 프로세스간의 전환(context switching)은 **각각의 컴퓨터사용자들이나 업무들이 해당 컴퓨터를 각자가 독점적으로 사용하고 있다고 느낄 만큼 빠른 빈도**로 이루어진다(전구가 교류전류에 의해 계속 깜박거려도 사람의 눈이 감지하지 못할 만큼 빠르게 깜박거려서 실제 사용에 지장이 없는 것과 유사하다). 따라서 CPU의 공동사용이 콘도미니엄의 공동사용과 기본적인 원리는 (정성적

으로) 비슷하지만, CPU 공동사용의 경우에는 업무들이 각기 실시간으로 수행되기 (또는 수행되고 있다고 느끼기) 위해서는 프로세스간의 CPU 할당을 위한 '퇴실과 입실'이 초당 수백 번에 달하는 빠른 빈도로 실행되어야 한다. 이런 빠른 전환속도를 구현하기 위해서는 실제세상에서 몇 시간이 걸릴 수도 있는 입퇴실 수속절차와는 정량적으로 차원이 다른 여러 가지 기술적 문제들을 해결해야 된다.

현재의 컴퓨터 구조상 프로그램이 실행되려면 관련된 모든 프로그램과 데이터는 주기억장치에 저장되어야 하지만, 대부분의 경우에 주기억장치가 여러 프로그램들이 필요로 하는 모든 데이터(이 경우 프로그램도 기술적으로는 데이터의 일종)를 동시에 모두 저장할 수 있을 만큼 충분한 용량을 가지고 있지 못하다. 따라서 매순간 실행중인 프로그램에 관련된 데이터 중에서 즉시 필요한 부분만 주기억장치에 불러들여서 사용하게 된다. 이를 위해 **동시에 실행되는 여러 프로세스들이 각각 필요로 하는 주기억장치를 제때 (공평하게) 할당하는 메모리관리(memory management) 기능**이 필요하다. 배타적 사용만 가능한 CPU나 여타 장치들과 달리 여러 프로그램들이 동시에 사용가능한 기억장치의 특성에 기인하여 주기억장치관리기능은 운영체제에서 가장 복잡한 기능 중에 하나다(단선적으로 운행하는 철길의 신호체계보다 여러 차선으로 이루어진 시내도로들에 대한 신호체계가 훨씬 복잡한 것과 유사하다). 이와 관련한 **가상기억장치(VR, Virtual Memory) 기법은 주기억장치의 크기보다 더 큰 프로그램도 사용자의 관여 없이 실행할 수 있게 해주는 메모리관리방안**으로서 메모리가 부족했던 대형컴퓨터 시대 당시로서는 획기적 기능이었다. 그 기본 원리는 실행중인 프로그램에서 다음에 실행될 부분(및 인접부분)을 미리 예측하여 주기억장치에 불러들여 놓는 방법으로 그러한 예측의 정확성이 관건이다. 이론적으로 예측이 100% 정확하다면 주기억장치의 필요용량은 프로세스마다 다음 차례에 실행될 명령문(instruction)을 한 개씩만 저장할 수 있으면 충분하게 될 것이다. 실제로는 미리 읽어 들이는 단위를 명령문보다 큰 페이지단위로 하기 때문에 이러한 예측의 정확도 다시 말해 다음 실행될 명령문이 주기억장치에 이미 있을 확률이 매우 높게(≧90%) 나타난다. 따라서 예측이 빗나간 10%의 경우(page fault)에만 해당 명령문이 포함된 페이지를 디스크에서 주기억장치로 다시 읽어 들여오게 된다.

입출력장치(I/O devices)는 사용자가 컴퓨터에 정보를 입력하고 컴퓨터가 생산한 정보를 외부의 사용자에게 제공하는 장치를 말한다. 이러한 장치들은 일반적으로 복잡한 기계적 장치들로 구성되어 있다. 이때 컴퓨터 운영체제는 이러한 장치들의 **복잡한 하드웨어를 잘 모르는 일반 사용자들이 불편 없이 사용할 수 있도록 해주는 기능**들을 제공하게 된다. 이러한 기능들 덕분에 모니터, 키보드, 프린터 등에 대해서 특별한 지식이 없어도 (냉장고나 세탁기 등에 대해서와 마찬가지로) 일반적으로 사용하는데 별 어려움이 없게 된다. 한편 하나의 입력장치나 출력장치를 여러 사용자들이 서로 먼저 사용하려고 할 때 적절하게 우선순위를 조절하여 서로 방해받지 않고 사용할 수 있도록 해주는 기능(큐 원리 이용)도 전체 컴퓨터시스템의 관점(정부와 유사한 공적인 입장)에서는 중요하다.

일반 사용자를 위한 입출력기능의 궁극적 목표는 **일반 사용자가 상식선에서 컴퓨터와 자연스럽게 교류**하게 해주는 것이라고 할 수 있다. 이를 위하여 기본적 입출력장치들인 모니터, 키보드, 프린터 외에 마우스, 태블릿, 터치스크린, 마이크, 카메라, 스피커 그리고 (특수컴퓨터인 스마트폰 등에서 구비되어 있는) 동작센서, 근접센서, 광센서, 중력센서 등의 각종센서들을 포함한 입출력 장치들이 계속 추가되고 있다. 같은 모니터도 글자만을 사용하는 단계에서 아이콘(icon) 방식을 거쳐 화려한 3D 그래픽스를 이용한 출력방식들과 함께 출력뿐 아니라 입력까지 가능한 터치스크린으로 진화하여 키보드나 마우스의 기능까지 대신하게 되었다. 한편 소리출력도 단순한 비명(beep)수준에서 모든 소리를 낼 수 있는 스피커가 기본으로 추가되었고 나아가 음성을 합성하여 말로 표현하는 기능이 추가되었다. 그러나 자연어를 이용한 입출력은 아직은 제한된 표현에만 적용되는 부분적 진보에 그치고 있다. 일반사용자가 컴퓨터와 자연어로 대화를 사용하는 궁극적 입출력 방식은 음성인식과 자연어 이해라는 기술적 난제가 도사리고 있지만 최근에 이를 극복한 실용적인 성과들이 제한적인 형태로 시장에 나오기 시작했다.

물리적 기기인 하드웨어는 컴퓨터사용자가 직접 조작하려면 기기의 물리적 동작특성을 알아야 하는 어려움이 있다. 이러한 기기들에 대한 상식적인 조작방법을 제공하는 것이 컴퓨터사용자들의 편의를 높이는 중요한 조건이 된다. 과거의 소형 오토바이는 시동을 거는 것조차 만만치 않을 만큼 작동이 쉽지 않은 기계였지만 요즈음에는 열쇠를 돌려 간단히 시동을 켤 수 있게 하는 등 사용자 편의를 높임으로써 사용자의 저변을 넓힐 수 있게 되었다. 컴퓨터를 구성하는 여러 가지 복잡한 하드웨어 장치들을 (표준화된 방법으로) 쉽게 사용할 수 있게 하는 기본적 시스템소프트웨어를 **디바이스 드라이버(device driver)**라고 부른다. 이러한 소프트웨어들은 모터를 위시한 기계적 요소가 많은 하드디스크나 여타 입출력장치들을 (기능적 측면에서) 둘러싸고 있는 구조를 가지며 각 장치마다 특성에 맞는 고유의 드라이버가 필요하다. 예를 들어 프린터를 구동하는데 프린터 드라이버 그리고 디스크를 위해서는 디스크 드라이버가 필요할 뿐 아니라 레이저프린터나 잉크젯프린터 등의 각 프린터 세부타입마다 때로는 (업계전체차원에서 표준이 제정되어있지 않으면) 각각의 브랜드마다 고유의 드라이버가 필요하게 된다. 이와 같은 디바이스 드라이버들이 개별 장치마다 달라지는 **세부적 특성들을 내부적으로 변환(mapping)해줌으로써 일반사용자들은 표준화된 인터페이스를 통하여 쉽게 사용**할 수 있게 된다. 예를 들어 다양한 종류의 프린터들을 상표에 관계없이 같은 명령어들을 사용할 수 있는 것도 중간자인 디바이스 드라이버들의 작용이다. 이러한 드라이버들은 주로 프로그램에 불러들여져 사용될 수 있는 라이브러리 모듈 형태로 되어 있기 때문에 프로그래머가 아닌 일반적 컴퓨터사용자들로서는 직접 접할 기회는 많지 않다.

파일 관리자(file manager)는 개별 파일의 생성, 수정 및 삭제 그리고 파일들을 전체적으로 관리하기 위한 디렉터리 서비스(파일의 존재여부를 검색하거나, 디렉터리구조를 바꾸는 기능 등)를 제공한다. 도서관에서 책들의 숫자가 많아지면 분류가 필요하고 그에 따른 서가들의 체계적인 배치가 필요하듯이, 개별 컴퓨터 내에서도 파일들의 숫자가 많아지면 그 관리를 위해 적절한 분류와 조직화가 필요하다. 인간사회에서 규모가 일정 수준을 넘게 되면 예외 없이 의존하게 되는 **계층구조는 디렉터리구조에서도 그 뼈대**를 이루고 있다. 사실 (물리적으로 존재하는) 종이책과는 달리 개념적 정보에 불과한 컴퓨터 파일이나 파일들이 속해 있는 디렉터리들이 이루는 계층구조(tree)는 사용자들에게 그렇게 보이는데 불과하다. 즉, 운영체제의 일부인 파일관리자가 일반인들이 개념적으로 인식하고 있는 분류학적 구조와 같은 계층구조로 보이게끔 만들어주는데 불과하다. 디렉터리구조는 도서관의 서가와 달리 원하는 만큼 많은 계층들을 자연스럽게 구축할 수 있다. 예를 들어 전통적 분류원칙에 따라 도서들을 서가에 배치할 때 <건물 - 방 - 서가 - 선반 - 칸막이>와 같이 몇몇 계층들을 형성할 수 있겠지만, 파일들을 분류하는 디렉터리구조에서는 나무에서 가지가 나오듯이 (이론적으로는) 무한히 많은 계층을 재귀적 방식(즉, 큰 서랍 속에 작은 서랍들이 계속 생기는 방식)으로 무한정 세분화할 수 있다.

초기의 컴퓨터는 컴퓨터 하드웨어를 잘 이해하는 전문가들만이 사용할 수 있는 복잡한 특수기기였다. 이러한 컴퓨터를 쉽게 사용하게 만드는 일은 컴퓨터의 활용도를 높이고 사용자 저변을 확대하기 위한 필연적 발전방향이었다. 사실 사용자의 편의를 도모하여 쉽게 사용할 수 있게 한다는 관점에서는 컴퓨터의 운영체제 전체가 일종의 **사용자 인터페이스**라고 일반화할 수도 있다. 하지만 전통적으로 운영체제 내에서도 사용자와 직접적으로 접하는 부분만을 특히 사용자 인터페이스라고 부른다. 전체적으로 사용자 인터페이스의 기본적 역할은 사용자의 요구를 컴퓨터에게 전달하고 그에 따라 컴퓨터가 생산해낸 결과를 사용자에게 전달하는 일이다. 하지만 최종사용자로 불리는 일반소비자들은 가전제품의 전원 코드가 연결이 안 된 줄도 모른 채 서비스센터에 도움을 청하는 수준의 사람들까지 망라하고 있다. 따라서 사용자가 상식수준에서 요구를 입력할 수 있고 결과를 이해할 수 있게 해주는 아이콘이나 버튼 또는 메뉴와 같은 시청각적 수단들이 전통적인 문자 위주의 입출력 방식을 대신하는 방향으로 계속 진화하고 있다. 이와 같이 **인터페이스상의 사용자 입출력방식들이 쉬워질수록 컴퓨터 내부적으로는 더욱더 복잡한 변환**과정을 거치게 되고, 그를 구현하기 위해서는 향상된 컴퓨터 성능과 고도의 변환기술이 필요하게 된다. 이는 최종적 업무수행자인 CPU와 여타 하드웨어들 그리고 입출력을 담당하는 기계적 장치들의 기능이나 통신방식은 기본적으로 변함이 없기 때문이다(과거 정기화물운송과 달리 택배산업이 등장하면서 택배이용자는 집안에서 편안하게 물건을 받을 수 있게 되었지만 물건을 집 앞까지 싣고 오고 또 집안으로 들고 들어가는 일은 여전히 누군가가 해야 하는 것과 마찬가지이다). 이에 관해 사용자 인터페이스의 궁극적 형태인 자연어를 사용하는 방식에 관해 음성인식은 상용화단계에 도달하고 있고 언어의 이해는 복잡하지 않은 단문들에 대해서는 상당한 진전을 보이고 있다.

사용자에는 컴퓨터가 제공하는 서비스를 그대로 이용하는 단순사용자들이 있는가 하면,

프로그램을 개발하여 컴퓨터의 기능을 확장해 나가는 부류(스마트폰 앱 개발자들 포함)가 있다. 후자에 속하는 사용자들은 컴퓨터운영체제가 제공하는 기반기능들을 바탕으로 프로그램을 개발함으로써 컴퓨터의 단순사용자들을 위한 중간 생산자 역할을 담당한다. 이러한 생산적 사용자들을 위한 사용자 인터페이스(API, application programming interface)는 단순사용자들을 위한 일반적 사용자 인터페이스와 달리 최종서비스가 아닌 프로그램의 개발을 돕기 위한 기능들이 제공된다. 예를 들어 윈도우를 만드는데 필요한 다양한 기능들, 파일처리 기능들, 데이터베이스 사용을 위한 기능들, 입출력기능들, 업무들의 타이밍을 맞추기 위한 시간처리 기능들, 다양한 통신기능 등과 같은 내부적 컴퓨터기능들을 프로그램에서 사용할 수 있도록 매개역할을 제공하는 라이브러리 루틴(프로그램 조각)들의 형태로 제공된다. 이를 이용하면 프로그래머들은 **프로그램의 전체적 구조는 직접 설계하고, 세부적 기능들은 각 루틴에서 규정한 매개변수값들을 지정하여 루틴들을 호출**(call)만 하면 원하는 기능들을 수행할 수 있게 된다. 이는 건물을 지을 때 전체적 설계를 한 후에 벽을 쌓는 작업, 문짝을 만드는 작업, 배관작업, 조경 등의 세부적 작업들은 설계에서 규정된 대로 규격을 지정하여 외부 업체들에 하청을 주어서 처리할 수 있는 것과 유사하다.

멀티태스킹(multi-tasking)에서 시분할(time-sharing) 업무처리는, [그림 4.15]에서 보는 바와 같이 여러 사용자들이 수천 분의 일초(milliseconds) 단위의 아주 짧은 시간을 주기로 돌아가며(round-robin) 동시에 컴퓨터를 사용할 수 있도록 프로세스(작업)들의 실행을 관리하는 기술이다. 이렇게 여러 사용자들이 돌아가며 사용하면 자기 차례가 아닌 시간에는 작업이 중단되지만, 그런 중단이 인간의 입장에서는 인식하기 힘든 아주 짧은 주기로 발생하기 때문에 (교류전류에 의해 전구가 깜박여도 너무 짧은 주기여서 사람들이 감지하지 못하는 것과 같이) 실행의 단속(斷續)을 전혀 눈치 채지 못하고 각 사용자는 자기가 CPU를 독점적으로 사용하고 있는 것처럼 느끼게 된다. [그림 4.15]에서 보는 바와 같이 (a)의 선착순처리방식(FIFO, first-come-first-served)과 비교할 때 (b)처럼 돌아가며 할당하는 시분할방식의 경우에 모든 작업들이 **동시에(concurrently) 그리고 대화식(interactive)으로 실행**할 수 있게 된다. 또한 (a)의 선착순방식에서는 한번 CPU를 얻게 되면 작업이 끝날 때까지 독점적으로 사용하게 되어 있기 때문에 특히 (불운하게) 실행시간이 긴 작업 뒤에 줄을 선 작업들은 (b)의 돌아가며 할당되는 방식과 달리 앞선 작업이 완전히 끝날 때까지 기다릴 수밖에 없다. 결과적으로 (a)의 방식에서는 그림의 예에서 보듯 먼저 기회를 얻은 작업 A 때문에 작업 B, C, D는 종료시간이 불합리하게 늦어지게 된다. 물론 여러 사용자(또는 프로그램)들이 번갈아 사용하면 각 프로그램의 전체적 작업소요시간은 사용자수와 비례하여 늘어나겠지만 많은 경우, 특히 전체 작업시간이 짧은 경우, 예를 들어 0.01초에 끝날 일을 0.05초에 끝나더라도 실제로는 차이를 느낄 수 없다. 특히 신속한 처리보다 작업이 실행되는 중간에 프로세스와 사용자간의 대화(interaction)가 중요한 응용분야(게임 프로그램이나 문서편집 등)에서는 필수불가결한 작업실행기법이다. 이와 같이 처리하는 업무들을 초당 수백 번 단위로 교체할 수 있으려면 그러한 속도를 뒷받침하기 위한 하드웨어의 성능이 필수적 조건이다. 즉, CPU와 주기억장치의 충분한 속도 및 크기와 함께 보조기억장치들이나 입출력장치들의 다중사용에 대한 효과적 스케줄링이 필수적이다. 일반적으로 하드웨어성능(속도)이 충분히 확보되지 못하는 경우에 소프트웨어적 대처로 부족분을 완화할 수 있다(같은 도로사정이라도 신호체계를 최적화를 통해서 혼잡을 줄일 수 있다). 예를 들어 동영상을 인터넷으로 받아 화면에 그릴 때 데이터의 전송속도가 동영상 내용의 변화를 따라가지 못하는 경우 단순히 위에서 아래로 그려나가는 방법보다 바깥 윤곽을 먼저 그리고 점차 세부적으로 채워나가면 (화면이 그려지는 도중에도) 사용자의 입장에서는 동영상의 내용을 이해하기가 쉬워진다. 이와 유사하게 같은 하드웨어에 대해서도 운용하는 스케줄링방식에 따라 최종사용자들이 실제로 얻게 되는 성능은 현격히 달라질 수 있다.

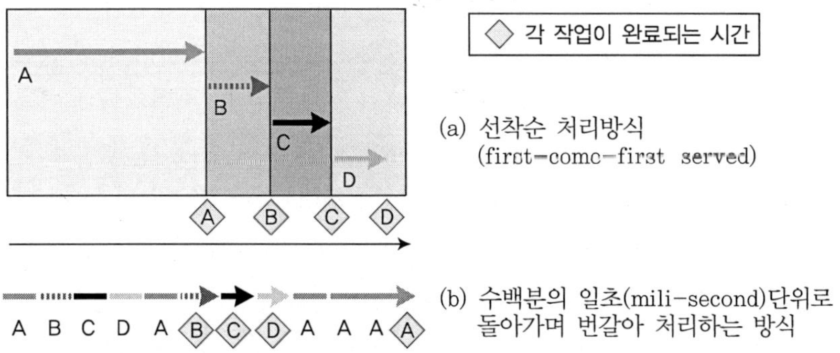

그림 4.15 멀티태스킹시 작업관리방식에 따른 작업종료시간의 차이

▪ **컴퓨터 초기기동(booting)**

전원이 꺼져 있는 컴퓨터를 기동(起動)시키는 과정을 부팅(booting)이라고 부른다. 이는 컴퓨터상의 사이버세상이 새로 열리는 과정으로서 빅뱅에 의한 천지창조에 비유될 수 있다. 일반적으로 0(無)에서 1(有)을 창조하는 일은 1에서 100을 만들어내는 것보다 훨씬 어려운 일이다(이런 점에서 보면 중세 암흑기로부터 근대음악의 기반을 세운 바하가 악성 베토벤보다 더 위대한 셈이다). 그러면 컴퓨터에 기반한 사이버세상에서 태초에 해당하는 최초의 시작은 어떤 방법으로 가능할까? 전원이 꺼져있는 상태에서는 주기억장치에 업무를 시작하는데 필요한 명령어(프로그램)가 전혀 없기 때문에 어떻게 해서든지 최초의 명령어를 주기억장치에 싣는 것이 필요하다. 하지만 명령어를 주기억장치에 싣는 과정자체를 수행할 수 있는 것도 명령어일 수밖에 없기 때문에 논리적으로 **교착상태**(deadlock)에 빠지게 된다(우주의 기원이 빅뱅이라 하더라도 그럼 빅뱅의 기원은?). 이를 타개하기 위해 태초에 필요한 명령어들로 구성된 초기화 프로그램(BIOS)을 저장하기 위한 저장매체는 전원의 유무와 관계없이 명령어들을 유지하게 만들어져 있다. 이러한 저장매체로는 전원의 공급여부에 관계없이 데이터를 보존하는 소위 비휘발성 성질(non-volatility)을 가진 ROM(Read Only Memory)이 사용되는데 주기억장치를 구성하는 일반적인 저장매체인 RAM (Random Access Memory)과 구분된다. 즉, 컴퓨터를 최초로 기동시키는 **초기화**

프로그램은 비휘발성이면서 읽기기능은 주기억장치와 같은 성질을 가진 반도체칩(ROM 소자)으로 구현하되 운영체계내의 논리적 구성면에서는 주기억장치의 주소체계에서 가장 앞자리를 차지하고 있다. 여기에 저장된 최초의 명령어들은 컴퓨터의 초기화를 위한 운영체제(프로그램)의 일부분을 읽어오는데 필요한 최소의 내용으로 되어 있다.

4.8 컴퓨터 언어

"산은 산이요. 물은 물이로다." 라는 성철스님의 법어나 염화시중에 대해 가섭존자가 지은 미소의 진정한 의미는 일반적 언어의 표현력 너머에 있기 때문에 중생들로선 막연히 짐작할 수 있을 뿐이다. 언어는 인간의 생각과 지식을 표현하는 수단이지만 역으로 인류의 역사는 언어의 표현력 내에서만 기록되고 전달될 수 있다. 어떤 사회에서 평균인들이 일상적으로 사용하고 있는 언어(自然語)는 그 사회가 가진 문화의 총합적 산물로서 그 구성원들의 생각이나 사회환경 등에 대해 많은 것을 함축하고 있다. 이러한 언어의 본질에 비추어보면 언어(language)를 영어에서 매개(medium)라고도 부르는 것은 적확한 용어라 할 수 있다. 그런 의미에서 보면 봉화대의 연기, 모스(Morse)전신에서의 점과 선, 수학에서 사용되는 여러 가지 기호들도 사상을 표현하는 수단이라는 점에서 모두 언어의 범주에 속한다. 같은 관점에서 컴퓨터에서 사용되는 단순한 명령어(command)들도 제한된 영역에서만 사용이 가능하지만 당당한 언어임엔 틀림이 없다. 정보시대 이전을 살던 대중들은 태어날 때부터 자연어인 모국어를 상시적으로 쓰게 되면서 (우리가 태양의 존재를 당연히 여기듯) 상수(常數)가 되어버린 모국어내지 언어의 중요성을 실감할 기회가 별로 없었다. 그러나 정보시대에 들어서면서 자연어 외에 컴퓨터용 언어들이 인위적으로 창제됨에 따라 생각의 전달수단으로서의 다양한 언어를 체계적으로 이해할 필요성이 점증하게 되었다.

역사시대가 문자라는 정보기록의 수단이 등장하면서 시작되었듯이 컴퓨터에 기반을 둔 정보시대도 컴퓨터 언어의 창조와 함께 시작된다. 역사 이래로 인류사회에는 사람들 사이의 의사소통을 위하여 자연발생적으로 생겨난 자연어(natural languages, 한국어, 영어 등)만이 존재했으나, 정보시대가 본격화됨에 따라 컴퓨터를 대화상대로 하는 수많은 인공적 언어(formal language)들이 일반인들에게도 필수적 생존수단이 되어가고 있다. 자연발생적으로 생겨난 자연어는 대중적 사용방법의 변화에 따라 서서히 변해가지만 인공어들은 컴퓨터 분야를 중심으로 한 해당 업무영역들에서의 필요성에 따라 조직적으로 창조되고 개정된다. 초가집 지을 때 쓰던 망치와 대패만으로는 마천루를 짓는 것이 불가능하기 때문에 중장비들이 개발되듯이, 컴퓨터 소프트웨어의 대형화, 고도화, 전문화에 발맞추어 대표적인 인공어인 컴퓨터프로그래밍언어(programming language)들도 시간에 따라 진화를 거듭하고 시대의 요구에 따라 기능들의 가감이 끊임없이 이루어지고 있다. 구체적으로 모든 컴퓨터 소프트웨어 개발에 사용가능한 포트란(Fortran)이나 C언어와 같은 범용 컴퓨터언어들(host languages)을 필두로 그래픽스전용 언어, 수학계산전용 언어, 통신소프트웨어용 언어, 반도체설계전용 언어 등의 개별 분야에 특화된 전문적 컴퓨터언어들이 다양하게 개발되고 발전되고 있다. 한편 자연어에서 지방에 따라 여러 가지 방언들(dialects)이 생겨나고 전문적 사용자들 사이에 전문용어(jargon)들이 쓰이게 되고 나라간의 외교를 위해 국제적으로 통일된 언어규약(protocols)이 필요한 것과 같이, 컴퓨터언어 생태계에서도 유사한 현상들이 발생한다. 즉, 같은 언어가 컴퓨터 기종에 따라서 분화된 방언들에 해당하는 다양한 판들(versions)이 생겨나는 한편 그와는 반대로 **인터넷을 통한 컴퓨터들의 세계화 추세에 따른 HTML이나 자바(Java)같은 범지구적 이식성(移植性, portability)을 가진 통일적 언어(규약)**들이 생겨나고 있다. 이와 함께 일반인들이 자주 접하는 인공어들 중에서 영상정보규약의 하나인 JPEG(Joint Photographic Experts Group)이나 음악정보규약의 하나인 MP3(Moving Picture Experts Group, Layer3) 등의 멀티미디어정보표현규약(code)들과 문서편집기능들(밑줄긋기, 줄바꾸기 등)을 표시하는 명령어들의 총합으로서의 문서편집프로그램(word processor)도 컴퓨터를 대화상대로 하는 언어의 예들에 속한다. 그러나 대화상대가 (고속의 스위치 기능을 가진) 기계에 불과한 컴퓨터라는 근원적 한계로 인해 현재의 프로그래밍언어로써는 쌍방 간 대화보다는 컴퓨터에 대한 인간의 일방적 명령이 가능할 뿐이다. 따라서 컴퓨터가 충분히 인간과 대화할 수 있는 수준에 이르기 전까지는 인간이 컴퓨터를 부리기 위해서 인간이 부자연스러운 인공적 언어를 배우는 수밖에 없다.

■ **기본적 컴퓨터언어로서의 이진법**

본질적으로 고속의 스위치에 불과한 컴퓨터라는 기계를 위한 디지털 정보표현방법들 중에서도 이진법은 정보의 표현력 측면에서 가장 초보적 형태의 컴퓨터 언어를 제공한다. 실제로는, 규칙적 형태의 도형을 그린다든지 정형화된 사용자 인터페이스를 만드는 작업 등과 같은 상대적으로 복잡한 업무들에 대해 여러 가지 고급 편의기능들(utility)까지 제공되는 수준에 이르렀음에도 불구하고 내부적으로는 모든 컴퓨터용 언어들이 예외없이 이진법을 토대로 하고 있다. 이러한 근원적 한계가 모든 컴퓨터 소프트웨어를 이진법적 굴레에서 벗어나지 못하게 하고 있다. 현실적인 면에서도, 같은 작업을 하는 데에 단순한 언어일수록 많은 개수의 기호들을 사용해야 하기 때문에 이진법은 반복에 취약한 인간의 속성과는 맞지 않은 불편한 언어라고 할 수 있다.

4.8.1 컴퓨터언어의 진화

컴퓨터언어는 기계어(machine languages)라고 부르는 이진법적 원시 컴퓨터언어에서 출발하였다. 개별 컴퓨터(정확히는 개별 CPU)마다 고유한 기계어는 컴퓨터가 직접(통역 없이) 알아들을 수 있는 수준의 언어로서 덧셈(addition)과 데이터 이동(data transfer) 등을 중심으로 한 소수의 기초적 명령어(instruction)들로 구성되어 있다. 이후 기계어를 사용하는데 필요한 하드웨어에 관한 전문적 지식과 프로그래밍에 소요되는 과도한 노력을 완화하기 위해 포트란(Fortran)이나 C언어 등의 소위 고급 범용어(High-Level host languages)들이 개발되었다(하지만 이때 고급이란 일반인들의 관점이 아닌 기계어와 비교할 때의 상대적 의미일 뿐이었다). 이후 다양한 수준과 분야에서 컴퓨터언어들이 계속 개발되고 발전되어왔다. 전체적으로 기계어, 고급 범용어, 분야별 전용어 그리고 일반인들이 사용하는 궁극적 언어인 자연어가 이루는 (기층을 이루는 하드웨어를 둘러싼) 수준별 계층구조를 [그림 4.16]과 같이 나타낼 수 있다. 결과적으로 컴퓨터의 활용에 대한 전문성의 수준에 따른 다양한 언어들이 해당 사용자들(밑줄로 표시)에게 각각 제공되게 되었다. 따라서 소수의 전문가들의 영역에 머물렀던 컴퓨터 소프트웨어의 개발에도 점점 다양한 수준의 개발자들이나 관심 있는 일반사용자들까지 참여할 수 있게 되었다(시동을 켜기조차 쉽지 않던 초기의 오토바이를 조작방법을 쉽도록 점차 발전시킴으로써 사용자가 시장 보러가는 부녀자들로까지 확대되어가는 것과 같은 맥락이다). 이 컴퓨터언어계층구조에서 **하드웨어에 가까울수록 문장요소(단어나 문장)당 의미가 작고 따라서 같은 의미를 표현하기 위해서는 더 많은 개수의 요소들이 필요**하게 된다. 그러나 그림에서 회색으로 표시된 컴퓨터언어들과 자연어사이의 간극은 아직 엄청나다. 따라서 일반인들은 아직도 자연어 대신 주로 프로그램에서 정해놓은 메뉴(menu)내에서의 제한적 선택을 통해 간접적으로 컴퓨터와 소통하고 있을 뿐이다.

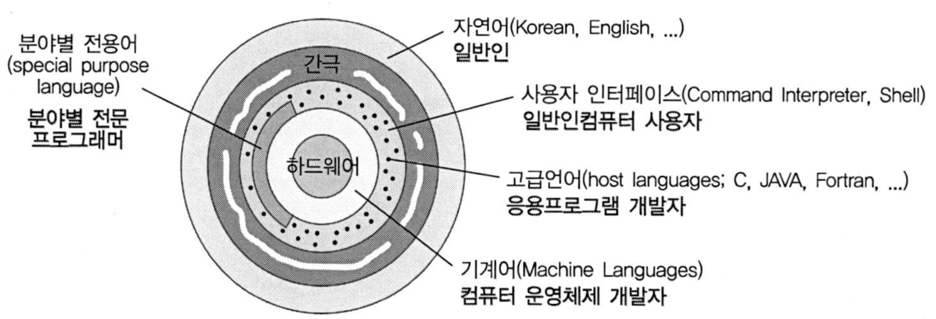

그림 4.16 컴퓨터언어들의 수준에 따른 계층구조

4.8.2 컴퓨터언어의 번역과정

외형적으로 컴퓨터언어가 계속해서 고급화되고 전문화되고 있지만 어떤 언어로 작성된 컴퓨터 프로그램이라도 최종적으로는 예외 없이 기계어수준의 초보적 명령어들(machine instructions)로 번역되어 실행된다. 이는 화물운송에서, 화주(貨主)가 직접 운반하는 방법에서부터 정기화물회사의 화물적치장에 가서 화물을 찾아오는 서비스를 거쳐 이제는 문전까지 배달해주는 택배서비스(door-to-door courier service)까지 사용자의 입장에서는 서비스가 점차 고도화되고 있지만, 어떤 운송서비스의 경우에도 내부적으로 짐을 직접 운반하는 일은 여전히 누군가에 의해 행해져야 하는 것과 같다. 그러나 물리적 세계와 비교하여 정보세계에서는 프로그램의 변환에 필요한 내부적 업무들을 일률적으로 컴파일러 소프트웨어(compiler software)가 처리해주기 때문에 인간에게는 자동적이라 할 수 있는 점이 다르다

(엄밀히 말하면 운송에서도 최하위 물리적 계층의 일을 짐꾼이나 마차대신 자동차와 같은 동력기계가 담당함으로써 운전만 제외하면 거의 자동화된 셈이라고 볼 수 있다). 하지만 이러한 컴파일러 자체를 개발하는 업무는 최고수준의 전문지식이 필요한 일로서, 운송에서는 운송서비스를 구성하는 일들 중에서 짐을 직접 운반하는 일이 가장 단순한 육체노동인 점과 대비된다. 사실 짐을 운반하는 일자체가 본질적으로는 컴파일러의 개발에 비해 결코 쉬운 일은 아니지만 (실제로 운반기능을 하는 로봇을 개발하는 일이 컴파일러를 개발하는 일보다 훨씬 어렵다) 컴파일러 개발이 더 높게 평가되는 이유는 인간사회의 가치는 본질보다 수급에 의해 주로 결정되기 때문이다. 즉, 운반하는 동작은 모든 인간이 가진 기본적 기능인 반면 컴파일러개발을 위한 전문지식을 가진 사람은 흔치 않기 때문에 높은 부가가치를 가진 업무로 인정받고 있을 뿐이다.

■ **언어 간의 의미론적 간극**

앞의 [그림 4.16]에서 보는 바와 같이 소위 고급 컴퓨터언어도 아직은 자연어와의 **의미론적 간극**(semantic gap)이 지대하다. 고급화의 내용은 기본적으로 기계어를 구성하는 무미건조한 이진법 숫자로 된 명령어(instructions, 예를 들어 11001110)에 사람이 기억하기 쉬운 ADD(더하기 명령)나 JUMP(이동 명령)과 같은 별칭(mnemonic code)들을 부여하거나 여러 명령어들을 묶어서 하나의 복합적 명령어로 정의하는 것과 같은 **구문상의 단순한 편의**(syntactic sugaring)를 제공하는 정도라고 할 수 있다. 다만 정형화된 업무가 많은 응용분야에 특화된 프로그래밍 언어는 해당 분야 프로그래머들의 입장에서 보면 상당한 고급화가 실현되고 있다고 할 수 있다. 예를 들어 가상현실을 구축하는 데 필요한 시각적 표현에 특화된 전용 프로그래밍언어인 VRML (Virtual Reality Manipulation Language)을 사용하면, 구(球)를 화면에 그리는 일과 같은 복잡한 프로그래밍작업이라도 정형화되어 있는 작업인 경우에는 중심과 반지름을 이용하여 한 문장으로 구현이 가능하게 된다. 어쨌든 두 당사자가 의사소통을 하기 위해서는 공통의 언어를 사용해야만 한다. 서로 다른 고유의 자연어들을 사용하는 다양한 종족들이 섞여 사는 미국서부에서 한국인교포가 운영하는 이삿짐회사에 고용되는 (불법체류자가 많고 보통 교육수준이 낮은) 남미사람들이 한국어를 배울 형편이 되지 않기 때문에 그들과의 소통을 위해 한국인 사장이 남미출신 피고용인들의 모국어인 스페인어를 배운다고 한다. 마찬가지로 인간들이 컴퓨터를 사용하기 위해서는 컴퓨터가 인간의 자연어를 이해할 수 있을 때까지는 컴퓨터가 이해하는 기계어나 (기본적으로는 같은 기능을 하지만 사용자 편의측면에서 약간 고도화된) 범용 컴퓨터언어를 우리 인간들이 배우는 수밖에 없다.

■ **컴퓨터의 자연어 이해 능력이 가져올 효과**

컴퓨터가 자연어를 이해하게 되어 일반인들이 컴퓨터와 자연어로 대화할 수 있게 된다면 컴퓨터의 발명이나 인터넷의 등장에 필적하는 다음 단계의 정보혁명이 일어날 것이다. 즉, 컴퓨터와의 정보교환에서 언어의 장벽이 사라지게 되면 컴퓨터 전문가가 아닌 **일반인들도 누구나 인터넷에 연결된 무수한 컴퓨터들(엄밀하게는 그 안에 저장된 정보들)을 상시적인 멘토 군단**(ubiquitous mentors)**으로 갖게 되기 때문**이다. 사실 자연어의 이해는 인간만의 고유한 언어능력에다 오랜 학습과 훈련에 의해 개발되어지는 지난한 기능들 중의 하나이다. 이때 인간과 마찬가지로 컴퓨터가 일반인의 '말귀'를 알아들을 수 있으려면 단순히 어학적 측면만이 아닌 문맥까지 파악할 수 있는 배경지식을 가지고 있어야만 한다. 이와 관련하여 스마트폰 등에서도 상당한 수준의 음성인식기능과 함께 문장에 대한 기본적 이해에 바탕을 둔 초보적 대화가 시도되고 있다(이러한 정도의 자연어 처리능력을 얻는데도 수십 년 이상이 걸렸을 정도로 느린 발전속도를 보여주고 있지만 정보기술의 발전은 갈수록 가속도가 붙는 점에서 전망은 밝다). 하지만 컴퓨터가 인간처럼 자연어를 완벽하게 이해한다는 것이 현실적으로 인간이 바라는 컴퓨터의 궁극적 모습인가는 이론의 여지가 있을 수 있다. 컴퓨터도 하나의 도구임이 분명하다면 인간을 위한 수단적 역할이나 좁은 영역의 전문가적 기능을 보조하는 역할에 머무는 것이 옳은 방향일지도 모른다. 이런 관점에서 보면 컴퓨터가 전문가적 일이 아닌 일상적인 일들, 예를 들면 음성인식이나 감성적 판단 등에 관련된 기능에는 특히 취약한 것은 차라리 다행(bliss)인지 모른다.

4.8.3 범용 프로그래밍 언어

범용 프로그래밍언어(host programing language)란 이론적으로는 **모든 정보처리업무를 구현할 수 있는 완전한 프로그래밍 언어(complete language)인 동시에 그 자체만으로 프로그램을 구축할 수 있는 기반 프로그래밍언어(stand-alone language)**이다. 반면 특정 전문분야에 특화되어 있는 컴퓨터언어들은 부분적 업무들을 구현하기 위해 범용언어에 끼워져(embedded) 사용된다. 최초의 고급 범용언어인 포트란(Fortran)이 주로 수학적 업무에 적합한 특성을 가진 반면 C언어는 과학분야나 상업분야를 포괄하는 다양한 업무들에 적합하게 설계되어 있다. 영어가 사실상(de facto) 세계어로 통용되듯이, 사용되는 빈도에서 볼 때 C언어가 범용 프로그래밍언어로서 거의 천하통일을 달성한 상황이 되었다. C언어자체의 진화과정을 보면 초기의 절차적 C언어에서 출발하여 이후 **복잡한 업무들을 효과적으로 해결하는데 적합한 객체지향(object orientation)이라는 새로운 업무수행 원리(programing paradigm)를 반영하여 C++언어로 발전**하였다. 다른 한편으로 인터넷시대를 맞아 여러 **인터넷사이트(sites)간의 이동성을 강화하기 위해 이식성(移植性, portability)을 높인 자바(Java)라는 상대적으로 단출한 형태(stripped-down version)의 언어로 진화**하게 되었다(이 경우 사이버세상에서 일종의 유랑생활을 하기 위해 살림살이가 가벼워져야 했지만 기능적으로만 본다면 본래의 C언어에서 포인터기능 등을 뺀 일종의 퇴행이랄까?).

일반적으로 전통적 프로그램들이 점점 큰 규모의 복잡한 업무를 담당하게 되는 것과 달리 인터넷상의 대중(netizen)들에 의해 행해지는 업무는 내용면으로는 일상적 조회업무나 메시지교환 등의 단순한 업무들이 대부분이다. 하지만 이러한 업무들을 처리하기 위해서는 인터넷에 연결된 수많은 사이트(컴퓨터)들을 접촉하여야 한다. 따라서 이러한 업무를 효율적으로 수용하기 위해서는 고도의 기능들보다 여러 컴퓨터 환경들로의 이동성과 이식성이 중요하게 된다. 이를 위해 이종의 컴퓨터들에서 두루 실행이 가능하고 주로 간략한 기능을 수행하는 프로그램을 개발하는데 적합하도록, C언어의 포인터(컴퓨터 메모리상의 주소를 가리키는 변수)와 같은 고급기능들을 줄이되 이식성을 늘이는 방향으로 간소화하였다. 인터넷의 등장 이래로 컴퓨터언어의 초점이 복잡한 기능의 추가에서 단순하지만 효율을 추구하는 방향으로 바뀌었지만, 이는 결코 복잡한 업무가 줄어서가 아니라 인터넷을 통해 업무 범위가 세계화되는 추세에 따라 다수의 컴퓨터들을 대상으로 하면서 이동성을 중시하는 업무들이 추가되고 있기 때문이다.

■ 절차적 프로그래밍 언어와 선언적 프로그래밍언어

계층적 조직사회에서의 업무수행과정을 보면 최고책임자가 지시한 전체적 목표를 실현하기 위해 하위직으로 갈수록 점차 세분화된 목표들을 정하여 처리해 나가게 된다. 즉, 조직의 최고위 간부가 원하는 목표를 중간간부에게 한마디로(선언적으로) 지시하면 그 중간간부가 이러한 목표를 구현하기 위한 과정을 자신의 부하들에게 여러 마디로(절차적으로) 설명해야 한다면 최고위 간부의 한마디가 중간간부의 한마디보다 고급이라고 할 수 있다. 일반적으로 인간이 업무를 수행할 때 최종적 목표만을 규정하는 방식이 그 목표에 이르는 과정을 규정하는 방식보다 고급이라고 할 수 있듯이 절차적 언어에 비해 선언적 언어가 수준이 높다고 할 수 있다. 이에 상응하여 컴퓨터 프로그래밍언어를 기술(記述)방법에 따라 크게 두 가지로 나눌 때, 업무의 처리과정을 일일이 기술하는 방식의 언어는 절차적(procedural) 언어라 부르고 업무의 목표, 즉 최종적 결과만 기술하면 되는 언어는 선언적(declarative) 언어라 부른다. 실제로 대표적 범용언어인 C언어를 포함한 대부분의 언어가 절차적 언어로 분류되는 반면 **술어논리(敍述論理, predicate logic)를 바탕으로 한 프롤로그(Prolog)가 선언적 언어**를 대표하고 있다. 그러나 상사도 차상위 상사에게는 부하일수 있는 것과 같이 언어가 선언적이냐 절차적이냐 또는 고급이냐 저급이냐는 상대적일 뿐이다. 비슷한 이유로 국회가 법을 만듦으로써 선언적으로 규정한 일을 행정부가 절차적으로 실행하게 되어있지만, 선언적 규정과 절차적 실행사이의 경계가 불명확하여 상대적인 경우가 항상 생기게 마련이기 때문에 권한분쟁(예를 들어 어떤 법률이 절차를 지나치게 상세히 규정하여 행정부의 재량행위를 기속하는 경우)의 불씨가 되곤 한다. 무엇보다도 인간이 원하는 최종적 목표를 달성하기 위해 선언적 컴퓨터프로그래밍언어로 기술된 고급 명령문은 번역을 담당하는 컴파일러에 의해 구체적으로 실현될 수밖에 없고, 따라서 **업무의 처리에 대한 고급수준은 결국 선언적 언어를 번역하는 컴파일러의 역량에 달려 있다.**

■ 객체지향(object-oriented) 언어

인간사회에서 복잡한 업무처리는 분업, 즉 능동적 객체(active object)들인 인간들 사이에 업무를 적절히 나눔을 통해 수행한다. 구체적으로 복잡한 건설공사를 개별업무들로 나누어 하청과 재하청의 계층구조로 협력하는 업무처리 방식이 대표적 예에 해당한다. 이러한 분업이 이루어지기 위해서는 관련된 사람들이 서로 간에 의사를 긴밀하게 교환함으로써 함께 업무를 수행해나가게 된다. 이러한 업무처리방식을 반영하여 **자체적 문제 해결능력을 가진 능동적 객체(object)들이 메시지(message)를 교환하는 방법론에 기초한 프로그램언어**(계열)이 객체지향언어(object-oriented programming language)이다. 기존의 절차적 언어와의 외형적 차이는, 능동적 객체를 정의하는 데에 연관된 변수들과 함수들의 보륨화(encapsulation) 등을 통한 프로그램의 재구성에 불과하지만 그로 인한 효과는 **프로그램의 수정의 용이성, 프로그램의 재사용성**(reusability) 등에서 획기적이라 부를 만큼 지대하다(이러한 효과는 프로그램의 일생에 걸쳐 소요되는 전체비용 중 가장 큰 부분이 프로그램의 유지보수, 즉 수정작업에 소요된다는 점에서 특히 중요하다).

4.8.4 전문분야용 특수 컴퓨터 언어들

특정 분야에 한정된 기능들을 구현하는데 효과적인 전문적 프로그래밍 언어들이 다양하게 개발되어 있다. 이러한 언어들은 부수적 언어(sublanguage)들로서 독자적으로는 사용되지는 못하고 범용언어에 삽입되어 해당 전문기능들만을 수행하게 된다. 대표적으로 수학전문 언어, 그래픽스 전용 언어, 컴퓨터기반 설계용 언어, 통신전용 언어, 데이터베이스 언어들을 들 수 있다.

수학전문 프로그래밍 언어들은 수요도 많고 역사가 긴 전문 언어군을 이루고 있다. 사실 초기 범용언어인 포트란(FORmula TRANslator)은 이름에서 알 수 있듯이 주로 수식을 표현하는데 적합하도록 설계되었다. 그리고 최근에는 XLISP-STAT이나 MATLAB과 같은 특수한 수학계산용 언어나 독립적 라이브러리들도 광범위한 적용범위를 자랑하고 있다. 그리고 개발이 비교적 쉽기 때문에 일반적 프로그래밍 환경에도 예전부터 여러 가지 수학용 라이브러리가 내부에 구비되어 있어서 프로그래머들이 그냥 호출하여 쓸 수 있게 되어 있다. 따라서 개별 프로그래머들이 복잡한 수학적 기능들을 직접 개발해야 할 필요는 거의 사라졌다.

컴퓨터상에 그림으로 정보를 표현되는 일이 일상화됨에 따라 그래픽스 처리가 프로그램에서 많은 부분을 차지하게 되었다. 하지만 문자나 숫자로 된 정보의 처리에 비해 그림 정보를 다루기 위해서는 프로그래밍에 훨씬 많은 노력이 필요하게 된다. 따라서 그래픽스 관련 업무 중에서 정형화된 일들을 쉽게 할 수 있게 지원하는 그래픽스 전용 프로그래밍 언어들(VRML 등)과 특화된 그래픽 라이브러리들(OpenGL 등)이 개발되어 널리 사용되고 있다.

컴퓨터기반 설계(CAD)는 회로설계, 기계설계, 건축설계 등 여러 설계분야에서 광범위하게 사용되고 있다. 구체적 설계언어로는 컴퓨터를 이용하는 전자회로설계용 언어인 VHDL (VHSIC Hardware Description Language)이나 삼차원 기계설계용 언어인 CATIA나 건축설계용인 AutoDesk 등이 대표적이다. 이들은 컴퓨터언어의 형태이거나 독립된 소프트웨어시스템으로 사용되고 있다.

컴퓨터간의 통신을 위한 규약(communication protocol)들도 전문 언어의 하나라고 할 수 있다. 인터넷이나 기타 통신망의 여러 구성요소들 간에 각기 다른 통신규약들이 다양하게 정의되어 있다. 먼저 컴퓨터가 인터넷에 접속하기 위해서는 TCP/IP를 포함한 인터넷규약을 준수해야 한다. 그리고 인터넷주소 앞에 자주 쓰는 http는 통신망에서 하이퍼텍스트를 주고받을 때 사용하는 통신규약(HTTP, HyperText Transfer Protocol)을 가리킨다. 인터넷 규약이 인터넷통신시스템의 계층적 통신에 관한 규약인데 반해 하이퍼텍스트규약은 그러한 통신시스템을 이용하여 웹서버와 인터넷브라우저 사이에 문서(자료)를 교환하기 위한 규약이다. 한편 웹서버(Web server)와 응용프로그램들 사이의 교신을 위한 통신규약으로는 CGI (Common Gate Interface)가 정의되어 있다. 이 규약을 응용프로그램에서 실현하기 위한 스크립트(script) 타입의 언어로서 Perl 등이 있다.

데이터베이스 언어(database sublanguages)는 데이터베이스에 정보를 저장하고 읽고 쓰기 위해 사용되는 언어들을 총칭한다. 이때 데이터베이스에 정보를 표현하기 위한 데이터 모델(data model)은 먼저 각 데이터베이스의 전체적 구조를 규정한다. 데이터 모델에는 모든 정보를 테이블형태로 나타내는 관계형 모델(relational model), 계층구조(hierarchy)를 토대로 하여 정보를 표현하는 모델들(object-oriented model, semantic models, hierarchical model) 등이 있다. 일반적 데이터를 위한 관계형 모델이 제공하는 언어(SQL, Structured Query Language)는 데이터구조를 정의하는 언어(DDL, data definition language)와 데이터를 사용하는데 필요한 질의어(DML, data manipulation language 또는 query language)로 구성되어 있다. 인터넷에 연결된 이종(異種)의 관계형 데이터베이스들(SQL의 여러 방언들을 사용)에 통일적으로 접근할 수 있도록 하기 위한 전문 언어로서 ODBC(Open Data Base Connectivity)와 JDBC (Java Data Base Connectivity) 등이 사용되고 있다. 이러한 ODBC나 JDBC가 SQL 방언들을 통일하기 위한 표준어와 같은 역할을 하는 셈이다.

하이퍼텍스트 편집 언어란, 계층적인 구조를 가질 수 있고 멀티미디어정보를 포함할 수 있는 전자문서인 하이퍼텍스트(hypertext)를 작성하기 위한 언어들을 지칭한다. 대표적 하이퍼텍스트편집언어로 사용되고 있는 HTML(HyperText Markup Language)을 이용하여 웹문서를 편집하면, 특정 단어를 관련된 외부 문서들과 연결(hyper link)해줌으로써 그 단어의 개념이 단계적으로 구체화되어나가게 되어 결국 그 연결들을 매개로 문서들이 계층구조를 이루게 된다. 또한 이러한 문서는 일반 글자뿐 아니라 소리와 동영상을 포함할 수도 있고 나아가 대화형 양식(interactive form)을 생성하거나 필요하면 외부의 프로그램들을 실행시킬 수도 있다. 한편 HTML이 상당기간에 걸쳐 부분적으로만 업그레이드되어 나가다 문서의 외형적 표현만이 아닌 문서의 구조를 계층적으로 규정할 수 있는 XML(Extensible Markup Language)이라는 차세대 언어로 진화하고 있다.

인공지능분야에서 지식의 중추를 이루는 **규칙(rule)을 자연스럽게 표현하고 효과적으로 처리하는데 중점을 둔 컴퓨터 프로그램언어**들이 개발되어왔다. 이와 같은 지식처리용 언어의 중요한 예로서 프롤로그(Prolog)라는 컴퓨터 프로그래밍언어는 수천 년의 인류역사를 통해 검증된 지식표현의 수단인 논리이론(logic)에 기반을 두고 있다. 논리 중에서도 기호논리학의 분파인 술어논리(述語論理, predicate logic)에 바탕을 두고 있는 프롤로그는 조건절(條件節, antecedent, If part)과 주절(主節, consequent, Then part)로 표현되는 규칙을 일반문장으로 사용한다. 이러한 규칙기반언어가 범용 프로그래밍언어가 사용될 수 있는 근거는, 규칙이 아닌 일반 평서문(statement)을 조건절(If part)이 없는 특별한 규칙, 즉 무조건적 규칙(unconditional rule)으로 간주하면 **규칙과 일반문장을 통일적으로 표현**할 수 있기 때문이다. 그리고 여러 전통적 추론 방법들을 통합한 도출법(導出法, resolution)이라는 방법이 주축 추론방법으로 사용된다. 한편 프롤로그 외에 모든 정보를 계층적 리스트로 표현하는 Lisp이라는 인공지능용 언어가 오랫동안 사용되어왔다(하지만 지식정보의 경우에도 문자열에 규칙의 의미를 부여하는 데 불과할 뿐이라는 점에서 지식을 표현하는 전용언어를 사용하는 것 자체가 특별한 이점을 가진다고도 보기 어렵다).

4.8.5 컴퓨터사용자 계층과 컴퓨터언어

컴퓨터에 대한 전문성에 따라 컴퓨터사용자들은 몇 가지 계층으로 나누어질 수 있다. 가장 전문적 사용자들은 컴퓨터 운영체제(OS, Operating System), 데이터베이스관리시스템(DBMS, DataBase Management System), 컴파일러(compiler), 컴퓨터통신 소프트웨어 등과 같이 컴퓨터의 기반을 이루는 **시스템 소프트웨어(system software)들을 만들거나 운용을 책임지는 그룹**에 속한다. 이들은 일반시민들에게 공공서비스를 제공하는 공무원들과 같이 다른 모든 사용자 그룹들에게 컴퓨터 기반시설을 제공하기 위해서 컴퓨터 하드웨어와 함께 해당 컴퓨터에 고유한 기계어와 시스템소프트웨어를 충분히 이해하고 있어야 한다. 그 다음 전문가 그룹은 위와 같은 시스템소프트웨어들을 활용하여 일반사용자들을 위한 **응용소프트웨어들을 개발하는 소프트웨어 엔지니어나 프로그래머**들이 속해 있다. 이들은 일반 세상에서 도로, 전기 등의 공공서비스를 이용하여 사업을 하는 택배업자나 제조업자 등의 민간 사업자들과 같은 역할을 맡게 되며 컴퓨터기반시설에 관해서 자기사업에 필요한 범위의 제한된 이해만 갖고 있다. 이들이 사용하는 **컴퓨터언어는 개별 응용소프트웨어에 요구되는 컴퓨터 기능들을 구현하기에 적절한가에 따라 개별적으로 선택**된다. 이러한 응용소프트웨어용 언어의 선택은 컴퓨터 하드웨어와는 독립적으로 운영체제의 특징과 기능을 잘 활용할 수 있느냐에 초점을 두게 된다. 최종적으로 일반 사용자들은 운영체제(즉, 컴퓨터의 운영에 필요한 필수 시스템프로그램들의 총합)의 **사용자 인터페이스**나 응용 프로그램들(워드프로세서, 비행기예약시스템, 게임소프트웨어 등)에서 제공하는 **정형화된 메뉴**(pulldown menu, icon 등)를 언어로 사용하여 원하는 기능을 단순히 선택하는 상식적 방법(비컴퓨터적 언어)으로 컴퓨터를 사용하게 된다.

■ **표준 컴퓨터 언어의 중요성과 제정과정**

세상이 다양해지고 세계화가 본격화됨에 따라 표준에 대한 중요성을 일상생활에서도 자주 실감하게 된다. 일예로 외국 표준규격의 전기기기나 규격이 서로 다른 휴대폰 충전기를 사용해 보면 알 수 있듯이, 표준전압이 맞지 않거나 단순히 전력단자(socket)의 모양만 달라도 변압기나 어댑터를 일일이 따로 준비해야하는 불편이 따른다. 제도적인 면에서도, 외국으로 우편물을 보낼라치면 국내의 우편번호형식과 다른 해당 국가의 형식을 따르지 않으면 배달이 되지 않는다. 한 국가에서 공통으로 사용하는 국어가 단순한 표현도구를 넘어 그 국가의 역사를 관류하는 문화적 총합의 상징인 것과 같이, 컴퓨터언어도 해당 컴퓨터의 모든 기능들을 종합적으로 규정하는 표현도구이다. 인간사회에서 같은 언어를 사용하는 것이 사회적 공존의 기본조건이듯이 컴퓨터세계에서도 **해당 컴퓨터언어를 사용하는 것이 그 컴퓨터사회의 일원이 되는 필요조건**이다. 한편 컴퓨터회사의 입장에서는 자신의 **영토의 크기가 그 회사의 컴퓨터언어를 사용하는 사용자들의 숫자**

에 달려있다. 이러한 컴퓨터언어 사용자들을 확보하기 위한 건곤일척의 경쟁이, 정보시대 초입이었던 1980년대 **개인용컴퓨터 운영체제**(Macintosh, MS-Windows 등)에 관한 표준경쟁에서 시작하여 **암호화 표준**, 인터넷이 일반화되기 시작하던 시기의 **인터넷 브라우저**(Netscape, Explorer 등), 최근의 **스마트폰 운영체제**(i-OS, Android 등) 등과 같은 다양한 정보기기들에 관한 기술표준들, 즉 광의의 컴퓨터언어들에 대해 치열하게 전개되고 있다. 세계적으로 단일화된 표준이 일찍부터 확립된 범용 컴퓨터프로그래밍언어들과 달리, 이러한 광의의 컴퓨터언어들에서의 표준을 선점한 기업은 마이크로소프트사의 개인용 컴퓨터운영체제(MS-Windows)를 통한 독점에서 보듯이 해당 컴퓨터와 관련 제품들에 대한 기술적 영토의 지배자로서 막대한 지대(地代)를 거둘 수 있다.

정보시대에 들면서 컴퓨터관련 언어표준들이 생기기 이전에도, 정치제도나 상거래방식 등에서의 제도적 표준들과 더불어 상품에 관한 기술적 표준에 대한 중요성은 무역과 교류의 확대와 발맞추어 점증하여 왔었다. 일례로 과거 VCR의 녹음방식의 표준에 관한 세계대전이 전개된 결과 VHS방식이 표준으로 결정되었다. 이때 굴지의 전자회사들이 국적에 관계없이 각자의 이익에 따라 합종연횡을 한 결과 소니의 베타방식이 기술적 우위에도 불구하고 마쓰시다를 주축으로 한 연합진영의 VHS 방식에 패퇴해 시장에서 사라졌었다. 마찬가지로 수많은 자연어들 중 하나인 영어가 사실상의 세계표준어로 사용되는 것이 정치적 역학관계에 의해 결정되었듯이, **컴퓨터 언어(내지 규격)에서의 표준도 기술적 우위뿐 아니라 선도적 역할에 의해 (정치적으로) 결정되어 왔다.** 예를 들어 (관계형) 데이터베이스 분야의 표준언어인 SQL(Structured Query Language)은 IBM이 컴퓨터제국을 지배하고 있을 때였기 때문에 경쟁 없이 사실상의 표준언어(de facto standard language)로 자리를 잡았었다. 하지만 그 이후 IBM의 지배력이 약화되고 독자적 컴퓨터시스템(구체적으로 독자적 운영체제나 DBMS)들이 다수 생겨남에 따라 SQL과 유사한 정보구조(테이블)를 기초로 하고 있지만 세부적으로 서로 다른 수많은 방언(dialect)들이 생겨났다. 이러한 방언들은 서로 말이 통하지 않았지만 외부의 컴퓨터들 사이에 정보교류가 별로 없던 시대에는 큰 문제가 되지 않았다. 하지만 인터넷시대를 맞이하면서 이와 같이 제각각의 방언들을 쓰고 있던 이종의 데이터베이스들이 인터넷을 통해 상호교류하기 위해서 표준데이터베이스언어가 필요하게 되었다. 이러한 역할을 선도한 언어가 마이크로소프트의 ODBC(Open Database Connectivity)로서 관계형 데이터베이스용 방언들의 공통적 기능들만 모아서 제정한 관계데이터베이스용 표준언어이다. 이후 유사한 역할을 하는 JDBC(Java DataBase Connectivity)가 추가로 등장하여 (과거 VTR 표준전쟁에서의 소니와 달리 마쓰시다처럼) 개방적 방식으로 운용함으로써 ODBC와의 경쟁에서 기술적 영토를 넓혀가고 있는 상황이다.

4.8.6 컴퓨터 언어의 한계

인간과 컴퓨터와의 대화를 위해서 개발된 컴퓨터언어는 인간들 사이에서 자연발생적으로 생긴 자연어(natural language)와 달리 엄격한 수학적 이론에 근거하여 설계된 공식적 인공어(人工語, formal language)이다. 자연어가 그대로 컴퓨터언어로 사용될 수 없는 이유는 자연어를 기계적으로 번역하고 이해하는 기술이 아직 개발되지 않았기 때문이다. 예를 들어 자연어의 애매모호성은 (명확히 기술된 문장만을 처리할 수 있는) 융통성 없는 기계인 컴퓨터로서는 이해할 수 없는 대표적 성격의 하나이다. 따라서 '25 × 365'와 같은 객관적 답을 가진 계산은 초당 수백 만 번도 쉽게 하지만, '잘 논다'와 같이 문맥에 따라 칭찬인지 비꼬는지 달라지는 애매한 문장은 현재로서는 컴퓨터에 의한 이해나 처리가 불가능하다. 현재의 컴퓨터언어는 자연어와 비해 어휘와 구문을 대폭 줄임으로써 문장들을 명확히 규정할 수 있게 되어 기계적인 처리가 가능하게 만들었지만, 그 결과 표현할 수 있는 내용은 매우 제한적일 수밖에 없다(필자는 범용 컴퓨터언어 세 가지를 한 달 만에 독학으로 익힌 적이 있지만 한국어와 가장 가깝다는 일본어를 몇 달 걸려 가나를 겨우 익히는 수준에 도달한 후 포기하고 말았다). 이러한 컴퓨터언어의 표현력의 한계는 대량의 데이터를 빠르게 처리하는 속도로써 보완하고 있다. 컴퓨터언어의 표현력이 자연어에 가까운 방향으로 늘어날수록 컴퓨터의 역할이 좀 더 일반인들과 직접 관련된 업무들로 확대되겠지만 현재의 컴퓨터 구조 아래에서는 근본적으로 컴퓨터언어가 이진법의 굴레를 벗어나기는 어렵다.

■ **컴퓨터의 제한적 융통성**

인간들은 애매모호한 표현에 대해서는 상식이나 문맥을 통하여 정확한 의미를 파악할 뿐 아니라 심지어 문학작품 등에서는 모호한 표현을 의도적으로 사용하기도 한다. 그러나 융통성 없이 규정된 대로만 실행하게 되어있는 컴퓨터에게는 애매모호한 표현은 원천적으로 사용이 불가능하다. 이러한 컴퓨터에게 '적당히 알아서 하라'고 대충시키는 것은 세 살배기 어린애에게 자동차 운전을 시키는 것과 같이 위험하거나 아예 가능하지 않다. 컴퓨터는 프로그램에 따라 여러 가지 도구들(기능들)로 융통성 있게 변신할 수 있는 반면 개별 기능 내에서는 거의 융통성을 발휘하지 못하고 프로그래머가 미리 규정한 과정을 그대로 따라갈 뿐이다. 혹시 컴퓨터가 전통적 기계에 비해 **부분적으로나마 융통성 있는 반응을 보이는 것도 프로그램에서 미리 규정된 메뉴에 따른 제한적인 것에 불과**하다. 그리고 현재의 컴퓨터는 인간과 달리 배경지식(또는 상식)을 적재적소에 활용하는 능력이 없기 때문에 단 한 글자(bit)에 오류가 생기더라도 엄청난 사고(예를 들면 전국적 규모의 증권거래의 중단, 우주왕복선의 폭발 등)를 가져올 수 있다. 이와 같은 사실에 비추어보면 컴퓨터의 융통성은 인간의 그것과는 차원이 다른 피상적인 수준임을 알 수 있다. 따라서 **무수한 측면들을 가진 실제상황에 대한 유연한 대처는 아직은 컴퓨터의 영역이 아니라고 할 수 있다**(M가지의 상황에 N가지 조건을 고려하려면 일반적으로 M×N개의 경우의 수에 대처할 수 있어야 한다). 이와 같은 컴퓨터에 융통성을 불어넣고자 이진법의 양 극단값(1, 0)만이 아닌 중간값들(0.7, 0.2 등)을 표현할 수 있는 퍼지 논리학(fuzzy logic)이나 인간의 경험칙(heuristic)을 이용할 수 있는 프로그래밍언어들을 개발하였으나 직관적으로 판단하거나 다중적 측면들에 대해 종합적으로 판단할 수 있는 능력은 오랫동안 흉내내기 어려운 인간고유의 특성으로 머물러 있을 전망이다.

■ **컴퓨터 언어의 어휘와 범용성**

컴퓨터 언어도 수많은 표현(업무)을 효율적으로 만들어내기 위해서는 여느 언어와 같이 기본요소(primitives)인 단어(word)들을 문법에 따라 조합하여 복합적 표현단위인 문장(sentence)들을 만들어 내는 방식을 취하게 된다. 이러한 방식에 바탕을 둔 자연어를 포함한 모든 언어는 **단어들의 집합인 어휘**(vocabulary), 단어를 조합하여 **문장을 만들어내는 규정인 문법**(grammar), 문장들에 **의미를 부여**(interpretation)**하는데 관한 규정인 의미론**(semantics)의 세 가지 요소로 구성된다. 일반적으로 어휘수를 늘리면 그에 비례해서 언어의 표현력이 높아지게 된다. 하지만 이와 같이 어휘를 늘리는 방향은 불가피하게 사용자인 컴퓨터 프로그래머의 학습 부담을 가중시키게 된다. 이는 상형문자인 한자가 표음문자인 한글이나 영어에 비해 각 글자나 단어의 표현력이 큰 반면 글자 수가 많아져서 한글자모음이나 영어알파벳에 비해 배우기가 쉽지 않은 것과 같은 맥락이다(다만 컴퓨터입장에선 단어의 개수가 한정되어 있기만 하다면 개수의 다과는 빠른 계산속도를 감안하면 별로 문제가 되진 않는다). 이와 관련하여 이십세기 중반 경에 당시 과학계산용 표준 컴퓨터프로그래밍언어였던 포트란(Fortran)과 업무용 프로그래밍언어인 코볼(Cobol)의 기능들을 통합하여 PL/i 라는 표현력이 높은 포괄적 프로그램 언어가 야심차게 개발되었으나 기능이 복잡해짐에 따르는 불가피한 성능저하문제와 프로그래머에 대한 학습부담의 증가 등으로 성공적이지 못했다. 실제로 소요되는 **비용이 적절하지 않으면 고기능이 반드시 능사가 아님**은 현실세계에서는 언제나 적용되는 원칙인 셈이다.

4.9 컴퓨터에 의한 생각의 실현

컴퓨터를 통한 신속하고 융통성 있는 아이디어의 실현가능성은 인간세상의 모든 분야에서 효율성의 제고와 위험성의 감소 등을 통해 세상을 근본적으로 바꾸는 힘이 되고 있다. 몇 개의 사례를 보면, 이미 수십 년 전부터 컴퓨터 기반 설계(CAD) 도구를 이용하여 컴퓨터상에서 가상적으로 비행기를 만들어 봄으로써 미리 문제점을 발견하거나 설계를 쉽게 변경할 수 있게 되었고, 우주공간을 돌고 있는 허블망원경(Hubble telescope)의 수리작업을 컴퓨터로 미리 시뮬레이션해 보고 그에 근거한 계획에 따라 실시된 우주유영이 놀라울 정도로 정확하고 신속하게 완수된 바 있으며, 근래에는 로봇전사들과 그의 변형이라 할 수 있는 무인항공기(drone)들을 후방에서 (컴퓨터 게임하듯) 조종함으로써 머지않아 병사들이 위험한 테러현장이나 전쟁터에 직접 나설 필요가 없는 시대가 도래하고 있다. 컴퓨터를 이용한 이러한 발전은 세상의 모든 지식을 실시간으로 모을 수 있는 인터넷과 결합함(전체적으로 일종의 분산컴퓨터시스템이 형성되는 셈)으로써 더욱더 가속도를 내고 있다.

컴퓨터를 사용함으로써 이룩한 전방위에 걸친 성취들은 몇 개의 중요한 원리들을 배경으로 하고 있다. 첫째 원리는, **인간의 문명은 모두 정보(내지 지식)의 소산**이라는 점이다. 다시 말해 반복적인 현상에서 규칙을 찾아내고 그러한 규칙을 이용하여 유용한 도구들을 만들어 내거나 미래에 대한 대비책을 찾아내는 것이 문명이 진보해나가는 원리이다. 문명을 실현하는데 사용하는 어떠한 도구라도 그 본질을 살펴보면, 몇몇 물질적 요소들을 제외하면 그 구성이나 동작의 본질은 모두 정보임을 알 수 있다. 그 중에서도 빛의 속도로 정보를 처리하는 추상적 도구인 컴퓨터는 그러한 물질적 요소조차 최소화된 순수한 정보덩어리라고 할 수 있다. 둘째 원리는, **양의 변화에 의해 질의 변화를 가져온다**는 사실이다. 양이 일정한 임계점을 넘으면 질적인 변화가 일어나는 사실은 일상에서도 흔히 목격된다. 자동차의 발명으로 운송속도에서 커다란 변화가 생기자 경치는 좋지만 (도시에 비해) 소외되던 오지가 각광받는 휴양지나 거주지가 되곤 한다. 최근에 지구온난화가 일정 수준을 넘어 진전되면서 북극의 얼음이 녹으면서 (불난 집에서 콩 구워먹는 것 같아 안타깝기 그지없지만) 꽉꽉 닫혔던 북극항로가 열리게 된다는 소식이 들리고 있다. 전화와 TV의 대중화로 통신속도가 파발마의 속도에서 빛의 속도로 바뀌게 되자 개개인의 얄팍한 동정심들이 실시간 모금운동을 통해 실질적 혜택이 되는 자선(慈善)으로 바뀌기도 한다. 전자식 컴퓨터의 등장으로 계산속도가 초당 수억 번 수준에 이르자 이론적으로만 존재하던 이진법이 십진법을 대신하여 실지로 사용되게 되면서 무수한 컴퓨터 기능들을 새로 만들어 낼 수 있는 바탕이 되었다(사실 미적분을 발견한 Leibniz가 기계식 컴퓨터를 17세기에 발명했었지만 계산속도가 임계점에 이르지 못했기 때문에 세상을 변화시키지는 못했다). 이러한 계산속도의 획기적 진보는 과거에는 현실적 가치가 별로 없었던 많은 아이디어들이 재조명되어 컴퓨터 알고리즘들로 구체화되어 실용화되는 계기가 되었다. 셋째 원리는, **컴퓨터에 의한 정보처리에서는 공정이 원료와 동일한 수준의 융통성**을 가지고 있다는 점이다. 즉, 컴퓨터를 사용한 정보처리과정을 전통적 생산공정과 비교하면 정보처리에서 원료 역할을 하는 데이터와 가공공장역할을 하는 프로그램이 같은 형태로 표현되고 저장된다(stored programing method). 따라서 데이터를 바꾸고 운반하고 저장하듯이 프로그램도 같은 파일의 형태로서 쉽게 바꾸거나 운반하고 저장할 수 있게 되는 것이다. 물론 정보처리의 직접적 작용은 컴퓨터 하드웨어(CPU, memory 등)가 담당하지만 그들의 역할은 비트단위의 고속의 스위칭과 데이터 저장에 그칠 뿐 그와 같은 단순한 스위칭과 초보적 데이터를 의미 있는 고도의 기능으로 승화시키는 일은 전적으로 소프트웨어의 역할이다(사실 전통적인 공장과 컴퓨터 사이의 이러한 차이는 생산품인 물건과 정보의 차이에 기인한다). 이러한 세 가지 원리들을 바탕으로 컴퓨터는 인간의 생각을 효율적으로 정보화하여 실현할 수 있게 된다.

4.9.1 컴퓨터를 이용한 생각의 실현과정

컴퓨터를 이용하여 생각을 현실화하는 과정은 전반적으로 설계도를 만들고 그에 따라 건축을 하는 과정과 유사하다. 구체적으로, 건축에서는 설계도에 담긴 생각을 현실의 건물로 변환하는 역할을 시공자가 담당하는 반면 컴퓨터에서는 그에 상응한 변환으로 프로그램 파일에 기록된 기호들을 그들에 상응하는 전기신호들로 실현하는 작용을 컴퓨터가 담당한다. 인간의 생각을 컴퓨터를 통해 실현하는 과정을 살펴보면, **생각의 알고리즘화→(컴퓨터 언어로) 기술→(컴파일러에 의한) 번역→(컴퓨터에 의한) 실행**의 단계를 거친다. 순수하게 물리적 측면에서만 보면, 종이 문서에 기술된 텍스트 정보나 소리나 그림 등의 멀티미디어 정보가 전기적 신호들(컴퓨터 파일)로 변환되면 컴퓨터로 처리가 가능한 정보형태가 되고, 컴퓨터는 그러한 신호들을 읽어 들여 해당 기능들을 실행하면 원하는 정보가 생산된다. 이와 같이 컴퓨터에 의해 생산된 정보는 최종적으로 디지털 텔레비전 화면과 같이 **시청각적으로 인**

식할 수 있는 현상으로 나타나기도 하고 엔진의 연료분사제어에 사용되어 **최적화된 연료효율로 현실화**되기도 한다.

4.9.2 생각의 컴퓨터 알고리즘화

컴퓨터를 이용한 문제해법을 전통적 문제해법과 구별하여 알고리즘(algorithm)이라 부른다. 컴퓨터를 사용하여 문제를 해결하기 위해서는 여하한 문제라도 해당 해법을 최종적으로 이진법으로 분해하고 필요한 모든 수학적 계산을 이진법 덧셈으로 변환하여 수행하고 그 결과를 다시 역으로 원래의 (정보)형태로 조합하는 과정을 거치게 된다. 따라서 인간의 논리적 사고를 이용하는 일반적 문제해법과 달리 알고리즘은 컴퓨터의 유일한 강점인 고속으로 수행되는 덧셈(과 몇몇 논리연산)의 반복이 근간을 이룰 수밖에 없다. 예를 들어 적분을 이용하여 도형의 면적을 구한다고 할 때 인간은 도형을 나타내는 수식에서 규칙성을 찾아내는 해석적 방법에 의존하는 반면 컴퓨터를 이용하기 위해서는 [그림 4.17](a)에서 보는 바와 같이 도형을 무수히 많은 작은 사각형으로 쪼개어 각각의 면적을 계산(밑변×높이를 구하는 간단한 곱셈)하고 그 면적들을 다시 합하는 부분구적법(區分求積法, sectional mensuration)을 사용하여 해결한다. 이 컴퓨터 알고리즘은 고등학교 수학시간에 배운 바대로의 부분구적법을 본래 정의된 대로 이용한다. 즉, 인간의 입장에서는 (Δx를 밑변으로 함수값 $f(a+n \cdot \Delta x)$를 높이로 하는) 곱셈들을 수만 내지 수백만 번하는 일은 현실적으로 가능하지 않지만, 반복은 문제가 되지 않는 컴퓨터입장에서는 간단한 곱셈을 수없이 반복하는 이 방식이 적합하다. 따라서 컴퓨터 문제해법인 알고리즘의 핵심은 어떻게 복잡한 문제를 간단한 문제의 반복으로 변환하느냐에 있다. 결과적으로, 인간은 될 수 있는 대로 문제를 소수의 (복잡한) 수식들로 표현하여 계산횟수를 줄이려는 반면 **컴퓨터 알고리즘에서는 문제를 단순한 문제들로 잘게 쪼개어 그 조각들을 각각 계산한 후 다시 모으는 방식을 사용**한다. 내부적으로 모든 숫자 계산은 최종적으로 단순한 덧셈으로 쪼개어지고 사용되는 모든 숫자는 단순한 이진법으로 변환되어 처리된다. 한편 논리계산은 본래 계산종류가 한정되어 있기도 하지만 그것도 역시 몇 개의 단순한 연산들(AND, NOT 등)로 분해가 가능하다. 물론 최근의 컴퓨터프로그래밍 환경에는 다양한 라이브러리 기능들(그래픽스 기능, 수리계산 기능, 통신기능, 데이터베이스 기능 등)을 사전에 개발해두어서 필요에 따라 불러 쓸 수 있게 해놓았기 때문에 응용 프로그래머가 일상적 기능들을 덧셈으로까지 분해할 필요는 별로 없다(모든 시민들이 모두 필요로 하는 사회간접자본을 정부에서 제공하듯이 라이브러리 개발자들이 재귀적 분해에 기초한 알고리즘을 미리 개발하고 구현해둔 것이다). 이러한 계산기능들 외에 많은 기능들이 내부적으로는 컴퓨터 구성요소들 간에 단순히 데이터를 옮기는 작용으로 실현된다. 예를 들어 모니터 상에 이미지를 보여줄 때 펜화처럼 수많은 점을 찍어서 표시하는 방법을 사용하는데 순수 컴퓨터기능면으로는 단순히 주기억장치의 색깔(해당 코드값)을 모니터(관련 메모리)상으로 그냥 옮기는 일에 해당한다. 그러한 색깔코드값에 따라 기계적 콘트롤러가 상응한 빛을 모니터에 뿌려주면 실제로 화면에 그림이 그려지게 된다.

■ **알고리즘의 성능**

알고리즘은 실행속도와 소요되는 메모리 용량의 두 가지 측면에서 성능을 평가한다. 메모리의 용량을 키우는 일은 반도체기술의 발전에 따라 점차 쉬워지는 반면 실행속도의 개선은 상대적으로 더디다(일반적으로 메모리를 확장하는 데에는 별 제약요소가 없는 반면 시간적 제한은 완화할 수 없는 경우가 많다). 더구나 알고리즘의 실행에 필요한 소요시간은 데이터의 양에 따라 기하급수적으로 늘어나는 경우가 많기 때문에 처리해야할 데이터량이 많을수록 빠른 알고리즘이 더욱더 중요해진다. 알고리즘에서 성능을 표시할 때 order(次數)를 나타내는 $O(\,)$라는 표기를 쓰는데, 예를 들어 $O(n^2)$는 $\alpha \cdot n^2+\beta \cdot n+\gamma$ (단, α, β, γ는 상수, 그리고 n은 데이터량을 지칭)로 표시되는 모든 이차원 다항식들을 대표한다. 이때 $O(n \cdot \log n)$과 $O(n \cdot \sqrt{n})$으로 규정되는 알고리즘의 성능이 [그림 4.17](b)에서 보는 바와 같이 n이 작은 구간에서는 서로 비슷해 보여도 n이 커지면 차이가 급격이 벌어지게 된다. 일반적으로 컴퓨터 알고리즘이 무수한 횟수를 반복하는 것을 감안하면 (즉, n이 아주 커지는 경우) 알고리즘들 간의 성능 차이가 기하급수로 커지게 된다. 실제로 컴퓨터가 사용되는 응용분야에는 보통 처리해야 하는 데이터가 대량이기 때문에 실제적으로는 [그림 4.17](b)에서 점선으로 표시된 부분처럼 $n \gg 1$인 경우에만 의미가 있다.

전통적 기계들과 달리, 컴퓨터 알고리즘들 간의 성능차이는 차원이 다르다고 할 만큼 현격한 경우가 많다. 예를 들어 분류(sorting)를 하기위해 일반 분류알고리즘(Insert Sorting, Bubble Sorting 등) 대신 신속분류 알고리즘(Quicksort algorithm)을 사용하면 성능이 $O(n^2)$, 즉 이차원에서 $O(n \cdot \log n)$, 즉 $1 \cdot \alpha$ (단 $\alpha < 1$)차원으로 개선되어 알고리즘의 성능의 차원이 달라진다. 만약 데이터 개수 $n = 1{,}000{,}000$개라면 각각 $1{,}000{,}000 \times 1{,}000{,}000$과 $1{,}000{,}000 \times \log 1{,}000{,}000$ (≒ 20)으로 약 5만 배 차이, 즉 일반 분류알고리즘으로 10시간 걸릴 일을 신속분류 알고리즘을 쓰면 1초도 채 걸리지 않게 된다. 만약 컴퓨터의 하드웨어를 개선해서 이정도 성능차이를 극복하려면 수십 배의 비용이 추가로 들거나 아예 기술적으로 불가능할 수도 있다. 하지만 오직 지력(知力)으로 새로운 알고리즘을 창안해내어 성능을 개선하는 방법은 추가비용이 들지 않는다.

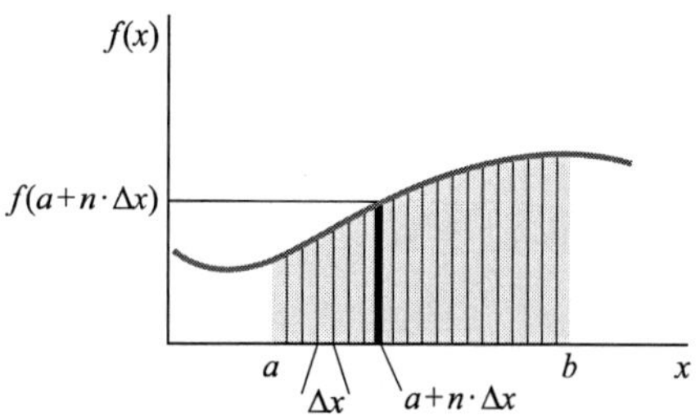

(a) 컴퓨터에 의한 적분방법

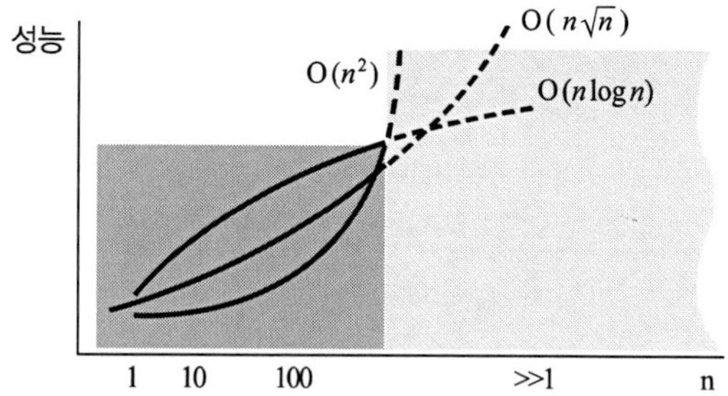

(b) 컴퓨터 알고리즘 성능

그림 4.17 컴퓨터에 의한 적분방법과 데이터 개수에 따른 컴퓨터 알고리즘 성능의 변화 추이

4.9.3 직관적 착상과 정보표현을 위한 개념적 도구

명장도 자신의 능력을 십분 발휘하기 위해서는 좋은 (물리적, 기능적) 도구들의 확보가 필수적인 것처럼, 정보시대에는 문제해법을 탐구하거나 일반적 정보처리를 위해서 그에 걸맞은 논리적 도구들을 확보하는 것이 긴요하다. 이에 관련하여, 그래프는 수많은 지식구조나 알고리즘들이 바탕으로 삼고 있는 정보시대의 가장 중추적인 정보도구라고 할 수 있다. 오일러(Euler, L.)시대의 유명한 다리건너기 문제(한붓그리기 문제)를 풀기 위해 [그림 4.18](a)에서 보는 바와 같이 오일러가 수백 년 전 사용했던 지식표현방법을 발전시킨 논리적 지식표현도구가 그래프이론이다. 그래프이론은 선현들의 관념적 탐구의 결과가 (컴퓨터를 만나) 후대에 꽃을 피우는 중요한 사례들 중의 하나이다. 언젠가 모친이 친구들과 목욕탕에 갈 때마다 딜레마에 빠진다는 이야기를 하셨다. 얘기인 즉 보통 세 사람이 가게 되는데 세 사람 중에서 두 사람은 서로 등을 밀어주어 공평하지만, 나머지 한 사람은 다른 사람이 자기의 등을 밀어주지만 자기는 다른 사람의 등을 밀어주지 않게 되어 신세를 지게 된다는 것이었다. 이런 딜레마는, 자기 등을 밀어준 사람의 등을 반드시 자신이 직접 밀어주어야 된다는 고정적 사고에 빠진 결과로 발생하게 된다. 그러나 약간은 **탈각적 사고**를 해보노라면, A, B, C 세 사람이 원모양으로 둘러 앉아 각기 앞사람의 등을 밀면 A가 B의 등을, B가 C의 등을 그리고 C가 A의 등을 밀어주게 되어 공평해진다는 사실을 어렵지 않게 생각해낼 수 있다. 이러한 문제도 머릿속으로만 생각하기보다 [그림 4.18](b)처럼 사람을 노드로 그리고 등을 미는 행위를 화살표(예를 들어 A → B는 A가 B의 등을 밀어주는 것을 의미)로 표시하여 **그래프로 그려 추상화해보면 직관적으로 해답을 발견**할 가능성이 높아진다. 비슷한 사고전환의 간단한 예로, 많은 사람들이 참가하는 행사 때에 자주 종이컵들을 포개놓고 사용하게 되는데 제일 위에 있는 컵 대신 바닥에 있는 종이컵부터 차례로 사용한다면 컵의 안쪽이 손에 닿아 더럽혀지지 않고서도 계속 깨끗하게 사용할 수 있음을 알 수 있다. 이를 자연스럽게 실행하기 위해서는 포개진 종이컵들을 바로 놓는 대신 엎어놓고 위에서부터 사용하면 간단히 실현된다. 이것도 컵은 바로 놓여야 한다는 고정관념에서 탈피하면 바로 눈에 띄는 간단한 이치인 것이다.

교통수단의 발달에서 가장 중요한 발명이라 할 수 있는 바퀴의 기술적 의미는 무한히 반복될 수 있는 원운동을 공간적 이동에 적용할 수 있는 도구라는데 있었다. 이와 같이 시작과 끝이 없는 원형의 모습을 가진 바퀴와 같은 물체들이나 끝없이 반복되는 계절과 같은 **주기적 현상들을 컴퓨터상에 추상화하여 표현하는 방법**은 무엇일까. 실제 세상에서는 기다란 띠의 양끝을 연결하여 원을 만들곤 하는데 이에 상응하여 **컴퓨터상에서 원형을 만드는 추상화 방법**은 N개(index [0 ~ N-1])의 요소들로 이루어진 선형 리스트 ([그림 4.18](c) 참조)이 마지막 요소에 이어지는 다음 요소의 인덱스(N)를 첫 번째 요소의 인덱스(0)와 동일한 값으로 바꿔주면 간단히 만들어진다. 이는 나머지(Modulo)를 구하는 함수인 $MOD_N(n)$ 단 N은 리스트의 크기 그리고 n은 인덱스를 사용하여 간단히 컴퓨터상에 구현할 수 있다. 이러한 간단한 추상화의 결과로 무한히 재사용이 가능한 원형큐(circular queue)가 컴퓨터상에 모사되고, 결과적으로 바퀴나 계절처럼 **순환하는 모든 현상들을 컴퓨터에 구현할 수 있는 개념적 도구**가 확보되는 것이다.

알고리즘의 개발도 전통적 문제해법들의 발견과정과 마찬가지로 문제를 기술하고 분석하는 과정을 거친다. 이때 그래프 등의 **시각적 도구를 활용하면 직관적으로 해법**을 찾아내는 데에 도움이 될 수 있다. 동시에 문제해결에 필요한 **상식적 원리들에 대한 고정관념에서 벗어나는 데에도 도움**이 될 수 있다. 뿐만 아니라 실제 세상의 사물을 컴퓨터상에서는 재현하는 일이 적절한 논리적 도구를 활용함으로써 의외로 쉬워질 수 있다.

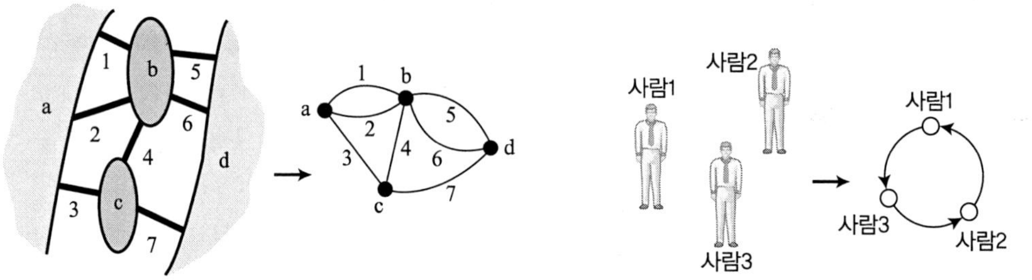

(a) 케니히베르크 다리 건너기문제의 그래프 표현 (b) 돌아가며 등 밀어주기 문제와 그래프 표현

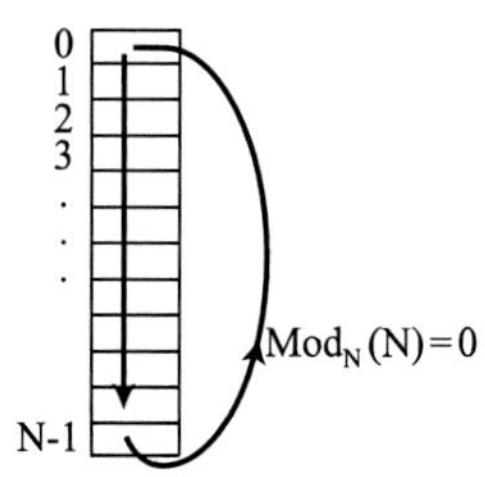

(c) 원형작용의 컴퓨터 시뮬레이션

그림 4.18 그래프를 이용한 복잡한 문제들의 직관적 표현

4.10 컴퓨터 문제해법의 지능화와 가상현실

적분을 이용하여 도형의 면적을 구하는 앞의 예제에서 본대로 컴퓨터를 이용한 문제해법(algorithm)은 무수한 반복적 계산에 의존한다. 사실 컴퓨터의 강점에 맞춘 반복적 문제해법은 인간의 지능적 문제해결의 방식과 원리측면에서는 멀어지게 되어 여러 가지 내재적 한계를 불러오게 된다. 이러한 한계들을 극복하기 위해 인간 고유의 문제해결방식들을 응용한 기법들(Generate&Test, Divide&Conquer, Means&Ends 등)이 다양하게 개발되어 컴퓨터를 사용한 문제해법에 적용되고 있다. 한편 범용의 프로그래밍기법으로 인간사회의 분업을 흉내낸 객체지향방법(object-oriented approach)이 복잡한 문제들을 위한 문제해결방법론으로서

다양한 컴퓨터분야들에서 널리 사용되고 있다. 그리고 인간의 학습능력을 흉내 내어 컴퓨터가 능동적으로 지식을 확보할 수 있게 하는 인공지능 학습(learning)기법들, 경험칙(heuristic)들을 바탕으로 한 전문적 지식을 발휘하도록 설계된 전문가 시스템(Expert System) 등이 개발되고 있다. 하지만 이 모든 기법들의 기반을 이루는 내부적 데이터처리는 여전히 반복적 계산에 의존하고 있다. 이러한 한계는 컴퓨터가 인간의 문제해결능력의 근본원리를 전혀 모르기 때문에 현재로서는 불가피하다.

4.10.1 인공지능과 지능적 문제해결 방법론들

컴퓨터의 본질적 능력은 최대한 후하게 평가해도 이진법 덧셈기능에 불과하다. 이와 같이 덧셈에 국한된 능력을 빠른 반복으로 보완하는 방식이 전통적 컴퓨터 알고리즘들의 문제해결방식이었다. 하지만 실제 세상에서의 복잡한 문제들 중에서는 단순히 반복에 기초한 방식만으로는 해결하는 것이 비효율적이거나 불가능한 경우가 적지 않다. 이와 같은 단순 반복적 문제해결방식의 한계를 극복하기 위하여 **인간의 고유한 문제해결방식들을 컴퓨터 알고리즘화**하는 것이 인공지능의 취지라고 할 수 있다. 이러한 일은 먼저 인간의 문제해결방식을 이해하고 그것을 기초로 하여 논리적으로 체계화하는 일로서, 자연법칙을 발견하는 것이나 경제법칙을 찾아내는 것 이상의 지적 도전들을 수반한다.

컴퓨터의 발명초기에 컴퓨터의 능력을 과대평가하여 무엄하게도(?) 인간의 지능을 능가하는 컴퓨터의 실현을 목표로 인간의 능력에 정면으로 도전하려는 시도가 있었다. 이와 같은 야심찬 시도는 당연히 본래의 목표달성에는 실패했지만 소득이 전무한 것은 아니었다. 그러한 시도의 부산물중 하나가 바로 최초의 고급 컴퓨터 언어인 포트란(Fortran)이었지만, 더 큰 소득은 인간의 위대성을 절감한 것일지도 모른다. 즉, 인간의 능력들 중에서 하찮게 보이는 것들도 컴퓨터에겐 지난한 일이 적지 않음을 깨닫는데 오랜 시간이 필요치 않았다. 결과적으로 컴퓨터를 이용한 초보적인 성취와 순진한 확대해석에 도취되어 가졌던 (인간에 버금가는 기계가 될 것이라는) 컴퓨터에 대한 초기의 환상을 버리게 된 것이다. 그에 따라 현실적인 한계를 절감하고 실용적 측면에서 부분적 효용을 추구하면서 이름도 인공지능(AI, artificial intelligence)에서 응용지능(Applied Intelligence)으로 어조를 낮추기도 했다. 결과적으로 인공지능의 목표가 인간을 대체하기보다 인공지능기법으로 인간의 특정기능을 부분적으로 흉내(simulation)내어 인간을 돕는 쪽으로 방향이 실용적으로 바뀌게 된 것이다. 결과적으로 인간의 고유한 문제해결방식들을 컴퓨터에 응용하여 질병진단, 물체의 인식, 문장의 해석, 기계의 설계 등과 같은 전문적 업무들에 대해 새로운 형태의 지능적 해법들이 개발되는 계기가 되었다. 이와 같이, 지능을 가진 최초의 기계인 컴퓨터를 깊이 탐구하는데서 인간에 대한 외경심이 커지게 된다는 것은 아이러니가 아닌 논리적 귀결이라고 할 수 있다. 물론 단순반복적인 작업은 컴퓨터가 인간의 역할을 대치하는 것도 가능하겠지만 그 정도의 저급 지능으로 처리할 수 있는 작업들은 머지않아 부가가치가 별로 없는 일반제품

(commodity)화하게 될 것이다.

컴퓨터의 속도에 주로 의존하는 기존의 컴퓨터 알고리즘들을 원시적 완력(腕力)에 의한 문제해결방식(brute-force method)이라고 부를 수 있다. 우리가 컴퓨터나 반도체소자의 동작속도를 나타내는 큰 숫자들을 자주 접하다보니 10^5와 10^{50}의 차이를 실감하지 못할 법도 하지만 우주선의 속도를 10^{50} km/초로 올리면 **안드로메다은하도 일일생활권**이 된다. 여하간 인간에게 엄청나게 빨라 보이는 컴퓨터의 속도로도 해결 못하는 문제가 여전히 부지기수라는 사실을 알면 속도가 몇 십 몇 백배 빨라지는 정도는 별 의미가 없다고 할 수 있다. 이와 같은 난제들을 완력에 의한 해법들에 의해 풀려고 한다면 슈퍼컴퓨터를 사용하더라도, 몇 겁(劫, 백년마다 내려오는 선녀의 치맛자락에 사방 몇 십리의 바위산이 다 닳아 없어지는데 걸리는 시간으로 약 4,320,000,000년)의 긴 시간이 필요하게 될 터이다. 따라서 실질적으로 계산 불능인 (소위 NP complete) 문제들의 해결에는 차원이 다른 접근법이 필요하게 된다. 즉, 일차원적 비교방식에 의존하는 단편적 컴퓨터 정보처리방식으로 (완력적으로) 접근하는 대신 문장해석이나 물체인식 등에 사용하는 **인간의 다차원적 문제처리방식을 컴퓨터 알고리즘에 응용**함으로써 문제해결방법의 차원을 높일 수 있다. 앞에서 든 사례에서 보았듯이, 실제로 같은 문제라도 컴퓨터 알고리즘의 기초가 되는 방법론에 따라 해결에 걸리는 시간이 수 만 배 차이나는 경우가 드물지 않다.

실세계에서 발생하는 대부분의 문제들은 비선형적이고 완벽한 해법이 없기 때문에 해법을 정확한 수식들로 표현하는 대신 통계적이고 근사적으로 제시할 수밖에 없는 경우가 많다. 예를 들어 질병진단에서도 처음에는 질병의 실체를 가늠하기 힘든 경우가 대부분으로 언뜻 보기에 가능성이 높아 보이는 질병으로 가정한 후 관련된 증상들을 찾아내어 점차적으로 실체에 접근해 가는 방법을 취한다. 이러한 인간의 상식적 (대부분 비수식적) 해법들을 컴퓨터로 흉내(simulation)내기 위한 여러 가지 문제해결방법론(problem solving paradigms)들이 인공지능이란 이름아래 탐구되어왔다. 인간의 상식적 해법들의 예를 들자면, 원시적으로 비밀번호를 알아낼 때 쓰게 되는 **숫자조합을 차례로 시험해보는 방식**, **복잡한 문제를 풀 때 작은 문제들로 계속 쪼개어 단순한 문제들로 나누는 방식 (각개격파전술)**, 낯선 산을 오를 때 **중간 지점들에서 최종목적지인 산꼭대기까지의 거리를 지속적으로 가늠하여 최단경로를 찾는 방식** 등은 각각 '생성 후 점검 방법'(Generate & Test method), '분리 후 정복 방법'(Divide & Conquer method), '수단과 목적 방법'(Means & Ends method) 등의 인공지능적 문제해결방법론들로 체계화되어 있다. 한편 다양한 외부전문가들을 활용할 수 있는 전통적 문제해결방법인 입찰방식이 규칙형태의 지식표현과 합해져서 규칙에 기반한 문제해결방식(rule-based approach)으로, 그리고 수천 년의 역사를 가진 논리학에 기반을 둔 문제해결방법은 논리기반방식(logic-based approach)으로 지식기반시스템들에 사용되고 있다.

문제해결방법론의 고도화와는 별도로, 문제해결의 원천인 지식의 분량이 크게 늘어남에 따라 **대규모의 지식을 체계적으로 표현하기 위한 지식표현도구**(knowledge representation scheme)의 발전도 긴요하다. 이에 관해 전통적 지식표현구조들인 분류학(taxonomy), 조직도(Organization Chart), 업무흐름도(Flow Chart), 공정도(PERT/ CPM) 등을 컴퓨터상에 구현하는 한편 프레임(Frame), 스크립트(Script), 객체지향지식표현(Object-oriented knowledge), 온톨로지(Ontology) 등의 인공지능적 문제해결을 위한 구조적 지식표현방식(structured knowledge representation scheme)들을 추가로 개발해왔다. 이러한 **구조적 지식표현들은 대규모 지식베이스의 뼈대를 형성하지만 세부지식은 여전히 전통적 표현방법들(숫자, 문장, 수식, 개별 규칙 등)**로 채워진다. 이는 수백층짜리 마천루가 뼈대는 철골구조로 되어 있지만 뼈대사이는 여전히 벽돌이나 시멘트로 채워지는 것과 마찬가지다.

고도의 지식표현도구와 함께 인간적(지능적) 문제해결을 위한 계산측면에서의 최하위 토대인 **기반 계산모델(computation model)은 탐색(search)**기능이라고 할 수 있다. 탐색은 인간이 직관적으로나 수식을 써서 바로 답을 얻을 수 없는 문제들에 대해서는 이리저리 모색을 하는 방식을 흉내내는 셈이다. 따라서 모색에 필요한 무수한 단순비교가 여전히 인공지능 기법들의 기초적 계산(underlying computation)을 담당하게 된다. 이때 모색할 대상이 많을수록 검색을 담당하는 컴퓨터의 빠른 속도가 인간의 문제해결을 뒷받침하는 역할로서 빛을 발하게 된다.

■ **전문가 시스템(Expert System)**

인공지능으로 추구하는 바가 인간의 일반적 기능을 전체적으로 대체하기보다는 특정 기능을 실현하거나 증폭하는 방향으로 현실화되고 있다. 그러한 노력의 산물중 하나가 전문가의 전문적 기능(expertise)을 수행하도록 개발된 소위 전문가 시스템이다. 주문자의 요구사항에 맞게 컴퓨터의 구성을 최적화해주는 전문가 시스템, 주어진 분자식에서 가장 근접한 화학구조를 추론해주는 전문가 시스템, 혈관전염병분야의 의학적 진단을 위한 전문가 시스템을 포함한 여러 가지 전문가 시스템들이 다양한 분야에서 개발되어왔다. 질병진단용 전문가 시스템의 대표적 성과인 마이신(Mycin)의 사례를 통해 평가해보면 전문가 시스템의 강점은 무엇보다도 대량의 데이터에 대한 검색의 신속성과 정확성에 있다. 실제 문제에 적용한 결과를 보면, 해당 전문분야의 범위에 국한하면 해당 지식을 제공했던 전문가들보다 더 나은 정확성을 보이기도 한다. 그리고 일반적인 소프트웨어의 특징으로서 유한한 수명의 인간과 달리 지식이나 성능이 중단 없이 지속적으로 개선되어 나갈 수 있다는 점이 또 다른 강점이다. 그러나 전문지식의 근간인 경험칙(heuristic)을 보완하는 중요한 능력인 **인간의 직관을 컴퓨터에 구현하기 어렵고**, 예측된 상황과 다른 극단적인 경우들이나 복합적 상황들에 대해 **임기응변식 대처가 불가능**하다는 점이다. 예를 들어 질병진단용 전문가 시스템의 경우에는 개별 증상에 대한 단편적 진단은 정확하지만 합병증을 파악할 수 없다는 약점을 보여준다. 그 외에 기계인 컴퓨터에 대한 신뢰문제를 극복하기 위해 추론의 과정에 대한 **설명기능**(explanation subsystem)도 구비하고 있으나 설명에 대한 판단에도 상당한 전문적 지식이 필요하다. 또 다른 현실적인 문제로서 전문지식을 구성하는 개별적 법칙들이 많아지면, 전문지식을 컴퓨터의 지식으로 변환할 때 추론의 대상이 되는 경우의 수가 너무 많아지게 되어 검증이 어려워져 최종적 추론기능의 정확성을 확보하기가 쉽지 않다.

■ **지식의 중복과 컴퓨터의 융통성의 제고**

컴퓨터의 융통성의 한계를 극복하는 방법으로 **정보에 중복(information redundancy)을 허용**하는 것을 생각해 볼 수 있다. 실제로 데이터 수준에서의 중복은 불의의 손실에 대비하기 위하여 또는 접근성을 제고하기 위하여 분산정보시스템의 기본 기술로 이미 사용되고 있다. 이와 같은 **데이터 수준의 중복에서 나아가 사람의 뇌처럼 지식수준에서의 중복**을 허용하는 방법을 생각해 볼 수 있다. 이와 관련하여 인간의 두뇌에서 연관된 지식들을 서로 연결시켜 기억하면 개별적으로 기억할 때보다 기억을 공고히 하는데 도움이 된다는 사실을 경험적으로 알 수 있다. 하지만 이러한 연결은 평면적 정보표현방법이나 단순반복적 처리에 의존하는 현재의 컴퓨터에서는 전혀 도움이 되지 않는다. 따라서 이러한 지식수준의 중복을 컴퓨터상에 실현하기 위해서는, **지식 요소들을 여러 가지 연관성들을 매개로 서로 다원적으로 연결**시켜두면 기억이 저하되거나 직접적 해답을 생각할 수 없을 때 **예비적 지식이나 차선의 해답에 이르는 우회적 경로**를 제공할 수도 있을지 모른다. 이를 실현하기 위해서는 **지식의 중복이나 다원적 연관성들은 종합적으로 제어할 수 있는 방법론의 개발**이 관건이 될 것이다. 이와 같이 중복과 여유는 일견 비효율처럼 보이지만 오류를 줄이고 장기적으로 보면 지속가능성을 높이는 방안이 될 수 있다. 이는 인간의 두뇌가 일부분만 사용되는 것으로 알려진 것과 맥이 통하는 방법이 아닌가 생각된다. 나아가 인간사회는 개인적 지식에 국한되기보다 집단지성을 이용하여 여러 사람의 의견을 종합하거나 다원적 사고를 통하여 여러 측면에서 접근함으로써 최선의 해결책을 찾아내어 왔다. 이와 같은 실천적 방식을 컴퓨터에 응용하여 여러 개의 전문가 시스템들을 군집(또는 통합적 전문가 시스템)시켜 여러 가지 해결책들을 제시하게 할 수 있지만 여전히 종합적 판단을 하는 일은 인간이 아닌 기계로서는 익숙지 않은 일이다(사실 인간사회에서도 종합적이고 균형적 판단을 할 수 있는 훌륭한 지도자나 현인은 드문 것이 현실이다). 지금으로서는 컴퓨터는 **빠른 계산능력을 십분 발휘하여 초벌 정보를 인간에게 제공하고 고도의 판단은 인간이 맡는 업무분담**이 실전적 방법으로 보인다.

4.10.2 가상현실

좁은 의미에서의 가상현실(VR, virtual reality)은 실세계를 시청각적으로 모사(simulation)한 사용자 인터페이스(user interface) 기법이라고 할 수 있다. 정보를 문자로만 표현하는 대신 그림, 소리, 동영상 등으로 표현하여 사용자가 감각적(특히 시각적)으로 파악하게 함으로써 **모사된 현실에 대한 직관적 이해**를 가능하게 한다. 나아가 현실을 시각적으로 보여줄 뿐 아니라 그에 관련된 **물리적 법칙들과 사회적 규칙들에 따라 전개되도록 시뮬레이션**할 수 있다면 그 결과 만들어지는 실감나는 가상상황들을 광범위한 응용분야들에 적용할 수 있다. 예를 들어 자동차회사가 시제품(prototype)을 실제로 만드는 대신 자동차와 운행환경을 모사한 가상현실 속에서 사전에 운행해 봄으로써 문제점들을 미리 발견할 수 있다면 제조 및 사후처리(recall) 등에 소요되는 추가비용을 최소화할 수 있을 것이다. 특히 우주공간이나 심해(深海), 방사능 오염지역 등의 극한 환경에서의 작업에 앞서 발생될 상황들을 미리 경험해 볼 수 있게 하는 가상상황 시뮬레이션은 **비용절감을 넘어서 인명피해를 줄이거나 불가능한 작업을 가능**케 할 수도 있다(앞서 말한 바와 같이, 우주공간에 돌고 있는 허블망원경의 수리를 위한 컴퓨터시뮬레이션의 정확도가 놀라울 정도였다는 경험은 중요한 사례 중 하나이다). 만화영화는 물론이고 아바타 등과 같이 압도적인 상황들이 펼쳐지는 영화에서 컴퓨터그래픽스를 동원한 시뮬레이션을 활용함으로써 상황들을 실제로 구축하는데 필요한 비용이 획기적으로 절감될 뿐 아니라 실제로는 불가능한 상황도 컴퓨터로 만들어 낼 수 있게 되었다. 그 외 전투비행술의 연마, 의학실습, 공장의 설계, 각종 시뮬레이션 게임 등 모의환경을 활용할 수 있는 응용분야는 셀 수 없이 많다. 한편 물리적 요소들과는 무관하게 인간이 만든 제도나 약속만으로 이루어진 개념적 응용분야들을 위한 무대로 사용하면 비용대비 큰 효과를 볼 가능성이 높다. 대표적으로 교육용이나 게임과 같이 **가상상황의 효과가 크지만 시뮬레이션이 완벽하지 않아도 되는 분야**들에서는 가상현실의 구현비용이 높지 않아서 비용대비 효용측면에서 충분한 가치를 기대할 수 있다.

인생을 진짜에 앞서 한번 시험적으로 살아 볼 수 있다면 어떨까? 하지만 시뮬레이션기법들 중에서 감각적으로 실제와 가장 가깝다는 소위 **가상현실도 본질적으로 실제현실과는 결코 같을 수 없는 컴퓨터로 모사된(추상화된) 환경**일 뿐이다. 어떤 신혼부부가 혼례식을 가상현실로 치르고 난 후 신혼여행만은 가상현실로 가기를 거부했다는 당연한 이야기가 해외토픽에 난 적이 있다. 이와 관련해서 '해봤어?'라는 정주영 회장의 평이해 보이는 말씀이나 '말로는 작은 돌멩이하나 못 움직인다.' 라는 박원순 변호사의 말씀에 담긴 실사구시의 가치는 정보시대에도 변함없이 유효하다.

■ **사이버 세상의 구축**

컴퓨터로 시뮬레이션된 사이버세상에서는 모든 구성요소들이 개념적으로 창조되어야 한다. 하지만 주어진 목적을 달성하기 위해 필요한 측면들만 선택적으로 컴퓨터상에 구현하면 충분하다. 예를 들어 자동차경주를 시뮬레이션한다면 운동가속도에 의한 현상, 원심력에 의한 현상, 자동차와 물체들 간의 충돌에 의해 생기는 현상, 연료소모나 바퀴마모, 밝기에 의한 그림자의 생성 등에 관련된 물리적 요소들이나 법칙들만 적용하면 될 것이다. 이때 해당 사이버세상의 설계자들이 관련성이 높은 구성요소라고 판단한 것일수록 상세하게 모사되고 관계가 없다고 판단하면 생략할 수도 있다. 우주공간에서 활동하기 위해서는 지구상에 발을 딛고 사는 한 당연히 적용되던 중력법칙조차도 특단의 고려의 대상이 되는 것과 마찬가지로 개념적인 사이버세상의 구성요소들을 모사할 때 그냥 주어지는 것은 아무 것도 없다. 이러한 필수 구성요소들을 일일이 구축하는 소프트웨어 개발자는 **사이버 세상을 창조해내는 조물주의 역할**을 하게 된다. 다시 말해, 현실세계를 분석하여 발견된 사실이나 법칙에 기초하여 현실세계를 컴퓨터상에 모사하는 데에 필요한 구성요소들과 상황들을 모두 시뮬레이션해내야 한다. 예를 들어 우리가 살고 있는 현실세상에서 물체가 단단한 벽과 부딪히면 우그러지거나 깨어질 것이고 물체가 사람이라면 아픔을 느낄 테지만 사이버 공간에선 프로그래머가 그런 현상이 일어나게 (사실은 그렇게 보이도록) 일일이 만들어주어야 한다. 심지어 우리가 간단한 계산을 할 때 무심코 쓰게 되는 종잇조각이나 낙서를 하는 땅바닥 대신 사이버 세상에서는 그에 상응하는 (필기)공간을 프로그램에서 컴퓨터 저장매체의 일부를 할당하는 방법으로 일일이 창조해야만 한다. 한편 컴퓨터로 실제 세상을 완벽하게 재현하는 것은 불가능하지만, 한편으로 추상적이거나 관측이 어려운 현상들을 시각화하고 확대함으로써 실제보다 더욱 효과적인 측면도 있다(100마력을 가진 엔진이 말 100마리와 힘에서는 서로 비슷하지만 최고속도를 올리거나 더 큰 토크에 중점을 두는 등 속도와 힘을 제어하는 데는 말보다 인공적인 엔진이 더 편리한 것과 유사하다).

가상상황들을 구축하고 응용하기 위해서는, 컴퓨터 그래픽스(graphics), 컴퓨터 알고리즘(algorithm), 계산언어학(computational linguistics), 인지과학(cognitive science), 인공지능(artificial intelligence), 컴퓨터 설계(computer architecture), 분산 운용체계(distributed operating system), 통신망 기술(computer communications) 등의 다양한 분야의 전문인력들이 필요하고, 시청각 사용자기기 및 주변장치(audio-vidual human interfaces and peripheral) 등에 대한 설계인력들과 함께 해당 응용분야의 과학기술자들(application engineers), 지식공학자들(knowledge engineers), 미술도안가들(artistic designers)들이 지식 및 정보의 획득 및 정제를 담당하게 된다. 이런 분야들이야말로 고급의 인재들이 대량으로 필요한 인력집약적 산업으로서, 소위 첨단산업이라는 메모리칩 제조업이 자동화되어 고용인력이 매출규모에 비해 적은 것에 비교된다(이런 자동화 경향은 반도체 소자가 고집적화 됨에 따라 점점 더 심해질 것이다).

■ 가상현실의 현실적 적용범위

엄밀하게 말하면 모든 컴퓨터 소프트웨어가 현실을 일정수준 모사하고 있다고 할 수 있다. 하지만 추상화의 수준이 각기 달라서 가상현실과 같이 시청각적인 측면을 사실적으로 모사하는 정교한 방식부터 세금계산용 소프트웨어와 같이 관련된 정보들이 숫자(변수)들과 간단한 수식들로 나타나는 단순한 수준까지 다양하다. 이러한 모사의 정밀도의 선택은 전적으로 개발비용과 그에 대비한 기대효과에 달려있다. 예를 들어 과거에 흑백 영화보다 컬러 영화가 선호되었지만 영화가 완전히 컬러화가 되기까지 비용과 효과가 고려되었던 것과 마찬가지라고 할 수 있다. 시각에 관한한 궁극적 컴퓨터 그래픽기술이라고도 할 수 있는 입체 표현(3-D) 기술을 모든 사용자 인터페이스에 도입하는 것이 필요한가. 먼저 은행 업무를 온라인으로 처리할 때 은행창구모습을 실제와 거의 같이 보여줄 필요는 별로 없어 보인다. 반면 건축가가 설계한 집을 실제로 짓기 전에 미리 입주자에게 보여 주는 경우라면 실제와 비슷한 입체표현의 효과는 충분히 비용을 능가한다고 할 것이다. 물론 기술의 진보로 마이크로프로세서(컴퓨터연산용 반도체칩)가 저렴해지면서 장난감이나 신발에도 들어가게 되었듯이 불원간 입체표현 기술도 비용이 내려가면서 사용범위가 확대될 것은 확실하다. 그렇지만 현실의 특정한 측면이 인간의 문제해결에 관계가 없는 경우, 예를 들어 교통량을 통제하는 컴퓨터 시스템에서 자동차들의 구체적 모양이나 색깔 등은 굳이 추가비용을 들여서 나타낼 필요가 없는 것이다. **이는 가상현실을 포함한 모든 컴퓨터 소프트웨어가 거치게 되는 추상화의 내용은 응용분야의 구체적 요구에 달려 있기 때문이다.**

05 통신망과 인터넷

5.1 통신

교통수단의 발달이 가져온 사회적 변화가 사람 및 물자의 이동에 국한된 반면 **통신(communication)기술의 발달에 따른 정보의 신속한 이동은 인간활동의 모든 측면에 영향을 미친다.** 인간의 모든 활동은 정보를 받아들이고 처리하는 작용인 지각(知覺)과 사유(思惟)를 바탕으로 하고 있기 때문이다. 즉, 인간을 포함한 동물은 스스로 이동하는 능력을 사용하여 원하는 환경을 찾아갈 수 있고 필요한 물건들을 운반함으로써 원하는 물리적 환경을 만들기도 한다. 이와 함께 인간은 통신을 통해 다른 사람과 협동함으로써 생존해왔고 문명을 발전시켜 왔다. 다시 말해 정보를 운반하는 통신은 물건을 운반하는 운송과 함께 사회적 동물인 인류의 생존을 위한 기초적 기능이다. 통신과 운송은 다 같이 운반이라는 기능을 담당한다는 면에서 여러 측면에서 의미있게 대비될 수 있다. 운송수단의 발달에 힘입어 인간이 자기 주변에서 벗어나 먼 곳까지 삶의 터전과 교류의 범위를 넓혀감에 따라, 통신의 범위도 목소리로 도달할 수 있는 거리를 넘어서는 장거리 통신방법이 강구되게 되었다. 동시에 문자를 창안하여 정보를 기록하게 되면서 가까운 주변과 세대를 뛰어넘어 시간과 공간을 가로질러 정보를 전달할 수 있게 되었다. 인간이 동력을 가진 운송수단을 발전시켜 전 세계(나아가 우주공간)에 걸쳐 필요한 물자를 옮겨서 삶의 질을 개선하고 문명을 발전시켜왔듯이, 전기적 통신기술과 디지털 컴퓨터의 발전은 정보시대의 중추로서 범세계적 실시간 종합통신망인 인터넷을 등장시키는 데까지 이르렀다.

중세이후 문명의 발전속도가 빨라지고 인류의 활동영역이 전 세계로 확대됨에 따라 통신의 수요는 빠른 속도로 커져왔다. 하지만 전기를 이용한 통신방법이 개발되기 전까지는 정보를 물리적으로 기록하는 매개인 물건(종이편지나 서류 등)을 운송함으로써 정보를 운반할 수밖에 없었다. 여기서 주목할 점은, **화물운송에서는 물건자체가 운반의 본질적 대상인 반면 편지의 배달에서는 운반의 궁극적 대상이 편지라는 물건이 아닌 편지의 내용 즉 정보**라는 사실이다. 이에 관해 배송의 최근 추세를 보면 편지를 운반하는 (우편) 차량은 대폭 줄어드는 반면 사람이나 화물을 운반하는 (택배) 차량은 늘어나는 사실에서 운송의 대상이 합리화됨을 알 수 있다. 이러한 합리화의 전체적인 경향을 살펴보면, **주어진 정보의 효율적 전달이나 처리에 머무는 것이 아니라 근본적으로 제품이나 행위에서 정보부분과 물리적 부분을 철저히 구분**하는 과정이 진행되고 있다. 예를 들어 정보의 효율적 전달방법이 종이에 쓴 문서 대신 컴퓨터 파일로 바꾸어 전송하거나 음악이나 영화 등의 멀티미디어 메시지를 전자파로 변환하여 보내는 수준에서 한걸음 더 나아가 상품에서 정보부분을 순수물질부분에서 최대한 분리하는 3D 프린팅기법을 실현하는 물품복사기(3D printer)를 사용하는 수준으로까지 고도화되고 있다. 이와 같은 물품복사기를 이용하면 [그림 5.1]에서 보는 바와 같이 완성된 상품의 샘플을 공수(空輸)하는 대신 설계도와 가공과정에 관한 정보를 전송하고 그 정보를 수신단에 있는 3D 프린터에 제공하면 (보통 프린터에 잉크를 사용하듯이) 공급된 재료물질을 원료로 하여 **즉시 현지생산이 가능**하게 되는 셈이다. 이러한 방식을 운송개념의 합리화 관점에서 보면, 아직도 대부분 물리적 운반수단을 통해 보내고 있는 **소포조차 그 내용물의 대부분이 본질적으로 정보**임을 알 수 있다. 이런 점에서 보면, 제조된 물건도 주어진 원료를 가공하거나 부품을 조합하기 위한 설계 및 제조과정에 관한 정보가 핵심을 이루는 정보덩어리라고 불러도 과언이 아니다. 결국 운송이 반드시 필요한 활동은 (물건과 달리 분해할 수 없는) 인간의 감성에 관한 활동인 관광 등을 제외하면 극히 제한된 목적에 국한된다고 할 수 있다. 실제로는 감성적 활동조차도 많은 부분 가상현실기술을 이용한 대체방법들이 개발되고 있는 실정이다. 예를 들어 루브르 박물관에 소장된 수많은 명화들을 사이버박물관에 모사하여 두어서 이제 파리를 방문하지 않고도 인터넷을 통해 감상할 수 있게 되었다.

인간의 행위중 비교적 **고급으로 취급되는 업무들은 대부분 정보의 이동이나 처리에 관련된 일들**이다. 더구나 동력기계가 인간이 근력으로 하는 일들을 대부분 대신하게 된 요즈음에는 회의, 수업, 진료 등과 같이 머리를 쓰는 대부분의 업무들 뿐 아니라 본래 신체적 행위가 많이 수반되는 업무들(예를 들어 땅을 파는 일, 외과수술 등)조차도 엄밀히 보면 근육을 직접 사용하는 물리적 동작 대신 정보를 다루는 일(굴삭기 운전, 수술로봇 조종 등)로 업무의 성격이 바뀌고 있다. 한편 통신기술의 발달에 따라 물리적 이동 없이 사람들 간에 대면(interaction)이 가능해짐에 따라 인간의 이동을 요구하던 전통적인 업무처리행태에 커다란 변화가 일어나고 있다. 업무처리행태가 합리화되고 있는 대표적 사례로서 이미 일상화되고 있는 화상회의나 재택근무와 함께 원격강의, 원격진료 등을 들 수 있다. 이런 업무들에서 과거에 필요로 하던 출장, 출근, 출석, 방문 등에 관련된 사람의 물리적 이동과 사람에 의한 정보의 단순반복적 처리를 통신과 컴퓨터가 전적으로 또는 대부분 대신하게 된 결과다. 심지어 가장 원초적 신체적 활동들로 행해지는 축구경기도 컴퓨터게임으로 시뮬레이션되어(공간적 이동이나 공차기와 신체적 부딪침 등에 관한 느낌은 아직 구현되지 않았음에도) 수많은 애호가들이 실제 축구경기에서의 느낌을 상당부분 공유하고 있기도 하다(여전히 신혼여행만은 가상세계에서 보내고 싶지 않다는 사람들이 많기는 하다).

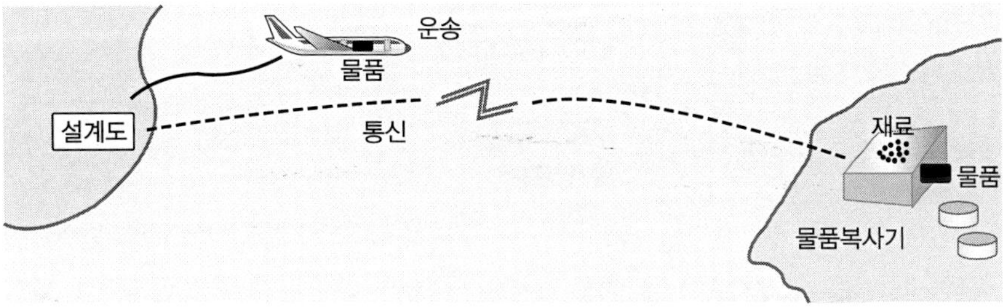

그림 5.1 물품(물건)의 운송을 정보의 전송으로 대신하는 3D 프린터

5.1.1 통신규약

두 당사자 간에 통신이 가능하려면 먼저 당사자 사이에 합의된 통신규약(communication protocol)이 필요하다. 역사이래로 사용된 수많은 통신규약들은 인류문명의 제도적 바탕이 되어왔다. 우리가 일상적으로 사용하는 우리말도 오랜 세월에 걸쳐 확립되어온 통신규약의 하나일 뿐 아니라 서로 다른 문화적 배경을 가진 외교관들이 서로 교류하기 위해서는 외교에 관한 프로토콜(이 경우가 프로토콜의 본래의 어원)이라는 통신규약이 합의되어 있다. 물리적인 분야에서도, 전기를 공급하고 소비하는 전선이나 전기기기들에 관한 규약이 전압이나 주파수뿐 아니라 전기소켓의 규격(specification)까지 정확히 맞아야만 전력을 공급받아 제 기능을 할 수 있다(해외여행시 가져간 면도기가 소켓구멍이 맞지 않아 사용하지 못해 당황하곤 한다). 통신프로토콜의 규정범위는 [그림 5.2]에서 예시하는 바와 같이 상위수준([그림 5.2](a))에서 문장을 만들기 위해 사용되는 단어들과 복잡한 문법에서부터 글자단위([그림 5.2](b))의 구성 그리고 최하위 수준([그림 5.2](c))에서 (전기적) 통신을 위한 전기신호의 펄스폭이나 주파수 그리고 전압까지를 총망라한다. 과거에 (아날로그식) 유선전화가 대중적 통신의 주요 수단이었을 때는 통신프로토콜도 수화기를 들고 '삐-'하는 소리가 들리면 다이얼을 돌리고 통화가 연결되면 대화하고 수화기를 놓으면 되는 것처럼 단순하였다. 하지만 컴퓨터가 대중화되고 데이터통신이 활성화되면서, 단순한 케이블로 연결된 두 컴퓨터간의 통신에 관한 프로토콜(RS-232 등)에서부터 인터넷 프로토콜(TCP/IP을 포함한 7개의 계층으로 구성)과 같이 복잡한 다층적 프로토콜에 이르기까지 수많은 **데이터통신용 프로토콜**들이 세계적으로 표준화되어 사용되고 있다. 실제로 인터넷 프로토콜의 전체 일곱 개의 계층들 중에서 물리적으로 직접 (유선 또는 무선으로) 연결되는 부분은 가장 하위계층 즉

하드웨어로 비트단위에 상응하는 기본적 전기신호(pulse)를 보내는 물리계층(Physical Layer)에 국한된다. 그 외의 모든 상위계층들에서는 통신채널의 효율적 사용이나 통신 중의 데이터오류를 해결하기 위한 목적을 가지고 모두 (소프트웨어를 통하여) **개념적 또는 가상적으로만 정보를 교환**할 뿐이다.

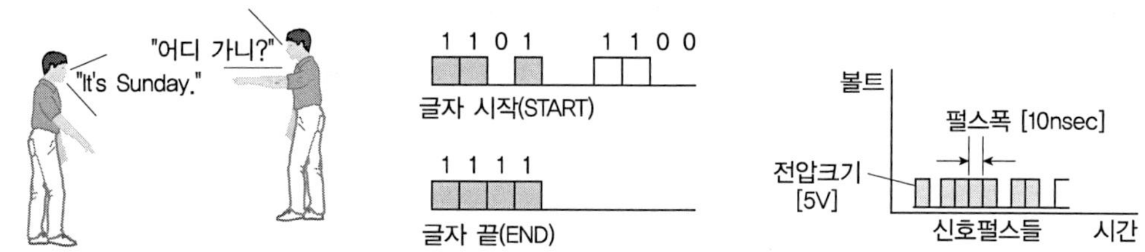

(a) 문장단위 규약 (단어와 문법) (b) 글자단위 규약(문자코드) (c) 신호 단위 규약

그림 5.2 통신프로토콜이 정해야할 단위별 규약들의 예(단어와 문법, 글자구성, 펄스폭)

■ 음성통신 위주에서 데이터통신 위주로의 통신규약의 변화

시속 수백 킬로미터로 달리는 KTX 시대에는 증기기관차시대와는 다른 배차간격이나 엄격한 안전기준이 필요하듯이, 스마트폰이나 노트북과 같은 휴대용 정보기기들이 대중화됨에 따라 과거 음성통화에 주로 사용되던 무선통신프로토콜과 다른 대중적 데이터통신시대에 맞는 무선프로토콜이 필요하게 되었다. 즉, 통신용량은 상대적으로 적으나 **실시간으로 전송되어야 하는 음성통화**와 달리 데이터통신은 **대용량을 필요로 하지만 시간제약은 완화**되는 특징이 각각의 통신프로토콜에 반영된다. 다만 이 경우에도 최하위 물리적 연결에 관한 무선통신프로토콜이 바뀌거나 심지어 유선(프로토콜)으로 연결하더라도 그 위의 상위 데이터통신계층(예를 들어 인터넷프로토콜에서 제1계층 즉 최하위 물리계층을 제외한 인터넷 제2~7계층들)에서의 데이터내지 정보처리프로토콜은 여전히 변하지 않는다. 이는 TV를 직접 손으로 켜든 리모컨으로 켜든 일단 TV가 신호를 받은 순간부터 진행되는 처리과정은 동일한 것이나, 편지로 예약하든 전화로 예약하든 일단 예약된 비행기표의 후속 처리과정이 달라지지 않는 것과 유사하다. 한편 교통량이 적은 골목길들은 비포장으로 남아있는 반면 간선도로나 고속도로는 아스팔트로 되어 있듯이, 개별 컴퓨터가 통신망에 대한 무선 접속점(AP, access point)까지 연결하는 통로로서 상대적으로 적은 데이터 용량을 담당하는 구간(푸른색 잘린 선으로 표시)은 무선으로 바뀌지만 그러한 개별 컴퓨터들의 데이터를 모아 대량의 데이터를 전송하여야 하는 기지국 사이의 기간통신망들은 대부분 유선(굵은 검은색 선으로 표시)으로 구성된다([그림 5.3]).

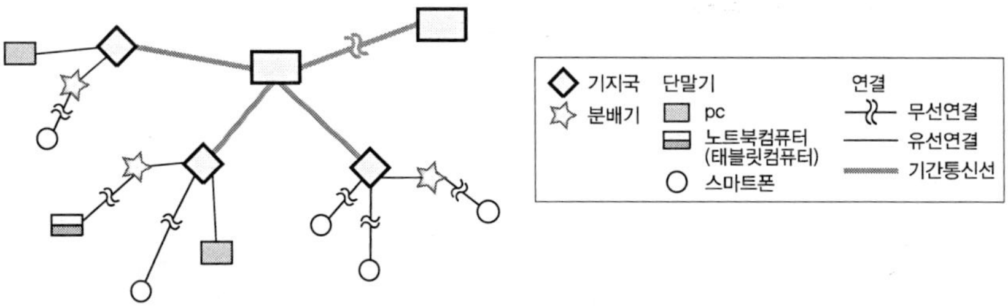

그림 5.3 전자기기의 유무선 연결 형태

5.1.2 통신수단의 진화

인간(또는 동물)이 본래 일상적인 의사교환을 위해 사용하는 소리나 제스처는 해당 시청각적 신호가 도달하여 지각(知覺, perceive)할 수 있는 범위까지만 그리고 있는 그대로 상대방에게 전해진다. 문자시대이전에는 이러한 소리나 모습을 지각하고 인식(recognize)하고 해석(interpret)하는 모든 과정을 인간이 본래 가진 능력으로만 처리해 왔다. 따라서 귀로 들을 수 있거나 눈으로 볼 수 있는 거리 내에서만 의사소통이 이루어질 수 있었고 따라서 보통의 자연환경 속에서 사람사이에 통신이 가능한 거리는 눈으로 보거나 귀로 들을 수 있는 한도인 수백 미터를 넘지 못했다(이에 비해 코끼리들끼리 주고받는 저주파는 수 백 km까지도 도달한다고 한다).

문자의 발명에 따라 정보를 기록할 수 있게 됨으로써 말이나 몸짓으로써 하던 (그리고 그 효과가 즉시 사라져버리던) 원시적 의사전달방식을 벗어나 정보를 (시공간적) 주변을 넘어서 전달할 수 있는 역사의 시대를 열리게 되었다. 이후 파피루스, 갑골, 바위, 무덤벽 등에 일회적으로 기록하던 시대를 거쳐서 인쇄술이 개발되면서 정보 또는 지식의 대량복사의 길이 열리게 되었었다. 그러나 종이 등 인쇄물자체는 정보가 아닌 물리적 개체이기 때문에 정보의 전달속도가 도로나 차량 등 운송수단들의 속도에 의해 제한된다. 또한 운반이나 저장에 수반되는 에너지의 소모가 정보기록매체의 물리적 크기에 비례하여 커지게 된다. 이는 백열전구를 사용할 때 주목적인 빛을 발생하는데 소모되는 에너지보다 부산물인 열로 낭비되는 에너지가 더 많은 것과 유사하다(이를 개선하기 위해 신의 창조물인 반딧불을 냉광모델로 하여 형광등이 개발되었고 나아가 LED와 같은 더 효율적인 냉광기기가 개발되고 있다). 결국 **전자파를 이용한 전기통신수단이 발명되면서 전송속도의 한계가 극복되고 에너지 낭비가 최소화되는 근대적 통신의 시대가 시작**되었다.

정보전달(통신)기술은 **전송거리, 전송속도, 전송용량, 양방향성(兩方向性), 전송가능한 정보의 유형, 오류교정가능성, 비밀보장성** 등의 측면에서 계속 진화되어왔다. 구체적으로 원시적 상거리 정보전달(예, 봉화)에서 시작하여, 대량 정보복제기술(예, 인쇄된 책이나 복사된 서류)과 운반수단의 진보(예, 사람이나 말에서 자동차나 비행기로), 음성언어와 기호의 전기적 전달(예, 전화, 전신), 전기식 멀티미디어 저장매체(예, 음반, 카세트, DVD 등)에 의한 대량 정보전파, 정보의 실시간 대량전달(예, 공중파나 케이블을 이용한 라디오, TV), 빠른 복제속도와 소형화를 이룬 전자식 컴퓨터 저장매체(예, 디스켓에서 USB 기억소자까지)에 의한 데이터 전파, 양방향 정보교환(전화나 화상회의와 같은 대화식 통신), 시청각 정보교환(멀티미디어 컴퓨터 통신), 그리고 오류교정과 비밀보장(인터넷 프로토콜이 규정하는 여러 기능들)이 점차 현실화되어왔다. 결과적으로 위에서 언급한 **통신에서의 바람직한 특성들을 모두 가진 궁극적인 통신수단인 인터넷의 등장으로 시공간을 초월한 정보교환이 가능해짐에 따라 범세계적인 지식교류와 정보기반 작업환경이 확립**되었다.

■ 통신과 에너지의 변환

원시적 통신과 달리 전기적 통신은 음성이나 모습을 있는 그대로 보내는 대신 그에 상응한 전기적 신호로 보내게 된다. 이와 같은 전기적 통신이 가능하기 위해서는 먼저 음성이나 모습 등의 시청각적 측면이 전기적 신호로 변환(그리고 역변환)이 가능하다는 전제가 필요하다. 이때 신호의 변화에 정보가 담겨있다는 사실에 비추어 보면 결국 신호가 가진 파워(power, 시간당 에너지)의 시간적 변화에 정보가 담겨있음을 알 수 있다. 따라서 신호에 파워 즉 에너지가 없거나 파워가 있어도 파워에 변화가 없으면 정보가 없는 셈이다. 통신을 에너지측면에서 보면 이러한 **파워측면에서의 변화를 정확히 전달하는 것이 정보 전송 즉 통신의 요체**라고 할 수 있다. 음성통화의 경우라면 송화자(送話者)가 발생시키는 음성파워의 변화에 상응하는 신호파형을 오류 없이 수신자에게 전달하는 일이 통신의 목표가 된다. 음성신호와 같은 자연 상태의 신호들은 본래 상태 그대로 대기(大氣)를 통해 장거리를 전송하기에는 감쇄(減殺, attenuation)특성이나 방향성(directivity)에서 적절하지 못하다. 따라서 음성신호대신 적절한 전송특성을 가진 전자파를 사용하게 된다. 즉, **음성에너지(音波)를 그에 상응한 전기에너지(전자파)로 변환하고 전송 후에 다시 음성에너지로 되돌리는 과정**을 거친다.

파동 중에서 전자파는 음파와 달리 전송매질(medium)이 필요 없고, 전파(傳播)거리, 직진성(直進性), 가시성(可視性)여부 등에서 통신에 필요한 바람직한 특성들을 주파수대역에 따라 다양하게 보여준다. 물리적 힘을 필요로 하는 모든 응용분야에서 모터를 사용하듯이, 파동을 이용하는 대부분의 응용분야에서 라디오파, 마이크로파, 가시광선, 적외선 및 자외선까지 포괄하는 여러 가지 전자파를 사용하게 된다. 이때 정보에 관한 한 본래의 신호파형과 가역적으로 일대일로 대응시킬 수 있으면 어떤 파동으로 변환하여도 본래의 신호를 손상시키지 않고 재생할 수 있다(예외적으로 레이저와 같이 전자파의 특성들 중에서 정보와 관련된 파형의 변화가 아닌 파형이 가진 에너지자체를 이용하는 응용분야도 있다).

5.2 전기통신

과거 봉화(signal fire)를 올리거나 파발마(post horse)를 보내서 전달하고자했던 것은 편지나 연기(또는 불)자체가 아니고 그 속에 담긴 정보라는 것은 명백하다. 그러나 문자정보를 멀리 보낼 수 있는 다른 통신수단이 없던 시절에는 정보라는 개념적 대상을 전달하기 위하여 편지라는 물리적 객체를 운송하는 수밖에 없었다. 파발마시대까지 거슬러 올라갈 것도 없이 팩스가 발명되기 전까지만 해도 서류(사실은 서류의 내용)를 해외로 신속히 보내려면 비행기에 실어 보내야 했지만 요사이는 서류는 물론 상품(의 샘플)도 컴퓨터와 통신망으로 순식간에 보낼 수 있는 시대가 도래하고 있다. 한편 파발마와 달리 봉화는 [그림 5.4]와 같이 평화상태, 경계를 요하는 위험한 상태, 위급한 전란상태 등을 연기의 유무나 개수로 표시하는 디지털 정보를 빛이라는 전자파를 이용하던 통신방법으로 정성적으로는 현대의 디지털 전기통신(光通信)과 같은 특성을 갖고 있다. 그러나 신호전달속도는 빛의 속도로 이루어지지만 신호의 수신을 인간의 시각(視覺)에 의존하였고 연기기둥을 하늘높이 올려야 겨우 한 비트(bit, yes/no)의 신호를 보낼 수 있었기 때문에 정보의 유효전달속도면에서 비효율적인 통신방식이었다.

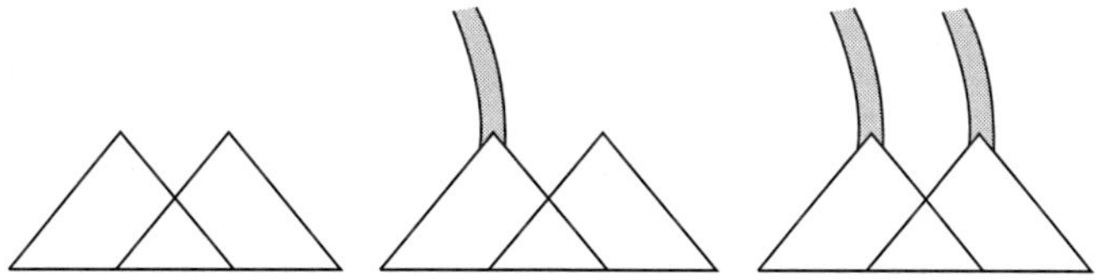

그림 5.4 봉화의 디지털 신호와 의미

봉화나 파발마를 사용하던 원시적 통신시대를 마감한 기술적 전기(轉機)는 전자파의 발견과 전자파를 이용한 통신기기들(전신기, 전화기 등)의 발명이었다. 정보전송을 위해서 물건(편지나 소포)대신 전기 신호를 보내는 순간적 공간이동은 **현대판 축지법**이라고도 부를 수 있는 획기적 발전이었다. [그림 5.5]에서 보듯이 대기(일상적 대화의 경우) 또는 말(파발마의 경우)이 전송매체 역할을 하는 대신 전기통신에서는 전자파가 전송매체로 사용되고 전자파를 변조(modulation)함으로써 정보를 전자파에 실을 수 있다. 이와 같은 전기적 통신수단의 등장만으로도 대양을 항해할 때 선장에게 부여되던 막강한 권한(교통통신 수단이 열악했던 근대이전 고을원님의 권한과 유사)이 더 이상 필요 없게 된데서 보듯이 전자파를 사용하는 통신의 지속적 발전이 사회전반에 구조적 변화들을 가져오고 있다. 정보의 신속한 전달에 따른 여러 분야들에서의 효율성 제고와 운송수요를 통신으로 대체하는 데 따른 에너지의 절감 등을 고려한다면 전체적으로 실시간통신이 가져온 경제사회적 효과는 인쇄술의 발명을 능가하는 인류문명의 또 하나의 전환기가 될 만큼 막대하다(역작용으로 통신기술의 발달에 따라 정보의 보안 문제나 불법 정보의 유통 문제도 증폭되면서 추가되는 정보의 검증이나 보안을 위한 사회적 비용들은 기술발전에 항상 수반되는 불가피한 현실적 비용이다).

전기적 신호라는 실시간 통신매체를 이용하여 정보를 즉시에 전달할 수 있는 전신 및 전화와 함께 정보를 대량으로 전파할 수 있는 방송에 이어, 최종적으로 전자파를 이용한 광속(光速)의 통신이 디지털 데이터를 광속으로 생산 및 가공할 수 있는 (전자식) 디지털 컴퓨터와 결합함으로써 인터넷이라는 궁극적 형태의 통신수단이 완성되어 본격적 정보통신의 시대를 열게 되었다. 결과적으로 **신호의 생성과 전송에 모두 전기적 수단이 사용됨에 따라 정보의 실시간 전달은 물론, 전자적 소자가 사용되면서 정보전송 및 처리에 소모되던 에너지가 대폭 줄어들고 유지보수에 따른 비용도 현격히 줄어들게 되었다.** 이러한 전기적 통신과 디지털 컴퓨터의 결합이 가져온 거대한 진보는, 화물운송에서 범선보다 훨씬 **빨라진 (증)기선과 컨테이너라는 디지털 개념의 새로운 화물규격표준이 융합**하게 됨에 따라 이루어진 화물운송 전반의 획기적 발전과 일맥상통한다.

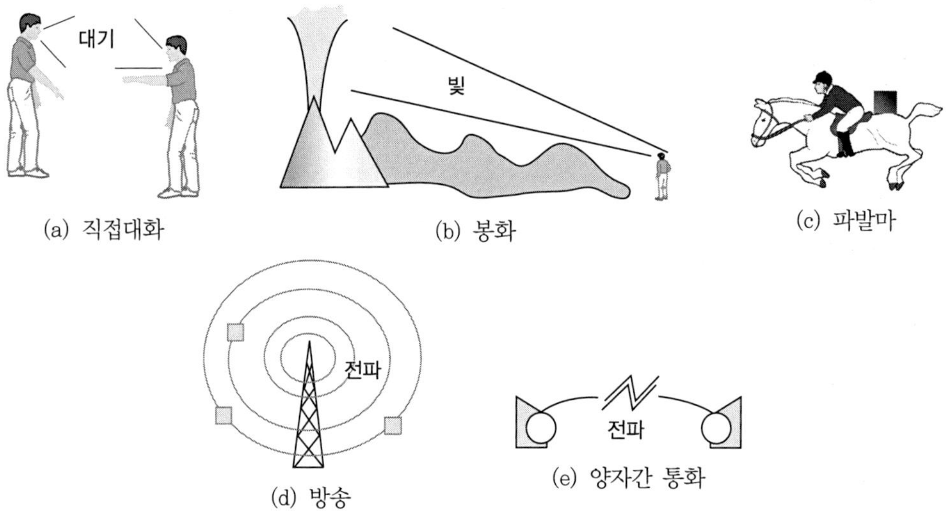

(a) 직접대화 (b) 봉화 (c) 파발마

(d) 방송 (e) 양자간 통화

그림 5.5 원시적 통신방식들과 전기적 통신방식의 통신매체

5.2.1 전기통신의 발전단계

자동차와 함께 인간의 생활양식에 근본적 변화를 가져온 전기적 통신도 여러 세기에 걸쳐 단계적인 발전과정을 거쳐 왔다. 이러한 통신의 발전단계들은 몇 가지 측면에서 서로 구분된다. 일단 일반사용자들이 경험할 수 있는 외부적인 측면에서의 발전과정을 살펴보면, 첫째 **통신가능거리**에서 직접 마주보는 대면대화, 인편을 이용한 편지배달, 산봉우리 사이의 봉화 등과 같은 점진적 확대를 넘어 전자파를 전송할 수 있는 여러 가지 통신선로, 해저케이블, 인공위성 등을 사용함으로써 시외전화, 국제전화, 대륙 간 위성생중계 순으로 통신거리가 증가하여왔다. 둘째, **양방향성 여부**에서 봉화, 방송, 편지, 전신, 팩스, 이메일 등과 같이 일방통행만 가능한 단(單)방향 통신이거나 교대로 통신방향을 바꾸는 반쪽 양방향통신(half-duplex communication)에서 전화, 채팅 등의 동시양방향통신(full-duplex communication)을 거쳐 인터넷을 통한 정보교환이나 화상회의 등의 다자간 통신으로 확대되어왔다. 셋째, **대화식 여부**에서는 양방향통신 중에서도 편지나 이메일이나 전신 등과 같은 (전체적으로는 양방향이라 할 수 있지만) 비(非)대화식 쌍방향 통신수단들에서 전화, 인터넷채팅, 화상회의 등의 실

시간 대화식으로 발전하였고, 넷째 통신의 내용인 **데이터 유형**에서는 편지나 전신에서와 같은 글자나 기호정보, 전화와 같이 음성을 포함한 소리정보, 팩스에서와 같은 그림정보, TV나 화상회의에서와 같은 동영상으로 확대된 후 인터넷에 이르러서는 모든 정보유형들을 통합하는 통신시대가 열렸다. 한편 이와 같은 사용자측면들에서의 여러 가지 진보를 가능하게 하는 기술적인 바탕들로서 **전송매체의 전달속도와 전달범위, 통신선로의 전송용량, 통신선로의 다중화(多重化, multiplexing), 데이터의 디지털화, 다양한 서비스를 제공하는 통신프로토콜의 고도화** 등에서 근래에 획기적 진전을 이루어 왔다.

최근 들어 통신기술의 획기적 발달은 통신거리, 양방향성, 대화식 여부, 전송이 가능한 데이터의 유형 등의 모든 측면에서 최소한 정성적으로는 궁극적인 수준에 도달하였다. 이러한 기술적 진보에 따라, 인류가 전통적으로 해오던 마주보고 대화하는 방식이라는 가장 자연스럽고 모든 측면에서 가장 효과적이라고 할 수 있는 **대화식 통신**(interactive communication) **이 공간의 차이를 극복하여 대화자들 간의 거리에 관계없이 범지구적 범위에서 구현**된 것이다. 결과적으로 수십억의 사람들이 실시간으로 상호 교류할 수 있는 인터넷이라는 정보교류 및 대화의 광장이 마련되어 그리스의 아고라광장시대 이래로 물리적으로 불가능했던 직접민주주의를 넘어 실질적인 의미에서의 지구촌(Global Village)까지도 실현할 수 있는 기술적 토대가 이룩된 것이다.

5.2.2 통신 채널

필자가 미국에 첫발을 디딘 1980년대 초 만해도 한국으로의 국제전화는 분당 통화료가 당시 돈으로도 몇 천 원(당시 버스요금이 100원 정도)이나 될 정도로 매우 비쌌었다. 미국 땅에 도착하여 첫 출근 후 사무실에 놓여있던 전화기를 들고 태평양 너머 한국으로 국제전화를 최초로 시도했을 때 귓가에 울려 퍼지던 '뚜루루뚜루루' 신호음은 통신공학도였던 필자도 숨죽이게 할 만큼 설렘의 대상이었었다. 전화저편에서 낯익은 목소리가 진짜로 들리는 순간 태평양을 처음 마주했을 때의 벨보아의 시선마냥 내 마음은 태평양을 한달음에 건너 한국으로 날아갔었다. 그 당시에는 통신기술과 비용면에서의 제약으로 말미암아 일반인을 위한 전기적 통신에서는 음성통화만 가능했었다. 따라서 그림이나 얼굴모습을 묘사한다거나 특히 시간적 변화를 수반하는 춤사위나 체조동작 등을 설명할라치면 전화보다 차라리 직접 달려가서 대면하여 설명하는 것이 속시원할법한 때가 적지 않았다(특히 영어가 서툰 우리 외국인 입장에서는 전화로는 손짓발짓을 못해 간단한 사안이 생겨도 상대방을 직접 방문하여 그들을 의아하게 만들곤 했다). 이러한 한계는 기본적으로 통신선로용량(communication channel bandwidth)이 충분하지 못하기 때문으로 자동차도로에서 교통량에 비해 차선이 모자라면 그에 따라 평균적 운행속도가 제한되는 것과 유사하다. 그러나 운송과 달리 통신은 일정수준 이상으로 **선로용량이 변하면 전송할 수 있는 시간당 데이터량만 달라지는 것이 아니라 전달가능한 정보의 종류자체가 달라지는 면에서는 차이**가 있다. 예를 들어 파발마시대의 통신통로, 음성통신용 전화선, 그리고 화상통신용 선로가 가진 전송용량에 따라 보낼 수 있는 정보유형이 각각 서신에서 목소리, 그리고 동영상으로 달라지는 소이를 엿볼 수 있다. 말하자면, 파발마시대의 서신전달을 위한 통로는 말이 다닐 수 있는 길인데 비해, 음성신호를 위한 통신선로는 20 킬로헤르츠(Kilo Hertz), 즉 초당 20,000번의 신호진동을 수용할 전송용량이면 충분한 반면 (아날로그) 텔레비전 신호를 위한 통신선로는 최소한 4 메가헤르츠(Mega Hertz), 즉 초당 4,000,000번의 진동을 수용할 수 있는 통신선로용량이 필요하다. 일반적으로 영상신호의 전송을 위해 필요한 전송용량은 음성신호와 비교하여 100배 이상 크다. 한편 파발마의 전송용량을 (전자파와 달리 전송거리에 직접 비례하기 때문에 비교가 어렵기는 하지만) 굳이 계산해보면, 충무공이 천리마를 이용하여 한양으로 장계(예를 들어 500글자 크기)를 보낸다 할 때 하루(86,400초 = 24시간 × 60분 × 60초)를 달려 전달한 정보는 500글자 × 3바이트(bytes)/글자, 즉 1500바이트에 불과하다. 따라서 1500 × 8비트(bits)/byte ÷ 86400 초 = 0.138 Hz의 작은 전송용량(TV 신호 전송선로에 비하면 수천 만분의 일에 불과)을 그것도 엄청난 노고(사람의 수고와 말의 에너지소비)를 들여야 확보할 수 있었던 것이다.

■ **통신채널의 전송용량**

운송을 위해서 도로라는 통로가 필요하고 운반체인 노새나 자동차가 필요하듯이 통신에서도 통로인 통신채널과 운반체인 전송파(搬送波, carrier wave)가 필요하다. 통신이 원활하게 이루어지기 위해서는 일단 통신채널의 전송용량이 충분해야 한다. 정보시대에는 정보(신호)를 싣고 전송통로를 오가는 운반체로 거의 예외 없이 전자파가 사용된다. 한편 통신채널은 빛을 포함한 각종 전자파들의 통로인 허공과 물질파인 음파까지도 전파될 수 있는 대기(atmosphere)를 포괄하는 무선통신통로(wireless channel)와 일반 전선, 동축케이블(coaxial cable), 광(光)케이블(optical-fiber cable)처럼 유선통신통로(wired channel)의 두 부류로 대별된다(햇빛은 가시광선을 중심으로 적외선과 자외선 등의 다양한 주파수의 전자파들이 섞여 있는 복합적 파동이다). 전자파는 음파와는 달리 매질이 없는 진공상태의 우주공간에도 퍼져나간다. 이러한 성질을 이용하여 광대무변한 우주공간을 여행하는 우주선과의 교신도 가능하게 되는 것이다.

운송통로가 노새나 사람을 위한 산길이나 징검다리 등을 포함하여 자연이 준 지면을 그대로 사용하다가 자동차나 열차가 다니기 위한 도로나 철로로 발전하고 나아가 도로자체도 차선이 많은 고속도로나 (곡선구간들을 없애서) 고속으로 달릴 수 있는 고속철도 등으로 운송용량이 계속 증가하고 있다([그림 5.6](a) 참조). 고속열차가 달리려면 고속철도가 필요하듯이 통신에서도 반송파(搬送波, carrier wave)의 주파수가 높아짐에 따라 통신채널용량의 확장이 동반되어야 한다. 몇몇의 방송전파만 공중으로 전파되는 시절에는 수백 킬로헤르츠(KHz)에서 수백 메가헤르츠(MHz) 주파수 대역을 사용하면 충분했지만 수백만 휴대폰 사용자들이 동시에 공중을 통신채널로 사용하게 되면서 대량의 통화량을 수용하기 위하여 점점 더 높은 주파수를 사용하게 되었다. 광섬유(다발) 등으로 구성된 유선 통신채널들은 다른 채널들과 독립되어 외부 신호들의 간섭을 받지 않게 된다. 한편 음성통화에서 영상통화로 그리고 다양한 유형의 대용량 데이터의 전송이 일반화됨에 따라 더욱더 높은 주파수를 수용할 수 있도록 점점 더 높은 주파수대역을 가진 통신채널들이 개척되고 있다([그림 5.6](b) 참조).

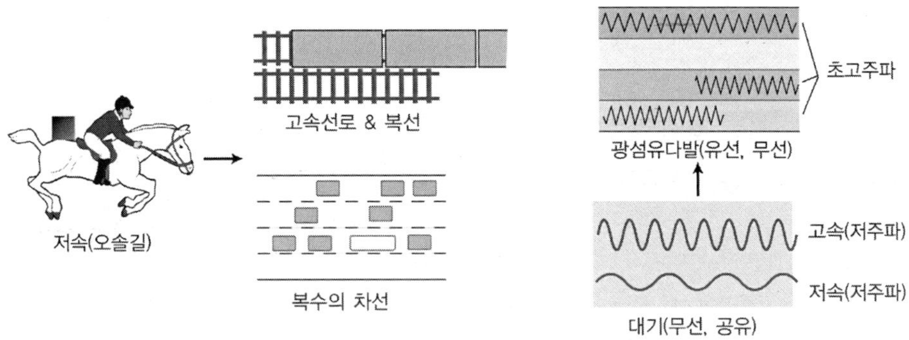

(a) 교통통로에 따른 운송 용량　　(b) 통신매질에 따른 전송용량

그림 5.6 교통통로와 통신매체의 전달용량

■ 통신선로의 효율적 사용에 관한 일반적 원리

조그만 책장 하나만을 옮기려 부른 용달차에 빈자리가 많은 것을 보면 아깝다는 생각이 들게 된다. 이 경우 다른 사람들의 (같은 행선지로 가는) 화물들을 한꺼번에 실어 운반한다면 각 화주(貨主)가 부담하게 되는 비용이 절감되리라는 것은 쉽게 알 수 있다. 이와 같은 화물운송에서의 효율성을 사회전체의 관점에서 현재화(顯在化)하는 사업이 바로 개별용달과 달리 대중들을 대상으로 하는 대중운송회사들의 업무영역이다. 반면, 이와 같이 명백히 눈에 보이는 운송효율과 달리 **정보의 전송을 위한 통신선로에 관한 비효율성은 직접 파악하기가 쉽지 않다. 이러한 비효율은 무형의 여분으로 통신채널에 숨어있기 때문이다.** 이처럼 숨어있는 통신선로상의 여유용량을 효율적으로 이용하기 위해 필자가 오래전인 1970년대 말에 기존의 음성전화선(일반 구리선)을 통해 훨씬 높은 주파수대역이 필요한 텔레비전용 영상신호를 보내는 연구를 한 적이 있었다. 영상신호의 (단위시간당) 데이터량이 음성신호의 데이터량보다 수백 배 이상 많은데도 불구하고, 연구결과는 음성통화용 전화선으로 전송된 영상신호가 잡음은 약간 있었지만 큰 왜곡 없이 볼 수 있을 만큼 성공적이었다. 이러한 결과는 전화선의 전송용량이 충분히 이용되지 않고 사장되고 있었다는 의미가 될 수 있다. 이에 비해 만일 눈에 보이는 운송 분야에서, 예를 들어 수백 명이 타고갈 수 있는 비행기에 달랑 1명이 계속 타고 다닌다면 경제적으로나 사회적으로 용납될 수 없는 낭비사례로 쉽게 부각되었을 것이다.

아날로그방식의 전통적 음성통화용 전화선의 이용률을 분석해 보면, 음성통화에 할당된 채널용량에 국한해 보더라도 전체통화시간 중에서 단지 10%미만만 실제 통화(묵음이나 '에', '음' 등의 소리를 제외한 실제로 정보가 담겨있는 대화 부분)에 사용되고 있었지만 그러한 낭비가 눈에 안보이니까 별로 아까운 줄 몰랐다. 이와 같이 사용되지 않고 버려져 있던 90%의 유휴전송용량을 이용할 수 있는 방안의 하나로서, 전화의 음성신호에서 유효한 신호가 존재하는 구간들만 디지털화한 후 (다른 통화의 음성신호와 섞어서) 인터넷을 통해 보내는 인터넷전화 기술(VoIP)이나 고속 컴퓨터통신기술은 전화요금을 획기적으로 절감하게 해주고 인터넷의 대중화를 촉진시킬 수 있다. 즉, 효율적 통신방식이 가져온 신속한 정보전송과 저렴한 비용이 모든 사람들에 대해 정보의 유통과 접근의 장벽을 제거하여 인터넷 활성화를 위한 현실적 여건을 제공한 것이다. 이와 같이 **눈에 보이지 않는 유휴 통신자원들의 발굴과 효율적 사용방법의 개발은 정보시대의 숨은 금맥을 캐는 것**과 비견된다. 뿐만 아니라 효율적 운송시스템이 교통량을 줄일 수 있듯이 통신자원의 효율적 사용은 통신시설이나 통신자체에 대한 수요를 줄임으로써 통신과 데이터 저장에 소모되는 에너지의 절감에도 기여하게 된다.

■ **통신자원의 효율적 이용을 위한 조건들**

제한된 통신자원의 효율적 이용을 위해서는 통신의 여러 요소들이 먼저 최신의 기술수준에 맞게 개발되어야 할 뿐 아니라, 각 요소들 사이의 연결도 유기적이어야 하고 나아가 그러한 요소들이 최대한 이용되어야 함은 말할 필요도 없다. 전반적으로 보면 [그림 5.7]에서 보는 바와 같이 통신의 요소들은 운송의 요소들과 여러 면에서 일대일 비교가 가능하다. 먼저 (육상)운송통로는 자동차가 출현하기 이전부터 도로로 사용되어온 지면(地面)이며 한편 기본적 전송통로는 원시시대부터 사용된 대기(大氣)로서 양쪽 다 자연적 통로이다. 자동차와 같이 빠른 운반체의 등장에 맞추어 자동차용 도로가 필요했듯이, **전자파의 발견과 빛의 재발견을 통한 전기통신을 대기를 통하여 실현하기 위해서는 대기의 물리적 성격들에 대한 심층적 이해와 그에 따른 송수신 및 중계 등에 관한 기반기술들이 필요**했다. 그리고 전기통신의 발전과 함께 폭증하는 통신수요에 발맞추어 광섬유를 사용하는 **광통신 선로가 전송통로의 고속도로로 등장**하였다. 한편 자동차나 다른 교통기관들의 숫자가 크게 늘어나면서 신호체계나 배송체계 등과 같은 효율적인 교통체계가 필요했듯이 통신의 수요가 늘어감에 따라 효율적인 통신 프로토콜(communication protocol)이나 표준 통신망구조(network architecture)가 필요하게 되었다. 하지만 이러한 통신체계까지 확립되어도 여전히 통신의 내용인 데이터가 포함하고 있는 정보의 가치에 따라 전체 통신시스템의 가치가 결정되는 사실은 변함이 없다.

통신의 대상인 데이터와 데이터가 담고 있는 정보가 구분되는 것은, 같은 파일(데이터)을 여러 번 받았을 때 정보가 늘어나지 않을 뿐 아니라(사실, 잘못 여러 번 배달된 이메일은 정보를 제공하기는커녕 짜증만 나게 만드는 경험을 종종 하게 된다) 심지어 적은 데이터가 더 많은 정보를 담고 있는 경우만 봐도 명백히 알 수 있다(예를 들어 가짜정보를 담은 문서의 경우 정보량은 데이터량과 반비례하고, 반복되는 문장대신 사용되는 간단한 〃(ditto)기호는 '두 문장이 서로 동일하다'는 두 문장 사이에 관련된 정보까지 추가로 포함하고 있다). 운송에서 불법쓰레기나 불법무기들을 싣고 다닌다든지 해서는 물동량이 많아도 운송의 가치는커녕 사회에 피해만 끼치듯이, 통신에서도 단순히 큰 전송용량을 확보하고 오가는 데이터가 많다고 정보강국이 되는 것은 결코 아니다. 운송이나 통신의 가치는 결국 그것의 사용자들, 즉 그 **사회 구성원들의 전반적 정보활용의 효율성이나 그 배경이 되는 윤리적 건전성 등에 의해 결정되는 그 사회의 총체적 정보화수준에 달려있다**고 할 수 있겠다(인간의 주관적 관점이긴 하지만). 같은 이슬을 먹고 뱀은 독을 만들고 소는 우유를 만들듯이, 통신도 당연히 자동차나 인쇄술 등의 다른 모든 도구와 같이 생산적인 업무에 이용되면 문명의 이기가 될 수도 있는 반면 포르노나 마약거래 등의 불법적 거래에나 이용되어 흉기가 될 수도 있는 것이다. 첨단 통신기술들이 정보시스템의 가치를 높이기 위한 필요조건이긴 하지만 사회적으로 생산적인 활용이 뒷받침되기 전까지는 충분조건은 되지 않는다는 사실은 분명하다.

운송의 요소		통신의 요소	
운반대상 (화물)	식료품 / 쓰레기	운반대상 (데이터)	정보 메시지 / 정보없는 데이터 유해정보
교통체계	신호체계, 배송체계	전송체계	통신 프로토콜, 통신망 구조
운반체	자동차, 열차, 비행기	전송체	전자기파, 가시광선, 음파
운송통로	지면 / 도로, 철도	전송통로	대기 / 동선, 광섬유
사회수준	화물내용의 수준	사회수준	정보내용의 수준

그림 5.7 운송과 통신의 대응 요소들

5.2.3 무선통신과 유선통신

전기통신은 우리가 숨 쉬고 사는 대기 공간(atmosphere)과 그 위에 공기가 없는 우주공간까지를 포함한 전체 물리공간을 매질로 사용하는 무선통신(wireless communication)과 인위적으로 설치한 선로를 통로로 하는 유선통신(wired communication)으로 대별할 수 있다. 그 중에서도 무선통신은 장소에 얽매이지 않고 통신할 수 있는 사용의 자유로움이나 자연에 의해 주어진 채널을 공짜로 이용한다는 이점을 가지고 있으나 그러한 이점들을 누리기 위해서는 수많은 통신주체들의 **공동사용에 따른 상호간섭을 피해야할 뿐 아니라 장애물들을 피하고 잡음을 걸러내고 채널의 자연적 특성에 따른 신호의 감쇄에 대처**해야 한다. 반면 유선통신은 설비의 부설과 관리에 따른 **비용이 막대하지만 독점적으로 사용**할 수 있기 때문에 외부의 간섭을 별로 받지 않고 감쇄를 효과적으로 통제할 수 있으며 전송용량을 필요에 따라 임의로 늘릴 수 있는 장점이 있다.

무선통신에서도 아직 통신채널로 사용되고 있지 않은 유휴주파수를 단독으로 할당받아 사용하게 되면 그 주파수대역(frequency band)을 독점적 통신채널로 사용하는 특혜를 누릴 수 있다. 초고고도를 나는 비행기가 일반 비행기들과 다른 하늘을 날게 되어 방해받지 않게 되는 것이나, 빛과 소리는 같은 공간을 동시에 전파되더라도 서로 방해받지 않는 것과 같은 이치이다. 이러한 유휴채널이 기술적 한계로 말미암아 활용되지 못하고 있는 초월적 주파수 대역에 속한 경우에는 독점적 사용의 특혜를 누리기 위해서는 그 대역에서 신호를 전송하는데 필요한 신기술들을 개발해야 한다. 이러한 새로운 선진기술들이 (초고도 비행체 기술처럼) 진입장벽이 높아 쉽게 경쟁하기 힘든 진정한 블루오션의 좋은 사례라고 할 수 있다.

유선으로 전기신호를 보내기 위한 통신선로는, 구리선(銅線)을 통하여 전류내지 전자파를 반송파(搬送波, carrier)로 사용하는 초기의 방식에 더하여 근래엔 빛을 반송파로 사용하는 광섬유(optical fiber)가 일반화되었다. 방송도 공중파가 아닌 독자적 케이블을 통해 유선으로 수신하면 주위의 자연적 조건이나 인공적 방해와 관계없이 항상 선명한 신호를 받을 수 있게 된다. 근래에 무선통신이 장소로부터 해방이라는 장점 때문에 각광을 받고 있으나, 무선통신기지국 주변이나 가정 내에서의 무선공유기 주위와 같이 개인단말기기들을 연결하기 위한 경우와 달리, 기지국사이의 통신과 같은 대용량이 필요한 경우나 보안이 중요한 경우에는 광케이블을 사용하는 유선통신이 필수적이다.

■ **무선통신채널의 가치 발견 및 활용**

본래 공중은 모든 사람들과 생물들에게 공통으로 주어진 이동통로이자 통신채널이다. 우리가 대화를 나누거나 거울을 볼 때도 공중을 신호의 통로로 이용해왔다. 허공이라고 불리기도 하는 공중은 전자파에 관한 한 눈에 보이지 않는 통로가 삼차원(통신공학적으로는 그 이상의 고차원)으로 사통팔달해 있는 셈이다. 이는 수많은 차선을 가진 고속도로와 항공로가 도시의 마천루들이나 높은 산들에 의해서도 별로 방해받지 않고 여러 층으로 뚫려있는 것과 같다. 따라서 유선통신을 위해 통신선로를 부설하는 것과 비교하면 (또한 결코 고장이 나거나 닳아서 수리할 필요가 없다는 것까지 감안하면) 허공은 천문학적인 가치를 가지고 있음을 알 수 있다. 당연히 **허공을 이용하기 위한 주파수의 확보는 유선 선로를 포설하지 않고도 통신채널을 얻게 되는 엄청난 경제적 이권이 걸린 일**이다. 전기통신이 발명되면서 자연이 거저 준 이러한 통로의 가치를 알아차리게 되고부터, 눈에 보이지 않는 자원인 주파수 대역을 배정할 때 토지를 불하할 때와 마찬가지로 고가로 경매에 붙이는 등 치열한 쟁탈전이 벌어지게 되었다. 이런 높은 가치를 가진 자연적 무선통신채널은 정보시대이전에는 봉이 김선달이 팔아먹은 대동강 물과 같은 공짜 자산이었다. 역사 속에서 영토확장의 일반적인 과정을 살펴보면, 제국주의시대까지의 지리적 영토쟁탈에서부터 유전의 발견이나 골드러쉬 또는 희토류의 재평가와 같은 물질의 발견이나 재발견을 포괄하는 **수평적 방향의 확장**에서 벗어나 근래에는 주파수대역이나 통신프로토콜 등의 기술적 표준화 등과 같은 무형의 측면들을 통하여 영토의 범위가 **수직적 방향으로 확대**되고 있다. 이에 관련하여 가시적인 것에 집착하는 경향을 가진 우리 사회의 가치관은 정보시대와 관련된 무형의 가치를 발견하는 데에 장애가 될 수도 있다. 주로 단기적 안목과 사회적 신뢰부족에 기인한 이러한 행태는 종종 근시안적이고 지나치게 물질중심적인 사회풍토를 낳게 된다. 하지만 정보시대에는 눈에 보이지 않는 것들, 즉 **창의성, 장기적 안목, 약속에 대한 신뢰 등의 형이상학적인 것들과 함께 한편으로 소프트웨어, 프로토콜, 미지의 고차원적 물리법칙 등의 다양한 정보와 지식 등에 가치가 집중**된다. 미국이 러시아로부터 구입할 당시 별로 쓸모없는 동토(凍土)를 비싸게 샀다고 비난받았던 알래스카가 자원의 보고로 각광을 받듯이, 지금은 사용하지 못하는 높은 주파수대역도 기술적 발전에 따라 장래에는 충분한 가치를 가질 수 있음을 유의할 필요가 있다(주파수대역자체는 전체적으로 영토의 일부인 영공에 속해있기는 하다).

확보된 통신채널을 사회적 경제적 이익으로 연결시키기 위해서는 여러 단계의 기술적 사회적 조치들이 선행되어야 한다. 도로교통시스템과 비교하면, 먼저 도로를 확충하는데서 시작하여 도로를 운행할 자동차들이 개발되고 그 차들이 원활히 운행하기 위해 필요한 교통규칙들이 제정되어야 한다. 그러한 조건들이 마련되더라도 자동차들이 유용한 화물을 운반할 때만 실질적 효과가 발생하게 된다. 마찬가지로, 통신에서도 확보된 전송용량을 충분히 이용할 수 있는 기술들, 예를 들어 운송에서 자동차에 해당하는 **반송파에 관련된 여러 기술**이 먼저 필요하다. 그리고 화물에 해당하는 **데이터를 위한 컨테이너규격과 같이 전송에 적합하도록 규격화하고 통신채널을 공동사용하기 위해 필요한 여러 가지 표준들(protocols)과 관련 제도가 확립**되어야 한다. 도로가 운송수요가 없어 한산하거나 자동차들로 붐비더라도 빈 차들이 많거나 불법폐기물이나 마약을 싣고 다니는 경우와 마찬가지로, 인공위성이 실을 데이터가 없어 그냥 돌고 있는 경우와 같이 전파가 낭비된다거나 전송되는 정보가 쓸데없거나 유해한 정보라면 전체적으로 도움이 되지 않게 된다. 말하자면 확보된 주파수가 최종적 효과를 발휘하려면 유용한 정보가 통신채널을 채울 만큼 충분히 많아야 한다. 결국 물리적 채널을 활용하게 하는 기술적, 사회적 여건이 골고루 충분히 확립되어야 실질적 효과를 볼 수 있게 된다.

■ **무선 휴대전화망의 기본적 원리**

휴대폰 간에 통화가 가능하게 하기 위해서 [그림 5.8]에서 보는 바와 같이 이동통신용 기지국들이 전국에 걸쳐 일정간격(각 기지국이 담당하는 지역을 셀이라 부름)으로 설치되어 있다. 한편 개별 휴대폰은 자신의 위치와 상태를 알리기 위해 주기적으로 신호를 발산하고 가장 가까운 기지국이 이 신호를 잡아 휴대폰의 위치를 파악하여 기록하게 된다. 이와 같이 파악된 위치는 핵심 통신망(core network)을 거쳐 걸려온 착신(着信)통화를 연결해주기 위한 용도로 사용되게 된다. 한편 각 기지국은 현재 자신이 담당하는 셀(cell) 내에 있는 것으로 파악된 휴대폰들에 걸려온 통화를 연결하기 위해 셀 영역 전체에 도달하는데 충분한 세기의 신호를 발산하게 되고 이 신호를 포착한 휴대폰은 통화를 시작하게 된다. 한편 휴대폰이 통화중에 다른 셀 지역으로 이동하게 되면 그 지역의 셀을 담당하는 기지국이 이어 받아 통화가 끊김 없이 이루어질 수 있게 해준다. 도시지역에는 기지국이 조밀하게 분포되어 신호세기가 충분하여 통화연결이 원활하지만 그와 대조적으로 교외나 외딴 지역에서는 기지국에서 보내는 신호가 미약하여 불통되는 경우가 생기게 된다. 그리고 기지국이 멀리 떨어져 있으면 휴대폰이 주기적으로 내보내는 신호가 강해야 하므로 휴대폰 전원(battery)의 소모가 심해질 것이고 심지어 연결이 안 되는 경우도 발생하게 된다. 실제적으로 이동통신망에서 무선통신은 휴대폰과 기지국 사이에서만 사용되고 기지국 사이의 통신은 대용량을 요하기 때문에 광섬유를 사용한 유선통신이 사용된다.

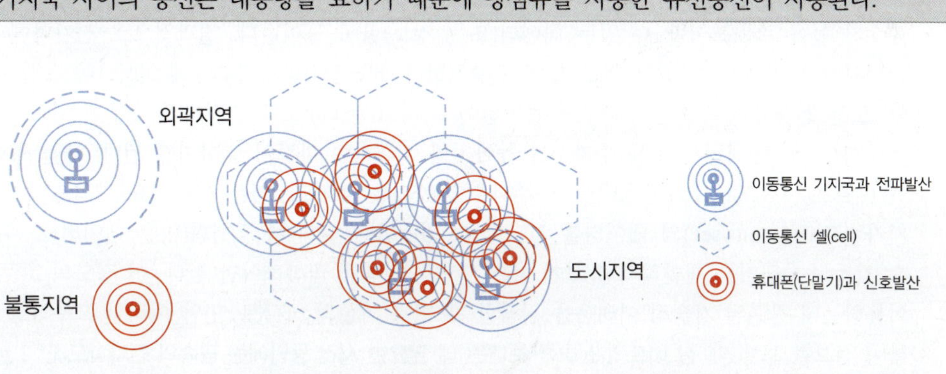

그림 5.8 이동통신망의 기본구조 및 동작형태

5.2.4 전자파

전자파(electromagnetic waves)라고 하면 보통 전기와 관련된 현상만을 떠올리지만 아래 [그림 5.9]에서 보는 바와 같이 전기와 관련 없는 햇빛(가시광선, 적외선, 자외선을 포함한 다양한 종류의 전자파들의 복합체)이나 여러 가지 파동들(X선, 감마선 등의 초고주파 파동들까지 포함)을 포괄하는 광범위한 주파수대역(수 Hz 이하부터 10^{20}Hz 이상)에 걸쳐 있는 물리개념이다. 각 주파수대에 따라 다양한 물리적 특성을 보여주기 때문에 그에 맞는 여러 가지 응용분야들(그림에서 보여주는 바와 같이 TV, 라디오, 전자레인지, 휴대폰, 엑스레이 등)에 사용된다. 반면 소리를 전하는 음파는 귀에 들리는 주파수 대역(10 ~ 20000Hz)을 가진 파동이지만 전자파가 아닌 역학적 파동이다. 물질파(物質波)인 음파와 달리 전자파는 매질(medium)이 필요 없기 때문에 진공상태인 우주공간을 여행하는 우주선과 교신하는데도 사용할 수 있다.

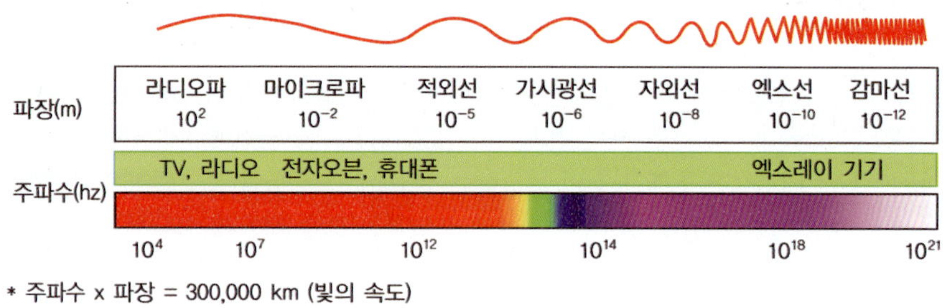

그림 5.9 주파수 대역에 따른 전자파의 종류

■ **통신매체로서의 전자파**

일반적으로 전자파에서 주파수와 에너지는 비례한다. 한편 파동의 주파수가 높다는 것은 단위시간당 변화가 잦다는 것을 의미하고 변화에 정보가 담겨있다는 사실에 비추어 전자파의 주파수가 높을수록 표시할 수 있는 데이터(또는 정보)량이 늘어난다. 결과적으로 전자파에 의해 단위시간당 전송할 수 있는 정보량, 즉 **전송용량은 결국 전자파의 주파수에 비례**한다고 할 수 있다. 모든 전자파의 속도는 주파수에 관계없이 모두 30만 km/초로 일정하기 때문에 '속도 = 파장 × 주파수' 의 법칙에서 보듯 주파수가 높아지면 비례하여 파장이 짧아지게 된다. 예를 들어 천억 헤르츠(10^{11} 또는 100 Giga Hz)의 주파수를 가지는 마이크로파는 이론적으로 최고 초당 100 기가비트(Giga bits/sec)의 데이터를 전달할 수 있지만 이렇게 빠른 변화(많은 데이터)를 수용할 수 있는 송수신기를 개발하려면 그에 따른 기술적 장벽을 극복해야만 한다. 이 정도의 고주파를 이용하는데 관련된 기술적 어려움을 짐작할 수 있는 사실의 하나로, 만약 이러한 고주파를 이용하여 정보를 보낼 때 **한 비트의 신호를 보내는 데 필요한 시간 동안에는 광속의 전자파도 단 3 mm밖에 가지 못하게 된다.** 이는 손톱만한 반도체칩을 가로질러 가기에도 모자라는 거리이기 때문에, 이렇게 고속으로 변화하는 신호들을 칩 속에 새겨진 복잡한 전자회로를 작동시키기 위한 입력으로 사용하는 데에도 고도의 기술이 필요하게 된다(비슷한 예로 마하 10정도의 속도를 내는 비행기를 개발하자면 보통 비행기에는 큰 문제가 되지 않는 공기마찰조차 심각한 기술적 장벽으로 대두되게 된다). 감마선이나 엑스선처럼 아주 높은 주파수의 전자파는 다루기도 어렵고 잘못 다루면 생명에 위협이 되기도 한다.

전자파의 주파수가 높을수록 많은 정보를 담을 수 있는 한편 전자파의 직진성이 높아진다. 따라서 주파수가 높을수록 전자파는 신호(에너지)를 한곳으로 집중할 수 있어 방향성이 높으나, 역으로 **보폭(파장)이 짧아서 장애물을 넘기 힘들어짐에 따라 전파범위가 장애물이 없이 마주볼 수 있**

게 트인 지점 간으로 점점 제한된다. 뿐만 아니라 전자파의 주파수에 비례하여 대기를 통하여 전송할 때 신호의 감쇄도 심해진다. 반면, 높은 고도(수만 km 상공)를 도는 위성통신에서는 대기가 희박하여 신호의 감쇄도 거의 없고 장애물이 없기 때문에 직진성이 장점으로만 작용하기 때문에 전자파의 주파수를 최대한 높여 전송용량을 이론적 한도만큼 늘릴 수 있다. 최근 들어 위성의 응용분야가 획기적으로 늘면서 방송국 차원의 위성중계용도를 넘어 지구위치인식시스템(GPS)으로 확대됨에 따라 개인들의 차량이나 스마트폰에까지 관련기능이 탑재되어 위성신호의 활용이 일상화되고 있다.

전자파의 주파수가 높을수록 전파 중에 급격한 감쇄를 겪게 되는 것은 짐(정보)을 많이 실을수록 멀리가지 못하는 것과 유사한 자연의 이치이다. 그러나 아주 높은 주파수의 전자파들도 데이터를 멀리 전송하는 용도가 아닌 가까운 물체의 **이미지를 포착하기 위한 신호로나 에너지원**으로서 유용하게 쓰일 수 있다. 예를 들어 10^{17} Hz이상인 X선을 의료용 엑스레이촬영이나 근접한 곳에서 영상을 포착(image detection)하기 위해 사용해 왔고 10^{9} Hz 단위 즉 몇 GHz 정도(휴대폰에서 사용되는 주파수와 비슷한 대역)의 마이크로파는 전자레인지처럼 가열을 위해서 사용되고 있다. 한편 상대적으로 주파수가 낮은 장파는 원거리를 전송범위로 하는 전신(電信)용으로 사용되고 있다. 자연에서는 코끼리들끼리 의사소통을 위해 주고받는 초저주파(10hertz정도)는 인간의 귀에는 들리지 않는 주파수영역이지만 멀리 수십 수백 킬로미터까지 전달된다고 한다(주파수가 낮은 신호가 멀리 가는 것은 목소리를 높이기보다 조용히 말하는 사람의 말이 무게감이 있는 것과 일맥상통한 자연의 섭리가 아닐까 생각되기도 한다). 모든 인간들이 나름대로의 장점을 가졌듯이 다양한 주파수의 전자파들은 위에서 보는 바와 같이 그 특성에 따라 각기 적합한 용도를 찾을 수 있다.

■ 높은 주파수 사용에 관련된 여러 문제들

급증하는 통신수요를 충족하기 위해 사용되는 통신용 신호의 주파수가 초고주파영역으로 높아짐에 따라, 초고주파를 사용하는 통신에 관련된 전자기기들의 개발은 점점 고도의 기술을 요하게 된다. 우주공간이나 고산지대 또는 심해와 같은 극한 상황에서는 지상에서와 다른 여러 가지 비상한 현상들이 새로 대두되는 것과 유사하게, 주파수가 높아지면 저주파에서는 미미했던 현상들이 무시하지 못할 크기로 전면에 등장하게 된다. 먼저 **주파수가 높아지면 신호의 주기가 짧아지고 그에 따라 미세한 시간차이나 잡음에도 신호가 영향을 받기 쉽고 오류가 생기기 쉽게 된다.** 뿐만 아니라, 주파수가 높아질수록 전기저항이 본래의 신호흐름의 방향으로는 커지게 되는 반면 측면으로는 오히려 적어져 저주파에선 문제가 되지 않던 **측면방향으로의 신호의 손실**이 증가하게 된다. 특히 무선기기들의 경우 다른 **전자기기들과의 사이에 전파간섭**이라는 기술적 문제가 추가로 발생하기도 한다. 고주파에서 이러한 현상들이 새삼스레 불거지는 이유는 자동차에서 속도가 빨라지면 백미러에 스치는 바람소리조차 거세지고 이유도 모르게 차체가 떨리기 시작하는 현상과도 비슷하다(사회적으로는 먹고살기에 급급하던 시대에는 잠복하고 있던 여가에 대한 욕구나 주택의 조망권, 사회적 약자의 권리보호 등이 생활수준의 발전에 따라 점점 표면화되고 있는 것과도 유사하다). 한편 이러한 고주파들을 이용하는 사용자들에게도 전자기기들에서 발생하는 유해전자파 등이 건강문제를 일으킬 수 있다. 일상생활에서 물의 고유한 공진(共振)주파수와 같은 주파수의 전자파를 전자레인지에서 발열에 이용하기도 하고 X선에 대한 신체부위별 차별적 반응을 이용하여 의료영상을 얻지만, 한편으로는 잘 알려진 바와 같은 방사선의 폐해나 휴대폰 전자파에 의해 세포가 손상될 개연성을 무시할 수 없다. 이와 같은 초고주파 전자파의 사용에 따른 새로운 문제들은, 뉴턴역학으로 해석할 수 있었던 전통적인 속도와는 차원이 다른 빛에 필적하는 빠른 속도를 가진 전자와 같은 물체들을 이용하는데서 파생되었다. 이와 같이 질적으로 다른 새로운 차원의 물리적 문제들을 해결하기 위한 이론적 바탕으로 고전역학이 아닌 **양자역학이 필요**하게 되었다.

5.3 다중 통신 매체로서의 공간

같은 장소에서 여러 쌍의 사람들이 동시에 대화를 하게 되면 혼신(interference)이 생겨 대화가 불가능해질 수 있다. 이런 상황의 해결방안은 **각 쌍이 각기 다른 방으로 들어가든지, 원통을 귀에 대고 말을 하든지**, 순서를 정해 **각자의 차례에만 발언을 하든지**, 아니면 필담이나 제스처 등의 **서로 방해하지 않는 다른 통신방법들을 각자 사용**하는 등을 생각할 수 있다. 전자파를 이용하는 통신에서 여러 통화들이 하나의 공간을 서로 혼신을 발생시키지 않고 공통으로 사용할 수 있는 방안은 두 가지 차원에서 확보될 수 있다. 첫 번째 차원에서 공간의 주파수대역을 나누어 독립적 무선채널들로 구분하거나 유선으로 배타적인 통신채널들을 확보하고, 두 번째 차원에서는 이렇게 서로 구분된 **개개의 무선채널이나 유선채널에 다시 다양한 다중화(multiplexing)기술**을 적용하여 여러 통화들이 공유할 수 있게 한다.

첫 번째 차원에서의 공동사용방안은, [그림 5.10](a)에서 보는 바와 같이 공통의 공간을 고도에 따라 나누어서 비행기는 공중을 자동차는 지면을 그리고 바다도 표면과 수중으로 나누어 따로 사용하는 것과 비교될 수 있다. 추가적으로 지면도 다양한 교통수단들이 여러 부분으로 나누어 사용하도록 규정되어 있고, 공중도 고도에 따라 대형비행기와 소형비행기나 헬리콥터들이 세분하여 사용한다. 이와 같이 주파수대역을 나누어 배타적 채널들로 사용하는 것은 화물들을 운반할 때 자동차만을 이용하는 것보다 자동차와 비행기 그리고 선박 등과 같이 통로가 서로 다른 여러 가지 운송수단들을 동시에 이용하게하면 서로 방해받지 않고 운송효율을 늘릴 수 있는 것과 유사하다. 두 번째 차원에서의 공동사용방안으로서 개별 채널을 여러 통화들이 공유하는 것은, 같은 차량에 여러 화주들의 화물들을 함께 실어 나르는 대중운송방식과 유사하다. 공유하는 통신채널을 나누는 기준이 시간이냐 주파수대역이냐 상이한 코드들을 쓰느냐에 따라 각각 시분할공유방식(TDMA, Time Division Multiple Access)이나 주파수분할공유방식(FDMA, Frequency Division Multiple Access) 그리고 코드분할공유방식((CDMA, Code Division Multiple Access) 등으로 나누어진다([그림 5.10](b1), (b2), (b3) 참조).

구체적으로 **시분할 방식**은 통신채널을 번갈아 돌아가며 사용하는 상식적 분할방법이다. ([그림 5.10](b1) 참조) 이는 화물기차의 화물칸을 화주(貨主)마다 하나씩 고정적으로 무조건 할당하는 방식으로, 해당 화주가 실어 나를 화물이 없는 운행 회차에는 할당된 화물칸이 비어서 가게 되므로 낭비가 생기게 될 수밖에 없다. **주파수분할 방식**은 확보된 전체 주파수 대역을 추가로 세분화하여 동시에 행해지는 여러 통화들에 각각 할당하는 방식으로서 이론적으로는 공간전체를 주파수 영역에 따라 채널들로 나누는 원리와 동일하다. 시분할과 마찬가지로 개별적으로 개별 통화에 할당된 채널이 비게 될 경우에도 다른 통화에게 양보하지는 못한다. **코드분할 방식**은 주파수 대역을 통화들이 공유하되 다른 코드를 쓰는 방식이다([그림 5.10](b2) 참조). 모든 통화가 같은 채널을 공유하되 서로 못 알아듣게 다른 언어(코드)를 사용함으로써 같은 채널을 사용하여도 혼신이 되지 않게 하는 방식으로, 보안이나 통신효율이 위 두 가지 방식들보다 우수하다. 한편 인터넷에서 사용하는 **패킷분할 방식**은 정보(메시지)를 작은 소포(패킷)들로 쪼개고 그 이후에는 개별 패킷들을 어느 사용자(통화)에 속한 것인지를 구분하지 않고 각 패킷에 쓰인 행선지만으로 구분하여 목적지까지 배달함으로써 (하나의 컨테이너를 여러 화주들의 화물들로 채우듯이) 빈자리를 없애서 최대한 운송효율을 높이는 채널공유방식이다([그림 5.10](b3) 참조). 이렇게 배달된 개별 패킷들을 수신측에서 송신측에서 정해놓은 순서에 따라 재조립하여 메시지를 복원해야한다. 이때 소포의 실시간 배달은 인터넷이 책임지지 않기 때문에 (예를 들어 인터넷전화에서처럼) 필요하면 송수신측의 사용자(통화자들)이 알아서 해결해야 한다.

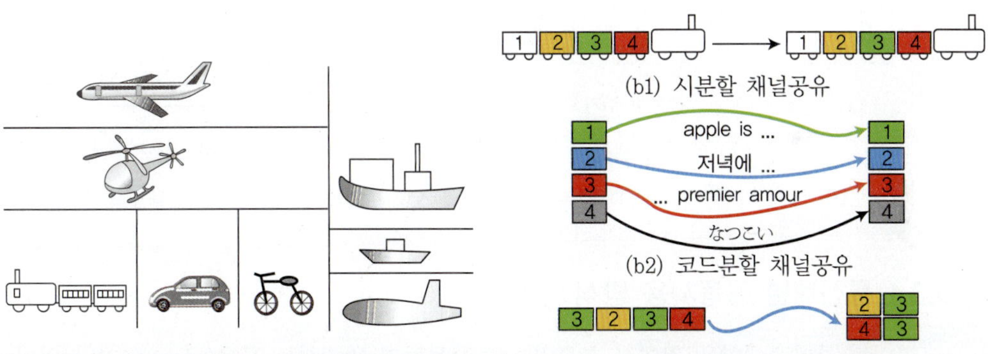

(a) 여러 운송수단들을 위한 교통채널들로의 공간 분할 (b3) 패킷스위칭 채널공유

그림 5.10 여러 운송수단들을 위한 공간의 분할사용 및 통신채널의 공동사용방식

■ 다중통신의 이론적 근거

다중통신(多重通信, multiplex communication)이란 통신채널 하나에 여러 개의 통화들을 동시에 수용하는 통신방식을 의미한다. 전기통신에서 음성이나 여러 가지 정보를 전기신호로 바꾸어 보내는 방식은 잘 알려져 있다. 그러나 이때 전송되는 전기신호의 시간적 분포를 파형분석을 위한 계측기(oscilloscope)로 보면 연속적으로 주고받는 두 사람 사이의 통화에 상응하는 전기신호가 실제로는 대부분의 시간에 비어있거나 정보가 없는 잡음으로 채워져 있음을 알 수 있다. 또한 신호가 있는 구간에서조차도 그 신호를 연속적으로 보낼 필요 없이 [그림 5.11](a)에서 보는 바와 같이 주기적으로 **채집된 순간적 신호들**(sampled pulses)만 보내도 모든 정보가 충분히 전

달된다는 것이 이론적으로 그리고 실험적으로 증명되어 있다. 이는 무인도에서 표류했을 때 며칠이 지났는지를 알기 위해 하루 종일 태양을 바라보면서 기록할 필요 없이 로빈슨 크루소처럼 새벽녘이나 해질녘이나 하루 중 한번만 기록하면 되는 것과 마찬가지다. 즉, 태양이 어김없이 하루를 주기로 뜨고 지는 규칙적 행태를 보이는 한 이러한 주기적 채집(sampling)에 의한 날짜 파악방법은 유효하다. 이러한 파악방법을 응용하여 불연속적인 신호들의 연쇄로부터 원래의 연속적인 신호를 재생할 수 있게 되는 길이 열린 것이다. 이는 영화 속에서 동작이 연속적으로 보이지만 실제로 불연속적인 정지 화면을 일정한 간격으로 보여주는 것에 불과한 것과도 일맥상통하다. 한편 외견상 무질서하게 보이는 파형도 규칙적 파형들의 집합으로 표시할 수 있음이 이론적으로 증명되어 있다. [그림 5.11](b)에서 검은색 (복합적) 파형은 그 아래 여러 가지 색깔로 표시된 파형들의 합으로 나타날 수 있다. 이와 같은 두 가지 성질들을 종합적으로 이용하면 여러 통화와 관련된 순간적 신호들을 묶어서 하나의 통신선로를 통해 동시에 보낼 수 있는 여지가 생기는 것이다. 결과적으로 외견상 하나의 물리적 통로가 여러 종류의 정보들 또한 여러 개의 정보흐름들을 위한 통로로 사용될 수 있는 셈이다.

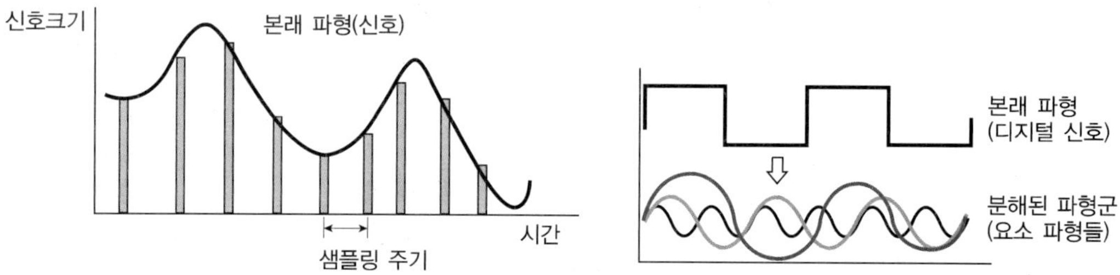

(a) 주기적 샘플링　　(b) 복합파형의 분해

그림 5.11 파형의 주기적 견본추출(sampling) 및 복합파형의 구성요소들로의 분해

5.3.1 통신채널 공동사용 방식

할당된 주파수대역을 최대한 효율적으로 이용하기 위해서는 묵음(silent)이거나 의미 없는 소리로 채워진 유휴시간을 최대한 활용하는 방안이 강구되어야 한다. 개개인의 화물들을 소형용달차로 각기 나르는 대신 대형화물차나 열차로 여러 사람들의 화물들을 함께 실어 나르면 효율이 높아져 운임이 저렴해진다. 물론 이와 같은 공동운송방식이 적용되려면 같은 목적지로 향하는 화물들이어야 하는 것과 마찬가지로 통신채널의 공동사용(multiple access)도 데이터가 같은 목적지(주로, 특정 컴퓨터)로 향하는 경우에만 적용가능하다. 택배서비스가 개개의 출발지에서는 개별적으로 수거되지만 일단 지역배송센터에 집결된 후에는 인접한 (수취인의 우편번호가 같은) 지역들로 향한 화물들은 해당 지역배송센터까지는 함께 운반될 수 있는 것과 같이, 통신에서도 특히 도시간이나 대륙 간과 같이 많은 통화가 공통으로 몰리는 장거리 통신구간에는 여러 통화들을 같은 채널을 통하여 실어 나름으로써 전송의 효율성을 극대화할 수 있다.

■ 시분할 채널공유방식의 실용성

시분할 방식(TDMA)은 [그림 5.12]에서 보듯이 한 채널을 여러 통화가 차례로 돌아가며 사용하는 일반적 방식이지만, 한 차례가 극히 짧은 시간이기 때문에(즉 차례가 자주 돌아오기 때문에) 각 통화들은 공동사용중인 채널을 독점하여 사용하는 것처럼 느낀다는데 특징이 있다. 즉, 송신할 각 메시지를 나누어 자기 차례가 돌아올 때마다 한 조각씩 보내고 수신단에서 각자의 순서에 맞추어 조각들을 순서대로 다시 조립하여 본래의 메시지를 회복하게 된다.

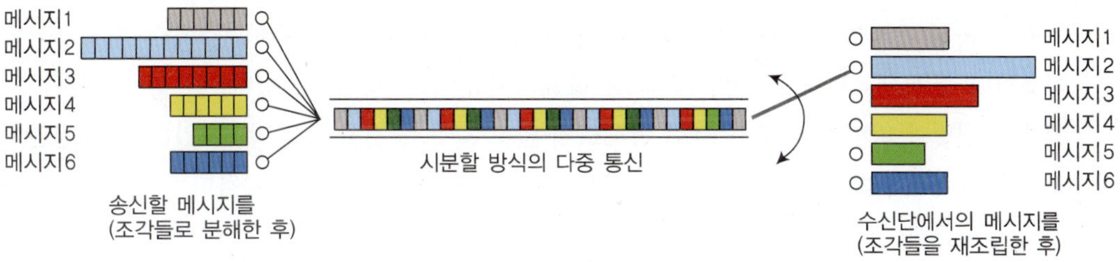

그림 5.12 시분할 방식의 채널 공유방법

■ 패킷분할 채널공유방식의 구체적 과정

인터넷의 근간이 되는 패킷통신은 메시지(그림 한 장, 영화 한 편, 한 통화 등)를 전송에 편리한 크기의 소포(packet)단위로 잘라 개별 소포들을 따로따로 목적지까지 보낸 후 다시 조립하여 원래의 메시지를 회복하는 다중접속방법을 사용한다. 기본적으로는 시분할다중접속방식(TDMA)이라고도 할 수 있지만 실시간이 아니고 비동기식(非同期式, asynchronous) 통신이라는 점에서 일반적 시분할다중접속과는 다르다. [그림 5.13]에서 보듯이 일단 메시지가 패킷단위로 쪼개진 후에는 모든 패킷들이 공동으로 쓰는 대중전송매체를 이용하기 때문에 패킷들의 순서가 뒤바뀌거나 분실 또는 손상이 있을 수 있다. 따라서 일단 수신항(受信港)의 공동집하장에서 수행되는 패킷재조합과정에서 분실되거나 손상된 패킷은 재전송을 통해 바로잡는 등의 점검과정을 거쳐 최종적으로 각 메시지를 구성하는 모든 패킷들을 온전히 확보하여 원래의 순서대로 재조립한 후 수신측에 전달한다. 본래 패킷접속방식은 데이터통신을 주목적으로 하는 통신방식이었지만 기술발달에 힘입어 실시간으로 대화하는 전화(VoIP, Voice over Internet Protocol)까지도 효율적으로 구현할 수 있게 되었다(그 결과 요금이 저렴한 인터넷 전화가 실현되었다).

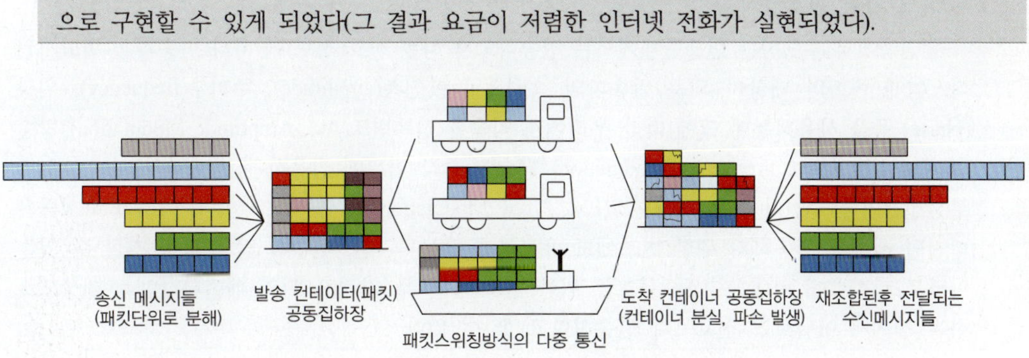

그림 5.13 패킷스위칭 방식의 통신채널 공유방법

5.3.2 채널 공동사용을 위한 신호의 변조와 복조

대기공간이나 우주공간 자체는 다양한 무선통신에서 사용하는 수많은 주파수들을 수용할 수 있는 거의 무한정의 전송용량을 가진 통신통로(communication channel)이다. 그러나 이 공동통로를 통해 전해지는 말이나 노래와 같은 자연상태의 소리신호는 잡음에 의해 오염되거나 다른 소리에 의해 방해를 받기 마련이다. 이와 같이 같은 통신채널을 공유하는 데서 생기는 방해를 피하기 위한 방안이 통신채널의 다중화(多重化, multiplexing)이다. 통화를 다중화하는 방법으로는 각 쌍의 대화자들이 서로 다른 대롱에 입을 대고 이야기하는 원시적인 방법(일종의 유선통화방식)도 있겠지만, 여러 가지 전자파들의 주파수 특성차이를 이용하면 무선으로도 같은 공간을 서로 방해하지 않고 사용할 수 있다. 다 같이 전자파의 일종인 햇빛과 라디오 전파가 서로 방해하지 않고 같은 공간을 통과할 수 있는 것도 **공간의 서로 다른 주파수대역(frequency band)들을 각자의 전파(傳播)채널로 사용**하기 때문이다. 다중화를 실현하기 위해서는 먼저 신호를 싣고 갈 운반체인 반송파(carrier)들에 각기 다른 주파수대역을 부여하고, 각각의 **반송파에 신호(데이터)를 싣는 과정인 변조**(變調, modulation)가 필요하게 된다. 변조는 데이터를 반송파에 싣기 위해서 반송파를 신호에 따라 변화시키는 작용으로, 일단 변조가 되면 서로 다른 주파수대역을 사용하는 반송파들에 실린 여러 데이터들이 같은 매질(medium, 허공이나 수중 등)을 동시에 이용할 수 있게 할 뿐 아니라 잡음에 의한 오류를 줄이는데도 도움이 된다(공동 사용자가 거의 없는 우주공간에서의 통신을 위한 변조는 공간의 공동 사용의 목적보다는 장거리를 감쇄 없이 안전하게 보내기 위해서이다). 결과적으로 분할된 주파수대역을 통해 전파되는 반송파들에 실린 신호들이 서로 간섭받지 않고 전송되게 된다. 예를 들면, 라디오의 튜너를 살펴보면 여러 개의 AM 방송들이 수 백 KHz ($5\times10^5 \sim 1.6\times10^6$ Hz) 대역에서 서로 간섭이 일어나지 않도록 (자동차들이 서로 다른 차선으로 달리는 것처럼) 적당한 간격으로 배치되어 있음을 알 수 있다. 이와 같이 변조된 반송파는 통신채널을 통한 전송이 끝나면 수신측에서 복조(複調, demodulation)라는 역변환을 거치게 되고 그 결과 반송파에 실려 온 원래의 신호를 회복하게 된다.

■ 여러 가지 변조방식들

송신측에서 수행하는 변조단계에서는 전송하고자 하는 신호(정보)에 따라 반송파를 변화시킨다. 이때 변화의 대상이 되는 반송파의 속성으로는 진폭(amplitude), 주파수(frequency), 위상(phase) 등을 사용하는데 그에 따라 우리에게 익숙한 진폭변조(AM, Amplitude Modulation) 방송과 주파수변조(FM, Frequency Modulation) 방송이 각각 이름에 상응하는 변조방식을 쓰고 있고 무선전신이나 무전기 등은 위상변조(PM, Phase Modulation)를 사용하고 있다. 이러한 속성들은 디지털 신호를 전송하기 위한 변조에도 유사하게 적용되지만, 무수히 많은 값을 가질 수 있는 아날로그 신호에 비해 디지털 신호를 위한 변조는 단 두 가지(0, 1)의 데이터값만을 대상으로 하는 점에서 아날로그 신호보다 단순하다고 할 수 있다.

5.3.3 통신 주파수대역의 지속적 확대

화물운송을 위한 교통망과 마찬가지로 통신망도 폭증하는 통신수요에 따라 끊임없는 발전과정을 거쳐 왔다. 구체적으로, 수백 KHz 주파수대역을 사용하는 AM 방송에서 나아가 FM 방송은 100 MHz (10^8 Hz) 근방, 그리고 휴대폰 신호는 1 GHz (10^9 Hz) 근방의 주파수대역을 사용하는 등 통신수요의 급증에 따라 새로운 통신방식들이 개발되고 그와 함께 사용하는 주파수대역을 점차 확대해 가고 있다. 그리고 각각의 통신방식에 할당된 주파수대역은 같은 방식(같은 주파수대역)을 사용하는 수많은 통신채널들이 분점하여 사용하고 있다. 즉, 사람과 수레만 있을 땐 지상의 도로만으로도 충분했지만 교통이 복잡해짐에 따라 자동차는 지상을 달리고 비행기는 하늘을 날게 되더니 요즈음엔 지상의 좁은 도로도 차선들을 늘리는 동시에 여러 층의 고가도로들로 입체화되고 지하에도 여러 층의 지하철이 달리고 하늘에도 경비행기, 프로펠러기, 제트기 나아가 미래형 고고도 비행기 등이 하늘을 각기 다른 고도로 분할하여 공동으로 이용하고 있는 것과 유사하다. 따라서 유선 선로를 설치할 필요가 없는 무선통신채널을 확보하기위해 통신사들이 벌이고 있는 치열한 주파수 쟁탈전은 눈에 안 보이는 공간을 차지하기 위한 정보시대의 영토 전쟁에 다름 아니다. 이러한 무선 통신채널과는 별도로 케이블 등의 유선 선로를 만들면 내공을 이용하여 대화하는 것과 같이 배타적 통로를 신설하는 효과를 가진다.

■ 전자파의 주파수와 통신채널의 전송용량

전자파를 사용하는 통신채널의 전송용량(bandwidth)은 기본적으로 신호를 운반하는 매개체인 반송파의 주파수에 비례한다. 즉, 디지털 신호의 경우 한 비트에 해당하는 두 가지 값(0/1 또는 True/False)에 상응하는 물리량(전압, 위상 등)의 변화가 일어나는데 필요한 시간이 짧을수록 단위시간당 실어 보낼 수 있는 비트수가 많아지게 된다(사람이 입을 빨리 놀릴수록 같은 시간 내에 정보를 많이 전달할 수 있는 것과 유사). 이는 자동차의 운송용량이 자동차의 적재함의 크기에 비례(물론 전자파와 달리 자동차의 운송용량은 속도에도 비례)하는 것과 유사한 이치이다. 한편 전자파의 주파수가 높으면 전송용량은 증가하는 반면 대기를 통과하는 중에 감쇄가 심하기 때문에 장거리를 전송하려면 전자파의 세기를 적절히 유지하기 위해 중계소가 많이 필요하게 된다. 이와 관련하여 기존의 통신에 이용되던 고주파들보다 월등히 높은 주파수를 가진 빛(가시광선)을 유선의 선로 속으로 전파시키는 광섬유는 대기를 통해 빛을 전달할 때와 비교하여 전송거리에 따라 신호가 손실되는 감쇄비율이 현저히 낮다. 따라서 광섬유를 사용함으로써 전송용량을 획기적으로 늘리면서도 원거리통신에 필요한 중계소의 숫자를 대폭 줄일 수 있게 되었다.

■ 통신채널의 최대전송용량과 관련 요소들

통신채널에서 물리적(이론적) 최대 전송용량을 넘어서는 데이터를 전송하려고 해도 그로 인한 전송오류들이 생겨나 재전송을 해야 하는 등의 반작용이 생겨 결국 불가능하게 된다. 이는 도로의 굴곡 등의 설계특성을 넘어서는 제한속도의 상향은 교통사고를 초래하게 되어 운송량을 늘일 수 없는 것과 같다. 도로의 운송용량을 늘이기 위해서는 차선의 숫자를 늘리거나 도로의 굴곡을 완만하게 하는 방법(차량의 곡선주행능력을 향상하는 방법도 같은 효과를 가짐)을 쓰듯이, 통신용량을 늘리려면 통신채널의 주파수대역을 늘리거나 방해요소를 줄여서(또는 같은 맥락에서 신호의 세기를 높여서) 통신채널의 전송용량을 늘리거나, **신호파형(pulse shape)을 통신채널의 특성에 맞게 유선형으로 만들면** (유선형 자동차가 공기저항을 적게 받듯이) 신호간 간섭(interference)이나 신호의 변형(distortion)을 최소화하여 전송용량을 개선할 수 있다.

■ 정보유형과 통신채널 용량

통신에 요구되는 채널용량은 사용자의 숫자에 비례하여 증가할 뿐 아니라 통신의 내용인 정보의 종류에 따라서도 달라진다. 개별 메시지를 기준으로 보면, 여러 가지 정보유형들(숫자, 글자, 음성, 그림, 동영상 등) 중에서 가장 높은 통신용량을 필요로 하는 정보가 동영상 정보라고 할 수 있다. 그 중에서도 실시간이 요구되는 스포츠 실황중계 등은 즉시적(실시간)이고 연속적이라야 하기 때문에 순간 데이터전송수요의 최대치에 맞춘 대용량의 통신채널이 필요하다. 도시에서 도로를 설계할 때 평균 교통량이 아닌 출퇴근시간과 같은 최대 교통수요에 맞추어 도로의 너비를 설계할 수밖에 없는 것과 같다. 더구나 영상의 해상도(resolution)에 비례하여 요구되는 통신량이 더욱 증가하는 것이 일반적이다. 단, 시각(視覺)의 한계(시간적으로는 0.1초 정도의 잔상 및 공간적으로는 0.1mm 정도의 해상능력)를 넘는 많은 데이터를 공급하기 위한 전송용량은 사람이 인식하지 못하므로 실제적으로 소용이 없다. 그 밖에 음성이나 그림 그리고 일반 문서(정보)들은 상대적으로 적은 통신용량을 요한다. 특히 연속적이면서 실시간 통신이 필요한 음성정보와 동영상정보를 제외한 나머지 정보유형들은 실시간이 필요 없는 데이터정보로서 전송수요를 시간적으로 분산시킬 수 있기 때문에 상대적으로 적은 채널용량으로 대처할 수 있다. 동영상 정보라도 중계방송과 달리 실시간 시청이 필요하지 않은 영화라면 한가한 시간에 장시간에 걸쳐 수신한 후 추후 필요한 시간에 상영하면 되기 때문에 실시간 중계만큼의 통신용량은 필요하지 않게 된다. 장기간 저장이 힘든 농산물이나 해산물 등의 생물은 운송이 신속해야 하기 때문에 운송비용이 비싼 반면 공산품은 보통 운송이 시급하지 않기 때문에 저렴한 대중 운송수단을 사용할 수 있는 것과 유사하다.

■ 통신 용도에 따라 할당된 주파수대역

무선통신에 사용되는 전자파 주파수대역의 실제적인 할당현황을 보면, 통신의 내용인 정보유형과 함께 사회전체의 통신수요를 종합적으로 고려하여 [그림 5.14]에서 보는 바와 같이 통신주파수대역을 배당하고 있다. 즉, 역사적으로 먼저 실용화 된 음성신호(무전기 등) 그리고 방송신호들(AM, FM, TV 등)에 대해 당시에 기술적으로 실용화 가능한 주파수대역(10KHz ~ 1GHz)부터 할당되어왔다. 그 이후 등장한 휴대폰과 무선인터넷 수요에 대해 그 바로 위의 마이크로파대역(1GHz ~ 100GHz)이 할당되었다. 구체적으로 가청주파수(10 ~ 20,000 Hz)를 가진 음파를 실어 나르기 위해 각종 전자파들(10 KHz와 1 GHz사이에서 장파, 중파, 단파로 구분)을 AM 라디오 방송이나 일반적 무전기에 할당하였고, 영상정보와 대용량 데이터를 보내기 위해 마이크로파들(1 GHz에서 100GHz 사이, 초단파, 극초단파 등으로 구분)을 TV와 FM 방송이나 휴대폰을 위한 주파수 영역으로 사용범위를 확대하고 있고, 그 위의 가시광선(10^{15} Hz 부근)이나 인접된 주파수 대역의 적외선(infrared, 10^{11} Hz에서 10^{14} Hz사이)과 자외선(ultraviolet, 10^{15} Hz에서 10^{17} Hz 사이)

을 이용하는 광통신(optical communication)이 광대역(초고속) 통신망의 뼈대를 구성하고 있다. 한편 가시광선보다 더 높은 주파수를 가진 X선과 감마선(Gamma ray)은 현재로선 통신매체로서 보다 주로 의료용 영상을 포착하거나 에너지를 전달하는데 사용하고 있다.

그림 5.14 여러 통신 용도에 할당된 주파수대역

■ 통신채널의 전송용량의 실제적 효과

통신채널의 전송용량은 사용자입장에서 여러 가지 실제적인 기능에 영향을 미치게 된다. 예를 들어 디지털 방송을 볼 때 화면이 계속 연결되지 못하고 끊기는 현상을 종종 경험하는데, 이는 수신되는 데이터의 전송속도가 충분치 못해 화면구성이 지체되어 나타나는 현상이다. 이러한 지체는 물이 졸졸 솟는 옹달샘에서 물을 마시려면 물이 한 바가지 모일 때까지 기다리는 대기시간과 같다(이 경우 아날로그 방송이라면 신호가 찌그러져 화면이나 소리에 잡음이 섞이고 급기야는 무슨 내용인지 모를 정도가 되었을 것이다). 만약 고화질 영화를 스마트폰이나 인터넷에 연결된 PC에서 시청하고자 할 때 채널전송용량이 충분하지 못하면 영화파일 전체를 먼저 내려 받고(download) 난 후에야 영화를 보기 시작할 수 있는 반면 채널용량이 필요한 데이터전송속도를 충분히 제공할 수 있는 경우에는 스트리밍(streaming) 방식으로 실시간으로 볼 수 있게 되는 것이다. 이러한 기능차이는 젊은 한국인 스마트폰 사용자들에게는 참을 수 없는 격차로 다가온다. 따라서 많은 중장년 사용자들에게는 초당 수백만 비트 단위인 지금의 전송속도도 충분한 것 같은데도 불구하고, 통신사들이 '몇 배 빠른 LTE ...'하면서 사활을 건 경쟁을 계속하게 된다(하지만 이러한 정량적 측면에서의 경쟁도 텔레비전의 고해상도 경쟁과 마찬가지로 불원간 한계에 도달하게 될 것이다).

5.3.4 광통신

대부분의 정보를 시각(vision)을 통해 받아들이는 인간에게는 (성경에 의하면 태초부터 있었던) 빛을 이용한 통신이 자연스럽게 정보전달의 주된 수단이 되어왔다. 언어를 사용하기 전의 원시인이나 일반 동물들은 몸짓(gesture)이나 손짓을 사용하여 시각적으로 의사를 전달하고, 인간들이 문서를 읽을 때나 그림을 볼 때도 시각을 이용한다. 시각은 가시거리 안에서는 즉시라고 느낄 만큼 빠른 광속의 전달속도가 장점이지만, 봉화와 같은 원시적 광통신의 경우에는 멀리서도 눈으로 볼 수 있도록 연기기둥과 같은 거대한 신호를 보내야만 한다. 따라서 전송효율(단위시간에 보낼 수 있는 데이터량)이 극히 낮을 뿐 아니라 시야가 트인 장소사이에서만 통신이 가능하고 모든 사람에게 노출되어 보안이 되지 않는 등의 단점이 적지 않았다. **가시광선(빛)은 광범위한 주파수에 걸쳐 있는 전자파의 일종**이라는 특성이 파악되고부터 위에서 언급된 (빛의 원시적 사용에 수반되는) 단점들을 해결할 수 있는 길이 열렸다. 즉, 빛이 단파부터 고주파들까지의 전통적인 전자파들보다 높은 주파수를 가진 전자파라는 사실은 일반 전자파의 공통적 전송특성들(광속의 전송속도, 보안성 등)과 더불어 높은 전송용량을 구현할 수 있는 잠재력을 의미한다. 이러한 잠재력을 현재화할 수 있는 통신방법을 개발하기 위한 관건은 빛의 높은 주파수 특성들을 제어하는 기술들인데 광섬유(光纖維, optical fiber)는 이와 관련된 고도의 기술들의 결정체라고 할 수 있다. 위에 언급한 전자파적 우수성뿐 아니라 고밀도, 경량성, 신축성, 내부식성(耐腐蝕性) 등의 물리적 장점들을 두루 가진 **광섬유는 광통신(optical communication)의 기반으로서 초고속 전송용량을 가진 정보고속도로의 초석**이 되고 있다.

빛은 기가(Giga, 10^9)Hz 부근의 **극초단파(microwave, 300MHz-30GHz)들보다도 수만 배의 주파수**를 가지고 있기 때문에 그에 비례하여 광통신은 종래의 고주파통신보다 월등하게 큰 전송용량을 가지고 있다. 고대의 봉화도 광통신의 일종이긴 하지만 빛의 전자기파적 성질이 가진 엄청난 전송용량을 거의 이용하지 못했다(이는 아인슈타인 이전에는 물질이 에너지와 등가라는 사실에 기초한 핵에너지를 활용하지 못하고 단순히 연소시켜 연소열을 얻는데 그쳤던 것과 유사하다). 또한 공간을 직접적 매개로 하는 원시적 광통신이나 레이저빔을 이용한 광통신은 장애물이 없는 두 지점 사이에서만 사용가능하다. 그에 반해 광섬유를 통해 **빛을 유선으로 전송하는 광통신**으로는 초당 기가비트(Megabits/sec) 단위의 데이터를 대륙 간에도 전송할 수 있으며, 통신용량 면에서는 구리선을 이용한 통신에 비해 단위면적당으로 계산할 때 수만 배 증가된다. 일반적으로 광통신은 높은 전송용량의 이점뿐 아니라, 사용하는 주파수대역이 통상적으로 쓰이는 전기통신들(예를 들어 방송이나 휴대폰)보다 현격히 높기 때문에 무선방식을 쓰더라도 다른 통신신호들에 의한 방해를 거의 받지 않게 된다. 이는 비행기를 이용하면 육상교통의 혼잡을 근본적으로 피할 수 있는 것과 유사하다.

■ 광섬유의 기술적 기본 원리

광섬유는 기술적으로 보면 두 가지 물질(주로 서로 다른 종류의 유리들을 중심부와 바깥에 각각 사용) 간의 **빛에 대한 반사율의 차이를 이용**하여 빛이 계속 전반사(全反射)되어 광섬유선 바깥으로 빠져나가지 않고 광섬유 내부를 따라 전파되게 한다. 이 원리를 미시적으로 보면, 무수히 많은 미세한 거울들이 [그림 5.15]에서 보여주는 바와 같은 형태로 빛을 계속 반사함으로써 빛이 광섬유를 따라 끊임없이 굴절되면서 광섬유 선을 따라 진행하게 되는 셈이다.

광섬유는 통신용뿐 아니라, 전기를 구리선으로 끌어오듯이 햇빛을 광섬유로 끌고 와서 어두운 실내를 밝힐 수도 있다. 다시 말해, 빛과 달리 전기는 전력선을 통해 원하는 데로 쉽게 보내고 끌어다 쓸 수 있는 반면 빛은 직진성으로 인해 거울에 의해서만 방향을 바꿀 수 있어서 전통적인 방법으로는 창문이 없는 구석방이나 지하실의 내부로 빛을 있는 그대로 전달하기 어려웠다. 하지만 광섬유를 사용하면 빛을 전기로 전환하고 다시 빛으로 바꾸는 비효율적인 과정을 거치지 않고, 빛을 어떤 곳으로든지 있는 그대로 끌어들이거나 보낼 수 있다. 따라서 햇빛이 바로 비치지 않는 어두운 내부공간에도 광섬유를 통해 햇빛을 직접 끌어들여 전등처럼 빛을 밝힐 수도 있게 된다.

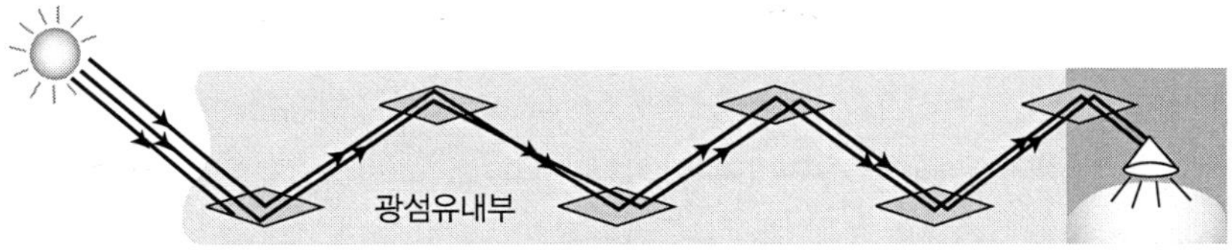

그림 5.15 광섬유의 광선 전파원리와 빛의 직접적 인입(引入)

5.4 디지털 통신

정보의 표현과 처리가 아날로그방식에서 디지털방식으로 이행되면서 통신도 아날로그통신에서 디지털통신으로 바뀌어져 왔다. 하지만 정보가 디지털 컴퓨터의 등장에 따라 디지털화 된 후에도 정보를 전달하는 통신은 한동안 아날로그방식에 머물러 있었다. 이는 데이터보다 (아날로그식) 음성통화나 (아날로그식) 팩스와 같은 아날로그 정보가 통신의 주 대상이었던 반면 (디지털) 데이터를 전송하는 일은 주로 조직 내의 컴퓨터들 사이에서 국지적으로만 이루어졌었기 때문이다. 이제 인터넷이라는 범지구적 규모의 정보공동체가 형성되면서 데이터의 전송이 조직내부 뿐만 아니라 개인들이나 집단들 사이에도 일상적으로 이루어지고 있다. 나아가 전통적으로 아날로그 정보로 처리되던 전화, 팩스, 방송 등의 멀티미디어 정보들도 모두 디지털 데이터화되어 처리되게 되었다.

자연상태의 아날로그 신호는 있는 그대로 (레코드, 녹음테이프, 비디오테이프 등에) 저장하고 (전축, 녹음기, VCR 등을 사용하여) 재생할 수밖에 없었지만, 아날로그 데이터를 디지털 데이터로 변환함으로써 데이터를 여러 가지로 가공(처리)할 수 있게 되었다. 먼저 아날로그 신호를 디지털 데이터로 바꿈으로써 정보를 포함하지 않은 데이터(또는 데이터의 일부분)와 정보를 가진 데이터를 구별하여 **정보를 가진 데이터들만으로 압축**할 수 있게 되었다. 사실 소리나 그림과 같은 멀티미디어 정보도 있는 그대로 단순히 디지털 데이터로 바꾸면 아날로그방식 데이터보다 데이터량이 오히려 늘어나게 된다. 사실 서로 다른 차원을 가진 아날로그방식과 디지털 방식을 직접 비교하는 것은 불가능하지만, 인간이 판단할 수 있는 색상의 다양성이나 명암비와 같은 최종 품질, 즉 정보의 내용을 기준으로 비교하면 단순한 디지털방식은 아날로그방식보다 효율적이지 못할 수 있다. 하지만 디지털방식에서 정보가 없는 잉여 데이터(redundancy)를 최소화하는 압축과정을 거치면 데이터를 대폭 줄일 수 있게 된다. 이는 철강을 운반할 때 컨테이너에 담아 운반하느냐 아니냐에 따라 운송효율이 특별히 차이나는 것이 아니라, 철광석의 상태로 보내는 대신 철광석을 제련하여 부피와 무게를 줄인 후에 운반을 해야 운송의 효율을 대폭 높일 수 있는 것과 유사하다(이때, 각 화물마다 제각각인 전통적 화물포장단위와 비교하여 컨테이너는 **디지털식 포장단위**라고 생각할 수 있다). 이와 같이 디지털 데이터를 압축함으로써 운반할 데이터량이 줄어들게 되면 순수하게 정량적 통신효율 측면에서도 데이터압축이나 가공이 불가능한 아날로그방식보다 훨씬 유리해진다.

전통적인 아날로그방식으로 전화통화를 할 때 실제 사용행태를 분석해보면 할당된 채널이 대부분의 통화시간 동안 사용되지 않거나 필요 없는 잡음으로 채워져 있음을 발견하게 된다. 이는 대형 화물차를 전세 내어 조그만 가방 한두 개나 쓸모없는 폐품이나 싣고 다니는 것과 비슷한 낭비를 하고 있는 셈이다. 반면 디지털 데이터의 경우에 **여러 메시지들에 속하는 데이터들을 모아서 하나의 공통적 채널**에 실을 수 있다. 따라서 대중 화물운송에서와 같이 여러 메시지들이 (위에서 언급한 전화통화에서와 같은) 하나의 채널에 생기는 빈자리를 채울 수 있기 때문에 전체적으로 아날로그방식의 통신에 비해 전송효율이 높아질 수 있다. 한편 디지털 정보에는 아날로그 신호와 달리 정보표현에 사용되는 신호 값들의 개수가 한정되어있기 때문에 잡음이 섞이더라도 그 크기가 경계치(threshold)를 넘지 않는 한 원래의 신호로 되돌릴 수 있다. 즉, 전송 중의 잡음이나 저장매체의 노후화로 인해 데이터가 손상을 입더라도 손상정도가 허용범위이내면 **본래의 데이터로의 복원**이 가능하다. 따라서 디지털 통신에서는 아날로그 신호와 달리 장거리 통신에서 일정한 거리마다 주기적으로 원래의 신호를 회복해 주면 통신 중에 생길 수 있는 오류에 대하여 완벽하게 대처할 수 있는 것이다. 하지만 아날로그 데이터든 디지털 데이터든 물리적으로 두 지점 사이에 전송하기 위해서는 결국 그에 적합한 자연현상을 이용할 수밖에 없다는 사실은 변함이 없다. 즉, 데이터를 실제로 전송하기 위해서는 신호(데이터)를 운반하는 반송파의 역할을 할 자연적 파동(아날로그 전자파)이 사용된다. 이러한 반송파에 디지털 데이터를 싣기 위해 반송파를 변조(modulation)하고 전송 후에 데이터를 회복하기 위해 복조(demodulation)를 해주는 기기인 모뎀(modem)이 필요하게 된다.

5.4.1 디지털 통신을 위한 정보처리의 전체 과정

전기통신시대가 디지털정보시대로 이행됨에 따라 일반적 정보처리 및 전송은 아래에 요약된 순서의 정보변환과정을 거치게 된다. 굵은 글씨는 정보를 디지털화를 위한 과정(①~⑦)을 나타내고 이탤릭 글자체는 전기적 통신에서 다중통신(multiplex communication)을 위한 과정(Ⓐ~Ⓒ)을 나타낸다. 한편 흐린 바탕은 송신단에서 수행되는 과정, **진한 글씨**(즉 Ⓑ*전송*)는 통신채널에서 일어나는 과정, 그리고 진한 바탕은 수신단에서 수행되는 과정을 가리킨다.

송신과정

① 데이터추출(sampling) → ② 샘플값의 양자화(量子化, quantization, digitization) → ③ 숫자열 (또는 문자정보) → ④ 부호화(encoding) →

통신과정

→ Ⓐ 변조(modulation) → Ⓑ 전송(transmission) → Ⓒ 복조(demodulation) →

수신과정

→ ⑤ 복호화(decoding) → ⑥ 숫자열 (또는 문자정보) → ⑦ 아날로그 신호로의 복원(Digital to Analog conversion)

구체적으로, 소리나 시각적 장면 등의 아날로그 신호는 송신단(①-②-③-④-Ⓐ)에서 ①과 ②의 과정을 거쳐 ③의 숫자열이 된다. 이 단계에서 아날로그 신호도 본래부터 문자로 된 정보와 같은 형태가 된다. 한편 수신단(Ⓒ-⑤-⑥-⑦)의 ⑥에서 문자정보가 최종의 형태를 되찾는 것과 달리 숫자열은 추가로 ⑦의 과정을 거쳐 본래의 아날로그신호로 복원된다.

위의 요약된 과정을 구체적으로 살펴보자면, 일단 디지털 통신에서는 전송하는 대상이 아날로그 신호가 아니라 디지털 신호이기 때문에 아날로그 신호(정보)의 경우에는 신호를 전송하기 전에 디지털 신호로 변환하는 전처리 과정이 필요하게 된다. 전체적 변환과정을 보면, 해당 자연현상으로부터 주기적으로 정보를 채집하여 불연속적인 샘플값들(sequence of samples)로 바꾸고, 각 샘플의 아날로그 값을 근사한 디지털 값으로 양자화(quantization)한다. 이 두 단계를 합해 **아날로그에서 디지털로의 변환**(A/D conversion, digitization)이라 부른다. 그 결과 숫자로 표시된 디지털 정보가 생성된다. 자연상태의 소리나 장면과 같은 멀티미디어 정보나 아날로그 신호는 이 두 단계를 모두 거치게 된다. 이에 비해 태생적으로 디지털 (불연속적) 기호들인 문자나 숫자로 표현된 정보는 디지털로의 변환과정이 필요 없이 바로 부호화단계에서부터 시작하게 된다. 이와 같이 시청각 상황과 같은 아날로그 정보나 문자정보와 같은 태생적 디지털정보를 포함한 모든 **정보를 유형을 불문하고 디지털 신호로 획일적으로 변환**함으로써, 단순한 디지털화(digitization)만이 아닌 데이터량을 줄이거나 잡음 방지를 위해서 또는 도청방지를 위한 암호화 등의 부가적 목적을 위한 부호화(encoding)와 같은 다양한 목적의 변환들도 가능하게 된다. 실제로, 인류역사 속에서 생성된 정보의 가장 많은 부분은 자연적인 소리나 모습을 그대로 표현한 음악이나 그림이 아니라 문자(글자, 부호 등)로 기록된 정보가 차지해왔다. 문자는 본질적으로 디지털 정보라고 할 수 있지만 음성으로 말해지거나 종이 등에 써지면 아날로그화하게 되어 디지털화가 필요하게 된다. 따라서 컴퓨터의 입장에서는 이러한 아날로그 형태들을 인식하는 것이 일반적으로는 일반 멀티미디어 정보와 다름없이 어려운 일이 된다. 한편 문자로 쓰인 문서들 중에서는 정형화되어 있는 인쇄체보다 개인마다 다른 필기체의 인식이 더 어렵고, 음성은 개인차가 더욱 두드러지는 현상으로 인식이 대단히 어렵다.

일단 디지털 통신에서 부호화가 완료되면 아날로그 통신에서와 마찬가지로 여러 통신주체들(여러 방송채널들, 다양한 무선기기들 등)이 함께 **같은 공간을 공통의 통신채널로 이용할 수 있도록 변조**(modulation)가 이루어진다. 신호를 반송파에 싣는 변조는 여러 메시지들(또는 통화들)이 채널을 공유하거나 각자 채널을 효과적으로 이용할 수 있게 하는 과정으로서 이는 여러 가지 비행기들이 동시에 같은 하늘을 이용하기 위해서는 각 비행기에 할당된 항로에 맞추어 비행기의 고도를 높이는 과정과 비견된다. 전송을 거친 후 수신단에서 복조된 신호는 복호화 과정을 통해 부호화되었던 데이터가 원래의 디지털 데이터로 회복하게 된다. 마지막 단계인 복호화단계와 디지털신호에서 아날로그신호로의 변환(D/A)단계는 데이터의 저장이나 통신의 효율을 위해 **디지털화되었던 신호를 본래의 연속적인 아날로그 신호로 복원**하는 과정으로서 아날로그에서 디지털로의(A/D) 변환의 역과정이다. 이와 같이 정보가 가공, 저장 및 운반에 편리하도록 여러 가지 변환을 거칠 수 있는 이유는 원래의 정보가 이러한 변환(변조, 부호화 등 포함)들을 거친 뒤에도 최종적 단계에서 원래의 정보로 복원될 수 있다는 전제가 있기 때문이다. 이와는 달리 컴퓨터 외부로 전송되지 않는 컴퓨터 내부 구성요소들 간의 통신에서는 각각의 통신주체가 통신채널(버스)을 주어진 통신시간 동안 독점하여 사용하기 때문에, 공통채널을 동시에 이용하거나 장거리 통신을 위한 과정인 변조와 그에 따른 복조과정은 거칠 필요가 없다.

5.4.2 디지털 통신에서의 오류처리

디지털 통신에서 오류(error)의 처리는 발견(detection)과 교정(correction)의 두 과정을 거쳐 수행될 수 있다. 오류 처리와 관련하여 디지털 데이터가 가지는 중요한 특징은 아날로그 데이터와 달리 **허용된 값들**(domain values)**이 한정**되어 있다는 것이다. 디지털 데이터에 대한 오류의 처리는 구성단위인 비트(bit), 바이트(byte), 워드(word), 메시지(message) 등에서 각각 수준별 점검이 이루어질 수 있다. 이러한 단위들 중에서 최소단위인 비트단위에서의 오류처리방법을 보면, 개별 비트는 일반적으로 독립적 의미를 가지지 않기 때문에 단순히 두 개의 비트 값(1/0, True/False 등)에 대응되는 두 개의 물리적 상태(전압의 차이나 극성의 차이)의 정량적 구별에 초점을 맞춘다. 다시 말해 물리적 값이 두 개만 허용되어 있기 때문에 그 외의 물리적 값은 모두 잡음이 섞였거나 왜곡된(noisy or distorted) 상태로 판단된다. 즉, 허용된 두 개의 값에서 벗어난 물리적 값은 그 두 개 중 가까운 값으로 복원함으로써 (두 값의 중간값 크기 이상의 잡음이 섞이지 않는 한) 오류를 완벽하게 없앨 수 있고, 이러한 복원과정을 일정한 간격마다 반복함으로써 원거리를 전송하더라도 원래의 데이터를 온전히 보존할 수 있게 된다.

한 글자에 해당하는 한 바이트는 8개의 비트들로 구성되고, 한정된 개수의 글자들로 알파벳이 구성된다. 이를 바탕으로 바이트단위에서 오류를 발견하기위해, 각 바이트단위마다 여분의 비트(parity bit, 0 또는 1)를 덧붙여 모든 바이트단위의 데이터에 포함된 1의 개수를 짝수개가 되도록 만들어 보내게 된다. 그러면 수신된 바이트들 중에서 이러한 규약에 어긋

나는 (1의 개수가 홀수인) 경우에는 오류가 발생했음을 알아낼 수 있다. 나아가 단어(word) 단위에서의 오류처리는 사전에 있는 어휘와 비교하는 인간의 전통적 단어오류를 처리하는 방식과 다르지 않다. 즉, 수신된 단어가 사전에 없으면 오류라고 판정하는 방식이다. 하지만 단어를 넘어서 메시지단위에서의 오류처리 즉 의미론적 교정은 지금의 컴퓨터 기술수준으로서는 요원한 과제로서 아직은 인간이 담당할 수밖에 없는 영역이라고 할 수 있다.

■ **모뎀**

변조와 관련한 통신기기로서 일반 사용자들이 자주 접하는 모뎀(modem)이 있다. 모뎀은 본래 아날로그 음성신호용이던 전화선을 통해 디지털 데이터를 받고 보내기 위한 반송파의 변조(mo-dulation)와 복조(dem-odulation)를 수행하는 신호변환기이다. 모뎀은 두 지점 사이에서만 신호를 전송하는데 쓰는 기본적 디지털기기라고 할 수 있다. 일반 가정에서는 컴퓨터나 팩스기기에서 발생하는 디지털 신호를 전화선을 통하여 전송하기 위하여 사용하곤 한다. 가끔 전화선이 팩스번호에 잘못 연결되어 두 가지 음조(tone)를 가진 단조로운 소리를 듣는 적이 있는데 바로 두 가지 디지털 신호값(0/1)에 상응하는 주파수나 진폭을 가진 (가청주파수대의) 반송파가 귀로 들리는 것이다([그림 5.16]의 2-tone 반송파 참조).

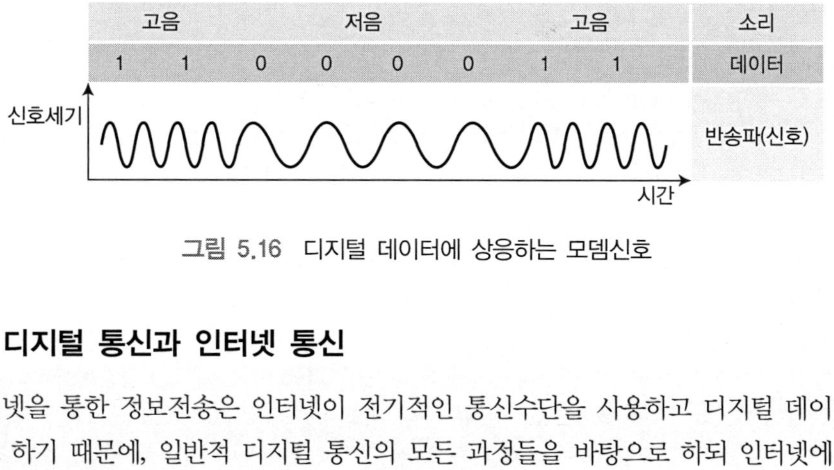

그림 5.16 디지털 데이터에 상응하는 모뎀신호

5.4.3 디지털 통신과 인터넷 통신

인터넷을 통한 정보전송은 인터넷이 전기적인 통신수단을 사용하고 디지털 데이터를 대상으로 하기 때문에, 일반적 디지털 통신의 모든 과정들을 바탕으로 하되 인터넷에 고유한 과정은 전송단계에만 해당된다고 할 수 있다. 즉, 전통적 디지털방식의 전화나 방송과 달리 인터넷은 메시지(message)를 패킷(packet)이라는 단위로 쪼개어 전송하는 방법을 사용함으로써 전송효율을 높인다. 즉, 일단 채널이 할당되면 전송할 데이터의 유무와 무관하게 할당된 시간동안 통신채널을 독점하는 이전의 전화나 방송의 방식과 달리, 하나의 **메시지를 일정 크기(packet)로 분해함으로써 여러 메시지들이 같은 채널을 공동으로 사용**할 수 있게 된다. 이와 같이 메시지 대신 패킷을 전송단위로 함으로써, 화물주인마다 각자 개별적으로 운송수단을 동원하기보다 대중 화물운송수단을 공동으로 사용하면 효율적인 것과 마찬가지로 통신효율이 획기적으로 높아지게 된 것이다. 이와 같은 패킷단위의 통신방식을 실현하기 위한 메시지의 분해(packetizing)와 전송 이후의 재조합(depacketizing)과정에서 정보는 (신호단위에서의 전기적 및 디지털 변환과 별개로) 메시지 단위에서도 복잡한 변환들을 추가로 거치게 된다. 인터넷에서의 전송(transmission)을 전체적으로 보면,

메시지의 분해(packetizing) → 패킷단위 전송(packet transmission) → 메시지로 재조합(depacketizing)

의 순서로 진행된다. 즉, **패킷단위 전송부분은 일반적 디지털통신의 과정을 거치게 되고 그 앞뒤로 메시지의 분해와 재조립과정이 추가**된다.

■ 디지털 데이터의 전송을 위한 물리적 파형

우리가 원하는 디지털 데이터는 내부적으로 0과 1(또는 여러 가지 기호들)로 표현되지만 이와 같이 개념적인 값들은 신이 창조한 자연계에선 존재하지 않는다. 따라서 이러한 기호들을 전송하기 위해서는 실제 세상에서 실현가능한 물리적 파형으로 변환(즉, 물리적 파형이 가진 두 가지 상태에 각각 0과 1이라는 의미를 부여)해 주어야 한다. 이러한 변환을 직접적으로 수행하는 모뎀(modem)은 송신단에서는 디지털 데이터를 물리적(아날로그) 파형으로 변환(modulation)하고 전송이 된 후 수신단에서는 물리적 파형에서 디지털 데이터로의 역변환(demodulation)을 수행한다.

디지털 정보표현을 위해 0과 1 두 가지 값을 표현하는데 사용하는 일반적인 펄스(pulse)신호도 개략적으로 보면 [그림 5.17](a)에서 보는 바와 같이 사각형의 이상적인 파형으로 보이지만, 시간축에서 확대해서 보면 [그림 5.17](b)에서와 같이 전압값이 수직으로 변화하는 대신 과도기의 출렁임(fluctuation)이 관찰된다. 우리가 잘 알고 있듯이 자연계의 모든 변화는 연속적이기 때문에 엄밀한 계단식(stepwise) 변화는 물리적으로 불가능하다. 실제로 그러한 급격한 변화가 전압에서 발생하기 위해서는 이론적으로 무한대(∞)의 전류가 필요하게 되기 때문이다(마찬가지로 저수지의 수위를 즉시 높이기 위해서는 무한대로 많은 물을 순간적으로 쏟아 부어야 할 것이다). 따라서 실제 세상에서는 어떤 전압 값이라도 다른 값으로 천이(transition)하기 위해서는 한동안의 출렁거림을 거친 후에야 원하는 새로운 전압 값으로 안정되어 간다. 사실 지구온난화 과정에서도 더워져가는 전체적 추이와 반대로 일시적 추위들을 종종 경험하게 되는 현상도, 인간에 의한 전래없는 대규모 이산화탄소방출이라는 충격에 따른 새로운 열균형상태로의 이행과정이 점진적으로 진행되지 못하고 아래위로의 과도한 솟구침들(overshoots and undershoots)을 수반하며 출렁거리는 과정으로 이해할 수 있다. 심지어 인간들에 의해 만들어진 인위적 현상인 주식시세조차도 대형 호재나 악재가 발생하면 그에 맞는 새로운 주가에 안착하기 전까지 과도기에 반드시 출렁거림(반등 내지 반락으로 불림)을 거치게 마련이다.

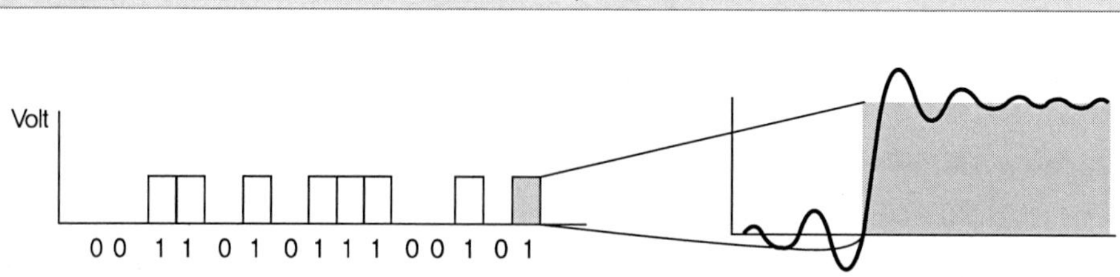

(a) 이진법 디지털 정보의 물리적 표현 (b) 파형의 실제 모양

그림 5.17 0과 1에 대응되는 두 가지 전압값을 가진 펄스파형과 두 값 사이의 천이과정

5.5 인터넷 통신망

여객이나 화물을 운송하기 위한 도로망(road network)의 발전이 기본적으로 속도측면에서만 국한된 것과 달리, 정보를 전송하기 위한 통신망(communication network)은 정성적 내지 구조적으로 발전하여 왔다. 즉, 물리적 전달(운송)을 사용하는 전통적인 우편서비스에서 시작하여, 전기적 수단으로 음성통신을 하기위한 전화망(telephony)과 소리를 사방으로 전파하는 방송망(broadcasting network)을 거쳐, 조직 내의 컴퓨터들을 연결하기 위한 근거리 통신망(LAN, Local Area Network)을 넘어서 이러한 LAN들을 서로 연결하는 범세계적 규모의 컴퓨터 통신망인 인터넷(Internet, Inter-Networks)으로 통신의 연결범위가 넓어져왔다. 근래에 인터넷의 연결범위가 컴퓨터를 넘어서 모든 사물들로 확대되는 사물(事物)인터넷이 원격검침, 원격의료, 원격감시 등과 같이 효과가 명백한 응용분야들에서부터 실용화가 진행되고 있다. 예를 들어 최근 지어지고 있는 지능형 빌딩의 중요한 요소인 조명이나 냉난방을 원격제어하는 기술은 기존의 조명기기나 에어컨에 컴퓨터와 통신기능을 결합하여 인터넷에 연결함으로써 구현될 수 있다. 결국, 사물인터넷은 인터넷의 연결범위가 컴퓨터들(스마트폰도 컴퓨터의 일종)을 넘어서 컴퓨터와 통신기능을 내장하여 지능화된 냉장고, 혈압계, 사물쇠 등과 같은 일반기기들까지 포괄하는 인터넷의 자연스러운 영토확장이라고 볼 수 있다.

방송망이 일방적인 전달을 목적으로 하는 통신망이라면 전화망이나 인터넷은 양방향의 통신이 가능한 통신기반이다. 전화망은 한 통화가 통신단위인 반면 인터넷은 메시지를 공동채널을 통해 전송하는 데에 적당한 크기로 도막낸 **패킷(packet)이 전송단위**가 된다. 따라서 전화망에서는 두 당사자 간의 통신(point-to-point communication)만 가능한 반면 근거리 통신망이나 인터넷을 통하면 다자간회의와 같은 다자간 통신(multi-party communication)이 가능하게 된다. 한편 근거리 통신망(LAN)은 일정거리 내에 있는 컴퓨터들끼리 대량의 메시지를 빨리 보낼 수 있는 조직 내부적 (또는 지역적) 통신수단인 반면, 인터넷은 거리나 조직과 무관하게 **불특정 컴퓨터 간의 범지구적 통신기반을 제공**한다.

■ 통신망과 운송망

컴퓨터 통신망을 통한 정보의 전송을 쉽게 이해하기 위해 우리가 일상적으로 접하는 화물의 운송망과 비교해 보기로 한다. 첫째, 회사 내에서 서류를 회람하거나 도시 내에 가까운 곳으로 물품을 보내고자 할 때는 포장을 철저히 하지 않고서 사내 우편함(mailbox)이나 지역의 용달차를 이용하여 간단히 해결할 수 있다. 둘째, 해외나 장거리로 보내고자 할 때는 육상도로, 해상로 또는 항공로를 포함한 여러 경로들을 거쳐야 하기 때문에 장거리 대중운송을 전문으로 하는 종합운송회사나 국제우편에 위탁하게 된다. 이렇게 여러 경로들을 거치는 경우에는 알려진 여러 경로들 중에서 어떠한 경로를 택하는 것이 신속한지 경제적인지 또는 그 경로가 현재 이용가능한지 등에 대한 종합적 고려가 필요하게 된다. 셋째, 어떤 출판사에서 방대한 원고를 여러 차례에 나누어 전달받아 책을 편집하고자 한다면 단순히 원고뭉치들을 배달받고 그리고 그것들을 목차에 규정된 순서에 따라 배열하여 책을 엮게 된다. 이러한 형태의 작업을 위해서는 개별 원고뭉치를 운송하기 위하여 운송회사를 이용하여야할 뿐 아니라 추가로 원고들을 순서에 따라 정리하는 작업을 위한 직원이 필요하게 된다.

첫 번째 경우의 운송방식에 상응하는 정보전송을 위해서는 **저렴한 시내전화를 사용하거나 지역통신망(LAN)을 사용**한다. 일반적으로, 시내도로는 많은 교통량을 소화하기 위해 여러 개의 차선이 설치되어 있고, 또한 단거리이기 때문에 운송을 할 때에도 운송효율을 해칠 정도로 과도한 포장을 할 필요는 없다. 한편 LAN을 사용하는 같은 조직 내의 (같은 통신규약을 사용하는) 컴퓨터들 간의 통신인 경우 LAN의 넓은 통신대역폭을 통해 **개별 통신단위, 즉 메시지를 쪼개지 않고 있는 그대로 보내고 결과적으로 각 메시지가 자신에게 할당된 전송시간동안에는 통신망을 독점하게** 한다. 둘째, 운송방식의 경우에서 언급한 장거리 대중운송시스템에 상응하는 일반적 광역통신망인 인터넷은 **다양한 컴퓨터로부터 발생하는 수많은 메시지들을 도막낸 패킷(packet)들이 공동으로 이용**하게 된다. 이러한 패킷전송은 인터넷을 구성하는 통신계층들 중에서 공통부분을 이루는 하위계층들(일곱 계층들 중에서 제 1~3계층들)이 담당하게 된다. 셋째의 경우에서의 순서대로 배열하는 작업에 상응하는 통신망(인터넷)에서의 업무는 송신측 컴퓨터상의 상위계층(총 일곱 계층 중에서 제 4계층)에서 **메시지를 대중전송(위에서 말한 제1~3계층이 담당)에 적당한 크기의 패킷들로 분해하고, 패킷들이 전송된 후 수신측에서의 해당 계층(수신측 컴퓨터상의 제 4계층)에서 다시 조합하여 본래의 메시지를 회복**하는 기능에 해당한다.

■ **인터넷에서의 패킷과 화물운송에서의 컨테이너**

인터넷에서는 모든 정보를 정보유형에 관계없이 디지털 데이터로 변환하여 최종적으로 비트(bit)들로 표현하고, 메시지에 대응되는 임의의 길이를 가진 디지털 데이터(bit string)를 패킷(packet)이라는 기본 단위로 쪼갬으로써 데이터 전송에서 획기적 효율을 달성할 수 있게 되었다. 이는 임의의 크기(및 모양)의 화물들을 **컨테이너라는 일정한 크기단위로 표준화**하여 처리함으로써 화물수송에 획기적 변화를 가져온 것과 일맥상통한다. 더구나 임의로 분해할 수 없는 일반 화물(자동차, 가축 등)과 달리 디지털 데이터는 아무리 **큰 정보(message)도 원하는 크기로 쪼개고 그리고 나중에 다시 조립**할 수 있기 때문에 언제나 표준화된 데이터 처리가 가능하고 따라서 전송효율을 획기적으로 높일 수 있는 것이다(이와 비교하여 컨테이너를 이용한 화물운송에서는 컨테이너보다 더 큰 화물은 컨테이너로 운송하는 것은 불가능하다).

5.5.1 인터넷의 의미

인터넷은 지역적 컴퓨터통신망들을 거리와 종류에 관계없이 통합할 수 있는 궁극적 통신망이라고 할 수 있다. 결과적으로 각 지역통신망들에 소속된 독립된 컴퓨터들이 인터넷이라는 통신망을 통하여 상호 연결되어 **전 세계적 범위를 가진 컴퓨터사회(computer community) 내지 컴퓨터세계(computer world)**를 이루게 된다고 할 수 있다. 인터넷의 기원을 보면 냉전시대에 미 국방성이 핵공격에 대비하여 정부의 컴퓨터들을 보존하기 위한 방안으로 개발되었다. 즉, 대륙 곳곳에 분포된 컴퓨터들을 통신망으로 연결함으로써 일부 컴퓨터가 공격을 받더라도 살아남은 컴퓨터들로 정보를 대피시켜 기능을 계속 수행할 수 있도록 하기 위해 개발한 통신망기술(DARPA-Net)을 상용화한 것이다. 인터넷은 이름(inter-network)이 의미하듯이 **독립적인 지역적 통신망들의 연결**이 본래의 기능이다. [그림 5.18]에서 보는 바와 같이 한 조직 내의 컴퓨터들을 연결하는 개별 지역컴퓨터통신망(LAN, local area network)들이 또다시 서로 연결된 범지구적 통신망, 즉 인터넷(Inter-Net)의 개념적 모습은 각기 수많은 별들로 이루어진 개별 은하계들이 수없이 모여 전체적으로 우주를 만드는 구조를 연상시킨다. 한편 모든 정보가 컴퓨터를 통해 처리되어 저장되고 그러한 컴퓨터들이 지역통신망으로 연결되는 상황에서 한걸음 더 나아가 지역 통신망들을 인터넷이 연결하게 되면서 결과적으로 세계의 모든 정보가 통합되어 소위 정보의 바다(ocean of information)를 이루게 된 것이다.

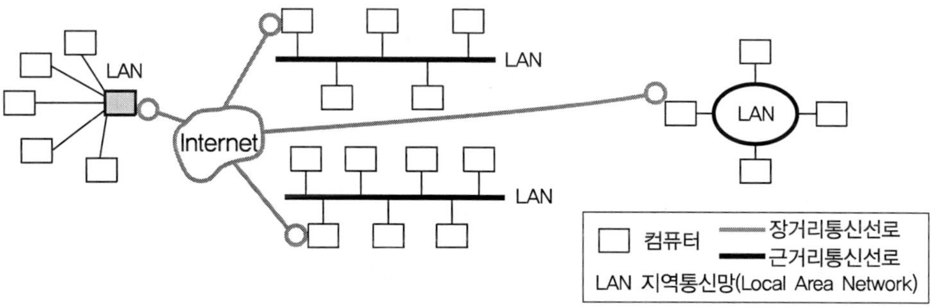

그림 5.18 통신망을 연결하는 인터넷의 전반적 구조

정보교류의 장(場)으로서의 인터넷은 상품의 교환을 위한 시장(market)과 유사한 측면이 많다. 먼저 시장이 성립하기 위한 전제로서 상인들이나 장보러오는 사람들이 이용할 도로망(road network)과 장터가 필요하듯이 **인터넷의 물리적 기반으로서 통신선로들(communication lines)과 컴퓨터**들(사이버장터)이 구비되어 있어야만 한다. 또한 시장에서 정해진 장소와 시간에서 물건을 사고팔듯이 인터넷의 사회적 기반으로서 약속된 장소(컴퓨터나 파일 디렉터리)에 약속된 시간에 정보(file)를 저장해두어야 다른 사람이 그 정보에 접근할 수 있다. 그리고 어떤 사회가 존재하기 위한 규범적 전제는 그 사회의 구조와 참여자들 간의 교류방식를 규율하는 규약(code)의 존재인바, **인터넷의 구조와 정보교환에 관한 규약의 집합인 인터넷 프로토콜(Internet protocols)이 인터넷의 규범적 토대**가 된다.

인터넷을 기능적으로 보면 컴퓨터의 사회화(socialization), 즉 **컴퓨터들이 정보라는 자원을 자발적으로 공유하는 조화로운 사이버 사회(computer community)를 이루는 문화**라고 할 수 있다. 인터넷이라는 새로운 (추상적) 세계는 일단 동일한 인터넷규약을 쓰는 사람들 사이에서만 정보교환이 가능하지만, 한편으로 인터넷 규약을 지키고자 하는 사람은 누구라도 그 세계의 수민(Netizen)이 될 수 있다. 결과적으로 인터넷을 통해 집단지성이 세계적 규모로 실현될 수 있는 계기가 마련된 것이다. 한편 각 개인에게는 이 세상의 모든 지식과 지성으로 무장한 슈퍼맨('augmented' human)으로 탄생할 수 있는 환경이 주어진 셈이다. 하지만 고속도로가 개설되더라도 이를 이용하여 당일택배서비스나 당일관광서비스 등이 개발될 때에 비로소 최종적인 가치를 발휘할 수 있는 것처럼, 인터넷에서도 범지구적 정보교류기능을 바탕으로 고도의 부가가치를 가진 정보통신서비스를 개발했을 때에만 인터넷이 정보간접자본으로서의 실질적 가치를 가질 수 있다. 실제로 인터넷은 이미 중동에서 독재를 무너뜨린 재스민혁명의 과정에서 민의를 결집하는 바탕이 되었고, 유능한 실무자나 생산자가 각각 중간간부층이나 무역상사를 거치지 않고 수요자와 연결됨으로써 정당한 대가를 제대로 차지하게 되는 공정한 사회를 이룩하는 토대를 마련해주고 있다.

인터넷의 긍정적 효과의 이면에는 범위나 속도가 커질 때 항상 수반되는 역작용이 생기게 마련이다. 기본적으로 유용한 정보와 마찬가지로 **유해한 정보도 전 세계적 범위로 그것도 순식간에 전파**된다는 점이다. 과거 인쇄술등장 초기에 외설적 소설들(물론 중세 암흑기 윤리기준에 따른 것이긴 하지만)이 범람했던 사실이나 현재도 TV의 오염(외설, 폭력, 저속 등)이 문제가 되고 있는 것처럼, 인터넷시대에도 유해정보를 대량으로 생산하여 실시간으로 전 세계에 퍼뜨리는 유해사이트들이 세계 도처에서 암약중이다. 하지만 인터넷에 의한 사이버세상의 국경이 실제 개별국가단위로 나누어져 있는 치안활동범위나 사법권영역과 일치하지 않기 때문에 유해사이트들에 대한 단속이나 처벌이 효과적으로 이루어지지 않고 있는 실정이다. 또 다른 부작용들로서 해킹(hacking)이나 각종 바이러스, 그리고 스팸메일(spam mail) 등과 같은 정보의 보안에 관한 문제를 들 수 있다. 정보보안은 정보사회 이전에도 도청의 형태로 종종 문제가 되어왔지만 정보시대에는 특히 정보유출이나 파괴(또는 오염)의 속도와 범위가 몇 분 내에 전 세계로 전파가 가능할 정도로 엄청나다는데 문제의 심각성이 있다. 이와 함께, 지속적이고 구조적 문제로서 **인터넷에 의해 전 세계가 실시간으로 같은 유행이나 풍조에 휩쓸리는 획일화 경향과 그에 따른 양극화**의 폐해가 부각되고 있다.

5.5.2 인터넷 시대의 사회적 의의

인터넷의 등장으로 컴퓨터정보처리기술이 전기적 통신기술과 결합함으로써 정보전달의 속도, 쌍방향성(interactivity) 및 대량전달 측면에서는 거의 궁극적 수준에 도달하게 되었다. 다시 말해 빛의 속도를 가진 전자파를 이용하는 전기적 통신기술이 이진법적 정보표현과 처리에 바탕을 둔 디지털 컴퓨터와 결합함으로써 인터넷이라는 **전 지구적 정보창고(global information repository)와 실시간 소통의 광장**을 개개의 지구인(Netizen)들에게 안겨준 것이다. 결과적으로 인터넷에 기반한 백과사전인 위키피디아 등의 전문적 지식창고들뿐 아니라 전 세계의 셀 수 없는 크고 작은 데이터베이스들이나 무수한 개인들의 블로그(Blog)나 파일 디렉토리(file directory)들에 이르기까지 거대한 지식의 바다(World Wide Web)가 품고 있는 (우주처럼 끝없이 팽창하기 때문에) 무한한 지식을 인터넷 탐색기(Internet browser)를 이용하여 누구라도 즉시 얻을 수 있게 되었다. 이전에는 내부자들이나 전문가들 사이에서만 제공되거나 비싼 비용을 들여서만 얻을 수 있었던 정보나 지식이 일반 대중 누구나에게 거리에 관계없이 실시간으로 저렴하게 사용가능하게 된 것은, 권리대장전(Magna Carta), 보통선거제도나 노예해방, 반상철폐 등과 같이 인간이면 누구라도 가진 비견할 바 없는 능력을 불합리하게 제한하고 있던 사회적 제약들이 하나씩 제거되는 과정과 비견된다(물론 권리위에 잠자거나 투표에 기권하면 주어진 권리의 혜택을 누리지 못하는 것처럼 주어진 지식도 이용하지 않으면 무용지물임은 엄연한 사실이다).

국가전체로서 보면, 국가 경영에 필요한 정보들을 실시간으로 수집함으로써 정책들을 입안할 때 현재의 국가상황을 즉각 반영할 수 있게 되었다. 한편 지구상의 누구라도 공간적 거리에 관계없이 실시간으로 의사를 교환하고 영상으로 서로 대면할 수 있는 수단이 마련되었다. 이에 의해 수백만의 시민들이 실시간으로 의사를 표현하여 직접민주주의를 실현할 수도 있고 그들 사이에 대규모 토론의 광장들이 언제라도 열릴 수 있게 되었다. 결과적으로 정보의 항시적 가용성(ubiquitous availability)과 모든 정보유형들의 통합적 처리기능에 의해 정보의 유통면에서 시공간적 간격이 (최소한 기술적으로는) 완전히 해소되었다고 할 수 있다. 이에 따라, **'이성의 최고 형태'라는 개별 국가를 넘어 문자 그대로 '지구촌' 규모의 집단지성의 실현이 일상화될 수 있는 환경이 조성**되고 있다. 한편 정보흐름의 지체나 불완전성에 편승하거나 대화식 소통수단의 미비로 말미암아 정보의 생산자보다 단순 전달자가 중간에서 과다이득을 취하는 하는 것은 불가능한 세상이 되고 있다. 즉, 그 옛날 비단길이나 종합상사를 통한 무역의 시대와 같이 상품의 운반과 정보의 취득을 위한 비용이 상품 자체나 정보자체의 본질적 가치보다 더 비쌌던 시기를 거쳐, 통신, 운송, 정보처리의 구현방법이 각각 전신(電信), 자동차, 컴퓨터의 등장에 의해 저렴해짐에 따라 상품이나 정보가 제값을 받게 되었다. 이제는 정보유통을 위한 궁극적 방법인 인터넷을 통함으로써 정보원(情報源, information source)들이 중간단계를 거칠 필요 없이 전 세계의 정보소비자들과 바로 연결되게 됨에 따라 이제 정보의 흐름에 관한 기술적 장벽은 제거된 셈이다. 다시 말해, 일단 개발된 기술이나 지식은 즉시에 전 지구적으로 유통될 수 있는 바탕이 마련된 것이다. 사회적인 제약만 아니라면 최소한 기술적으로는 모든 공개된 지식은 순식간에 상식이 되어버리고, 따라서 그것을 토대로 추가적으로 창조된 성과라야 가치를 가지게 된 것이다. 다른 측면에서는 전 지구적인 집단지성이 실시간으로 형성되는 토대가 마련된 것이다.

■ 인터넷에 의한 새로운 탈집중형(decentralized) 대중정보교환방식의 효과

컴퓨터와 함께 정보시대의 한 축을 이루는 인터넷이 가져온 정보의 분산 및 전파 방식에서의 변화가 가져온 효과는 다양한 측면들에서 발생한다. 국가적 규모에서의 정보전달 방식을 보면, 산업시대에는 쿠데타 세력들이 우선적으로 장악하고자 했던 것이 방송국 등의 매스컴일 정도로 그 시대의 대량의 정보전달은 독점적 매스컴을 통한 일방적 대량전파(broadcast)방식으로 이루어졌었다. 하지만 인터넷이라는 **중앙통제가 없는 연합적(federated) 분산방식의 양방향 정보전송채널**이 생기면서 소수의 매스컴 주체들만 장악하여서는 정보유통을 통제할 수 없는 시대가 되어가고 있다.

인터넷에서도 포탈(portal)을 거치는 초기의 방식에서는 몇 개의 대형 포탈들이 정보유통의 관문역할을 했지만, 이후 인터넷을 기반으로 한 사회적 인맥서비스(SNS, social networking services)로 통칭되는 좀 더 분화된 실시간의 대화식 정보유통방식이 등장함에 따라 같은 관심사를 가진 사람들끼리 인맥을 맺는 인터넷상의 자발적 사회들이 무수히 생겨나게 되었다. 그 결과 **누구라도 블로그, 트위터, 페이스북 등의 정보교류규약들을 통하여 정보를 생산하고 전파하고 공유**할 수 있게 되었다. 사회학자들은 중간적 구성원들로 이루어진 소위 주류(主流)가 해체되는 대신, 동일한 관심사를 가진 사람들 사이에 (지역중심을 넘어) 전 세계적 규모로 형성되고 있는 소규모 공동사회들을 중심으로 다시 핵공동체화(re-nuclearization)가 일어날 것이라고 예측하기도 한다. 즉, **인터넷을 통하여 지구촌의 그 누구라도 각자의 관심사에 대하여 언제라도 끼리끼리 얼굴을 맞대고 이야기할 수 있고 또 들을 수 있는 궁극적 분산형 정보유통시대가 도래**한 것이다. 결과적으로 시공간을 초월한 다자간 토론(cyber-forum)내지 집단적 대화(tele-conference)를 통하여 범세계적 규모의 집단지성을 시현할 수 있는 기반이 마련되었다.

인터넷공간상의 집단지성은 일반 대중들의 직접적이고 자발적인 참여내지 기여에 바탕을 두고 있다는 점에서 엘리트위주의 전통적 방식보다 지속가능성이 높다. 그리고 인터넷상에서 유통되는 모든 정보가 기록되고 지식으로 축적되기 때문에 시공간을 초월하여 대대손손 이용할 수 있게 된다. 국제적 입장에서 우리나라를 본다면, 고구려의 역사적 기록들이 빈약하여 고구려 역사를 중국의 역사서(주로 魏志 東夷傳)에 의존하는 처지를 탈피할 수 있는 환경을 (정보산업의 우위를 이용하여) 만들어 나갈 수도 있을 것이다. 한편 사회 전체적으로 보면 전통적 정보확산방식인 국가로부터의 일방적 전달 대신 인터넷을 통해 이루어지는 양방향의 실시간 정보흐름에 의해 여론을 형성하거나 추이를 즉시 파악할 수 있게 되었다. 정보의 이동에 따른 권력의 전반적 향배를 살펴보면, 왕조시대에는 구중궁궐에 집중되었던 중요정보가 근대에는 국가정보기관과 주요 매스컴으로 이동한 다음 마지막 단계로서 인터넷에 의해 정보가 일반 대중들에게 분산됨에 따라 그리스 도시국가 이후 **대표자들에게 위임되었던 국민 개개인의 권력도 본래의 주인에게로 실질적으로 되돌려지게 될 직접 민주주의적 기초**가 구축된 셈이다.

■ 전통적 대중전달매체들과 궁극적 매체인 인터넷과의 비교

정보가 생산된 후 소비자에게 제공되기 위해서는 정보의 전달과정을 거치게 된다. 인터넷이라는 대용량의 대화식 정보전달수단이 발명되기 전에는, 대중정보전달은 인쇄술에 기반한 신문에서 출발하여 전파에 의한 전송을 이용한 방송이 대중적 정보전달매체의 계보를 이어왔다. 동영상을 주 내용으로 하고 전달속도가 실시간인 방송은 정지된 지면만을 제공하는 신문에 비해 정보전달의 효과측면에서 유리한 반면 신문은 정보전달시간이 한정되어있는 방송과 달리 지면을 자유롭게 늘릴 수 있는 측면에서 심층적 내용을 제공하거나 정보량을 마음대로 늘릴 수 있다는 점이 상대적 장점이라고 할 수 있다. 이 두 가지 전통적 대중정보전달수단 중 신문은 즉시성과 양방향성에서 그리고 방송은 정보량과 양방향성에서 한계가 있지만, 기존에 대량으로 보급되어 있는 TV 수상기들과 신문보급망이나 신문구독에 대한 사람들의 관습 등과 같은 유무형의 사회적 환경에 기대어 아직도 기성세대들을 중심으로 상당한 영향력을 유지하고 있다. 다원적 사회인 미국에서는 대통령도 여간해서 TV에 나올 기회를 얻기 어렵고, 국가적으로 중요한 일이 있거나 표제(headline)가 될 만한 일을 만들어 내어야만 등장이 가능하다고 한다. 하지만 **실시간성, 양방향성**, 동영상을 포함한 **모든 정보유형의 수용, 대량성**(mass information), **다중성**

(multicast) 등 신문과 방송의 모든 장점뿐 아니라 **실시간 정보검색이나 정보의 저장성**과 같은 추가적 장점들이 총망라되어 있는 **인터넷방식으로의 정보전달체계의 통합(인터넷검색, 인터넷방송, 인터넷신문, 인터넷전화 등의 형태)**은 대세가 되고 있다.

해외 무역에 관한 정보나 판매망을 독점하던 종합상사들의 역할이 통신기술의 발달과 인터넷에 의해 근본적 변화를 겪었듯이 전통적 언론의 독점시대도 종언을 고하고 **정보원**(情報源)**의 다원화내지 대중화 시대**를 맞이하고 있다. 인터넷시대에도 방송이나 신문에 정보의 생산을 담당하는 정보 원천으로서의 전통적 매스컴의 기능은 유지될 것이나, 정보전달수단을 과점하여 여론이나 광고 등을 좌지우지하던 시대는 끝나가는 것으로 보인다. 자유경쟁체제 아래서도 여전히 거대기업들이 시장이나 나라경제를 좌우하듯이 **인터넷에서도 독과점의 위험은 상존**할 뿐 아니라 인터넷의 특성상 오히려 쏠림현상이 더욱 심화될 가능성이 크다고 할 수 있다. 따라서 인터넷의 일반화로 정보전달수단이 이론적으로는 대중들에게 공평하게 열려져 있지만, 실질적으로 다양성이 실현되게 하기 위하여서는 전통적 언론들뿐만 아니라 새로이 등장하는 인터넷상의 독점적 언론들에 대해서도 집중이나 독점을 해소하기 위한 정책을 지속적으로 시행해야 할 것이다. 이를 위하여 다양한 전달수단, 특히 제한된 주파수를 사용하는 TV방송채널들을 최대한 많이 허용하고(미국의 경우 LA 지역에만도 고전음악전용 방송국, 토론전용 방송국, 스페인어 방송 등이 각각 여럿이 있는 정도이다) 동시에 소수의 대형매체들에 의한 과점을 방지하기 위한 정책이 필요하다. 반면, 이에 대한 내용측면에서의 규제는 소비자의 건전치 못한 취향을 지나치게 자극하는 내용을 규제하는 정도에 그쳐야 할 것이다.

■ 인터넷과 음성전화망의 비교

일반적인 데이터교환과는 달리 음성통화는 실시간으로 이루어져야 한다. 우리가 현금지급기에서 계좌조회의 결과를 몇 초 늦게 보게 되더라도 크게 개의치 않는 반면 음성통화 중에는 단 몇 분의 일초의 짧은 지연도 참기 어렵기 때문이다. 따라서 음성통화는 전통적 방식에서 할당된 전화회선을 통화기간 내내 독점적으로 사용하는데 비해 데이터통신은 전송할 내용전체(message)를 일정한 크기의 소포(packet)들로 쪼개어 대중통신망인 인터넷을 이용하여 보내게 된다. 이렇게 정보의 성격에 따라 통신방식을 구분하는 것은 시간이 촉박하거나 귀중한 물품인 경우에는 택시를 대절하거나 직접 차를 운전하여 운반하는 반면, 시급하지 않은 보통 화물은 정기화물회사나 택배회사 등의 대중운송시스템을 이용하는 것과 비슷하다. 이때 대중운송방식은 비용이 저렴하지만 화물들의 도착이 지연되거나 심지어 운송 중에 분실되는 경우들도 발생하기 때문에 정해진 시간 내에 안전하게 전달되는 것이 보장되지는 않는다. 그리고 대중운송을 이용하는 경우에 얻어지는 운송비용절감의 대가로, 큰 트럭이 운반할 물량이 충분히 모일 때까지 기다려야 하고 따라서 특급수송이나 긴급수송을 위해 사용할 수는 없다. 그리고 운송과정에서도 분류작업이 더 복잡해지고 분실의 위험도 커진다는 것을 감안해야 한다. 그러나 운송시스템에서 급한 화물들을 일반 화물들과 분리하여 따로 취급하는 것과 마찬가지로, 일반데이터와 음성데이터(그리고 다른 실시간 데이터)를 분리하여 처리하는 기술을 개발함으로써 인터넷방식의 대중적 통신이 일반적 정보전송에서 데이터 통신뿐 아니라 실시간 전송이 필요한 음성전화(VoIP)를 위한 기반으로 자리를 잡았다. 그러나 장기간에 걸쳐 같은 행로로 대량운송을 하거나 신속한 운송을 위해서 전세기나 렌트카를 장기로 임대하듯이, 개별 조직에서 운송할 데이터량이 지속적으로 많거나 신속하고 정확한 전송이 필요한 경우에는 전용통신회선(leased line)을 일정한 기간 동안 통째로 임대하기도 한다. 운송에서는 대중운송이나 개별운송에 구별 없이 여전히 같은 교통망(도로망, 철도망, 항공망 등)을 이용하지만, 통신에서는 국방 등을 위한 국가기간통신이나 기타 비밀이 보장되어야 하는 기관에서의 내부통신을 위하여 아예 배타적 전용통신선로나 전용위성을 독자적으로 설치하기도 한다. 이는 과거 계급사회에서 황제를 위해 일반인들은 접근할 수 없는 전용도로나 배타적 차선을 설치하는 것이나 사유지내에 내부적 운송을 위한 사설도로를 설치하는 것과 같다.

■ **인터넷의 구체적 활용 방법들**

물자든 정보든 의견이든 심지어 자비심이든 전체를 모으면 충분히 가치를 가지는 것이 흩어져있기 때문에 가치를 발휘하지 못하는 경우가 적지 않다. 많은 경우 이들을 유용한 규모로 모으거나 실용적인 농도로 응축하는데 소요되는 비용이나 노력이 과다하기 때문이다. 이에 관해, 인터넷의 저인망식 정보수렴기능이 컴퓨터의 정보처리속도와 결합하면 다양한 분야에서 효력을 발휘할 수 있다. 즉, 일대일의 대화만 가능한 전화와는 달리 수많은 사람들이 동시에 접속하여 실시간 쌍방향 통신을 할 수 있는 인터넷의 장점들에 더하여 컴퓨터의 빠른 계산속도를 함께 활용하면 **일정한 규모나 농도에 못 미치는 것들도 모아서 실용적 가치를 추출**해낼 수 있게 된다. 구체적으로, 인터넷을 사용하여 전국적 나아가 전 세계적인 범위에서 실시간으로 정보를 수집할 수 있고 이렇게 수집된 대량의 데이터를 분석하여 유용한 정보를 가려내는 일은 컴퓨터의 빠른 계산속도에 의해 해결되고 있다. 이러한 저인망식 데이터 수집을 본격적으로 이용할 수 있는 분야의 하나로서 **방대한 양의 데이터에 산재되어있는 미소한 정보들속에서 귀중한 규칙과 원리 또는 경향 등을 추출**해내는 데이터마이닝(data mining)이라는 새로운 실용분야가 자연스럽게 탄생하였다. 인류역사를 바꾼 만유인력, 유전법칙, 상대성 이론 등 위대한 발견들이 모두 반복적 사례를 규칙화한 것이라는 사실에 비추어보면 **규칙들의 발견을 쉽게 해주는 도구가 발명되었다는 것은 초도구(超道具, meta tool)의 발명**이라 불러 손색이 없다. 일상 속에서 현실적인 효용들을 찾아보면, 독점적 언론사들의 일방적 주장을 듣고 있을 수밖에 없었던 개별 독자들, 과점 대주주들에 의해 부당하게 무시되었던 수많은 소액주주들의 의사, **적절하게 대표되지 못했던 수많은 일반 국민들의 작은 목소리들도 인터넷을 통하여 여론화**할 수 있게 되었다. 개개인들이 가진 얄팍한 자비심들도 인터넷을 통한 모금운동을 통해 실질적으로 도움이 될 수 있는 규모로 모아질 수도 있고, 일제치하였더라면 '이불속에서 독립만세'나 부를 정도의 알량한 (저농도) 애국심도 인터넷을 통해서 결집시킨다면 독립을 쟁취할 수 있는 국민역량으로 응집시킬 수도 있는 실질적 수단이 확보된 것이다. 한편 일상에서 자주 경험하듯이 불완전한 지식이라도 그 나름대로 활용할 수 있는 길이 열렸다. 예를 들어 노래의 제목을 확실히 몰라도 포함된 단어 한두 개만 알아도 인터넷 검색을 통해 알아낼 수도 있게 되었다. 이를 잘 활용하면 90%를 알더라도 전혀 모르는 것과 동일한 점수를 주는, 다시 말해 전부 아니면 전무(all or nothing) 식의 객관식 평가의 폐해도 완화할 수 있는 길이 보인다. 자주 경험하는 바로, 여론조사에서 설문이 과도하게 단순하여 대답이 꺼려지는 경우들을 인터넷의 대화식 기능을 활용하여 해소할 수도 있을 것이다.

5.5.3 인터넷의 기능적 구성요소들

인터넷의 구성은 기본적으로 컴퓨터들이 통신망으로 연결되어있는 형태이다. 기능적으로는 단순히 두 컴퓨터사이의 데이터 교환뿐 아니라 인터넷에 연결된 모든 컴퓨터에 저장된 정보를 활용할 수 있는 검색기능이 인터넷의 중심적 기능이 되고 있다. 따라서 [그림 5.19]에서 보는 바와 같이 개별 사용자가 인터넷에 쉽게 접속하도록 해주는 사용자 인터페이스인 웹브라우저(Web Browser, e.g., Explorer or Netscape), 웹(WWW)을 구석구석 뒤져서 사용자들이 원하는 정보를 찾아주는 중개인(mediator)역할을 하는 인터넷포탈(Portal, e.g., Naver or Google), 원천 정보제공자(information provider)인 수많은 웹서버들(Web server, 예를 들어 각종 인터넷쇼핑 사이트들, 언론사 웹사이트들, 공공기관 웹사이트들) 그리고 실제로 정보를 저장하고 있는 데이터베이스들이 인터넷의 구성요소들이다. 사용자는 원하는 서비스를 제공하는 웹서버의 인터넷주소를 알고 있는 경우에는 브라우저를 통하여 직접 서버에 접속하고, 주제(어)만 알고 있는 경우에는 먼저 포탈에 접속하여 포탈이 가진 검색엔진에 검색을 요청한다. 전체적으로, 브라우저는 사용자의 요구를 필요한 프로토콜에 맞게 변환하여 인터넷서버에 직간접적으로 전달하고, 나중에 서버에서 받은 결과를 적절한 형태로 편집하여 사용자에게 제공하는 역할을 한다.

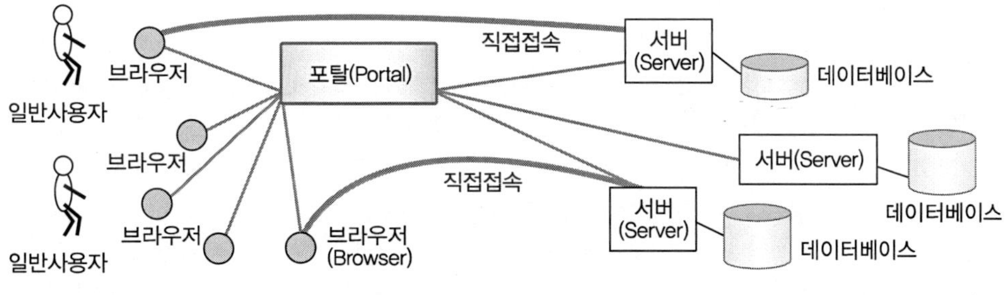

그림 5.19 인터넷의 구성요소들

■ **인터넷의 중요한 내부기능들**

장거리 운송을 하려면 여러 구간을 거쳐 목적지까지 가는 과정에 트럭, 철도, 선박, 비행기 등의 여러 운송수단들을 이용하듯이, 인터넷에서의 데이터 전송은 여러 가지 통신매체, 즉 전통적 전화선, 광케이블, 해저케이블, 인공위성 등을 필요에 따라 순차적으로 활용하여 이루어진다. 도로교통의 경우, 평상시에는 교통상황에 관한 운전자의 경험이나 교통에 관한 상식을 바탕으로 무리없이 운용되지만 명절이나 피서철에는 전국적으로 교통흐름이 거의 마비되는 상황이 종종 일어난다. 이때 전국적 도로정보가 실시간으로 운전자들에게 충분히 제공되면 주어진 도로용량 내에서는 최대한 원활한 교통흐름을 유도할 수 있게 된다. 마찬가지로 인터넷에서는 시시각각 변하는 **통신선로의 구간별 연결성이나 회선상태를 고려하여 어느 경로를 이용하는 것이 전송속도가 빠른지 전송비용이 저렴한지를 판단해서 스케줄링하는 기능(routing)이 필요**하다. 추가적으로 개별 메시지 단위가 아닌 여러 메시지들이 일정시간동안 오고가는 대화(dialogue)나 회의(conference)

등에서 각 통화단위(session)의 연속성을 관장(session management)하는 일이나 도청 등의 외부 방해로부터의 전송의 안전성을 보장하는 조치들은 통신의 정확성이나 안전성을 위해 중요한 기능들이다. 이때 **각 메시지를 (내용은 관여치 않고) 맡겨진 그대로 무사히 수신측까지 보내기 위한 기능들은 인터넷 프로토콜 상에서 제1~4계층에서 담당**하고, 그 위에 **세션 관련 기능이나 보안을 위한 처리나 최종사용자를 위한 응용(application)들에 관한 규정은 각각 상위 제5~7계층에서 담당**한다.

■ **인터넷을 구성하는 여러 경로들의 전송용량**

고립적으로 사용되고 있던 수많은 컴퓨터들이 서로 연결되어 하나의 사회를 이루는 것은 원시인간들이 사회를 이루어나가게 된 것과 같이 자연스러운 발전방향이었다. 이미 인터넷시대 이전부터 같은 조직에 속한 컴퓨터들을 서로 연결하기 위한 근거리통신망(Local Area Network)의 표준이 된 여러 가지 기술들(Ethernet, Token ring 등)이 개발되어 왔다. 그러나 근거리통신망은 주로 한 조직 내부의 컴퓨터들 사이의 정보교환을 위한 것일 뿐, 외부 컴퓨터들과의 연결은 두 개의 원거리간 컴퓨터들(각 조직내의 컴퓨터들 중에서 접속점으로 지정된 컴퓨터들) 사이의 양단간(point-to-point) 연결에 머물러 있었다. 통신망의 구성을 교통망의 구성과 비교해보면, 시내교통망은 대량의 교통량을 처리해야하는 반면 시외교통망은 교통량이 상대적으로 적은 대신 많은 도시들 사이의 연결성이 중요하다고 할 수 있다. 따라서 시내교통망은 단거리지만 여러 차선을 가진 넓은 도로들로 구성되는데 반해 시외교통망은 장거리지만 차선이 비교적 소수인 것을 알 수 있다. 마찬가지로 조직 내의 컴퓨터들끼리는 데이터의 교환이 빈번하고 데이터량이 클 수밖에 없는 반면 외부의 컴퓨터들과는 데이터교환수요가 상대적으로 적을 수밖에 없다. 따라서 조직 내의 컴퓨터들을 연결하기 위한 근거리 통신망들은 전송용량(수 백 Mbps 이상의 통신대역폭)이 크지만 연결범위는 단거리(수 Km이내)인 반면, 인터넷은 독자적인 근거리 통신망들이나 독립적으로 존재하는 컴퓨터들을 연결하기 때문에 연결된 컴퓨터들 사이의 연계가 깊지 않고 따라서 교환되는 데이터용량보다 **상호간 연결성이 중시**된다. 그리고 인터넷을 통한 임의의 두 컴퓨터 간의 일반적 데이터 전송은 (멀리 떨어진 두 도시를 연결하는 운송경로처럼) 장거리인 경우가 많아서 여러 단계의 전송 선로들을 거치기 때문에, 경로가 수시로 바뀔 수 있고, 또한 각 중간 선로들의 사정에 따라 전체 전송속도는 계속 달라질 수 있다. 한편 신속한 배달이 필요한 화물을 위해서는 특급화물서비스가 제공되거나 전세기를 사용하고 응급차량에 대해서는 신호등과 관계없이 우선적 통행을 허용하듯이, 대량의 정보를 신속히 보내기 위해 전용통신망을 개설하기도 하고 인터넷 구조도 일반과 프리미엄 계층으로 구분하는 새로운 이원적 체계로의 진화가 모색되고 있다(하지만 일반적 도로사정이 구급차가 원하는 속도만큼 빨라진다면 구급차 우선 원칙이 필요가 없듯이 일반적인 통신선로들이 전반적으로 고속화되고 있기 때문에 새로운 체계가 필요가 없게 될지도 모른다).

인터넷 프로토콜에서는 사용자가 원하는 속도를 보장해주지 않기 때문에 실시간 전송을 요구하는 응용분야의 경우 **특수 기술들을 통하여 독자적 해결책**을 추가로 개발하여야 한다. 예를 들어 인터넷으로 큰 전송용량을 필요로 하는 동영상을 받는 대로 화면(display)에 실시간으로 보여주기 위해 스트리밍(streaming) 기술을 외부적으로 개발해 적용하고 있다. 또 하나의 중요한 실시간 통신기능인 인터넷기반음성통화(VoIP, Voice over IP의 활용예로 700전화)도 이제는 만족스러운 통화 품질을 보여줄 만큼 관련기술이 발전되었다. 이는 우체국이 받아주지 않는 큰 소포나 귀중품을 운반하려면 비싸도 화물차를 대절(심지어 거대한 구조물을 운반하기 위한 특수차량을 직접 개발)해야 하듯이 상용 서비스가 충분하지 못하면 부족한 기능을 개별적으로 보완하게 되는 것과 같다.

도시 간에는 고속도로가 개설되어 있더라도 그 고속도로에 접속하는 지역도로들이 협소하면 전체 운행시간이 지체될 수밖에 없게 된다. 인터넷에서도 원거리에 있는 컴퓨터들 사이에 통신이 이루어지는 경우 순차적으로 지나게 되는 모든 연결구간들 중에 한 구간이라도 협소하거나 문제가 생기면 전체 통신이 원활하게 이루어질 수 없다. 예를 들어 가정에서 컴퓨터를 이용하여 정보를 받아보는 경우에 지역 간에는 고속의 통신선로(trunk line)가 설치되어 있지만 각 가정에서 (고속통신용 광섬유 대신) 종래의 가정용 전화선을 전송매체로 사용하고 있다면 그 가정에서는 대규모 전송용량을 요하는 멀티미디어 정보를 실시간으로 받기가 불가능해진다. 본래 가정용 전화선은 음성정보를 전송하기 위한 제한된 용도를 가진 대역폭이 협소한 전송매체이기 때문이다.

■ **인터넷의 운용방식**

인터넷에는 전 세계에 걸쳐 수억대의 독립적인 컴퓨터들이 연결되어있지만 중앙집권적으로 통제를 담당하는 책임자나 컴퓨터가 없다. 인터넷의 전체적 운용에 관한 유일한 관련기관인 NIC(Network Information Center)도 단지 인터넷주소(IP address)의 지정 및 도메인(domain) 등록 업무를 담당할 뿐이다. 결과적으로 인터넷 기반 컴퓨터사회는 수많은 조직과 개인들이 자유의사에 따라 가입하여 자발적 연방(聯邦)을 이루고 있는 셈이다. 가입이나 탈퇴도 자유이고 인터넷상에서 어느 나라(domain)에 속하느냐도 사용자의 자유선택에 달려있다. 따라서 (주소 끝자리가 co.kr로 표시되는) 한국 기업들로 이루어진 나라대신 본래 미국 기업들의 왕국인 .com 나라에 속해 있는 한국 기업도 적지 않다. 이러한 자유평등성이 익명성과 결합한 결과 전통적 국경과 인터넷 기반의 사이버국경이 서로 불일치하게 되면서 몇 가지 폐해를 낳고 있기도 하지만 전체적으로는 인터넷의 순기능에 비할 바가 아니다.

5.5.4 인터넷과 웹

인터넷이라는 범세계적 컴퓨터 연방(聯邦)이 전 세계의 컴퓨터들을 연결하고 있다면, 각 컴퓨터들이 갖고 있는 문서(파일)들 속의 정보도 하이퍼텍스트(hypertext)라는 통합적인 정보구조를 통하여 세계적 규모로 연결되어 **전 세계의 모든 정보가 (개념적으로는) 한 권의 책**으로 구성되어 있다([그림 5.20] 참조.) 즉, 이러한 문서들이 정보의 내용적 연관성에 따라 중심단어(keyword)들을 매개로 하나의 거대한 거미줄(World-Wide Web)을 이루고 있는 한편 사용자(Web surfer, Netizen)는 필요에 따라 검색의 깊이를 점점 심화시켜나가는 **계층적 방식으로 정보에 접근**할 수 있다. 그 중심단어들은 하이퍼텍스트용 언어인 HTML로 기술된 인터넷상의 문서에서 푸른색 등으로 특별히 표시된 단어들로서 마우스로 클릭하면 해당 키워드에 관한 구체적 설명을 제공하는 파일, 즉 해당 정보원(情報源)으로 인도된다. 개개의 사용자는 세상의 모든 정보가 망라된 거대한 멀티미디어 책을 한부씩 가진 셈이고, 마우스 클릭이라는 균일한 방법으로 원하는 페이지를 정보유형에 관계없이 즉시 찾을 수 있게 된다.

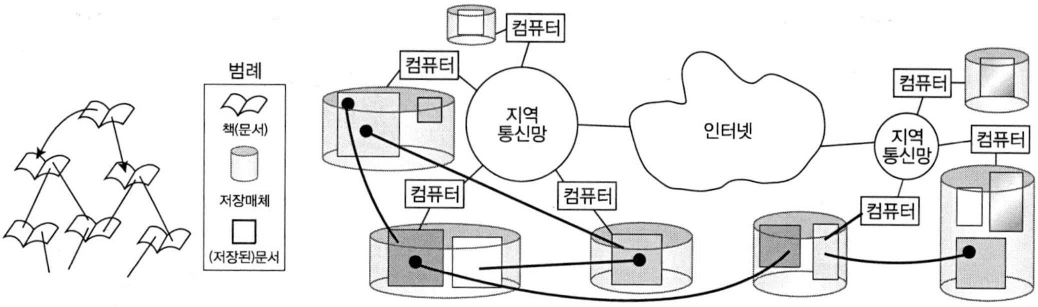

(a) 하이퍼텍스트의 개념적 구조 (키워드를 매개로한 계층구조) (b) 세계적 규모의 하이퍼텍스트로서의 WWW의 구체적 구성

그림 5.20 인터넷과 웹(World Wide Web)의 전체적 구조

■ **인터넷 사용상의 선택사항들**

인터넷의 기능은 결국 편지 한 통, 노래 한 곡, 스포츠 한 경기, 영화 한 편 등의 정보단위(message)를 송신측 컴퓨터에서부터 통신망으로 연결된 수신측 컴퓨터에게로 안전하게 전해주는 데 있다. 이러한 정보의 전달에서 고려되는 요소로는 **속도, 정확성, 보안 그리고 비용** 등을 들 수 있다. 먼저 인터넷이 단순한 문자메시지에서부터 실시간 화상회의까지 모든 유형의 정보를 통합적으로 전송하는 수단을 제공하는 반면 전달속도면에서는 우체국의 속달우편과 달리 속도를 보장하는 제도가 규정되어 있지 않다. 따라서 화물에도 시간적 제약이 엄격하지 않은 연하장이나 광고전단지와 달리 잔치음식처럼 제시간에 배달되지 않으면 소용없는 물건도 있듯이, 정보에도 스포츠 중계 등과 같이 초(秒)단위의 지체도 허용하지 않는 실시간 전송을 요하는 유형이 있다. 이러한 엄격한 시간적 제약을 충족하기 위해서는 인터넷의 일정하지 않은 속도를 극복하고 **요구되는 전송속도를 달성하기 위한 추가적 제어기능**이 필요하다. 한편 우편에서 전달의 정확성에 관련하여 등기우편과 일반우편이 있듯이 인터넷상에서도 메시지의 **정확한 전달을 보장하는 등기우편에 해당하는 프로토콜**(TCP)과 약간의 오류가능성을 불사하고 저렴한 비용을 중시하는 일반우편에 해당하는 프로토콜(UDP) 중에 하나를 선택할 수 있게 되어 있다. 필수적인 오류교정기능으로 인터넷 하위계층들(제1계층인 물리계층과 제2계층인 링크계층)에서는 해당 데이터 단위들(신호파형단위, 글자단위)에 상응한 **세부적 오류수정기능**이 각각 해당 계층에서 실행된다. 한편 정보의 보안에 관련된 프로토콜은 세션계층(제6계층)에서 **암호화기능** 등에 관한 선택사항을 제공한다.

5.5.5 인터넷용 언어들

인터넷에서 문서작성이나 교신을 위해 사용되는 여러 가지 언어(HTML, HTTP, CGI, JDBC 등)가 정의되어 있다. 인터넷상의 웹문서는 많은 경우 하이퍼텍스트형식으로 작성되고 교신은 인터넷정보 사용의 핵심요소들인 사용자(client), 웹서버(web server), 응용프로그램들 그리고 데이터베이스들 사이에 각각 이루어진다. 먼저 웹문서를 작성하는 데는 하이퍼텍스트를 기술하기 위한 표준언어인 HTML(HyperText Manipulation Language)을 주로 사용한다. HTML을 사용하면 문자로 표시된 정보 외에 이미지, 소리, 동영상 등의 **멀티미디**

어정보를 포함시킬 수 있고 프로그램도 실행시킬 수 있으며 특정 단어에 대해 부가 설명으로 이어지는 하이퍼링크(hyperlink, 하이퍼텍스트 기능의 핵심)를 포함시킬 수 있다.

인터넷에 연결된 컴퓨터들은 각각 정보를 요청하는 **클라이언트**나 요청된 정보를 획득하여 공급하는 **서버** 역할을 하거나 정보를 보유하고 제공하는 **정보원**(情報源)의 기능을 담당할 수 있다. 이때 정보를 요청하거나 제공하기 위해서 컴퓨터들은 [그림 5.21]에서 보는 바와 같은 정해진(①, ②, ③에 각각 규정된) 여러 가지 프로토콜들을 사용하여 서로 교신을 하게 된다. 먼저 클라이언트(컴퓨터)가 웹서버(컴퓨터)에 정보를 요청할 때 보통 HTTP (HyperText Transfer Protocol)를 통신 프로토콜로 사용한다. 사용자의 요청을 받은 웹서버는 CGI(Common Gateway Interface)를 통신프로토콜로 사용하여 사용자(클라이언트)의 요청을 실제로 처리하는 프로그램(정확히는 프로세스)과 입출력 데이터들을 주고받는다. 이러한 프로세스들이 사용자 요청을 처리하는데 필요한 정보가 외부 데이터베이스들에 저장되어 있는 경우 표준 데이터베이스 접속규격인 JDBC(Java Data Base Connectivity)를 사용하여 해당 데이터베이스시스템들에 정보를 요청하게 된다. 이때 데이터베이스가 관계형 모델인 경우에는 표준 데이터베이스 언어인 SQL(Structured Query Language)을 사용하여 질의(query)를 표현하여 정보를 요청할 수 있다. 전반적으로 [그림 5.21]에서 보는 바와 같은 연결구조(① ⇄ ② ⇄ ③)를 통하여 웹브라우저를 통해 요청된 사용자의 질의에 대답하는데 필요한 정보원(데이터베이스)들이 웹서버와 브라우저를 통해 클라이언트에게 필요한 정보를 제공하게 되는 것이다.

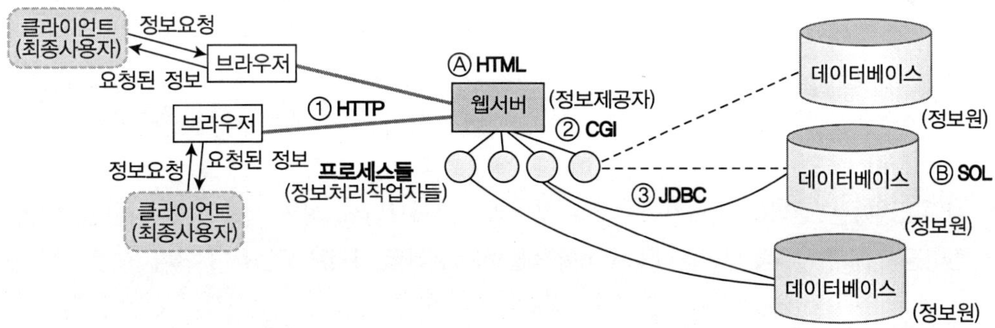

그림 5.21 인터넷상의 사용자 질의처리를 담당하는 요소들 사이의 연결구조 및 프로토콜

■ **인터넷 시대의 세계어**

공간적 이동수단인 교통기관의 발달로 지리적 측면에서의 세계화가 이루어진 후, 의사소통수단인 인터넷의 등장으로 시간적, 공간적 간극을 초월한 정보교류를 통한 사회적 세계화의 토대가 완성되고 있다. 이와 같이 인터넷에 의해 국경이 무너진 사이버 세계에서의 의사소통을 위해서는 범세계적으로 통용되는 언어의 존재가 필수적이다. 이론적으로 보면, 세계 각처에서 통용되는 언어가 모두 N개라면 모든 사람들과 소통하기 위해서는 각 개인이 모국어를 포함하여 모두 N개의 언어를 배워야한다. 반면, **세계 공통의 언어(세계어)가 존재한다면 모국어 외에 공통어 하**

나만 추가로 배우면 되기 때문에 훨씬 효율적일 것이다. 이는 수많은 공항들을 서로 연결하기 위해 [그림 5.22]에서 보는 바와 같이 공항을 각각 이어주는 모든 노선을 일일이 개설하는 방식(실선으로 표시된 ${}_N C_2 = \frac{N(N-1)}{2}$ 개의 노선, 예를 들어 10개의 공항에 대해서는 45개의 노선 필요)보다 중심공항(hub airport)을 거쳐 연결하는 방식(점선으로 표시된 N개의 노선, 10개의 공항을 연결하는 데에 10개의 노선으로 충분)이 효율적인 것과 같은 이치다.

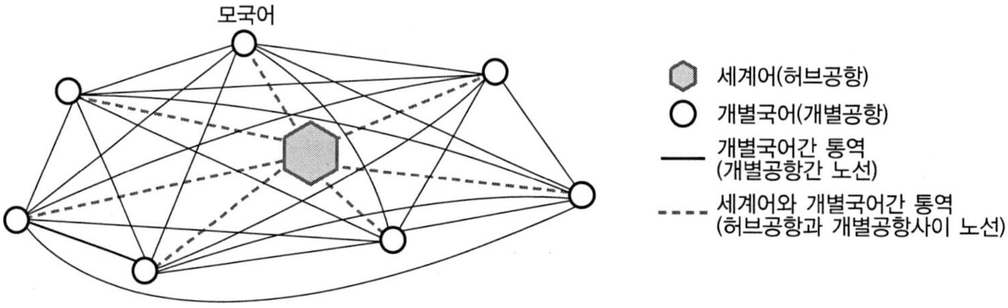

그림 5.22 여러 언어들을 사용하는 경우와 공통적 세계어가 규정된 경우의 효율성 차이

세계 공통의 언어(Esperanto 등)를 개발하고자 한 인류의 오랜(바벨탑 이후?) 시도가 인터넷의 보편화에 따라 **영어를 세계 공통어로 사용**하는 방향으로 빠르게 현실화되고 있다. 결과적으로 영어권 주민들은 단하나의 언어, 즉 자신들의 모국어인 영어만을 알면 네티즌이 되는 데 별 문제가 없게 되는 셈이다. 단, 비영어권 주민들도 에스페란토를 공통어로 사용하는 경우와 마찬가지로 모국어와 영어 두 개의 언어만 배우면 되니 세계 각국의 언어를 모두 배우는 것에 비하면 훨씬 유리하다고 할 수 있다. 하지만 영어권 주민들이 얻게 되는 이와 같은 편의가 반드시 유리한 것만은 아니라는 반론도 있다. 실제로 영어 외에도 많은 사람들이 쓰는 스페인어, 중국어 등이 엄존하고 있는 상황에 영어권 국민들 사이에 외국어를 배우려는 노력이 약해지질 수 있다는 것이다(이 경우에도 인류의 발전은 언제나 도전과 응전을 거치며 이루어진다는 진리는 피해갈 수 없는 셈이다). 무엇보다도 여러 문화들이 녹아있는 다양한 **언어들의 쇠퇴가 해당 문명들의 독자성이 소멸하는 결과를 가져올 가능성**이 크다. 이는 생물종의 멸종에 따라 생물다양성이 위협받는 경우와 비슷한 차원에서 인류자산의 손실을 의미한다.

5.6 인터넷의 구조

인터넷은 하나의 약속(protocol)이다. 이 약속을 규정하는 인터넷프로토콜은 독립적으로 존재하는 **이종(異種)의 컴퓨터들 간에 정보를 교환하기 위하여 해당 컴퓨터들 간에 지켜야 하는 규약(언어)**을 말한다. 이는 문화와 언어가 다른 타국사람들과 교류해야하는 외교관들이 사용하는 만국공통의 외교규약을 프로토콜이라 부르는 것과 마찬가지다. 특히 인간이 아닌 컴퓨터들 사이에 다양한 정보를 주고받기 위한 인터넷을 위한 규약은 인간사이의 규약들보다 세밀하고 엄격하게 규정되어야 한다. 역사적으로 인터넷 이전에 여러 컴퓨터회사들이 독자적으로 제정했던 백가쟁명식의 여러 가지 통신규약들(대표적으로 IBM 컴퓨터통신프로토콜)을 국제표준기구(ISO, International Standards Organization)가 주도하여 일곱 개의 계층을 가진 인터넷 프로토콜로 통일시켰다. 따라서 컴퓨터가 인터넷에 접속하기 위해서는 다시 말해 인터넷의 일원이 되기 위해서는 반드시 준수해야 되는 표준 ISO 인터넷규약이 제정된 것이다. 이와 같은 인터넷규약을 자발적으로 준수하는 컴퓨터들이 전 세계에 걸쳐 수억 개 단위로 늘어남에 따라 인터넷사회가 지구적 규모로 확대된 것이다. 개념적 규약에 따라서 형성되는 인터넷은 다수의 시장참여자들이 사회적 약속에 따라 행동함으로써 형성되는 전통적 시장과 유사한 개념적 존재인 것이다. 즉, 인터넷을 통해 정보를 교환하는 방식은 기본적으로 재래시장에서 약속(관습)에 따라 정해진 장날에 정해진 장터에 모여서 물건을 교환하는 것과 구조적인 면에서 비슷하다.

인간이 만든 복잡한 시스템(국가, 대기업 등)은 예외 없이 계층구조로 구성되어 있다. 또한 인공적이든 자연적이든 복잡한 사물에 관한 정보의 표현(각종 분류학, 족보 등)에는 언제나 계층구조를 사용한다. 따라서 인간이 만든 가장 복잡한 시스템들인 컴퓨터 운영체제나 **인터넷도 당연히 계층구조**를 가지게 된다. 일정규모 이상의 회사라면 사장이 거래업체에 소포를 보내려할 때 손수 처리하는 대신 사장 → 비서 → 우체국시스템 → 운송(차량)회사 등의 단계를 거쳐서 처리하게 될 것이다. 이러한 방식은 (계층을 나누지 않는 구조와 비교하여) 각 관련자는 **자신과 대응되는 계층, 즉 사장은 상대방회사의 사장, 비서는 상대방회사의 비서와만 교류**하면 될 뿐 아니라, 각 계층 내에서 업무형태에 변화가 생겨도 바로 **인접한 상하 두 계층 외에는 영향을 주지 않게 되는 장점**이 있다. 이와 같은 장점을 가진 반면 여러 계층을 거치는 과정에서 계층 간의 정보변환이 전체적 통신속도의 저하를 초래하는 것은 불가피하다. 한편 인터넷을 구성하는 일곱 개의 계층에서 실제로 물리적 법칙들이 직접적으로 적용되는 계층은 최하위 계층인 물리계층(Physical Layer)에 국한되고 그 위에 구축되는 여섯 개의 계층들은 모두 개념적으로만 존재할 뿐이다(이는 일반 조직에서 최하위계층 종사자들과 그 위 모든 계층 종사자들의 입장과 비슷하다).

5.6.1 ISO/OSI 7-계층 인터넷 규약

국제표준기구에서 규정한 OSI(Open System Interconnection) 인터넷 프로토콜을 구성하는 일곱 개의 계층이 하는 역할을 간략히 정리해보면 다음과 같다. [그림 5.23]에서 보는 바와 같이 상위 네 개의 계층들은 송수신단의 **양쪽 컴퓨터 간의 메시지(즉, 일반사용자들의 입장에서의 정보단위)에 관한 기능들을 처리**하고 하위 세 개의 계층들은 **인터넷 전체에 관련된 공통적인 데이터전송**을 담당한다. 즉, 상위 네 개의 계층은 메시지와 그것들을 이용한 응용을 다루는 **양자 간 통신계층**들인 반면, 하위 세 개의 계층은 패킷이라는 단위의 소포를 배달하는 **대중(mass) 통신계층**들이다.

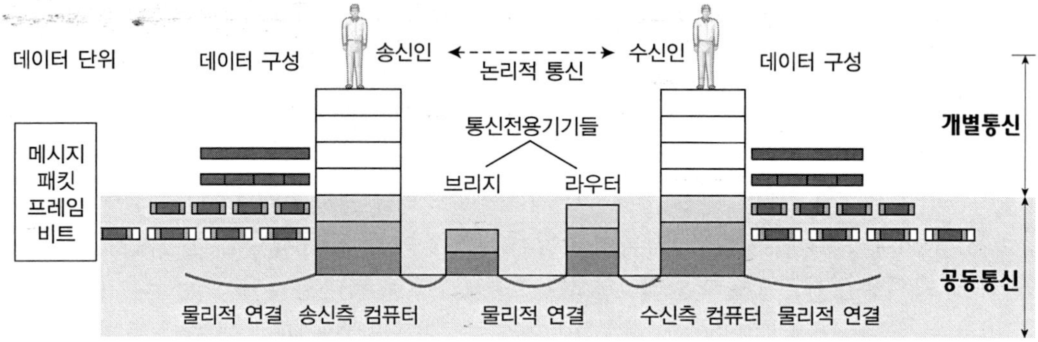

그림 5.23 인터넷 7-계층 프로토콜 및 데이터 구성

먼저 양단간 개별통신을 담당하는 상위계층들(제7계층 - 제4계층)을 살펴보면,

제7) 응용계층(Application Layer)

이메일(e-mail), 파일전송(FTP) 등의 컴퓨터 간(결국 사용자간)의 통신을 필요로 하는 최종적 응용에 관한 규약으로 일곱 계층 중 사용자에 가장 가까운 최상위 계층을 이룬다.

제6) 표현계층(Presentation Layer)

정보를 표현하는데 어떤 코드(ASCII, EBCDIC 등)를 쓸 것인지 또는 데이터 압축이나 보안을 위해 암호화(encryption)를 하는 경우에 지켜야 할 규약들을 규정하는 계층이다.

제5) 세션계층(Session Layer)

응용프로그램 간에 발생하는 데이터의 교환이 개별 메시지단위를 넘어 일정시간동안 계속되는 경우 그 통신구간(session)을 시작하고 유지하고 종료시키기 위한 규약을 규정하는 계층이다.

제4) 전송계층(Transport Layer)

각 메시지를 인터넷 하위계층들(제3계층 이하의 대중전송기능 담당)을 통해 전송하기 위해 요구되는 정보단위인 패킷들로 나누는 한편 전송된 후 목적지(수신측)에서는 패킷들을 재조합하여 본래 메시지로 회복하는 역할을 담당한다.

대중적 전송수단을 자율적으로 공동 사용하는 인터넷의 성격상 최종적 데이터 전달속도의 보장은 사용자의 몫이지만, 데이터의 무결성(integrity), 즉 송신측에서 보낸 것과 동일한 내용의 메시지를 수신측이 정확히 받게끔 보장하는 절차는 프로토콜에 규정되어 있다. 그러나 우편에도 등기로 보내야 하는 중요한 우편물이 있는가 하면, 전단지처럼 일부는 분실되더라도 전체적으로 신속하고 저렴하게 배달되는 것이 송신측의 요구인 경우도 적지 않다. 이러한 사용자의 요구사항들을 반영하여 각각 등기우편에 해당하는 오류없는 배달서비스를 규정한 프로토콜(TCP, Transmission Control Protocol)과 보통우편에 해당하는 서비스를 규정한 프로토콜(UDP, User Datagram Protocol)이 제4계층(Transport Layer) 프로토콜의 일부를 이루고 있다. 예를 들면, TCP의 경우엔 전송된 패킷이 분실되거나 오류가 발견되면 재전송을 요구해야 하지만 UDP의 경우엔 그대로 진행하도록 규정되어 있다.

다음 공동 전송을 담당하는 하위계층들(제3계층 - 제1계층)을 살펴보면,

제3) 네트워크계층(Network Layer)

차상위의 전송계층이 메시지를 대중전송수단의 이용에 적당한 크기로 잘라서 넘겨준 개별 패킷들을 각각 최종 목적지까지 전송하는 것이 임무이다. 이때 각 패킷이 지나가는 전체 전송경로는 보통 여러 세부구간들을 거치게 되므로 각 구간의 성격과 상태에 따라 최적의 경로를 선택하기 위한 경로설정(routing)이 핵심 과업이 된다.

제2) 연결계층(Link Layer)

인접한(직접 연결된) 두 컴퓨터 사이에 데이터전송이 임무이다. 데이터를 보통 글자에 상응하는 프레임(frame) 단위로 나누어 보내며 글자단위의 오류점검을 시행한다.

제1) 물리계층(Physical Layer)

유일하게 물리적 전송을 담당하는 최하위 계층이다. 최소 정보단위인 비트들로 표현된 데이터를 전송하는데 관련된 신호의 파형(wave shape)이나 세기(intensity) 등의 물리적 규격을 규정한다.

5.6.2 계층별 정보단위 및 관련 세부 기능

운반할 화물이 대중교통을 이용하기에는 너무 큰 경우에는 여러 조각으로 쪼개든지 별도로 적당한 대형 운반차량을 구하든지 하는 특단의 방법을 강구하게 된다. 인터넷도 대중이 함께 쓰는 통신망이기 때문에 (우편에서 소포의 크기에 제한이 있는 것과 같이) 일정 크기 이상의 메시지는 있는 그대로는 인터넷에서 전송이 허용되지 않는다. 만일 우편으로 규정보다 큰 책을 우편으로 보내고자 하는 경우에 대한 해결책이라면 적당한 크기로 책을 쪼개어 각 부분을 개별적으로 소포로 보내고 수신측에서 다시 조합하는 방법이 있을 수 있다. 이 경우 적당한 크기로 쪼개진 개별 소포가 인터넷프로토콜에서 규정된 데이터 단위인 패킷에 해당한다. 일반적인 물건은 쉽게 분해하고 조립할 수 없는 경우가 대부분이지만 디지털데이터로 된 메시지(정보)는 임의의 크기로 쪼개고 재조합하는 것이 언제나 가능하기 때문에 아무리 큰 메시지도 패킷단위로 분해하여 보낼 수 있다(시간이 많이 걸리긴 하겠지만). 이렇게 분해하고 재조합하는 과정이 인터넷프로토콜을 복잡하게 하는 주원인이기는 하다. 요약하면, 광범위하게 분산된 수많은 컴퓨터(통신의 당사자)들 간의 원활한 정보전송이라는 인터넷의 전체적 목표를 달성하기 위해, 인터넷프로토콜은 각 **메시지를 필요에 따라 쪼개어서(packetizing) 장거리 전송과정을 거쳐 보내진 후(transmission) 다시 조합하는(reassembly)**

절차와 그에 관련된 정보규격들(data format)**에 관한 규약**들의 집합이라고 할 수 있다(추가적으로 정보보안이나 세션제어도 상위 프로토콜에 규정되어 있다). 한편 정보단위의 변환측면을 전체적으로 보면, 앞에서의 [그림 5.23]에서 보는 바와 같이 디지털 데이터는 송신단(sender port)측의 제4계층(Transport Layer)에서 메시지를 패킷단위로 분해하는 과정부터 시작하여 각 계층에 따라 **메시지(message) → 패킷(packet) → 프레임(frame) → 비트(bit)**의 순서로 정보를 점차 세분화된 후 최종적으로 물리적 선로(Physical Layer)에서 비트, 즉 이진데이터에 상응하는 신호의 파형값(예를 들어 0 Volt와 5 Volt)으로 변환되어 수신단(receiver port)으로 전송된다. 수신단에서는 전송된 신호가 송신단에서 거친 계층들을 역순으로 거치면서 원래의 메시지로 다시 조립되어진다. 송신단의 각 계층에서는 차상위 계층에서 넘겨준 데이터에 **포장지에 해당하는 데이터(수신인의 주소나 오류점검용 패리티비트)를 추가**하고 반대로 수신단에서는 추가된 포장 데이터를 해당 계층마다 차례로 벗겨내어 주소를 확인하거나 오류를 점검하는 데에 사용한다.

통신채널의 접속방식에서는, 하나의 메시지(한 통화)를 보내는 동안에 통신채널을 독점적으로 사용하는 전통적 전화와는 달리 인터넷은 여러 화주(貨主)들의 화물들을 같은 차량에 실어 운반하는 대중화물운송회사와 유사하게 여러 메시지들을 공동으로 전송할 수 있는 전송방식을 택한다. 즉, 정보단위(packet)의 크기를 제한하게 되고, 메시지의 크기가 허용된 정보단위보다 큰 경우 송신단에서 미리 적당한 크기로 잘라서 여러 개의 패킷으로 개별포장한 후 각각 공동통신망으로 보내게 된다. 수신 중에 패킷들이 분실되거나 손상된 경우 수신단에서 재전송을 요구하고 최종적으로 패킷들을 원래의 순서대로 재조립하여 메시지로 복원하는 과정을 거치게 된다. 이러한 패킷을 전송단위로 삼는 제3계층(Network Layer)에서는 소포를 배달하는 우체국의 입장처럼 패킷의 내용이나 각 메시지를 구성하는 패킷들사이의 순서는 상관하지 않고 단순히 패킷들을 개별적으로 (국내외) 수취인 측에 전달하는 임무에만 전념한다.

인터넷 계층들의 역할을 이분법적으로 나눈다면, 제3계층 이하의 하부의 계층들(Network Layer, DataLink Layer, Physical Layer)은 인터넷상의 컴퓨터들이 공통으로 사용하는 (공통) 계층들로서 화물운송체계와 비교한다면 각각 **우체국이나 국제운송회사의 역할, 지역운송회사나 시내용달회사의 역할, 그리고 도로공사의 역할**에 해당한다. 비트나 프레임단위의 전송을 담당하는 제1계층(Physical Layer)과 제2계층(Data Link Layer)에서는 시내용달의 입장처럼 소포이든 편지이든 상관없이 단순히 **(궁극적 운송목적지는 알 바 없이) 현 지점에서 바로 연결되어있는 주변에 국한된 단거리 운반을 담당**할 뿐이다. 제3계층은 주변을 넘어선 장거리 운반을 담당하므로 국제우체국이나 국제운송회사처럼 모든 지역에 관한 주소록을 이용하여 각 패킷의 행선지에 관해 가장 효율적인 경로를 선택하고 그에 따라 해당 컴퓨터의 제3계층(라우터)으로 보내게 된다. 그에 비해 개별 컴퓨터 내에서의 업무를 담당하는 제4계층(Transport Layer) 및 제5계층(Session Layer)은 각각 개별 조직 내의 **문서수발 직원의 역할**

(메시지를 패킷단위로 분할)과 통신당사자간의 연결이나 지속에 관한 관리자의 역할을 담당한다. 제6계층 및 제7계층은 **통신과 직접 관계가 없는 일반 데이터 표현(예를 들어 문자나 멀티미디어 코드), 정보보안 및 효율(예를 들어 보안코드나 압축코드)을 담당**하는 계층이다.

인터넷 프로토콜을 구성하는 일곱 개의 계층들 중 가장 핵심적인 계층인 제3 및 제4계층(Network Layer & Transport Layer)에 규정된 프로토콜(IP, TCP)은 각각 메시지를 쪼개서 생긴 **개별 패킷들의 신속한 전달하는 역할과 각 메시지를 패킷들로 분해하여 제3계층에 넘겨주고 수신단에서는 전달받은 패킷을 재조합하여 메시지를 오류없이 회복하는 역할**을 규정하고 있다. 즉, [그림 5.23]에서 보여주는 바와 같이 제3계층(연두색표시)의 규약은 일반적으로 중간 기착지들을 거치는 원거리 전송에 관련된 규정이 필요하고, 제4계층에서는 메시지의 분해와 재조립에 관한 규약 등을 규정한다. 이때 중간 기착지가 [그림 5.23]에서 보는 바와 같이 제3계층까지 가지고 있는 경우는 장거리 전송이 가능도록 경로를 계획할 수 있는 라우터(Router) 유형이고 제2계층까지만 가지고 있는 경우는 인접된 컴퓨터까지의 한 구간만 전송할 구 있는 단순한 브리지(Bridge) 유형이다(환적지와 단순 휴게소의 차이와 유사).

정보단위의 측면에서 보면 최상층 (제7계층)인 응용계층에서 송신자가 생성한 메시지(붉은 색깔로 표시)가 전송이 되기 위해서는 [그림 5.23]에서 보는 바와 같이 제4계층에서부터 패킷단위로 잘라져서 포장이 시작되게 된다. 일반적으로 낮은 계층의 데이터는 위 계층에서 넘겨준 데이터의 앞뒤에 제어(수취인과 송신인 주소, 오류발견, 흐름제어)를 위한 데이터(preamble)가 추가되어 계층이 낮아질수록 점점 데이터 량이 증가(포장을 하면 소포의 부피가 커지는 것처럼)하는 반면, 계층이 낮을수록 취급하는 데이터단위는 작아진다. 즉, 가장 하위계층인 물리계층(Physical Layer)은 비트(bit)단위를 실제로 표현하는 물리적 현상인 전기신호의 전압이나 폭 등을 규정한다. 두 번째 계층인 데이터링크계층(Data Link Layer)에서는 글자 한자에 해당하는 프레임(frame)단위를 다룬다. 이 단위를 이용하면 규정된 알파벳에 속하지 않는 글자를 걸러낼 수 있게 되기 때문에 이진 신호값을 비교하는 차원이 아닌 (낮은 수준이지만) 의미론적으로 오류를 점검할 수 있게 된다. 참고로 정보자체의 내용이나 정보를 기술한 언어의 종류는 통신과 관계없기 때문에 인터넷규약의 규율 대상이 아니다. 즉, 전송할 정보가 영어로 쓰였건 한글로 쓰였건 상관 않는다. 이는 택배회사가 (위험물이 아닌 한) 소포의 내용물에는 관여하지 않는 것과 같다.

■ **인터넷 사용자와 정보단위들**

인터넷에서 내부적으로는 여러 정보전송단위들([그림 5.24] 참조)이 취급되고 있지만 사실 일반 사용자들의 입장에서는 메시지(노래 한 곡, 편지 한 통, 영화 한 편 등)가 의미상으로 최소의 단위라고 할 수 있다. 이와 같이 내부적으로 사용되는 **메시지 이하의 단위들은 내용과 무관하게 전송의 효율을 위해 인위적으로 구분된 것들로서 정보단위가 아닌 데이터단위**들이라고 할 수 있다. 따라서 메시지단위 이하의 패킷(packet) 단위나 바이트(byte) 단위 혹은 비트(bit) 단위들은 일반인들의 관심 밖에 있기 마련이다. 대중들 입장에서는 소포가 제때에 온전히 도착하기만 하면 컨테이너에 실려서 오든 비행기로 운송되든 어떤 중간 경로들을 거쳐 오든 신경을 쓰지 않는 것과 마찬가지다. 하지만 컴퓨터나 인터넷의 사용이 피할 수 없는 일상생활의 일부가 된 정보시대에는 과거에 전문적 영역에 속하던 고급 지식들이 필수적 상식이 되어가고 있다. 나아가 정보기술의 발전 전망이나 응용분야의 개척을 위해서는 정보와 정보시스템에 대한 상당한 이해가 필요하게 되었다. 현대인들이 건강을 지키기 위해서는 생물학자가 아니더라도 호흡의 전반적 과정이나 광합성의 원리정도는 알고 있어야 하고, 물리학자가 아니라도 방사능 중에서도 감마선이 특히 위험하다는 사실은 원자력시대의 필수적 지식에 속하고, 자동차를 성능을 파악하고 효율적으로 사용하기 위해서는 자동차엔진에서 토크와 배기량의 의미정도는 상식적으로 알아야 하는 것과 마찬가지다.

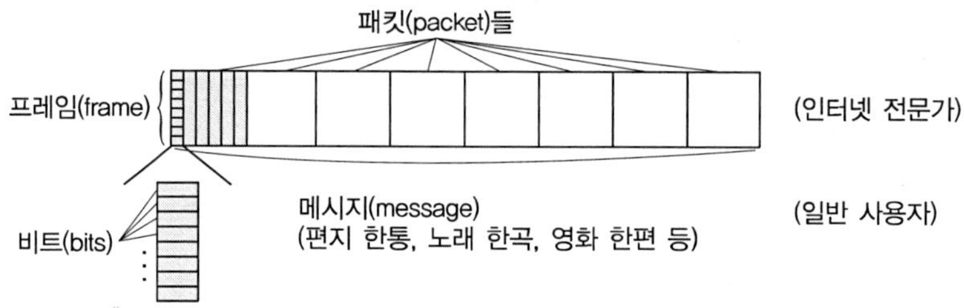

그림 5.24 인터넷에서 사용되는 정보단위들과 관련 사용자 유형

■ 인터넷규약과 행정조직상 계층숫자의 적정성

통신망규약에서 계층을 몇 개로 하느냐에 대한 기준은 절대적인 것이 아니라 통신의 효율을 극대화할 수 있느냐에 따라 당사자들에 의해 합의하여 결정하게 된다. 이는 국가의 행정조직이 현행의 세 단계가 적절한지 아니면 두 단계로 줄일 것인지에 대한 논쟁과 유사하다. 이에 대한 판단은 각 계층을 구성하는 요소들 간의 동질성(homogeneity)내지 응집력(coherency)이 기준이 될 것이다. 이 기준에 따르면 인터넷규약에서의 제3계층(Network Layer)은 하나의 조직(회사, 행정기관 등)속의 컴퓨터들을 연결하는 근거리통신망(LAN)을 구성단위로 하는 계층으로서, **구성단위인 각 근거리통신망이 내부적으로는 같은 규약을 쓰고 상호 간에 통신량이 많고 구성단위들 상호간에는 독립적**이기 때문에 하나의 계층요소가 되는 것은 합리적이다. 그 아래 제2계층(Link Layer)의 구성단위는 개별 컴퓨터로서 각자 내부적 응집성과 컴퓨터들 상호간 독립성이 인정된다(이런 관점에서 보면, 대도시에서 구성요소인 구(區)들이 동질적이고 상호의존성이 높은 경우에는 구 단위를 폐지하고 대도시 전체가 하나의 단위가 되는 것이 효율적일 것이다).

전반적 기능면에서 하위 제1~3계층들이 (공공)통신망을 이루는 반면, 그 상위의 제4~7계층은 각 사용자가 정보를 생산하고 안전하게 암호화하고 그 메시지를 공공통신망을 사용하는데 적합한 형식으로 변환하는 일을 담당할 뿐이다. 이러한 기능분할은 물건을 생산하고 그 물건을 소포로 부치기 위해 크기를 우체국에서 정한 규격 이하로 나누어 적절히 포장하고 주소를 쓰는 일은 우체국의 업무가 아니고 송신자의 업무인 것과 유사하다. 따라서 하위계층들과 달리 효율에 대한 평가가 애매한 상위 계층들의 개수와 기능에 대한 적절성에 대해서는 행정조직 개편과 마찬가지로 논란이 될 수밖에 없다. 구체적 사례로 인터넷 제5계층인 세션계층이 독립적으로 존재하는 것에 대한 논란이 있기도 하다.

■ 인터넷상의 주소와 컴퓨터 식별

인터넷상에서 컴퓨터들을 식별(identification)**하기 위한 공식주소로 인터넷주소**(IP address, Internet Protocol address)**를 사용**한다. 국제 우편을 보낼 때, '대한민국 대구시 북구 산격동 IT-10호관' 등으로 쓰듯이 인터넷주소는 보통 '국가명(.kr 대한민국, .jp 일본 등)+분야명(.co 회사, .or 조직 등)+조직명+컴퓨터이름' 등으로 구성된다. IP 주소는 공식적으로는 231.100.127.45 등과 같이 숫자들로만 구성되어 있지만 일반 사용자들은 보통 기억하기 쉬운 별명인 도메인 네임(예를 들어 aimm.knu.ac.kr)을 대신 쓰게 된다. 이는 '대구시 수성구 황금동 409번지'와 같은 정식 주소 대신 '강릉댁' 또는 '철수네'로 쉽고 친근한 별명으로 부르는 것과도 비슷하다. 인터넷상에서 외부와의 접촉이 빈번하지 않은 개인용 컴퓨터(PC)들은 따로 인터넷주소를 할당받지 않고 독립적 IP 주소(예를 들어 knu.ac.kr)를 가진 호스트컴퓨터에 소속되어 간접적으로 인터넷에 연결되어 있다. 이는 동일한 집주소에다 동거인에게는 '××씨' 또는 세입자의 경우 '××방'을 덧붙여서 구분하던 것과 유사하다. 이러한 사용자 컴퓨터들에게는 jhpark@knu.ac.kr처럼 도메인네임(knu.ac.kr)의 내부에서만 통용되는 개별 사용자 이름(jhpark)이 부여되어 이메일(e-mail) 등을 위한 주소로 사용된다(흔한 이름인 "철수" 등도 가족끼리는 혼동없이 사용되듯이 같은 사용자이름을 다른 도메인네임 안에서는 사용가능). 물론 이러한 **개별 이름이 도메인 네임과 결합하면 인터넷 전체에서 유일한 식별자**(identifier)가 된다. 전통적인 주소체계에서도 독자적 번지수가 부여되는 집과는 달리 각각의 방(또는 사무실내의 메일박스)마다 주소가 부여되지 않아서 같은 집에 사는 아버지와 아들이 같은 주소를 쓰되 각자의 수신인 이름으로 편지가 배달되는 것과 같다. 이러한 개별 구성원들에 대한 내부적 배달은 가족들의 몫이듯이, 인터넷에서도 독자적 IP **주소를 가진 사이트에서 내부적으로 지정된 메일서버(컴퓨터)**가 소속된 개별 사용자들에 대한 내부적 배달을 담당하게 된다. 물론 개인이 사용하는 컴퓨터도 인터넷상에서 외부와의 접속이 빈번하면 독자적 인터넷주소를 할당받을 수도 있다(이 경우 해당 컴퓨터는 항상 켜놓아야 하는 실제적 요구사항이 추가된다). 역으로 하나의 컴퓨터에 공식 인터넷주소를 각각 부여받은 논리적인 인터넷 호스트(host)들이 여럿 속해있을 수 있는데 이는 같은 건물(주소지)에 여러 세대가 살고 있는 **다세대 주택**과 같은 것이다. 참고로 컴퓨터를 근거리통신망(LAN)에 연결하는 접속점이 되는 **LAN 카드에 새겨진 고유번호**인 MAC(Media Access Control) 주소는 자동차로 치면 엔진에 새겨진 엔진번호라고 할 수 있는 반면 IP주소는 인터넷규약에 따라 부여되는 **자동차 번호와 같은 개념적 번호**이다.

■ 인터넷 음성통화의 사회적 의미

음성통신 즉 통화를 전체 통신에서 별도로 취급하여 높은 요금을 부과하고 있는 것은, 인간사이의 대화라는 특별한 지위와 함께 단순한 소리정보와는 다른 대화를 전송하는데 필요한 높은 기술적 요구사항에 기인한다. 즉, 사소한 잡음이나 끊김도 용납되지 않고 실시간으로 주고받아야 하는 대화형 정보교환은 고품질 통신서비스를 필요로 한다. 고가의 물건을 제시간에 안전하게 운반하려면 먼저 전용차선(KTX 노선, 버스전용차선 등)을 늘리든지 하는 방법으로 운송경로에 지체가 없게 하고 한편으로 대중교통수단대신 전용화물기를 띄우거나 전용운반차량에다 실어서 다른 화물과 섞이지 않도록 하여 고가의 물건이 손상되지 않게 하는 등의 조처를 취하게 된다. 마찬가지로, 지금까지 음성통화는 다른 데이터와 분리하여 배타적인 통신대역(bandwidth)을 할당하고, 또한 충분한 통신용량을 할당하는 등 특별히 취급을 하되 높은 통신요금을 부과하여왔다. 하지만 인터넷 기술의 발전에 따라 **음성정보도 가능하면 다른 정보유형들과 마찬가지로 (이진 데이터의 형태로) 통합적으로 처리함으로써 효율적으로(저렴하게) 전송**하고자 하는 것은 당연한 흐름이다. 구체적으로, 화물차를 전세 내는 대신 대중운송수단을 이용하여 (일반 화물과 함께 섞어) 보냄으로써 운반비용을 줄일 수 있듯이 음성통화도 대중통신수단인 인터넷을 이용하면 약간의 끊김이나 잡음과 같은 불편을 감수하겠다는 사용자에게는 통화비용이 낮아질 수 있는 여지가 생긴다. 실제로 인터넷전화기술(VoIP)을 넘어 최근 이동통신용 인터넷전화기술(mVOIP)이 도입됨으로써 얼마 전 유선전화가 그랬던 것처럼 기존의 이동통신사의 주수입원의 하나였던 휴대폰 음성통화가 '무료화'되는 흐름이 나타나고 있다. 이 때 '무료'는 당연히 휴대폰 또는 통신망에 대한 (선불)사용료를 정기적으로 내는 사용자들에게만 해당되는 것으로, 기본적 **통신설비나 서비스에 관한 비용은 분담비율과 절차의 문제일 뿐 어떤 형태로든 지불**할 수밖에 없다는 사실은 변함이 없다. 교통수단에도 대중교통수단과 자가용이 나뉘듯이 통신에서도 결국 대중통신과 전용통신이 구분되어 제공되게 되는 셈이다.

5.6.3 정보시대 상식으로서의 인터넷에 관한 지식

인터넷과 달리 눈에 보이는 자동차를 운전하는데 필요한 수준의 도로와 자동차에 관한 물리적 지식은 뉴턴의 역학을 독파하지 않아도 보통사람은 상식적으로 알고 있다(이에 대해 규범적 제한인 운전면허가 요구되지만 영국에서 6살짜리가 운전하여 짜장면 먹으러 간 적이 있듯이 물리적 제한은 아니다). 이와 달리 양자역학에서 수립한 물리적 법칙들은 일반인들의 상식으로는 짐작할 수도 없는 극한의 세계에 대한 과학적 체계이다. 이러한 양자역학에서 다루는 전자는 현미경으로 간접적이나마 관찰이 가능하지만, **인터넷은 현미경의 배율을 아무리 높여도 관찰할 수 없는 추상적 약속**에 불과하기 때문에 더욱 이해하기 어렵다.

인터넷이 정보시대의 사회간접자본(infrastructure)이란 말은 구체적인 의미는 무엇인가. 전통적 간접자본인 도로, 전기, 수도 등은 실제적 필요성이 물리적으로 인식될 수 있을 뿐 아니라 도로가 나면 땅값이 오른다는 정도의 사회적 사실은 부동산 전문가가 아니더라도 대부분 상식적으로 알고 있다. 그러나 상대적으로 복잡한 구조를 가진 자동차에 대해서는 기초적 지식이 부족해서 손해를 보는 경우가 적지 않다. 예를 들어 자동차를 수리할 때 바가지를 쓰게 되거나 효율적인 운전에 대한 이해가 부족하여 부지불식간에 연료를 낭비하며 살기도 한다. 이에 비해 정보시대의 핵심 간접자본인 **인터넷을 충분히 이용하기 위해서는 관련된 다양한 전문적 지식이 필요**하다. 일단 인터넷의 실체는 눈에 보이지 않는 약속이기 때문에 그 약속을 모르는 사람에겐 존재하지 않는 것과 같다. 이는 시골에서 오일장에 관한 규약을 모르면 언제 어디서 시장이 서는지 어떻게 참가하는지 알 수 없어서 이용할 수 없는 것과 비슷하다.

■ 인터넷의 활용과 정보의 홍수

"오늘은 어제 죽은 사람이 그토록 맞이하고 싶어 하던 바로 그 내일이다."라는 말처럼 같은 시간이라도 생각에 따라 의미가 판이하게 달라질 수 있다(사실 개인들에게 주어진 시간은 같은 축을 따라 흐를 뿐이지 개인마다 전혀 별개라고 할 수 있다). 인터넷시대의 도래와 같은 변혁의 시기는 항상 기회이자 위기라는 양면성을 갖게 마련이다. 이십세기 들어 인류역사상 최초로 수요를 초과하는 식량생산(단 선진국들에 국한됨)이 가져온 초유의 풍족한 환경이, 적응을 못한 사람들에게 당뇨나 고혈압이라는 질병으로 나타난 반면 절제된 식생활과 적절한 운동이라는 불변의 미덕을 지키는 사람들에게는 풍요의 시대로 다가왔다. 한편 컴퓨터와 인터넷이 가져온 정보의 대량생산시대도 어떤 사람에게는 정보의 홍수(사실 인터넷시대 이전의 방송과 신문만으로도 이미 우리나라 케이블 TV 채널이 100개에 육박하고 미국의 일간지 LA times 일요판은 6-700페이지에 달함)로 다가와 허우적거리게 하는 반면 인터넷으로 열린 정보의 바다(World Wide Web)를 마음껏 헤엄쳐(surf) 다니며 신천지를 개척하는 사람도 있다. 이는 빙하기의 혹독한 환경에 시달리던 보통사람들과 달리 얼어붙은 베링해를 이용하여 아메리카 대륙으로 건너가 신세계를 개척한 동양인 개척자들(아메리칸 인디언들의 조상들)에 의한 **대장정이 지리적 세계가 아닌 정보의 세계(cyber-world)에서 다시 전개**되고 있는 것이다. 예를 들어 몇 년 전만해도 연구자들이 어렵게 수소문하고 적지 않은 비용을 들여서 몇 달을 걸려 입수하곤 했던 문헌들이 인터넷 환경에서는 마우스 클릭 몇 번으로 쉽게 얻게 되어 비교할 수 없이 좋은 연구 환경이 된 것과 같이, 사회 전반적으로도 대부분의 분야들에서 인터넷을 이용함으로써 훨씬 더 생산적이고 편리한 세상이 도래했다. 이러한 정보환경에서 참신한 아이디어로 발 빠르게 네티즌들의 구미에 맞는 앱(application)을 만들어 성공한 이들에게는 국경 없는 사이버세계가 다시없는 기회의 신천지가 되고 있다. 하지만 끊임없이 넓어지고 깊어지는 정보의 바다에서 무궁무진한 활용가치를 찾아내기보다, 잡다한 채팅이나 음란물의 접근창구로 오용하거나 게임중독에 빠진 사람에겐 (사실 기존의 사회적 유해요소들보다 훨씬 더 심각한) 사시사철 지척에 있는 또 하나의 유해환경의 등장에 불과할 뿐이다.

실제의 인터넷(웹)환경은 유용한 데이터들이 정보가 별로 없거나 유해한 정보를 포함한 데이터들과 뒤섞이어 정보의 밀림(또는 바다)을 이루고 있어서 길을 잃기 십상이다. 물리적으로 지각할 수 없는 개념적 세상인 정보의 밀림(WWW)에서는 길을 찾기 위한 '지도'의 역할이 지리적 장소를 찾을 때에 필요한 전통적 지도의 역할보다 한층 더 중요해진다. 이러한 지도는 평면적 그림으로 표현할 수 있는 전통적 지도와 달리 방대한 지식들을 **여러 측면에서 추상화하되 다양한 사용자의 수준들에 맞추어 제공할 수 있는 융통성과 정교함**을 가져야 한다. 하지만 이러한 정보밀림을 위한 지도는 컴퓨터, 하이퍼텍스트 (또는 웹), 인터넷 등에 관한 배경지식들이 있어야만 해독이 가능하다. 사실, 정보 분야를 전공한 사람들조차도 끊임없이 쏟아져 나오는 정보관련 신기술이나 기술표준 등을 쫓아가기가 쉽지 않은 것이 정보시대의 모습이다. 문자 그대로 정보홍수의 시대를 살아가는 일반인들로서는 상기한 배경지식들을 습득하지 않으면 최선이나 최신의 정보를 얻기가 어렵고 급기야 정보이용에 대한 무지나 무관심을 초래할 가능성이 적지 않다. 정치적 무관심이 선진국들의 국가적 골칫거리로 떠오른 반면 컴퓨터와 인터넷의 효과적 사용에서 배제된 사람들, 즉 **디지털 문맹자**(digital illiterate)들은 정보시대에서의 전반적 삶 자체가 상대적으로 빈곤해지고 그런 부류가 늘어나게 되면 국가전체로서는 지식의 양극화, 나아가 경제적 양극화가 심화될 우려가 크다.

06 정보시대와 대한민국의 미래

6.1 정보시대의 발전 단계

벨(Bell, A.)에 의한 전기통신(electrical telecommunication)의 발명에 이어 정보전파를 위한 핵심기술들이 실현되고, 한편으로 쇼클리(Shokley, W.) 등에 의한 트랜지스터의 발명에서 시작하여 정보가공을 위한 핵심기술들이 실용화되면서 정보시대가 태동되었다. 이러한 핵심 정보통신기술들이 통합되어 정보시대의 실질적 기반(infrastructure)이 되는데 까지는 몇 세기가 걸렸지만, 정보시대로의 큰 흐름은 이제 대중화의 단계까지 도달하였다. 따라서 정보기술이 전문가의 영역을 넘어 사회전반의 일상적 토대가 됨으로써 정보시대란 말이 이제 단순한 수사(修辭)가 아닌 실제(實際)가 된 것이다. 정보시대의 발전단계를 살펴보면, 20세기 중반 반도체와 컴퓨터기술의 혁신에 힘입어 1980년대까지 세계의 정보산업를 지배하던 (블루칩의 대명사로서 Big Blue라고 불렸던) IBM사의 **대형컴퓨터 제왕시대**, 20세기 종반 IBM의 독주체제를 무너뜨린 후 21세기 초반까지 유지된 마이크로소프트사와 인텔사의 **개인용컴퓨터(PC) 천하통일시대**, 그 뒤를 이어 컴퓨터기술이 혁신적 통신망기술과 결합하면서 시작된 인터넷혁명의 선두주자들인 야후나 구글에 의한 **인터넷 검색을 포함한 각종 인터넷서비스시대**, 페이스북이나 트위터와 같은 **사회적 연결망(SNS, social network services)의 확산** 그리고 애플의 아이폰을 비롯한 **스마트폰의 모습으로 진화한 휴대용컴퓨터(mobile computer)의 등장**으로 이어지는 **정보산업의 춘추전국시대**가 도래하게 된다. 이와 같은 정보산업의 패자(覇者)자리의 교체는 정부기술의 발전속도에 따라 점점 빈번해지고 있다.

정보시대의 각 발전단계를 지배해왔던 주역들이 가진 중심기술들을 살펴보면 모두 정보의 내용에 관련된 기술이 아닌 정보시스템 자체에 관한 기반기술들임을 알 수 있다. 즉, 정보시대의 각 단계가, **반도체기술을 이용한 디지털 컴퓨터시스템**의 확립, **PC의 대량보급**에 따른 컴퓨터의 대중화, **이종 컴퓨터통신망인 인터넷**을 통한 정보의 분산 및 통합, **인터넷에 기초한 사회망 구축, 무선통신기술의 일반화가 가져온 정보기기의 이동성**(mobility)을 이용한 정보에의 상시적 접근성(ubiquitous accessability) 확보를 각각 주 기능으로 하고 있다. 이는 다른 기술집약적 분야에서도 거치는 일반적 발전과정, 즉 초기에 핵심 기반기술이 고도화된 후 분산과 이동성을 제고하는 방향을 따라가고 있음을 알 수 있다. 하지만 이러한 정보시스템에 대한 기반기술이 성숙되고 나면 그 때부터는 시스템의 활용에 관한 발전, 즉 **정보의 내용(contents)에서의 발전이 무한한 범위와 깊이를 가지고 계속 전개**되어나갈 것이다. 이와 관련된 예로, 워크맨이나 캠코더 등의 음향영상기기에서 소니의 영원할 것 같던 독주는 기기들의 발전이 성숙되면서 끝났지만 이제는 그러한 기기들을 이용한 음악이나 영화 등이 발전의 중심이 되고 있음을 볼 수 있다. 이러한 궁극적 발전방향은 정보시스템전체가 인간이 정보의 내용을 활용하기 위해 사용하는 도구에 불과하다는 점에서 보면 당연한 귀결이라고 할 수 있다.

6.2 정보시대가 가져올 사회적 효과들

전신이나 전화와 같은 초기의 전기적 통신기술만으로도 개인들 간의 소통과 긴급한 상황에 대처하는 방식에 커다란 변화를 가져왔었다. 한편 컴퓨터가 사람의 일상적 단순 업무(급여계산이나 재고관리 또는 문서편집 등)를 대신하든가 신속하게 처리해주는 역할에서부터 시작하여 수많은 분야에서 생산성을 대폭 제고하는 효과를 가져다주었다. 책상 위 PC나 스마트폰과 같은 본래의 정보기기들 뿐 아니라 전통적 기계들인 냉장고나 자동차 속에도 여러 개의 전용 컴퓨터칩(MCU)들이 사용되고 있는 사실은 컴퓨터가 다양한 형태로 일상생활 속에 깊숙이 들어와 있음을 말해준다. 이와 같은 디지털 컴퓨터의 광속(光速)의 정보처리기능과 광속의 정보전송기능이 결합하게 되면서 정보통신기술의 파급효과는 그야말로 전방위적이 되었다. 즉, 컴퓨터와 통신의 결합이 스마트폰을 통한 개인수준의 활용을 넘어서 국가적 규모내지 전 세계적 규모로 활용되면서 산업생산을 포함한 경제분야, 의료, 교육, 법률, 교통, 정부, 치안, 국방 등의 사회분야는 물론 정치분야에 이르기까지 사회전반에 근본적 혁신을 가져오고 있다. 호적초본을 본적지에 가지 않고도 주변에 있는 여느 컴퓨터로 발급받을 수 있다든지 국제선 비행편이나 호텔 예약을 이동 중에도 실시간으로 할 수 있다든지 하는 일상적 편의를 제공하는 기초적 활용을 넘어, 인터넷을 통해 얻은 방대한 데이터에서 지식을 추출하는 데이터마이닝이나 정교한 컴퓨터 시뮬레이션과 같은 정보통신기술의 고급 활용들을 통하여 **인터넷통신과 컴퓨터의 정보처리기능이 결합된 본격적 정보시대**가 열리고 있다. 이와 같이 방대한 데이터를 단순검색의 대상으로 이용하는 경우와 동일한 데이터로부터 지식을 뽑아내는 데이터마이닝(data mining)의 가치를 비교하자면, 가연물질을 그냥 연소시키는 경우와 같은 물질을 핵분열이나 핵융합할 경우에 발생되는 에너지의 차이는 수백 만 배 차이가 나는 것과 비견된다.

음양의 이치를 벗어날 수 없는 인간세상에서 컴퓨터와 통신망만큼 순기능이 역기능을 압도하는 기술 내지 변화도 찾기 어려울 것이다. 정보시대가 가져올 순기능의 구체적인 예로서 삶의 질의 획기적 향상, 자연자원의 절약, 그리고 3D 업무의 경감을 포함하여 여러 가지 범주의 사회적 정치적 문제들에 대한 정보기술적 해법을 들 수 있다. 첫째, **삶의 질의 획기적 향상**에 관련하여 의료분야에서는 고해상도의 입체영상 진단기기(MRI, CT 등의 고해상도의 입체영상 의료기기들)나 첨단 수술로봇(Davinci 등) 등의 개발이나 초고속 컴퓨터를 이용한 대량의 자료분석을 통해 신약(新藥)개발시간을 대폭 단축함으로써 수천 년간 정체상태였던 인간의 평균수명이 대폭 연장되고 있고, 사회안전 분야에서는 통신망과 첨단 정보기술을 이용한 소재파악기능과 감시기능 (예를 들어 산악사고 구조, 노약자에 대한 원격 건강 모니터링 등) 등으로 안전한 사회환경이 확보되고 있다. 인터넷을 통한 실시간 감시기능을 지구전체로 시야를 넓혀 적용하면, 밤낮이 반대인 지구 반대편 사람들끼리 서로 야간감시를 맡겨 건강을 해치는 밤샘근무를 없앨 수도 있을 것이다(물론 지능형 로봇이 개발된다면 더욱 광범위한 분야에서 야간근무를 아예 없앨 수 있을 것이다). 둘째, **정보화에 의한 기계의 지능화와 업무의 효율화를 통해 에너지, 물, 지하자원 등의 자연자원이 절약**되고 있다. 예를 들어 실시간 교통정보를 이용하여 교통 혼잡을 줄이거나 전국적 농작물 파종면적에 대한 정보를 제공하여 과잉생산을 줄임으로써 연례적인 농작물파동을 막을 수 있는 것과 같은 일상적 효과들로부터, 자동차 엔진이나 공장을 최적제어(optimal control)함으로써 자원의 효율적 사용과 더불어 오염물질 배출을 저감하여 산업사회의 폐해인 공해문제를 완화할 수단을 제공한다. 농업분야에서는 인공위성으로 경작지의 수분함유량 분포를 정확히 파악함으로써 농업용수의 사용을 최소화하고 있고, 직장인들에게는 재택근무나 출장을 대신할 화상회의를 실현함으로써 운송에 드는 에너지소비를 줄일 수 있다. 한편 소매업에서 대량으로 발생하는 거래들(transactions)을 데이터마이닝기법을 이용하여 분석함으로써 재고를 최소화하고, 물류시스템을 정보화함으로써 과잉생산에 기인한 에너지와 기타 자연자원의 낭비를 최소화하고 있다. 셋째, **지능형로봇들을 위시한 정보시스템들을 이용하여 인간다운 삶을 되찾아 줄 수 있다.** 많은 직장인들을 허덕이게 하고 있는 반복적 단순계산이나 3D 업무를 컴퓨터가 대신하고, 원자로수리나 하수구청소와 같은 위험하고 어려운 업무나 각종 감시업무와 같이 쉴 틈 없이 계속되는 업무와 같은 다양한 3D 업무들로부터 인간을 해방시킬 수 있다. 그 결과 사람들이 인간다운 (부가가치가 높은) 일에 전념할 수 있게 됨으로써 인간의 존엄성을 되찾을 수 있는 환경을 제공한다. 머지않아 가장 위험한 업무인 전쟁에까지 로봇들이 인간 대신 전면에 나서게 될 것으로 보인다(이 경우 전장에서 인간의 희생을 줄일 수 있겠으나 동시에 전쟁을 게임처럼 쉽게 생각하게 될 위험이 커질 수도 있다). 한편 로봇청소기 등의 가전제품들의 지능화와 정보화에 의해 가사노동(household chores)으로부터의 해방이 가속화되고 동시에 스마트폰과 인터넷에 의해 근무시간과 근무장소에 대한 고정성을 탈피하게 되어 육아와 업무를 병행할 수 있게 되면서 저출산의 열쇠를 쥐고 있는 육아와 가사문제에 대해서도 해결의 실마리를 제시하고 있다. 넷째, **사회조직에 관련해서는 정보화를 통한 개별 기업들의 효율화와 함께 전자정부(electronic government)를 구축함으로써 국가의 행정비용이 대폭 줄어듦과 동시에 투명성이 제고**되고 있다. 사회적으로는 인터넷의 상호접근성을 이용한 동호인들 사이의 인터넷 카페들, 화상통화를 통한 위치를 초월한 대면 접촉, 개별 사용자에 특화된 애완용 로봇의 사육이나 공간을 초월한 실시간 인간교류 등을 통하여 현대산업사회의 부작용인 인간의 소외감조차도 해결해줄 수 있는 환경이 조성되고 있는 것이다. 다섯째, 정치적 분야에서는 일방적 홍보에만 그쳤던 과거의 매스컴과 달리 **일반 국민이 인터넷을 통하여 즉각적으로 의견을 표현하여 여론을 형성함으로써 간접민주주의의 단점을 보완하고 정치적 무관심을 완화할 수 있는 환경을 제공**하고 있다. 이미 일반화된 후보자간 TV 토론의 활성화, 여론조사의 상시화를 거쳐서 궁극적으로는 인터넷투표에 이르기까지 통신망을 이용한 정치행위가 확대일로를 걸음에 따라 정치인들은 사이버 공간의 정치적 위력에 의해 정치지형이 변하는 시대를 실감하고 있다. 반면, 땀 흘려 일하는 생산자들에 기생하여 불로소득하는 부동산 투기꾼들이나 뇌물수수자들처럼 양지를 싫어하는 부류들에게는 컴퓨터에 저장된 정보의 영속성과 컴퓨터에 의한 정보처리의 신속성이 사회의 음지를 없앨 수 있는 햇빛이 되고 있다. 범법자들에게는 (타협할 줄 모르는) 컴퓨터에 기록이 남는다는 사실자체가 감시카메라가 항상 지켜보는 것과 같이 두려운 일이기 때문이다. 그 결과 불로소득자들이 설 땅이 없어지는 반면 성실한 사람, 노력하는 사람들이 좀 더 존중받는 밝은 세상이 되어가고 있다. 이와 같이 **건강하고 안전한 사회, 낭비가 없는 효율적인 사회, 위험하거나 단순반복적인 비인간적 업무들로부터 인간을 해방시켜 인간다운 업무에 전념하게 하는 사회 그리고 사회적 음지를 없애고 투명하고 공정한 사회를 조성**하는 것이 정보시대의 긍정적 효과가 실현된 이상적 모습이다. 그러나 정보기술은 이러한 긍정적 발전을 이룩할 수 있는 환경내지는 수단을 제공하는 것에 불과하고, 최종적으로 이러한 기회가 실질적인 혜택으로 현재화(顯在化)하느냐는 주어진 수단이나 환경을 사회가 얼마나 잘 수용하여 활용하느냐에 달려 있는 것이다.

■ 정보화에 의한 정보 불균형의 해소와 사회발전

어떤 사회에서 불평등이나 부조리가 지속되는 전제조건은 정보의 차단에 따른 정보의 불균형이다. 따라서 이러한 사회적 불평등을 근본적으로 해소하기 위해서는 정보가 자유롭게 흐를 수 있게 하여야 한다. 글을 모르던 고려의 무신들에 의해 문신 중심의 불균형적인 정치가 폭력적 종말을 고한 것이나, 반상제도 하에서 백성들이 계몽되기 전까지 구조적인 착취가 사라지지 않았던 사실은 정보의 불균형이 초래한 우리 역사속의 사례들이다. 법적으로는 사회계급이 철폐된 근래에도, 월남파병군인의 희생, 중동 근로자의 피땀, 권위주의시대의 저임 여공들의 애환으로 쌓아올린 국부(國富)가 부동산투기나 뇌물 그 외 여러 가지 특혜의 형태로 정보를 독점한 소수의 기득권층에게로 흘러들어간 사실이 대중들은 잘 모르는 채로 역사 속에 묻혀버렸다.

한 국가의 성패를 결정짓는 핵심요소로서 사회적 불균형을 일반화해보면, 임진왜란 때 일본으로 끌려간 조선의 도공들이 조선에서와는 달리 노력과 기여에 합당한 대우(신사에 모셔진 심수관 등)를 받은 결과 일본도기문화를 꽃피우는 주역이 되었듯이 **생산하는 자와 혜택을 누리는 자가 일치하느냐는 사회발전을 결정짓는 중요한 요소**가 된다. 현재에도 이와 관련된 수많은 불일치들이 제도적으로 또는 부지불식간에 고착화되면서 사회갈등의 원인이 되고 결국 사회발전의 중대한 장애요소가 되고 있다. 몇몇 예들을 보면, 조상의 성취를 그대로 자손이 (종종 탈법적으로) 물려받아 누리게 하는 상속제도 (과거 반상제도에서처럼 출생에 의하여 경제적 신분이 고착되는 사회로 변할 우려), 한 개인의 일생에서 높은 생산성을 발휘하는 나이와 최고 급여를 받는 나이가 불일치하여 조기퇴직과 같은 문제들을 야기하는 연공서열제, 말로는 과학기술우대 운운하면서도 직접 생산을 담당하는 직업과 사람은 천시되고 생산에 대한 보상은 제대로 해주지 않는 사회구조, 누구의 공(功)인지 정하기 애매한 (생래의) 미모 하나로 과도한 대접을 받는 사회풍토 (이는 과도한 성형열풍을 불러온 원인) 등을 들 수 있다. 이러한 불일치를 해소하기 위해서는 먼저 사회구성원들 모두가 불일치의 내용을 정확히 아는 것이 무엇보다 중요하다. 전태일에 의해 자신들이 생산해낸 부가가치와 돌아오는 보상사이의 불일치를 자각하게 된 당시 근로자들의 증언들에서 보거나, 근래 조세회피지역에 관련된 불법계좌에 대한 폭로이후에 전개되는 사회나 정부당국의 반응에서 보나 **문제점에 관한 사실을 정확히 아는 것이 문제해결에 무엇보다 중요하다**는 것을 알 수 있다. 이에 관해 컴퓨터와 인터넷의 발달이 정보의 전파속도와 범위를 즉시적이고 범지구적으로 끌어올림(최근 스노든의 정보기관에 대한 폭로로 인터넷의 위력을 실감)으로써 정보의 독점과 차단을 어렵게 하는 한편 명시적 기록을 남기게 됨으로써 음성적 거래를 어렵게 하는 환경을 제공하게 되었다. 그 결과, **사회적 불평등의 뿌리인 사회구성원들 사이의 정보 불균형을 근본적으로 제거할 기술적 토대**가 일단 구축된 것이다.

이제 막 선진국의 문턱에 들어선 우리사회로서는 투명한 사회야말로 우리가 반드시 이루어야할 지향점이며 그 근본적 해결의 열쇠를 정보화에서 찾을 수 있다. 컴퓨터와 통신망을 이용한 정보화는, 예를 들어 부동산 및 금융 데이터베이스와 통신망 정도의 기본적 저장과 검색기능만 활용하더라도 성실한 시민들에 기생하여 불로소득하는 부동산 투기꾼들이나 뇌물수수자들과 같은 양지를 싫어하는 부류들에게는 사회의 음지를 구석구석 밝혀주는 햇빛이 될 것이다. 결과적으로 **정보화가 제대로 이루어진 사회에는 성실한 사람, 노력하는 사람들이 정당하게 대우받는 밝은 세상**이 만들어질 수 있는 것이다. 이러한 정보화의 과정에서 과거 불충분한 정보흐름의 음지에서 혜택을 누리고 있던 기득권층의 정치적 저항이 있게 마련이지만 투명한 사회로의 이행을 오랫동안 막을 수는 없을 것이다. 결국에는 불로소득은 최소화될 것이고 나아가 온 국민의 마음속에 남아있는 투기성향의 찌꺼기를 걷어내어 노력과 보상이 일치하는 건전한 사회적 분위기를 조성하게 될 것이다. 과거 반상제도와 같은 사회적 장벽이나 대기업의 독과점을 비롯한 수많은 불공정관행들은 개인이나 중소기업의 발전을 가로막는 구조적 장애가 되어왔다. 이에 비해 수십만 개의 스마트폰 앱(App,, application)들이 **과도한 지대(地代)를 바치지 않고도 자유로이 거래되는 장터(AppStore)를 제공하는 아이폰(iPhone) 열풍도 창의에 바탕을 둔 노력만이 평가받는 사회인 열린 정보사회의 한 단면**을 보여주는 사례에 다름 아니다. 국력의 원천인 전체국민의 무한한 잠재력을 불합리한 사회제도 때문에 사장시키는 것은 고가의 양주를 라면 끓이는 연료로 쓰는 것과 같은 국가적 손실이자 인간의 존엄성에 대한 모독이기도 하다. 따라서 개개인의 인간다운 삶과 국가의 발전을 보장하는 바탕을 제공하는 수단으로서의 정보사회의 가치를 이해하고 실현해야 할 당위성이 여기에 있다. 하지만 이 모든 것이 환경내지는 수단을 제공하는 것에 불과할 뿐, 최종적으로 이러한 기회가 실제적인 혜택으로 현실화되느냐 여부는 제공된 수단이나 환경을 어떻게 제도화하여 실현하느냐에 달려 있다.

■ 정보시대의 보안관

기독교인들은 하나님이 항상 내려다보신다고 믿기 때문에 혼자 있어도 나쁜 짓을 잘 하지 않게 된다고 한다. 하지만 종교가 쇠퇴하는 시대를 맞아, 대신 과학이 만들어낸 컴퓨터의 철저한 감시기능이 정보시대의 보안관의 역할을 담당할 수 있다. 이미 컴퓨터는 우리 사회에서 금융실명제, 세금징수, 부동산보유현황관리, 범죄이력관리 등을 빈틈없이 실현하는 핵심도구로서 엄격한 감시자의 기능을 담당하고 있다. 하지만 컴퓨터가 엄격하고 충직한 감시자 역할을 해내기 위한 중요한 전제조건으로 컴퓨터를 도구로 부리는 정보책임자의 도덕성이 담보되어야만 한다. 먼저 감시기능을 실현하기 위한 컴퓨터를 도입할 것이냐 또는 최종적으로 컴퓨터가 밝혀낸 사실을 어떻게 사용할 것이냐에 대한 고도의 판단은 변함없이 사용자인 인간에게 달려 있기 때문이다. 한편 정보시대에는 컴퓨터와 통신망의 속도와 범위에 비례하여 파급력이 커진 해당 정보책임자(CIO, Chief Information Officer)와 관계자들에게 정보시대 판 권력집중현상이 생길 수 있다. 즉, 모든 정보가 전적으로 컴퓨터에 집중되게 됨에 따라 과거 권위주의시대의 중앙정보부나 나치의 친위대보다 훨씬 강력한 권력자(Big Brother)의 시대가 도래할 가능성이 있다. 이를 막기 위해서는 법적 제도적 장치와 함께 권력자에게서 독립된 시민들에 의한 부단한 감시가 과거보다 한층 더 중요해지고 있다.

■ 재택근무의 효과

우리가 매일 숨을 쉬고 사는 주거지는 건강 뿐 아니라 정서나 사고를 포함한 삶 전반에 지대한 영향을 미치게 된다. 삶의 질이 주거지 선택에서 우선 고려의 대상이 되고 있는 선진국을 여행하다 보면, 경치 좋은 외딴 골짜기들에도 도시의 공해와 혼잡을 피해온 사람들이나 통근이 필요하지 않은 은퇴자들이 자연의 일부가 되어 사는 집들이 발견되곤 한다. 반면, 우리사회에서 주거지를 결정하는 가장 큰 요소로는 직장과 자녀의 교육을 들 수 있다. 가장의 직장과 자녀의 학교가 서로 멀리 떨어져 있는 경우에 둘 중 한쪽이 희생하고 (이 경우 우리나라에선 주로 가장 쪽에서 희생) 긴 통근시간을 감수하고 산다.

재택근무(telecommuting) 또는 유연근무(smart working)는 정보시대의 도래에 따른 우리의 삶에 지대한 영향을 줄 거대물결들(mega trends) 중의 하나이다. 자동차의 대중화로 도시민들의 거주지가 직장과 멀리 떨어진 교외로 확대되어 여유 있는 주거환경을 누리게 되었지만 출퇴근을 위한 교통문제가 심각해졌다. 재택근무가 일반화되면 대부분의 업무가 정보에 관련되어 있는 현대의 직장인들에겐 출근이라는 공간적 이동자체가 굳이 필요하지 않게 되어 교통문제가 근본적으로 해결될 계기가 마련된다. 따라서 주거지 선택에서 직장과의 공간적 거리의 중요성이 대폭 줄어들게 된다. 지금도 인도(India)에 위치한 콜센터 직원이 수만리 떨어진 미국의 직장에 고용되어 일하고 있고, 소녀시대를 위해 노래를 작곡하는 북유럽 작곡팀은 자신이 작곡한 노래가 일본에서도 큰 인기를 모으고 있다는 사실을 잘 알지 못하는 시대이다. 정보시대가 본격화됨에 따라 직장의 위치가 원하는 주거지의 선택에 장애가 되는 일은 크게 줄어들게 될 것이다.

재택근무의 효과를 구체적으로 살펴보면, 개인적 선호에 따라 근무시간을 자율적으로 조절할 수 있는 **유연근무제를 가능하게 하는 동시에 통근에 수반하는 에너지 소모와 그에 따른 공해를 줄이는 효과**를 낳는다. 이러한 효과는 가솔린차 대신 전기자동차를 도입하는 등의 부분적 공해대책들과는 차원이 다르게 교통 수요를 근원적으로 없앨 수 있다. 즉, 전기자동차는 공해발생장소를 도로상에서 발전소로 이전할 뿐 근본적으로 없애지는 못하지만 재택근무는 교통수요자체를 근본적으로 없애는 효과가 있다. 물론 이를 위해서는 **정보기술의 혁명적 발전 외에 조직문화 나아가서 사회구조적인 변화, 즉 일상적 생활방식을 포함한 인류문화적 변화가 수반되어야 궁극적 성공**이 실현될 수 있다. 일반적으로 사회적, 문화적인 변화는 시간이 오래 걸릴 뿐더러 저항이 심하기 마련이지만, 이전 세대들과 달리 요즈음 신세대는 인공적인 환경, 즉 인공적 조형물의 복합체인 도시, 도로, TV 등의 영향 아래에서 자라왔기 때문에 자연에 관한 향수가 상대적으로 적을 수밖에 없다. 따라서 컴퓨터와 기계들로 인공적으로 구성되는 정보시대의 사이버 세상(cyber space)에 관한 적응도가 상대적으로 높을 것으로 기대된다.

부동산문제로 골머리를 앓고 있는 우리사회가 재택근무를 통해 통근의 필요성에서 해방되면 **도시의 집중화로 땅값이 천정부지로 치솟게 하는 것과 같은 종래의 주거행태에 근본적 변화를 가져오는 단초**가 될 수 있다. **직장의 소재지와 무관하게 주거지를 선택**할 수 있게 되면서 도시의 땅값이 내려가는 대신 산천경개가 좋은 곳의 땅값이 오르게 될 수도 있다. 이와 관련한 한 연구보고서에서 미국의 유수한 자문회사(Arthur Anderson & Co.)는 원래 자가용 비행기를 이용한 원거리 출퇴근이 적지 않은 미국에서도 도심지의 땅값이 20% 이상 폭락할 것으로 예측하고 있다(이와는 반대로, 미국의 대도시들의 인구가 최근 들어 다시 증가세로 반전되고 있다는 소식도 있지만 정보시대 초엽에 나타나는 J curve와 같은 일시적 현상일 수도 있고 사회적으로 융합이 중시되기 때문일 수도 있지만 당분간 좀 더 두고 보아야 장기적 경향을 파악할 수 있을 것이다). 어쨌든 미국보다 더 도시집중이 심한 한국에서는 도심지가의 하락폭이 더 커질 가능성이 충분하다. 이제 정보통신의 혁명에 의해 자녀교육과 직장에 기인한 공간적인 제약이 해소되면 은퇴자나 자가용 비행기를 소유할만한 부자가 아닌 일반 직장인들도 삶의 질을 주거지 결정의 우선사항으로 고려하게 될 것이다. 특히 산업화의 결과인 도시집중 그 중에서도 수도권이라는 하나의 축으로의 과도한 집중이 국가적 문제가 되어있는 우리사회에서도, 도시의 홍진 속에 묻혀 숙명이라 생각했던 **출근전쟁 속에서 잃어버렸던 본래의 자연들을 되찾게 되어 인간적인 삶에 대한 르네상스가 도래할 계기**가 될 수 있다.

재택근무는 **사회전체의 부동산의 이용효율의 측면에서도 커다란 효과**를 가져다 줄 수 있다. 개인의 생활비에서 주거비용이 가장 큰 부분을 차지하는 동시에 일반적인 기업의 비용에서도 노동비용 다음으로 부동산관련 비용이 높게 나타나지만 직장인 개개인의 주거용 공간과 업무용 공간이 동시에 쓰이는 적이 없이 한 곳은 항상 비어있는 채로 있게 된다. 두 곳 모두 비어있게 되는 출퇴근시간까지 감안하면 교통이 혼잡한 대도시에서의 부동산은 더욱 저조한 이용률을 보이게 된다. 50%에 못 미치는 두 공간의 낮은 이용률뿐 아니라 그에 수반되는 에너지비용을 포함한 유지비용도 적지 않은 실정이다(더구나 중산층에서 시작되고 있는 세컨드 홈 소유경향은 공간이용률을 더욱 낮아지게 만들게 된다). 재택근무는 이러한 비효율을 근본적으로 해결해 줄 수 있게 생활방식을 혁신할 수 있는 방안이 되는 것이다.

6.2.1 컴퓨터와 통신망의 등장에 따른 사회조직의 변화

빠른 정보처리속도와 함께 인간의 고유한 특성이었던 융통성을 제한적으로나마 보여주는 컴퓨터들이 통신망을 통해 연결됨으로써 이를 사용하는 사회조직에도 근본적 변화를 가져오고 있다. 다시 말해 조직의 구성원들이 협업하여 수행하던 업무의 처리가 컴퓨터들과 통신망에 기반하여 정보화됨으로써 업무처리의 정확성과 신속성에서 획기적인 발전을 가져왔다. 이러한 변화는 (이를 먼저 수용한 미국의 예에서 보듯이) 계층적 조직에서 상하계층들을 연결하는 역할을 담당하는 **중간관리계층(middle management)의 쇠락**을 가져왔는데 이들이 바로 컴퓨터와 통신망이 대체하기 가장 용이한 업무를 주로 담당하고 있었기 때문이다. 유사한 이유로 비교적 **정형화된 업무**인 은행창구업무(bank tellership)등은 미국뿐 아니라 근래 일본에서도 대부분 시간제 근로자로 대체되는 경향을 보이고 있다. 상대적으로 유연한 노동시장을 가진 미국과 달리 인간자원을 다른 생산요소들과 상당히 다르게 취급하는 동양권에서는 정보화의 영향을 더디게 받고 있으나 세계화시대의 무한경쟁의 파도를 언제까지 노동조합과 같은 정치적 방법으로 막을 수 있을지 알 수 없다. 그리고 상업조직에서는 인터넷의 등장으로 인해 **상거래에서 단순매개역할을 하던 부문이 쇠퇴**하는 추세가 눈에 띈다. 즉, 통신망을 통하여 생산자와 소비자가 직접 연결되는 방식이 일반화하면서 단순 중개업이나 전 세계적인 전통적 영업망을 가진 종합상사의 역할이 대폭 좁아지게 되었다. 그 결과 중개업의 여러 가지 부문들 중에서 본질적으로 물리적 업무이기 때문에 대체할 수 없는 화물운송부문만 분리되어 택배업 등이 눈에 띄게 성장하고 있다.

컴퓨터의 등장에 따른 또 하나의 눈에 띄는 효과로서 산업전반에서 제조업과 서비스업의 경계가 무너지고 있다. 과거에는 구현이 불가능했던 복잡한 기능들이 소프트웨어로 용이하게 구현되는 한편 인문사회적 이론으로 머물던 추상적 생각들도 컴퓨터의 도움으로 실현이 가능하게 되었다. 따라서 전통적으로 상품화와 직접 관련되지 않는 **이론적 분야(예를 들어 실감나는 컴퓨터그래픽스의 바탕인 프랙탈 이론)로 취급되거나 개인의 특별한 자질로만 머물던 노하우들(예를 들어 로봇으로 개발된 초밥장인의 솜씨)을 최종 제품의 기능에 반영하거나 컴퓨터 소프트웨어화된 서비스로 상품화**할 수 있게 되었다. 다양한 정보와 지식들이 언제어디서나 쉽게 얻어지는 정보시대에 경쟁력을 유지하기 위해서 개인적으로는 융합적 지식이 필요하게 되는 한편 조직면에서는 통합적인 부서들이 등장하고 있다. 다시 말해, **산업시대의 대량생산에 적합한 수평적 분업을 위한 조직대신 인문사회적 지식과 과학기술을 망라한 수직적 통합이 가능한 조직으로 이행**되고 있는 것이다.

6.2.2 정보시대를 사는 개인들에의 영향

정보의 처리와 전달방식에서의 획기적 변화는 인간의 업무처리방식에 구조적 변화를 가져오고 결과적으로 사회구조뿐 아니라 구성원들에게 심대한 영향을 미치게 된다. 일반적으로 어떤 분야가 컴퓨터나 인터넷을 많이 활용할수록 분야전체의 발전은 이루어지지만 그 분야에 현재 종사하고 있는 개개인의 일자리는 정보기기로 대치되면서 오히려 위태로워질 수 있다. 즉, 정보시대가 진행되면 정형화되고 반복적인 업무들을 주로 수행하는 직종들은 기계인 컴퓨터가 대신하기가 용이하기 때문에 장래가 불투명해질 수밖에 없다. 예를 들어 컴퓨터의 활용의 역사가 긴 미국의 경우 일상적 은행창구업무나 간단한 세금보고(tax return) 업무 등은 오래전부터 대부분 컴퓨터로 대체된 상태다. 하지만 현재와 같은 정보시대에 러다이트운동으로 생존투쟁을 하기엔 컴퓨터가 이미 우리 생활에서 뗄 수 없는 중추가 되어버렸다. 예를 들어 은행거래나 주식거래에서 컴퓨터가 몇 분 동안만 정지되어도 수천억 원 단위의 손해를 초래하곤 하지만 이는 우리 일상의 컴퓨터 및 인터넷에의 의존도를 웅변하는 무수한 사례들 중 하나일 뿐이다. 이러한 현실을 인정할 수밖에 없는 정보시대가 빠른 속도로 성숙됨에 따라, 각 개인은 경쟁력을 유지하기 위해 **컴퓨터와 인터넷이 대치하기 어려운 업무들을 찾아야할 뿐 아니라 그러한 업무를 수행하는 수단으로 컴퓨터를 십분 활용**할 수 있어야 할 것이다.

■ **정보의 고도화에 따른 이해의 어려움**

대중들은 컴퓨터나 인터넷을 통해 얻어지는 정보를 맹신하는 경향이 있다. 이는 정보가 국가기관이나 몇몇 언론에 의해 독점되던 시대에 신문에 활자화되거나 방송 등에 언급된 바를 모두 진실이라고 믿던 행태가 관성적으로 지속되는 셈이다. 실제로는 정보기기를 사용하는 정보처리에 관련된 모든 단계들에서 정보의 왜곡이 발생할 수 있다. 즉, 컴퓨터나 인터넷을 사용한 정보의 수집, 변환이나 처리, 저장과 전달 등의 각 단계에서 기술적 훼손이나 고의적 왜곡이 발생될 수 있다. 뿐만 아니라, 여러 과정을 거쳐 정보가 최종소비자에게 정확하게 도달하더라도 정보에 대한 최종사용자에 의한 정확한 해석이 정보를 올바르게 사용하기 위한 마지막 관문이 된다. 사실 정보에 대한 정확한 해석능력은 정보시대에만 국한된 문제가 아닌 시대를 불문한 인간의 일반적 소양이지만 정보의 양과 질이 많아지고 깊어짐에 따라 그 중요성이 더욱 증폭되고 있다. 컴퓨터와 인터넷에 의해 정보의 자유로운 이동이나 정보에의 접근가능성은 제도적으로 보장되어가고 있지만, 현실적으로 가장 확립하기 어려운 요소가 시민 개개인들의 정보에 대한 이해능력인 것이다. 더구나 시대착오적인 좌우편 가르기에 휘둘리거나 편견에 따른 지방색에 물들게 되면 옳은 정보해석은 더욱 어려워진다. 정보시대의 우민(愚民)이 되지 않기 위해서는, 직접적으로 또는 우회적인 방법으로 왜곡된 정보를 꿰뚫어볼 수 있고 복잡한 정보의 정확한 의미를 (편견없이) 파악할 수 있는 이해능력이 필수적이다. 이에 관해 미국의 보통교육이 민주시민으로의 자질을 기르기 위해 독서능력과 발표능력의 배양에 중점을 두는 것도 같은 맥락으로 볼 수 있다. 과거의 시민사회가 추구했던 국가권력으로부터의 자유를 확보하는 수준을 넘어서 정보시대에 진입한 현재의 우리 사회로서는 소수 기득권층(및 동조자들)에 의한 교묘한 정보왜곡의 타파가 중요한 과제들 중에 하나가 된 것이다.

일반적으로 어떤 주장을 판단할 때 관련된 모든 측면들과 배경상황을 함께 고려해야 한다는 당위에 관련한 사례들을 살펴보자. 한자(漢字)교육을 지지하는 측에서, 한자를 배움으로써 아이들의 지능이 특히 빠르게 발달한다고 하는 주장이 있었다. 이 주장이 사실이라고 한다면 '한자가 다른 문자보다 우수하다'라는 근거가 될 수 있는가를 살펴보자. 일반적으로 상형문자인 한자를 배우기 위해서는 표음문자(국어, 영어 등)를 배우는 것보다 훨씬 많은 노력이 필요하다. 따라서 제대로 배우기 위해서는 상대적으로 많은 공부시간이 필요할 것이고 평균적으로 상응하는 노력만큼 지식이나 지능이 더 개발될 수밖에 없게 될 것이다. 이에 비해 표음문자를 배운 아이는 문자를 상대적으로 짧은 시간에 배울 수 있었기 때문에 절약된 시간을 산수나 과학 등의 다른 과목들에 투자했다면 문자에 관한 지식을 포함한 그 아이가 얻은 전체 지식은 비슷하리라고 생각할 수 있다. 한편 사회적 평가는 역사의 배경 속에서만 의미를 가지기 때문에 해당 사안의 시공간적 (역사적) 맥락을 고려해야 함은 당연하다. 한 신문광고에서 '아버지 세대에는 집사는데 30년이 걸리는 게 당연하고 직업이 얻기 어려운 것은 요즘 세태보다 훨씬 더했다'고 젊은 세대의 불만을 질타한 주장을 본 적이 있다. 하지만 이와 같은 사회현상에 대한 기계적 비교에 의한 비판은 "피라미드벽면에도 '요즘 젊은이들은 못 쓰겠다.'"는 글귀가 있다는 우스개처럼 진부한 황혼연설로 치부되기 십상이다. 이러한 비판이 설득력을 가지려면 절대적 경제사정뿐 아니라 역사적인 경제발전속도와 해당 사회의 구성원들 사이의 상대적 빈곤 같은 여러 측면들을 복합적으로 고려해서 평가해야 할 것이다. 정보시대에 일찍 진입한 미국에서도 자기합리화를 위한 아전인수격인 정보해석("흡연으로 일찍 죽게 되면 차라리 국가전체 의료비가 줄어들기 때문에 담배가 의료비를 늘리지 않는다?"라든가 "천기저귀가 세탁하는데 드는 에너지 소비를 고려하면 일회용 기저귀보다 환경측면에서 나을게 없다?" 등의 주장)이 종종 전파를 타고 있다. 이와 같은 정보해석상의 논란이나 교묘한 왜곡이 우리의 일상생활에 관련될 정도로 사회가 복잡다단해지면서 평면적 판단이나 평가로는 자신의 정당한 권리도 지킬 수 없게 되었다. 더구나 정보가 넘쳐나는 정보시대를 사는 우리 대중들이 최소한의 정보과학적 지식을 가지지 못한다면 컴퓨터의 빠른 속도와 인터넷의 넓은 적용범위는 통계적 여론조작의 편리한 도구로 전락할 수 있다. 이에 관련하여, 여론의 절대적 지지를 받던 개혁방안이 기득권층과 그들을 비호하는 정치세력들이 반개혁적 논리들을 합리화하는 방향으로 여론을 오도함으로써 좌절되는 사례를 우리는 종종 목격해왔다. 이러한 반개혁적 행동들을 낱낱이 기록하여 (망각을 잘하는 우리 국민들이) 다음 선거에 반영할 수 있도록 하는 최소한의 역할을 수행하는 데는 건망증이 전혀 없는 컴퓨터가 적격이라고 할 수 있다.

■ 개인적 위치의 유동화와 부동화

휴대폰이나 컴퓨터와 같은 무선정보기기의 일반화로 개인들의 위치가 유동화(流動化)됨에 따라 개인들을 직장, 즉 업무처리를 위한 특정장소에 매이지 않게 하고 자질구레한 업무들을 어디서나 처리할 수 있는 바탕이 마련되었다. 하지만 언제라도 업무를 할 수 있다는 가능성은 역으로 업무에서 잠시도 해방되지 못하게 될 수도 있다는 우려를 낳고 있기도 하다. 물리적으로 보면 [그림 6.1]에서 보여주는 바와 같이 염소를 긴 고삐로 연결하면 고삐가 길어진 만큼 자유반경이 늘어나기도 하지만 반대로 당기면 끌려오게 되는 반경도 동시에 커지는 양면성을 가지고 있다. 한편 개인들의 위치의 유동화는 동시에 부동화(浮動化)를 가져오고 따라서 사회의 개인화가 가속화되고 인간들 사이의 유대감이나 소속감이 엷어질 가능성이 커지게 된다. 일례로 휴대폰만 가진 가구들이 늘어남에 따라 고정된 유선전화를 대상으로 하던 여론조사방법은 주민의 소속지역을 알 수가 없기 때문에 국회의원선거와 같이 지역별 여론을 파악하는 경우에는 사용할 수 없게 되었다. 한편 사이버 공간이 본격적인 경제적 사회적 활동의 무대로 등장함에 따라 직접적으로 **대면할 기회가 적어지고 익명성이 증가**하고 있다. 이러한 익명성은 인간의 책임의식을 약화시켜 사이버 공간에서의 마녀사냥이나 이지메를 낳고 무책임한 주장이나 근거없는 루머들이 횡행할 수 있는 토양을 제공한다. 그리고 이러한 자유화경향과는 반대로 휴대폰이나 CCTV 등의 정보기기들에 의해 **개인들의 위치가 파악되거나 실명화**됨에 따라 얻어지는 개인적 정보가 나쁜 의도로 사용되어 개인의 사생활이 침해될 여지가 커지게 된다.

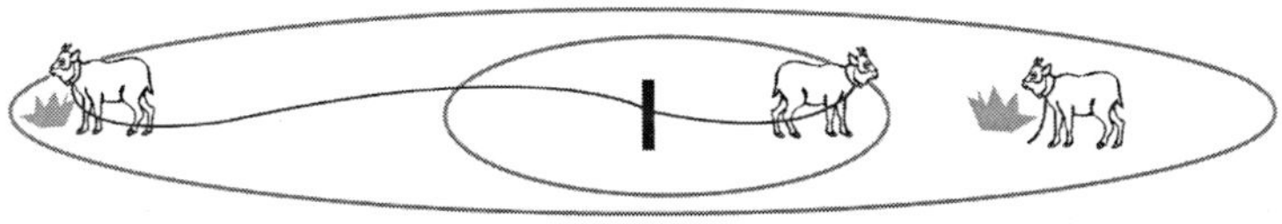

그림 6.1 이동정보기기 사용이 가져오는 자유와 속박의 양면성

■ 정보시대와 균형잡힌 실명화

태어나면서부터 속하게 되는 가족이라는 최소단위의 (혈연)사회에서는 모든 것이 실명(實名)으로 이루어진다. 이러한 전통가족제도 속에서 자란 이들은 모든 것이 실명으로 행해지는 사회의 장단점들을 경험했다. 도시화시대 이전, 전통적인 마을에서 자란 세대들은 '이웃집의 숟가락이 몇 개인지'까지 알고 지내던 유대감을 기억하고 있다. 한편으론 그러한 철저한 실명제 사회에서는 먼저 개인의 사생활이 거의 인정되지 않는 문제와 함께 다른 그룹에 대한 배타적 사고방식도 피할 수 없는 폐해였다. 이후 우리 사회가 전통적 농경사회를 벗어나 산업사회로 이행하면서 초래된 도시화가 가지는 과도한 익명성이 구성원들의 사회적 책임의식 약화를 불러와 갖가지 사회문제들을 일으키고 있다.

정보시대에 들면서 도입된 여러 가지 실명제에 의해 공적인 행위나 자산의 소유가 실명화될 뿐 아니라 CCTV나 스마트폰의 위치추적기능에 의해 개인적 행적까지도 일정 범위에서 실명화되는 등 도시화에 따른 과도한 익명성이 완화되고 있다. 사실 현금을 매개로 한 거래의 익명성이 가져오는 폐해를 완화하기 위해 도입된 금융실명제도 금융거래의 컴퓨터화가 이루어지지 않았다면 실현이 불가능했던 제도이다. 뿐만 아니라 여러 가지 공적인 행위들에 대한 실명화도 컴퓨터에 의한 데이터베이스검색기능에 의해 실질적 감시가 가능하게 된다. 구체적 실명화의 과정에서 적정한 실명화의 범위가 사생활보호라는 가치와 충돌하면서 종종 논란이 되고 있기는 하지만 극단적 실명과 익명사이에 균형 잡힌 실명사회가 되어가는 것이 생활방식에서의 변증법적 진화의 한 측면이라고도 볼 수 있다. 물론 정보기기에 의한 타율적인 실명제가 사람들을 지속적으로 계도하여 궁극적으로는 실명제 법규와 그를 강제하는 수단들이 유명무실하게 되는 윤리적인 사회가 우리가 바라는 사회라고 할 수 있다(우리나라에서 금융실명제가 실시되기 이전부터 불편없이 자연스럽게 실명으로 거래하고 있던 97%의 시민들의 경우처럼).

6.2.3 정보시대의 경제적 효과

정보시대의 효과는 전방위적이기 때문에 그 경제적 효과가 일차, 이차, 삼차산업에 걸쳐 **산업전반에 직접적으로 영향을 미칠 뿐 아니라 정치, 사회, 문화에의 영향에 의한 간접적인 효과가 추가적으로 경제적 영향**을 미치게 된다. 정보시대가 가져온 경제적 효과를 직접적인 측면에서만 고려하더라도 그 폭과 깊이를 가늠하기 어려울 정도로 지대하다. 제조업의 예를 보자면, 고객의 취향파악 및 그에 맞춘 제품설계, 생산과정에서의 공정제어와 물류 및 판매단계에서의 운송과 재고관리 그리고 일반적 관리업무들까지 모든 산업측면들에서 정보화의 효과가 미치지 않는 곳은 없다. 구체적으로 제품설계에서는 CAD 시스템을 사용함으로써 설계의 효율성이 제고되었고, 컴퓨터를 이용한 최적공정제어로 생산비용을 절감할 수 있게 되었으며, 재고와 물류를 정보화함으로써 낭비요소를 최소화할 수 있게 되었다. 결과적으로 컴퓨터를 만들어낸 전자공학분야의 개화이전에는 상품값은 항상 오르기만 하는 것이 상식이었으나 현재는 컴퓨터나 정보기기들의 값뿐만 아니라 반도체칩을 사용하는 많은 기기들이 성능은 지속적으로 개선되고 가격은 하락하는 것이 당연시되고 있다. 특히 자동차와 같은 전통적인 기계식 제품들이 컴퓨터칩을 사용하여 지능화 되면서 경박단소(輕薄短小)화가 이루어져 생산비용이 줄어들고 성능은 획기적으로 향상되고 있다. 그 결과 영화 007에서 보던 최첨단 기기가 기술발전에 따라 얼마 후엔 가정용 제품으로 대중화될 만큼 저렴해지는 세상이 열린 것이다. 나아가 정보통신기술은 단순히 비용의 절감뿐만 아니라 개개인의 필요나 취향에 맞춘 주문형 서비스나 맞춤형 물건의 생산을 가능하게 한다. 즉, 주문형 도안이나 문구를 새긴 옷이나 각종 안내장의 즉석 제작이나 컴퓨터 그래픽스 기술을 이용하여 성형후의 모습, 사고자하는 옷을 걸친 모습, 자신의 미래의 모습 등을 미리 볼 수 있게 되었다.

■ 정보화에 의한 자원 및 환경보호

산업화에 따른 대량소비시대의 부작용으로 물자와 에너지 등 자원의 부족이나 고갈과 함께 공해와 지구온난화가 현재와 같은 인류의 생활방식이 지속가능한지를 묻고 있다. 다른 집들과 마찬가지로 우리집 서랍에도 시계, 워크맨, 라디오, 휴대폰 등이 충분히 쓰이지도 못한 채 여럿 사장되고 있다. 환경보호의 입장에서 이러한 과잉소비행태들을 볼 때마다 생산에 소요되었을 재료와 에너지를 생각하면 아까운 생각이 그지없다. 한편 세계화가 진전됨에 따라 우리가 소비하는 물건의 대부분은 멀리 떨어진 지역이나 해외에서 생산되고 있고, 현대인의 일주일 이동거리가 자동차 발명이전의 평생 이동거리와 비슷한 정도에 달하는 등 현재의 생활방식은 운송에 소비되는 에너지의 폭발적 증가로 나타나고 있다. 이에 따라 중국에서 생산된 운동화들을 유럽에서 소비하고 칠레에서 키운 포도를 한국에서 판매하게 됨으로써 생활의 질이 높아졌지만 화물을 운송하는데 드는 막대한 에너지소비가 가져오는 에너지의 고갈과 공해에 의한 지구온난화와 자연파괴는 인류의 생존을 위협하는 수준에 이르렀다.

자원을 절약하는 방법은, 먼저 제품의 생산단계에서 **제품설계를 자원절약형으로 하고 생산과정을 최적화할 뿐** 아니라 아예 공급과 소비측면에서 **과다생산을 막고 생산된 물건이 낭비되지 않도록 하는 방안**이 강구될 수 있다. 이와 같은 여러 단계에서의 자원절약 방안들은 컴퓨터와 통신망을 이용한 다양한 정보화 방안들을 통해 실현될 수 있다. 구체적으로 설계단계에서 컴퓨터설계도구(CAD tools)와 컴퓨터 시뮬레이션을 이용하여 (적은 재료를 필요로 하고 높은 에너지 효율을 가진) **효율적인 제품을 설계**하고, 생산단계에서 컴퓨터에 의한 공정자동화(CIM, Computer Integrated Manufacturing)와 최적제어(optimal control)를 통해 에너지를 포함한 **생산요소들의 투입을 최소화**하고, 통신망을 이용하여 수요를 광범위하고 즉각적으로 파악하고 나아가 데이터마이닝 등의 고급 컴퓨터기법을 통해 **수요를 예측하고 적시에 공급함으로써 재고를 최소화**하여 전체적으로 에너지와 자원의 낭비를 최소화할 수 있다. 추가로 사용 후의 폐품과 쓰레기를 최소화하고 재활용하기 위해 쓰레기를 분류하는 작업에 로봇을 이용하거나 컴퓨터를 사용함으로써 효율을 극대화할 수 있다(이러한 로봇도 기계장치들이 컴퓨터의 제어를 받는 특화된 컴퓨터라고 볼 수 있다).

사람이나 물자의 운송단계에서 에너지를 절약하는 방안으로, 자동차의 연비를 높이거나 도로를 넓혀 도로용량을 늘리는 동시에 교통체계나 물류시스템을 정보화함으로써 주어진 도로를 충분히 활용할 수 있다. 이와 같이 이미 발생된 **운송수요를 효율적으로 해결하는 방법과 함께 운송수요자체를 최대한 억제**하는 방안이 강구될 수 있다. 구체적으로 운송효율을 높이기 위한 방안들 중에서, 여러 가지 물류정보를 종합적으로 이용하여 차량들을 전체 운송시스템 차원에서 효율적으로 배치하게 하는데도 정보시스템의 이용은 필수적이다. 개별적인 차량운행에서도 통신수단을 이용하여 실시간으로 교통정보를 제공하고 자동차 네비게이터가 목적지로의 최단거리를 알려주게 됨으로써 절약할 수 있는 에너지도 적지 않다. 한편 운송수요자체를 억제하기 위해서는 앞서 말한 수요분석을 통해 여러 낭비요소들을 제거하여 생산을 최소화하면 화물운송수요를 줄일 수 있게 되는 반면, 승객운송수요를 줄이려면 공간적 이동을 수반하는 출근과 출장을 최소화할 수 있는 방안이 강구되어야 한다. 실제로 인간의 행위중 비교적 고급의 업무들은 대부분 정보에 관련된 일들이기 때문에 통신망을 이용하면 **사람들이 공간적 이동수요를 정보의 이동으로 대치**할 수 있다. 일반적으로 승객운송수요를 대체할 수 있는 일반적 기능들인 재택근무나 화상회의와 함께 전문분야들에서 원격교육(tele-education), 원격진료(tele-medicine)와 로봇수술 등이 공간적 이동없이 대면을 가능하게 하는 컴퓨터와 통신망을 이용한 업무들의 대표적 예들이다. 그러나 무엇보다도 바람직한 절약방안은 물자의 최종소비자로서의 개개인들이 지나친 물질적 욕심을 줄이고 낭비적 습관을 버리는 데에 있다. 이와 같이 불요불급한 물건과 이동에 대한 수요자체를 줄일 수 있다면 그에 따른 생산과 운송의 필요성 자체를 최소화하는 근본적 절약방안이 될 수 있다.

6.2.4 정보시대의 이면

자동차의 발명이 신속한 운송을 가능하게 한 반면 교통사고나 대기오염과 같은 이전에 없던 부작용들을 수반하는 것과 같이 모든 고속화, 대량화, 광역화는 필연적으로 부작용을 동반하게 된다. 인터넷에 의한 정보측면에서의 세계화는 인류문명이 인쇄술 이후에 경험하는 가장 획기적 변혁으로서, 정보의 연결범위와 전파속도의 양 측면에서 동시에 초월적 변화를 가져왔기 때문에 당연히 그에 상응한 기회와 함께 위험을 제시하고 있다. 전자처럼 극미한 물체를 다루기 위해서는 전통적인 뉴턴역학(Newtonian mechanics)에서 양자역학(quantum mechanics)으로의 도약이 필요했듯이, 어떤 것이라도 일정한 한계를 넘어서면 기존의 테두리 내에서 작동하던 원리들이 적용되지 않는 다른 세계가 펼쳐지게 된다. 전자파의 전송속도가 실시간 통신을 가능하게 하여 정보에 관한 공간적 제약을 없애주었지만 그 이면에 컴퓨터 바이러스와 같은 악성 데이터 또한 같은 경로를 따라 세계적 범위로 그것도 순식간에 컴퓨터와 정보를 오염시키거나 파괴하고 있고 무수한 스팸 메일들이 수백만의 불특정인들을 대상으로 저인망식으로 뿌려지고 있다. 또한 금융기관이나 공항 등의 대규모 조직에서 정보시스템이 일시 정지되어 발생되는 천문학적 손해들을 겪으면서 컴퓨터와 인터넷이라는 획기적 도구의 부작용과 위험성의 전래없는 규모를 실감하게 된다. 구체적으로 정보보안과 같은 기술적으로 해결될 수 있는 정보시스템 내의 직접적 문제들 외에 장기적이고 구조적인 역기능으로는 **정보의 쏠림에 따른 빈부격차의 심화, 정보의 독점을 악용한 전체주의(Big Brother)의 가능성, 정보의 실시간 전파에 따른 세계적 규모의 획일화의 부작용, 지나친 간접화의 위험** 등의 난제들이 대두되고 있다.

컴퓨터의 사용이 일반화되면 컴퓨터 디스크상의 파일들은 늘어나겠지만 종이를 사용하는 문서는 줄어들 것이라는 예상과 달리 프린터용 종이소모가 갈수록 늘고 있다. 이는 자동차의 사용으로 운송이 빨라짐에 따라 오히려 운송수요가 늘고 이에 따라 전체적으로 에너지 소비가 늘어나는 것과 맥을 같이한다(자동차와 비행기 발명이후 현대인의 일주일 이동거리가 이전 사람들이 평생 동안 이동한 거리보다 길다는 조사결과가 있었다). 구글(Google)사의 데이터센터(server farm)에서 소비하는 에너지 소비량이 천문학적 규모인 것에서 보듯이 정보량의 증가에 비례하여 그에 관련된 에너지 소비도 기하급수적으로 증가하고 있다. 물론 근세 이전의 파발마와 비교하면 통신에 관한 단위정보당 에너지 효율은 훨씬 개선되었지만 **에너지 효율이 개선되는 속도보다 훨씬 빠른 속도로 정보량이 증가**함에 따라 정보처리 및 전송에 쓰이는 전체 에너지소비는 폭발적으로 늘고 있는 것이다. 결국 효율이 높아지면 비례하여 소비가 더 많이 늘어나는 인간의 속성을 제어하는 방법은 여전히 '자연과 조화될 수 있는 절제하는 삶으로 돌아가자.'는 전통적 철학이나 윤리에서 찾을 수밖에 없다.

■ 정보의 독점의 폐해

어떤 자원이라도 독점은 폐해를 낳기 마련이지만 특히 공공적 정보의 불합리한 독점은 사회 전반에 심대한 악영향을 미친다. 자유민주체제하에서 국가나 사회조직의 운영은 국민이나 구성원들의 총체적 의사에 의해 결정된다고 볼 때, 여론형성의 기초가 되는 정확한 정보의 자유로운 이동과 정보에 대한 용이한 접근성은 공정한 민주사회를 위한 가장 기본적인 요소가 된다. 과거 전제국가들에서조차 언로가 열려 있을 때 흥했고 폭군들은 예외 없이 언론을 탄압했던 사실이나 언론의 자유보장을 헌법 첫째 줄에 두고 있는 미국이 세계 최강의 국가로 군림하고 있는 사실 등은 정보의 자유로운 흐름의 중요성에 대한 방증들이다. 근대국가에서도 독재나 기득권층의 전횡은 언제나 중요한 정보의 독점이 그 뒷받침이 되고 있음은 역사 속에서 뿐만 아니라 지금도 끊임없이 확인되고 있는 사실이다. 이와 관련하여 세계 각국에 있는 국가기관들의 정보독점을 깨는 위키리크스(Wikileaks)의 폭로가 공익적 정보의 범위에 관한 논란에 불을 붙이기도 했다. 우리사회에서 정보독점의 폐해의 예로서는 사회 각 부분에서 내부자 거래가 횡행하던 1980년대 후반의 부동산 투기광풍을 기억하게 된다. 컴퓨터나 인터넷이 일반화되기 이전이었던 당시 부동산개발 정보를 독점한 지배층과 그 주변의 기득권층들에게 안겨진 천문학적인 불로소득은 아직도 해소되지 않고 우리사회에 가장 큰 경제적 불평등요소인 부동산문제의 근인(根因)이 되고 있다. 한편 우리나라의 기업들의 지배구조를 보면 실질적 소유주가 정보를 독점하고 독단적으로 경영상의 의사결정을 하는 형해화된 주식회사인 곳이 적지 않다. 이러한 인적지배에 대한 법적 제도로서, 다수의 주주들이 소유한 상장기업은 중대한 정보들을 즉시 공표하도록 되어 있는 규정이나 주식시장에서 내부 정보를 이용한 배임적 거래에 대한 엄중한 처벌규정은 모두 정보독점의 폐해를 막기 위한 전통적 장치들이다.

일반적으로 자유로운 정보의 흐름은, 국가적 사안들에 대해 중지를 모으는 기반이 되고 동시에 (관련정보가 원활히 공개되지 않음으로써 악화된) 체르노빌 사고 등과 같은 재앙을 최소화할 수 있는 사회적 간접자본이 된다. '병은 자랑하라'는 우리 사회의 오래된 격언은 정보의 자유로운 흐름이 가져오는 이득에 관한 우리 조상들의 경험적 소산이라고 할 수 있다. 인터넷시대를 맞아 개별 국민이 정보에 접근할 수 있는 환경은 만들어졌지만 유용한 공적 정보가 실제로 인터넷에 올려져서 공개되지 않으면 최종적인 효과는 기대할 수 없다. 따라서 공적 정보가 공공의 이익에 부합되도록 사용되고 최대한 공개되도록 하기 위해 국민들의 부단한 감시가 필요하다.

■ 정보화에 따른 범세계적 획일화의 부작용

주로 경제적 논리에 초점을 맞춘 세계화의 물결이 인터넷에 의해 가속화되면서 그에 따른 부작용들도 심화되고 있다. 즉, 인터넷에 의해 정보가 세계적 범위에서 실시간으로 전파됨에 따라 범세계적인 문화적 동조현상이 발생하게 되고 그 결과 모든 **인간들이 획일화되고 그에 따라 인류 문명의 (변증법적) 발전이 정체되거나 독자적 가치체계들의 붕괴**라는 근본적 문제로 악화될 수도 있다. 실제로 미국의 유행이 순식간에 유럽으로 중국으로 한국으로 번져 나가는 현상들을 일상적으로 목격하고 있다. 이러한 획일화의 위험성을 충분히 인지하고 있는 인류사회는, 세계 각국들이 참여하여 제정한 생물다양성 조약(Biological Diversity Pact)이나 다문화 국가에서 문화적 다양성을 고양하기 위해 정기적으로 개최하는 민족별 축제 등을 통해 모든 생명체의 발전 내지 생존의 기반인 다양성을 지키기 위해 노력하고 있다. 일반적으로, 성경의 바벨탑 이야기에서도 이미 경고되어 있는 바와 같이 인간의 한계를 넘어서는 것은 예외 없이 예기치 못한 위험을 초래하게 된다. 그것이 극초음속의 비행기이든, 초고층 빌딩이든, 상호간의 작용을 확실히 규정할 수 없을 만큼 많은 부품들을 가진 복잡한 기계이든, 다양성을 존재원리로 하는 세계를 획일적 규칙아래 통합하고자하는 세계화이든, 최종적 파급효과를 알 수 없을 만큼 복잡한 금융파생상품이든, 획기적 통신(교류)방식이지만 전 세계라는 거대한 영역을 그 범위로 하는 인터넷이든, **인간의 한계를 넘는 것은 반드시 예기치 못한 위험을 수반**하게 된다는 사실을 유념해야 한다. 이미 교통의 발달에 따라 오지들이 개발되면서 독립적 생활을 영위하던 소수 부족들의 문화나 언어가 하나씩 사라져 가고 있는 경향을, 인터넷이 가져올 수 있는 위험의 하나인 세계적 획일화가 가속시킬 수 있다는 점은 우려스럽다. 극단적으로 인터넷에 의한 실시간 동조화현상이 지구전체를 하나의 문화권으로 획일화시키는 섬뜩한 모습이 연상되기도 한다. 문득 미국의 Tacoma 해협을 가로지르던 교량이 공진주파수에 동기화되어 계속 진동(Karman 와류 또는 Flutter 현상)하여 결국 두 동강으로 부러지던 끔찍한 광경이 떠오른다.

■ 정보시대와 빈부격차

범위가 넓어지면 내부적으로 격차가 심해지게 되는 것은 일반적인 이치이다. 컴퓨터와 인터넷에 의해 정보가 대량으로 생산되어 처리되고 넓은 범위에 걸쳐 실시간으로 유통됨에 따라 **정보의 쏠림이 심해지게 되고 결과적으로 모든 분야에 양극화가 심화**되고 있다. 이러한 정보의 격차는 경제적 격차로 이어지고 결과적으로 빈부격차를 심화시키고 있다. 이미 오래전부터 동네 자전거가게나 변두리 책방들은 나라전체나 전 세계를 고객으로 하는 인터넷 상점들과 경쟁상황에 내몰리며 매출이 격감하고 있다. 사자를 정점으로 하는 먹이사슬이 조화롭게 유지되던 초원에 총을 가진 인간이 무자비한 포식자(반면, 사자는 배가 부르면 더 이상 사냥하지 않는다)로 출현했는데 별다른 조치가 없다면 얼룩말들은 머지않아 멸종될 수밖에 없게 된다. 마찬가지로 인터넷에 의해 가속화되고 있는 약육강식의 사회분위기가 통제되지 않으면 모든 면에서 다양성이 줄어들고 결과적으로 사회전체로서는 발전이 저해된다. 공산주의의 몰락이나 근친교배의 폐해에서 보듯 변증법의 원리가 작동할 수 없는 유일사상이나 단일 종(種)은 퇴보하고 소멸하는 것이 자연의 이치이다. 생물학적, 인종적, 문화적 다양성의 중요성을 잘 알고 있는 국제사회의의 노력과는 달리 이윤만을 앞세운 다국적 기업들의 끝없는 성장욕구에 의해 정보시대가 다양성을 질식시키는 환경이 되지 않도록 하기 위한 범세계적 노력이 절실하다.

■ **정보화에 따른 개인적 부작용들**

정보에 관한한 완전한 기기(foolproof devices)라 불릴 정도인 **컴퓨터와 그것들을 연결한 인터넷을 통한 과잉정보는 인간본래의 사고기능을 퇴화**시킨다. 머리를 쓰는 대신 계산기만 사용하는 사람의 계산능력이 저하되었다는 연구보고나 모든 정보를 컴퓨터에 의존하는 사람이 겪는 '디지털 치매'라는 증상도 과다정보의 부작용들이다. 많은 디지털 세대는 현재 날씨를 확인할 때도 창문을 열어 살펴보는 대신 스마트폰으로 확인하곤 한다. 또 다른 문제로는 정보사회가 **인간의 고립화 경향을 심화**시킬 가능성을 들 수 있다. 즉, 사이버 공간에 대한 과잉의존은 인간간의 물리적인 접촉의 필요성을 감소시킴으로써 비정상적인 성향을 키우게 될 소지가 많아진다. 이미 컴퓨터게임 등에 몰두하여 디지털 폐인이 되거나 인터넷채팅 등을 매개로 발생하는 불미스런 일들에 대한 기사들은 일상이 되었다. 실제 세상과 정보는 본질적으로 다르기 때문에 인터넷을 통한 사이버 교류는 직접적인 대면 접촉을 결코 대신할 수 없다. 더구나 어둠이 내리면 인간속의 마성(魔性)이 고개를 들듯이 **사이버 공간이 제공하는 익명성은 인간의 절제력을 약화**시킬 수 있다(기독교 사회인 서양에서는 자기 혼자 있을 때도 하느님이 내려다본다는 믿음이 인간을 자제시킨다고 한다). 나아가 몰입한 사용자들이 사이버 세상과 실제 세상을 혼돈하여 실제세상에서도 상황이 여의치 않으면 사이버세상처럼 **스위치만 누르면 간단히 재시작(reset)이 가능하다는 위험한 편의주의적 사고방식**을 가질 수도 있다. 그리고 컴퓨터의 특성을 이용한 대화식 게임에서는 사용자가 주체적 역할을 하게 됨으로써 영화나 TV에 대한 모방보다도 선정성이나 폭력성의 영향이 더 심각해 질 수 있다.

6.3 정보시대의 창조와 과제

전화보급이 일반화됨으로써 천리 밖에 계신 부모님에 대한 문안인사도 전화한통으로 할 수 있는 일("a phone-call away")이 되었듯이, 인터넷이 일반화됨에 따라 기존의 단편적 지식들은 마우스 클릭 한번으로 얻을 수 있는 것으로 가치가 격하("worth just a mouse click")되어 버린 세상이 도래했다. 한편 컴퓨터가 대중화됨에 따라 일반적인 숫자 계산들은 대부분 키보드 몇 번 누르면 해결되는 기계적 일이 되어버렸다. 결과적으로 정보시대에는 단편적으로 알고 있는 지식(또는 정보)이나 단순한 계산능력으로는 더 이상 부가가치를 창출할 수 없게 되었다. 실제로 인터넷이나 컴퓨터의 일반화가 불러온 정보시대의 한 단면으로 세계적인 영업망을 가진 종합상사나 주판 달인들의 역할이 이미 대폭 축소되고 있다.

도구로서의 컴퓨터의 역할은 인간의 사용방법이나 사용수준이 발전해감에 따라 점차 고도화 되어왔다. 컴퓨터 등장초기에는 미사일탄도계산과 같은 복잡한 수치계산을 위한 고성능 계산기(calculator)의 역할만으로도 가치를 인정을 받을 수 있었다. 민간영역에서는 (단순한) 데이터를 대량으로 처리해야 하는 급여계산이나 재고관리 등의 일반 업무분야에서 숫자계산을 빨리 해주고 급여봉투를 대량으로 인쇄해주는 것만으로도 인력의 절감효과가 충분했었다. 이후 인터넷의 등장에 따라 컴퓨터의 계산기능이 인터넷과 결합한 온라인(on-line) 업무처리방식이 공간적 거리에 관계없이 실시간(real-time)으로 정보를 제공하게 되었다. 더구나 이동통신의 발전에 따라 언제, 어디서나 업무처리가 가능한, 문자 그대로 상시적(ubiquitous) 정보시대가 열리고 있다.

정보기술의 획기적 진보들에도 불구하고 그 내용을 살펴보면 아직은 저장된 데이터를 읽어 와서 단순한 계산을 거친 후 고객들에게 보여주는 데에 불과한 경우가 대부분이다. 즉, 컴퓨터와 통신망이 정보의 일반적 처리나 운반을 빨리 해주기는 하지만 지식을 창조하는 데에는 아직 미치지 못하고 있는 것이다. 컴퓨터가 생산하는 결과들이 부분적으로 창조처럼 보이는 경우도 있지만 궁극적 창조는 기계가 대신할 수 없는 인간의 원초적 창의성에서만 출발하고 진행된다. 정보기기들의 도움에 힘입어 인간이 기기를 발명하거나 예술작품을 창작하는 등의 창조과정이 좀 더 효율적으로 될 뿐이다. 무엇보다, 생산된 결과물에 대한 최종적인 가치판단은 인간의 몫일 뿐 아니라 컴퓨터가 (창조적 또는 그와 유사한) 능력을 높여가면 갈수록 그것을 도구로 하는 인간의 창조적 능력도 그만큼 높아지게 된다. 정보시대에 부가가치가 높은 창조행위를 들자면, 인간이 수행하는 두 가지 업무유형 중에서 합성(synthesis)업무에서는 **개발하고자 하는 기능의 정의나 컴퓨터를 이용한 해법(algorithm)의 개발** 등, 그리고 분석(analysis)업무에서는 **분석의 절차를 규정하는 일이나 결과의 평가에 대한 기준의 정의** 등이 있다. 이와 같은 새로운 가치의 창출은 기존의 주어진 지식과 데이터를 바탕으로 이루어진다. 하지만 같은 재료를 사용하더라도 조각가의 능력에 따라 만들어지는 조각품의 가치가 천차만별인 것과 같이, 누구에게나 주어진 프로그래밍환경(기존에 창조된 소프트웨어 기능들의 모음)에서 만들어지는 소프트웨어가 가지는 기능도 개발자의 능력에 따라 그 가치가 백인백색일 수밖에 없다. 한편 평범한 일상의 소재에 양념을 쳐서 재미있는 코미디를 만들어 내듯이, 주어진 **정보를 이해하기 쉽게 가공하거나 시각적으로 아름답게 재구성에 의해서도 정보시대의 생산내지 가치창출**이 이루어지게 된다.

실세상황을 시뮬레이션해보는 일은 실제(reality)에서 당면한 문제들을 해결하기 위한 효과적 수단이 된다. 이때 **상황들을 구성하는 요소들을 컴퓨터상에 데이터로 표현하기 위한 데이터모델링은 시뮬레이션을 위한 필수적 기반기술**이다. 특히 세상을 구성하는 두 요소인 개체

(entity)들과 관계(relationship)들 중에서 특히 **관계들의 다양성과 복잡성**을 컴퓨터상에서 효과적으로 (그리고 자연스럽게) 표현하는 것이 핵심적 과제의 하나가 되고 있다. 예를 들어 건물을 시뮬레이션하려면 공간적 관계들('내부에 있다' 등의 포함관계, '가까이 있다' '위에 있다' 등의 위치관계 등)과 함께 기능적 관계들('지지하고 있다' '보호하고 있다' 등)을 포괄하는 무수한 관계가 표현되어야 실제 건물의 구성과 기능을 근사하게 재현할 수 있다. 하지만 전통적 건축설계도면이 컴퓨터상에 모델링된 내용도 현재로는 외형적 구조만 보여줄 뿐 다른 관계들은 일반 문장들로써 표현하여 인간의 해석에 의존하고 있다. 실제로 초창기에 컴퓨터가 처리하던 정보가 멀티미디어나 지식정보 대신 숫자정보에 치우칠 수밖에 없었던 것은 우연이 아니다. 숫자(데이터)가 가진 의미(semantics)가 크기에 불과하여 간단히 표현할 수 있지만 문자정보나 그림 등에 대한 **멀티미디어정보가 나타내는 의미는 무한히 다양**하여 표현하기가 지극히 어렵기 때문이다. 예를 들어 얼굴사진 한 장이 내포한 정보만 해도 눈, 코, 입 등의 모양(윤곽선의 길이나 가로세로 비율 등) 뿐 아니라 그들 사이의 간격이나 각도 등 헤아릴 수 없이 많은 관계가 있다(목격자의 이야기를 듣고 그린 몽타주가 실제 범인의 얼굴과 판이한 경우가 적지 않은 이유는 이미지 정보를 말로써는 완벽하게 표현하기가 불가능하다는 것을 의미한다). 한편 이미지정보에 비해 동영상이 추가적으로 가진 시간적 측면이 해당 정보에 또 하나의 차원을 구성한다. 즉, 현재만이 아닌 역사적 사실과 함께 예상되는 미래까지를 나타내어 행위나 현상을 시간적으로 표현하게 된다. 이와 관련하여 버전(version)이나 시간(temporal) 데이터베이스 등으로 시간적 측면의 정보들을 표현하고 있지만, 그 속에 담긴 선후관계(precedence)나 포함관계(inclusion) 등의 시간과 관련된 다양한 관계들의 표현은 충분히 나타내기 어렵다. 결과적으로 **그림이나 음악 또는 동영상이 가진 전체적 내용이나 비정형적 의미들은 여전히 제목이나 주석(comment) 또는 키워드 등을 사용하여 글자로 표시**되고 있다. 그리고 복잡한 객체의 구조나 조직의 기능적 관계(예를 들어 물리적 관계, 사회적 역할관계 등)나 인과관계 등의 표현도 글자로 표시되거나 아예 생략되어 사용자의 상식에 기초한 유추에 맡겨지고 있다. 이러한 (인간만이 이해할 수 있는) 자연어로 된 정보나 생략된 정보를 컴퓨터가 처리할 수 있는 형태로 모델링할 수 있는 기술은 부가가치가 높은 정보시대의 미래지향적 고급 업무라 할 수 있겠다.

■ 데이터로부터 지식의 추출

데이터를 단순히 저장하고 사용자에게 있는 그대로 (또는 간단한 계산 후) 제공하는 데서 나아가 전체 데이터에 숨어 있는 지식을 캐어내는 데이터마이닝(data mining)이 정보시대의 수지맞는 금맥 찾기가 되고 있다. 이와 관련하여 종래의 데이터베이스시스템에서도 통계적 정보를 찾아내기 위한 계산 기능들(aggregation functions)이 준비되어 있었지만 평균이나 표준편차 등의 몇몇 초보적 통계변수들에 국한되어 있었다. 많은 량의 **원시 데이터(raw data)들을 고속으로 분석하여 내재되어 있는 패턴들을 찾아낼 수 있으면 이는 가치가 가장 높은 정보유형인 지식의 내용이** 된다(사실, 만유인력의 법칙, 지동설, 진화의 법칙, 상대성 이론 등 위대한 과학적 업적들은 대부분 관찰에 의한 패턴의 발견이다). 이러한 데이터 활용이야말로 순도가 낮은 광석(鑛石)에서 금을 농축시키는 것과 흡사한 과정으로, 열을 얻기 위해 물질을 그냥 태우는 대신 같은 물질을 핵분열이나 핵융합시킴으로써 수억 배의 에너지를 얻는 것과도 비견될 수 있다. 실제로 이러한 데이터 활용방식을 축적된 진료데이터에 적용시키면 최선의 치료방법을 제시할 수 있을 것이며, 방대한 소매판매데이터에 적용하면 고객들의 구매성향을 파악하여 재고를 줄일 수 있을 것이고, 과거 날씨데이터에 적용하여 기후패턴을 발견할 수 있다면 자연재해의 예방과 대비에 활용될 수 있다. 이미 공공분야에서 데이터마이닝기법을 활용하여 교통패턴, 날씨패턴, 범죄패턴들을 파악함으로써 교통난해소, 자연재해예방, 범죄예방 등과 같은 다양한 분야들에서 실질적 효과를 거두고 있다. 과거에는 위대한 학자들이 오랜 세월에 걸친 탐구를 통해 얻어질 수 있는 업적들이 컴퓨터의 도움으로 단시간에 성취될 수 있는 길이 열린 셈이다. 말하자면, 전자현미경을 사용하여 지금까지 보지 못했던 극미세계를 관찰할 수 있게 됨으로써 나노과학(nano science)의 세계가 열렸고 초고속 카메라를 활용하여 다양한 분야에서 순간적 변화에 관한 연구가 가능하게 되었듯이, (슈퍼)컴퓨터의 빠른 처리속도가 데이터 분석시간을 대폭 단축시켜 데이터로부터 패턴의 발견하는 작업에 걸리는 시간이 획기적으로 줄어들게 되었다. 이러한 처리시간의 단축이 예를 들어 난치병을 위한 신약의 개발속도에 관련된 경우 해당 환자들에게는 생사가 걸린 문제가 된다.

6.3.1 정보시대와 형이상학적 인식의 중요성

인간의 세상은 인식의 범위를 따라 점차 그 영역을 넓혀왔다. 몇 년 전에 방문했었던 5세기경의 가야 족장의 무덤으로 추정되는 발굴현장에는 순장(殉葬)의 흔적과 함께 영생을 누리는데 필요한 부장품으로 저승에서 먹고 살 음식이 담긴 장독과 그릇들이 유난히 많이 눈에 띄었다. 그러나 한반도에 불교가 전파된 6세기 이후의 무덤들에서는 이와 같은 부장품들이 사라지게 된 것은 불교의 교리에 따라 저승에서의 삶(?)이 이승과는 다른 차원이라는 것을 깨달은 계몽의 결과라고 한다. 실제로, 지구전체나 우주처럼 너무 크거나, 박테리아나 소립자들처럼 너무 작거나, 화살처럼 너무 빠르거나, 그리고 적외선이나 우주선(宇宙線)과 같은 전자파들처럼 맨눈으로는 볼 수 없거나 만유인력처럼 직접 느낄 수 없는 현상들에서 보듯이, 형이하학적 물리세계조차 관찰도구나 연관된 추론에 의하지 않고 오감만으로 직접 지각할 수 없는 많은 사물들로 구성되어 있다. 사실 우리가 삼차원으로 본다고 믿는 시각조차도 맨눈으로는 이차원으로만 볼 수 있을 뿐이고 삼차원으로 인식하기 위해서는 그러한 (양 눈으로 각각 감지된) 평면적 영상들을 입체적으로 조합하는 논리적인 추론이 필요하다. 지금은 반도체공학이나 물리학적 실험의 일상적 대상이 된 전자나 소립자들로 이루어진 미시적 세계도 (전통적 관찰의 매개인 빛의 파장보다도 작은 물체들에 관한) 양자역학과 전자현미경이 개발되기 전에는 (눈에 보이는 기계적 운동을 규율하는 뉴턴역학의 영역을 넘는) 상상의 영역이었을 뿐이다. 한편 시간을 따라 천천히 진행되는 자연현상들조차도 인간의 제한된 시각으로는 정확하게 파악할 수 없다. 예를 들어 윤년이 4년마다 도래하고 100년 주기로 다시 제외하되 400년 주기는 다시 포함해야하는 주기성(이것도 3300년 이상의 기간에는 다시 조정이 필요)을 파악하는 데도 최소한 수백 년이 걸렸을 것이다. 국가나 조직뿐 아니라 개인의 흥망성쇠에 적용되는 법칙들이나 경제에 적용되는 경기이론과 같은 일반적 원리들도 대부분 개개인의 직접적 인식을 넘어서는 오랜 역사의 흐름 속에 반복된 사례들에서 공통점을 추출해낸 결과이다.

정신적이거나 종교적인 차원뿐 아니라 자연과학적 영역에서도 (거대하거나 극미한 물체들이나 중력이나 전파들의 경우들과 같이) **눈에 보이지 않는 사물에 대한 관심과 이해**는 그 사물에 대한 가설에서 시작되어 추후에 실증되는 과정을 거쳐 해당 사물이 확립되어 이루어지는 초월적 발전의 바탕이 된다. 이러한 영역에 상대적으로 일찍 눈을 뜬 서양의 과학은 수많은 분야에서 인간의 인식의 지평을 획기적으로 넓혀왔다. 예를 들어 전자파를 이용한 CT나 MRI 등의 3D 의료장비를 이용하면 개복수술을 해도 파악하기 쉽지 않은 인체내부가 만져질 듯한 이미지로 나타난다. 전자현미경이 발명되면서 우리 신체에 수십조 개나 있는 미소한 세포는 물론 그의 구성요소들인 미토콘드리아와 세포핵의 내부조차도 뚜렷이 관찰할 수 있게 되었고, 반도체 집적회로(IC, Integrated Circuit)를 구성하는 머리카락의 몇 만분의 일에 불과한 미세한 선로들이 항공사진속의 도로들과 같이 눈앞에 선명하게 펼쳐지게 되었다. 초고속카메라를 이용하면 순식간에 이루어지는 골프스윙이나 총알이 벽을 뚫는 모습도 나비가 나는 듯한 여유로운 움직임으로 볼 수 있고 적외선카메라를 착용하면 칠흑같은 밤에도 (절대온도가 0도 이상인) 모든 물체들이 밝은 대낮과 다름없이 포착된다. 한편 우주공간을 돌고 있는 허블망원경을 통해 보면 수억 년에 걸쳐 벌어졌던 우주의 전개과정이 한 장의 그림으로 보이기도 한다. 우주의 범위에 관한 인간의 인식도, 지구를 중심으로 하는 태양계에서 우리 은하계로 확대되었다가 최근엔 우리 은하가 수천억 개의 은하계중의 하나에 불과하다는 사실을 최신 망원경들(예를 들어 허블망원경 등)을 통하여 관찰할 수 있게 됨으로써 끊임없이 넓어지고 있다. 급기야 우주자체도 성쇠를 피해갈 수 없는 하나의 파동(불교에서 말하는 한 겁이 한 파장?)내지 현상에 불과할 가능성이 과학자들의 입에서 언급되고 있다.

인간이 **인식범위를 초월적인 영역으로 확장**하게 되면 실제 인간 세상에 획기적 진보들을 가져온다. 만약 우리의 물리적 인식범위의 중심이 가시적인 영역에만 계속 머물렀다면, X선의 발견으로 시작된 첨단 진단 기기들의 혁명이 실현해가고 있는 무병장수의 꿈은 운수소관에 머물러 있었을 것이고, 전자파를 이용한 모든 통신장비나 적외선을 이용한 카메라도 발명할 수 없었을 것이고 그 결과 GPS(Global Positioning System)와 야간 투시경을 사용하는 적과 싸우게 된다면 눈을 감고 싸우는 형편이 되었을 것이고, 어쩌면 사랑조차도 본능적인 것 외에는 느끼지 힘들 것이고 나아가서 영생을 약속하는 신(神)들도 모시지 못했을 것이다. 가시적 것들만 중시하는 풍조는 사회전반의 단기적 성과에 집착하는 조급증으로 나타나게 되고 수백 년에 걸쳐야만 이룩될 수 있는 국가적 대역사들을 이루어내는데 치명적 걸림돌이 된다. 19세기에 시작하여 몇 세기에 걸쳐 지어왔고 앞으로도 100년 이상 걸려야 완성하도록 계획된 가우디의 유명한 성(聖)가족성당의 예에서 보듯이 인류사적 유산들 중에서 거대한 토목공사나 건축물들은 한 개인의 평생을 넘어 수많은 사람들이 여러 세대에 걸쳐 이룩한 작품들이 대부분이다. 그와 마찬가지로 정보시대의 주생산품인 **소프트웨어도 수많은 개발자들이 무수한 시행착오들을 거치며 오랜 시간 각고의 노력을 기울여야 좋은 제품으로 완성**되어 나갈 수 있다. 역으로 어떤 현상에 대한 직관적 주장(예를 들어 기원전 그리스시대에 실증을 할 수 없는 상태에서 논리적으로 주창된 지동설과 같이)은 인식범위를 확대하기 위해 필수적인 출발점이긴 하지만 그러한 현상을 설명하는 인과관계에 대한 과학적, 논리적 검증이 되지 않으면 미신과 구별이 되지 않을 수도 있다(한편으로는 이러한 초월적 지각의 수단들이 발전함에 따라 인간의 인식의 범위가 계속 넓어지더라도 여전히 '제 눈에 들보를 못 보는 것'과 같은 인간적 한계는 인간의 본질적 한계로서 이는 과학기술의 발전으로도 해결할 방법이 없다).

한 사회의 문화는 그 사회의 가치관에 기초한 사회적 약속들의 통합체이다. 이와 관련하여 우리 사회가 거쳐 온 압축성장의 결과로 생겨난 피상적이고 물질적 가치관은 졸부근성의 만연, 유흥산업의 번창, 종교의 세속화 등과 함께 정보시스템에서 손에 잡히는 하드웨어에 비해 **소프트웨어를 경시하는 풍조**에 이르기까지 갖가지 일맥상통한 사회병리현상들로 나타나고 있는 것이다. 결과적으로 우리사회에서는 지도자들이나 일반인들을 불문하고, 설사 가치가 인정되더라도 직접 지각할 수 없는 것에는 투자를 꺼려하는 경향을 보이게 된다. 반면 구미 선진각국들은 눈에 보이지 않는 것들, 예를 들어 전자와 전파라는 것을 개념적으로 규정하고 실증하고 적극 활용하여 세상을 변화시킴으로써 국가의 발전을 이루어내고 있다. 눈에 보이는 것만 중시하는 가치관은 형이상학적 대상에 대한 것이든 물리적으로 지각이 되지 않는 사물들에 관한 것이든 극복해야 할 선진화의 심각한 장애물이다. 사실 이러한 근시안적 가치관이 결코 우리의 전통적 가치관이 아니었다. '색즉시공'이나 '안빈낙도' 등에서 알 수 있듯 우리 전통사회가 추구했던 **형이상학적 가치관의 회복**은 사회병리현상들의 개선에 필요할 뿐만 아니라, (눈에 보이지 않는) 소프트웨어가 중요시되는 정보시대에는 국가 경쟁력의 강화를 위해서도 필수적 과제라고 할 수 있다. 이에 관해, 최근 들어 우리 사회가 힘쓰고 있는 소프트웨어 산업의 진흥은 먼저 소프트웨어의 가치를 인정하는 데서부터 시작되어야 할 것이다

6.3.2 현대적 아이디어들의 연원(淵源)과 사이버 세상에서의 실현

최신 정보시스템들의 바탕이 되는 수많은 원리들이 대부분 원시시대부터 사용되고 있는 의사전달방식이나 근대이전의 일상적 생활방식에서 자연스럽게 사용되고 있던 것들이다. 예를 들어 외상 빚을 폭력배가 대신 받아주던 전근대적 행태를 통신망을 기초로 현대화한 것이 신용카드제도라면, 인근 주민들이 자연발생적 약속에 따라 일정한 장소에 주기적으로 모여서 상거래를 하던 전통적 장터(marketplace)를 통신망을 터전으로 정보교류에 응용한 것이 인터넷이라 할 수 있다. 한편 사람들에게 볼거리나 만남의 광장을 제공하고 그 곳에서

약이나 화장품을 팔고 광고판을 설치하던 전래의 상행위방식을 사이버 공간에서 수익모델로 실현한 것이 구글과 같은 인터넷포털들과 트위터나 페이스북과 같은 인터넷기반 사회망들이라고 볼 수 있다. 이와 같은 예에서 보듯이, 오랜 세월 동안 유지되어온 사회제도들은 근본원리나 용도가 인간의 상식이나 자연적인 필요에 기반을 둔 것들이다. 따라서 **오래된 제도들은 과학기술의 진보에 따른 구현방법상의 변화와 무관하게 정보시대에도 대중들에게 쉽게 받아들여지고 계속적으로 유지**되는 것이다. 앞서의 예들에서도 재삼 확인되듯이 창조는 경험의 소산일 뿐이라는 사실은 정보시대에도 변함없는 진리이다. 따라서 정보시대를 맞아 사이버세상이라는 신천지를 개척함에 있어서도 인간들의 경험이 축적되어있는 역사에서 창조의 단초가 되는 기본원리들을 찾아보는 것이 여전히 중요하다. 하지만 개인적 사용을 위한 단품(單品)들과 달리 수많은 사람들에 관련되는 사회적 제도인 경우에는 충분히 성숙되지 않은 기술이나 시의적절하지 않은 시도로는 실질적 성공을 거둘 수 없다. 다시 말해, 이해당사자들이나 사용자들에게 수용될 수 있는 **지속가능한 제도를 적절한 시기에 최신 기술을 사용하여 구현**하는 자가 그 제도의 최종적 지배자가 되는 것이다. 구체적인 사례로 애플 아이폰의 성공요인을 살펴보면, 스마트폰의 활용가치의 핵심을 이루는 응용프로그램 장터(App Market)라는 개념은 사이버 공간에서조차 유사한 개념의 서비스(온라인공동구매, 온라인쇼핑몰 등)가 이미 실용화되어 있었을 정도로 새로운 개념이 아니었고 기술적인 면에서도 스마트폰은 기존에 있던 요소 정보통신기술들을 통합한 것에 불과하다고 볼 수 있다. 하지만 애플의 아이폰에 이르러 비로소 관련자들(소프트웨어 개발자들과 일반구매자들) 입장에서 적절한 시장 입점료(자릿세) 등의 측면에서 **정착 가능한 형태의 열린 장터**가 일반인들도 자연스럽게 사용할 수 있게 해주는 **특유의 감성적인 사용자 인터페이스 기술**과 함께 실현되었기 때문이다.

콜럼버스의 미주대륙발견이나 록펠러의 유전선점과 최초의 철도부설에서 보는 바와 같이 어느 시대나 분야에서도 선점의 효과는 막대하다. 마찬가지로 사이버 세상에서의 선점도 지리적 신대륙 발견과 유사하게 새로운 기회를 제공하고 있다(단, 별다른 노력이나 기술이 필요 없는 인터넷도메인 선점은 '부동산 알박기'처럼 법의 제재를 받게 되었다). 하지만, 정보시대에는 과거 콜럼버스나 록펠러와 같이 (당시로서는 선진이론이었던) 지동설에 대한 신념이나 석유에 대한 가치 파악에 기초한 선제적 행동만으로는 성공적 선점을 달성하기 어렵다. 지리적 (또는 물리적) 세계의 개척에는 험난한 바다와 풍토병을 이겨낼 용기가 중요한 반면 개념적으로 구축된 기술의 집약체인 **사이버 세상에 대한 개척에는 탄탄한 과학기술적 관련 지식**이 필수적인 소양이다.

■ **컴퓨터와 인터넷이 만드는 사이버 세상**

인류는 원시적 삶의 터전인 평지에서 벗어나 공중을 개척하여 고층건물을 짓거나 비행기가 날아다니는 공간으로 이용해 왔으며 나아가 벽이나 산으로 막힌 공간이라도 전파는 통과할 수 있음을 알게 되면서 공간 활용의 차원을 계속 넓혀왔다. 한편 지리적 영역은 콜럼버스나 아폴로

11호 달 탐사선에 의해 신대륙을 거쳐 우주로까지 확장되어왔다(새로운 영역의 발견이라면 아메리카 원주민이나 달나라 토끼들에게는 억울한 주장이 될 것 같지만). 이러한 공간적, 지리적 확장과 달리 **인류문명의 다음 개척지는 개념적 차원의 신천지**들이 될 것이고 이들은 누구나 지각할 수 있는 공간적, 지리적 신천지들과 달리 모두 사유(思惟)의 영역으로 오직 **논리적으로만 파악**할 수 있다.

개념적 신천지에 구축되는 사이버세상(cyber world)은 현실세계를 컴퓨터와 통신망을 이용하여 모사한 보이지 않는 세계다. 우리 인류가 우주공간을 개척할 때 지구상에서는 당연시하던 자연적 환경(예를 들어 아래 방향의 중력, 공기의 존재, 온화한 기온 등)을 하나하나 원점에서 재검토하여야 하듯이, 신이 창조한 현실세계와 대응하여 인류가 창조하는 개념적 세상인 사이버세상에서는 적용되는 모든 사물(물체나 사건)과 질서(법칙)들을 일일이 컴퓨터상에 구현해 나가야 한다. 이 경우 현실세계의 모든 사물들은 추상화과정을 거쳐 정보화되어야만 사이버 세상에 반영될 수 있다. 그러나 같은 사물에 대한 정보도 추상화의 주체인 인간의 판단에 따라 그 정밀도(fidelity)에서 크게 차이날 수밖에 없다. 단순한 정보시스템이라 볼 수 있는 온라인은행업무시스템의 경우, 은행과 고객은 각각 거래종류, 계좌잔액, 입출금액수 등을 나타내는 문장이나 숫자 몇 개로만 추상화되어도 그 목적을 달성하는 데에 지장이 없을 것이다. 이러한 정보시스템의 목적이 돈거래라는 점에 비추어볼 때 예금통장이나 고객의 구체적 모습 등은 직접적 관련성이 없다고 볼 수 있기 때문이다. 반면, 같은 환경이 은행 강도가 등장하는 컴퓨터게임의 무대라면 장면을 이루는 사람이나 기기들의 모습이 중요한 정보가 될 것이다. 한편 가상현실(VR)이라고 불리는 시뮬레이션기법으로 표현되는 사이버세상은 특히 시각적 사실성(寫實性, visual realism) 측면을 중시하는 추상화의 결과이다. 이때 컴퓨터모니터 상에 그려지는 세상(이나 그 구성요소들)의 **사실적인 모습은 우주의 원리들이나 규칙들에 의해 규정되는 모사의 의미론적 충실도(semantic fidelity)와 직접 관계없는 외형적 측면의 하나**에 불과하다고 할 수 있다(번쩍거리는 황금색을 입힌 불상의 모습이 부처님의 본질과 관계없이 단지 중생들을 일깨우기 위한 방편인 것과 유사하다). 물론 인간이 얻는 정보의 대부분을 시각을 통해 받아들인다는 점에서 볼 때 시각적 사실성 자체의 실질적 효용은 광범위하다. 하지만 정보는 추상화된 개념에 불과하기 때문에 컴퓨터에서 아무리 사물을 충실하게 모사하더라도 실제 (물리적) 사물과는 근본적으로 다르다는 사실은 변함이 없다.

인간세상에서의 모든 사물은 실제적 요소와 개념적 요소로 구성되어 있는데 이중에서 개념적 요소는 추상화를 거쳐 구축되는 개념세계인 사이버 세상에 대응시키기가 용이하다(물론 실제적 요소도 적절한 추상화과정을 통해 정보화의 대상이 될 수 있다). 예를 들어 원료를 가공하여 생산하여 판매하고 소비하는 경제활동에서 원료(의 존재)와 소비행위는 현실세계를 구성하는 실제적 부분이라고 할 수 있는 반면 생산과정과 판매과정은 인간의 지적 활동이 주로 작용하는 부분들이라고 할 수 있다. 즉, 생산과정에서 물리적 (직접적) 가공행위를 제외한 제품설계나 공정설계 등과 판매과정에서 물리적 배달행위를 제외한 흥정이나 계약 등 대부분의 내용이 개념적 행위의 과정 내지 결과이다. 결과적으로 원료를 물리적으로 처리하거나 생산된 제품을 소비하는 데 직접 관련된 분야들에 비해 설계나 판매와 같은 분야들은 상대적으로 컴퓨터설계도구나 인터넷 쇼핑몰처럼 사이버화 (또는 정보화)가 많이 진척되어 있다. 사이버세상의 효용을 살펴보면, 사이버 쇼핑몰과 같이 단순히 관련자들 사이의 공간적 간격을 극복하게 해주는 기본적 역할에서부터, 우주유영이나 비행기 시제품제작(prototyping) 등 위험하거나 비용이 많이 드는 업무를 사이버 공간에서 미리 모의실험을 해볼 수 있게 해준다든지, 온라인 컴퓨터게임이나 몰입형 가정교사시스템(ITS, Immersed Intelligent Tutoring System)처럼 사이버 공간에서 수많은 사용자들이 함께 실제와 비슷한 활동을 하거나 상황 속에 몰입하여 학습할 수 있는 실감나는 무대를 제공할 수도 있다.

컴퓨터와 인터넷이 만들어내는 사이버 세상은 눈에 보이는 실제세상과 달리 원주민이 없기 때문에 억울하게 정복당하는 사람도 있을 수 없다(물론 인터넷의 어떤 커뮤니티를 규정하는 규약을 선점한 사람에게 일종의 지대를 바치게 되어있지만 그 커뮤니티에 속하는 것이 개인의 자유의사에 달려있고 경쟁 커뮤니티들이 쉽게 생길 수 있을 뿐만 아니라 최소한 네티즌사이에 지배자와 피지배자는 없다). 그리고 실제세상에서는 생각이 물리적 결과로 현재화되는 것과 달리, 사이버 세상에서는 일단 컴퓨터상에 개념적인 형태로 나타나기 때문에 부정적 영향이 예상되는 경우에는 물리적 세상에의 최종적인 적용을 필요에 따라 유보할 수 있다. 사이버 세상에서의 이러한 간접적이거나 잠정적인 삶의 형태는, 운동경기의 승부가 전쟁의 승부를 대신함으로써 인류최장의 평화시대를 유지하고 있는 전후 국제관계의 전개방식과 일맥상통한다. 즉, 문명의 발전과정을 살펴보면, 집단들 간의 대결이 원시적인 완력(brute force)에서 무기를 수단으로 하는 시대를 거쳐 다시 외교나 무역과 같은 거래에 의존하는 방식으로 점점 무력(武力)보다 지력(知力)에의 의존도를 높여감에 따라 순화되어왔다(냉전시대의 핵균형에 의한 평화도 일종의 지력, 즉 무기제조기술의 대결상태였다고 볼 수 있다). 급기야 인터넷과 같은 범세계적 **지적 규약(protocols)에 의해 창조되는 사이버 세상이 실세계에서 생길 수 있는 직접적 마찰을 완화할 수 있는 일반적 완충지대로 기능**할 수도 있음을 의미한다.

6.3.3 문명발전의 원천으로서의 사유능력

인류문명의 지속적 발전을 가능케 하는 원천은 인간의 창조적 사유능력이다. 한 세기 전만해도 대부분 척박한 사막지대에 불과했던 미국 서부 캘리포니아가 과수원과 목장이 주종이던 한적한 농업지대에서 한국 국가총생산보다 두 배가 넘는 경제규모를 가진 미국경제의 중심으로 탈바꿈한 것은, 이전에는 존재하지도 않던 영화산업, 비행기제조업, 관광오락(amusement park)산업에 더해 근래엔 반도체, 소프트웨어, 생명공학, 신에너지 등의 첨단산업에 이르기까지 인간의 창의성에 바탕을 둔 첨단산업들을 끊임없이 창조해낸데 힘입은 결과인 것이다. 이러한 첨단산업들의 요람인 실리콘밸리가 자유의 나라 미국에서도 상대적으로 자유분방한 사회분위기를 가진 서부연안에서 발현된 것은 결코 우연이 아니다. 같은 자연적 환경을 가진 캘리포니아 서해안지역이지만 인위적으로 그어진 국경 너머 멕시코에 속한 지역(지도상의 바하 캘리포니아)의 한적한 모습과 비교해 보면 발전의 동인(動因)은 더욱 명확해 진다.

미국 서부는 동부에 비해 철도교통의 도입이 늦었었다. 한동안 불리하게 작용했던 이러한 조건이 그 후 자동차교통 전성시대를 맞으면서 상대적으로 발달해 있던 고속도로 등의 자동차교통에 관련된 여러 간접자본이 새로운 산업들이 발전하는데 큰 도움이 되었다. 그러나 그 후 자동차 배기가스로 인한 심각한 공해와 고속도로가 포화되는데 따른 교통혼잡 등이 다시 부담으로 작용하고 있음은 어떤 현실도 그 유불리가 고정적이지 않는다는 것을 보여준다. 단지 인간의 사유능력에 바탕을 둔 역경(도전)에 대한 해결능력만이 지속성을 가질 뿐이다. 최근에는 이러한 자동차 공해문제가 전기자동차 등의 친환경 차량의 개발을 선도하는 동인으로 작용하여 실리콘밸리에서 관련 산업을 발달하게 하는 등 불리한 여건이 또다시 도약의 조건으로 역전되고 있는 것을 보면 **인간의 발전은 도전과 응전의 끝없는 반복**의 결과임을 실감하게 된다.

■ 상상력에 바탕을 둔 전통적 기술들과 첨단 기술들의 통합체로서의 디즈니랜드

미국의 경제적 힘을 언급할 때, 현대판 연금술인 반도체기술과 함께 상상력의 결정체인 디즈니랜드를 떠올리지 않을 수 없다. 황량한 캘리포니아의 사막과 악어만 득실거리던 플로리다의 늪지대를 세계최대의 놀이동산으로 개발하여 엘도라도로 변화시킨 거대한 성공신화도 월트디즈니라는 한 개인의 상상력에서 시작되었다. 그러나 이러한 상상력이 성공적으로 현실화된 근저에는 정교한 놀이기구들을 위한 **뛰어난 공학적 설계능력과 연중 무정지(non-stop) 작동을 실현한 유지보수기술** 등의 (타 분야의 회사들에 판매되어 적용될 만큼 우수한) 기반 기술들의 든든한 뒷받침이 있었음을 간과해서는 안 된다. 이와 함께 놀이동산의 인기를 바탕으로 만들어지는 영화들이 디즈니사의 주요한 수입원의 하나가 되고 있음은 눈여겨 볼 대목이다. 첨단 놀이동산의 이야기들을 바탕으로 영화산업을 개척하고 놀이동산의 인기를 영화의 선전에 십분 활용하는 한편 영화가 또다시 놀이동산에 관한 판나시를 승폭시키는 선순환구조를 이루고 있는 것이다. 이러한 지속적 성공의 배후에는 새로운 볼거리를 끊임없이 만들어내어 관람객이 계속 돌아오게 하는 디즈니사의 개척자적 연구자세가 있다. 더구나 정보시대에 들어서면서 과거에 기계적으로 힘들여 설치할 수밖에 없었던 상상의 세계를 이제는 컴퓨터 그래픽스와 가상현실 등의 정보기술들로 쉽게 구현할 수 있게 되면서 상상력의 가치를 무한히 증폭시킬 수 있는 비상의 날개를 단 격이다(그러나 미국의 대표기업 중에서 월마트와 함께 디즈니랜드가 종업원들의 저임에 기대어 수익을 낸다는 비판에 직면하고 있는 어두운 면도 간과할 수 없다).

■ 아이디어의 원천으로서의 자연

정보시대 이전에는 좋은 아이디어가 떠올라도 실현이 어렵거나 또는 구현하는 데에 시간이 오래 걸리는 경우가 많았기 때문에 아이디어의 획득 못지않게 그 아이디어를 어떻게 실현할 것인지가 중요하였었다. 이에 비하여, 정보시대에는 컴퓨터와 인터넷의 도움에 의해 아이디어를 실현하기가 대폭 쉬워졌기 때문에 **문제(또는 아이디어)의 발견 즉 '무엇을 할 것이냐'가 실현과정, 즉 '어떻게 할 것이냐' 보다 훨씬 중요**하게 되었다. 다시 말해, 일단 무엇이 문제인지만 명확히 파악되면 인터넷을 통한 집단지성을 이용하여 해결책을 구하거나 컴퓨터상에서 시뮬레이션을 통해 큰 비용을 들이지 않고 해결책을 찾아낼 수 있는 기술적 토대가 구축된 결과다. 이에 관해 모든 생명의 발생원(發生源)이자 **아이디어의 원천인 자연에 대한 고찰**, 예를 들어 여러 가지 로봇에 응용하기 위한 곤충의 기능 연구, 약용물질의 발굴을 위한 자연 (및 역사) 탐구 등을 통해 근원적 아이디어들을 구하는 것이 중요한 가치창출방안이 될 수 있다. 이를 위해 자연에 대한 과학적 지식과 함께 사물에 대한 인류의 경험이 집약된 역사의 탐구도 정보시대의 필수적 소양이 된다.

6.3.4 선구자적 연구의 중요성

0(無)에서 1(有)을 만드는 일이 1에서 ∞(무한대)까지를 만들어내는 일보다 훨씬 어렵고 중요한 일이라는데 대부분 동의할 것이다. 무에서 유로의 변화는 정성적 변화인 반면 그이후의 변화는 정량적 변화일 뿐이기 때문이다. 이에 관해, 0 자체의 본질을 규명하고 실제적으로 사용할 수 있게 만든 고대 인도인들에 의한 숫자 0의 발명이 수학분야와 나아가 과학전반에 중요한 정성적 변화를 가져왔었다. 수많은 역사적 업적들을 살펴보면 대개 첫 번째 시도에서의 (세속적 내지 상업적) 실패를 발판으로 삼아 후속 시도에서 성공하는 것이 일반적 과정이다. 17세기에 르노아르가 엔진(내연기관)의 개념을 구상했으나 제작에 실패한 일, 반도체기술이 지금과 같이 개화되기 수백 년 전에 (Pascal과 Leibniz에 의해 각각) 구축된 기계식 컴퓨터가 현재의 컴퓨터의 선례가 된 사실, 디지털 컴퓨터가 현실화되기 훨씬 전에 확립된 컴퓨터 기반이론들(Turing Machine 등)이 발표 당시에는 가치를 인정받지 못했던 사실 등은 선구적 시도의 수많은 사례들 중 몇 개에 불과하다. 심지어 악성(樂聖)으로 불리며 최고의 작곡가로 평가받는 베토벤의 성취는 중세암흑기에 인간을 위한 음악에의 빛을 찾아낸 바하(Bach, J.)와 엄숙하기만 하던 당시 음악에 자유분방한 인간의 본성을 담아낸 모차르트 등의 성취가 밑받침이 되지 않았던가(사실 베토벤이 모차르트를 만나보기를 염원했었고 만난 적도 있었다고 한다). 이러한 성취에 관해 주목해야할 사실로는, 역사속의 위대한 업적들의 배경에는 위인들의 탁월한 능력과 함께 많은 경우 자신들이 귀족계급 출신이거나 그렇지 않으면 귀족이나 부유층의 후원이 있었다. 따라서 국가전체의 입장에서 볼 때 지속적 발전의 씨앗이 되는 선구적 시도들에서 해당 선구자들이 필요로 하는 **창조에 수반되는 비용들은 그것이 예술분야이든 기술분야이든 사회분야이든 국가나 사회전체가 감당하는 것이 국가발전을 위해 필요**하다. 현재 최고의 첨단기술국가인 미국의 파산법(속칭 Chapter 11)이나 실리콘벨리의 벤처캐피털 등이 이러한 창조적 비용을 담당하여 모험연구(pioneering research)를 촉진하는 사회적 안전망의 예들이다. 생각이 바로 현실로 구현될 수 있게 됨으로써 창조가 일상화되고 있는 정보사회내지 지식기반시대에는 이러한 **선구적 창조활동들에 대한 사회적 안전장치가 국가의 장래를 결정짓는 기반**이 된다.

■ 반도체와 현대판 연금술

많은 사람들이 기적이라면 죽었던 사람이 살아나고 흙이 빵으로 바뀌는 것을 떠올리게 된다. 우리 역사 속에서도, 불교의 전래로 내세관이 달라지기 시작한 5세기 이전의 한반도의 고분들 속에는 영생을 염원하면서 생전에 사용하던 쌀독을 비롯한 온갖 생활용품과 함께 순장(殉葬)까지 서슴지 않았던 단선적 사고의 흔적들을 발견할 수 있다. 반면, 볼을 스치는 싱그러운 바람, 동토를 뚫고 피어나는 들꽃들, 봄을 맞은 숲에서 짝을 찾는 새소리들이 모두 기적이 아니냐는 탈각적 의미를 발견해내는 사람들도 있다. 기적이 물리적 차원이 아닌 형이상학적 모습으로 나타나게 되듯이, 중세이래의 연금술에서 추구하던 **구리를 금으로 바꾸려는 시도가 정보기술에 의해 다른 차원에서 실현**되고 있다. 대표적으로 정보시대의 중추적 동력인 반도체기술을 사용하면 강가에 널린 모래(silicon)를 주원료로 만든 우표크기만한 반도체칩 하나의 가격이 수 백 달러에 달하여 같은 무게의 금보다 수십 배 이상 비싼 경우도 흔하다. 금전적 측면에서 보면 이야말로 모래를 금보다 귀한 다이아몬드로 바꾸는 연금술(아니 마이다스의 손)이 아니고 무엇인가. 하지만 이러한 정보시대의 연금술을 가능하게 하는 고도 기술들의 개발은 성공확률이 아주 낮아서 길고긴 도전과정을 거쳐서만 이루어진다. 따라서 이러한 모험적 도전을 촉진하기 위해서는 벤처캐피탈과 같은 투자위험을 분산시킬 수 있는 사회적 환경이 성숙되어야만 한다.

6.3.5 정보시대에 요구되는 개인적 경쟁력의 기초

산업혁명시대에 엔진이 발명되면서 이전에 노예나 육체노동자가 담당했던 물리적 힘을 사용하는 작업들, 예를 들어 노를 젓거나 땅을 파고 짐을 져 나르는 일들을 모두 엔진(또는 모터)을 장착한 기계가 담당하게 되었고 그 결과 인간은 차량이나 선박을 운전하거나 굴삭기를 조작하는 일만 하게 되었다. 한편 정보시대에는 속도 빠른 정보처리기계인 컴퓨터의 등장으로 이전에는 인간의 노력으로 일일이 처리할 수밖에 없었던 여러 가지 계산들이 (단순한 덧셈이나 복잡한 수식의 적분을 가리지 않고) 일률적으로 클릭 몇 번으로 해결되는 단순한 작업으로 격하되었다. 이제 역발산 항우나 천리마 적토마의 비범했던 능력은 옛날 전쟁이야기의 한 페이지에 불과하게 되었고 주판달인들의 신기에 가깝던 계산 솜씨는 아동들의 지적 훈련용으로 남게 되었다. 심지어 가장 인간적인 업무의 하나인 작곡에서 조차, 몇 개의 마디를 입력하면 컴퓨터가 무수한 악절들을 조합해내고 인간은 듣고 선택만 하는 방식으로 수행할 수도 있게 되었다. 결과적으로 육체적 단순 업무를 동력기계가 대신하게 되었듯이 이제는 정보에 관한 업무에서도 단순계산 기능은 컴퓨터가 대신하게 되었고 인간의 업무영역은 고도의 정보처리로 바뀌고 있다.

컴퓨터시대 초기에는 워드프로세서나 CAD 소프트웨어를 사용할 수 만 있어도 타자기로 문서를 편집하거나 설계도면을 일일이 손으로 그리던 시대에 비교한다면 적지 않은 능률향상을 기대할 수 있었다. 그러나 자동차시대 초기에 승용차를 반드시 전문적 운전기술자(chauffeur)가 몰던 것과 달리 지금은 대부분의 자가용 승용차를 소유자가 직접 몰게 되었듯이, 위에 언급한 초보적 컴퓨터사용기술들은 컴퓨터전문가가 아니더라도 이제 누구나가 할 수 있고 해야 하는 일상적인 기능들이 되어버렸다(이러한 초보적 컴퓨터 사용은 사회전체로는 사용자의 숫자가 많고 사용빈도가 워낙 높기 때문에 사회전반의 생산성을 높이는데 적지 않은 기여를 하고 있다). 한편 컴퓨터기술과 인터넷기술을 이용한 정보검색은 단순 암기된 지식을 지식의 범주에서 거의 제외시켜버렸다. 즉, 기존의 지식들은 인터넷이 제공하는 정보의 바다에 통해 있어서 누구나의 손끝에 있기 때문에, 주어진 지식을 토대로 하여 새로운 것을 만들어 내지 않으면 안 되는 시대, 즉 암기가 아닌 창의적인 노력만이 가치를 갖는 시대가 도래한 것이다. 결과적으로, 정보시대에 부가가치를 창출하기 위해서는 산업사회에서 필요했던 육체적 기능이나 상식적 지식이 아닌 주어진 정보와 지식을 창의적으로 활용할 수 있는 훨씬 **높은 수준의 지적 능력과 관련 도구로서의 컴퓨터와 통신수단 등의 정보**

기기의 활용능력이 요구된다. 이와 같은 시대적 요구에 적응하는 데 필요한 능력의 개인 간 차이에 따른 소위 정보격차(digital divide)가 세계화라는 시대적 조류와 맞물려 빈부의 격차를 심화시키는 커다란 요인이 되고 있다. 이러한 정보격차는 정보시대 초기의 **정보 접근성에서의 격차에서 점점 정보 활용능력에서의 격차**로 진행될 것이고 격차의 정도는 더욱 현격해 질 수 밖에 없다. 이러한 현격한 격차를 방치하면 결국 경제적 사회적 양극화를 심화시키게 되어 정보시대자체가 사회불안의 근본원인이 될 수도 있다. 이미, 정보화에서 앞서 가고 있는 미국에서는 과거와 달리 단순노동자들의 고용안정성이 지식노동자들에 비해 현저히 약화되기 시작했고, 그로 인해 (미국의 실용적 문화 속에서) 대학 진학률이 높아지는 현상은 과거 산업사회와 비교하여 지식의 중요성이 높아지고 있다는 증좌로 볼 수 있다. 결국 근로자에 대한 요구사항이 산업시대의 '튼튼한 등판'에서 시작하여, 굴삭기 운전기술을 거쳐서, 워드프로세서자격증을 넘어서, 데이터모델링 능력이나 통계학적 지식으로, 나아가 **(실용적으로 응용가능한) 자연과학적 지식이나 다양한 인문사회학적 배경지식들을 컴퓨터에 응용할 수 있는 능력**을 고루 갖추어야 성공할 수 있는 시대가 도래하고 있다. 한편 개방된 정보시대에는 '왕서방에게 착취당하는 곰' 노릇을 하는 사람은 더 이상 존재하지 않을 것이니 남의 덕으로 살려고 해서는 안 되는 시대이기도 하다.

정보시대에 들면서 배움터가 학교의 담장을 넘어 확대되고 있다. 인터넷과 휴대용 정보기기들의 대중화에 의해 시간과 공간을 불문한 상시적 배움(ubiquitous learning)의 기회가 열리게 되었다. 뿐만 아니라, 과거에는 접근하기 어려웠던 개인적 지식이나 특별한 체험도 지리적 거리를 불문하고 공유할 수 있게 됨에 따라 개개인들에게 주어진 정보의 폭과 깊이도 획기적으로 넓어지고 깊어졌다. 이러한 정보공유방식의 발전은 직접적 만남에 가까운 형태의 사이버 교류를 가능하게 하여 동시대를 사는 사람들 사이에 범세계적 집단지성의 형성을 가능하게 한다. 나아가 이미 문자와 인쇄술의 발명으로 가능해졌던 역사속의 선현들이나 조상들의 업적에 대한 공유가 인터넷에 의한 실시간적 접근으로 더욱더 실질화하게 되었다. 이미, 전문지식을 가진 네티즌들이 자발적으로 참여하여 만들어낸 온라인 백과사전인 위키피디어는 전통적 백과사전과는 비교할 수도 없을 만큼 넓고도 깊은 지식을 실시간으로 제공하고 있을 뿐 아니라 끊임없이 진화하고 있다. 결과적으로 **범세계적 집단지성이 범역사적, 범인류적 집단지성으로 확대될 수 있는 기술적 토대가 완성**된 셈이다. 하지만 이러한 정보 및 학습 환경의 근본적 진보가 가져온 발전의 기회를 현실화하는 일은 여전히 개개인의 노력에 달려있다.

■ 정보시대가 요구하는 유연한 사고체계

미국항공우주국(NASA)에서 수백만 달러를 들여 무중력 상태에서도 쓸 수 있는 우주용 만년필을 개발했다고 구 소련(Soviet Union) 우주인에게 자랑했더니 "우린 연필 쓰는데..."라고 대답했다는 이야기가 있다. 어떤 문제에 대한 차원이 다른 해법은 기술적이 아닌 인간 본래의 인문적 사고와 고정관념에 얽매이지 않는 자유로운 발상에서 나올 수 있다. 앞서 언급한 적이 있는 미국 대륙횡단 고속열차를 설계할 때 중간역에서 열차가 정차하는 대신 정거장(플랫폼)을 이동시켜 운행시간을 단축하는 방안도 일견 기발해 보인다. 하지만, 실은 정거장의 역할이 달성되기 위해서는 열차와 승객이 서로 속도(상대속도)가 같기만 하면 절대적 속도는 아무리 빨라도 상관이 없다는 물리적 상식을 상대적 사고방식에서 보면 어렵지 않게 생각해낼 수 있는 방안임을 알 수 있다(이에 관해 지구위에 있는 우리 모두가 엄청난 속도로 움직이고 있지만 지구와 같은 자전속도로 움직이기 때문에 속도를 전혀 느끼지는 못한다는 사실을 배운 적이 있다). 역시 앞에서 언급한 바 있는 전원(電源)이 필요없는 교통카드의 경우도 **상대적 위치나 속도에 관련된 원리**에 바탕을 두고 있는 사례라고 할 수 있다. 유사한 관점에서 직장(물리적 공간적 자원이 많이 필요한 경우 제외)의 역할을 생각해볼 때, 구성원들이 모여서 일하는 주된 이유가 서로 정보교환을 하기 위한 것임을 알 수 있다. 이와 같은 정보교환을 위해 지금까지 우리는 정보를 이동시키는 대신 사람들이 출퇴근하여 대면 통신을 하는 근무방식을 당연하게 받아들이고 있었던 것이다. 이러한 근무행태는 물리적 측면으로만 보면 편지 한 통을 전하기 위해 파발마가 천릿길을 달렸던 것처럼 에너지를 낭비하고 공해를 일으킬 뿐 아니라 출근전쟁으로까지 불리는 교통난을 초래하여 개인들의 귀중한 시간을 빼앗고 있는 것이다. 이에 비해 최근에 도입되기 시작되고 있는 재택근무나 원격회의에서처럼 **사람이 출근하거나 이동하는 대신 정보가 이동함으로써 정보교환을 하는 방식은 근무방식 나아가서 생활전반에 관한 코페르니쿠스적 전환**을 가져오게 되는 것이다. 물론 이러한 근무방식의 획기적 전환은 근무의 본질에 대한 발상의 전환을 뒷받침할 수 있는 컴퓨터와 인터넷과 같은 정보통신기술의 눈부신 발달이 있었기에 가능하게 된 것이다.

앞에서 예로 든 초고속 열차나 교통카드의 경우들과 출근에 대한 문제들을 상대적 이동내지 변화라는 관점으로 추상화시키면 관계의 상대성이라는 같은 원리가 적용될 수 있게 된다. 이와 같이 누구나 알고 있는 **상식적 지식들을 기본원리에 충실하되 여러 관점에서 유연하게 바라볼 수 있는 자유스러운 사고방식**을 가지게 된다면 정보시대가 필요로 하는 성공요소들 중 하나를 구비하게 되는 것이다. 과학이론들의 출발점이 되는 가설은 많은 경우 인문학적 직관력 또는 예술적 상상력에 의해 시작되곤 한다. 예를 들어 위성사진에서 지구의 모습이 둥글다는 사실을 눈으로 확인할 수 있게 되기 수천 년 전에 살았던 아리스토텔레스는 완전한 입체적 형태는 구(sphere)라는 점에서 지구가 둥근 모습이어야 한다는 가설을 논리적으로 세우고 여러 가지 실제적 방증들을 찾아내어 이를 확신했었다. 물론 세워진 가설을 검증하기 위해서는 기본적으로 추론을 위한 논리적 소양과 수학적 지식이 필요하고 이를 구체적으로 실현하기 위해서는 컴퓨터라는 기술적 도구의 활용을 위한 정보지식이 뒷받침되어야 가능하다. 이에 관해 우리 사회가 지금까지 학교에서 주로 배워온 것과 같이 주어진 문제들을 푸는 연습보다, **문제를 발견하고 새로운 아이디어(착상)를 찾아내기 위해 과학적 지식과 인문학적 소양과 예술적 상상력 그리고 다양한 상식을 종합적이고 체계적으로 활용할 수 있는 사고의 유연성을 배양하기 위한 교육**이 중요해지는 시대로 들어서고 있는 것이다. 따라서 정보시대에는 전통적으로 상업성과는 거리가 멀었던 분야들, 예를 들어 순수수학, 언어학, 미술, 스포츠분야 등의 순수학문 또는 예술분야들이 컴퓨터와 통신망을 통해 전통적 제조업이나 서비스분야들과 결합됨으로써 국가경쟁력을 제고시킬 수 있다. 사실 이러한 분야들이야말로 기계인 컴퓨터가 대치할 수 없는 창의성이나 고도의 전문지식과 같은 인간고유의 능력을 필요로 하는 인력집약적인 영역들이다. 국가전체로는 문화적 배경에 바탕을 둔 창의적이고 예술적인 특성을 정보시대에 맞게 응용할 수 있는 능력을 가진 인력들을 배양하고 지원하는 체제의 확립이 정보시대의 선진국이 되는 바탕이 된다.

▪ 정보시대에 맞는 사고범위의 확장

지식의 발전은 코페르니쿠스의 지동설, 다윈의 진화론, 아인스타인에 의한 상대성이론에 이르기까지 간헐적인 대(大)발견들을 중심으로 역사에 기록되어왔지만 그 근저에는 그러한 발견들을 가능케 한 수많은 배경 지식들이 있었다. 정보시대에 들어서면서 일어나고 있는 폭발적 기술발전은 그러한 획기적 발견들을 검증하고 그것들을 활용한 기술들을 구현할 수 있는 효과적 수단들이 대거 개발되고 있기 때문이다. 발견(발명의 전제)의 과정을 살펴보면, 실제 현상에서 실마리를 발견하면서 시작되고 단편적 사실들을 추상적으로 모델링하여 관련된 요소들과 정리들을 파악하게 되고 필요한 증거들을 찾아내어 검증하게 된다. 이에 관해 논리학이나 그래프와 같은 **추상화를 위한 논리적 도구들이 컴퓨터를 통해 실용화됨으로써 개략적 생각을 쉽게 체계화**할 수 있게 되어 그 결과 개념을 완성하는 데에 필요한 요소들을 효과적으로 파악할 수 있게 되었다. 그리고 이들을 검증하는 데에 필요한 실제적 증거들을 찾아나가는 도구로서 현미경에서 시작하여 망원경 그리고 인공위성이나 우주선에 의해 **초월적 세계들을 눈으로 직접 확인**할 수 있게 되었다. 한편 인간의 사유와 그에 따른 기술발전은 상호 선순환과정을 거치면서 인류의 시야는 개념적, 물질적, 정보적 측면에서 끝없이 확장되고 있다**(심리적, 종교적 영역을 제외하더라도). 개념적 영역은 질서로서의 우주를 넘어 색즉시공을 객관적 진리로 인정하는 단계에 이르고 있고, 질량과 에너지사이의 등가성은 핵융합을 실현하는 단계로 들어서고 있을 뿐 아니라, 정보교류의 범위는 지구 반대편의 상대와 실시간으로 대화할 수 있는 수준**이 일상화되었다. 이러한 확장된 세상의 범위에 맞게 우리의 사유의 범위를 넓혀가기 위해서는 앞서 말했듯이 공간차원을 평면에서 공중과 지하나 해저를 포함한 삼차원으로 늘려왔고, 공간의 역할을 단순히 운송통로만이 아닌 통신채널의 차원에서 고려하거나 나아가 통신프로토콜의 적용대상과 같은 개념적 차원에까지 다원화하고 있다. 이와 같은 여러 차원들로의 정성적 확장에 더하여 각 차원 내에서 시야를 넓히거나 구체화하는 사유범위의 정량적 확장이 필요한 단계에 도달하였다. 이러한 사유범위의 정량적인 확장에 의해 실제적으로는 정성적 변화를 가져올 수 있다. 예를 들어 지구 반대편의 나라와 전력선을 공유한다면 서로 업무시간과 심야시간이 교차하기 때문에 심야전기를 낭비하지 않아도 될 것이고 (이와 달리, 도로망도 공유할 수 있다면 러시아워가 없어지고 위험한 가변차선제도도 필요가 없게 될 것이지만 물리적으로 불가) 통신망을 이용한다면 비인간적인 심야근무도 서로 품앗이하여 대부분 없앨 수 있을 터이다.

▪ 순수과학의 실용화와 학문간 융합

정보이론에 비추어보면 변하지 않는 것에는 정보가 없고 따라서 가치창출도 있을 수 없다. 오랫동안 변하지 않는 분야는 진리로서의 의미는 깊을지 모르나, 정보시대를 맞아 일취월장하는 다른 분야들과 발맞추어 진보하지 않으면 상대적으로 후퇴하는 셈이 된다. 특히 오랜 역사를 가진 인문학적 가치탐구는 그 자체의 효용이 영원하겠지만 발전이 정체되면 정보시대에는 가치를 인정받기가 어려워진다. 일단 창조된 정보를 단순히 기억하거나 전달하는 일은 컴퓨터나 인터넷이 인간보다 더 정확하고 빠르게 할 수 있기 때문이다. 현실적으로 볼 때, 상대적으로 추상적이고 개괄적인 특성 때문에 정체되기 쉬운 순수과학이나 사회과학분야는 정보화시대에 맞는 실용화와 다른 응용분야들과의 융합이 이루어지지 않으면 입지가 점점 좁아질 수밖에 없다. 이미 선진국의 관련학자들 사이에서 전통적 순수인문학은 일반인들의 교양교육으로 역할이 축소될 것이라는 주장이 나오고 있는 형국이다. 시대조류의 하나인 융합을 위한 실천적 방안으로 **순수학문분야들이 거시적 관점에서 가치판단과 상위(추상적, 개괄적) 문제해결방법론을 제공하고, 응용학문분야들은 정보기술을 이용한 구체적 문제해결방법들을 개발하여 실용화하는 역할을 담당해줄 수** 있을 것이다. 연전에 미국에서 심리학강좌를 수강할 때 "예전에는 인간의 모델을 심리학분야에서 만들었었는데 요즘엔 컴퓨터학자들이 더 활발히 실용적인 인간모델을 만들어 내고 있다." 던 심리학 교수의 푸념이 기억난다. 이러한 상황에서 순수학문을 실용화한 새로운 학문분야들이 계산 언어학, 탐험적 통계학, 통계적 생물학 등을 포함하여 다양하게 개척되고 있다.

6.3.6 정보시대를 사는 우리의 자세

19세기말의 석유부호들과 같이 일확천금을 할 대규모 발견이나 에디슨시대의 획기적 발명들이 이제는 별로 없으리라 생각될지도 모른다. 하지만 20세기 중반에 들어서도 월트 디즈니(W. Disney)는 악어들만 우글거리던 플로리다 늪지대에 자신이 꿈꾸던 상상의 세계를 현실화함으로써 세계제일의 위락단지를 창조하여 자기 개인의 성공은 물론 대규모 고용창출로 국가와 사회에 기여하고 있다. 또한 눈에 보이지 않는 개념(물리적으로는 無)에서 시작하여 개인용 컴퓨터 운영체제(PC OS, Personal Computer Operating System) 소프트웨어 하나로 이십년 만에 세계제일의 부자가 된 빌 게이츠를 위시한 실리콘밸리의 수많은 벤처 성공신화들이 물리적 영역을 넘어서서 고갈되지 않는 창조의 기회에 대한 확실한 증거들을 제시하고 있다. 이러한 **창조적 성취들이 국가 전체적 규모로 누적된 결과가 종국엔 선진국으로 나아가느냐 후진국에 머무느냐를 결정**짓게 되는 것이다.

획기적인 전기를 이룩한 과거의 성취들이 당시의 문맥이 아닌 현재의 시각에서 보면 과소평가되고 그 의미가 정당하게 평가되지 않을 수 있다. 예를 들어 록펠러가 유전들을 발견하여 부를 이룩한 것이 인터넷에서 가상세계를 일구어 컴퓨터 소프트웨어로 성공하는 일과 완전히 다른 차원의 성취로 이해될지도 모르겠다. 그러나 당시로서는 석유의 가치를 발견하고 매장된 석유를 캐내는 일이 현재로서는 화성에 가는 것만큼 새롭고 어려운 첨단기술(high-tech)이었을 것이다. 세상은 무수한 차원들로 구성되어 있고 획기적 발전, 소위 블루오션의 발견은 항상 그 당시의 평균적 사고체계와는 다른 새로운 차원에서 이루어지는 것이다. 어떠한 시대에도 혜안을 가지고 주어진 환경에 맞추어 끝없이 도전하는 개인과 국가에겐 항상 새로운 차원의 기회가 주어져 온 것이 역사의 교훈이다. 앞으로의 정보시대에서는 **눈에 보이는 것에서 벗어나 사물과 현상에 대한 심오한 탐구를 통하여 우주의 오묘한 원리와 정교한 질서를 통찰하는 능력**이 거시적 성공요소가 될 것이다. 이미 생산된 정보의 취득은 누구에게나 주어진 기본환경의 일부가 되어버린 상황에서는 주어진 정보를 바탕으로 한 새로운 정보와 지식의 창조만이 인간고유의 일로서 남아있기 때문이다. 이에 관해 우리의 전통적 국민성의 특징들, 즉 감성적, 직관적, 개인적 성향 등이 창조적인 방향으로 발현시켜서 정보시대를 맞은 우리 사회의 성공가능성을 높여가도록 해야겠다.

6.4 정보사회에 대비한 제도적 정비

정보사회의 장점은 정보에 관련된 수많은 단계들이 모두 제 기능을 할 때 비로소 실현될 수 있다. 하지만 **정보의 생산, 수집, 처리, 전달 그리고 최종 사용에 이르기까지 거치게 되는 각 단계에서 문제**가 생길 여지는 산재해 있다. 구체적으로, 정보의 생성 및 보유단계에서는 편파적 기사, 일방적 여론조사(인터넷상에서 소위 파워블로거가 사적 이익을 추구하기 위한 경우 등 포함), 부실한 통계자료뿐만 아니라 제때에 업데이트되지 않는 정보 그리고 국가나 다국적 기업 등의 거대기관에 의한 정보의 독점과 조작 가능성, 컴퓨터에 저장된 정보에의 불법적 접근이나 누설, 그리고 컴퓨터 바이러스와 같은 고의적 정보파괴와 정보시스템의 (하드웨어나 소프트웨어) 요소의 결함에 의한 정보 손실 등의 문제들이 발생할 수 있다. 정보의 전달단계에서는 통신 인프라의 미비(대역폭의 부족 등)가 도로가 부족하여 생기는 교통문제와 비교되는 여러 가지 문제들을 일으키게 되고, 통신과정에서의 오류나 도청도 자주 문제가 되고 있다. 정보소비자에 의한 정보의 최종사용 단계에서는 **일반인들의 정보접근성을 높이는 일**과 폭주하는 정보 중에서 유용한 부분을 취사선택하고 정확히 분석할 수 있도록 **개개인의 정보소비능력을 정보시대에 맞게 고양**해나가는 것이 과제가 된다.

수많은 대중들이 제한 없이 인터넷상에 정보를 생산하고 동시에 접근할 수 있게 됨에 따라 사이버 공간을 통해 대중조작을 당할 우려도 따라서 커질 수밖에 없다. 따라서 사이버 공간이 실제 인간사회의 의견을 정확하게 반영할 수 있도록 하려면 의견(정보)의 개진이 양방향으로 가능하게 하는 동시에 소수가 의견을 독점하지 못하게 적절히 규율해야만 한다. 그와 함께 무책임한 의견이 난무하지 않도록 익명성에 대한 제한도 일정부분 필요할 것이다. 한편 정보의 이동이 국경도 없이 실시간으로 이루어짐에 따라 해외에 있는 서버를 이용한 유해 사이트가 범람하고 있다. 이처럼 전통적 국경이 무의미해진 범지구적 사이버 공간을 규율하기 위해서는 전통적 국경을 넘어선 **국제적 공조**가 필수적이다. 전통적 영토와 비교하여 훨씬 넓어진 사이버영토에 대한 지배권을 차지하기 위한 영토분쟁도 영토의 넓이에 비례하여 첨예해지는 동시에 정보의 전달도 순식간에 전 세계적 범위로 이루어지는 결과 **사이버영토에 대한 권력의 부침도 더욱 빈번해 질 것**이다. 이런 모든 문제들에 대처할 수 있는 제도적 토대가 국가적 차원에서 구축되어야만 정보시대가 일반 국민들의 삶을 지속적으로 개선할 만큼 공고해질 수 있다.

물건과 달리 정보는 물질로 구성되지 않고 사용해도 줄지 않기 때문에 자신도 모르는 사이에 정보가 가진 값비싼 재산적 가치를 도난당할 수도 있다. 구체적으로 수 조원의 가치를 지닌 제품 설계도를 USB 한 개에 담아서 가져나갈 수 있고, 단 몇 초면 지구 반대편으로 빼돌릴 수 있는 세상이다. 따라서 눈에 보이는 **물건에 관해 (전통적 산업사회에 맞게) 만들어진 사회제도나 법률체제에 대해 정보시대에 맞는 정치(精緻)한 수정과 보완이 필요**하다. 특히 정보사회에 대비한 각종 제도의 정비는 (무형의) 돈에 대해 지나치게 관대한 우리사회의 법률체계내지 사법적 관례에서와 같은 전철을 밟지 않아야 한다(눈에 보이지 않고 손에 잡히지 않은 것의 중요성을 별로 인정하지 않는 우리사회에서도 예외적으로 돈은 무형이지만 현실적으로 최고의 가치로 대접받고 있다). 실제로 돈 때문에 가족을 살해하고 돈이면 귀신도 부린다는 우리사회에서 선진자본주의국가들에 비해 경제범죄에 대한 처벌이 지나치게 관대한 것은 돈의 실제적 중요성이나 일반적 법감정과 부합하지 않는 시대착오적인 동시에 위선적인 행태다. 다시 말해 천민자본주의적 사회풍토가 만연한 우리사회에서 금전적 범죄의 처벌에서 타 범죄와 비해 불공평한 관대함을 보이고 있는 것은 표리부동한 사법풍토로서 사회적 부조리를 부추기는 원인이 될 뿐이다. 이를 감안하여, 정보시대에는 (눈에 보이지 않는) 정보에 관련된 범죄의 폐해의 크기와 그에 대한 대처나 처벌의 강도가 불균형이 되는 풍토가 반복되지 않아야 할 것이다.

■ **정보의 왜곡 가능성과 평가의 어려움**

정보가 복잡해질수록 평가가 왜곡될 가능성도 커지게 된다. 특히 다수가 관련된 통계적 정보는 왜곡의 파급효과가 더욱 커질 수밖에 없다. 서로 다른 차원의 값들을 교묘히 섞어서 비교하거나, 집단 전체에 관한 통계와 상위권에 관한 통계를 그냥 비교하거나, 여러 해 평균치와 특정 년도에 관한 수치를 같은 차원에서 비교하든지, 상대적 크기를 절대적 크기와 단순 비교하는 등 통계치를 구미에 맞는 부분만 인용하거나 아전인수적으로 해석하는 경우가 적지 않다. 결과적으로 우리가 정보시대를 살아가기 위해서는 복잡한 기술이나 새로운 기능에 관한 이해당사자의 일방적 주장이나 매스컴의 선정적 보도를 걸러낼 수 있는 능력이 더욱 중요해지고 있다. 실제로 '전문직 중에 변리사가 평균소득이 가장 높다'는 짤막한 발표에 대해서도 특허법인 전체와 개별 변리사와의 소득을 구분하지 않았다거나 매출액과 순익을 구분하지 않았다는 (타당한) 항변이 되풀이 될 정도로 통계는 (대중들이 간과하기 쉬운) 여러 측면들을 갖고 있기 마련이다. 한편 인간을 정당하게 평가하는 것이 매우 어렵듯이 인간 다음으로 복잡한 컴퓨터의 일부인 소프트웨어나 지능형 멀티미디어기기들에 관련한 평가가 어려운 것은 당연하다. 비교적 단순한 기능을 가진 TV 정도의 가전기기를 평가하는 데에도 전력소비는 물론이고 화면 해상도(resolution)나 통신 대역폭(bandwidth)과 소리 동작범위(dynamic range) 등을 포함한 수많은 측면들을 종합적으로 고려하여야 된다.

6.4.1 정보시대의 시장원리 및 기업환경

20세기 월스트리트의 지존(Big Blue)으로 군림하던 컴퓨터의 제왕 IBM이 1980년대에 실리콘밸리의 신생기업이던 마이크로소프트(MicroSoft Corp.)와 인텔(Intel Corp.) 듀오에게 왕좌를 내어준 지 고작 십여 년이 지난 시점에, 인터넷이라는 컴퓨터통신망에 기반한 웹(Web)이 대중화하면서 넷스케이프(Netscape)와 야후(Yahoo) 그리고 구글(Google) 등의 인터넷강자들이 혜성같이 등장하였다. 하지만 웹의 시대가 개화하는가하는 순간에 어느새 애플(Apple)의 아이폰(i-phone)을 필두로 본격적인 휴대용 컴퓨터인 스마트폰으로 정보통신산업의 중심이 옮겨가고 있다. 개별 기업들 사이의 경쟁이나 합병(M&A)이 아닌 **새로운 정보산업분야의**

끊임없는 출현과 여러 분야들(정보산업과 전통산업을 망라)간의 합종연횡(convergence & regrouping)**이 일상화되고 있는 정보산업계의 춘추전국시대가 도래**한 것이다. 따라서 정보산업에 종사하는 전문가들로서도 이러한 엄청난 변화속도를 따라잡기가 만만치 않은 지경이다. 관련기업들 입장에서는 경쟁상대 즉 목표물이 바뀌는데 그치지 않고 아예 전쟁터의 경계나 전쟁의 성격이 수시로 바뀌는 셈이니 결과적으로 경제 제국의 흥망성쇠가 갈수록 급박해지고 있다.

■ **기업 환경의 평준화 및 포괄적 정보화**

정보시대를 맞아 국가경제의 핵심축인 기업들의 사업 환경은 어떠한가? 먼저 범세계적인 자유경쟁체제에서 전통적인 비용요소들은 거의 평준화 되어가고 있다. 즉, 세계화시대가 인터넷에 의해 실질화되면서 전 세계적인 부품구매 관행이나 국경을 초월한 생산인력의 활용 등에 의해 제품생산의 기본요소들이 모든 기업들 간에 평준화되고 있는 것이다. 다시 말해, **유체적(有體的) 생산요소들에 대해서는 일물일가의 법칙이 전 세계적 규모로 적용**되는 시대가 열리고 있는 것이다. 이에 관해 세계 굴지의 비행기 제조회사인 보잉사의 간부는 여객기 제작의 하드웨어 부분은 누구라도 할 수 있으나 마케팅 노하우는 자기들의 독보적 강점이라고 말한 바 있다. 뿐만 아니라 자동차산업을 포함한 대부분의 전통적인 제조업에서 밖으로 드러나는 외형 디자인이나 기계적 요소들도 이제 거의 평준화되어가고 있다. 그 결과 세계시장에서 가장 믿을만한 자동차를 만드는 회사로 정평이 나있는 토요타의 간부도 타 회사들이 설계를 모방(고상한 용어로 benchmarking)하는 행태에 진절머리가 난다고 하는 말을 할 정도로 디자인의 차별화가 어려워진 것이다(하기야 일본 회사들이 미국 IBM 컴퓨터를 통째로 모방하던 땐 언제고 개구리가 올챙이 생각 못하는 건지). 그에 따라 생산측면에서 세계 제일의 경쟁력을 가진 토요타 자동차도 가격측면에서 타깃 소비자층의 구매력을 벗어나는 경우에는 바로 판매가 격감하는 평준화의 시대가 되었다. 기술집약적인 IT업계에서도 기술혁신을 주도하고 있는 선두주자인 애플이 스마트폰이나 태블릿 컴퓨터의 기능이 다른 회사들의 모방의 대상이 되자 애플 고유의 고가 전략대신 (전통적인 전략인) 파격적 가격으로 치고나오는 전략을 쓰기도 한다. 이미 오래 전부터 정보시대의 주역들 중 하나인 개인용 데스크톱 컴퓨터(PC)는 보통의 젊은이들에게도 부품(모듈)들을 구매하여 직접 조립하는 것이 어렵지 않을 정도로 범용제품(commodity)이 되어버렸다.

20세기의 기술우선 시대를 넘어서 21세기에는 정보시대가 가져온 유형적(有形的) 요소들에 관한 평준화경향에 따라 소비자의 **구매성향과 같은 눈에 보이지 않는 감성적이고 주관적인 정보의 파악**이 기업에게는 좋은 자동차나 컴퓨터를 만드는 것 이상으로 중요하게 되었다. 월마트(WalMart) 같은 회사는 마케팅에 필요한 정보, 예를 들어 고객의 구매성향이나 물류의 흐름 등을 분석하기 위해 슈퍼컴퓨터를 도입하여 사용하고 있다(가장 전통적인 업종인 소매점에서 슈퍼컴퓨터가 어울리지 않는다고 생각한다면 대용량 정보의 적용범위나 효용을 과소평가하고 있는 셈이다). 이와 같은 고객정보나 물류정보를 이용한 재고의 최소화나 물류의 최적화가 가져다주는 획기적 비용절감은 단기적 이익의 제고를 넘어 회사 자체의 가치의 부침내지는 존립과 직결되곤 한다. 하지만 고객에 관한 정보나 물류정보 등이 상대적으로 중요해졌다고 해서 제품 자체에 대한 기술적 진보의 중요성은 결코 줄어들지 않는다. 앞서 언급한 바와 같이 컴퓨터를 쉽게 조립할 수 있게 된 것도 제품의 내용을 이루는 기술이 단순화해졌기 때문이 아니라 그 제품을 구성하는 부품들 자체가 각각 첨단기술의 집약체로 모듈화 되어 제공되기 때문일 뿐이다. 결과적으로 정보시대에는 **기업 간의 생존경쟁도 제품에 대한 기술(정보)의 개발뿐 아니라 고객성향의 파악 등을 망라한 기업의 모든 분야들에 관한 정보를 통합적으로 수집하고 분석하는 포괄적 정보전쟁**으로 이행되고 있는 것이다. 이러한 포괄적이고 광범위한 정보수집 및 분석에는 물론 컴퓨터와 인터넷이 중심이 되는 정보시스템이 핵심역할을 하게 된다.

■ **정보시대의 영토와 시민**

정보시대의 영토의 범위는 지리적 영토가 아닌 사이버 통치체계의 지배력이 미치는 영역이다. IBM이 지배하던 대형컴퓨터, 엄밀히는 그 운영체제(IBM OS)의 통치시대로부터 개인용컴퓨터(PC)의 시대로 이행되던 전환기에 마이크로소프트가 개인용컴퓨터의 운영체계(MS DOS와 MS Windows)의 독점적 지배력을 확보함으로써 범세계적 사이버제국을 한동안 유지해 왔었다. 그러나 컴퓨터의 사용이 개인용컴퓨터에 머물지 않고 휴대전화나 텔레비전 나아가 전통기기들인 자동차나 가전제품들까지 거의 모든 기기들에 내장(embedded)되어 영역을 확장해나감에 따라 컴퓨터상의 사이버 영토가 끝없이 확대되고 있다. 결과적으로 마이크로소프트의 운영체제의 독점이 미치지 못하는 영토가 날로 커지고 있고 그에 따라 생겨난 새로운 영토를 차지하려는 전쟁이 격렬해지고 있다. **아이폰을 앞세운 애플사와 안드로이드(Android) 진영 간의 전쟁도 정보시스템(즉, 휴대전화, 가전제품들 나아가 모든 정보기기)에 관한 통합적 운영체제라는 통치체제(cyber government)을 통해 사이버영토를 차지하기 위한 영토쟁탈전**에 다름 아니다. 즉, 정보시스템 사용자들을 자기 (사이버)제국의 국민으로 끌어들이기 위한 전쟁으로서 이러한 국민들은 정보기기의 생산자(상인)들과 정보기기의 소비자(고객)들로 구성된다. 이때 해당제국의 국민이 된다는 것은 그 국가에서 활동하기 위한 규약인 해당 컴퓨터 고유의 운영체제를 사용하기로 하는 것을 의미한다. 즉, 특정 운영체제를 채택한 정보기기(PC, 스마트폰, 지능형 가전기기들)를 사용하게 되면 해당 **운영체제가 규정하는 정보사용에 관한 행동규약 내지 언어(protocol, code, language)를 사용**하게 되는 것이다. 결과적으로 컴퓨터상의 모든 정보처리와 (컴퓨터들 간의 표준 통신규약인) 인터넷에의 접속과 같은 사이버제국에서의 모든 활동은 단말기로 선택된 컴퓨터의 운영체제 내지 관련 언어를 통할 수밖에 없다. 하지만 정보시대의 국민들은 이동이 자유로워 정부가 마음에 들지 않으면 언제라도 (다른 운영체제상의 언어를 배움으로써) 이민을 가버릴 수 있다. 이런 점에서 이들을 네티즌(netizen)이나 디지털 방랑자(digital nomad)라 부르는 것은 결코 비유적인 수사(修辭)만이 아니다. 사실 애플 아이폰의 성공도 혁명적 기술에 의한 성취라기보다 상품의 공급자들인 앱(App, application software) 생산자들과 그 소비자들인 일반 사용자들 사이에 최신식 직거래 장터를 열어주면서 기존의 통신회사들보다 상대적으로 저렴한 자릿세를 받음으로써 사람들의 마음을 붙든 것이 더 큰 성공요인이라고 할 수 있다. 이러한 춘추전국시대에는 독점적 대기업이라도 기득권을 안정적으로 유지하기 어려워지게 되고 기업들로선 상시적인 위기의 상황에 처해 있다고 할 수 있다. 반면 개인적 아이디어를 앱(응용소프트웨어)으로 구현하여 부자가 된 많은 사례들에서 보듯이, 정보시대의 시민들로서는 이제 과거처럼 독점적 대기업의 하청에 의존하지 않고도 개인의 역량만으로도 성공신화의 주인공이 될 수 있는 시대가 열린 것이다.

■ **구글과 애플의 경쟁구도**

구글(Google Inc.)과 같은 인터넷서비스업체들은 [그림 6.2]에서 보듯 검색, 뉴스, 번역, 이메일(e-mail), 유튜브(YouTube), 온라인 강의와 3D 교과서, 지도, 사전을 포함한 다양한 (자체제작) 인터넷서비스를 제공하여 고객들을 모으고 광고에 노출시켜 광고주들로부터 수수료를 받는 수익모델을 채택하고 있다. 그러나 점점 많은 네티즌들이 고정된 유선 통신망을 통해야 하는 데스크톱컴퓨터나 노트북컴퓨터를 통하기보다, 모바일기기 특히 스마트폰을 통하여 무선으로 인터넷서비스에 접속하게 되었다. 이런 환경변화 속에서 그 **무선접속통로(i-OS)를 장악한 애플**(Apple Inc.)**이 통행료를 걷는 사업과 외부 개발자들이 개발한 다양한 응용프로그램을 사고파는 앱스토어**(AppStore)**의 자릿세를 받는 사업**으로 큰 수익을 올리게 되었다. 그러자 구글도 비슷한 접속통로(Android OS)를 제공하여 애플과 경쟁하고 있다. 이 때 애플과 달리 구글은 직접 단말기(인터넷 접속통로)를 판매하기보다 삼성전자 등의 하드웨어제조회사들에게 스마트폰용 운영체제(안드로이드)만을 제공하는 방식을 취하고 있다. 이러한 구글의 사업방식은 **도로 설계와 통행 규칙을 제정하는 일만 직접하고 도로건설은 외주**를 주는 형태와 비슷하다고 할 수 있다(실제 업무수행방식을 보자면, 애플도 하드웨어를 직접 제조하지 않고 구글은 안드로이드 운영체제를 개발한 벤처회사를 합병함으로써 기술을 획득하였다).

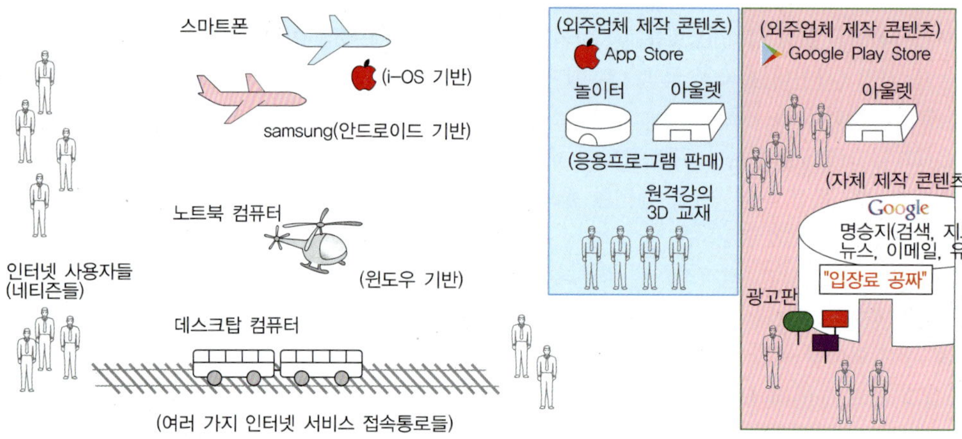

그림 6.2 인터넷서비스의 접속통로와 서비스업체들의 역할

■ **공정한 정보사회를 위한 사회적 감시**

미국은 메이플라워호를 타고 온 자연법사상에 기초하여 개인의 자유와 권리를 보호하고 기업의 공정한 경제활동을 보장함으로써 세계최강의 국가로 발전할 수 있었다. 이에 관련하여 미국의 독점금지법은 소비자보호가 최종목적이지만 동시에 시장에서 공정한 경쟁이 이루어지게 하여 '보이지 않는 손'이 침해되는 것을 방지함으로써 국가경제발전을 담보하는 제도적 보루이다. 한편 정보시대의 핵심 재화인 정보는 개념적 대상이기 때문에 거래과정이나 권리침해의 양태가 전통적 상품의 경우와는 근본적으로 달라진다. 더구나 정보시대에는 정보의 생산과 전파가 더 빠른 속도로 더 넓은 범위에 걸쳐서 이루어지기 때문에 불공정하거나 불법적인 거래에 따른 피해규모도 비례해서 기하급수적으로 커지게 된다. 이와 같이 정보는 전통적 상행위의 대

상인 물건들보다 **내용이 추상적이고 복잡할 뿐 아니라 영향이 광범위하기 때문에 보다 더 정교하고 강력한 공정거래규율이 필요**하다. 이에 관한 정부의 역할은 정보의 생산과 전달 면에서 공정한 경쟁을 유도하기 위해서 정보원(情報源)들이 허위정보를 생산하거나 매체들이 정보전달을 독점하거나 왜곡하지 않도록 하는 규제하는 역할이 중요하다. 한편 정보가 많아지고 복잡해질수록 왜곡을 찾아내는 것도 그만큼 어려워지게 된다. 이에 맞서 **정보의 최종소비자인 개개인의 입장에서 정보에 대한 충분한 판단능력을 가질 때 비로소 정부와 다국적 기업들을 포함한 거대조직들에 의한 정보왜곡이나 관련된 전횡을 막을 수 있는 견제가 실질적으로 가능**해진다.

■ **정보시대와 관심의 중요성**

김건모가 몇 곡의 히트곡으로써, 베컴이 축구공 다루는 재주(더하기 외모?)로써 천문학적 수입을 올리는 것도 정보시대의 대량 정보전파수단들의 혜택이 바탕이 되었음은 부인할 수 없다. 반면 만고의 천재인 모차르트는 오페라들을 작곡하고 공연악단을 이끌어 나름대로 흥행에 성공하는 한편 귀족들의 한 끼 식사를 위한 작곡(divertimento)까지 하기도 했으나, 대중에게 광범위하게 전달할 수단(관심을 끌 수단)을 갖지 못해 요즈음 기준으로 보면 능력이나 명성에 걸맞은 경제적 과실을 누릴 수 없었다(지금과 같이 정보를 전파할 수 있는 환경이었다면 좀 더 장수하여 더 많은 명곡들을 남길 수 있지 않았을까?). 정보시대에 들면서 정보의 생산량이 정보의 생산수단이나 전달수단의 발전에 따라 폭발적으로 늘고 있다(전 세계적으로 생산되는 정보가 2년에 두 배씩 늘고 있는 실정으로 지구상에 존재하는 정보의 90%가 최근 2년 새에 만들어졌다고 한다). 반면 그러한 **정보를 소비하는 주체인 개개인의 관심(attention)은 한정**되어있는 특성상 정보의 최종소비자이자 상품의 구매자인 대중의 관심을 끌기위한 경쟁이 격화될 수밖에 없다. 이러한 경쟁의 고전적 예가 TV 시청률경쟁이나 신문판매부수경쟁이라고 할 수 있다. 필자가 미국에 체류하던 1980년대에 이미 콘도분양 설명회에 단순히 참석만하면 (그 당시 한국인에겐 비싼 물건이었던) 스키세트를 그냥 준다는 광고를 보고 반신반의했던 기억이 새로운데, 정보시대에 진입하는 우리 사회에서도 관심을 끌기 위해서는 그 정도의 마케팅 비용지출은 이제 드물지 않은 현상이 되고 있다. “정보는 정보수령자의 관심을 소모시킨다. 따라서 정보가 늘어날수록 관심이 고갈된다. Information consumes the attention of its recipient, and wealth of information creates a poverty of attention.” (by Herb Simon a Nobel Prize winner)

6.4.2 정보산업과 전통산업

전통적인 산업은 의식주나 의료와 같은 생존에 필수적인 기초적 분야들과 인간다운 생활을 위한 교육, 오락과 종교 등을 포함하여 인간의 필요를 충족하는데 관련된 모든 분야에 걸쳐있다. 한편 정보산업이란 인간의 모든 활동들에 관해 정보를 채집하고 표현, 저장, 가공, 전송하는 데 관련된 산업을 총칭한다. 따라서 전통산업과 정보산업은 같은 대상에 대해 서로 다른 측면을 다루는 셈이다(정확히 말하면 전체적으로 서로 겹치는 측면을 다루되 정보측면에 중점을 두는 정보산업은 전통산업의 새로운 일부라고 볼 수 있다). 물론 컴퓨터게임과 같이 컴퓨터시대에 새로 생겨난 순수한 정보산업분야들이 있지만 이것도 기존의 오락산업에 새로운 도구로서 컴퓨터를 도입한 것이라고도 볼 수 있다. 산업을 생산물에 따라 농업, 섬유산업, 자동차산업, 건설업, 운수업, 보험업 등으로 나누는 수평적 구분과 달리 각 산업의 구성을 내부적 기능에 따라 수직적으로 나눌 때 해당 **산업의 물리적 요소들이 하부계층을 이룬다고 본다면 개념적인 정보를 다루는 기능은 상부계층**을 이룬다고 볼 수 있다. [그림 6.3]에서 보는 바와 같이 건축에서 시공이라는 물리적 측면과 정보측면인 설계도와의 관계, 제조업 내에서 실제 조립작업과 공정계획과 같은 정보와의 관계, 농업에서 직접 파종하고 물꼬를 트는 작업과 농작물의 시세를 고려한 파종규모의 결정이나 효율적 관개를 위한 인공위성 사진 분석 등과의 관계들을 기능적 구분의 예로 들 수 있다. 따라서 정보시대라고 해서 굴뚝산업으로 불렸던 중공업이나 한때 저임금 산업으로 낙인이 찍혔던 섬유산업이 결코 사양화될 수 없을 뿐 아니라 오히려 그러한 산업들을 효율화내지 고도화하는 것이 정보산업의 역할이 된다. 예를 들어 냉장고나 에어컨 등의 기존의 기계제품들에 컴퓨터를 내장하여 다양한 첨단기능들을 제공할 수도 있고, 컴퓨터를 활용하여 옷감재료를 첨단화하기 위한 화학적 구조를 발견할 수도 있고, 인터넷과 컴퓨터를 이용하여 농사용 관개시설을 고도화하거나 농산물 시세를 예측할 수 있다. 말하자면 **인류의 필요를 충족하는데 필요한 어떤 산업도 결코 사양화될 수 없고 단지 구체적 실현방법들이나 수단들 간에 부침이 있을 뿐**이다. 물론 전체 산업에서 정보산업의 비중이 커지면서 전통산업들이 상대적으로 작아져 보이지만 사실은 전통산업들이 모든 정보산업의 존재 근거인 것이다. 따라서 정보시대에도 **전통산업 자체의 본래의 역할이나 의미는 결코 바뀌지 않을 뿐 아니라 정보산업에 의해 고도화되고 성장**하게 될 것이다. 결과적으로 정보산업이 발전한다는 것은 모든 산업의 생산성이 전반적으로 높아진다는 것을 의미한다. 이는 한편으로 개개인의 생산성이 높아져 적은 노력으로도 많은 부가가치를 생산할 수 있음을 의미한다.

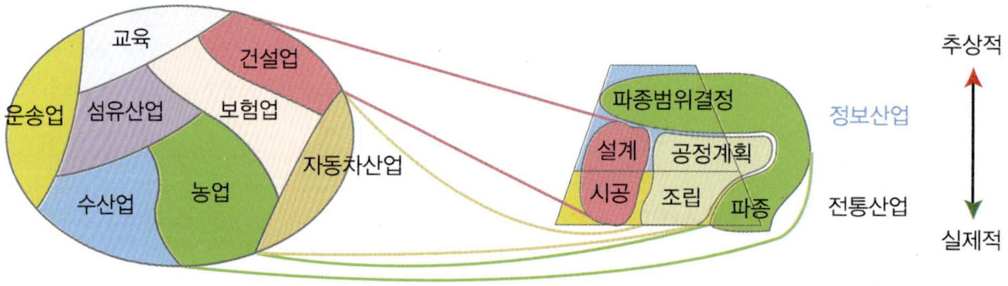

(a) 생산물에 따른 산업의 수평적 구분 (b) 각 산업내의 기능에 따른 수직적 분업

그림 6.3 전통산업과 정보산업의 수직적 관계

■ **첨단분야와 기초분야**

단선적 줄세우기 문화에 기인한 한국의 일류병은 연구풍토에도 영향을 미쳐 기업들과 연구개발종사자들을 너도나도 소위 첨단 분야만을 쫓게 만든다. 이러한 풍토는 인재들을 첨단(leading edge)이라 칭해지는 인기분야에만 몰리게 하여 과잉경쟁을 불러오고 한편으로 첨단 분야는 자주 바뀔 수밖에 없기 때문에 단기 결과에 집착할 수밖에 없도록 만든다. 결과적으로 정보시대에 들어 상대적인 장점으로 부각되고 있는 한국인의 개별성(창의성의 전제조건)은 성급

한 성공에 대한 조급한 기대 때문에 최종성공에 이르지 못한 채 사장되는 경우가 많다. 이와 함께 외형적이거나 직접적인 결과를 만들어내는 분야들에 관심이 집중되는 풍조가 고착화되고 있다. 음악에서도 작곡보다는 연주에 사람이 몰리고 추상적인 연구를 담당하는 과학자를 꿈꾸는 아이들보다는 눈에 잘 띄는 연예인 지망생이 훨씬 많은 것이 우리의 현실이다. 이런 피상적이고 근시안적 사회풍토에서는 오케스트라 구성에서도 타악기와 같이 잘 드러나지 않는 (그러나 필수적인) 악기들은 소외되기 마련이고, 만리장성이나 노트르담 성당 등과 같은 수백 년 걸리는 역사적 대작은 나오기 힘들게 된다. 이에 관해 자연에서도 동서양을 막론하고 수목의 왕으로 대접받는 참나무의 경우 아카시아 등의 전천후 나무들이 먼저 번식하여 오랜 기간에 걸쳐 토양을 비옥하게 만든 후에라야 자랄 수 있게 된다고 한다. 그러나 대통령의 업적이든 연구자의 업적이든 몇 년이나 몇 달의 단기간에 이루어질 수 있는 것은 대개 피상적이거나 머지않아 무의미해질 단편적인 업적일 수밖에 없다. 실제로 첨단은 어느 분야에나 있을 수 있는 것일 뿐 아니라, 모든 분야는 기초기술과 첨단기술이 합쳐져야 최종 결과를 만들어낼 수 있다. 이는 첨탑(pinnacle)은 기단(base)의 토대위에서만 존재할 수 있고 칼날(leading edge 즉 첨단)은 든든한 칼등과 손잡이가 받쳐주어야 쓸모가 있는 것과 같다. 따라서 소위 첨단산업은 소재, 제조, 재배 등과 같은 기초산업의 바탕위에서만 의미를 가지게 된다. 긴 안목으로 볼 때 **전통산업과 기초기술의 튼튼한 토대가 모든 첨단화를 위한 필요조건**이라는 점은 우리사회가 간과해서는 안 될 점들 중에 하나다.

■ 다양한 첨단 분야들의 공통기반으로서의 정보기술

세상을 구성하는 무수한 측면(aspect)들이나 차원(dimension)들에서 존재하는 수많은 미개척 영역(frontier)들에 각각 상응하여 셀 수 없이 많은 첨단 분야들이 개척될 수 있다. 분자단위에 근접하는 **극소의 물질을 다루는 첨단 나노과학**(nano science)은 다양한 분야들에서 셀 수 없이 많은 응용분야들을 낳고 있다. 속도의 측면에서의 **극초음속 항공기나 초고속열차**는 대중이 효과를 직접적으로 체감할 수 있는 첨단 분야라고 할 수 있다. 차세대 미사일방어망의 기술적 요체는 극초음속의 비행체들을 발견하고 위치를 파악하여 타격하기 위한 최첨단의 역학적 정밀도라고 할 수 있다. 상대적으로 주목을 덜 받고 있지만, 바다 속 수천 km 아래 **심해를 탐험하는 일은 우주여행만큼이나 고도의 기술**이 필요한 첨단 분야이다. 그러나 모든 첨단 분야가 반드시 인공적인 기술이나 기기를 써야만 가능한 것이 아니다. 본래의 자연적 방법으로 작물을 재배하는 유기농업은 인위적 영농방식이 일반화된 현대에서 첨단 농법이 될 수 있다. 이는 과거에는 첨단제품이었던 농약이나 성장촉진제에 의존하는 현대식 농법이 아닌 재래식 자연농법이 다시 첨단이 되는 **첨단의 상대화내지는 회귀**라고 할 수도 있겠다. 하지만 이와 같은 회귀적 첨단농법도 내부적으로는 과거에 쓰던 전통적인 방식과 달리 **정보화를 통해 한층 진화된 방식**을 사용한다. 이들을 포함한 모든 첨단 분야들 사이의 공통점은 고도의 정보처리가 뒷받침이 되어야 하고 그를 위한 핵심도구는 동일하다는 사실이다. 즉, 어떤 분야든지 관련된 **핵심원리들과 기반기술들을 발견하고 응용하는 이론적 도구가 수학이라면 컴퓨터를 중심으로 하는 정보기술은 실제적 도구**가 된다.

■ 첨단기기들과 정보기술

수백만 배의 배율을 가진 전자현미경으로 포착한 분자크기의 물체들 (세포, 바이러스, 탄소나노튜브 등), 초당 수만 장을 찍을 수 있는 초고속 카메라를 이용하여 촬영된 장면들 (순식간에 이루어지고 마는 골프스윙을 몇 분간으로 확장해서 보게 해주거나 반대로 몇 개월이 걸쳐 자라는 식물의 성장과정을 몇 초로 축약해 보게 하는 등) 그리고 인간의 시력의 100억 배의 성능(몇만 km 밖의 반딧불도 관측할 정도)을 가진 허블망원경이나 대륙 간에 설치된 거대한 전파망원경 등에 의해 포착된 무수한 별들과 은하들의 모습에 이르기까지 첨단 관측기기들에 의해 얻어진 원시 데이터를 인간이 이용할 수 있도록 가공하는 데도 정보기술의 사용이 필수적이다. 즉, 육안이나 전통적 도구들로는 획득할 수 없었던 극대하거나 극미한 사물이나 현상들에 대한 방대한 관측데이터를 가공(분석), 저장, 전달, (사용자가 눈으로 볼 수 있도록) 표현하는 모든 기능들은 결국 정보기술에 달려있다. 이러한 기능들 중에서 사용자들의 정보이해에 직접 영향을 미치는 표현기능을 예를 들어보자. 나노과학에서 다루는 극미의 현상에서부터 수천 광년 규모의 광활한 별들의 움직임에 이르기까지 멀티미디어정보기술을 활용하여 그림이나 동영상으로 모델링함으로써 물리적 규모를 초월한 직관적인 이해가 가능하게 해준다. 결과적으로 컴퓨터상의 시청각적 시뮬레이션으로 표현하면 전자가 원자핵 주위를 도는 모습이나 지구가 태양의 둘레를 공전하는 모습을 같은 형태로 파악하게 되고 때로는 수천억 개의 별들로 구성된 은하가 메밀꽃이 만발한 들판처럼 보이기도 한다(몇 십 평짜리 아파트 하나 마련하는데 평생을 바치다시피 하는 우리네 일상을 생각하면 시야가 획기적으로 넓어지는 대단한 지적 개화라고 할 수 있다). 물론 이러한 직관적 이해가 실질적 가치로 연결되려면 정량적 분석과 구체적 개발과정이 뒤따라야 하지만 정성적 이해나 직관적 착상은 과학의 발전이나 문명의 진보에서 그 주체인 인간에게 중요한 단초들을 제공할 수 있다. 이와 같은 최종사용자를 위한 정보표현기능을 포함한 정보의 처리에 대한 모든 컴퓨터 기능들의 범용성을 감안하면, 컴퓨터를 중심으로 하는 정보시스템에 대한 이해는 모든 첨단 분야 나아가서 창조를 통한 모든 문명발전의 필요조건이라고 할 수 있다.

■ 정보시대의 기술적 우위와 기반기술의 소프트화

20세기 말엽 차세대 TV 개발경쟁에서 현대적 기술 내지 경제전쟁의 중요한 사례를 목격한 바 있다. 당시 가전산업을 거의 접었던 미국에서 개발된 (디지털) TV 기술규격이 당시 전자기술의 독보적 대국이었던 일본이 국책사업으로 수십 년간 공들여 온 차세대 고화질 (아날로그) TV 기술규격을 일거에 무용지물로 만들어 버린 것이다. 이는 미국의 대학이나 국영연구소 등 비영리연구기관들에서 고화질 디지털 TV규격에 관한 기반기술들을 상업화와 관계없이 오래전부터 연구하여 확보하고 있었기 때문이다. 근래 경제전쟁의 대표적 사례로서, 정보기기의 핵심 단말기기인 스마트폰에 사용되는 운영체제에 대한 선점경쟁이 치열하게 전개되고 있다. 즉, 애플이 자사의 아이폰에 독점적으로 사용하는 아이오에스(i-OS)운영체제와 구글이 공개하여 연합군을 형성하고 있는 안드로이드(Android) 운영체제의 양강 구도에 마이크로소프트와 그 외 여러 회사들이 도전장을 내밀고 있는 형국이다. 기존의 컴퓨터뿐 아니라 전화, 가전제품 그리고 자동차까지 컴퓨터칩을 사용하여 지능화되면서, 컴퓨터를 사용하는데 필수적인 컴퓨터운영체제에 대한 이권이 (i-OS 운영체제에 대한 천하통일적 야심에서 드러나듯이) 점점 더 커지게 되었다. 그러나 이러한 사건은 수많은 세계적 기술표준들을 선점하기 위해 세계적으로 벌어지고 있는 치열한 전쟁의 단면을 엿볼 수 있는 빙산의 일각에 불과하다. 예를 들어 인터넷기술도 시발점은 20세기 중후반 냉전시대에 핵전쟁을 대비해서 미국국방성에서 개발한 통신망규격인 알파넷(ARPA-NET)으로 거슬러 올라간다. 또한 우리나라 휴대폰의 기반기술인 부호분할공유방식

(CDMA)과 같은 이동통신기술들도 도청에 대비한 목적으로 미국에서 수십 년 전부터 개발되어 군사통신에 사용되어온 기술표준을 상업화한 결과이다. 이와 같이 수많은 기술규격들에 의해 규정되는 정보사회에서는 TV나 세탁기 등 우리에게 익숙한 가정용품들이나 눈에 보이는 기계적 제품들보다 **세계적 기술표준이나 프로토콜 등과 같이 개념적이거나 눈에 보이지 않는 규격들 그리고 그것들을 구현하는 기반 기술들이 더욱 큰 경제적 가치를 가지게 된다.**

의자, 공구, 자전거와 같이 손에 잡히는 전통적인 물건을 만드는 제조업 등은 필수적 산업으로 계속 남아있기는 하겠지만 경쟁이 심해 이익률이 낮아질 수밖에 없다. 그뿐 아니라 워크맨, 캠코더, 음성휴대폰들과 같이 첨단정보제품이라도 기술이 성숙단계에 이르면 일용품(commodity)화하고 마는 경우를 자주 목격해왔다. 전통적 기계제품들이나 첨단 정보기기들을 막론하고 하드웨어 제품들의 특징은 눈으로 볼 수 있고, 기능이 고정되어 있고, 문화적 요소가 중요하지 않은 제품들이다. 따라서 인기제품을 모방하는 것이 상대적으로 용이하고 소비자가 다른 경쟁제품으로 바꾸는데 별 어려움이 없는 경우가 많다. 컴퓨터산업에서도, 하드웨어부문은 독점적 핵심부품을 만드는 몇몇 반도체회사의 첨단기술을 제외하면 단순한 조립단계만 남아 컴퓨터자체의 생산은 이제 기술보다는 대량생산에 의해 규모의 경제를 노리는 박리다매형의 업종이 되어버렸다. 반면, 컴퓨터 소프트웨어부문에서는 먼저 컴퓨터(또는 정보시스템)의 플랫폼인 운영체제를 선점하게 되면 상당기간 독점적 지위를 누릴 가능성이 높다. 일단 채택된 플랫폼을 바꾸려면 새로운 컴퓨터를 위하여 소프트웨어개발자들은 소프트웨어개발환경을 그리고 일반사용자들은 최종사용자환경을 각각 다시 배워야 하는 등의 추가적 노력이 장벽이 되기 때문이다. 대표적인 경우로 마이크로소프트가 윈도즈(MS-Windows)로 데스크탑 컴퓨터의 표준 운영체제를 한동안 독점해왔다. 그러나 요사이 대중적 정보단말기가 데스크탑이나 노트북 컴퓨터에서 스마트폰과 태블릿 컴퓨터로 바뀜에 따라 컴퓨터운영체제도 휴대용기기를 위한 애플의 아이오에스나 구글의 안드로이드로 중심이 급격히 이동하고 있다. 근래에는, 전통적으로 기계제품이었던 자동차에서도 연료효율과 안전성을 제고하고 사용자 편의기능들을 고급화하기 위한 전자화와 컴퓨터화를 통한 정보화(지능화)가 가속화하고 있다. 결과적으로 자동차의 외형 디자인이나 기계적 측면에서는 제조사간 기술수준이 평준화되고 있으나 정보화에 따른 소프트웨어적 지능화가 새로운 발전과 차별화의 여지를 제공하고 있다. 결론적으로 첨단제품들뿐만 아니라 가전제품이나 음성휴대폰이나 자동차 등과 같이 표준화된 제품들도 **디자인 등의 눈에 보이는 외형적 측면에는 독특한 문화적 요소를 가미하고 동시에 눈에 보이지 않고 정량적 비교가 어려운 소프트웨어 측면에서 다양한 창의적 기능들을 부여함으로써 가치를 끊임없이 제고**해나갈 수 있다.

정보시대에 들어서면서 여러 가지 인터넷 기반 정보서비스산업들이 부각되는 가운데 상대적으로 중요성이 적절히 평가받지 못하는 물리적 기반요소들이 적지 않다. 하지만 서비스산업은 어디까지나 관련 물리적 기반위에서만 실현될 수 있기 때문에 물리적 기반요소들은 서비스산업의 필요조건이 된다. 예를 들어 운송산업에서 성숙단계에 들어선 도로건설회사보다 택배회사나 관광회사가 상대적으로 수익성이 높아지고 한편으로 도로건설기술보다 운송망을 정보화하여 고도화하는 일이 더 중요하게 다루어진다고 하더라도, 도로공사가 도로자체를 유지하고 개선하는 일은 언제나 필요하다. 마찬가지로 요사이 각광을 받고 있는 인터넷검색, 인터넷사회망(SNS), 여러 가지 스마트폰 앱(App) 등의 인터넷 기반 정보서비스가 실현되기 위해서는 그러한 서비스들의 토대를 제공하는 통신망이나 더 아래 기층(基層)기반인 통신선로자체에 관한 물리적 요소들(광섬유기술, 선로연결기술, 인공위성기술 등)은 여전히 필수적 산업으로 남을 수밖에 없다. 이와 같은 기초기술들의 튼튼한 기반 위에서만 첨단정보기술들이 꽃필 수 있음은 국가차원에서 유의하여 정책에 반영해야할 사실이다. 20세기 후반 들어 서비스산업에 치중하고 제조업을 등한시한 결과 국가경쟁력을 잃고 있는 영국이나 미국의 예에서 보듯이 물리적 기초산업들이 받쳐주지 않는 정보산업도 사상누각이 될 수밖에 없다.

6.4.3 정보시대의 분배원리

광속(光速)의 정보유통에 의해 세계가 하나의 시장이 되면서 초래된 정보혁명의 이면인 개인 간 사회계층 간 및 국가 간 경제적 불균형은 신자유주의나 세계화와 맞물리면서 더욱 심화되어 개별국가들의 경제정책으로는 조절되기 힘든 새로운 차원으로 악화되고 있다. 자동차, TV, 컴퓨터, 인터넷 등 정보시대가 제공하는 **대량 전달 및 처리(운송, 전송, 계산) 수단들이 개인의 기능차이를 갈수록 증폭**시키고 있기 때문이다. 즉, 이러한 수단들에 의해 정보를 무한정으로 복제하거나 신속하게 계산할 수 있고 실시간으로 전파할 수 있게 되었기 때문이다. 그 결과 인기 강사가 인터넷을 통해 전국에 있는 수강생들을 대상으로 하여 수십억을 연소득을 올리는 반면 소규모 학원들은 존폐의 위기에 서있는 것이 현시점의 정보시대가 보여주는 한 단면이다. 한편 조선시대에 쓰인 목민심서가 지금 수많은 독자들에게 팔리고 있지만 다산이 인세를 받아 부자가 되지는 못했다. 당시 정조임금과 그 시대에 살던 사람들로부터는 능력을 인정받았지만 당시로는 대중적 스타를 만들어낼 수 있는 사회적 수단이 없었기 때문이다. 이와 같이 **개인의 능력이 비슷하더라도 당시대의 정보기술적 환경의 차이에 의해 얻게 되는 부에 격차가 생기는 것**을 감안한다면, 개개인의 역할(정보의 생산)에 대해 양극화를 심화시키는 작금의 보상체계가 사회적 관점에서 공평한지 심각히 논의되어야 할 시점이다. 기본적으로, 어떤 사업이든지 간에 동시대 인간들을 대상으로 돈을 벌고 특히 연예인 등의 인기인이나 정치인 등의 가치는 대중들의 인정이나 평가와 같은 관심에 의존하는 상대적인 것에 불과하다고 할 수 있다. 획기적인 항암제의 개발자의 가치는 유한한 인간으로서는 절대적으로 인정(물론 사회전체의 지불능력에 의해 제한됨)할 수밖에 없는 반면, **대중들의 평가에 따른 상대적 가치에 대해 보상을 얼마로 할 것인가는 기본적으로 사회적 합의로 결정**되기 마련이다.

낙관적 시각으로 보면 정보시대의 급변하는 경제적 환경이 좀 더 공평한 세상으로 이행하는 사회경제적 조건을 제공할 수도 있다. 즉, 물이 높은 곳에서부터 낮은 곳으로 자유롭게 흐르게 되면서 수면을 평평하게 만들게 되듯이, 정보의 흐름이 자유롭게 되면 정보의 불균형이 해소되어 사회적 불평등이 줄어드는 계기로 작용할 수 있다. 하지만 역으로 정보가 빛의 속도로 빠르게 움직이는 세상에는 빛의 속도로 흥할 수도 있지만 한순간에 모든 것을 잃을 수도 있다(자동차에 적응하지 못한 노인들이 교통사고를 많이 당하듯이 우리도 일상적 교통수단인 자동차가 비행기의 속도로 빨라진다면 자동차 시대의 교통감각으로는 생존이 위험에 처할 수도 있게 될 것이다). 경제적으로 보면, 이와 같이 **정보흐름이 실시간으로 빨라지고 전파범위가 전 세계로 확대되면서 우연한 기회포착이나 사소한 개인 간 능력차이가 경**

제적 보상에서 불균형하게 증폭되는 결과를 초래하여 경제적 쏠림현상을 가져오고 사회전체로는 빈부의 격차를 심화시킬 가능성이 커진다. 이미 인터넷 쇼핑몰의 등장으로 우리 주변의 동네 자전거 가게들이나 서점들이 문을 닫는 사례나 매스컴에 얼굴이 자주 비치느냐에 따라 연예인들의 소득격차가 최저생계비이하에서 수십억 원까지 벌어지는 사례들에서 보듯이, 정보의 획득과 활용에 상대적으로 뒤처진 개인은 생존에 위협을 받게 된다. 따라서 인터넷(과 컴퓨터)이 가져온 명실상부한 지구촌시대가 진행될수록 심화되고 있는 편중현상과 급변을 완화할 수 있는 정치, 경제, 사회 정책들이 시급히 마련되어야 할 것이다. 여러 정책들 중에서 특히 시민들의 경제활동에 대한 적절한 보상체계와 분배정책에 대해 정보시대의 본질을 반영한 근본적 고찰이 이루어져야 할 것이다. 이를 위해서는 산업사회에 적용되던 **사회적 가치에 대한 우선순위와 분배비율을 정보시대에 맞게 재정립하기 위한 정교한 정량적 분석**이 필요하다. 이와 함께 정보시대에 적응을 못하거나 마찰적으로 도태되는 낙오자들을 위한 적절한 사회적 정책이 마련되지 못한다면, 정보시대가 오히려 빈부격차를 더 심화시켜 사회적 불평등 해소의 계기가 될 수 있다는 이론적 가능성은 단지 희망으로만 머물게 될 것이다.

■ 사회적 기여의 정량화 및 공평한 분배

전통사회에는 농부가 자기 땅을 일구어 농사를 지으면 그 수확은 그 농부에게 대부분 돌아가는 것이 당연한 귀결이었다. 하지만 정보시대에는 업무의 핵심내용인 정보가 실시간으로 전파됨에 따라 전 세계적 연계를 통한 범지구적 규모에서의 분업이 일상화되고 생산에 대한 각 참가자들의 기여정도나 범위를 다툼 없이 판단하기가 힘들어졌다. 즉, 육체적 노동의 량이나 투입되는 재료의 양 등 겉으로 드러나는 요소와 그에 의해 생산되는 **재화의 가치에 대한 기여의 정도를 최종적 단계에서의 판단만으로는 계량화하기가 불가능**해진 것이다. 예를 들어 전기적 통신의 경우 운송과 달리 광속의 전송속도로 말미암아 전송비용이 전송거리에 일차원적(linear)으로 비례하지 않을 뿐 아니라, 특히 무선통신인 경우에는 그 거리에 따른 비용의 증가비율이 더욱 미미해진다(개별 승객을 위한 택시요금과 달리 대량 수송을 위한 버스운송이나 열차운송의 경우 비용을 통계적으로만 계산할 수 있을 뿐 승객 한 명 증가할 때, 즉 승객 당 추가되는 비용을 계산하는 것 자체가 쉽지 않은 것과 유사하다). 따라서 시외전화 요금을 거리에 비례해서 부과할 것인지에 관한 결정이나 인터넷이나 이동통신에서의 공짜 서비스들에 관한 결정 등은 이제 **객관적인 비용에 따른 수혜자의 부담이라는 원칙이 아닌 정책적인 문제**에 불과하게 되었다. 같은 맥락에서 인터넷서비스에 대한 비용분담 논란이 통신사업자, 서비스제공자, 일반사용자들 사이에 종종 벌어지곤 한다. 이는 대규모 건물을 지을 때 교통유발금을 누가 (또는 얼마나) 낼 것인가 하는 논쟁 등과 유사하게 사회적 정치적 문제들로 비화되기 일쑤이다. 나아가서 자동차광고모델로 출연한 연예인이 TV 등의 정보기기들에 의한 대량정보전달의 덕택으로 수십억씩 버는 것이 자동차 생산근로자나 TV 설계엔지니어에 대한 보상과 비교해서 과연 정당화되는 격차인지, 대기업경영자의 경영전문성이나 헤지펀드 운용사의 소득이 근로자의 평균임금의 몇 만 배에 달하는 것이 공평한 차이인지 등의 사회적 보상체계의 재정립이 국가적으로 나아가 세계적으로 시급한 당면과제이다. 지구촌의 모든 사람들이 범지구적 분업에 참가하게 되는 세계화의 시대에 생산에 참여하는 수많은 **기여자들에 대한 공평한 보상체계**는 양극화가 초래하는 재앙을 해소하여 세계경제를 지속가능하게 하는 기본적인 전제조건이다. 특히 미성숙한 자본주의 전통을 가진 우리사회로서는 정보시대에 들어서면서 더욱 악화되고 있는 양극화와 급격히 진행되는 노령화 추세에 맞추어 분배에 대한 새로운 사회적 합의가 시급히 도출되어야 한다.

현실적으로 정보사회가 가져온 신속화와 대량화가 초래하는 쏠림현상의 결과인 경제의 불균형이 사회불안("월스트리트점령시위" 등)으로 비화되는 지경에 이르러, 정보시대 이전의 전통적인 시장원리와 분배원리에 의한 사회체제는 더 이상 지속가능하지 않은 것으로 생각된다. 정보시대의 바탕이 된 전자공학을 위해서는 전통적 뉴턴역학과는 달리 빛의 속도를 가진 미소입자인 전자의 행태를 파악하기 위한 획기적인 양자역학이 필요했듯이, 모든 업무가 광속도로 진행되는 정보시대에는 산업시대와는 다른 새로운 경제 및 사회 원리가 필요하게 되었다. 다시 말해 신대륙의 발견이나 새로운 유전의 발견과 같은 지리적 물리적 선점에서 최근의 신자유주의까지로 이어지는 승자독식의 분배원리는 정보시대에는 더 이상 물리적으로 가능하지도 않고 사회적으로도 용납되지 않는 과거의 유물일 뿐이다. 광고모델의 (우연히 주어진) 미모나 사업가의 경영에 관한 (탁월한) 판단력도 시청자들이나 종업원들의 존재 없이는 무의미하다는 사실을 잊어서는 안 된다. 인간의 생래적 능력만으로도 이룰 수 있었던 산업시대나 정보시대 이전의 대부분의 경제적 성취들과 달리, **정보시대의 성과들은 인간사회의 집단지성과 협조에 의해 얻어진 고도의 기술과 노력의 산물일 뿐이라는 사실에 근거하여 분배**가 이루어져야 할 것이다. 한 사회의 발전은 모든 구성원들이 모두 사회의 발전에 기여할 기회가 공평하게 주어졌을 때 이루어진다는 것은 역사적 상식에 속하는 사실이다. 당연히 불로소득을 용인하거나 노력이나 사회적 기여에 비해 현저히 불공평하게 소득이 분배되는 경우 사회적 불안이 야기되고 경제발전이 제한될 수밖에 없다. 따라서 전반적인 긍정적 효과의 이면에 승자독식의 위험을 내포한 정보시대를 맞이한 인간사회가 계속 유지되고 발전되기 위해서는, **정보시대에 맞는 새로운 분배원칙과 함께 마찰적 실업이 빈번해짐에 대비하여 사회적 일자리들을 창조하고 사회안전망을 보강**하는 등의 경제적 성과들을 공평하게 나누기 위한 방안들이 모색되어야만 할 것이다.

6.5 정보시대의 미래모습

과거 산업혁명기에 동력기관(engine)의 발명에 이은 기관차와 방직기의 등장으로 인해 단기적으로는 (육체)노동자들의 일자리가 대폭 감소했지만 장기적으로 보면 바로 그 노동자들이 방직기를 조작하고 불도저를 운전함으로써 맨몸으로 하던 때보다 생산성이 수십 배로 높아졌었다. 마찬가지로 컴퓨터도 단기간에는 컴퓨터화가 용이한 단순 업무에 종사하는 사람들에게 경쟁자가 되겠지만 장기적으로는 **컴퓨터시대에 적합하게 교육을 고도화하면 인간의 능력을 확대시켜주는 충실한 도구**가 될 것이다. 인간이란 온갖 역경에 맞서 수만 년에 걸쳐 문명을 발전시켜온 적응의 천재들이 아니던가. 하지만 정보사회로 이행하는 과도기를 맞아 새로운 시대에 맞는 전문지식의 습득이 늦어지면서 발생하는 마찰적 실업의 희생자들인 은행 창구직원들, 매표원들, 중간관리자들은 일시적으로 저임으로 몰리거나 해고될 위험에 처할 수도 있다. 이에 관해, 은행거래가 컴퓨터에 의해 자동화되면서 2000년대에는 은행지점의 절반이상이 문을 닫게 될 것이라고 이미 오래 전에 한 국제적 회계법인(Deloitte & Touche Tohmatsu)이 예측한 바 있다. 이러한 과도기적 피해를 당하는 근로자 당사자들에게는 자동화가 장기적으로 또는 사회전체에 유익한 변화를 가져 올 것이라고 해도 별 위로가 되지 않는다는 사실은 산업혁명시대나 정보시대나 마찬가지일 것이다.

정보화의 사회적 파급효과를 원만하게 흡수하기 위해서는, 업무의 자동화로 생산성이 증대되면서 발생하는 잉여인력을 자동화도구 자체를 개발하는 분야 등으로 옮겨가게 해야 한다. 이는 자동화도구를 실제로 생산에 적용하는 '하류' 쪽 업무에서 **도구자체를 생산하는 '상류' 쪽 업무로 인력수요가 이동**하는 것을 의미한다. 이때 상류 쪽의 개발업무일수록 사람이 할 수 밖에 없는 복잡한 업무내지 창의적 성격의 업무로서 하류 쪽의 실제적 생산업무보다 부가가치가 높을 수밖에 없는 지식집약적인 업무가 된다. 자동차산업을 예로 들면, 자동차 생산, 자동차 설계, 자동화를 위한 설계 및 생산용 도구 개발 순으로 하류, 중류, 상류를 구분한다면, 예전엔 자동차 생산단계 내에서는 생산설비의 작동인력이 최상류를 구성한다고 할 수 있었다. 그러나 이러한 역할은 생산과정의 자동화가 점차 고도화됨에 따라 줄어들게 되어 있다. 이유는 기술발전에 따라 생산도구에서 자동화의 비율이 높아질 것이고, 또한 컴퓨터를 활용한 가상현실 설계기법 및 성능시험을 활용하여 아예 설계 자체를 생산이 쉽도록 하게 되기 때문이다. 한편 정보시대가 성숙해지면서 도시에 집중되었던 많은 업무들이 정보 내지 지식 집약적 업무들을 중심으로 교외로 분산되는 흐름이 (인위적인 분산책의 결과가 아닌) 자연스러운 현상으로 진행될 것이다. 물론 정보시대에도 사람이 함께 모여야 효과적인 업무들은 여전히 도시에서 행해지겠지만, 전체적으로 보면 정보시대의 주거양식은 지금과 현격히 다른 모습을 보이게 될 것이다.

전반적으로 정보사회의 비전은 **비인간적인 일들은 기계에게 맡기고 인간은 인간적인 일에만 전념할 수 있는 좀 더 인간다운 사회를 건설**하고자 하는 것이다. 하지만 정보시대가 성숙하기까지의 과도기에 산업사회에 종사해왔던 인력의 부적응과 같은 여러 가지 부작용이 나타나고 한편으로 정보시스템의 기능이 아직은 대중들의 (때로는 비현실적으로 높은) 기대에 못 미치는 경우들이 자주 발생하고 있다. 따라서 당분간은 정보기기에 사람이 적응하여야 하는 경우가 적지 않겠지만, 요소정보기술들의 지속적 발전에 따라 머지않아 사용방법에서나 기능면에서 다시 한 번 도약의 시기를 맞이할 것이다. 여하튼 개울의 얼음이 녹기 오래전부터 얼음 밑으로 이미 봄을 준비하는 개울물이 흐르듯이, 다양한 정보기술들에 의한 혁신적 변화들은 정보시대의 저류(低流)가 되어 이미 여러 분야에서 세상을 바꾸어 놓기 시작했다. 이러한 혁명적 변화의 시대를 맞은 개인 및 국민에게는 변혁의 본질을 파악할 수 있는 관련 지식들을 구비하는 일이 성공의 조건이 된다.

6.5.1 인간자본의 극대화를 위한 사회적 환경

1980년대 초반 필자가 실리콘밸리에 첫발을 딛고서 공원같이 잘 꾸며진 회사주변의 도시 풍경에 감탄하던 차에, 그 당시 신생기업이던 마이크로소프트사의 소규모 지점 한곳을 방문할 기회가 있었다. 책상들로 빽빽이 채워진 그 당시 우리나라의 사무실 풍경에 익숙했었던 필자의 눈엔 그 당시 식물원만큼이나 많은 화초와 나무들이 자라고 분수가 뿜어져 나오고 있는 널찍한 실내공간을 따라 늘어선 사무실 풍경이 사치로 보였었다. 하지만 “대체할 수 없는 소중한 자원인 인간의 능력을 최대한 발휘하게 만들어 회사의 이익을 극대화하는 수단으로서 최상의 근무환경을 제공한다.”는 미국 회사들의 실용적인 기업철학을 듣고는 수긍할 수밖에 없었다. 또 다른 예로, 고도의 전문성을 요하는 분야에서 인재를 모집하는 광고문구(classified ad)를 보면 근무지 부근의 좋은 자연환경과 함께 인근에 있는 스키장 등의 유원지들이 가까이 있음을 강조하는 것을 흔히 볼 수 있다. 선진국들은 구성원들의 행복한 삶이 성공하는 조직(기업)을 만드는 것이라는 철학을 오래전부터 (말로만이 아니고) 실천하고 있었던 것이다. 일찍이 로크(John Locke) 등의 자연법사상이 시민 개개인의 능력을 최대한으로 발휘하게 하여 대영제국이나 미국의 번영을 이룩한 바탕이 되었듯이, **인간 개개인이 최고의 가치로 존중받고 존엄성을 지킬 환경을 만들어 주는 것**이야말로 개인들이 자신의 능력을 최대한 발휘하게 만들어 정보시대에 필요한 경쟁력을 높이기 위한 최고의 인프라라고 할 수 있다(국민들을 국가의 통치나 수탈의 대상이 아닌 계약관계에 의한 대등한 주체로 보는 관점은, 컴퓨터 체계에서 계산을 담당하는 프로그램과 계산의 대상인 데이터를 구별하지 않고 통합하고 일체화시킴으로써 유기적으로 기능하게 되는 것을 연상시킨다).

창의력이 최고의 가치를 가지는 정보시대에는, 국가발전의 성패가 그 구성원들이 창의성을 마음껏 발휘할 수 있는 사회적 경제적 여건에 달려있다. 예를 들어 모험자본(venture capital), 실업수당제도, 파산제도와 같은 위험의 분산을 위한 다양한 사회보장적 제도들을 통하여 **창의적 노력에 대한 적절한 보상과 함께 실패를 용인하는 환경**이 조성되어야 한다. 실제로 실리콘밸리를 잉태한 미국사회에서는 사회경험이 오래지 않은 사람의 이력서에서도 해고경력이 몇 번씩은 있는 경우를 흔히 보게 된다. 그러나 이와 같은 미국의 **잦은 해고나 기업의 파산이 한국과 같이 치명적이지는 않은 이유는 정부나 민간에 의한 여러 가지 안전장치들에 의해 실질적 보호를 받고 있기 때문**이다. 중세 서양에서의 많은 과학적 발전도 당시의 상류계층인 종교인내지 귀족계급에 속하거나 그들의 후원을 받는 인물들에 의해 대부분 이루어졌다. 상대성 원리의 모태가 된 지동설을 주장한 코페르니쿠스나 유전학을 개척한 멘델도 지체 높은 가문출신의 성직자였고, 다빈치나 베토벤은 당시 실력자들의 후원이 뒷받침되었었다. 이런 역사적 사실에 비추어 우리사회도 과학발전에 대해 실패를 용인하고 실질적으로 보호해주는 제도와 환경을 성숙시켜나가야 할 당위성은 충분하다. 창의적 사회가 되기 위해서는 국가전체의 연구비총액을 늘려나가는 것도 중요하지만, **연구자 개개인이 연구환경에 대해 만족하느냐를 관련 제도가 적절한지를 판단하는 기준**으로 삼아야 한다. 결국 정보시대의 국제경쟁에서는 창조의 주체인 연구자들이 안정적으로 창의성을 발휘할 수 있도록 해주는 여러 가지 사회적 보장제도(safety net)들이 경쟁력의 전제조건이라고 할 수 있다.

■ 창의성을 고양하기 위한 자율적 근무환경

우리 사회의 전통적 직장풍경은, 사원, 과장, 부장 순으로 도열된 책상에 앉아서 등 뒤에서 감시를 받으며(최소한 하급자들은 그렇게 느낀다) 근무하는 방식이었다. 이러한 모습은 과거에 행하던 업무가 대부분 단순작업으로서 누가 하더라도 능률차이가 심하지 않고 시간만 많이 투입하면 되는 일이 많았기 때문이기도 했을 것이다. 근래 들어 사무실을 칸막이(cubicles)로 구분하여 개인 공간을 제공하는 등 외형적 공간배치는 바뀌었지만 능력대신 위계질서를 중시하는 직장문화는 온존하고 있다. 이러한 상명하복식 업무환경은 정형화된 서류를 작성하고 규격화된 제품을 대량생산하는 산업사회에는 효과적이었는지 모르나, 개개인의 창의성이 생산성의 핵심인 정보사회에서는 별로 적합하지 않은 모습이다. 심지어 어떤 광고회사(TBWA Chiat/Day)는 근무할 장소를 지정하여 속박하는 것은 '무슨 연필을 사용하여 서류를 작성할 것인가를 지정해 주는 것과 같다'고 주장하는 시대가 되었다.

창의성은 자율성과 불가분의 관계를 가지고 있다. 사람은 사람마다 각기 자신이 선호하거나 능률이 오르는 근무시간과 환경이 있게 마련이다. 예를 들어 다리를 책상위에 얹어 놓고 때때로 기지개를 켜야 능률이 오르는 자유분방형 인간도 있겠고, 조용한 새벽시간에 머리가 맑아지는 새벽형 인간(early bird), 실내를 왔다갔다 서성거릴 때 좋은 아이디어가 떠오르는 사람(이는 의학적으로도 검증된 바 있는 버릇)도 있을 것이다. 필자가 국내 한 대기업의 컴퓨터 소프트웨어 개발부서의 책임자로 일하던 1980년대에 당시로는 파격적으로 직원들의 근무시간을 완전히 자율에 맡긴 적이 있다. 그 당시 한 직원은 점심시간 부근에 출근하여 새벽시간에 집중적으로 일을 하는 타입인고로 실제 그 직원의 일하는 모습을 모두 지켜볼 수는 없었지만, 그 직원이 해낸 업무량은 놀라울 정도였고 그에 대한 보상으로 특진을 추천했던 기억이 새롭다(이후 서로 연락이 없었던 이 직원의 성공적 근황을 최근 신문인터뷰에서 본 적이 있다). 이와 같은 자율근무는 선진국에서는 이미 소프트웨어회사를 포함한 지식중심적 조직들에서 일반적 근무형태로 자리잡고 있다. 최근 들어 우리사회에서도 몇몇 직장에서 시도되고 있는 선택적 근무시간(flexible worktime)은 자율적 근무환경(사람중심의 근무환경)의 핵심요소중 하나로 기대를 모으고 있다.

세계휴대폰시장에서 음성휴대전화(feature phone)의 판매량이 스마트폰(smart phone)보다 훨씬 많지만 순익은 스마트폰이 더 많은 것에서 볼 수 있듯이 정보시대의 부가가치는 대량생산이 가져오는 효율성보다 인간의 창의성에 기초한 다양한 아이디어에서 나온다. 고귀한 인간자본에서 이러한 창의성을 최대한 이끌어내기 위해서는 조직문화가 인권이 무시당하던 노예를 부리거나 독점자본주의 시대에 노동자들을 착취하던 형태와는 달라야 한다. 과거의 대량생산적 사고에 얽매여 초과근무를 당연시하고 화장실 가는 시간까지 간섭하고 항상 눈앞에서 감시를 해야만 직성이 풀리는 경영방식에서 탈피하여, 자율적으로 계획을 짜고 수행하게 하는 것이 가장 효율적이라는 사실을 받아들여야 할 것이다(말을 물가에 끌고 갈 수는 있어도 물을 억지로 먹일 수는 없듯이 사람의 머릿속에 든 생각을 통제할 수는 없다). 그리하여 **개인의 개성이나 선호를 존중해 주는 업무환경을 제공해주고 근무한 시간길이보다 생산한 업적(부가가치)을 기준으로 평가**하는 것이 정보시대에 맞는 경영방식이다(이에 관해 우리나라가 OECD 국가들 중 최장의 근무시간에도 불구하고 생산성은 유럽선진국들에 크게 못 미친다는 통계는 시사하는 바가 크다). 이러한 자율성을 부여하는 업무환경이 가져올지 모를 문제점들, 즉 유기적 관계의 단절이나 업무상 해이 등은 컴퓨터와 통신망으로 이루어진 정보시스템이라는 기술적 환경이 효과적으로 해결해 줄 수 있게 되었다. 현재와 같은 정보시대의 초입에서 이미 휴대전화만으로도 공간의 제약을 벗어난 고용주들은 낚시터나 골프장에서 업무를 지시하고 피고용자들은 그들대로 눈치를 보지 않게 됨으로써 사용자와 피사용자들이 각자의 업무에서 자율성(따라서 생산성)을 높일 수 있게 된 것이다. 장기적으로 조직의 구성원들 간에 얼굴을 직접 맞대는 기회는 조직적, 인간적 유대를 유지하기 위한 경우에 그치게 될지 모른다.

■ **정보집약적 업무와 인적자원관리**

산업사회에서는 생산된 물건들의 가치나 기능들이 대부분 겉에서 쉽게 알아볼 수 있고 수행하던 업무들도 과정과 효과가 쉽게 파악되는 반면, 정보시대는 창조되는 물건들과 행해지는 업무들이 눈으로 볼 수 없거나 가치를 쉽게 파악할 수 없는 지식집약의 시대로 이행되었다. 대표적 예로 개인용 컴퓨터의 기능은 인텔이 독점하고 있는 중앙연산장치 칩(Intel CPU processor)과 마이크로소프트의 윈도우 운영체제(MS Windows OS)가 결정하지만, 각각 거대도시의 교통망보다 몇 천배나 복잡한 회로망이 겉보기엔 **우표만한 반도체칩**에 실현되었고 국가의 전체 업무와 맞먹는 고도의 기능을 구현하고 있지만 눈으로 볼 수도 없는 **개념적 컴퓨터파일**에 불과하다. 이런 정보시대환경에서는 컴퓨터 앞에서 알고리즘을 구현하고 있는 직원이 프로그램을 짜는 대신 인터넷 주식투자를 하고 있는지 쉽게 알 수도 없고, 수천억짜리 설계도가 손톱만한 기억소자(USB stick)에 담기거나 인터넷을 통해 감쪽같이 유출될 수도 있게 된다. 따라서 경영자들이나 위정자들도 **종업원들이나 일반국민들의 머리에 든 정보와 지식을 최대한 활용하거나 효율적으로 관리하기 위해서는 산업사회에서의 전통적 인사관리를 넘어서 해당 정보와 지식 그리고 관련업무 처리과정에 대한 상당한 이해가 필요**하게 되었다.

■ **과학기술에 대한 관대하고 장기적인 시각**

수백 년 전의 젊은 오일러(Euler, L.)가 단순한 지적 호기심에서 사용한 간단한 그림이 그래프 이론(graph theory)으로 발전하여 컴퓨터시대의 정보표현의 핵심적 도구가 되리라는 것은 오일러 자신도 몰랐을 것이다. 디지털컴퓨터의 계산적 기초가 된 부울 대수(Boolean Algebra)가 만들어 진 것은 컴퓨터가 발명되기 오래전에 일이었다. 기초과학의 발전의 의미는, 장기적으로 무수한 응용분야들로 자랄 가능성이 있는 보물과 같은 씨앗들을 창고에 갖고 있는 것과 같다. 하지만 단시일에 결과를 보아야만 직성이 풀리는 우리 사회의 근시안적 풍토가 바뀌지 않으면 다른 선진 국가들의 선도적 기술을 추격하는 행태(fast follower)를 끝없이 계속하게 될 수밖에 없다. 단기적 성과주의와 실패를 용인하지 않는 사회 환경에서는 위험을 무릅쓴 창의적 연구 활동이나 벤처산업이 활성화될 수 없게 되는 것은 당연하고, 우수한 인재들이 도전보다는 안정성을 찾아 공무원이나 공기업에 몰리는 현상을 나무랄 수도 없는 것이다. 이에 비해 불가피한 실패를 용인하고 재기를 보장해주는 사회적 차원의 위험분산체계가 벤처산업의 본산인 미국의 창의력이 꽃피게 하는 원동력이다. 즉, 실리콘밸리주변에서는 실패의 책임을 묻지 않는 풍부한 모험자본(venture capital)들이 창업기술자가 자금을 걱정하거나 실패를 두려워하지 않고 오로지 기술개발에만 전념할 수 있게 해 준다(그런 환경속의 개발자들이라면 실패를 하더라도 자기 외에는 누구도 탓하지 않는 '君子病己無能焉'을 자인하는 군자들이 되지 않을까). 이는 자동차보험이 사회적으로 위험분산을 해줌으로써 돌발적 사고를 두려워하지 않고 운전할 수 있게 해주는 것과 같은 단순한 이치이다. 구체적으로 모험자본은 철저한 사전분석에 의해 투자하고 낮은 확률이지만 높은 수익(high risk high return)을 기대하되 실패 시에는 모든 금전적 손해를 감수한다. 한편 **창업기술자는 아이디어와 노력을 제공하고 상응한 지분을 모험자본가와 나눔으로써 성공에 진력할 유인(誘因)을 가지는 제도**인 것이다. 이런 장기적이고 관대한 방향으로의 연구풍토의 전환이야말로 정부차원에서 조장하고 후원을 해야 하는 국가적 과제이다. 최근 미국 벤처제약회사 길리아드(Gilead)사는 15년간의 적자에도 불구하고 지속적으로 간염치료제 개발에 투자하여 획기적 치료제 개발에 성공함으로써 최근 2년 사이 수백 배의 주가 상승을 경험하였다. 그 회사의 주식가치는 총 120조원이 넘어 6000명이 넘는 전 종업원이 모두 백만장자가 되고도 남을 금액에 해당한다.

본래 창조는 성공할 확률이 낮고 수많은 시행착오 끝에 얻어지는 어려운 과업이다. 따라서 충분히 기다려줄 줄 알아야 하고 실패를 경험이나 성공으로 가는 과정으로 인정해줄 수 있어야 결과를 기대할 수 있는 것이다. 모든 것은 사람이 하는 것이다. 따라서 기술발전도 연구자들의 자질과 그들의 사기내지 보람이 가장 중요한 성공요소이다. 장기적이고 모험적인 연구를 하는 별난 사람도 성공여부와 무관하게 최소한 먹고 살 수 있게 해주어야 한다. 구호에 그치는 과학입국 대신 연구자의 노력에 대해 사회적으로 합당한 보상을 해주고 실패에 대비한 안전망을 포함한 연구환경을 조성해줄 때 선진국으로의 도약이 가능하다.

■ **미국의 자생적 벤처캐피털리즘**

미국을 정보기술의 근원지로 키워낸 벤처캐피털리즘은 캘리포니아의 실리콘밸리에서 자생적으로 생겨나서 미국전체로 퍼져나감으로써 현대 미국경제의 중요한 동력이 되고 있다. 기본적으로 미국 벤처생태계의 역동성은 먼저 새로운 기술을 쉽게 기업화할 수 있고, (벤처기업들 중 십중팔구는 망하게 되지만) 살아남은 유망한 신생기업들은 대기업이 합당한 가격으로 합병해 줌으로써 유지된다. 이와 같은 합병은 벤처회사 상장(IPO)과 함께 벤처기업설립자들로서는 성공의 척도가 되는 것으로서 건강한 산업생태계의 일부를 이루고 있다. 이러한 환경이 외형적으로는 기업생태계에서의 일반적인 약육강식 구조이지만 **신생기업의 합병이 약탈이 아닌 제값(기술에 대한 적정한 프리미엄을 추가로 보장해주는)을 주는 거래**라는 점이 중요하다. 또한 모험자본은 문자 그대로 높은 실패가능성을 무릅쓰고 개발자들에게는 경제적인 책임을 지우지 않는 풍토로서, 다른 한편에서는 국가도 파산제도와 각종 사회보장(safety net)이라는 그물로 벤처기업 참가자들에 대해 최소한의 생활을 보장해주어 재기를 돕고 있다. 그뿐 아니라 혹시 실패하더라도 그러한 도전경험을 동종기업들에서 값진 자산으로 인정해주는 풍토가 더욱 중요한 벤처문화의 성공요소이다. 이때 실리콘밸리의 모험자본은 투자대상 벤처기업에 대한 철저한 분석에 의해 산출된 성공가능성에 따라 투자할 뿐 실패에 대해서도 자본가 자신들이 전적으로 손해를 감수한다. 벤처창업자에게 투자에 대한 담보를 요구하고 본전을 보장하기를 요구하는 풍토에서는 실패를 전제로 하는 진정한 벤처정신은 피어날 수 없다. 미국의 벤처문화를 자국경제에 이식하기 위한 각국의 노력에도 불구하고 일본은 도전자가 별로 없고, 한국은 실패를 용인하는 풍토가 자리를 잡지 못하는 등 문화적 장벽을 극복하고 성공적으로 정착시킨 나라들이 거의 없다(이스라엘이 유일한 예외?).

6.5.2 정보시대의 전문직종과 단순노동

정보시대의 새로운 풍경들 중 하나로 학교에서 숙제를 내면 인터넷에서 검색한 결과를 그대로 베끼거나 심지어 다른 네티즌들에게 물어보아서 얻은 결과를 제출하는 것이다. 정보시대에 들면서 기존의 정보와 지식들이 인터넷을 통해 누구에게나 접근가능해지면서 그 자체로는 (상대적) 부가가치가 없는 상식으로 바뀐 것이다. 즉, 속담이나 금언과 같은 일반적 지식들을 넘어서 상당한 수준의 전문적인 지식들까지도 햇빛, 공기, 중력처럼 누구나 이용할 수 있는 사회간접자본화한 것이다. 말하자면 상식의 베이스캠프가 높아진 셈으로 이를 발판으로 네티즌들은 더 높은 지식의 봉우리로의 등정이 가능해진 것이다. 이와 같이 고도화된 지식환경은 전체 인류문명의 발전에는 획기적 토대를 제공하고 있지만 상대적 경쟁력내지 우위만이 중요한 사바세계(사실 우주에서 지구의 위치조차 상대적 위치만 말할 수 있을 뿐)에 사는 개개인들로서는 더 어려운 경쟁에 내몰릴 가능성이 적지 않다.

천리마가 제일 빠른 운송수단이던 시대에는 걷기, 씨뿌리기, 발매기 등의 인간이 본래 가진 기본적 기능들만으로도 먹고 살 수 있었고 매년 찾아오던 보릿고개는 대다수 백성들이 함께 겪었기에 상대적 빈곤은 비교적 적었다. 반면 달나라를 오가는 우주왕복선의 시대에는 걷고 심고 따는 등의 생래의 전문기능(사실은 걷는 기능만 하더라도 절대적 난이도에서 보면 인간이 가진 다른 어떤 전문성보다 중요하고 어려운 능력)만 가져서는 최저생계도 영위하기 어렵다. 뿐만 아니라 전래의 산업인 목축업에서는 말을 키우기 위해 굳이 생물학을 공부하지 않더라도 여물만 잘 챙겨주고 가끔 등을 긁어주면 알아서 자라고 운 좋으면 천리마를 새끼로 낳을 수도 있었지만, 비행기나 우주왕복선을 만들기 위해서는 (천리마의 시대는 물론이고 자동차의 시대까지도 별로 문제되지 않던) 공기마찰에 의해 발생되는 고온이나 중력과 바람 등의 영향에 의한 저항을 극복하기 위한 고도의 기술들이 필요하게 되었다. 이와 같은 사회의 고도화에 발맞추려면, 학교숙제의 내용도 인터넷 등에 널려있는 기존의 지식들을 기초로 더욱 고도화된 지식을 도출하거나 새로운 독창적 기능을 창조할 것을 요구하는 방향으로 고도화되어야 할 것이다. 사실 **주어진 정보를 토대로 자신의 분석력이나 창의력을 사용하여 더욱 고도화된 지식이나 제품을 만드는 것**은 정보시대뿐 아니라 인류문명의 일반적 발전방식이라고 할 수 있다. 하지만 정보시대에는 컴퓨터와 인터넷으로 말미암아 이미 주어진 정보의 범위나 수준이 급격히 높아지기 때문에 과거와는 비교될 수 없는 발전속도를 보여주게 된 것이다. 그에 따라 발전을 직접 담당하는 개개인에게 요구되는 지적 역량이 그만큼 높아진 것이다.

■ 정보시대의 창조를 위한 거시적 안목

정보시대를 지탱하는 기반 정보기술의 전반적 흐름을 보면, 대형컴퓨터(main frame)중심의 컴퓨터 환경에서 개인용 컴퓨터(PC)로 컴퓨터계의 패권이 넘어간 다음 오래지 않아 인터넷이라는 분산정보망에 기반한 웹(web)정보시스템으로 중심이 옮겨왔었다. 웹의 시대가 초고속통신망과 통합하여 개화하는가하는 차에 어느새 본격적인 휴대용 컴퓨터인 스마트폰을 기반으로 한 이동식(mobile) 정보환경으로 다시 중심이 옮겨가는 모습을 보이고 있다. 이와 같이 변화속도가 점점 빨라지고 있는 정보시대에 가치 있는 발명은 병뚜껑, 철조망 등 상식에 기초한 과거의 (눈에 보이는) 발명들과 달리 정보시스템과 정보사회에 대한 충분한 기초지식이 있어야 이루어낼 수 있는 개념적인 것들이 대부분이다. 같은 건축이라도 단층집을 짓던 기술과 도구로 강풍이나 지진의 영향까지 고려해야 하는 100층짜리 마천루를 지을 수 없듯이, 사회전반이 급속도로 정보화되어가고 있는 정보시대에 가치를 가질 수 있는 발명품은 첨단정보기술들을 종합적으로 사용하게 되기 때문이다. 한편 일본이 이미 20세기 말엽에 오랫동안 거국적 노력을 쏟아 개발해왔던 차세대 아날로그방식 고화질 TV(HDTV)를 드디어 상용화하려했지만 미국의 대학(MIT 중심)에서 개별적으로 개발해오던 (미래지향적인) 디지털방식의 TV에 근본적 우위를 인정하고 기술표준을 내어줄 수밖에 없게 되면서 오랜 개발노력이 물거품이 된 바 있다. 이런 사례에서 보듯이 눈에 보이지 않는 추상적인 것들(컴퓨터 소프트웨어, TV 전송방식, 반도체회로, 인터넷 프로토콜 등)이 중요한 정보시대에 필요한 경쟁력의 요소에 첨단기술의 미래에 대한 예지력이 추가된 것이다. 결론적으로 직관적이거나 엉뚱한 아이디어(blue-sky ideas)가 새로운 발명의 단초를 제시할 수 있지만 실용성과 사업적 성공가능성을 갖추려면 아이디어의 **실제적 구현을 위한 정보기술에 대한 종합적 이해와 함께 기술발전방향을 전망할 수 있는 고도의 기술적 경제적 안목이 필요**하게 된 것이다.

이십세기까지만 해도 자동차는 설계부분을 제외하면 '튼튼한 등판과 일할 의욕'만으로 만들 수 있는 제품이었다. 그러나 현재의 자동차는 기계제품에서 전자기기나 정보기기로 분류가 바뀌어야 할 정도로 전자기술과 컴퓨터기술의 비중이 계속 커지고 있다. 구체적으로 전자기술의 집약체인 반도체칩들이 다수 사용되고 관련된 소프트웨어기술이 필요하게 되면서, 자동차의 설계와 제조에 컴퓨터에서와 같은 다양한 정보기술들이 필요하게 되었고 자동차의 수리도 전통적 기계부분을 제외하면 전자 및 정보기능이 집약된 모듈을 통째로 교체하는 방식으로 바뀌고 있다. 결과적으로 전통적 기계부품들과 달리 정보화된 부품이나 모듈들은 외형이나 가시적 동작만으로는 내부구조나 기능을 파악할 도리가 없게 된 것이다. 나아가 자동차를 자동으로 운전하는 기능이나 자동차간의 정보교환을 통한 교통제어기능 등의 미래기술들 개발하기 위해서는 전통적 기계기술들과 첨단 정보기술들을 통합적으로 적용하여야 한다. 전후 1970~80년대 미국 자동차와 가전제품 시장을 석권하다시피 한 일본은 컴퓨터 주변기기들을 생산하고 성공을 거두자 당시 최첨단산업이었던 컴퓨터산업의 대명사인 IBM까지 추월하여 세계경제를 정복하고자 하였다. 그래서 (기술유출을 염려하여 특허조차 내길 꺼리던) IBM 컴퓨터를 통째로 분해하고 분석하여 머지않아 하드웨어 성능면에서 대등한 컴퓨터를 만들기에 이르렀으나 IBM 자체가 이미 컴퓨터분야에서 PC에게 지배적 지위를 넘겨주는 과정에 있는 사실을 간과했던 것이다. 그 당시 대부분의 (경제)전문가들은, 석유나 밀 등의 일차상품이나 공구들 기껏 복잡한 상품이라야 자동차(그것도 현대적의미의 첨단 전자부품이 별로 사용되지 않은 기계중심의 자동차) 등의 눈에 보이는 전통적 물건들만 취급하던 사람들이었으니 눈에 안 보이는 소프트웨어의 발전이 관건인 컴퓨터분야에서 거함(巨艦)인 IBM이 마이크로소프트라는 신생벤처기업에 의해 왕좌를 내주리라는 것은 알아차리기 어려웠을 것이다. 한편 일본의 전체 산업에서도 전통적 기계산업이었던 자동차산업이나 기계부품(모터, 휠 등)이 많이 포함된 초기의 아날로그식 전자 및 컴퓨터산업(냉장고, 프린터, 디스크 등)에서는 성공을 거두고 있었지만, 산업의 중심이 아날로그에서 디지털로 이행하면서 아날로그시대에 누렸던 발군의 경쟁력을 계속 유지할 수 없었던 것이다. 이와 같이 산업분야전반이 기술집약적으로 이행함에 발맞추어 다양한 분야의 경영을 맡을 MBA를 키워내는 경영대학원들도 컴퓨터 등의 기술적 배경을 가진 사람을 선호하고 자체적으로도 정보기술에 대한 교과과정을 강화하고 있다.

■ **정보시대에 비(非)전문화되는 업무**

전문직종이란 소수의 전문가만이 가진 전문성을 필요로 하는 업무를 수행함으로써 고부가가치를 창출하는 영역을 지칭한다. 하지만 전문 직종은 기술의 발전이나 가치관의 변화에 따라 지속적으로 바뀌게 된다. 정보시대에 들어 급여계산이나 재고관리 심지어 빠른 계산능력을 요구하던 은행 창구업무 등과 같이 주로 대량의 데이터에 대해 단순한 계산을 요하는 업무들은 오래전에 컴퓨터의 몫이 되어 버렸다. 유사한 이유로 소매점의 계산원이 하는 일은 단순히 스캐너에 상품의 바코드를 읽히는 일로 단순화되어 버렸다. 정보시대에 들어 비전문적 업무가 되어버린 이러한 일들은 모두 창의력이나 고도의 판단력 등의 인간만이 할 수 있는 능력들을 별로 요구하지 않은 반복적(기계적)인 일들로 컴퓨터가 쉽게 대신할 수 있다는 공통점이 있다. 따라서 이러한 업무에 종사하는 사람들의 임금수준이 급격히 하락하거나 시간제 근로로 전환되고 있다. 한편 컴퓨터와 인터넷에 의해 생산자와 소비자 간에 직접적인 연결이 가능해짐에 따라 사회의 각종 조직들에서 중간관리자들이나 생산자와 소비자 사이의 중계업무를 담당하던 종합상사들의 역할이 축소되고 있다. 산업혁명의 기틀이 된 동력기계가 힘으로 하는 인간업무들을 대치한데 이어, 정보혁명에 의해 다시 한 번 **기계(정보기기)가 정보에 관련된 인간의 업무들을 대치하는 변화가 산업전반(모든 업무가 정보측면을 가지고 있기 때문)에 걸쳐 급속히 진행되고 있다.**

6.5.3 정보산업의 특성과 정보시대를 맞은 한국의 산업경쟁력

영화 '쥐라기 공원'이 우리나라에서 인기를 끌었을 무렵 영화 한편이 우리나라 자동차 수출의 몇 년 치 이익을 남긴다면서 영상산업을 진흥시키기 위해서 관련 진흥법을 만드는 등 법석인 적이 있었다. 자동차산업이 부품소재산업들의 기반이 닦여져야 성공할 수 있는 것과 마찬가지로 영화산업을 포함한 정보산업도 관련된 기초가 튼튼해야 성공할 수 있다. 실제로 영화산업은 정보산업적 요소가 강하기 때문에 부침이 심하고 한편으로 문화의 영향을 많이 받기 때문에 개인적 노력만으로 쉽게 성패가 좌우되지 않는다. 더구나 영화의 제작에서 컴퓨터의 활용도가 높아짐에 따라 영화산업이 예술과 과학이 접목되는 지식산업의 첨단에까지 위치하게 되었다. 다시 말해 [그림 6.4]에서 보여주는 바와 같이 영화산업을 위한 간접자본인 문화적 풍토, 최첨단 컴퓨터 기술, 그리고 이러한 도구들을 적절히 융합할 수 있는 창의적 인적자원 등이 고루 확립되어야 넘볼 수 있는 포괄적 산업임을 직시하여야 한다.

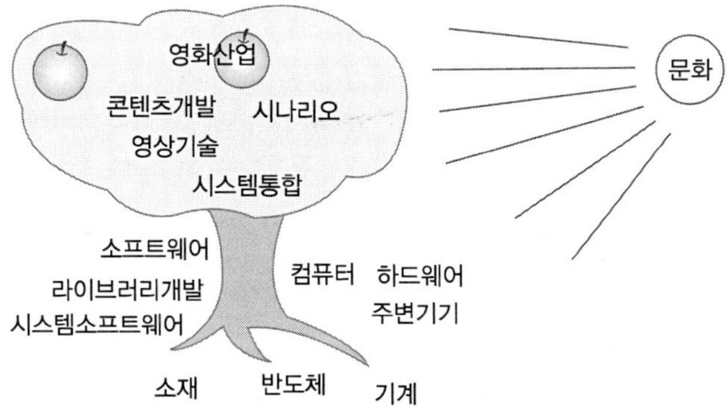

그림 6.4 정보산업의 포괄적 성격

1990년대 후반에 77개의 인공위성으로 세계를 묶는 통신망을 지향한 모토롤라사의 이리듐(원자번호가 77인 원소이름) 프로젝트는 당시로서는 혁신적 목표와 함께 이를 실현할 첨단기술이 있었음에도 불구하고 성공하지 못했다. 이와 같이 획기적인(revolutionary) 아이디어는 본래 성공가능성이 높지 않다. 특히 최종사용자가 일반대중들인 제품에 관한 기능에서는 점진적(evolutionary) 접근법이 성공가능성은 높다. 이러한 상황은 개척자적인 최초개발자들에게는 가혹한 사실이지만 대중적 제품은 역사나 문화속의 오랜 관습과 지혜가 녹아있는 결정체라는 점에서 급격한 변화가 수용되기가 쉽지 않은 것이다. 따라서 **전통산업들에 새로운 정보기법인 컴퓨터나 인터넷을 활용하여 처리 및 전달방식을 고도화하는 등의 업무수행방식을 바꾸는 것은 성공가능성**이 높은 반면, 새로운 기법을 이용하여 독립된 제품으로 파는 일은 새로운 문화를 창조하거나 습관을 바꾸는 일이 수반되므로 어렵다. 예를 들어 반도체가 진공관을 대체한 음향제품(트랜지스터 라디오 등)은 최종사용자의 용법이나 문화를 바꾸지 않는 중간과정에서의 정량적 개선이기 때문에 쉽게 성공한 것이다. 그러나 최종사용자의 입장에서 기존의 사용방식보다 조금이라도 어려워지면 아주 매력적인 특별한 기능이 추가되지 않는 한 성공하기 쉽지 않다. 예를 들어 프로그래밍 언어인 PL/1과 같이 당시 모든 언어들의 기능을 포괄하는 만능 언어로 개발되었지만 낮은 속도와 함께 사용자인 프로그래머들에게 추가적 학습부담을 안김으로써 결국 외면 받고 말았다.

국민개개인들의 뛰어난 손재주에 비추어 보면, 전통산업의 대표 격이자 고용효과가 상대적으로 높은 자동차산업은 정보시대에도 한국이 지향할 분야들 중 하나로 생각된다. 더구나, 거의 순수한 기계제품이었던 과거의 자동차에 비해 연료효율의 향상과 함께 운전자의 안전과 편의를 높이기 위해서 자동차에 대한 정보기술(IT)의 사용비중이 나날이 높아짐에 따라 자동차산업도 점점 정보산업화하고 있다. 즉, 자동차의 기능이 단순히 운반에만 초점을 맞추었을 때와 달리 연료효율 향상, 배기가스저감, 안전도 제고, 각종 편의기능들의 부가 등의 다양하고 복잡한 요구사항을 충족하기 위해서 설계단계에서부터 정보화가 이루어지고 있다. 이러한 전통산업의 정보화경향에 따라 일단 우리나라가 정보산업에서의 우위를 활용할 수 있을 것으로 보이지만, 단순한 디지털이 아닌 기계기술과 정보기술의 융합, 즉 메카트로닉스분야에서는 세계정상인 독일이나 일본에 열세를 보이고 있는 실정이다. 이에 관해 기존의 **기계적 요소의 중요성은 어떤 시대에도 결코 줄어들지 않는다**는 사실을 명심할 필요가 있다. 실제적으로 디지털산업은 전통적인 아날로그산업에 비해 비교적 진보를 쉽게 이룰 수 있는 반면 그만큼 경쟁자의 추격을 쉽게 허용할 수 있는 것도 사실이다(Easy come easy go).

정보의 처리나 전달을 위한 도구들은 개발된 후 성숙기에 들어가면 정보내용(contents)에 비해 상대적인 비중축소는 불가피하게 되고, 더구나 도구들 중에서도 소프트웨어보다 상대적으로 규격이 표준화되어 있는 하드웨어의 비중축소는 더 빨리 일어나게 된다. 사진이나 영상산업의 경우, 카메라나 영사기자체에 관한 기술들은 이미 성숙단계에 들어간 반면 사진이나 영화자체의 콘텐츠의 중요성은 여전히 이어지고 있다. 콘텐츠의 중요원천으로서 문화는 정보산업과 관련이 깊다. 문화에 바탕을 둔 정보산업들로는 영화나 드라마 등을 제작하는 영상산업이나 노래나 연주 등을 만들어내는 음악산업이 대표적이다. 한편 사회의 모든 측면들에 대해 보도하고 비판하는 언론도 전통적 정보산업의 중요한 일원이다. 이와 같이 정보의 원천(source)에 해당하는 콘텐츠를 생산하는 영역들의 역할은 매체(medium)가 어떻게 바뀌더라도 대체할 수없는 영원한 것이다. 이에 관해 우리의 긴 역사는 고유한 콘텐츠를 발굴할 수 있는 무궁한 원천이 될 수 있다.

■ 정보화와 정보산업의 대상

정보화는 기본적으로 인간사회에서 그 필요성이 확립된 업무를 정보기술을 사용하여 현대화하는 과정이다. 예를 들어 '외상이면 소도 잡아먹는다.'는 속담처럼 신용카드는 본래 매상을 늘리기 위해 시작되었다고 하지만, 비자나 마스터카드처럼 판매회사와 직접 관계가 없는 독립적 신용카드회사의 경우에는 기본적으로는 외상 빚을 대신 받아주던 '주먹'의 역할을 현대화한 것이라고도 생각할 수 있다. 즉, 신용(credit)이라는 무형의 자산을 계량화하고 컴퓨터와 전기통신의 수단을 활용하여 언제 어디서나 신용도를 조회할 수 있게 함으로써 과거에는 회유나 협박 등의 불법을 동원하거나 회수를 포기하고 말던 외상 빚 회수업무를 현대적으로 구현한 정보사업 모델의 예라고 할 수 있다. 이와 유사하게 인터넷이 제공하는 사이버 공간을 바탕으로 한 새로운 산업들도 **실제 세계에서 오랫동안 확립되어온 기본원리들을 체계화하고 이를 가상세계에 적합하게 개조하여 적용**하는 방식으로 개척할 수 있다.

정보화를 위한 연구의 대상은 소위 첨단 분야에 국한된 것은 아니다. 인간이 필요로 하는 모든 분야에서 정보화를 통한 첨단화가 가능하다. 농업에서는 농업용수의 소요량을 최소화하기 위해 인공위성 사진을 이용하고, 의류산업에서는 개별 소비자를 위한 주문형 디자인을 위해 컴퓨터를 이용하고, 식품제조에서는 음식을 만들 때 최적의 재료배합비율을 구하기 위해 유전자 알고리즘을 이용할 수 있다. 즉, 전통적인 분류에서 일차, 이차, 삼차산업을 망라한 모든 산업이 정보화를 통한 고도화의 대상이 될 수 있다. 또한 정보화가 특히 학문적이거나 항상 많은 비용을 수반하는 것도 아니다. 구멍가게 주인은 간단한 통계를 처리할 수 있는 컴퓨터 소프트웨어를 사용하여 판매를 효과적으로 관리하고 재고를 최소화할 수 있고, 일반가정에서는 스마트폰의 스케쥴러 기능을 이용하여 때맞추어 경고를 발하게 해놓으면 세금이나 수도료 납부기한 등을 놓쳐 과태료를 물지 않을 수 있다.

■ 광대무변한 우주와 정보분야의 무한한 가능성

우리시대에 첨단분야로 꼽히는 반도체나 유전공학 분야 등에서 대중들을 매료시키는 괄목할 만한 성과가 종종 발표되곤 한다. 하지만, 살아있는 생명을 규명하는 생물학적 분야는 말할 것도 없고 무심(無心)한 과학영역이라고 할 수 있는 물리적 세계나 화학적 분야에서조차 지금까지 인간이 밝혀낸 것은 광대무변한 우주에 관한 전체지식을 한권의 책으로 치면 목차부분을 만들고 있는 단계라고 할 수 있을는지. 예를 들어 천체물리학에서는 얼마 전까지만 해도 은하가 우주전체인줄 알았다가 수많은 은하의 존재를 관찰하고서는 이제는 우리가 말하는 우주가 몇 개 있을지도 모른다는 가설을 내놓고 있는 상황이다. 인간세상의 다른 한편에서는 아직 5차방정식의 일반해가 없다는 사실을 증명한 것이 대단한 업적이 되고 있을 만큼 세상은 무변(無邊)하고 인간의 과학적 성과는 무애자연에 비하면 아직 시작에 불과하다고 할 수 있다. 다시 말해 인간이 일반적인 5차방정식도 풀지 못하는 반면 그 이상의 고차방정식들로 수식화할 수밖에 없는 (정확히 말하자면, 수식화할 수 있는지도 모르는) 수많은 현상들이 자연 속에서 한 치의 오차도 없이 조화롭게 세상을 움직여가고 있는 것이다.

인류역사에서 위대한 대발견들에 이은 수많은 후속 연구들이 도출한 결론들에 관해서도 학설들이 분분할 뿐 일도 양단식으로 규정할 수 없는 경우가 대부분이다. 이러한 불확정성은 신(神)이 만든 질서로서의 불가해한 자연과 우주의 심오한 성격에 기인한 당연한 귀결이다. 간단한 사례로, 자연에는 엄밀한 의미에서 우리가 배워왔던 직선도 원도 없고 사각형도 원뿔조차도 없다. 그러한 정형적 모양들(regular shapes)은 인간이 편의적으로 근사화하여 정의한 개념들일 뿐이다. 주위를 둘러보면, 한 나무에 달린 나뭇잎들 사이에도 같은 모양이 없고 쌍둥이의 얼굴도 적지 않게 다르듯 우주에 존재하는 모든 것은 완전히 같은 것이 없을 정도로 다양하고 복잡하여 일관된 규칙을 찾기 쉽지 않다. 이에 대해 인류역사는 무수히 다양한 사례들을 특정 측면들에서 추상화함으로써 내재된 반복성을 찾아내어 구체적인 법칙들(laws)을 도출하고 나아가 직관과 논리를 사용하여 본질적 원리들(metaphysical principles)을 실용적으로 확립하여 왔다. 예를 들어 일상적 상황에서는 단순한 연료로만 쓰이던 물질들도 그것들을 공통적으로 구성하는 원자수준에서 분열이나 융합시킴으로써 엄청난 열을 낼 수 있다는 새로운 차원의 물리적 원리인 양자역학이나 상대성이론을 발견했고 그 원리를 실제로 응용하여 원자력발전이나 원자폭탄을 실용화하는 데까지 이르렀다. 이와 같은 **반복되는 무수한 사례들에 내재하는 원리를 발견하여 검증하고 실용화하기 위해서는 필연적으로 대량의 데이터처리가 수반**되게 된다. 이와 같이 데이터를 대량으로 처리하기 위해서는 데이터모델링을 통한 추상화와 통계적 처리에 의존하게 되고 그를 위한 현대적 도구로서 컴퓨터와 인터넷을 활용함으로써 원리를 확립하는데 걸리는 시간을 획기적으로 단축할 수 있게 된다. 예를 들어 진화론이나 DNA의 존재를 발견한 생물학에서도 컴퓨터의 성능을 이용하여 생물의 진화원리를 실증적으로 규명하고 질병치료에 활용하려는 초기적인 시도(예를 들어 Human Genome Project)가 이루어지고 있다. 역으로 이와 같은 생물학적 대발견들이 컴퓨터 소프트웨어의 바탕이 되는 신경망(Neural Net)이론이나 유전자 알고리즘(Genetic algorithm) 등의 이름으로 정보 분야에의 응용이 (피상적이나마) 시도되고 있다. 결론적으로 **전통적 학문영역과 정보영역에서의 성취가 서로 활용되면서 선순환구조를 이루어 무한한**

우주에 대한 탐구를 가속화할 수 있게 된다(컴퓨터의 빠른 성능과 인터넷의 넓은 범위가 미시적인 것과 거시적인 것에 대한 탐구사이의 정량적 차이를 거의 없앰으로써 "우주는 넓고 할 일은 많아졌다.").

6.5.4 정보시대에 대한민국이 나아갈 방향

과학분야에서 노벨상을 염원하고 있는 우리나라의 평균지능지수는 홍콩 등과 더불어 세계 최고수준으로 조사되었다. 반면 근래에 세계적인 인물들을 가장 많이 배출하고 있는 유태인들의 모국인 이스라엘의 평균 지능지수는 특별히 높은 수준이 아닌 것으로 나타났다. 이러한 사실이 보여주듯 한 사회의 전체적 능력은 개별 구성원들의 능력의 단순 합계가 결코 아니라는 것을 알 수 있다. 먼저 지능지수는 잠재력에 불과하기 때문에 교육에 의해 개발되어야 실제적인 능력이 된다. 그리고 충분히 개발되었다 하더라도 나라전반의 풍조(ethos)가 상호협력하는 방향이 아니면 그 효과가 반감될 수밖에 없다. [그림 6.5]에서 보듯 분란이 잦은 집안이나 갈등이 심한 사회가 지향하는 방향으로 전진할 수 없음은 자명하다. 다시 말해 구성원 각자의 지향점이 단순한 크기(scala)가 아닌 다차원의 벡터(vector)라고 본다면 모든 벡터가 같은 방향을 가리킬 때 전체 합력(合力), 즉 집단지성의 효과는 극대화된다. 그리고 역사를 통해 **선현들과 조상들의 지혜를 배우고 동시대인들과 공정하게 경쟁하고 대승적으로 협력하는 국민들의 자세는 국가발전의 필수적 요소**이다.

정보기술적 환경측면에서 보면 우리는 이미 암기할 수 있는 정보와 지식은 손안의 스마트폰에 다 들어있는 정보시대에 살고 있다. 따라서 단순 암기나 반복적인 일보다 인간고유의 능력인 **창의력, 직관력 그리고 추리력이나 상상력과 함께 종합적 사고능력, 추상화 능력을 최대한 배양하고 발휘할 수 있게 해주는 환경, 즉 효과적인 교육시스템과 공평한 보상체계의 조성**이 중요하다. 그리고 인간본래의 일반적 능력 외에 한국인 특유의 손재주나 풍부한 감성을 추가적으로 활용할 수 있는 방안이 마련되어야 할 것이다.

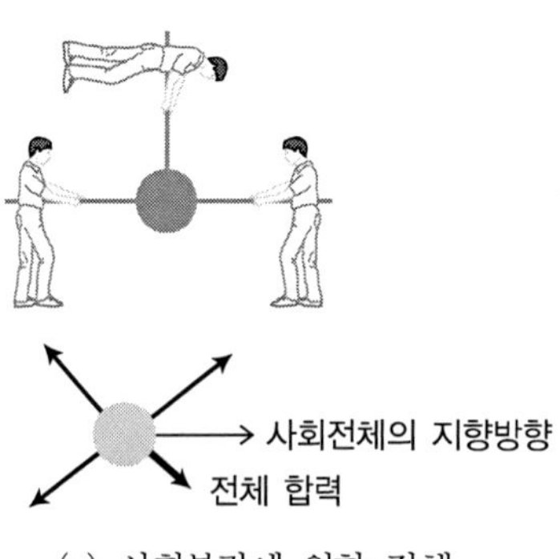

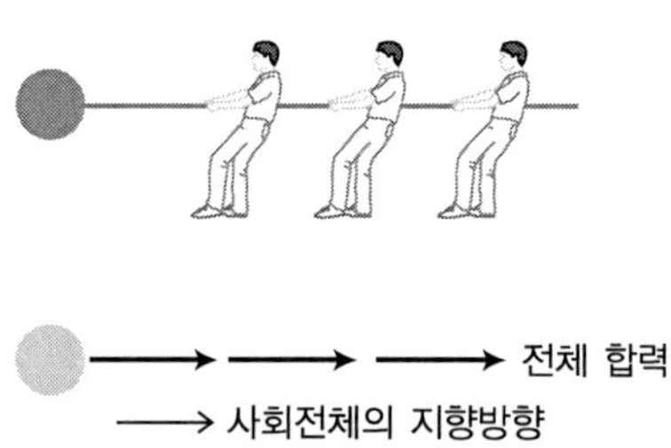

그림 6.5 사회적 화합과 사회전체의 경쟁력

■ **정보시대와 우리민족의 균질성**

언제부터인가 우리사회는 단일민족으로 구성되었음을 스스로 자랑스러운 유산으로 은연중에 각인시켜왔다. 하지만 유전자 검사를 통해 생물학적으로는 스물 몇 종족들이 섞여있음이 밝혀졌고, 더구나 단일민족이 항상 바람직한 것도 아님에도 불구하고 훼손할 수 없는 가치인 양 이야기되곤 한다. 그러나 히틀러가 자행한 대학살이나 최근에도 세계도처에서 발생하고 있는 인종혐오범죄 등에서 보는 바와 같이 사회전체가 동일한 사고방식을 가지게 되는 순혈주의는 배타적 국수주의로 흐른 경우가 적지 않았다. 로마시대의 성쇠의 시기가 개방의 정도와 일치했던 것에서 보듯이 종(種)의 다양성이나 문화의 다양성은 생존이나 번영의 기본조건임은 역사적 상식이 아니던가. 근친혼을 금하거나 처가는 멀수록 좋다는 우리 사회의 전래의 인식들을 미루어 볼 때 우리 조상들도 이러한 사실을 경험적으로 이미 알고 있었음이 분명하다. 근세역사 속에서는 구(舊)소련이 멸망한 근본이유에 대해 CIA의 보고서는 반대를 허용치 않는 단극(單極)적인 의사결정구조라고 판단했다. 우리 사회가 압축성장시대를 거치며 더욱 키워온 단극적 성향(일류병, 서울집중, 극단적 물신주의 등)이 반대를 용인하지 않는(더 심각한 건 다른 의견은 아예 들으려고도 하지 않는) 사회풍조나 '냄비근성'과 결합하면서 베이컨이 말한 여러 우상들이 판을 치는 사상적으로 편협하고 배타적인 사회가 되고 있지 않은지 돌아볼 필요가 있다.

정보시대의 특질인 정보의 대량적이고 신속한 전파는 문명의 토대인 집단지성을 범세계적 규모에다 실시간의 속도로 확대해 갈 수 있는 환경을 제공하고 있나. 이와 같은 규모의 확대나 속도의 증가에 따른 효율성의 이면에는 필연적으로 획일화나 양극화의 심화라는 부작용이 수반되게 된다. 이런 시대적 환경 속에서 (실제든 단순한 믿음이든) 단일민족은 균일성을 의미하고 결국 정보의 최종사용자인 인간들 사이의 문화적 획일성을 더욱 심화시키게 되는 것이다. 따라서 '채식이 좋다'는 방송프로가 나간 후 육류식당들이 문을 닫아야할 지경이라거나 (하지만 오래지 않아 "언제 그랬느냐."는 식으로 원위치하곤 하니 큰 문제는 아닌지도?), 이미 비싸게 매겨진 가격표에 0을 하나 더 붙여 허영심을 자극하면 더욱 잘 팔린다는 웃지 못 할 명품구매 열풍 등의 극단적인 행태들이 끊임없이 우리 단일민족사회를 휩쓸게 된다. 이러한 쏠림 속에서는 구성원들인 개인들의 자유로운 선택의 폭은 극도로 좁아지게 된다. 얼마 전 미국의 한 교량에 공진주파수에 맞게 불어온 바람이 여과 없이 (즉, 물리적 반작용이 없이) 조금씩 흔들림을 계속 증폭시켜 끝내는 교량이 끊어지는 (영상으로 보기에도 소름끼치는) 결과가 초래되었다. 하지만 이러한 교량파괴는 그 주변에 국지적으로 영향을 미치는 데 그치지만, 인터넷시대의 사회적 열풍들이 걸러지지 않고 세계적 범위로 끝없이 증폭되면 인간사회전반에 훨씬 광범위하고 심대한 (또한 고치기도 쉽지 않은) 폐해를 가져올 수 있다. 결과적으로 정보시대가 가져오기 쉬운 획일화나 양극화의 부작용이 균질적(이라고 믿고 있는) 사회인 우리나라에서는 한층 더 증폭될 가능성이 크다고 할 수 있다. 이에 대비하기 위해서는 단일민족이기에 앞서 지구촌의 구성원으로서의 개개인이 소위 **유명인의 주장이나 전문가의 의견일지라도 이성적인 여과과정을 거친 후에 수용하도록 자신만의 자존적인 문화적 주체성을 기를 수 있는 사회적 환경**을 우리 사회의 모든 분야에서 종합적으로 조성해 나가야 한다.

■ 정보시대와 한국인의 교육열

"엄마 나 백점 맞았어!"라는 자랑에 대해서 적잖은 우리네 엄마들은 "백점이 몇 명이니?"라고 되묻는다. 우리사회의 교육열은 학문적 성취나 인간적 도야를 목표로 하기보다는 사회구성원들 사이에 상대적인 우위를 점하는데 주로 관심이 쏠려있다. 대부분의 우리 국민들은 넓은 세계가 필요로 하는 인재상이 어떤지 알지 못하거나 안다하더라도 한국적 현실을 외면할 수 없어 누구도 원하지 않는 점수따기열풍에 매몰되고 만다. 극단적으로 말하자면 걸리버 여행기속의 소인국 릴리풋(Lilliput)에서 줄타기로 출세를 결정짓는 것과 진배없이 불합리한 경쟁으로 줄 세우기를 하게 된다. 이런 구조적 문제 속에서 학부모들은 자식들의 교육을 위해 자신의 인생이나 노후를 담보잡히다시피 하고 있지만, 제로섬게임이 되어버린 이와 같은 과당경쟁 풍토는 소수의 점수따기게임 승자(?)와 하릴없는 다수의 패자들을 낳을 수밖에 없다. 이런 풍토에서 교육에 투입되는 엄청난 노력이 정보강국을 자처하는 우리나라가 정보시대를 선도하는데 필요한 국가경쟁력으로 이어지기 힘든 실정이다(개개 학생들은 열심히 하지만 사회전체로는 에어컨과 히터를 동시에 켜는 것과도 같은 에너지 낭비만 가져오는 구성의 모순일 뿐이다).

범세계적 집단지식이 일반화된 인터넷시대에 들어서도 우리끼리 단편적 지식을 겨루는 경쟁에 몰두하는 사이, 미국기업이 통신망을 활용하여 인도의 소프트웨어 엔지니어를 (이민받을 필요도 없이) 자국에 거주하는 채로 고용하여 쓰는 인적자원의 사용방식이 현실이 되고 있다. 그들은 10억 인구에 인터넷상의 세계어인 영어로 의사소통이 가능한 사람들이다. 이에 대해 우리민족만이 할 수 있는 특별한 능력이 없다면 우려할만한 세계경제환경의 변화임에 틀림없다. 이미 우리는 세계인으로서 우편봉투에 '대한민국 경기도 수원시 …'와 같이 주소를 쓰는데서 나아가, 인터넷세상에서는 송수신자가 어느 나라 사람인지 어디에 살고 있는지 보다는, 어떤 업무를 하는 사람인지 관심사가 무엇인지가 더 중요한 시대에 살고 있다. 어떤 회사가 .com에 주소를 두든 .co.kr에 주소를 두든지 마음대로 선택할 수 있을 뿐 아니라, 12년 대신 2012년으로 써야할 만큼 시간적 사고범위도 넓어지고 있다. 이런 시대의 한가운데 서있는 우리사회가 실력보다는 일류대 졸업장이 출세의 지름길이 되어서는 곤란하다.

세계 속에서 한국적 사고방식의 현주소를 보여주는 좋은 표본이 다인종사회(Melting Pot)인 미국 LA의 한인동포사회이다. 한국적 사고방식이 남아있는 이민 일 세대 교포들 중에는 자녀의 점수따기에 관심이 많은 부모가 적지 않은 현실이 한국과 비슷한 점이 많다. 언젠가 LA에서 발생한 고등학교 시험지절도사건에 한인 학생들이 가장 많이 연루되었다는 사실은 그 방증일 수 있다. 그들의 부모들은 한국에서 바라던 대로 대부분 명문대학에 들어가서 변호사, 의사가 되기를 바라고 있지만 이들이 소원대로 변호사, 의사가 되어도 주로 한국인들만을 상대하거나 미국사회전체에 대해 경쟁력을 가지지 못하는 경우가 적지 않다고 한다. 결과적으로 많은 한인동포들이 주된 생활무대로 삼고 있는 한인타운은 미국 주류사회의 경기흐름과 무관하게 계속 침체하고 있다는 이야기를 듣곤 한다. 반면, 세계의 인종들이 뒤섞여 사는 미국사회에서 한국인으로서 경쟁력을 가진 사람은 정보통신분야를 비롯한 첨단 분야들에서 신흥기업을 성공시킨 엔지니어들 내지 기업가들이 많다. 소수민족으로 또 유색인으로서의 사회적 제약없이 성공할 수 있는 분야로서 자연과학분야가 가능성이 커지만 재미한인들 뿐 아니라 요사이에는 우리나라의 학생들 사이에서도 상대적으로 어려운 수학이나 자연과학을 기피하여 결과적으로 이공계 기피가 심해지고 있다(공부하기가 어렵다는 것은 그만큼 전문성이 있다는 의미이고 이제는 그런 전문성이 실제로 필요한 시대가 되었기 때문에 최근 이공계에 대한 사회전반의 수요나 보상이 상승하고 있기도 하다).

수출로 지탱되는 한국과 같은 사회에서 수많은 인재들이 안정성을 좇아 공무원이 되겠다고 각종 고시에 매달려 있어도 되는 일인지 국가경쟁력 차원에서 심각히 고려를 해봐야 할 일이다. 이러한 현상유지적인 직종으로의 과도한 쏠림현상은 개인들의 잘못이라기보다 국가적 정책의 전근대성이 첫째 원인이고 다음으로는 기득권층의 비이성적 저항이 그 다음 원인이라고 볼 수 있다. 본래의 자본조달역할에서 일탈하여 투기적 거래를 일삼더니 급기야 세계적 금융위기를 불러온 국제금융계나 개인 간의 이해조정이나 국가형벌권의 시행과 같은 (고도의 창의성이 아닌) 공평성이나 적정성이 중요한 사후처리적 업무인 사법분야 등에 고급 인력이 과도하게 쏠리게 방치하는 사회상황은 (어느 코미디에서처럼 고려자기를 개밥그릇으로 쓰는 것과 같은) 국가적 낭비이자 인류발전에 역행하는 구조적 부조리라고 할 수 있다(우리 사회에서는 부조리의 원뜻과 달리 부정부패를 부조리로 뇌물을 떡값으로 호도내지 미화하고 있다).

찾아보기

(차)

(카)

(타)

(파)

(하)

정가 17,000원

디지털시대의 정보이야기

2015년 8월 1일 초판 인쇄
2015년 8월 10일 초판 발행
저 자 : 박종희
발행자 : 우명찬 · 송 준
발행처 : 홍릉과학출판사
주 소 : 서울시 강북구 인수봉로 50길 10
01093
등 록 : 1976년 10월 21일 제5-66호
전 화 : (02) 999-2274~5, 903-7037
팩 스 : (02) 905-6729
e-mail: hongpub@hongpub.co.kr
http://www.hongpub.co.kr
ISBN: 979-11-5600-383-0

저자와의
협의하에
인지생략